Die Besteuerung internationaler Gemeinschaftsunternehmen

Trierer Studien zum Internationalen Steuerrecht
Herausgegeben von Gabriele Burmester

Band 6

PETER LANG
Frankfurt am Main · Berlin · Bern · Bruxelles · New York · Oxford · Wien

Claudia Neitz

Die Besteuerung internationaler Gemeinschaftsunternehmen

PETER LANG
Internationaler Verlag der Wissenschaften

Bibliografische Information der Deutschen Nationalbibliothek
Die Deutsche Nationalbibliothek verzeichnet diese Publikation in der Deutschen Nationalbibliografie; detaillierte bibliografische Daten sind im Internet über <http://www.d-nb.de> abrufbar.

Zugl.: Trier, Univ., Diss., 2008

D 385
ISSN 1861-695X
ISBN 978-3-631-58248-0

www.peterlang.de

Meinen Eltern

Vorwort

Die vorliegende Arbeit wurde im Sommersemester 2008 vom Fachbereich Rechtswissenschaft der Universität Trier als Dissertation angenommen. Sie gibt den Stand von Gesetzgebung, Rechtsprechung, Verwaltungspraxis und Literatur sowie sämtlicher im Internet abgerufener Quellen bis einschließlich Anfang Oktober 2007 wieder. Hinweise auf die sich bei Abgabe abzeichnende Unternehmensteuerreform 2008 wurden an geeigneter Stelle in den Fußnoten gegeben.

Die Veröffentlichung möchte ich zum Anlass nehmen, all denen meinen Dank auszusprechen, die zum Entstehen und Gelingen dieser Arbeit in vielfältiger Weise beigetragen haben.

Mein herzlichster Dank gilt meiner Doktormutter Frau Prof. Dr. Gabriele Burmester für die Anregung des Themas, ihre in jeder Hinsicht engagierte Betreuung und die Aufnahme der Arbeit in die Schriftenreihe „Trierer Studien zum Internationalen Steuerrecht“. Herrn Prof. Dr. Oliver Fehrenbacher danke ich für die bereitwillige Übernahme und zügige Erstellung des Zweitgutachtens.

Zu Dank verpflichtet bin ich ferner der Kanzlei Flick Gocke Schaumburg in Bonn, die durch die Zurverfügungstellung der dort vorhandenen Ressourcen erheblich zum Gelingen dieser Arbeit beigetragen hat, sowie meinen dort tätigen Kollegen, die mir während der Promotionsphase bereitwillig als Ansprechpartner zur Verfügung standen. Danken möchte ich insbesondere meinem Kollegen Dr. Mike Wienbracke, der stets für fachliche Diskussionen offen war und es wie selbstverständlich auf sich genommen hat, mein Manuskript zu lesen. Ihm verdanke ich wertvolle Hinweise und Anregungen.

Mein besonderer Dank gilt meinem Freund, Herrn Joachim Hackstein, der nicht nur sämtliche Höhen und Tiefen, die die Entstehung einer Doktorarbeit zwangsläufig mit sich bringt, mit mir gemeinsam durchlebt hat und mir dabei stets zur Seite stand, sondern mich auch bei der abschließenden Korrektur und der technischen Umsetzung der Arbeit sehr unterstützt hat.

In Dankbarkeit widme ich diese Arbeit meiner Mutter Marlene Neitz und meinem Vater Dr. jur. Günter Neitz, dem es leider nicht mehr vergönnt war, die Entstehung und Veröffentlichung dieser Arbeit mitzuerleben.

Bonn, im Juli 2008 Claudia Neitz

Inhaltsverzeichnis

Abkürzungsverzeichnis

a.A.	andere Ansicht
a.F.	alte Fassung
aaO.	am angegeben Ort
ABlEG	Amtsblatt der Europäischen Gemeinschaften
Abs.	Absatz
Abschn.	Abschnitt
AG	Aktiengesellschaft
AktG	Aktiengesetz
Alt.	Alternative
Anh.	Anhang
Anm.	Anmerkung
AO	Abgabenordnung
Art.	Artikel
AStG	Außensteuergesetz
Aufl.	Auflage
ausl.	ausländisch
BB	Betriebs-Berater
BBK	Buchführung, Bilanz, Kostenrechnung
Beschl.	Beschluss
BewG	Bewertungsgesetz
BFH	Bundesgerichtshof
BFH/NV	Sammlung nicht veröffentlichter Entscheidungen des BFH
BGB	Bürgerliches Gesetzbuch
BGBl.	Bundesgesetzblatt
BIFD	Bulletin for International Fiscal Documentation
BMF	Bundesministerium der Finanzen
BR-Drucks.	Bundesratsdrucksache
BSt	Betriebsstätte
BStBl.	Bundessteuerblatt
BT-Drucks.	Bundestagsdrucksache
BV	Betriebsvermögen
Bw	Buchwert
bzw.	beziehungsweise
d.h.	das heißt
DB	Der Betrieb
DBA	Doppelbesteuerungsabkommen
ders.	derselbe
dies.	dieselbe
DStR	Deutsches Steuerrecht
DStRE	DStR-Entscheidungsdienst
DStZ	Deutsche Steuerzeitung
EFG	Entscheidungen der Finanzgerichte
EG	EG-Vertrag; Europäische Gemeinschaften
EStB	Der Ertrag-Steuer-Berater
EStG	Einkommensteuergesetz
EStR	Einkommensteuerrichtlinien

ET	European Taxation
etc.	et cetera
EU	Europäische Union
EuGH	Europäischer Gerichtshof
EuZW	Europäische Zeitschrift für Wirtschaftsrecht
EWR	Europäischer Wirtschaftsraum
f., ff.	folgende, fortfolgende
FG	Finanzgericht
Fn.	Fußnote
FR	Finanzrundschau
FRL	Fusionsrichtlinie
FS	Festschrift
GbR	Gesellschaft bürgerlichen Rechts
GewSt	Gewerbesteuer
GewStG	Gewerbesteuergesetz
ggf.	gegebenenfalls
GmbH	Gesellschaft mit beschränkter Haftung
GmbHG	Gesetz betreffend die Gesellschaften mit beschränkter Haftung
GmbHR	GmbH-Rundschau
Gr.	Gruppe
grdsl.	grundsätzlich
h.M.	herrschende Meinung
Halbs.	Halbsatz
HGB	Handelsgesetzbuch
Hrsg.	Herausgeber
i.d.F.	in der Fassung
i.H.v.	in Höhe von
i.S.d., i.S.v.	im Sinne des, im Sinne von.
i.Ü.	im Übrigen
i.V.m.	in Verbindung mit
INF	Information für Steuerberater und Wirtschaftsprüfer
inl.	inländisch
IStR	Internationales Steuerrecht
IWB	Internationale Wirtschaftsbriefe
JbFSt	Jahrbuch der Fachanwälte für Steuerrecht
JStG	Jahressteuergesetz
JV	Joint Venture
KapGes	Kapitalgesellschaft
KESt	Kapitalertragsteuer
KG	Kommanditgesellschaft
KGaA	Kommanditgesellschaft auf Aktien
KöSDi	Kölner Steuerdialog
KSt	Körperschaftsteuer
KStG	Körperschaftsteuergesetz
KStR	Körperschaftsteuerrichtlinien
lit.	litera
m.E.	meines Erachtens
m.w.N.	mit weiteren Nachweisen

MA	Musterabkommen
MK	Musterkommentar
MU	Mitunternehmer
MUer	Mitunternehmer
MüKo	Münchner Kommentar
n.F.	neue Fassung
neg.	negativ
Nr.	Nummer
nt. vö.	nicht veröffentlicht
NWB	Neue Wirtschaftsbriefe
NZG	Neue Zeitschrift für Gesellschaftsrecht
OECD	Organization for Economic Cooperation and Development
OFD	Oberfinanzdirektion
OHG	Offene Handelsgesellschaft
PersGes	Personengesellschaft
PIStB	Praxis der Internationalen Steuerberatung
Prot.	Protokoll
RFH	Reichsfinanzhof
RIW	Recht der Internationalen Wirtschaft
rkr.	rechtskräftig
RL	Richtlinie
Rn.	Randnummer
Rs.	Rechtssache
RStBl.	Reichssteuerblatt
S.	Seite
Schr.	Schreiben
SE	Societas Europaea, Europäische Aktiengesellschaft
SEEG	Gesetz zur Einführung der SE
SEStEG	Gesetz über steuerliche Begleitmaßnahmen zur Einführung der Europäischen Gesellschaft und zur Änderung weiterer steuerrechtlicher Vorschriften
Slg.	Sammlung
sog.	sogenannte(r)
SolZ	Solidaritätszuschlag
Stbg.	Die Steuerberatung
StBJb	Steuerberaterjahrbuch
StEK	Steuer-Erlass-Kartei
StEntlG	Steuerentlastungsgesetz
SteuerStud	Steuern und Studium
StSenkG	Steuersenkungsgesetz
StuB	Steuern und Bilanzen
StuW	Steuern und Wirtschaft
StVergAbG	Steuervergünstigungsabbaugesetz
SWI	Steuern und Wirtschaft International
tatsächl.	tatsächlich
TG	Tochtergesellschaft
Tz.	Textziffer
u.a.	unter anderem
u.U.	unter Umständen

UmwG	Umwandlungsgesetz
UmwStG	Umwandlungssteuergesetz
UntStFG	Unternehmenssteuerfortführungsgesetz
UntStRefG	Unternehmensteuerreformgesetz
Urt.	Urteil
v.	von, vom
Vfg.	Verfügung
vgl.	vergleiche
Vorbem.	Vorbemerkung
WG	Wirtschaftsgut, -güter
WM	Wertpapiermitteilungen
WPg.	Die Wirtschaftsprüfung
z.	zum, zur
ZHR	Zeitschrift für das gesamte Handels- und Wirtschaftsrecht
Ziff.	Ziffer
ZIP	Zeitschrift für Wirtschaftsrecht
zzgl.	zuzüglich

Kapitel 1: Problemstellung und Gang der Arbeit

Unternehmenskooperationen in Form von internationalen Gemeinschaftsunternehmen sind aufgrund ihrer grenzüberschreitenden Struktur und der grundsätzlichen Binnenorientierung nationaler Steuersysteme häufig steuerlichen Schwierigkeiten ausgesetzt, die ihrer tatsächlichen Realisierung nicht selten im Wege stehen und das Joint Venture oft gar nicht erst zur Entstehung gelangen lassen. Insbesondere die Aufdeckung stiller Reserven bei der Gründung sowie der Beendigung des Joint Ventures wirkt in der Regel prohibitiv, zudem stellen Probleme der laufenden Besteuerung internationaler Sachverhalte oftmals steuerliche Hemmnisse auf, die die kooperationswilligen Partner letztlich dazu zwingen, von der Errichtung eines grenzüberschreitenden Gemeinschaftsunternehmens abzusehen. Die vorliegende Arbeit untersucht daher im Kontext der neueren gesetzlichen Entwicklungen und Rechtsprechungstendenzen die Besteuerung eines internationalen Joint Ventures „von der Gründung bis zum Exit" aus der Perspektive eines inländischen Joint Venture-Partners und soll damit einen Beitrag zur optimalen Steuerplanung bei der Ausgestaltung internationaler Unternehmenskooperationen leisten.

Im Anschluss an ein einführendes Kapitel, welches einen Überblick über Ziele, Formen und typische rechtliche Ausgestaltung der grenzüberschreitenden Zusammenarbeit verschafft, wird die Besteuerung internationaler Joint Ventures im Einzelnen untersucht und analysiert, wobei die Darstellung chronologisch den einzelnen Stadien der Kooperation (Gründung, Bestehen, Beendigung) folgt. Im Rahmen der Betrachtung der steuerlichen Behandlung bei Gründung des Joint Ventures (Teil A) werden verschiedene denkbare Gründungssachverhalte untersucht und jeweils nach Standort, Rechtsform und Einbringungsgegenstand differenziert. Der anschließende Teil B widmet sich überblicksartig der laufenden Besteuerung während des Bestehens eines internationalen Joint Ventures. Die Darstellung beschränkt sich insoweit auf diejenigen Aspekte, die für den deutschen Partner einer grenzüberschreitenden Unternehmenskooperation in der Praxis regelmäßig von wesentlichem Interesse sein dürften. Besonderes Augenmerk wurde dabei auf die Besteuerung von Dividenden und Betriebsstättengewinnen, außensteuerliche und abkommensrechtliche Aspekte sowie Fragen der Verlustnutzung und der Abzugsfähigkeit von Finanzierungsaufwendungen gelegt. Teil C beleuchtet nachfolgend verschiedene Szenarien zur Beendigung eines internationalen Joint Ventures und deren steuerliche Behandlung. Dabei wird insbesondere untersucht, ob neben den „klassischen" Beendigungsmöglichkeiten der Veräußerung oder Liquidation die jüngeren Entwicklungen auf dem Gebiet des Umwandlungssteuerrechts neue Wege zur Beendigung eines internationalen Joint Ventures eröffnen und somit Raum für weitere Exit-Strategien bieten. Kapitel 4 fasst die im Laufe der Arbeit gewonnenen Ergebnisse thesenartig zusammen und unterzieht sie einer abschließenden Betrachtung.

Kapitel 2: Einführung

A. Bedeutung und Ziele internationaler Joint Ventures

Joint Ventures haben in den letzten zwei Jahrzehnten angesichts der zunehmenden Globalisierung wirtschaftlicher Prozesse und einem damit einhergehenden, sich verschärfenden internationalen Wettbewerb stetig an Bedeutung gewonnen. Als Organisationsform für die Strukturierung von Unternehmenskooperationen sind sie mittlerweile fester Bestandteil der modernern Wirtschaftswelt und haben eine praktisch universale Verbreitung[1] erlangt. Die Nutzung von Joint Ventures als Vehikel für eine internationale Geschäftstätigkeit zieht sich durch nahezu alle Geschäftsbereiche; insbesondere verarbeitendes Gewerbe, Bau-, Handels-, Gaststätten-, Verkehrs- und Nachrichtengewerbe sowie das Dienstleistungsgewerbe machen von dieser Form der Unternehmenskooperation regelmäßig Gebrauch[2]. Als Beispiele für gemeinsame Joint Ventures deutscher Unternehmen mit ausländischen Partnern seien aus der jüngeren Wirtschaftsgeschichte nur die Kooperationen zwischen *Fujitsu* und *Siemens* (2001), *AMD*, *Infineon* und *DuPont* (2002) sowie *Airbus*, *Sita* und *Tenzing* (2005) genannt[3].

Ziel eines Joint Ventures ist die „partielle Zusammenarbeit auf Zeit“[4]. Die Joint Venture-Partner (nachfolgend kurz: JV-Partner) führen das von ihnen bislang hauptsächlich betriebene Geschäft in der Regel fort und fassen nur einen Teil ihrer Tätigkeit in einem Joint Venture zusammen. Die zeitliche Befristung der Zusammenarbeit ist dabei zumeist darauf zurückzuführen, dass sich die Errichtung eines Joint Ventures in der Praxis häufig an ein konkretes Projekt beider Partner anlehnt, nach dessen erfolgreichem Abschluss die Kooperation wieder beendet wird. Andererseits kann sich die Zusammenarbeit aber auch auf die gemeinsame Bewältigung eines abstrakt umschriebenen Tätigkeitsgebiets beziehen, ohne dass eine zeitliche Begrenzung existiert[5].

Die von den Partnern verfolgten Gründe[6] für die Eingehung eines Joint Ventures sind mannigfaltig und können – je nach Herkunft der Partner – stark differieren: Aus der Perspektive eines JV-Partners aus hochentwickelten Volkswirtschaften besteht der Anreiz für die Errichtung eines Joint Ventures mit einem ausländischen Partner häufig in der Öffnung neuer Märkte, der Beseitigung bzw. Umgehung von Handelshemmnissen, der Vermeidung von Transport- und Absatzkosten, der Überwindung marktpsychologischer Hemmnisse in sensiblen Märkten (z.B. aufgrund politischer, wirtschaftlicher und/oder religiöser Vorbehalte gegenüber Importen aus bestimmten Ländern), der insgesamt vereinfachten Abwicklung unternehmerischer Aktivitäten im Zusammenwirken mit einem mit den örtlichen Gegebenheiten des ausländischen

---

[1] *Probst/Rüling*, Joint Ventures, S. 3.

[2] Vgl. „Ad Hoc Befragung über Unternehmenskooperationen“ des Statistischen Bundesamtes aus dem Jahr 2003, abrufbar unter http://www.destatis.de/jetspeed/portal/cms/Sites/destatis/Internet/DE/Content/Publikationen/Querschnittsveroeffentlichungen/WirtschaftStatistik/UnternehmenGewerbeanzeigen/UnternehmenAd-hoc,property=file.pdf.

[3] Weitere Beispiele finden sich bei *Kraushaar/Müller*, Joint Ventures, S. 694.

[4] *Kiem/Pohl*, Joint Ventures, S. 3.

[5] *Stephan*, Vertragsgestaltung, S. 99.

[6] Vgl. dazu und zum Interesse der Gaststaaten an der Ansiedelung eines Joint Ventures ausführlich *Langefeld-Wirth*, Joint Ventures, S. 35 ff.; *ders.*, RIW 1990, S. 2.

Marktes umfassend vertrauten Partner, im Zugang zu Rohstoffmärkten oder auch in der Kostensenkung durch Auslagerung von Geschäftsbereichen in Länder mit geringeren Produktions- und Personalkosten (Outsourcing).

Für JV-Partner aus weniger entwickelten Volkswirtschaften wird der Aufbau eines Joint Ventures demgegenüber oft durch die Möglichkeit motiviert sein, Zugang zu speziellem Know-how und besonderen Technologien zu gewinnen, das Risiko kostenintensiver Entwicklungen und Investitionen aufzuteilen, zusätzliche Kapitalbeteiligungen zu erlangen, Produktqualität und Produktivität zu steigern, von einem Management aus den Industrienationen zu profitieren, Importe und dementsprechenden Devisenausgaben zu minimieren, Exportmärkte zu erschließen und dementsprechende Deviseneinnahmen zu generieren, Arbeitsplätze zu schaffen und zu erhalten sowie die Qualifikation der Beschäftigten zu steigern[7]. Übereinstimmendes Ziel beider JV-Partner ist es regelmäßig, durch Bündelung ihrer Kompetenzen Synergieeffekte dergestalt zu erzielen, dass sich das Gemeinschaftsunternehmen letztlich stärker erweist als die Summe seiner einzelnen Teile[8].

In der Praxis verläuft die Zusammenarbeit im Rahmen eines Joint Ventures jedoch häufig nicht wie ursprünglich von den Partnern geplant. Die Misserfolgsquote liegt immer noch bei rund 60-80 %[9], was beweist, wie vielschichtig und komplex Kooperationen im Rahmen eines Joint Ventures oftmals sein können. Ein Grund für das Scheitern ist – neben unvorhergesehenen wirtschaftlichen Entwicklungen, der Nichterfüllung von Erwartungen und nicht selten auch persönlichen Differenzen zwischen den Führungskräften des Joint Ventures – immer wieder der Umstand, dass im Rahmen der rechtlichen Ausgestaltung strukturelle Fehler gemacht werden oder bei Eingehen der Kooperation absehbare Eventualitäten nicht ausreichend berücksichtigt werden[10]. Insbesondere steuerliche Aspekte spielen insoweit bei der Standort- und Rechtsformwahl eine gewichtige Rolle[11]. Ohne sorgfältige rechtliche und steuerliche Planung sehen sich die Partner eines Joint Ventures oft vor erhebliche, zum Teil „ausgesprochen tückische“[12] Probleme gestellt. Umso mehr gewinnt die gezielte steuerliche Gestaltung des Joint Venture-Konzepts im Vorfeld an Bedeutung.

B. Erscheinungsformen internationaler Joint Ventures

Unter dem Begriff des Joint Ventures wird im Allgemeinen ein gemeinsames Vorhaben von mindestens zwei Unternehmen verstanden[13]. Die Erscheinungsformen einer solchen Kooperation sind vielfältig und können von bloßen schuldrechtlichen Beziehungen ohne gesellschaftsrechtliche Organisationseinbindung (sog. *„Contractual Joint Ventures“* oder Vertrags-Joint Ventures) bis zur Bildung einer selbständigen Gesellschaft, unter der sich verschiedene Partner unter Teilung von Kontrolle, Risiko und Gewinn zusammenschließen (sog. *„Equity Joint Ventures“* oder Gemeinschafts-

[7] *Zacher*, IStR 1997, S. 408, 412.

[8] Vgl. die häufig gebrauchte Standardformel „To form one organization that is greater than the sum of its parts“; *Jacobs*, Internationale Unternehmensbesteuerung, S. 1198; *Endres*, Steueraspekte, S. 194.

[9] *Kiem/Pohl*, Joint Ventures, S. 5; *Träm/Müllers-Patel*, Unternehmensstrategie, S. 36.

[10] *Kiem/Pohl*, Joint Ventures, S. 5.

[11] Vgl. *Jacobs*, Internationale Unternehmensbesteuerung, S. 1200.

[12] *Fischer-Zernin*, IWB Fach 10 Gr. 2, S. 1273.

[13] *Fischer-Zernin*, IWB Fach 10 Gr. 2, S. 1273.

unternehmen) reichen[14]. Von einem internationalen Joint Venture spricht man, wenn an der Kooperation Steuerausländer beteiligt sind und/oder das Joint Venture im Ausland ansässig ist[15].

I. Vertrags-Joint Ventures (Contractual Joint Ventures)

Bei einem Vertrags-Joint Venture treffen die Kooperationspartner lediglich auf eine gewisse Dauer angelegte schuldrechtliche Vereinbarungen, die eine über einen punktuellen Leistungsaustausch hinausgehende vertragliche Beziehung der Beteiligten begründen, ohne dass jedoch eine kapitalmäßige Verflechtung besteht. Typischerweise wird diese Form des Joint Ventures von den Kooperationspartnern gewählt, um einzelne genau umrissene, wenn auch möglicherweise langfristige und umfangreiche Projekte gemeinsam zu realisieren[16].

In der Grundform eines solchen vertraglichen Zusammenschlusses werden die von der Kooperation erfassten Geschäftsbereiche jedes JV-Partners in eine eigene Tochtergesellschaft ausgegliedert und sodann schuldrechtliche Verträge unterschiedlichster Art zwischen den beiden Töchtern geschlossen. In der Praxis häufig anzutreffen sind insoweit z.B. Kooperations- und Konsortialvereinbarungen, Lizenzverträge, Vereinbarungen über den Know-how- und Technologietransfer, Managementverträge, Franchise-Vereinbarungen sowie langfristig angelegte Liefer- und Abnahmeverträge, wobei einzelne dieser Verträge nicht selten miteinander verbunden und somit oftmals sehr komplexe Verbindungen zwischen den Beteiligten geschaffen werden[17].

Treffen die JV-Partner zusätzlich Vereinbarungen über die Zusammenführung der von jedem Partner erwirtschafteten Gewinne oder Verluste in einem Ergebnispool und die Aufteilung des auf diese Weise zusammengelegten Gewinns, spricht man von einer **Gewinngemeinschaft**, welche für die AG und die KGaA als Vertragstypus in § 292 Abs. 1 Nr. 1 AktG ausdrücklich geregelt, jedoch grundsätzlich zwischen Unternehmen jeder Rechtsform möglich ist[18]. Die Gewinngemeinschaft begründet zwischen den beiden beteiligten Gesellschaften nach einhelliger Ansicht[19] eine Gesellschaft bürgerlichen Rechts (§§ 705 ff. BGB) in Form einer Innengesellschaft, deren gemeinsamer Zweck auf die Vergemeinschaftung des Unternehmensrisikos sowie die Zusammenlegung und anschließende Aufteilung des Jahresgewinns der an ihr beteiligten Gesellschaften nach einem bestimmten Verteilungsschlüssel gerichtet ist. In steuerlicher Hinsicht führt die Gewinngemeinschaft hingegen ohne zusätzliche Gestaltungselemente grundsätzlich nicht zur Begründung einer steuerlichen Mitunternehmerschaft i.S.v. § 15 Abs. 1 Satz 1 Nr. 2 EStG, da der Zusammenschluss nicht auf den gemeinsamen Betrieb eines gewerblichen Unternehmens, sondern auf die reine Gewinnpoolung gerichtet ist[20]. Mangels kapitalmäßiger Verflechtung und feh-

[14] *Jacobs*, Internationale Unternehmensbesteuerung, S. 1197 f.; *Kiem/Pohl*, Joint Ventures, S. 6.

[15] *Schaumburg*, Grundsätze, S. 51.

[16] Vgl. *Stephan*, Vertragsgestaltung, S. 99.

[17] *Zacher*, IStR 1997, S. 408; *Schaumburg*, Grundsätze, S. 51.

[18] Vgl. *Piltz*, Gewinngemeinschaft, S. 310.

[19] Vgl. OLG Frankfurt/Main v. 23.03.1988, AG 1988, S. 267; *Meister*, Gewinngemeinschaft, S. 424.

[20] Vgl. *Jacobs*, Internationale Unternehmensbesteuerung, S. 1203; *Endres*, Joint Ventures, S. 199; *Piltz*, Gewinngemeinschaft, S. 310; *Meister*, Gewinngemeinschaft, S. 433.

lender gemeinsamer Unternehmensführung tragen die Gesellschafter der Gewinngemeinschaft weder Mitunternehmerrisiko noch entfalten sie Mitunternehmerinitiative. Die Grenzen sind insoweit jedoch fließend; je dichter die Verbindungen zwischen den Beteiligten im Einzelfall sind, desto eher können die Mindestanforderungen an eine Mitunternehmerschaft erfüllt sein[21].

Der aufgrund einer Gewinngemeinschaft abzuführende Gewinnanteil ist steuerlich als Betriebsausgabe und der im Gegenzug erhaltene Ausgleichsbetrag als Betriebseinnahme zu werten[22]. Dies gilt grundsätzlich auch im Falle einer grenzüberschreitenden Gewinngemeinschaft zwischen einem in- und einem ausländischen Unternehmen[23], wobei die Erträge auf Abkommensebene als Unternehmensgewinne i.S.d. Art. 7 MA behandelt werden[24]. Aus deutscher Sicht begründet die Teilnahme an einer Gewinngemeinschaft mit einem ausländischen Unternehmen mangels Bestehen einer Mitunternehmerschaft jedoch in der Regel keine Betriebsstätte im Ausland, so dass die insoweit erzielten Erträge der an der Gemeinschaft beteiligten Gesellschafter ausschließlich im Inland besteuert werden dürfen. Qualifiziert der Ansässigkeitsstaat des an der Gewinngemeinschaft beteiligten ausländischen Unternehmens die Gewinngemeinschaft hingegen abweichend von der deutschen Bewertung als Mitunternehmerschaft mit einer auf seinem Gebiet belegenen Betriebsstätte oder stuft er die aufgrund der Vereinbarung gezahlten Beträge nicht als Betriebsausgaben bzw. Betriebseinnahmen ein, kann es im Einzelfall zu Doppelbesteuerungen kommen[25]. Ähnliche Probleme können sich stellen, wenn Deutschland die Gewinngemeinschaft als Mitunternehmerschaft und Zahlungen des deutschen an das ausländische Unternehmen infolgedessen als Sonderbetriebsausgaben qualifiziert, während der zufließende Betrag bei der ausländischen Gesellschaft nochmals als Betriebseinnahme erfasst wird.

Vertrags-Joint Ventures bieten sich aufgrund der Gefahr einer ungewollten Qualifizierung als Mitunternehmerschaft somit nur bedingt für die grenzüberschreitende Kooperation zweier Unternehmen an. Die (seit dem 19.12.2006 gebührenpflichtige, vgl. § 89 Abs. 3-5 AO) Einholung einer verbindlichen Auskunft erscheint angesichts der aufgezeigten Unwägbarkeiten bei der Errichtung eines Vertrags-Joint Ventures nahezu unerlässlich. Im Rahmen der nachfolgenden Betrachtungen wird daher auf das Vertrags-Joint Venture nicht näher eingegangen, sondern lediglich das Joint Venture in Form eines Gemeinschaftsunternehmens einer genaueren Betrachtung unterzogen.

II. Gemeinschaftsunternehmen (Equity Joint Ventures)

Bei einem Joint Venture in Form eines Gemeinschaftsunternehmens schließen sich die Partner zu einer formal selbständigen Joint Venture-Gesellschaft (nachfolgend kurz: JV-Gesellschaft) zusammen, welche mit einer eigenen Kapitalausstattung

---

[21] Vgl. *Schaumburg*, Grundsätze, S. 51; *Fischer-Zernin*, IWB Fach 10 Gr. 2, S. 1273; *Meister*, Gewinngemeinschaft, S. 433; *Jacobs*, Internationale Unternehmensbesteuerung, S. 1203.
[22] Vgl. RFH v. 11.10.1928, RStBl. 1928, S. 367; v. 09.05.1934, RStBl. 1934, S. 658; BFH v. 09.10.1964, BStBl. III 1965, S. 71.
[23] Vgl. RFH v. 24.10.1933, Mrozek-Kartei § 13 KStG 1925 Rn. 250-252.
[24] Vgl. *Jacobs*, Internationale Unternehmensbesteuerung, S. 1203; *Piltz*, Gewinngemeinschaft, S. 311.
[25] Vgl. *Fischer-Zernin*, IWB Fach 10 Gr. 2, S. 1275.

durch die beteiligten Unternehmen versehen wird[26]. Kennzeichnend ist der – in der Regel paritätische – kapitalmäßige Zusammenschluss der Partnerunternehmen zu einer gesellschaftsrechtlichen Organisation, welche als eigenständiges Rechtssubjekt am Markt auftritt[27]. Im Unterschied zu reinen Vertrags-Joint Ventures sind Joint Ventures in Form von Gemeinschaftsunternehmen typischerweise weniger projektbezogen, sondern eher auf eine zeitlich unbefristete Zusammenarbeit auf einem abstrakt umschriebenen Geschäftsfeld ausgerichtet. Die Gründung eines Gemeinschaftsunternehmens wird sich dabei regelmäßig empfehlen, wenn die verfolgten Ziele größere Investitionen erfordern, die ein Beteiligter allein nicht zu tragen bereit oder im Stande ist[28]. Zwar ist auch dann eine rein vertragliche Kooperation zwischen den Beteiligten denkbar, jedoch mit Nachteilen verbunden, die sich bei Gründung eines Gemeinschaftsunternehmens umgehen lassen: So lässt sich im Rahmen eines Gemeinschaftsunternehmens beispielsweise der unmittelbare Einfluss jedes Partners auf die Investition besser gewährleisten und die Finanzierung sowie Rückzahlung einer gewährten Finanzierung leichter absichern. Gleichartige Geschäftstätigkeiten der JV-Partner – z.B. beidseitiges Fertigungs-Know-how oder beidseitige Einkaufs- und Vertriebsorganisationen – lassen sich darüber hinaus im Rahmen eines Equity Joint Ventures einfacher bündeln als bei einer Kooperation auf rein schuldrechtlicher Basis. Für kleinere Unternehmens bietet das Gemeinschaftsunternehmen zudem den Vorteil, einen finanzstarken Investor als Venture Capital-Geber gegen gesellschaftsrechtliche Beteiligung aufnehmen zu können, während eine vertragliche Darlehensfinanzierung häufig mangels vorhandener Sicherheiten ausscheidet. Falls beabsichtigt wird, das Joint Venture in Zukunft durch Aufnahme weiterer Partner auszuweiten, lässt sich dies bei Errichtung eines Gemeinschaftsunternehmens ebenfalls leichter verwirklichen als im Rahmen einer bloßen schuldrechtlichen Gestaltung. Wesentliches Argument für die Errichtung eines Joint Ventures in Form eines Gemeinschaftsunternehmens wird aber regelmäßig das Anliegen der Beteiligten sein, ihre persönliche Haftung gegenüber Dritten zu begrenzen, was sich bei einer Kooperation auf rein schuldrechtlicher Ebene in der Regel nicht verwirklichen lässt.

In der Praxis stehen unterschiedliche Modelle zur Ausgestaltung eines Equity Joint Ventures zur Verfügung, wobei zwischen der Einheitsgesellschaft, dem Holdingmodell sowie der strategischen Allianz unterschieden wird[29].

1. Einheitsgesellschaft

Bei der klassischen Gestaltung eines Equity Joint Ventures bringen die JV-Partner ihre jeweils von der Kooperation umfassten (Teil-)Betriebe im Wege der Sachgründung oder Kapitalerhöhung gegen Gewährung von Gesellschaftsrechten in eine JV-Gesellschaft ein. Der Rechtsform nach kann es sich bei dieser sowohl um eine Kapital- als auch um eine Personengesellschaft handeln, welche alternativ in einem Ansässigkeitsstaat der JV-Partner oder auch in einem Drittstaat angesiedelt sein kann. Die neu gegründete JV-Gesellschaft verfügt im Ergebnis über Betriebstätten im In- und/oder Ausland.

---

[26] Vgl. *Zacher*, IStR 1997, S. 408
[27] Vgl. *Jacobs*, Internationale Unternehmensbesteuerung, S. 1200, 1204.
[28] Vgl. *Stephan*, Vertragsgestaltung, S. 99, 101; *Wilde*, DB 2007, S. 269 f.
[29] Vgl. *Jacobs*, Internationale Unternehmensbesteuerung, S. 1204-1210

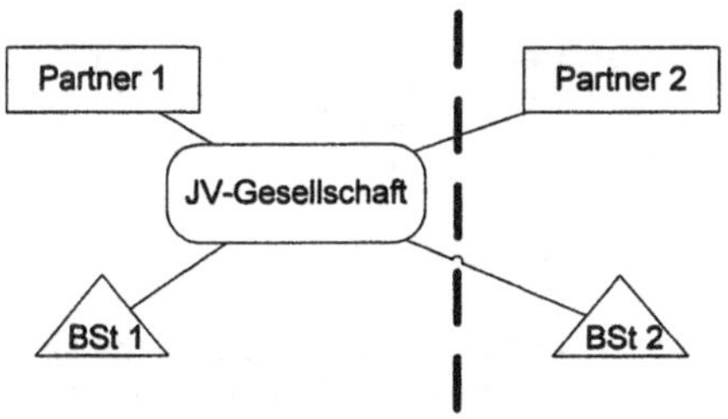

2. Holdingmodell

In der Holdingvariante bringen die JV-Partner unmittelbare Beteiligungen an in- oder ausländischen (Tochter-)Kapital- bzw. Personengesellschaften gegen Gewährung von Gesellschaftsrechten in eine neu gegründete oder bereits bestehende JV-Gesellschaft ein. Es kann sich bei der JV-Gesellschaft wiederum um eine in- oder ausländische Kapital- oder Personengesellschaft handeln. Im Ergebnis nimmt die JV-Gesellschaft in dieser Konstellation eine Holdingfunktion ein; aus isolierten, direkten Beteiligungen werden letztlich gemeinsame, indirekte Beteiligungen[30].

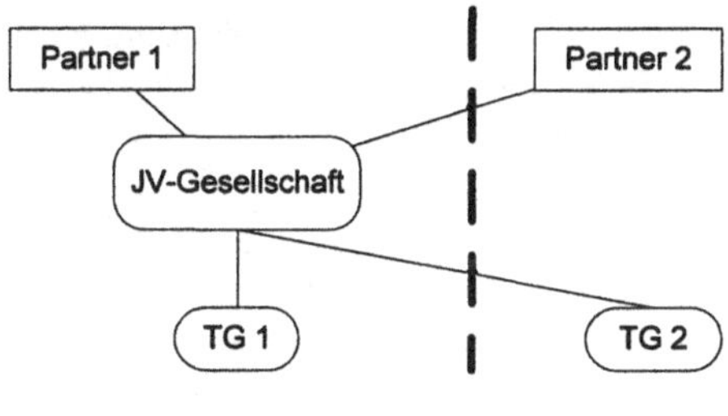

3. Strategische Allianz

Im Grundfall der auch als *Doppelholding- oder Überkreuzbeteiligungsmodell*[31] bezeichneten strategischen Allianz räumen die Kooperationspartner sich gegenseitig Minderheitsbeteiligungen an ihren Tochtergesellschaften ein. Im Ergebnis entstehen hierdurch wechselseitige Beteiligungen, die sowohl Gewinnrechte an der eigenen als auch an der Tochtergesellschaft des anderen JV-Partners begründen.

Um einen Ausgleich für eine möglicherweise unterschiedliche Gewinnentwicklung der beiden Tochtergesellschaften zu schaffen, kann zusätzlich eine Gewinnpoolung zwischen den JV-Partnern vereinbart werden. Zur Unterstützung der unternehmerischen Zusammenarbeit zwischen den Partnern bietet es sich ferner an, die Minderheitsbeteiligungen in der strategischen Allianz mit höheren Stimmrechten auszustatten, so dass beispielsweise beiden Partnern jeweils gleiche Stimmrechte, aber unterschiedliche Dividendenberechtigungen zustehen.

[30] *Jacobs*, Internationale Unternehmensbesteuerung, S. 1207.

[31] Vgl. *Endres*, Joint Ventures, S. 199

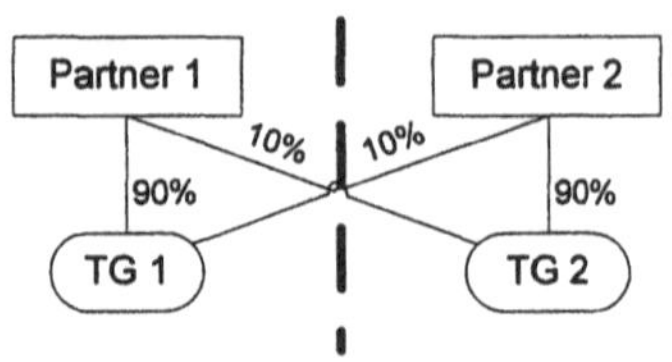

Anders als in den zuvor dargestellten Varianten eines Equity Joint Ventures begründen die JV-Partner im Rahmen der strategischen Allianz keine neue eigenständige betriebliche Einheit, sondern tauschen lediglich Beteiligungsrechte aus. In der Regel sind die Interessen der Partner jedoch darauf gerichtet, ihre gemeinschaftliche Aktivität in einer neuen Unternehmung mit eigener Rechtspersönlichkeit zu bündeln, die als einheitliche JV-Gesellschaft am Markt tätig ist und nach außen in Erscheinung tritt. Auf die Kooperationsform der strategischen Allianz wird daher im Folgenden nicht weiter eingegangen, sondern unterstellt, dass die Partner das Joint Venture in institutionalisierter Form, d.h. als Einheitsgesellschaft oder Holdingmodell ausgestalten.

C. Grundzüge der Joint Venture-Vertragsgestaltung

Der Erfolg eines Joint Ventures hängt – neben einer gründlichen Steuerplanung – nicht zuletzt auch von einer sorgfältigen Vertragsgestaltung ab. Dabei ist zu berücksichtigen, dass „der Joint Venture-Vertrag" als eigenständiger Vertragstypus nicht existiert. Das Joint Venture-Vertragswerk umfasst vielmehr regelmäßig eine Vielzahl von Verträgen unterschiedlichster Art, deren Inhalt je nach Gegenstand und Gestaltung der Zusammenarbeit sowie der betroffenen Rechtsordnungen im jeweiligen Einzelfall stark divergieren kann[32]. Dennoch werden bei der vertraglichen Ausgestaltung von Joint Ventures von den Parteien typischerweise bestimmte Regelungen getroffen, welche nachfolgend im Überblick[33] dargestellt werden sollen.

Im Vorfeld der Erarbeitung des eigentlichen Joint Venture-Vertragswerks und am Ende einer ersten Sondierungsphase formulieren die späteren Partner ihre gemeinsamen wirtschaftlichen und rechtlichen Zielvorstellungen in der Regel in einem sog. „*Letter of Intent* (LoI)". Dieser enthält zumeist noch nahezu unverbindliche Vereinbarungen hinsichtlich erster Maßnahmen zur Vorbereitung der Umsetzung des Vorhabens, der Verteilung von Verantwortlichkeiten und zur Kostentragung in der Vorbereitungsphase sowie erste zeitliche Vorgaben zur Vertragsanbahnung[34]. In fortgeschrittenerem Stadium der Vertragsanbahnung wird teilweise auch ein sog. „*Memorandum of Understanding*" geschlossen, welches hinsichtlich Verbindlichkeit und Detaillierungsgrad der formulierten gemeinsamen Absichten bereits über den LoI hinausgeht.

[32] Vgl. *Jacobs*, Internationale Unternehmensbesteuerung, S. 1199

[33] Nähere Ausführungen zur JV-Vertragsgestaltung mit Formulierungsbeispielen finden sich bei *Horten/Graf Kageneck*, Joint Ventures, S. 39-292 (zur Gestaltung eines deutsch-amerikanischen Joint Ventures); *Huber*, Vertragsgestaltung, S. 9 ff.; *Langefeld-Wirth*, Joint Ventures, S. 183 ff.; *ders.*, RIW 1990, S. 3 ff.

[34] Vgl. *Kiem/Pohl*, Joint Ventures, S. 8 ff. Die Verbindlichkeit der getroffenen Regelungen beschränkt sich in der Regel auf den Punkt der Vertraulichkeit und ggf. auch auf die zumindest partielle Exklusivität der Zusammenarbeit. Ein kommentiertes Formulierungsbeispiel für einen LoI im Vorfeld der Errichtung eines Joint Ventures findet sich bei *Thümmel*, Münchner Vertragshandbuch, Band 4, S. 1 ff.

Die Vorbereitungsphase mündet in das verbindliche Eingehen des Joint Ventures durch Abschluss einer schriftlichen Grundlagenvereinbarung, oft als „Joint Venture-Vertrag" oder „Basic Agreement" bezeichnet. Diese besitzt häufig einen ganz erheblichen Detaillierungsgrad[35] und legt die gegenseitigen Rechte und Pflichten der Kooperationspartner im Einzelnen fest. Typischerweise enthält der Joint Venture-Vertrag verbindliche Vereinbarungen zum Unternehmensgegenstand sowie zur Form und Dauer der Zusammenarbeit, zur internen Kompetenzverteilung (Joint Venture-Geschäftsführung, Kontrollmechanismen, Besetzung der Gesellschaftsorgane etc.), Lösung von Meinungsverschiedenheiten (Schlichtungsvereinbarungen) und Beendigung der Zusammenarbeit („buy/sell-arrangements"), Regelungen zur Aufbringung der Mittel und zu Nachschussverpflichtungen, zur Ergebnisverteilung und -verwendung, zu Vinkulierung und Vorkaufsrechten im Fall der Anteilsveräußerung sowie zum Know-how- und Technologietransfer und diesbezüglicher Geheimhaltung[36].

Ergänzt wird die Grundlagenvereinbarung meist durch eine Vielzahl zusätzlicher Vereinbarungen zur Regelung besonderer Themenkomplexe[37]. Zu diesen Nebenvereinbarungen gehören beispielsweise der Gesellschaftsvertrag, die Geschäftsordnungen für das Management, den Beirat oder den Aufsichtsrat, Kredit- und Lizenzverträge, aber auch Verträge zwischen den JV-Partnern und Dritten, so z.B. bezüglich Betriebsgenehmigungen und Rohstoffabbaurechten. Insbesondere bei Joint Ventures in Ländern, die über eine weniger differenzierte Rechtsordnung verfügen und durch ein unsicheres Investitionsklima geprägt sind (z.B. in Lateinamerika oder Osteuropa) werden häufig auch sog. Investitionsschutzverträge oder „Ansiedelungsvereinbarungen" mit den zuständigen Hoheitsträgern auf staatlicher Seite abgeschlossen, mit denen beispielsweise Devisenbewirtschaftung und die Anwendung bestimmter Steuerhöchstsätze für einen bestimmten Zeitraum festgeschrieben werden.

[35] Vgl. das Formulierungsbeispiel für ein deutsch-amerikanisches Joint Venture bei *Horten/Graf Kageneck*, Joint Ventures, S. 39 ff.

[36] Vgl. *Stephan*, Vertragsgestaltung, S. 102, 109 ff.; *Jacobs*, Internationale Unternehmensbesteuerung, S. 1199; *Zacher*, IStR 1007, 412 f.; *Kiem/Pohl*, Joint Ventures, S. 14 ff.; *Langefeld-Wirth*, Joint Ventures, S. 110 ff.

[37] Vgl. *Kiem/Pohl*, Joint Ventures, S. 12 f.; *Stephan*, Vertragsgestaltung, S. 102, 107; *Langefeld-Wirth*, Joint Ventures, S. 101 f.

Kapitel 3: Besteuerung internationaler Joint Ventures

Nachfolgend soll nun die steuerliche Behandlung eines als Einheitsgesellschaft bzw. Holdingmodell ausgestalteten Equity Joint Ventures in verschiedenen Stadien der Zusammenarbeit sowie unterschiedlichen Konstellationen betrachtet und daraus steuerstrategische Schlussfolgerungen hinsichtlich Rechtsform- und Standortwahl aus Sicht eines deutschen JV-Partners gezogen werden.

Zu differenzieren ist insoweit zum einen in zeitlicher Hinsicht zwischen der Besteuerung beim Weg in die Kooperation, der laufenden Besteuerung während des Bestehens des Joint Ventures und der steuerlichen Behandlung der späteren Beendigung der Zusammenarbeit. Zum anderen ist in sachlicher Hinsicht zu unterscheiden zwischen Kapital- und Personengesellschaftsstrukturen sowie je nach Ansässigkeit der JV-Gesellschaft im In- oder Ausland. Unterstellt wird dabei jeweils, dass sich sowohl der satzungsmäßige Sitz (§ 11 AO) als auch der Ort der Geschäftsleitung (§ 10 AO)[38] der JV-Gesellschaft in Deutschland oder einem ausländischen Staat befinden. Im Rahmen der Darstellung der Besteuerung innerhalb Personengesellschaftsstrukturen wird ferner davon ausgegangen, dass es sich bei der JV-Gesellschaft um eine originär gewerblich tätige Personengesellschaft (§ 15 Abs. 1 Satz 1 Nr. 2 EStG) handelt.

A. Besteuerung bei Gründung des Joint Ventures

Mit der Gründung eines Gemeinschaftsunternehmens geht in der Regel die Übertragung von Vermögen aus dem Eigentum der JV-Partner in das Eigentum der JV-Gesellschaft einher[39]. Die Kooperationspartner bringen dabei üblicherweise (Teil-) Betriebe, Mitunternehmeranteile oder Beteiligungen an Kapitalgesellschaften gegen Gewährung von Gesellschaftsrechten in die JV-Gesellschaft ein.

Zivilrechtlich kann dies grundsätzlich sowohl im Wege der (partiellen) Gesamtrechtsnachfolge nach den Vorschriften des Umwandlungsgesetzes (beispielsweise durch Verschmelzung, Auf- oder Abspaltung einer Personenhandelsgesellschaft auf eine bereits bestehende oder neu gegründete Kapital- oder Personenhandelsgesellschaft nach den §§ 2, 123 Abs. 1 und 2 UmwG oder durch Ausgliederung von Unternehmensteilen einer Personenhandels- oder Kapitalgesellschaft auf eine andere Personenhandels-/Kapitalgesellschaft gemäß § 123 Abs. 3 UmwG) als auch durch Einzelrechtsnachfolge geschehen[40]. Während das Zivilrecht zwischen Einzel- und Gesamtrechtsnachfolge unterscheidet, nimmt das Umwandlungssteuerrecht von dieser Differenzierung keine Notiz. Da in dem übertragenen Vermögen oftmals hohe stille Reserven ruhen, die als Folge der Einbringung beim Einbringenden aufgedeckt zu

[38] § 10 AO definiert den Ort der Geschäftsleitung als den Mittelpunkt der geschäftlichen Oberleitung. Nach der Rechtsprechung des BFH ist dies der Ort, an dem nach den tatsächlichen Verhältnissen des Einzelfalls dauernd die für die laufende Geschäftsführung nötigen Entscheidungen „von einiger Wichtigkeit" getroffen werden (vgl. BFH v. 23.01.1991, BStBl. II 1991, S. 555; v. 21.09.1989, BFH/NV 1990, S. 354). Bei sog. polyzentrisch geführten internationalen Joint Ventures, die über mehrere horizontale kaufmännische und/oder technische Unternehmensleitungen in verschiedenen Ländern verfügen, kann die Bestimmung dieses Ortes unter Umständen problematisch sein, vgl. dazu *Schaumburg*, Grundsätze, S. 68; *Schaumburg/Jesse* in: Lutter, Holding-Handbuch, § 14 Rn. 157; *Bogenschütz*, IStR 2000, S. 615 f.

[39] *Sieker*, Ertragsteuerliche Konsequenzen, S. 162; *Kraushaar/Müller*, Joint Ventures, S. 694.

[40] Vgl. § 1 Abs. 3 UmwStG.

werden drohen, muss Zielvorgabe für die sorgfältige Steuerplanung in dieser Phase sein, eine steuerneutrale Einbringung der Vermögensgegenstände in die JV-Gesellschaft zu ermöglichen[41]. Nach allgemeinen Gewinnermittlungsgrundsätzen handelt es sich bei der durch Einzel- oder Gesamtrechtsnachfolge verwirklichten Übertragung von (Betriebs-)Vermögen auf eine Kapital- oder Personengesellschaft gegen Gewährung von Gesellschaftsrechten (offene Einlage) um einen tauschähnlichen Vorgang und somit um eine gewinnrealisierende Veräußerung des eingebrachten Vermögens. Gedanklich ist der Vorgang aufzuspalten in eine Veräußerung aus Sicht des Einbringenden und ein Erwerbsgeschäft aus der Perspektive der übernehmenden Gesellschaft[42]. Dabei wird beim Einbringenden grundsätzlich ein Gewinn in Höhe der Differenz zwischen dem Buchwert des hingegebenen und dem gemeinen Wert des erlangten Wirtschaftsguts realisiert (arg. ex § 6 Abs. 6 Satz 1 EStG)[43]. Unter bestimmten Umständen lässt sich jedoch eine Ertragsteuerbelastung des Einbringenden im Zeitpunkt der Übertragung durch eine Fortführung des Buchwertes des eingebrachten Vermögens bei der aufnehmenden Gesellschaft und eine korrespondierende Veräußerungspreisfiktion beim Einbringenden vermeiden. Für Fälle der offenen Einlage von (Teil-)Betrieben, Mitunternehmeranteilen und Anteilen an Kapitalgesellschaften in eine Kapital- oder Personengesellschaft enthalten die §§ 20-24 UmwStG insoweit spezielle Vorschriften, die die Rechtsfolge der Aufdeckung stiller Reserven unter bestimmten Voraussetzungen außer Kraft setzen; außerhalb des Anwendungsbereichs des UmwStG ermöglicht unter anderem § 6 Abs. 5 EStG eine steuerfreie Übertragung von Einzelwirtschaftsgütern unter Fortführung der Buchwerte.

Die §§ 20-24 UmwStG sahen in ihrer bis zum 12.12.2006 geltenden Fassung insoweit grundsätzlich noch ein umfassendes Ansatz- und Bewertungswahlrecht[44] vor: Das eingebrachte Vermögen konnte von der aufnehmenden Gesellschaft nach §§ 20 Abs. 2 Satz 1, 24 Abs. 2 Satz 1 UmwStG a.F. wahlweise mit dem Buch- oder Teilwert oder einem Zwischenwert angesetzt werden. Der bei der aufnehmenden Gesellschaft angesetzte Wert bestimmte gleichzeitig den Veräußerungspreis der eingebrachten Wirtschaftsgüter sowie den Wertansatz beim einbringenden Anteilseigner für die aufgrund der Einbringung erhaltenen Anteile (§§ 20 Abs. 4 Satz 1, 24 Abs. 3 Satz 1 UmwStG a.F.). Die bei einer Einbringung in eine Kapitalgesellschaft unter dem Teilwert als Gegenleistung gewährten Anteile erhielten den steuerlichen Sonderstatus sog. „einbringungsgeborener Anteile" i.S.d. § 21 UmwStG a.F. Im Gegensatz zu „normalen" Kapitalgesellschaftsanteilen konnten einbringungsgeborene An-

[41] Im Einzelfall kann es gegenüber der steuerneutralen Einbringung allerdings günstiger sein, die in dem übertragenen Vermögen ruhenden stillen Reserven bereits bei Gründung aufzudecken, beispielsweise zur Nutzung nicht verbrauchter Verlustvorträge oder laufender Verluste des JV-Partners durch Verrechnung mit dem entstehenden Einbringungsgewinn. Nachfolgend wird jedoch grundsätzlich unterstellt, dass eine steuerneutrale Einbringung gewünscht wird.

[42] Vgl. *Weber-Grellet* in: Schmidt, § 5 EStG Rn. 631, 636 ff.; BFH v. 29.10.1987, BStBl. II 1988, S. 374 ff.; v. 20.06.1989, BFH/NV 1990, S. 102 ff.; v. 26.01.1994, BStBl. II 1994, S. 458 ff.; v. 21.06.1994, BStBl. II 1994, S. 856 ff.; v. 19.10.198, BStBl. II 2000, S. 230 ff.; v. 05.06.2002, DStRE 2003, S. 37 ff.; ebenso die herrschende Ansicht im Schrifttum, vgl. Nachweise bei *Schmitt* in: Schmitt/Hörtnagl/Stratz, UmwStG § 20 Rn. 5, § 24 Rn. 1.

[43] *Weber-Grellet* in: Schmidt, § 5 EStG Rn. 633.

[44] Vgl. *Schmitt* in: Schmitt/Hörtnagl/Stratz, UmwStG § 20 Rn. 235; *Patt* in: Dötsch/Pung/Patt/Jost, § 20 UmwStG Rn. 151 ff.; *Djanani/Brähler*, Umwandlungssteuerrecht, S. 416 f.

teile gemäß § 8b Abs. 4 KStG bzw. § 3 Nr. 40 Satz 3 EStG a.F. innerhalb einer siebenjährigen Frist nicht zu 95 % bzw. zur Hälfte steuerfrei veräußert werden, die Veräußerung innerhalb der Sperrfrist zog vielmehr die volle Steuerpflicht des Veräußerungsgewinns nach sich. Im Ergebnis kam es zu einer doppelten Verstrickung der im eingebrachten Vermögen enthaltenen stillen Reserven einerseits auf Ebene des Veräußerers der einbringungsgeborenen Anteile, andererseits auf Ebene der die eingebrachten Wirtschaftsgüter veräußernden Gesellschaft, was innerhalb des Schrifttums[45] zu Recht als systemwidrig kritisiert wurde.

Das am 13.12.2006 in Kraft getretene Gesetz über steuerliche Begleitmaßnahmen zur Einführung der Europäischen Gesellschaft und zur Änderung weiterer steuerrechtlicher Vorschriften (SEStEG)[46] hat nunmehr zu einem grundlegenden Konzeptionswechsel bei den Einbringungstatbeständen der §§ 20 ff. UmwStG geführt. Zunächst wurde der Anwendungsbereich des gesamten UmwStG grundsätzlich „europäisiert", was insbesondere für die Errichtung von internationalen Joint Ventures von Bedeutung ist. Während sich die §§ 20-22 UmwStG a.F. im wesentlichen auf Vorgänge unter Beteiligung unbeschränkt steuerpflichtiger Rechtsträger beschränkten und lediglich in den in § 23 UmwStG a.F. genannten Fällen Einbringungen zwischen EU-Kapitalgesellschaften möglich waren[47], wurde der Anwendungsbereich im Zuge der Neufassung des Gesetzes generell auf Einbringungen innerhalb der EU / des EWR[48] erstreckt und damit in vielen Fällen über die früheren Regelungen hinaus erweitert. Hinsichtlich der Person des Einbringenden wurden die Vorschriften sogar globalisiert (vgl. § 1 Abs. 4 Nr. 2 lit. b UmwStG). Hintergrund der Öffnung des UmwStG für grenzüberschreitende Sachverhalte waren insbesondere die EuGH-Urteile in den Rechtssachen *„SEVIC"*[49], *„N"*[50], *„Centros"*[51], *„Überseering"*[52], *„Inspire Art"*[53], *„de Lasteyrie du Saillant"*[54] und *„X & Y"*[55]; ferner war das UmwStG an die Än-

[45] Vgl. *Patt* in: Dötsch/Patt/Pung/Jost, Vor § 20 UmwStG Rn. 14 ff.; *Förster*, Stbg. 2001, S. 657, 659; *Haritz*, DStR 2004, S. 889; *Djanani/Brähler*, Umwandlungssteuerrecht, S. 429 ff.

[46] Gesetz vom 07.12.2006, BGBl. I 2006, S. 2782 ff.

[47] Nach dem Wortlaut des § 20 Abs. 1 Satz 1 UmwStG a.F. musste im Falle der Einbringung eines (Teil-)Betriebs oder Mitunternehmeranteils und – über die Verweisung des § 20 Abs. 1 Satz 2 UmwStG a.F. – auch im Falle der Einbringung von Kapitalgesellschaftsanteilen die Übernehmerin eine unbeschränkt körperschaftsteuerpflichtige Kapitalgesellschaft i.S.d. § 1 Abs. 1 KStG sein. Lediglich unter den in § 23 UmwStG a.F. genannten engen Voraussetzungen waren bereits nach früherer Rechtslage Einbringungen von Betrieben, Teilbetrieben und Anteilen an EU-Kapitalgesellschaften in bestimmte EU-Kapitalgesellschaften möglich (vgl. dazu auch unten Fn. 127 und *Fuhrmann*, DStZ 2007, S. 111 f).

[48] Zu den EU-Staaten gehören seit dem 01.01.2007 insgesamt 27 Länder, namentlich Belgien, Bulgarien, Dänemark, Deutschland, Estland, Finnland, Frankreich, Griechenland, Irland, Italien, Lettland, Litauen, Luxemburg, Malta, Niederlande, Österreich, Polen, Portugal, Rumänien, Schweden, Slowakei, Slowenien, Spanien, Tschechien, Ungarn, Vereinigtes Königsreich und Zypern. Der EWR erweitert den Binnenraum der Europäischen Gemeinschaft um die Staaten Island, Liechtenstein und Norwegen. Die Schweiz gehört zu den Mitgliedstaaten der Europäischen Freihandelszone (EFTA), nicht jedoch des EWR.

[49] EuGH-Urt. v. 13.12.2005 – Rs. C-411/03 („*SEVIC Systems AG*"), DB 2005, S. 2804 ff.

[50] EuGH-Urt. v. 07.09.2006 – Rs. C-479/04 („*N*"), DStR 2006, S. 1691 ff.

[51] EuGH-Urt. v. 09.03.1999 – Rs. C-212/97 („*Centros*"), DB 1997, S. 625 ff.

[52] EuGH-Urt. v. 05.11.2002 – Rs. C-208/00 („*Überseering*"), DB 2002, S. 2425 ff.

[53] EuGH-Urt. v. 30.09.2003 – Rs. C- 167/01 („*Inspire Art*"), DB 2003, S. 2219 ff.

[54] EuGH-Urt. v. 11.03.2004 – Rs. C-9/02 („*de Lasteyrie du Saillant*"), DB 2004, S. 686 ff.

[55] EuGH-Urt. v. 21.11.2002 – Rs. C-436/00 („*X & Y*"), FR 2003, S. 84 ff.

derungen des UmwG[56], die Vorgaben der EU-Fusionsrichtlinie (FRL)[57] und der gesellschaftsrechtlichen Verschmelzungsrichtlinie[58] sowie des Gesetzes zur Einführung der SE (SEEG)[59] anzupassen. Zum anderen wurde das bislang umfassend bestehende Ansatz- und Bewertungswahlrecht zugunsten eines grundsätzlichen Ansatzes des gemeinen Werts aufgegeben. Lediglich auf Antrag und geknüpft an die Erfüllung bestimmter Voraussetzungen erlauben die Vorschriften des UmwStG nunmehr die Fortführung der Buchwerte bzw. den Ansatz eines Zwischenwerts. Im Vergleich zur früheren Rechtslage kommt es dadurch zu einer Umkehr der Feststellungslast zu Lasten des Steuerpflichtigen[60]. Während nach alter Rechtslage höchstens der Teilwert anzusetzen war, stellt das neue Recht ferner maßgeblich auf den gemeinen Wert i.S.d. § 9 Abs. 2 BewG ab. Mit der Abkehr vom Teilwert hin zum gemeinen Wert dürfte der Gesetzgeber eine Angleichung der Wertmaßstäbe an den im internationalen Zusammenhang vorzufindenden Fremdvergleichspreis bezweckt haben[61]. Der gemeine Wert entspricht im Ergebnis dem Verkehrswert oder Einzelveräußerungspreis und umfasst somit auch nichtbilanzierte, weil nicht entgeltlich erworbene und selbst geschaffene immaterielle Wirtschaftsgüter (einschließlich eines evtl. originären Firmenwerts)[62]. Ungewöhnliche oder persönliche Verhältnisse bleiben darüber hinaus bei der Bemessung des gemeinen Werts unberücksichtigt[63], so dass dieser häufig über dem Teilwert liegen wird. Ausweislich der Gesetzesbegründung[64] ist der Ansatz eines unter dem gemeinen Wert liegenden Werts nunmehr auch dann zulässig, wenn dass eingebrachte Betriebsvermögen in der Handelsbilanz der aufnehmenden Gesellschaft mit einem höheren Wert angesetzt wird. Der Grundsatz der Maßgeblichkeit der Handelsbilanz für die Steuerbilanz (§ 5 Abs. 1 Satz 2 EStG) wurde durch das SEStEG somit für Umwandlungsvorgänge nach dem UmwStG endgültig aufgegeben. Dies ist letztlich nur konsequent, da nach der Neukonzeption der Vorschriften der Ansatz des Buch- bzw. eines Zwischenwerts nur noch auf Antrag und gebunden an die Erfüllung bestimmter Voraussetzungen gewährt wird und somit – entgegen der früheren Rechtslage – kein formelles steuerliches Wahlrecht mehr besteht, welches in Übereinstimmung mit der Handelsbilanz ausgeübt werden könnte. Ferner war die Aufgabe des Maßgeblichkeitsgrundsatzes auch aufgrund der Europäisierung des UmwStG geboten, da eine Anknüpfung an ausländisches Handelsbilanzrecht nicht sinnvoll möglich ist. Im Zuge des SEStEG wurde darüber hinaus das bisherige Konzept der einbringungsgeborenen Anteile durch eine rückwirkende Besteuerung des zugrunde liegenden Einbringungsvorgangs (Entstehung eines nicht begünstigten Einbringungsgewinns I oder II) abgelöst, wenn es innerhalb von sieben Jahren nach dem Zeitpunkt der Einbringung zu einer schädlichen Veräußerung der als Gegenleistung für die Einbringung erhaltenen Anteile bzw. des eingebrachten Vermögens oder

[56] Zweites Gesetz zur Änderung des UmwG v. 19.04.2007, BGBl. I 2007, S. 542 ff.
[57] Richtlinie 2005/19/EG v. 17.02.2005, ABlEG Nr. L 058, S. 90 ff.
[58] Richtlinie 2005/56/EG v. 26.10.2005, ABlEG Nr. L 310, S. 1 ff.
[59] Gesetz v. 22.12.2004, BGBl. I 2004, S. 3675 ff.
[60] *Hruschka*, StuB 2007, S. 533.
[61] Vgl. *Prinz*, StuB 2007, S. 128; *Ley*, FR 2007, S. 112.
[62] So BT-Drucks. 16/2710, S. 43; *Rödder/Schumacher*, DStR 2006, S. 1537; *Ley*, FR 2007, S. 113; kritisch *Förster/Wendland*, BB 2007, S. 633.
[63] *Prinz*, StuB 2007, S. 128.
[64] BT-Drucks. 16/2710, S. 34.

zur Verwirklichung eines gesetzlich der Veräußerung gleichgestellten Vorgangs kommt (vgl. §§ 22 Abs. 1 und 2, 24 Abs. 5 UmwStG)[65].

Für die steuerneutrale Gründung eines Joint Ventures haben sich infolge der Einführung des SEStEG somit neue Rahmenbedingungen ergeben, welche nachfolgend aus Sicht eines deutschen JV-Partners für verschiedene Gründungssachverhalte untersucht werden sollen. Dabei wird unterstellt, dass es sich beim einbringenden JV-Partner um eine inländische Kapitalgesellschaft oder Personengesellschaft mit in Deutschland steuerpflichtigen Gesellschaftern handelt.

I. Kapitalgesellschaftsstrukturen

1. Standort in Deutschland

Entscheiden sich die Kooperationspartner dafür, das Joint Venture in Form einer deutschen Kapitalgesellschaft auszugestalten, so bietet sich hierfür aus gesellschaftsrechtlicher Sicht in erster Linie die Rechtsform einer **GmbH** an[66]. Diese vereint in sich die Vorteile einer vergleichsweise großen Gestaltungsfreiheit und einer bei einem inkorporierten Joint Venture regelmäßig angestrebten Weisungsmacht der JV-Partner. Demgegenüber erscheint die **AG** aus gesellschaftsrechtlicher Sicht für die Errichtung eines Joint Ventures eher ungeeignet, da der Vorstand einer AG – anders als der Geschäftsführer einer GmbH – gemäß § 76 Abs. 1 AktG grundsätzlich nicht an die Weisungen der Gesellschafter gebunden ist und die Weisungs- und Ein-

---

[65] Mit dem Konzeptwechsel sind die bisherigen Sonderregelungen betreffend einbringungsgeborene Anteile (§§ 21, 23 UmwStG, 8b Abs. 4 KStG, 3 Nr. 40 Satz 3 und 4 EStG a.F.) jedoch keinesfalls obsolet geworden. Soweit Anteile durch einen Einbringungsvorgang nach bisher geltendem Recht gemäß § 21 UmwStG a.F. als einbringungsgeboren zu qualifizieren sind, gelten die bisherigen Vorschriften nach §§ 27 Abs. 3 Nr. 3 UmwStG, 52 Abs. 4b Satz 2 EStG und § 34 Abs. 7a KStG auch künftig weiter (*Dötsch/Pung*, DB 2006, S. 2764). In den §§ 20 Abs. 3 Satz 4, 21 Abs. 2 Satz 6 UmwStG wird zudem ergänzend geregelt, dass die Übertragung einbringungsgeborener Anteile alten Rechts durch eine Sacheinlage nach neuem Recht dazu führt, dass auch die erhaltenen Anteile anteilig als einbringungsgeboren i.S.d. § 21 UmwStG a.F. zu qualifizieren sind, also quasi „infiziert" werden. Hierdurch soll die Besteuerung des Veräußerungsgewinns bei einbringungsgeborenen Anteilen alten Rechts sichergestellt werden (*Hagemann/Ropohl/Viebrock/Jakob*, NWB Sonderheft 1/2007, S. 40; *Hörtnagl*, Stbg. 2007, S. 263). Es kann damit auch im zeitlichen Anwendungsbereich des neuen UmwStG zur Entstehung „alt-einbringungsgeborener" Anteile kommen (*Dötsch/Pung*, DB 2006, S. 2764; *Patt*, Der Konzern 2006, S. 737). Die bislang im Zusammenhang mit einbringungsgeborenen Anteilen bestehenden Rechtsprobleme werden damit auf unbestimmte Zeit perpetuiert (vgl. hierzu *Haritz*, GmbHR 2007, S. 172). Hinzu kommen weitere Fragen, die das neue Recht aufwirft. Unklar ist beispielsweise, ob es nach neuem Recht auch dann zur Entstehung neuer einbringungsgeborener Anteile i.S.d. § 21 UmwStG a.F. kommen soll, wenn die Einbringung zum gemeinen Wert erfolgt (verneinend *Förster/Wendland*, BB 2007, S. 634; *Benz/Rosenberg*, BB-Special Nr. 8/2006, S. 61). Fraglich ist ferner, ob die eingebrachten Anteile in diesem Fall ihre Eigenschaft als einbringungsgeboren verlieren oder ob es zu einer „Verdoppelung" der einbringungsgeborenen Anteile kommt (vgl. hierzu *Förster/Wendland*, BB 2007, S. 634). Nach welchem Maßstab die als Gegenleistung zu gewährenden Anteile in neue einbringungsgeborene und nicht einbringungsgeborene Anteile aufzuteilen sind, wenn zu einem eingebrachten (Teil-)Betrieb auch einbringungsgeborene Anteile an Kapitalgesellschaften gehören, ist ebenfalls ungeklärt (vgl. hierzu *Schröder/Pickhardt-Poremba*, DB 2007, S. 2168 f.). Ebenso offen ist, ob für die infizierten einbringungsgeborenen Anteile eine neue Siebenjahresfrist beginnt oder sie entsprechend der sog. „Fußstapfentheorie" in die laufende Sperrfrist der eingebrachten Anteile eintreten (für letzteres *Förster/Wendland*, BB 2007, S. 634 und *Dötsch/Pung*, DB 2006, S. 2770). Es bleibt abzuwarten, wie Rechtsprechung und Literatur mit diesen Fragen umgehen werden.

[66] Vgl. *Kiem/Pohl*, Joint Ventures, S. 13; *Ley/Schulte*, Joint-Venture-Gesellschaften, Rn. 118 f.

griffsrechte des Aufsichtsrates nur eine unzureichende Einflussnahme gewährleisten. Das ansonsten regelmäßig für die Wahl einer AG sprechende Motiv eines baldmöglichsten Börsengangs spielt zudem im Kontext eines Joint Ventures nur selten eine Rolle, da die Finanzierung in der Regel bereits durch die JV-Partner gesichert wird und diese sich oft selbst über einen eigenen Zugang zum Kapitalmarkt refinanzieren können[67]. Des Weiteren sprechen die relative Komplexität der aktienrechtlichen Regelungen sowie die Satzungsstrenge oft gegen die AG als Rechtsform einer JV-Gesellschaft[68]. Im internationalen Kontext gilt die AG aufgrund ihrer weltweiten Verbreitung und Anerkennung dennoch gemeinhin als die klassische Rechtsform für JV-Kapitalgesellschaftsstrukturen[69]. Der Grund hierfür dürfte darin bestehen, dass die GmbH – anders als die AG – in manchen Rechtsordnungen nicht als selbständige Form der Kapitalgesellschaft anerkannt[70] oder sogar gänzlich unbekannt[71] ist. In anderen Rechtskreisen wird die GmbH üblicherweise nur für kleinere Unternehmen gewählt[72], was möglicherweise zu unerwünschten Assoziationen bei ausländischen Vertragspartnern führen kann. Häufig werden die Partner eines internationalen Joint Ventures daher bei Wahl eines deutschen Standortes die Rechtsform der AG derjenigen einer GmbH vorziehen. Aus Image- und Marketinggründen kann sich unter Umständen jedoch auch die Errichtung einer JV-Gesellschaft in der Rechtsform einer **SE** nach den Art. 2 Abs. 3, 35 f. SE-VO anbieten, um die europäische Ausrichtung des Joint Ventures und dessen supranationalen Charakter herauszustellen. Voraussetzung hierfür ist allerdings, dass es sich bei den JV-Partnern um nach dem Recht verschiedener EU-Mitgliedstaaten gegründete Gesellschaften i.S.d. Art. 48 Abs. 2 EG handelt, deren Sitz und Hauptverwaltung sich innerhalb der Gemeinschaft befinden[73]. Gegenüber der AG bietet die SE zudem den Vorteil der größeren Flexibilität hinsichtlich der inneren Organisation, da sie die Möglichkeit der Wahl zwischen dem – in Deutschland traditionell vorherrschenden – aktienrechtlichen dualistischen System (Vorstand und Aufsichtsrat) und dem monistischen Leitungsmodell (keine formale Trennung zwischen Überwachungs- und Geschäftsführungsorgan, Unternehmensleitung durch Verwaltungsrat und geschäftsführende Direktoren) eröffnet. Da die Partner in der Regel einen unmittelbaren Einfluss auf die Geschäftsführung der Gesellschaft wünschen, wird sich bei einer JV-SE zumeist das monistische System als vorzugswürdig erweisen[74]. Im Einzelfall ist insoweit jedoch die nach dem Gesetz über die Beteiligung der Arbeitnehmer in einer Europäischen Gesellschaft (SEBG) mögliche Mitbestimmung des Verwaltungsrats (vgl. § 23 Abs. 2 SE-AusführungsG i.V.m. § 35 Abs. 2 SEBG) zu bedenken. Weiterer Vorteil der SE, ist ihre grenzüberschreitende Mobilität innerhalb der EU / des EWR durch Sitzverlegung und Ver-

[67] *Kiem/Pohl*, Joint Ventures, S. 13.
[68] Vgl. *Ley/Schulte*, Joint-Venture-Gesellschaften, Rn. 123; *Stephan*, Vertragsgestaltung, S. 105.
[69] *Zacher*, IStR 1997, S. 413.
[70] Die Anerkennung der GmbH als Kapitalgesellschaft ist beispielsweise in Belgien umstritten (vgl. *Wymeersch/de Vylder/de Wulf* in: Hohloch, EU-Handbuch Gesellschaftsrecht, Belgien Rn. 14).
[71] So z.B. in Finnland und Schweden (vgl. *Collan/Uusitalo* in: Hohloch, EU-Handbuch Gesellschaftsrecht, Finnland Rn. 28; *Foerster*, aaO., Schweden Rn. 12).
[72] So z.B. in Griechenland (vgl. *Bailas/Bailas* in: Hohloch, EU-Handbuch Gesellschaftsrecht, Griechenland Rn. 339).
[73] Vgl. *Maul* in: Van Hulle/Maul/Drinhausen, Handbuch zur SE, Abschn. 4 § 4 Rn. 8.
[74] *Waclawik*, DB 2006, S. 1830.

schmelzung[75], welche ihr eine hohe Reorganisationseignung verleiht. Eingeschränkt wird die Vorteilhaftigkeit der SE jedoch unter Umständen durch die mit der Verwendung einer noch relativ neuen, in der Praxis noch nicht erprobten Rechtsform verbundenen Rechtsunsicherheiten und die Tatsache, dass die SE nur einen gemeinschaftsweit einheitlichen Rechts*rahmen* schafft, der aber in weiten Teilen durch das jeweilige nationale Recht ausgefüllt werden muss[76]. Bislang hat sich die SE als Rechtsform für JV-Gesellschaften jedenfalls noch nicht gegenüber der AG durchsetzen können.

a. Einbringung von Inlandsvermögen

aa. Inländisches Betriebsvermögen (Betrieb, Teilbetrieb oder Mitunternehmeranteil)

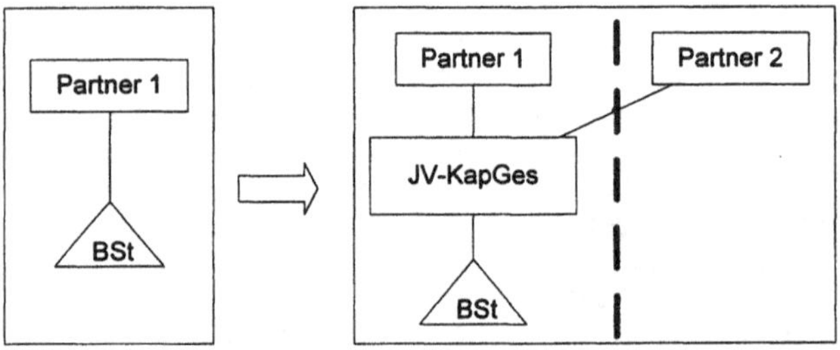

Die Einbringung eines inländischen Betriebs, Teilbetriebs oder Mitunternehmeranteils des deutschen JV-Partners in eine in Deutschland ansässige JV-Kapitalgesellschaft (nachfolgend kurz: JV-Kapitalgesellschaft) gegen Gewährung neuer Anteile (sog. Sacheinlage) unterliegt in steuerlicher Hinsicht **§ 20 UmwStG**[77]. Einbringender kann insoweit sowohl eine deutsche Kapitalgesellschaft als auch eine deutsche Personen-

[75] Zur Möglichkeit der grenzüberschreitenden Verschmelzung nationaler Kapitalgesellschaftsformen nach dem UmwG n.F. vgl. unten Kapitel 3:C.I.1.c.aa.

[76] *Schröder/Fuchs* in: Manz/Mayer/Schröder, Europäische Aktiengesellschaft, Teil A Rn. 81.

[77] Ebenfalls von § 20 Abs. 1 UmwStG erfasst werden im eingebrachten Betriebsvermögen enthaltene Anteile an Kapitalgesellschaften (vgl. dazu die Sonderregelungen nach §§ 20 Abs. 3 Satz 4, 22 Abs. 1 Satz 5 UmwStG), nicht jedoch die isolierte Einbringung einer im Betriebsvermögen gehaltenen 100 %igen Beteiligung an einer Kapitalgesellschaft. Ausweislich der Gesetzesbegründung soll letztere nicht als Teilbetrieb i.S.d. § 20 Abs. 1 UmwStG gelten (BT-Drucks. 16/2710, S. 42). Hinsichtlich des Teilbetriebsbegriffs ist weiter fraglich, ob dieser innerstaatlich oder EU-rechtlich nach der Definition des Art. 2 lit. i) FRL zu bestimmen ist. Nach deutschem Ertragsteuerrecht wird der Teilbetrieb als ein organisch geschlossener Teil des Gesamtbetriebs, der für sich betrachtet alle Merkmale eines Betriebs aufweist, mit einer gewissen Selbständigkeit ausgestattet und für sich lebensfähig ist, definiert (ständige Rechtsprechung; vgl. zu den Kriterien im Einzelnen *Kofmann/Götz*, SteuerStud 2007, S. 220 ff.). Demgegenüber ist der Teilbetriebsbegriff der Fusionsrichtlinie weiter definiert und setzt eine „gewisse Selbständigkeit" gegenüber dem Hauptbetrieb nicht voraus (*Förster/Wendland*, BB 2007, S. 632). Überwiegend wird letzterer als maßgeblich erachtet, so *Patt* (Der Konzern 2006, S. 735; *ders.* in: Dötsch/Jost/Pung/Witt, § 20 UmwStG (SEStEG) Rn. 19), *Thömmes/Schulz/Eismayr/Müller* (IWB Fach 11, Gr. 2, S. 756), *Förster/Wendland* (BB 2007, S. 632), *Schönherr/Lemaitre* (GmbHR 2007, S. 460) und *Hörtnagl* (Stbg. 2007, S. 259 f.); zweifelnd dagegen *Dötsch/Pung* (DB 2006, S. 2764 Fn. 67). Nach der Gesetzesbegründung wird ebenso ein Bruchteil eines Mitunternehmeranteils von § 20 Abs. 1 UmwStG erfasst, vgl. BT-Drucks. 16/2710, S. 69.

gesellschaft[78] sein, soweit an dieser innerhalb der EU / des EWR ansässige Kapitalgesellschaften oder natürliche Personen unmittelbar oder mittelbar beteiligt sind oder das Besteuerungsrecht Deutschlands hinsichtlich des Gewinns aus der Veräußerung der erhaltenen Anteile weder ausgeschlossen noch beschränkt wird (§§ 1 Abs. 3 Nr. 1 und 4, Abs. 4 Satz 1 Nr. 1 und 2 i.V.m. Abs. 2 Satz 1 Nr. 2 UmwStG). Letzteres ist regelmäßig der Fall, soweit die erhaltenen Anteile tatsächlich der inländischen Betriebsstätte der einbringenden deutschen Personengesellschaft zuzuordnen sind (vgl. Art. 13 Abs. 2 MA)[79].

§ 20 Abs. 2 Satz 1 UmwStG ordnet unter diesen Voraussetzungen nunmehr grundsätzlich den Ansatz des eingebrachten Betriebsvermögens mit dem gemeinen Wert und somit als Konsequenz des Einbringungsvorgangs eine Aufdeckung der stillen Reserven an. Auf Antrag[80] erlaubt **§ 20 Abs. 2 Satz 2 UmwStG** jedoch ausnahmsweise den einheitlichen Ansatz mit dem Buch- oder einem Zwischenwert, soweit

1. sichergestellt ist, dass das eingebrachte Betriebsvermögen bei der übernehmenden Gesellschaft der Besteuerung mit Körperschaftsteuer unterliegt[81];
2. die Passivposten des eingebrachten Betriebsvermögens die Aktivposten nicht übersteigen, wobei das Eigenkapital nicht zu berücksichtigen ist[82], und

[78] Im Falle der Einbringung von Unternehmensteilen einer Personengesellschaft war nach alter Rechtslage umstritten, ob die Mitunternehmerschaft selbst oder aber die Mitunternehmer als Einbringende i.S.d. § 20 UmwStG a.F. anzusehen sind (vgl. *Widmann* in: Widmann/Mayer, § 20 UmwStG Rn. 427; *Patt* in: Dötsch/Jost/Pung/Witt, § 20 UmwStG Rn. 21 und 139; *Wolff* in: Blümich, § 20 UmwStG Rn. 28; *Schmitt* in: Schmitt/Hörtnagl/Stratz, § 20 UmwStG Rn. 192; a.A.: BMF-Schr. v. 25.03.1998, BStBl. I 1998, S. 268 Tz. 20.05). Nach dem Gesetzeswortlaut der Neuregelung scheint Einbringender die Personengesellschaft als solche zu sein (so auch *Benz/Rosenberg*, BB-Special Nr. 8/2006, S. 63), jedoch wird im Rahmen der persönlichen Anwendungsregelungen für § 20 UmwStG auf die (unmittelbar oder mittelbar) hinter der Personengesellschaft stehenden natürlichen Personen oder Kapitalgesellschaften abgestellt (vgl. § 1 Abs. 4 Satz 1 Nr. 2 lit. a) aa) UmwStG) und die Rechtsfolgen sind bei den einzelnen Mitunternehmern zu ziehen (vgl. BT-Drucks. 16/2710, S. 42 f.). Daraus ist zu schließen, dass Einbringende die an der Personengesellschaft beteiligten Mitunternehmer sind (ebenso *Patt* in: Dötsch/Patt/Pung/Möhlenbrock, § 20 UmwStG (SEStEG) Rn. 169; *Heß/Schnitger* in: PwC, Reform des Umwandlungssteuerrechts, Rn. 1517).

[79] Ebenso *Rödder/Schumacher*, DStR 2007, S. 370. Damit ist auch die Einbringung von Unternehmensteilen durch eine inländische Personengesellschaft mit Drittstaaten-Mitunternehmern grundsätzlich steuerneutral möglich, soweit die erhaltenen Anteile im inländischen Betriebsvermögen der Personengesellschaft steuerlich verhaftet sind (*Förster/Wendland*, BB 2007, S. 632).

[80] Nach § 20 Abs. 2 Satz 3 UmwStG ist der Antrag spätestens bis zur erstmaligen Abgabe der steuerlichen Schlussbilanz bei dem für die Besteuerung der übernehmenden Kapitalgesellschaft zuständigen Finanzamt zu stellen. Gemeint sein dürfte die Bilanz am Schluss des Wirtschaftsjahres, in das der steuerliche Übertragungsstichtag fällt, bzw. die Eröffnungsbilanz in Neugründungsfällen (ebenso *Förster/Wendland*, BB 2007, S. 633; im Einzelnen zu den offenen Zweifelsfragen in Bezug auf das Antragsrecht *Benz/Rosenberg*, BB-Special Nr. 8/2006, S. 55 f.; *Hörtnagl*, Stbg. 2007, S. 261).

[81] Hintergrund dieser Regelung ist, dass durch die Einbringung keine Einschränkung des Besteuerungsrechts beispielsweise durch eine Körperschaftsteuerbefreiung der übernehmenden Gesellschaft nach § 5 KStG entstehen soll. Der Gesetzgeber hatte insoweit wohl insbesondere die Einführung des deutschen Real Estate Investment Trust (G-REIT) im Blick, der gemäß § 16 Abs. 1 REITG im Regelfall von der Körperschaft- und Gewerbesteuer befreit ist (vgl. *Benecke/Schnitger*, IStR 2007, S. 27; *Strahl*, KöSDi 2007, S. 15446).

[82] Übersteigen die Passivposten des eingebrachten Vermögen die Aktivposten, wird ein Zwischenwertansatz somit zwingend vorgeschrieben. Wie schon nach bisherigem Recht wird hierdurch eine Wertaufstockung des eingebrachten Vermögens auf Null erzwungen (vgl. *Förster/Wendland*, BB 2007, S. 633).

3. das deutsche Besteuerungsrecht hinsichtlich des Gewinns aus der Veräußerung des eingebrachten Betriebsvermögens bei der übernehmenden Kapitalgesellschaft nicht ausgeschlossen oder beschränkt wird.

Im vorliegend betrachteten reinen Inlandssachverhalt sind die Voraussetzungen des Antragswahlrechts – die Übertragung positiven oder zumindest ausgeglichenen Vermögens unterstellt – in der Regel erfüllt. Da die übernehmende JV-Gesellschaft in Deutschland unbeschränkt körperschaftsteuerpflichtig ist und im Inland steuerverhaftetes Betriebsvermögen eingebracht wird, verbleibt Deutschland ein uneingeschränktes Besteuerungsrecht hinsichtlich des Gewinns aus einer späteren Veräußerung der eingebrachten Wirtschaftsgüter. Ein inländischer Betrieb, Teilbetrieb oder Mitunternehmeranteil kann durch den deutschen JV-Partner demnach grundsätzlich zum Buchwert in eine inländische JV-Kapitalgesellschaft eingebracht werden.

Dies gilt ebenso, soweit dem einbringenden JV-Partner neben neuen Anteilen an der JV-Gesellschaft eine **sonstige Gegenleistung** (z.B. Zahlung von Geldbeträgen, Einräumung von Gesellschafterforderungen, Gewährung stiller Beteiligungen oder Übernahme von Pensionsverpflichtungen)[83] für die Einbringung gewährt wird. Während der Regierungsentwurf des SEStEG insoweit noch einen Gewinnrealisierungszwang vorsah, bleibt die Gewährung einer sonstigen Gegenleistung nach der letztlich verabschiedeten Fassung des § 20 Abs. 2 Satz 4 UmwStG zulässig und führt bis zur Höhe des Buchwerts des eingebrachten Betriebsvermögens nicht zu einer Aufdeckung stiller Reserven. Dies ist vor allem für Joint Ventures von Bedeutung, bei denen ein Partner Betriebsvermögen und der andere Partner Barmittel einbringt. Um eine paritätische Beteiligungshöhe zu erreichen, kann dabei dem Partner, der das (ggf. höher zu bewertende) Betriebsvermögen einbringt, zum Ausgleich – neben neuen Anteilen an der übernehmenden JV-Gesellschaft – z.B. eine Darlehensforderung dieser gegenüber eingeräumt werden[84]. Konkret ist der Buchwertansatz bei der Gewährung einer sonstigen Gegenleistung möglich, wenn die Anschaffungskosten der erhaltenen neuen Anteile an der JV-Gesellschaft entsprechend um den gemeinen Wert der anderen Wirtschaftsgüter herabgesetzt werden (§ 20 Abs. 3 Satz 3 UmwStG).

Der Wert, mit dem die JV-Kapitalgesellschaft das übernommene Betriebsvermögen ansetzt, gilt für den einbringenden JV-Partner grundsätzlich als Veräußerungspreis des seinerseits eingebrachten Betriebsvermögens i.S.d. § 16 EStG und als Anschaffungskosten der ihm im Gegenzug gewährten Anteile (**§ 20 Abs. 3 Satz 1 UmwStG**). Durch diese Regelung wird sichergestellt, dass die erhaltenen Anteile im Zeitpunkt der Sacheinlage stille Reserven in gleicher Höhe enthalten wie sie im eingebrachten Betriebsvermögen vorhanden waren[85]. Der Veräußerungspreis für die eingebrachten Wirtschaftsgüter wird insoweit durch § 20 Abs. 3 Satz 1 i.V.m. Abs. 2 UmwStG spezialgesetzlich bestimmt; die allgemeinen Grundsätze des § 16 EStG, denen zufolge der Veräußerungspreis für das eingebrachte Vermögen anhand des gemeinen Werts der im Tauschwege erworbenen Anteile an der übernehmenden JV-Kapitalgesellschaft bemessen würde, gelangen nicht zur Anwendung[86]. Ein von der JV-Kapital-

[83] *Strahl*, KöSDi 2007, S. 15445.
[84] Vgl. *Hagemann/Ropohl/Viebrock/Jakob*, NWB Sonderheft 1/2007, S. 35.
[85] *Patt* in: Dötsch/Jost/Pung/Witt, § 20 UmwStG (SEStEG) Rn. 36.
[86] Vgl. *Patt* in: Dötsch/Patt/Pung/Möhlenbrock, § 20 UmwStG (SEStEG) Rn. 250.

gesellschaft angesetzter Buchwert ist somit vom einbringenden JV-Partner grundsätzlich zu übernehmen (doppelte Buchwertverknüpfung). Die Realisierung eines Einbringungsgewinns kann damit vollständig durch eine Einlage zu Buchwerten vermieden werden; allerdings bleiben hierdurch die im eingebrachten Vermögen ruhenden stillen Reserven – wie schon nach früherer Rechtslage – sowohl im Vermögen des Einbringenden als auch der übernehmenden Kapitalgesellschaft latent steuerverhaftet (Verdoppelung der stillen Reserven)[87].

Soweit der einbringende JV-Partner die erhaltenen Anteile an der JV-Kapitalgesellschaft jedoch innerhalb eines Zeitraums von sieben Jahren nach dem Einbringungszeitpunkt[88] wieder veräußert oder einer der in § 22 Abs. 1 Satz 6 Nr. 1-5 UmwStG abschließend aufgezählten Veräußerungsersatztatbestände verwirklicht wird, ist nach **§§ 22 Abs. 1, 20 Abs. 2 Satz 2 UmwStG** rückwirkend der sog. **Einbringungsgewinn I** zu versteuern. Die Anteilsveräußerung gilt insoweit als rückwirkendes Ereignis i.S.v. § 175 Abs. 1 Satz 1 Nr. 2 AO (vgl. § 22 Abs. 1 Satz 1 und 2 UmwStG)[89]. Eine Veräußerung der erhaltenen Anteile an der JV-Gesellschaft bzw. die Realisierung eines dieser gleichgestellten Vorgangs dürfte zwar regelmäßig erst zur Beendigung der Kooperation zwischen den JV-Partnern in Betracht kommen[90]. Nach § 22 Abs. 3 Satz 2 UmwStG gelten die erhaltenen Anteile aber auch dann als veräußert, wenn der einbringende JV-Partner den ihm nach § 22 Abs. 3 UmwStG innerhalb der siebenjährigen Sperrfrist obliegenden **Nachweispflichten** nicht nachkommt. Gemäß § 22 Abs. 3 Satz 1 Nr. 1 UmwStG hat der Einbringende in den dem Einbringungszeitpunkt folgenden sieben Jahren jährlich spätestens zum 31. Mai den Nachweis darüber zu erbringen, wem die im Gegenzug für die Sacheinlage erhaltenen Anteile (und im Falle der Weitereinbringung auch etwaige auf diesen beruhende Anteile) zuzurechnen sind. Gehören Kapitalgesellschaftsanteile zum eingebrachten Betriebsvermögen, so hat der einbringende JV-Partner innerhalb des Siebenjahreszeitraums nicht nur nachzuweisen, dass er wirtschaftlich und rechtlich noch über die erhaltenen Anteile an der übernehmenden JV-Kapitalgesellschaft verfügt, sondern auch, dass die im eingebrachten Betriebsvermögen enthaltenen Kapitalgesellschaftsanteile weiterhin bei der übernehmenden JV-Kapitalgesellschaft vorhanden sind[91]. Im Ergebnis bürdet das Gesetz dem Steuerpflichtigen damit die Beweislast für das Nichtvorliegen

---

[87] Vgl. *Patt* in: Dötsch/Patt/Pung/Möhlenbrock, Vor §§ 20-23 UmwStG (SEStEG) Rn. 25.

[88] Während die Vermögensübertragung *zivilrechtlich* erst mit Eintragung in das Handelsregister wirksam wird, kann der *steuerliche* Einbringungszeitpunkt bei der Einbringung im Wege der Einzelrechtsnachfolge auf einen Stichtag zurückbezogen werden, der maximal acht Monate vor dem Tag des Abschlusses des Einbringungsvertrags und vor dem Zeitpunkt liegt, an dem das eingebrachte Vermögen auf die übernehmende Kapitalgesellschaft übergeht (vgl. § 20 Abs. 6 Satz 3 UmwStG).

[89] Der Einbringungsgewinn I wird also rückwirkend auf den Zeitpunkt der ursprünglichen Einbringung korrigiert, in der Zeit zwischen dem Einbringungszeitpunkt und der Veräußerung ergangene Steuerbescheide sind dementsprechend zu korrigieren. Die Behandlung der Veräußerung als rückwirkendes Ereignis ist auch für die Verzinsung der Steuernachforderung nach § 233a AO von Bedeutung. Der Zinslauf für die Steuernachforderung setzt gemäß § 233a Abs. 2a AO erst 15 Monate nach Ablauf des Kalenderjahres ein, in dem das rückwirkende Ereignis eingetreten ist. Würde die Veräußerung nicht als rückwirkendes Ereignis behandelt, begänne der Zinslauf nach § 233a Abs. 2 AO bereits 15 Monate nach Ablauf des Einbringungsjahres (vgl. *Ley*, FR 2007, S. 115).

[90] Vgl. dazu unten Kapitel 3:C.I.1.d. und Kapitel 3:C.I.2.d.

[91] Vgl. *Strahl*, KöSDi 2007, S. 15455.

einer schädlichen Veräußerung oder eines gleichgestellten Vorgangs auf[92]. Nach der Gesetzesbegründung[93] kann der erforderliche Nachweis insbesondere durch Vorlage eines Registerauszugs oder einer Bescheinigung der jeweils übernehmenden oder erwerbenden Gesellschaft, dass die Anteile zum jeweiligen Stichtag noch vorhanden sind, erbracht werden[94]. Wird der Nachweis für einen Veranlagungszeitraum der siebenjährigen Sperrfrist nicht erbracht, fingiert § 22 Abs. 3 Satz 2 UmwStG die Anteilsveräußerung an dem Tag, der auf den Einbringungszeitpunkt folgt oder der in den Folgejahren diesem Tag entspricht[95]. In diesem Fall kommt es rückwirkend zur ungemilderten Besteuerung des Betrags, um den der rückblickend zu ermittelnde gemeine Wert des in die JV-Kapitalgesellschaft eingebrachten Betriebsvermögens im Zeitpunkt der Einbringung nach Abzug der Kosten für den Vermögensübergang den von der übernehmenden JV-Kapitalgesellschaft für das eingebrachte Betriebsvermögen angesetzten Buchwert übersteigt, vermindert um je ein Siebtel für jedes seit dem Einbringungszeitpunkt bis zur Veräußerung abgelaufene volle Zeitjahr (Einbringungsgewinn I, vgl. § 22 Abs. 1 Satz 3 UmwStG). Der Einbringungsgewinn gilt beim inländischen JV-Partner als Gewinn aus der Veräußerung eines Betriebs i.S.v. § 16 EStG, auf den allerdings die Vergünstigungen der §§ 16 Abs. 4, 34 EStG keine Anwendung finden (vgl. § 22 Abs. 1 Satz 1 UmwStG). Korrespondierend zur Versteuerung des Einbringungsgewinns werden die Anschaffungskosten der erhaltenen Anteile beim Einbringenden sowie die Buchwerte des bei der Einbringung übernommenen Betriebsvermögens auf Ebene der JV-Kapitalgesellschaft unter bestimmten Umständen im Jahr der fingierten Veräußerung erhöht, ohne dass hiermit jedoch eine unmittelbare Gewinnauswirkung verbunden ist (sog. „Step-up“; §§ 22 Abs. 1 Satz 4, 23 Abs. 2 Satz 1 UmwStG)[96]. Da § 22 UmwStG die Veräußerung der Anteile

---

[92] *Förster/Wendland*, BB 2007, S. 638; *Söffing/Lange*, DStR 2007, S. 1611. Kritisch zu den neuerdings vorgesehenen Nachweispflichten – insbesondere bei Ketteneinbringungen und bei Gesellschaften mit zahlreichen Anteilseignern – auch *Dörfler/Rautenstrauch/Adrian*, BB 2006, S. 1715; *Strahl*, KöSDi 2007, S. 15455; *Ott*, INF 2007, S. 103.

[93] BT-Drucks. 16/2710, S. 49.

[94] Gegenüber welchem Finanzamt der Nachweis zu erbringen ist, lässt sich hingegen weder dem Gesetzeswortlaut noch der Gesetzesbegründung entnehmen. Sinnvoll erschiene eine zentrale Überwachung durch das Finanzamt, welches für die übernehmende JV-Kapitalgesellschaft zuständig ist (so auch *Dötsch/Pung*, DB 2006, S. 2767; *Ley*, FR 2007, S. 116). Mangels spezialgesetzlicher Regelung liegt die Zuständigkeit aber wohl bei dem nach allgemeinen Grundsätzen (§ 19 AO) für die Einkommensbesteuerung des einbringenden deutschen JV-Partners zuständigen Finanzamt (so auch *Forst/Radmer*, EStB 2007, S. 65; *Rödder/Schumacher*, DStR 2007, S. 375; *Hörtnagl*, Stbg. 2007, S. 267; *Söffing/Lange*, DStR 2007, S. 1610; *Schröder/Pickhardt-Poremba*, DB 2007, S. 2169). Dies entspricht auch der unlängst in einem BMF-Schreiben zu § 22 Abs. 3 UmwStG geäußerten Ansicht der Finanzverwaltung (vgl. BMF-Schr. v. 04.09.2007, DStR 2007, S. 1628, Tz. 1).

[95] Dem Gesetzeswortlaut nach ist die Veräußerungsfiktion als Rechtsfolge eines nicht fristgerecht erbrachten Nachweises zwingend, was dafür spricht, dass es sich um eine gem. § 109 AO nicht verlängerbare sog. Ausschlussfrist handelt. Laut der Gesetzesbegründung soll dies jedoch ausdrücklich nicht der Fall sein (vgl. BT-Drucks. 16/2710, S. 49). Nach dem jüngst zu § 22 Abs. 3 UmwStG veröffentlichten BMF-Schreiben ist eine Verlängerung der Nachweisfrist nicht möglich, ein nach Fristablauf erbrachter Nachweises allerdings noch bis zum Abschluss des Klageverfahrens berücksichtigungsfähig (vgl. BMF-Schr. v. 04.09.2007, IStR 2007, S. 1628, Tz. 3 und 5). Folglich scheint auch die Finanzverwaltung entgegen der Gesetzesbegründung vom Vorliegen einer Ausschlussfrist auszugehen (vgl. auch *Patt* in: Dötsch/Patt/Pung/Möhlenbrock, § 22 UmwStG (SEStEG) Rn. 91).

[96] Die Erhöhung des Wertansatzes bei der übernehmenden Gesellschaft setzt jedoch neben einem entsprechenden Antrag voraus, dass der einbringende JV-Partner die auf den Einbringungsgewinn I entfallende Steuer entrichtet hat und dies durch Vorlage einer Bescheinigung des zuständigen Fi-

als solche nicht regelt, ist nach hier vertretener Ansicht bei Nichterfüllung der Nachweispflicht kein fiktiver Gewinn aus der Veräußerung der erhaltenen Anteile zu versteuern[97]. Die fiktive Veräußerung gemäß § 22 Abs. 3 Satz 2 UmwStG wirkt sich somit lediglich im Rahmen des § 22 Abs. 1 oder 2 UmwStG aus. Die Finanzverwaltung will demgegenüber im Falle der Nichterbringung des Nachweises auf den in § 22 Abs. 3 Satz 2 UmwStG bestimmten Zeitpunkt zugleich eine Besteuerung des Gewinns aus einer fiktiven Veräußerung der von der Nachweispflicht betroffenen Anteile vornehmen, wobei der gemeine Wert der als veräußert geltenden Anteile zum Zeitpunkt der Veräußerungsfiktion und die Höhe der entsprechenden Veräußerungskosten notfalls im Wege der Schätzung (§ 162 AO) ermittelt werden sollen[98]. Danach käme es im Falle der Nichterbringung des Nachweises im Anschluss an eine Sacheinlage unter dem gemeinen Wert zu fremdbestimmten Steuerwirkungen auf Ebene der aufnehmenden Kapitalgesellschaft. Im Gesetzeswortlaut findet die Verwaltungsauffassung jedoch keine Grundlage und ist daher abzulehnen.

bb. Anteile an inländischen Kapitalgesellschaften

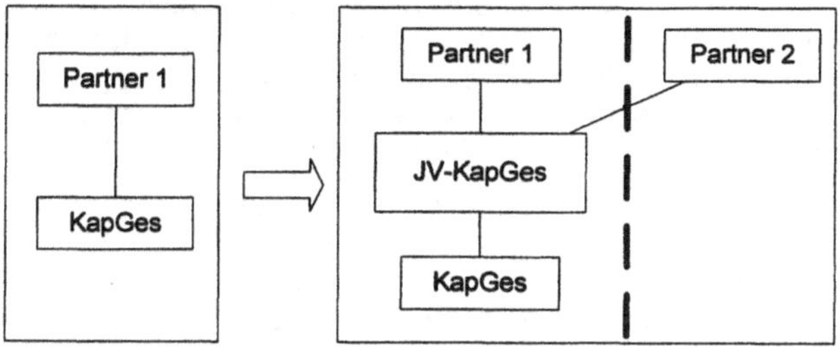

Die isolierte Einbringung von Anteilen des deutschen JV-Partners an inländischen Kapitalgesellschaften gegen Gewährung von Gesellschaftsrechten an der aufnehmenden JV-Kapitalgesellschaft erfolgt steuerlich im Wege des Anteilstauschs gemäß **§ 21 UmwStG**[99]. Die Vorschrift gelangt insoweit unabhängig davon zur Anwendung, ob es sich beim einbringenden JV-Partner um eine Kapitalgesellschaft oder eine Personengesellschaft handelt und wer an der Personengesellschaft beteiligt ist[100].

nanzamtes nachgewiesen wurde. Ferner muss das eingebrachte Betriebsvermögen entweder noch zum Betriebsvermögen der aufnehmenden JV-Kapitalgesellschaft gehören oder zum gemeinen Wert übertragen worden sein. In letzterem Fall kann der Aufstockungsbetrag sofort als Betriebsaugabe abgezogen werden (vgl. BT-Drucks. 16/2710, S. 50). Bei einer Weiterübertragung unter dem gemeinen Wert scheiden hingegen sowohl der Ansatz des Erhöhungsbetrags als auch ein Betriebsausgabenabzug aus.

[97] So auch *Rödder/Schumacher*, DStR 2007, S. 375; *Förster/Wendland*, BB 2007, S. 638; *Patt* in: Dötsch/Patt/Pung/Möhlenbrock, § 22 (SEStEG) Rn. 93; *Söffing/Lange*, IStR 2007, S. 1611.

[98] Vgl. BMF-Schr. v. 04.09.2007, IStR 2007, S. 1628, Tz. 4.

[99] Nicht von § 21 UmwStG erfasst wird hingegen der Fall der Anteilseinbringung als Bestandteil einer betrieblichen Sachgesamtheit (Betrieb, Teilbetrieb oder Mitunternehmeranteil); insoweit findet vielmehr § 20 UmwStG Anwendung.

[100] Vgl. § 1 Abs. 3 Nr. 5, Abs. 4 Satz 1 Nr. 1 UmwStG. Die Vorschrift des § 1 Abs. 4 Satz 1 Nr. 2 UmwStG, welche subjektive Anforderungen an die Person des Einbringenden stellt, gilt nicht für den Fall des Anteilstauschs i.S.d. § 1 Abs. 3 Nr. *5* UmwStG, da sie sich ausschließlich auf die Vorgänge nach § 1 Abs. 3 Nr. *1-4* UmwStG bezieht.

Nach **§ 21 Abs. 1 Satz 1 UmwStG** hat die übernehmende JV-Kapitalgesellschaft die eingebrachten Anteile grundsätzlich mit dem gemeinen Wert anzusetzen[101]. Die Möglichkeit zur Fortführung des Buchwerts besteht nur auf Antrag, sofern ein sog. **qualifizierter Anteilstausch** vorliegt (**§ 21 Abs. 1 Satz 2 UmwStG**). Voraussetzung für einen solchen ist, dass die übernehmende JV-Kapitalgesellschaft nach der Einbringung die Mehrheit der Stimmrechte an der Gesellschaft hält, deren Anteile eingebracht werden (erworbene Gesellschaft)[102]. Der Wert, mit dem die JV-Kapitalgesellschaft die eingebrachten Anteile ansetzt, gilt für den JV-Partner grundsätzlich als Veräußerungspreis der eingebrachten und zugleich als Anschaffungskosten der ihm neu gewährten Anteile (steuerliche Wertverknüpfung, vgl. **§ 21 Abs. 2 Satz 1 UmwStG**). Von diesem Grundsatz macht § 21 Abs. 2 Satz 2 UmwStG allerdings dann eine Ausnahme, wenn Deutschland infolge der Einbringung das Besteuerungsrecht hinsichtlich des Gewinns aus der Veräußerung der eingebrachten oder der erhaltenen Anteile verliert oder dieses eingeschränkt wird. Im vorliegend betrachteten Fall des reinen Anteilstauschs im Inland wird jedoch weder das deutsche Besteuerungsrecht an den eingebrachten noch an den erhaltenen Anteilen beeinträchtigt. Beim einbringenden JV-Partner wird somit prinzipiell kein Gewinn realisiert, wenn die JV-Kapitalgesellschaft die eingebrachten (mehrheitsvermittelnden) Anteile mit dem Buchwert ansetzt. Allerdings folgt aus der strengen Wertverknüpfung wiederum eine Steuerverhaftung der stillen Reserven sowohl im Vermögen des Einbringenden als auch der übernehmenden Gesellschaft (Verdoppelung der stillen Reserven)[103].

Bei der strengen Buchwertverknüpfung verbleibt es selbst dann, wenn dem einbringenden JV-Partner neben neuen Anteilen an der übernehmenden JV-Gesellschaft eine **sonstige Gegenleistung** gewährt wird, soweit deren gemeiner Wert den Buchwert der eingebrachten Anteile nicht übersteigt (vgl. § 21 Abs. 1 Satz 3, Abs. 2 Satz 6 i.V.m. § 20 Abs. 3 Satz 3 UmwStG).

Werden die zum Buchwert eingebrachten Anteile jedoch innerhalb einer Frist von sieben Jahren nach dem Einbringungszeitpunkt[104] durch die übernehmende JV-Ka-

[101] Nach bisheriger Rechtslage war der gemeine Wert von eingebrachten Anteilen an nicht börsennotierten Kapitalgesellschaften nach dem sog. *Stuttgarter Verfahren* zu ermitteln (§ 11 Abs. 2 BewG). Dies wurde allerdings durch das SEStEG aufgegeben, da der in § 11 Abs. 2 BewG eingefügte Satz 3 die Anwendung des Stuttgarter Verfahrens für ertragsteuerliche Zwecke und damit auch für Einbringungsfälle ausdrücklich ausschließt. Demnach richtet sich die Ermittlung des gemeinen Werts von Anteilen an Kapitalgesellschaften im Rahmen der Einbringung nunmehr nach dem Ertragswertverfahren (*Förster/Wendland*, BB 2007, S. 633; vgl. OFD Düsseldorf, Vfg. v. 12.08.2004, BB 2004, S. 2184). Als geeignete Bewertungsmethode dürfte beispielsweise das vom Institut der Wirtschaftsprüfer (IDW) favorisierte und auch von der Finanzverwaltung zugrunde gelegte Verfahren IDW S1 in Betracht kommen (vgl. *Forst/Radmer*, EStB 2007, S. 63).

[102] Nach früherem Recht war die Einbringung mehrheitsvermittelnder Anteile demgegenüber Grundvoraussetzung für die generelle Anwendbarkeit der §§ 20 ff. UmwStG a.F. Nach neuem Recht setzt § 21 UmwStG i.d.F. des SEStEG den qualifizierten Anteilstausch nur noch für eine Buchwertfortführung, jedoch nicht mehr für seine grundsätzliche Anwendbarkeit voraus.

[103] Dies entspricht der früheren Rechtslage nach § 20 Abs. 4 UmwStG a.F.; vgl. *Schmitt* in: Schmitt/Hörtnagl/Stratz, § 20 UmwStG Rn. 331.

[104] Anders als bei der Sacheinlage nach § 20 UmwStG kann der steuerliche Übertragungszeitpunkt im Falle des Anteilstauschs nach § 21 UmwStG nicht zeitlich zurückbezogen werden. Maßgeblich ist vielmehr grundsätzlich der Zeitpunkt, zu dem die Übertragung zivilrechtlich wirksam wird, bei Übertragung von Geschäftsanteilen an einer GmbH also beispielsweise der Zeitpunkt der notariellen Beurkundung der Abtretung (vgl. § 15 Abs. 3 GmbHG). Geht das wirtschaftliche Eigentum an den eingebrachten Anteilen jedoch vor dem zivilrechtlichen Eigentum auf die erwerbende Gesellschaft über, so

pitalgesellschaft veräußert oder wird ein Veräußerungsersatztatbestand im Sinne des § 22 Abs. 1 Satz 6 Nr. 1-5 UmwStG verwirklicht, so ist gemäß **§§ 22 Abs. 2, 21 Abs. 1 UmwStG** rückwirkend der sog. **Einbringungsgewinn II** zu versteuern, soweit der Einbringende keine nach § 8b Abs. 2 KStG begünstigte Person ist[105]. Wie bei der Betriebseinbringung gilt die Veräußerung insoweit als rückwirkendes Ereignis i.S.d. § 175 Abs. 1 Nr. 2 AO (vgl. § 22 Abs. 2 Satz 2, Abs. 1 Satz 2 UmwStG). Zu einer Veräußerung der eingebrachten Anteile durch die aufnehmende Gesellschaft bzw. der Verwirklichung eines Ersatzrealisationstatbestandes wird es zwar in der Regel erst im Zuge der Beendigung der Zusammenarbeit der JV-Partner kommen[106]; auch im Rahmen des Anteilstausches wird die Veräußerung allerdings fingiert, wenn es der einbringende JV-Partner versäumt, in den auf den Einbringungszeitpunkt folgenden sieben Jahren jährlich spätestens bis zum 31. Mai **nachzuweisen**, wem die eingebrachten und die auf diesen beruhenden Anteile zuzurechnen sind (vgl. § 22 Abs. 3 Satz 1 Nr. 2, Abs. 2)[107]. Handelt es sich beim einbringenden JV-Partner um eine Kapitalgesellschaft, scheidet die Entstehung eines Einbringungsgewinns II wegen der Bezugnahme auf eine „nicht durch § 8b Abs. 2 KStG begünstigte Person" jedoch von vornherein aus. Dies erscheint nur konsequent, da eine Kapitalgesellschaft die eingebrachten Anteile nach § 8b Abs. 2 KStG ohnehin zu 95 % steuerfrei hätte veräußern können. Hat der einbringende JV-Partner demgegenüber die Rechtsform einer Personengesellschaft, so ist für die Anwendung des § 22 Abs. 2 UmwStG darauf abzustellen, inwieweit an dieser Personen unmittelbar oder mittelbar über eine weitere Personengesellschaft beteiligt sind, welche nicht durch § 8b Abs. 2 KStG begünstigt werden[108]. Nur insoweit kommt eine nachträgliche Besteuerung des Einbringungsvorgangs in Betracht. Als Einbringungsgewinn II ist in diesem Falle der Betrag zu versteuern, um den der gemeine Wert der eingebrachten Anteile im Einbringungszeitpunkt nach Abzug der Kosten für den Vermögensübergang den Wert, mit dem der JV-Partner die erhaltenen Anteile an der JV-Kapitalgesellschaft angesetzt hat, übersteigt, vermindert um jeweils ein Siebtel für jedes seit dem Einbringungszeitpunkt abgelaufene Zeitjahr (§ 22 Abs. 2 Satz 3 UmwStG). Wie nach einer Sacheinlage werden ferner die Anschaffungskosten der erhaltenen Anteile beim Einbringenden sowie der Wertansatz der eingebrachten Anteile bei der übernehmenden Gesellschaft unter bestimmten Voraussetzungen korrespondierend zur Versteuerung des Einbringungsgewinns im Jahr der fingierten Veräußerung ohne Gewinnauswirkung erhöht (vgl. §§ 22 Abs. 2 Satz 4, 23 Abs. 2 Satz 3 UmwStG)[109].

---

ist der Zeitpunkt der Verschaffung der wirtschaftlichen Verfügungsmacht maßgeblich (vgl. *Benz/Rosenberg*, BB-Special Nr. 8/2006, S. 69; *Patt* in: Dötsch/Patt/Pung/Möhlenbrock, § 21 UmwStG (SEStEG) Rn. 42).

[105] Beim Anteilstausch sind somit nicht die *neu gewährten*, sondern die *eingebrachten* Anteile steuerverhaftet. Im Ergebnis kommt es damit zu fremdbestimmten Steuerwirkungen beim einbringenden JV-Partner, da der Verkauf der eingebrachten Anteile durch die übernehmende Gesellschaft sanktioniert wird, die steuerlichen Konsequenzen jedoch beim Einbringenden eintreten (vgl. *Ley*, FR 2007, S. 118).

[106] Vgl. unten Kapitel 3:C.I.1.d. und Kapitel 3:C.I.2.d.

[107] Kritisch zu dieser Nachweisverpflichtung und zu Zuständigkeitsfragen vgl. *Dötsch/Pung*, DB 2006, S. 2771; *Ley*, FR 2007, S. 120.

[108] Vgl. BT-Drucks. 16/2710, S. 77.

[109] Vgl. oben Kapitel 3:A.I.1.a.aa.

b. Einbringung von Auslandsvermögen

aa. Ausländisches Betriebsvermögen (Betrieb, Teilbetrieb oder Mitunternehmeranteil)

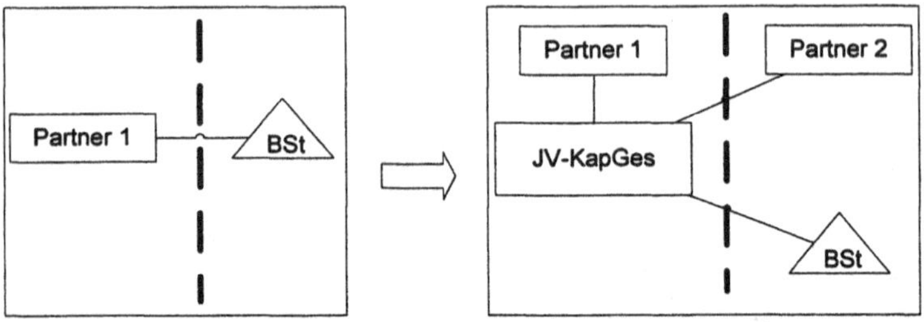

Auch die Einbringung eines ausländischen (Teil-)Betriebs oder Mitunternehmeranteils des deutschen JV-Partners gegen Gewährung neuer Anteile an der übernehmenden deutschen JV-Kapitalgesellschaft fällt in steuerlicher Hinsicht in den Anwendungsbereich des § 20 UmwStG. Es kann sich bei dem eingebrachten Vermögen insoweit sowohl um in einem Drittstaat als auch innerhalb der EU / des EWR belegenes Betriebsvermögen handeln[110]. Die übernehmende JV-Kapitalgesellschaft kann unter den Voraussetzungen des **§ 20 Abs. 2 Satz 2 UmwStG**, d.h. insbesondere soweit das Besteuerungsrecht Deutschlands hinsichtlich des Gewinns aus der Veräußerung des eingebrachten ausländischen Vermögens nicht beeinträchtigt wird, auf Antrag die Buchwerte fortführen. Ein Ausschluss bzw. eine Beschränkung des deutschen Besteuerungsrechts in diesem Sinne ist laut der Gesetzesbegründung[111] anzunehmen, soweit

- vor der Einbringung ein Besteuerungsrecht Deutschlands ohne Anrechnungsverpflichtung bestand und dieses infolge der Einbringung wegfällt oder nur noch ein Besteuerungsrecht mit Anrechnungsverpflichtung[112] besteht, oder
- vor der Einbringung ein Besteuerungsrecht Deutschlands mit Anrechnungsverpflichtung bestand und dieses infolge der Einbringung wegfällt.

[110] Vgl. *Benz/Rosenberg*, BB-Special Nr. 8/2006, S. 53.

[111] BT-Drucks. 16/2710, S. 43.

[112] Fraglich ist in diesem Zusammenhang, ob eine Beschränkung des deutschen Besteuerungsrechts auch dann anzunehmen ist, wenn eine im Ausland gezahlte Steuer nicht aufgrund eines DBA, sondern unter Anwendung des § 34c EStG angerechnet werden muss. Dies wird von der derzeit überwiegenden Ansicht im Schrifttum bejaht (vgl. *Stadler/Elser*, BB-Special Nr. 8/2006, S. 19; *Hruschka*, StuB 2006, S. 585; *ders.*, StuB 2007, S. 533 f.; *Rödder/Schumacher*, DStR 2006, S. 1483 f.; *Schönherr/Lemaitre*, GmbHR 2006, S. 562; *Dötsch/Pung*, DB 2006, S. 2649; kritisch *Werra/Teiche*, DB 2006, S. 1455) und ist sowohl vom Gesetzeswortlaut als auch der Gesetzesbegründung gedeckt. Zum Teil wird die Frage jedoch auch unter Hinweis auf die „Freiwilligkeit" der Nichtausübung des deutschen Besteuerungsrechts nach § 34c EStG verneint (so *Hagemann/Ropohl/Viebrock/Jakob*, NWB Sonderheft 1/2007, S. 2; *Bilitewski*, FR 2007, S. 59). Hiergegen ist jedoch m.E. einzuwenden, dass auch der Abschluss eines die Anrechnung ausländischer Steuern vorschreibenden DBA freiwillig geschieht; es sich insoweit um nichts anderes als einen völkerrechtlichen Vertrag. Eine abkommensrechtlich vereinbarte Steueranrechnung begründet damit ebenso eine „selbst auferlegte" Anrechnungsverpflichtung wie § 34c EStG.

Wird ausländisches Betriebsvermögens seitens des deutschen JV-Partners in eine inländische JV-Kapitalgesellschaft eingebracht, bleibt das deutsche Besteuerungsrecht jedoch unangetastet. Das Unterhalten eines ausländischen (Teil-)Betriebs im Sinne einer festen Geschäftseinrichtung, durch welche im Ausland eine gewerbliche Tätigkeit ausgeübt wird, begründet vor der Einbringung für den deutschen JV-Partner und nach der Einbringung für die übernehmende JV-Kapitalgesellschaft eine ausländische Betriebsstätte i.S.d. Art. 5 MA, deren Gewinne gemäß Art. 13 Abs. 2, 23 A Abs. 1 MA regelmäßig ausschließlich im Betriebsstättenstaat besteuert werden dürfen. Ist der inländische JV-Partner vor der Einbringung an einer gewerblich tätigen Personengesellschaft als Mitunternehmer beteiligt, welche ihrerseits eine feste Geschäftseinrichtung im Ausland unterhält, so ist ihm diese ebenso anteilig als ausländische Betriebsstätte zuzurechnen[113]. Der Übergang des ausländischen Betriebsstättenvermögens vom inländischen JV-Partner auf die ebenfalls im Inland ansässige JV-Kapitalgesellschaft führt insoweit keinerlei Veränderung in der Zuordnung der Besteuerungsrechte herbei; das deutsche Besteuerungsrecht ist vielmehr sowohl vor als auch nach der Einbringung entweder durch ein Freistellungs-DBA mit dem Belegenheitsstaat des eingebrachten Betriebsvermögens ausgeschlossen oder – soweit kein DBA besteht oder ein solches ausnahmsweise die Steueranrechnung vorsieht – durch eine Anrechnungsverpflichtung beschränkt.

Der auf Ebene der JV-Gesellschaft auf Antrag folglich ansetzbare Buchwert gilt für den einbringenden JV-Partner nach dem Grundsatz des **§ 20 Abs. 3 Satz 1 UmwStG** als Veräußerungspreis seines eingebrachten Betriebsvermögens sowie als Anschaffungskosten der im Gegenzug erhaltenen Anteile. Infolge der doppelten Buchwertverknüpfung kommt es damit im Ergebnis nicht zur Entstehung eines Einbringungsgewinns. Unabhängig von der Höhe des Veräußerungspreises und der Bewertung bei der übernehmenden JV-Kapitalgesellschaft gelten jedoch die erhaltenen Anteile zwingend als zum gemeinen Wert des Betriebsvermögens im Zeitpunkt der Einbringung angeschafft, soweit hinsichtlich des Gewinns aus der Veräußerung des eingebrachten Betriebsvermögens vor der Einbringung kein deutsches Besteuerungsrecht bestand und ein solches auch nicht im Zuge des Vorgangs begründet wird (vgl. **§ 20 Abs. 3 Satz 2 UmwStG**). Die Verknüpfung der Anschaffungskosten mit dem Übernahmewert wird danach aufgehoben, soweit ausländisches Betriebsstättenvermögen eingebracht wird, für welches nach einem zwischen Deutschland und dem Belegenheitsstaat bestehenden DBA entsprechend Art. 13 Abs. 2, 23 A MA die Freistellungsmethode gilt (**sog. neutrales Vermögen**). Die als neue Besteuerungsebene hinzutretenden Anteile an der übernehmenden JV-Kapitalgesellschaft sind in diesem Umfang steuerfrei aufzustocken. Auf diese Weise wird die Verstrickung von stillen Reserven, die bereits vor der Einbringung außerhalb der deutschen Besteuerungshoheit im ausländischen Betriebsstättenvermögen aufgelaufen sind, vermieden[114].

---

[113] Vgl. *Wassermeyer* in: Debatin/Wassermeyer, Art. 5 MA Rn. 34, 44.

[114] *Rödder/Schumacher*, DStR 2006, S. 1537; *Patt* in: Dötsch/Jost/Pung/Witt, § 20 UmwStG (SEStEG) Rn. 37.

bb. Anteile an ausländischen Kapitalgesellschaften

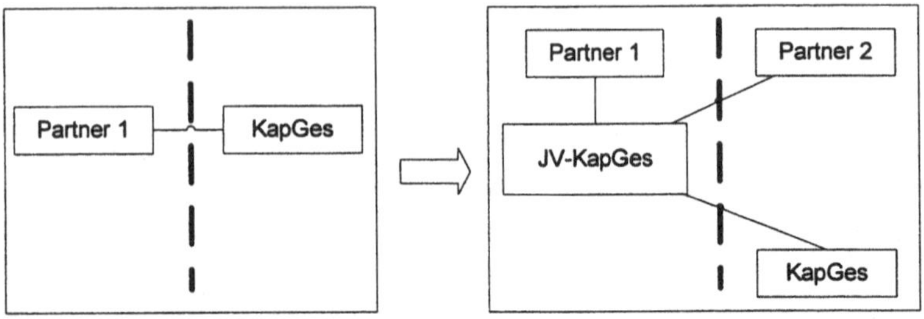

Für die Einbringung der Beteiligung des deutschen JV-Partners an einer ausländischen Kapitalgesellschaft gilt **§ 21 UmwStG** in steuerlicher Hinsicht ebenso wie für die entsprechende Einbringung einer inländischen Kapitalbeteiligung. Die bei einem Anteilstausch übergehenden Anteile können an jeder erworbenen Kapitalgesellschaft bestehen, selbst wenn diese in einem Drittstaat ansässig ist. Auf das in § 1 Abs. 2 Satz 1 Nr. 1 UmwStG definierte Kriterium der sog. doppelten Ansässigkeit (d.h. Sitz und Ort der Geschäftsleitung innerhalb der EU / des EWR) kommt es insoweit nicht an[115].

Handelt es sich um einen **qualifizierten Anteilstausch**, d.h. werden mehrheitsvermittelnde Anteile eingebracht, kann die übernehmende deutsche JV-Kapitalgesellschaft die eingebrachten Anteile nach **§ 21 Abs. 1 Satz 2 UmwStG** auf Antrag mit dem Buchwert ansetzen. Für den einbringenden deutschen JV-Partner gilt dieser grundsätzlich als Veräußerungspreis der eingebrachten sowie als Anschaffungskosten der im Gegenzug erhaltenen Anteile (doppelte Buchwertverknüpfung, vgl. **§ 21 Abs. 2 Satz 1 UmwStG**). Abweichend hiervon sind Veräußerungspreis und Anschaffungskosten hingegen mit dem gemeinen Wert der eingebrachten Anteile im Einbringungszeitpunkt zu bewerten, wenn das Besteuerungsrecht Deutschlands hinsichtlich des Gewinns aus der Veräußerung der eingebrachten oder der erhaltenen Anteile infolge der Einbringung ausgeschlossen oder beschränkt wird (**§ 21 Abs. 2 Satz 2 UmwStG**). Der Gewinn aus der Veräußerung der *eingebrachten* Anteile ist jedoch sowohl vor als auch nach der Einbringung in die inländische JV-Kapitalgesellschaft entweder entsprechend Art. 13 Abs. 5 MA ausschließlich Deutschland als Ansässigkeitsstaat des Veräußernden (Regelfall) oder – teilweise abhängig von weiteren Voraussetzungen – dem Sitzstaat der erworbenen Gesellschaft zugewiesen[116]. Soweit kein DBA mit dem Sitzstaat der erworbenen Gesellschaft besteht, hat Deutschland an den eingebrachten Anteilen ebenfalls vor wie nach der Einbringung ein durch die Anrechnungsverpflichtung nach § 34c EStG eingeschränktes Besteuerungsrecht. Veräußert der deutsche JV-Partner die im Gegenzug für die Einbringung *erhaltenen* Anteile an der übernehmenden inländischen JV-Kapitalgesellschaft,

[115] Vgl. § 1 Abs. 4 Satz 1 i.V.m. Abs. 3 Nr. 5 UmwStG. Im Regierungsentwurf des SEStEG war demgegenüber noch vorgesehen, dass es sich bei dem erworbenen Rechtsträger um eine EU-/EWR-Gesellschaft handeln muss.

[116] Vgl. Übersicht zu Art. 13 Abs. 5 MA bei *Prokisch* in: Vogel/Lehner, DBA, Art. 13 Rn. 74. Hingewiesen sei insoweit insbesondere auf die DBA mit Tschechien, der Slowakei und Zypern, welche das Besteuerungsrecht hinsichtlich des Gewinns aus einer Anteilsveräußerung abweichend vom Regelfall dem Sitzstaat der Kapitalgesellschaft, an der die Anteile bestehen, zuweisen.

steht das Besteuerungsrecht abkommensrechtlich auch insoweit stets Deutschland zu. Der Anteilstausch führt somit nicht zu einer Einschränkung der deutschen Besteuerungsrechte, so dass es für den einbringenden Partner bei der grundsätzlichen Maßgeblichkeit des Buchwertansatzes auf Ebene der JV-Kapitalgesellschaft verbleibt.

c. Zwischenergebnis

Inländisches Betriebsvermögen (Betrieb, Teilbetrieb oder Mitunternehmeranteil) und Anteile an inländischen Kapitalgesellschaften können seitens des deutschen JV-Partners grundsätzlich steuerneutral in ein kapitalistisch organisiertes Joint Venture mit Standort im Inland eingebracht werden. Gleiches gilt für die Einbringung eines ausländischen (Teil-)Betriebs oder Mitunternehmeranteils sowie die Beteiligung an einer ausländischen Kapitalgesellschaft.

2. Standort im EU-/EWR-Ausland

Entscheiden sich die JV-Partner dafür, die JV-Kapitalgesellschaft im EU-/EWR-Ausland zu errichten, bestimmt sich die steuerliche Behandlung der gegen Gewährung von Gesellschaftsrechten erfolgenden Einbringung eines (Teil-)Betriebs, Mitunternehmeranteils oder einer Kapitalgesellschaftsbeteiligung durch den inländischen JV-Partner ebenfalls nach den **§§ 20-23 UmwStG**. Voraussetzung für die Anwendbarkeit dieser Vorschriften ist jedoch, dass sich sowohl Sitz als auch Ort der Geschäftsleitung der übernehmenden JV-Kapitalgesellschaft innerhalb der EU / des EWR befinden (sog. doppelte Ansässigkeit, §§ 1 Abs. 3, Abs. 4 Satz 1 Nr. 1 i.V.m. Abs. 2 Satz 1 Nr. 1 UmwStG) und die Gesellschaft aufgrund eines Typenvergleichs[117] in Deutschland als Kapitalgesellschaft anzusehen ist. Dies vorausgesetzt ergeben sich je nach Einbringungsgegenstand für den deutschen JV-Partner die folgenden steuerlichen Konsequenzen:

a. Einbringung von Inlandsvermögen

aa. Inländisches Betriebsvermögen (Betrieb, Teilbetrieb oder Mitunternehmeranteil)

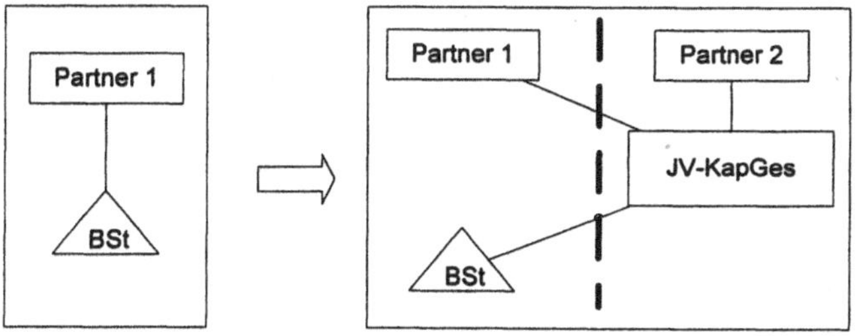

Wird durch den deutschen JV-Partner ein inländischer Betrieb, Teilbetrieb oder Mitunternehmeranteil in die EU-/EWR-ausländische JV-Kapitalgesellschaft eingebracht,

[117] Vgl. *Voß*, BB 2006, S. 469 f.

so ist auf Ebene der JV-Kapitalgesellschaft auf Antrag[118] grundsätzlich ein Ansatz mit dem Buchwert möglich (**§ 20 Abs. 2 Satz 2 UmwStG**). Das Besteuerungsrecht Deutschlands wird jedenfalls nicht tangiert, soweit durch die Einbringung des inländischen Betriebsvermögens eine deutsche Betriebsstätte der übernehmenden ausländischen JV-Kapitalgesellschaft begründet wird, bezüglich derer Deutschland gemäß § 49 Abs. 1 Nr. 2a) EStG i.V.m. einem dem Art. 13 Abs. 2 MA entsprechenden DBA das uneingeschränkte Recht zur Besteuerung von Veräußerungsgewinnen zusteht, und die im übergehenden Betriebsvermögen enthaltenen Wirtschaftsgüter dieser Betriebsstätte auch „tatsächlich zuzurechnen" sind[119]. Für den einbringenden JV-Partner gilt ein insoweit auf Ebene der ausländischen JV-Kapitalgesellschaft angesetzter Buchwert gemäß **§ 20 Abs. 3 Satz 1 UmwStG** als Veräußerungspreis des eingebrachten Betriebsvermögens sowie als Anschaffungskosten der ihm im Gegenzug gewährten Anteile. Im Ergebnis ist somit grundsätzlich eine steuerneutrale Einbringung des inländischen Betriebsvermögens in die ausländische JV-Kapitalgesellschaft möglich.

Gehören zum eingebrachten inländischen Betriebsvermögen jedoch **Beteiligungen, Patente, Rechte** oder **Know-how**, kann es im Rahmen der Einbringung zu einer Aufdeckung der in diesen Wirtschaftsgütern ruhenden stillen Reserven kommen. In ihren „Betriebsstätten-Verwaltungsgrundsätzen"[120] ging die Finanzverwaltung bislang jedenfalls davon aus, dass bei der internationalen Zuordnung von Wirtschaftsgütern zwischen Stammhaus und Betriebsstätte die **sog. „Zentralfunktion des Stammhauses"** zu beachten sei, wonach Beteiligungen in der Regel dem Stammhaus zuzurechnen seien, wenn sie nicht einer in der Betriebsstätte ausgeübten Tätigkeit dienten. Gleiches galt nach Verwaltungsauffassung für selbstgeschaffene immaterielle Wirtschaftsgüter des Anlagevermögens (Patente, Rechte, Lizenzen, Know-how), sofern sie in der Betriebsstätte keine Verwendung fanden[121]. Die aufgezeigte Problematik stellte sich bisher typischerweise im Zusammenhang mit der laufenden Besteuerung der Einkünfte aus einer ausländischen (Tochter-)Personengesellschaft[122]. Zu erwarten ist jedoch, dass die Finanzverwaltung aus fiskalischen Gründen nunmehr auch im Rahmen der „europäisierten" Einbringungstatbestände auf die im Betriebsstättenerlass entwickelten Grundsätze zurückgreifen wird. Danach wären dem Gesamtunternehmen dienende Beteiligungen, Patente, Lizenzen etc. nach Wirksamwerden der Einbringung regelmäßig dem Stammhaus der ausländischen JV-Kapitalgesellschaft und nicht der im Inland verbleibenden Betriebsstätte zuzuordnen. Das

---

[118] Insoweit stellt sich die Frage, welches Finanzamt zuständiger Adressat des Antrags nach § 20 Abs. 2 Satz 2 UmwStG ist. Nach dem reinen Wortlaut des § 20 Abs. 2 Satz 3 UmwStG müsste der Antrag eigentlich bei dem Finanzamt der übernehmenden Gesellschaft, in der vorliegend betrachteten Konstellation mithin im Ausland, gestellt werden. Soweit eine inländische Betriebsstätte der aufnehmenden EU-/EWR-Kapitalgesellschaft vorliegt, wird jedoch vertreten, der Antrag sei beim deutschen Betriebsstättenfinanzamt zu stellen (so *Benz/Rosenberg*, BB-Special Nr. 8/2006, S. 55 Fn. 38), was zwar als pragmatische Lösung erscheint, sich dem Gesetzeswortlaut jedoch nicht eindeutig entnehmen lässt.

[119] Vgl. *Hagemann/Ropohl/Viebrock/Jakob*, NWB Sonderheft 1/2007, S. 36 f. (Beispiel 9); *Benz/Rosenberg*, BB-Special Nr. 8/2006, S. 54.

[120] BMF-Schr. v. 24.12.1999, BStBl. I 1999, S. 1076, Tz. 2.4.

[121] BMF-Schr. v. 24.12.1999, BStBl. I 1999, S. 1076, Tz. 2.6.1. lit. c i.V.m. Tz. 2.6.3.

[122] Zu Inhalt und Grenzen der Betriebsstättenzuordnung einschließlich aller gegen die Verwaltungsauffassung zu erhebenden Bedenken daher ausführlich unten Kapitel 3:B.II.2.b.bb(1)(a).

Besteuerungsrecht hinsichtlich des Gewinns aus der Veräußerung dieser Wirtschaftsgüter stünde folglich dem Sitzstaat der übernehmenden ausländischen JV-Kapitalgesellschaft zu (vgl. Art. 13 Abs. 5 MA), so dass insoweit zwingend der gemeine Wert anzusetzen wäre[123]. Je nach den Umständen des Einzelfalls besteht somit die Gefahr, dass durch die Vermögensübertragung auf die ausländische JV-Kapitalgesellschaft die im sog. „Betriebsstättenungebundenen Vermögen" ruhenden stillen Reserven aufgedeckt werden.

bb. Anteile an inländischen Kapitalgesellschaften

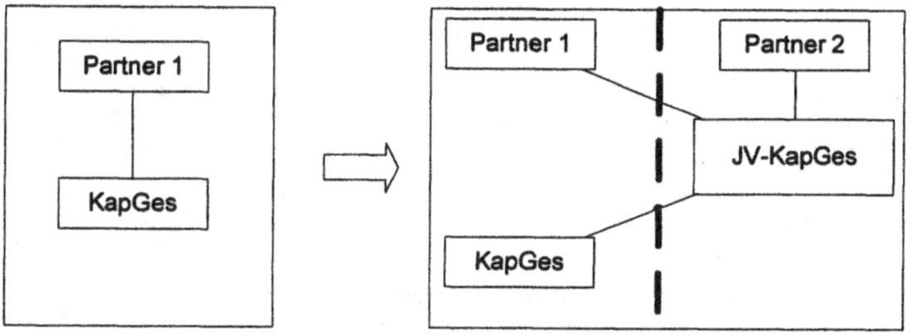

Werden durch den deutschen JV-Partner isoliert Anteile an einer inländischen Kapitalgesellschaft in eine im EU-/EWR-Ausland ansässige JV-Kapitalgesellschaft eingebracht, ist der Wertansatz auf Ebene der Übernehmerin für Zwecke der inländischen Besteuerung regelmäßig ohne Relevanz, es sei denn, die eingebrachten Anteile gehören zum Betriebsvermögen einer inländischen Betriebsstätte[124]. Unabhängig vom Wertansatz bei der übernehmenden Gesellschaft gilt für den einbringenden deutschen JV-Partner nach **§ 21 Abs. 2 Satz 2, 1. Halbs. UmwStG** grundsätzlich der gemeine Wert der eingebrachten Anteile als Veräußerungspreis sowie als Anschaffungskosten der erhaltenen Anteile, da das Besteuerungsrecht hinsichtlich des Gewinns aus der Veräußerung der eingebrachten Anteile nach der Einbringung in der Regel ausschließlich dem Sitzstaat der übernehmenden JV-Kapitalgesellschaft zugewiesen ist (vgl. Art. 13 Abs. 5 MA)[125]. Gemäß **§ 21 Abs. 2 Satz 3 UmwStG** gilt je-

[123] Die gesetzliche Vorgabe, dass das Antragswahlrecht des § 20 Abs. 2 Satz 2 UmwStG einheitlich auszuüben ist, steht dem nicht entgegen: Das Antragswahlrecht ist zwar für jede Einbringung einheitlich auszuüben, d.h. es kann nicht zu einer selektiven Aufstockung einzelner Wirtschaftsgüter kommen. Dennoch ist aber für jedes übergehende Wirtschaftsgut gesondert zu prüfen, ob die Voraussetzungen des Antragswahlrechts erfüllt sind. Daher können einzelne Wirtschaftsgüter des übergehenden Betriebsvermögens (z.B. mangels Zuordnung zu einer Betriebsstätte) nach § 20 Abs. 2 Satz 1 UmwStG zwingend mit dem gemeinen Wert anzusetzen sein, während im Übrigen auf Antrag einheitlich der Buchwert angesetzt wird.

[124] Vgl. *Patt* in: Dötsch/Patt/Pung/Möhlenbrock, § 21 UmwStG (SEStEG) Rn. 47.

[125] Eine Ausnahme bilden hier die DBA mit Tschechien, der Slowakei sowie mit Zypern, die das Besteuerungsrecht hinsichtlich des Gewinns aus einer Anteilsveräußerung dem Sitzstaat der Kapitalgesellschaft zuweisen, an der die veräußerten Anteile bestehen. Soweit der deutsche JV-Partner somit Anteile an einer inländischen Kapitalgesellschaft in eine tschechische, slowakische oder zypriotische JV-Kapitalgesellschaft einbringt, bleibt das deutsche Besteuerungsrecht an den *eingebrachten* Anteilen erhalten. Allerdings wäre in diesem Fall das inländische Besteuerungsrecht an den *erhaltenen* Anteilen ausgeschlossen, so dass nach § 21 Abs. 2 Satz 2, *2. Halbs.* UmwStG ebenfalls der gemeine Wert maßgeblich wäre.

doch auf Antrag der Buchwert als Veräußerungspreis der eingebrachten sowie als Anschaffungskosten der erhaltenen Anteile, wenn

- das Besteuerungsrecht Deutschlands hinsichtlich des Gewinns aus der Veräußerung der erhaltenen Anteile weder ausgeschlossen noch beschränkt ist oder
- das Besteuerungsrecht Deutschlands zwar beeinträchtigt wird, der Gewinn aus dem Anteilstausch aufgrund der Regelungen der Fusionsrichtlinie jedoch nicht besteuert werden darf; in diesen Fällen unterliegt der Gewinn aus der späteren Veräußerung der Anteile unabhängig von entgegenstehenden DBA-Regelungen der deutschen Besteuerung (sog. treaty override)[126].

Im Falle der grenzüberschreitenden Einbringung von Kapitalgesellschaftsanteilen des deutschen JV-Partners innerhalb der EU / des EWR besteht regelmäßig ein uneingeschränktes deutsches Besteuerungsrecht an den erhaltenen Anteilen, da nach den meisten DBA Deutschlands mit Staaten der EU / des EWR insoweit entsprechend Art. 13 Abs. 5 MA Deutschland als Ansässigkeitsstaat des Veräußerers ein ausschließliches Besteuerungsrecht zugewiesen wird. Der folglich mögliche Buchwertansatz beim deutschen JV-Partner bestimmt zugleich den Veräußerungspreis der seinerseits eingebrachten Beteiligung, so dass im Ergebnis kein Einbringungsgewinn entsteht[127].

---

[126] Diese Regelung betrifft den soeben (Fn. 125) dargestellten Fall. Da der Anteilstausch nach Art. 8 Abs. 1 FRL keine Besteuerung auslösen darf, kann der einbringende deutsche JV-Partner gemäß § 21 Abs. 2 Satz 3 Nr. 2 UmwStG beantragen, dass ein niedrigerer Wert als der gemeine Wert angesetzt wird. Für den Gewinn aus einer späteren Veräußerung der Anteile an der übernehmenden JV-Kapitalgesellschaft steht Deutschland sodann entgegen den abkommensrechtlichen Vorschriften ein uneingeschränktes Besteuerungsrecht zu (vgl. Art. 8 Abs. 6 FRL).

[127] Bisher war ein steuerneutraler Anteilstausch innerhalb der EU hingegen nur unter den Voraussetzungen des § 23 Abs. 4 UmwStG a.F. möglich. Der entscheidende Nachteil dieser Regelung ergab sich aus dem Verweis auf § 20 Abs. 2 Satz 1-4 und 6 UmwStG a.F. sowie auf § 20 Abs. 4 Satz 1 UmwStG a.F. Danach konnte ein Veräußerungsgewinn für den Einbringenden nur über den Buchwertansatz der eingebrachten Anteile in der Steuerbilanz der aufnehmenden ausländischen EU-Kapitalgesellschaft vermieden werden, d.h. es kam nur dann nicht zu einer Aufdeckung stiller Reserven, wenn die aufnehmende Gesellschaft die Buchwerte der Anteile an der inländischen Kapitalgesellschaft fortführte. Problematisch hieran war, dass viele EU-ausländische Steuerrechtsordnungen eine solche Buchwertfortführung nicht vorsahen, so dass ein steuerneutraler Anteilstausch nach früherer Rechtslage häufig nicht möglich war bzw. nur über komplizierte Alternativgestaltungen realisiert werden konnte (vgl. *Patt* in: Dötsch/Patt/Pung/Jost, § 23 UmwStG a.F. Rn. 111; *Bogenschütz*, IStR 2000, S. 614 f.). Der BFH hat dem EuGH daher kürzlich die Rechtsfrage zur Vorabentscheidung vorgelegt, ob die früher erforderliche doppelte Buchwertverknüpfung bei grenzüberschreitenden Einbringungen gegen die Art. 43, 56 EG verstößt (vgl. BFH-Beschl. v. 07.03.2007, IStR 2007, S. 476 ff.). Demgegenüber können die erhaltenen Anteile nunmehr gemäß § 21 Abs. 2 Satz 3 UmwStG unabhängig vom Ansatz der eingebrachten Anteile bei der aufnehmenden Gesellschaft auf Antrag mit dem Buchwert bewertet werden. Die bisher zwingende, gemeinschaftsrechtlich bedenkliche „Wertverknüpfung über die Grenze", die einem steuerneutralen Anteilstausch häufig entgegenstand, ist damit entfallen (vgl. *Fuhrmann*, DStZ 2007, S. 111 ff.).

b. Einbringung von Auslandsvermögen

aa. Ausländisches Betriebsvermögen (Betrieb, Teilbetrieb oder Mitunternehmeranteil)

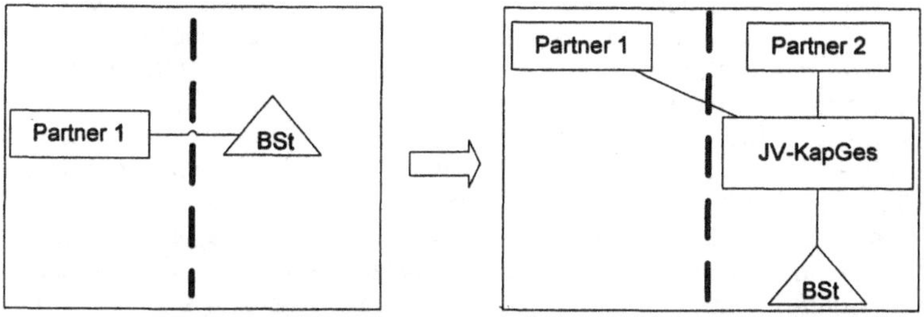

Wird seitens des deutschen JV-Partners ein ausländischer (Teil-)Betrieb oder Mitunternehmeranteil in die EU-/EWR-ausländische JV-Kapitalgesellschaft eingebracht, so kann das eingebrachte Betriebsvermögen – unerheblich davon, ob die übernehmende Gesellschaft in Deutschland beschränkt oder gar nicht steuerpflichtig ist[128] – gemäß **§ 20 Abs. 2 Satz 2 UmwStG** auf Antrag zum Buchwert angesetzt werden, soweit das Besteuerungsrecht Deutschlands hinsichtlich des Gewinns aus der Veräußerung des eingebrachten ausländischen Vermögens bei der übernehmenden JV-Kapitalgesellschaft weder ausgeschlossen noch beschränkt wird. Dies ist nur insoweit der Fall, als das eingebrachte Betriebsvermögen in einem Staate belegen ist, mit dem Deutschland ein DBA unterhält, aufgrund dessen die einer ausländischen Betriebsstätte zuzuordnenden Veräußerungsgewinne im Inland entsprechend Art. 13 Abs. 2, 23 A Abs. 1 MA **freizustellen** sind. Insoweit bestand bereits vor der Übertragung auf die ausländische JV-Kapitalgesellschaft kein deutsches Besteuerungsrecht hinsichtlich des ausländischen Betriebsvermögen, welches durch die Einbringung ausgeschlossen oder beschränkt werden könnte, so dass ein Buchwertansatz auf Ebene der übernehmenden JV-Kapitalgesellschaft grundsätzlich möglich ist und die Entstehung eines Einbringungsgewinns vermieden werden kann. Da durch die Einbringung solchen „neutralen Vermögens" in eine ausländische JV-Kapitalgesellschaft jedoch auch kein Besteuerungsrecht Deutschlands hinsichtlich des Gewinns aus der Veräußerung des eingebrachten Betriebsvermögens begründet wird, gelten die im Gegenzug erhaltenen Gesellschaftsanteile für den einbringenden JV-Partner nach **§ 20 Abs. 3 Satz 2 UmwStG** zwingend als zum gemeinen Wert des Betriebsvermögens im Zeitpunkt der Einbringung angeschafft (steuerfreie Aufstockung)[129].

Besteht mit dem Staat, in welchem das ausländische Betriebsvermögen belegen ist, hingegen kein DBA oder ein solches, welches (z.B. wegen Nichterfüllung eines Aktivitätsvorbehalts) die **Anrechung** der ausländischen Steuer auf die der ausländischen Betriebsstätte zuzuordnenden Gewinne im Inland vorsieht, so hatte Deutschland vor der Einbringung ein (durch die Anrechnungsverpflichtung eingeschränktes) Besteuerungsrecht, welches jedoch nach der Einbringung in die ausländische JV-Kapitalgesellschaft entweder ausschließlich dem Betriebsstättenstaat oder aber sowohl dem

[128] *Patt* in: Dötsch/Jost/Pung/Witt, § 20 UmwStG (SEStEG) Rn. 9.
[129] Vgl. oben Kapitel 3:A.I.1.b.aa.

Betriebsstättenstaat als auch dem Sitzstaat der übernehmenden JV-Kapitalgesellschaft (mit Anrechnungsverpflichtung) zugewiesen ist. Das eingebrachte ausländische Betriebsvermögen ist insoweit auf Ebene der übernehmenden JV-Kapitalgesellschaft gemäß **§ 20 Abs. 2 Satz 1 UmwStG** mit dem gemeinen Wert anzusetzen, welcher für den einbringenden JV-Partner nach **§ 20 Abs. 3 Satz 1 UmwStG** zugleich als Veräußerungspreis i.S.d. § 16 EStG sowie als Anschaffungskosten der ihm neu gewährten Anteile gilt. Die Einbringung zieht somit im Anrechnungsfall zwingend die Entstehung eines Einbringungsgewinns i.S.d. § 16 EStG nach sich[130]. Soweit das eingebrachte Betriebsstättenvermögen im EU-/EWR-Ausland belegen ist, ist jedoch wegen der Vorgaben des Art. 10 Abs. 1 FRL im Sitzstaat der ausländischen JV-Kapitalgesellschaft regelmäßig die Fortführung der Buchwerte möglich. Gemäß **§§ 20 Abs. 7, 3 Abs. 3 UmwStG** ist in diesem Fall die fiktive ausländische Steuer, welche entstanden wäre, wenn das Betriebsstättenvermögen zum gemeinen Wert veräußert worden wäre, auf die auf den Einbringungsgewinn entfallende deutsche Steuer anzurechnen. Handelt es sich bei dem eingebrachten Vermögen hingegen um außerhalb der EU / des EWR belegenes Betriebsstättenvermögen, wird im Sitzstaat der JV-Kapitalgesellschaft ein Buchwertansatz regelmäßig ausscheiden, so dass die tatsächlich entstandene ausländische Steuer im Inland nach den allgemeinen Vorschriften (§§ 34c EStG, 26 KStG) zur Anrechnung gebracht werden kann.

bb. Anteile an ausländischen Kapitalgesellschaften

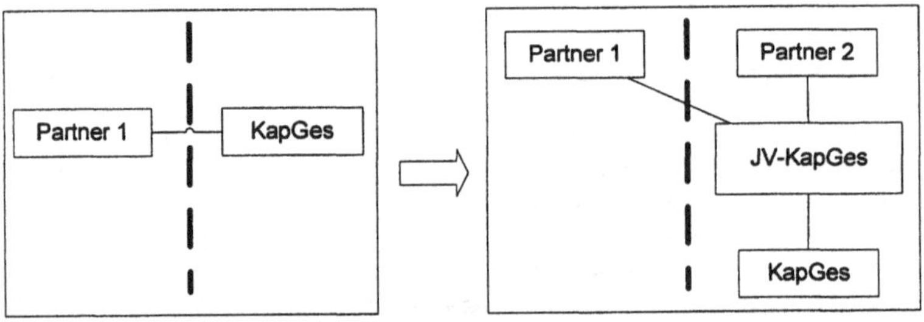

Im Falle der isolierten Einbringung von Anteilen an einer ausländischen Kapitalgesellschaft ist der Wertansatz der Anteile auf Ebene der übernehmenden EU-/EWR-ausländischen JV-Kapitalgesellschaft für Zwecke der deutschen Besteuerung regelmäßig ohne Relevanz[131]. Der einbringende deutsche JV-Partner hat die ihm gewährten Anteile gemäß **§ 21 Abs. 2 Satz 2 UmwStG** unabhängig vom Wertansatz bei der übernehmenden JV-Kapitalgesellschaft grundsätzlich mit dem gemeinen Wert der eingebrachten Anteile im Zeitpunkt der Einbringung anzusetzen, da nach Einbringung kein deutsches Besteuerungsrecht hinsichtlich des Gewinns aus der Veräußerung der eingebrachten Anteile mehr besteht. Das Recht zur Besteuerung des Ver-

[130] Es besteht insoweit auch keine Möglichkeit zur Steuerstundung nach § 4g EStG. Nach dieser Vorschrift kann eine Sofortversteuerung bei Überführung eines Wirtschaftsguts des Anlagevermögens in eine EU-/EWR-Betriebsstätte durch Bildung eines Ausgleichspostens in Höhe der im Zeitpunkt der Überführung bestehenden stillen Reserven vermieden werden. Gemäß § 4g Abs. 1 Satz 5 EStG ist jedoch in den vom UmwStG erfassten Entstrickungssachverhalten eine zeitlich gestreckte Besteuerung der stillen Reserven nach § 4g EStG ausgeschlossen (vgl. *Hagemann/Ropohl/Viebrock/Jakob*, NWB Sonderheft 1/2007, S. 3; *Benecke*, NWB 2006, S. 4253, 4255).

[131] Vgl. *Patt* in: Dötsch/Patt/Pung/Möhlenbrock, § 21 UmwStG (SEStEG) Rn. 47.

äußerungsgewinns steht nach Wirksamwerden der Einbringung vielmehr entweder ausschließlich dem Sitzstaat der übernehmenden JV-Kapitalgesellschaft (entsprechend Art. 13 Abs. 5 MA) oder aber dem Sitzstaat der erworbenen Gesellschaft zu. Auf Antrag gelten die eingebrachten Anteile jedoch gemäß **§ 21 Abs. 2 Satz 3 UmwStG** zum Buchwert veräußert sowie die erhaltenen Anteile an der übernehmenden JV-Kapitalgesellschaft mit diesem Wert angeschafft, wenn der Gewinn aus der Veräußerung der erhaltenen Anteile in Deutschland uneingeschränkt besteuert werden darf. Dies ist nach nahezu allen DBA Deutschlands mit Staaten der EU / des EWR entsprechend Art. 13 Abs. 5 MA der Fall, so dass im Ergebnis kein Einbringungsgewinn entsteht.

c. Zwischenergebnis

Inländisches Betriebsvermögen (Betrieb, Teilbetrieb oder Mitunternehmeranteil) kann durch den deutschen JV-Partner steuerneutral in eine im EU-/EWR–Ausland ansässige JV-Kapitalgesellschaft eingebracht werden, soweit nach der Einbringung im Inland eine Betriebsstätte der übernehmenden Gesellschaft verbleibt und die übergehenden Wirtschaftsgüter dieser Betriebsstätte auch tatsächlich zuzurechnen sind. Vor dem Hintergrund der von der Finanzverwaltung vertretenen These von der „Zentralfunktion des Stammhauses“[132] droht insoweit jedoch ggf. eine Aufdeckung der in bestimmten Wirtschaftsgütern des eingebrachten Betriebsvermögens ruhenden stillen Reserven (insbesondere Beteiligungen, Lizenzen etc. als unselbständige Bestandteile der eingebrachten betrieblichen Sachgesamtheit). Ob eine Zuordnung dieser Wirtschaftsgüter zur inländischen Betriebsstätte und damit eine steuerneutrale Einbringung möglich ist, hängt letztlich von den Umständen des jeweiligen Einzelfalls ab. Anteile an inländischen Kapitalgesellschaften können demgegenüber stets steuerneutral durch den deutschen JV-Partner in die ausländische JV-Kapitalgesellschaft eingebracht werden.

Bei der Einbringung eines ausländischen (Teil-)Betriebs oder Mitunternehmeranteils in eine im EU-/EWR-Ausland ansässige JV-Kapitalgesellschaft wird ein Einbringungsgewinn i.S.d. § 16 EStG realisiert, soweit mit dem Betriebsstättenstaat kein DBA oder ein solches, welches die Anrechnungsmethode vorsieht, besteht. Demgegenüber bleibt die Einbringung im Freistellungsfall frei von deutscher Steuer. Anteile an ausländischen Kapitalgesellschaften können ferner ohne Gewinnrealisierung in eine EU-/EWR-ausländische JV-Kapitalgesellschaft eingebracht werden.

3. Standort in einem Drittstaat

Im Gegensatz zu Einbringungsvorgängen innerhalb der EU / des EWR wird die grenzüberschreitende Einbringung in eine in einem Drittstaat ansässige JV-Kapitalgesellschaft nicht vom Anwendungsbereich der §§ 20-23 UmwStG erfasst (vgl. § 1 Abs. 3, Abs. 4 Satz 1 Nr. 1 i.V.m. Abs. 2 Satz 1 Nr. 1 UmwStG). Außerhalb des Anwendungsbereichs des UmwStG richtet sich die Einbringung von betrieblichen Sachgesamtheiten (Betrieb, Teilbetrieb oder Mitunternehmeranteil) und Kapitalgesellschaftsbeteiligungen in eine ausländische JV-Kapitalgesellschaft gegen Gewährung von Gesellschaftsrechten vielmehr nach den **allgemeinen Vorschriften** des EStG

[132] Zur Kritik an der „Zentralfunktion“ vgl. unten Kapitel 3:B.II.2.b.bb(1)(a).

(ggf. i.V.m. § 8 Abs. 1 Satz 1 KStG)[133]. Je nach Einbringungsgegenstand ergeben sich insoweit die nachfolgend beschriebenen steuerlichen Konsequenzen.

a. Einbringung von Inlandsvermögen

aa. Inländisches Betriebsvermögen (Betrieb, Teilbetrieb oder Mitunternehmeranteil)

Die Einbringung eines inländischen Betriebs, Teilbetriebs oder Mitunternehmeranteils des deutschen JV-Partners in eine außerhalb der EU / des EWR ansässige JV-Kapitalgesellschaft gegen Gewährung von Gesellschaftsrechten stellt einen tauschähnlichen Vorgang i.S.d. § 6 Abs. 6 Satz 1 EStG und damit zugleich eine gewinnrealisierende Veräußerung i.S.d. **§ 16 Abs. 1 Satz 1 Nr. 1 oder 2 EStG** dar[134]. Der vom inländischen JV-Partner zu versteuernde Veräußerungsgewinn i.S.d. § 16 Abs. 2 EStG ist der Betrag, um den der Veräußerungspreis nach Abzug der Veräußerungskosten den nach §§ 4 Abs. 1, 5 Abs. 1 EStG zu ermittelnden Wert des eingebrachten Betriebsvermögens im Zeitpunkt der Einbringung übersteigt. Für die Bemessung des insoweit anzusetzenden Veräußerungspreises finden die allgemeinen Wertmaßstäbe des § 6 EStG keine Anwendung, da diese Vorschrift nur für die laufende Gewinnermittlung gilt[135]. Nach den spezifischen Wertmaßstäben des § 16 EStG gilt als Veräußerungspreis vielmehr der gemeine Wert der im Gegenzug für den eingebrachten inländischen Betrieb, Teilbetrieb oder Mitunternehmeranteil erhaltenen Anteile an der übernehmenden JV-Kapitalgesellschaft[136]. Auf den gemeinen Wert des eingebrachten Betriebsvermögens kommt es insoweit – anders als nach den für den Tausch einzelner Wirtschaftsgüter allgemein geltenden Grundsätzen (§ 6 Abs. 6 EStG) – nicht an. Im Ergebnis hat der einbringende deutsche JV-Partner somit den Betrag als Veräußerungsgewinn i.S.d. § 16 EStG zu versteuern, um den der gemeine Wert der erhaltenen Anteile – nach Abzug der Veräußerungskosten – den Buchwert des in die JV-Gesellschaft eingebrachten inländischen Betriebsvermögens im Zeitpunkt der Einbringung übersteigt.

bb. Anteile an inländischen Kapitalgesellschaften

Soweit der deutsche JV-Partner Anteile an einer inländischen Kapitalgesellschaft gegen Gewährung von Gesellschaftsrechten in die in einem Drittstaat ansässige JV-Kapitalgesellschaft einbringt, ist der Vorgang ebenfalls als tauschähnlich i.S.d. § 6 Abs. 6 EStG und damit als **gewinnrealisierende Veräußerung** der eingebrachten Anteile zu qualifizieren[137]. Der deutsche JV-Partner hat die ihm gewährten Anteile an der JV-Kapitalgesellschaft nach § 6 Abs. 6 Satz 1 EStG mit dem gemeinen Wert der seinerseits eingebrachten Beteiligung anzusetzen; bei der übernehmenden JV-Ka-

[133] Die Vorschriften des UmwStG sind gegenüber den allgemeinen Vorschriften leges speciales; vgl. *Eckstein* in: Herrmann/Heuer/Raupach, § 6 EStG Rn. 1482 und 1485; *Glanegger* in: Schmidt, EStG § 6 Rn. 18 und 546.

[134] Vgl. *Patt* in: Dötsch/Patt/Pung/Möhlenbrock, Vor §§ 20-23 UmwStG (SEStEG) Rn. 45; *Wacker* in: Schmidt, EStG § 16 Rn. 22; *Klingstein* in: Blümich, UmwStG § 20 Rn. 15 a.E.

[135] *Wacker* in: Schmidt, § 16 EStG Rn. 277.

[136] Vgl. *Wacker* in: Schmidt, § 16 EStG Rn. 265, 277, 279.

[137] Vgl. für die Einbringung der Beteiligung an einer deutschen GmbH in eine US-amerikanische Corporation *Kölbl*, Besteuerung eines Joint Ventures zwischen USA und Deutschland, S. 92 ff.; *dies.*, StuB 2007, S. 215.

pitalgesellschaft sind die übernommenen Anteile entsprechend mit dem gemeinen Wert der im Gegenzug gewährten Anteile zu aktivieren. In Höhe der Differenz des Buchwerts der in die JV-Kapitalgesellschaft eingebrachten Beteiligung und dem gemeinen Wert der im Gegenzug erhaltenen Anteile entsteht somit beim einbringenden deutschen JV-Partner ein laufender gewerblicher Gewinn, welcher jedoch gemäß § 8b Abs. 2 KStG, § 3 Nr. 40 lit. a EStG im wirtschaftlichen Ergebnis nur zu 5 % bzw. – bei natürlichen Personen – zur Hälfte der Besteuerung unterliegt. Etwas anderes ergibt sich auch nicht vor dem Hintergrund des vom BFH entwickelten sog. **Tauschgutachtens**[138]. Danach war der Tausch von Anteilen an Kapitalgesellschaften in besonderen Fällen als ein ertragsteuerlich unbeachtlicher Wechsel des Beteiligungsgegenstandes anzusehen. Die Aufdeckung stiller Reserven konnte unterbleiben, sofern die hingegebenen und die erhaltenen Anteile art-, wert- und funktionsgleich waren. Unter diesen Voraussetzungen wurde wegen der sog. „Nämlichkeit der Anteile" steuerlich ein Anteilstausch zu Buchwerten zugelassen. Bis zum Veranlagungszeitraum 1998 wurden diese Grundsätze trotz der umstrittenen Rechtsnatur des Tauschgutachtens grundsätzlich auch seitens der Finanzverwaltung anerkannt und in Einbringungsfällen subsidiär zu §§ 20 Abs. 1 Satz 2, 23 Abs. 4 UmwStG a.F. für anwendbar gehalten[139]. Mit Einfügung des § 6 Abs. 6 EStG im Zuge des StEntlG 1999/2000/2002 wurden die früheren Tauschgrundsätze jedoch durch den Gesetzgeber abgelöst und auf eine neue Grundlage gestellt[140]. Das Tauschgutachten ist daher seit Einführung des § 6 Abs. 6 EStG für den Tausch von im Betriebsvermögen gehaltenen Anteilen nicht mehr anzuwenden[141].

b. Einbringung von Auslandsvermögen

Die vorstehenden Ausführungen gelten für die Einbringung ausländischen Vermögens grundsätzlich entsprechend. Soweit ausländisches Betriebsvermögen in die JV-Kapitalgesellschaft eingebracht wird, welches in einem Staat belegen ist, zu dem Deutschland ein DBA unterhält, ist der entstehende Veräußerungsgewinn jedoch regelmäßig entsprechend Art. 13 Abs. 2, 23 A MA von der inländischen Besteuerung freizustellen.

[138] BFH-Urt. v. 16.12.1958, BStBl. II 1959, S. 30.

[139] Vgl. BMF-Schr. v. 15.02.1995, BStBl. I 1995, S. 149; v. 09.02.1998, BStBl. I 1998, S. 163; OFD Frankfurt/Main, Vfg. v. 21.05.2001, BB 2001, S. 1725.

[140] So ausdrücklich die Gesetzesbegründung, vgl. BT-Drucks. 14/23, S. 172 f.

[141] Ebenso OFD Düsseldorf, Vfg. v. 11.05.2004, DB 2004, S. 1125; *Glanegger* in: Schmidt, EStG § 6 Rn. 545; *Patt* in: Dötsch/Patt/Pung/Möhlenbrock, Vor §§ 20-23 UmwStG (SEStEG) Rn. 53. Umstritten ist jedoch, ob die Grundsätze des Tauschgutachtens weiterhin für den Tausch von steuerverstrickten Anteilen im Privatvermögen i.S.d. § 17 oder § 23 Abs. 1 Satz 1 Nr. 2 EStG gelten. Da die Regelung des § 6 Abs. 6 EStG ausschließlich den Tausch von Einzelwirtschaftsgütern des Betriebsvermögens betrifft und die Finanzverwaltung ihr BMF-Schreiben zum Tauschgutachten (v. 09.02.1998, BStBl. I 1998, S. 163) formell nie aufgehoben hat, wird die Anwendbarkeit des Tauschgutachtens – soweit nicht gleichzeitig der Tatbestand des vorrangigen § 21 Abs. 1 UmwStG erfüllt ist – teilweise bejaht (so *Patt* in: Herrmann/Heuer/Raupach, § 6 EStG Rn. R 156; *Hörger* in: Littmann/Bitz/Pust, § 17 EStG Rn. 105; *Dautel*, BB 2002, S. 1845; a.A. *Weber-Grellet* in: Schmidt, § 17 EStG Rn. 98; *Ebling* in: Blümich, § 17 EStG Rn. 137; *Eilers/Schmidt* in: Herrmann/Heuer/Raupach, § 17 EStG Rn. 70).

c. Zwischenergebnis

Die Einbringung in eine in einem Drittstaat ansässige JV-Kapitalgesellschaft gegen Gewährung von Gesellschaftsrechten vollzieht sich außerhalb des Anwendungsbereichs des UmwStG. Nach den einschlägigen allgemeinen ertragsteuerlichen Grundsätzen liegt ein (tauschähnlicher) Veräußerungsvorgang vor, der zwingend zur Aufdeckung der stillen Reserven führt. Soweit in- oder ausländisches Betriebsvermögen (Betrieb, Teilbetrieb oder Mitunternehmeranteil) eingebracht wird, entsteht ein Veräußerungsgewinn des deutschen JV-Partners i.S.d. § 16 EStG, welcher jedoch ggf. abkommensrechtlich von der inländischen Besteuerung freigestellt ist. Werden Anteile an in- oder ausländischen Kapitalgesellschaften eingebracht, wird ein laufender gewerblicher Gewinn des inländischen JV-Partners realisiert, der jedoch im Ergebnis zu 5 % bzw. zur Hälfte der deutschen Besteuerung unterliegt.

II. Personengesellschaftsstrukturen

1. Standort in Deutschland

Soweit sich die JV-Partner entschließen, das Joint Venture in Form einer deutschen Personengesellschaft zu errichten, bietet sich hierfür als Rechtsform insbesondere die **GmbH & Co. KG** an, da diese die gesellschafts- und haftungsrechtlichen Vorzüge der GmbH mit der steuerrechtlichen Flexibilität einer Personengesellschaft vereint[142]. Neben der „klassischen" Form der GmbH & Co. KG besteht insoweit auch die Möglichkeit der Errichtung einer sog. Einheitsgesellschaft, bei der die KG sämtliche Geschäftsanteile ihrer einzigen Komplementär-GmbH hält. Diese Gestaltungsform bietet unter anderem den Vorteil, dass die Kommanditisten über ihre Beteiligung an der KG mittelbar stets im gleichen Verhältnis an der Komplementär-GmbH beteiligt sind.

Eher weniger für die Gründung eines Joint Ventures in Form einer deutschen Personengesellschaft geeignet erscheinen demgegenüber die Rechtsformen der reinen KG oder OHG, da diese nicht die von den JV-Partnern regelmäßig angestrebte Haftungsbegrenzung gewährleisten[143]. Aufgrund der mit der Wahl einer solchen Rechtsform einhergehenden Haftungsrisiken stellen KG und OHG grundsätzlich eine für größere und auf eine gewisse Dauer angelegte Unternehmungen inadäquate Gesellschaftsform dar[144].

Je nach Einbringungsgegenstand und Belegenheit des eingebrachten Vermögens ergeben sich bei Einbringung in eine inländische Joint Venture-Personengesellschaft (nachfolgend kurz: JV-Personengesellschaft) für den deutschen Partner in steuerlicher Hinsicht die folgenden Konsequenzen:

---

[142] Vgl. *Kiem/Pohl*, Joint Ventures S. 13; *Ley/Schulte*, Joint-Venture-Gesellschaften, Rn. 120.
[143] *Ley/Schulte*, Joint-Venture-Gesellschaften Rn. 127
[144] *Zacher*, IStR 1997, S. 414.

a. Einbringung von Inlandsvermögen

aa. Inländisches Betriebsvermögen (Betrieb, Teilbetrieb oder Mitunternehmeranteil)

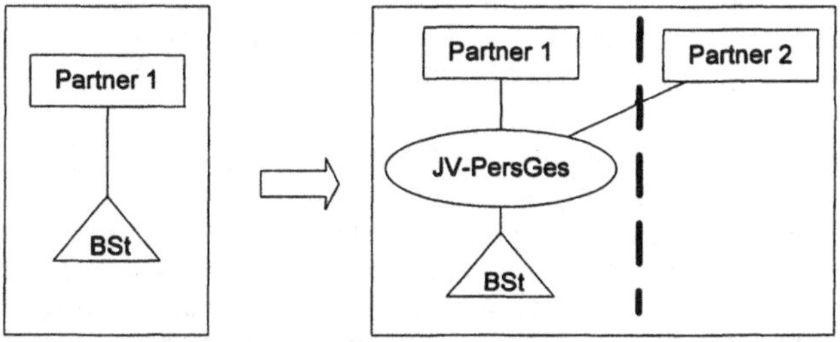

Die Einbringung eines inländischen Betriebs, Teilbetriebs oder Mitunternehmeranteils des deutschen JV-Partners in eine inländische JV-Personengesellschaft gegen Einräumung einer Mitunternehmerstellung beurteilt sich in steuerlicher Hinsicht nach **§ 24 UmwStG**[145]. Entsprechend der früheren Rechtslage findet die Vorschrift unabhängig von der steuerlichen Ansässigkeit des Einbringenden Anwendung; die subjektiven Einschränkungen des Anwendungsbereichs der übrigen Einbringungstatbestände sind gemäß § 1 Abs. 4 Satz 2 UmwStG bei der Einbringung in eine Personengesellschaft nicht zu beachten[146].

Entsprechend der Behandlung bei Einbringung in Kapitalgesellschaften ist das eingebrachte Betriebsvermögen bei der aufnehmenden JV-Personengesellschaft gemäß **§ 24 Abs. 2 Satz 1 UmwStG** grundsätzlich mit dem gemeinen Wert anzusetzen. Auf Antrag ermöglicht **§ 24 Abs. 2 Satz 2 UmwStG** jedoch einen Ansatz des Buchwertes, soweit das Besteuerungsrecht Deutschlands hinsichtlich des Gewinns aus der Veräußerung des eingebrachten Betriebsvermögens weder ausgeschlossen noch beschränkt wird. Im Falle der Einbringung inländischen Betriebsvermögens in eine im Inland ansässige JV-Personengesellschaft bleibt das deutsche Besteuerungsrecht prinzipiell unangetastet. Dies gilt grundsätzlich auch, soweit der ausländische JV-Partner (vermögensmäßig) an der übernehmenden JV-Personengesellschaft beteiligt ist. Durch die Einbringung wird eine inländische Betriebsstätte des ausländischen JV-Partners begründet, bezüglich derer gemäß Art. 13 Abs. 2 MA ein uneingeschränktes deutsches Besteuerungsrecht besteht. Soweit die zum übergehenden Betriebsvermögen gehörenden Wirtschaftsgüter dieser inländischen Betriebsstätte auch tatsächlich zuzurechnen sind, ist damit ein Buchwertansatz auf Ebene der aufnehmenden JV-Gesellschaft – auch soweit der ausländische JV-Partner an der aufnehmenden JV-Personengesellschaft beteiligt ist – möglich[147]. Nach Auf-

[145] Wie sich aus § 24 Abs. 5 UmwStG ergibt, findet die Vorschrift auch insoweit Anwendung, als Anteile an Kapitalgesellschaften zu dem in die Personengesellschaft eingebrachten (Teil-)Betrieb oder Mitunternehmeranteil gehören.

[146] Dies war im RegE des SEStEG noch anders vorgesehen, danach musste es sich beim Einbringenden um eine in einem EU-/EWR-Staat ansässige natürliche oder juristische Person handeln.

[147] Wie nach früherer Rechtslage kann der Ansatz entweder ausschließlich in der Gesamthandsbilanz oder aber in der Gesamthands- und der für den einbringenden JV-Partner aufzustellenden Ergänzungsbilanz vorgenommen werden (vgl. *Benz/Rosenberg*, BB-Special Nr. 8/2006, S. 75; *Schmitt* in:

fassung der Finanzverwaltung sollen jedoch insbesondere dem Gesamtunternehmen dienende Beteiligungen sowie Rechte und Finanzmittel in der Regel dem Stammhaus zuzurechnen sein (**„Zentralfunktion des Stammhauses“**[148]). Bestimmte zum eingebrachten inländischen Betriebsvermögen gehörende Wirtschaftsgüter sind danach nach der Einbringung unter Umständen anteilig dem Stammhaus des ausländischen JV-Partners zuzurechnen, so dass das diesbezügliche deutsche Besteuerungsrecht verloren geht (vgl. Art. 13 Abs. 5 MA) und die stillen Reserven anteilig aufzudecken sind.

Anders als bei Einbringung nach den §§ 20, 21 UmwStG führt auch die Gewährung einer **sonstigen Gegenleistung** neben der Einräumung einer Mitunternehmerstellung zu einer anteiligen Realisierung der stillen Reserven[149]. Die §§ 20 Abs. 2 Satz 4 und 21 Abs. 1 Satz 3 UmwStG finden auf den Vorgang keine Anwendung, so dass eine Gewinnrealisierung auch nicht durch die Gewährung einer sonstigen Gegenleistung im gemeinen Wert bis zur Höhe des Buchwerts des eingebrachten Betriebsvermögens vermieden werden kann. Der Ansatz des Buchwerts nach § 24 Abs. 2 Satz 2 UmwStG ist im Falle der Gewährung einer sonstigen Gegenleistung somit nur insoweit zulässig, als Gesellschaftsrechte erworben wurden; im Übrigen liegt hingegen eine gewinnwirksame entgeltliche Betriebsveräußerung i.S.d. § 16 EStG vor.

Für den inländischen JV-Partner gilt der auf Ebene der JV-Personengesellschaft angesetzte Wert nach **§ 24 Abs. 3 Satz 1 UmwStG** als Veräußerungspreis des seinerseits eingebrachten Betriebsvermögens, so dass sich der Einbringungsvorgang – soweit Gesellschaftsrechte gewährt werden und eine tatsächliche Zuordnung zu der durch die Einbringung begründeten inländischen (Personengesellschafts-)Betriebsstätte des ausländischen JV-Partners möglich ist – aufgrund einer doppelten Buchwertverknüpfung steuerneutral gestalten lässt[150]. Soweit im Rahmen der Betriebs-

---

Schmitt/Hörtnagl/Stratz, § 24 UmwStG Rn. 188 ff.; *Patt* in: Dötsch/Patt/Pung/Möhlenbrock, § 24 UmwStG (SEStEG) Rn. 118 ff.).

[148] Näher hierzu vgl. unten Kapitel 3:B.II.2.b.bb(1)(a).

[149] Vgl. BMF-Schr. v. 25.03.1998, BStBl. I, S. 268 Rn. 24.08; BFH v. 08.12.1994, BStBl. II 1995, S. 599; v. 18.10.1999, BStBl. II 2000, S. 123; v. 16.12.2004, BStBl. II 2005, S. 554; *Schmitt* in: Schmitt/Hörtnagl/Stratz, § 24 UmwStG Rn. 131; *Patt* in: Dötsch/Patt/Pung/Möhlenbrock, § 24 UmwStG (SEStEG) Rn. 60.

[150] Hinsichtlich der „Anschaffungskosten“ des dem Einbringenden gewährten Mitunternehmeranteils enthält § 24 Abs. 3 UmwStG anders als die § 20 Abs. 3, 21 Abs. 2 UmwStG keine Aussage. Ob Anteile an Personengesellschaften in der Steuerbilanz des Gesellschafters überhaupt zu erfassen sind und – falls ja – mit welchem Wert, wird bereits seit Anfang der siebziger Jahre kontrovers diskutiert und ist bis heute nicht abschließend geklärt. Nach der jüngeren BFH-Rechtsprechung (vgl. Urt. v. 06.11.1985, BStBl. II 1986, S. 333; v. 25.02.1991, BStBl. II 1991, S. 691; v. 06.07.1995, BStBl. II 1995, S. 831) stellt der Posten „Beteiligung an einer Personengesellschaft“ steuerrechtlich kein selbständiges Wirtschaftsgut dar, sondern verkörpert vielmehr die Summe aller Anteile an den zum Gesellschaftsvermögen gehörenden Wirtschaftsgütern. Teilweise wird hieraus der Schluss gezogen, dass Beteiligungen an Personengesellschaften als „bilanzielles nullum“ zu qualifizieren und überhaupt nicht in der Steuerbilanz des Gesellschafters zu berücksichtigen seien (so *Bürkle/Knebel*, DStR 1998, S. 1076 und 1890). Nach a.A. (vgl. *Söffing* in: JbFSt 1978/97, S. 236; *Korn/Strahl* in: Korn, § 6 EStG Rn. 316 ff.) ist zwar nicht die Beteiligung als solche, dafür aber die Anteile an den einzelnen Wirtschaftsgütern der Personengesellschaft in der Steuerbilanz des Gesellschafters zu erfassen und entsprechend den Wertveränderungen der Wirtschaftsgüter in der Bilanz der Personengesellschaft zu bewerten. Die wohl h.M. im Schrifttum betrachtet die Beteiligung an einer Personengesellschaft demgegenüber als in der Steuerbilanz des Gesellschafters zu aktivierendes selbständiges Wirtschaftsgut, welches „spiegelbildlich“ zur Entwicklung des Kapitalkontos des Gesellschafters in der Personenge-

einbringung durch eine nicht durch § 8b Abs. 2 KStG begünstigte Person Kapitalgesellschaftsanteile miteingebracht wurden, welche innerhalb eines Zeitraums von sieben Jahren nach dem Einbringungszeitpunkt[151] durch die übernehmende Gesellschaft veräußert werden (bzw. diese einen Veräußerungsersatztatbestand i.S.d. § 22 Abs. 1 Satz 6 Nr. 1-5 UmwStG verwirklicht) und der Veräußerungsgewinn auf eine Kapitalgesellschaft entfällt, ist jedoch gemäß §§ 24 Abs. 5, 22 Abs. 2 UmwStG rückwirkend der sog. **Einbringungsgewinn II** zu versteuern. Eine Veräußerung der eingebrachten Anteile bzw. die Verwirklichung eines dieser gleichgestellten Vorgangs wird in der Regel erst im Zuge der Beendigung des Joint Ventures erfolgen[152]; ebenso wie bei der Einbringung in eine Kapitalgesellschaft obliegt dem einbringenden JV-Partner jedoch ferner während der siebenjährigen Sperrfrist die Pflicht, den Verbleib der (mittelbar) durch eine natürliche Person (mit-)eingebrachten Kapitalgesellschaftsbeteiligung im Betriebsvermögen der aufnehmenden JV-Personengesellschaft **nachzuweisen**, sofern eine durch § 8b Abs. 2 KStG begünstigte Person an dieser als Mitunternehmer beteiligt ist (§§ 24 Abs. 5, 22 Abs. 3 Satz 1 Nr. 2 UmwStG). Andernfalls gilt die Beteiligung gemäß §§ 24 Abs. 5, 22 Abs. 3 Satz 2 UmwStG mit den aus § 22 Abs. 2, Abs. 5-7 UmwStG resultierenden Folgen beim Einbringenden als veräußert. Hinsichtlich der Folgen der rückwirkenden Besteuerung bei der übernehmenden JV-Personengesellschaft schweigt § 24 Abs. 5 UmwStG; insbesondere fehlt ein Verweis auf die für die Einbringung in Kapitalgesellschaften geltende Regelung des § 23 Abs. 2 Satz 3 UmwStG. Mangels Wertaufstockung der eingebrachten Kapitalbeteiligung auf Ebene der übernehmenden Personengesellschaft in Höhe des rückwirkend zu versteuernden Einbringungsgewinns II käme es danach zu einer doppelten Erfassung stiller Reserven – ein unbilliges Ergebnis, welches durch analoge Anwendung des § 23 Abs. 2 Satz 3 UmwStG oder zumindest im Wege der sachlichen Billigkeit zu korrigieren ist. Andernfalls ginge die in § 24 Abs. 5 UmwStG vorgesehene Verweisung auf die Regelung des § 22 Abs. 5 UmwStG, welche die Bescheinigung der Höhe des Einbringungsgewinns zum Zwecke der Bestimmung des Aufstockungsbetrags für die übernehmende Gesellschaft betrifft, letztlich ins Leere[153].

sellschaft zu bewerten ist (sog. Spiegelbildmethode; vgl. *Hebeler*, BB 1998, S. 206; *Reiß*, DStR 1998, S. 1889; *Wrede*, FR 1990, S. 294; *Schön*, FR 1994, S. 662; wohl auch *Benz/Rosenberg*, BB-Special Nr. 8/2006, S. 76). Danach entspricht der Buchwert der Beteiligung an der übernehmenden JV-Personengesellschaft beim Einbringenden stets dem anteiligen Eigenkapital der Personengesellschaft (einschließlich des Eigenkapitals aus einer etwaigen Ergänzungsbilanz).

[151] Die Sacheinlage gilt in Fällen der Einbringung im Wege der Gesamtrechtsnachfolge steuerlich grundsätzlich zu dem Zeitpunkt bewirkt, zu dem das wirtschaftliche Eigentum an dem eingebrachten Betriebsvermögen auf die aufnehmende Personengesellschaft übergeht; ausnahmsweise kann der Einbringungszeitpunkt gemäß § 24 Abs. 4, 2. Halbs. i.V.m. § 20 Abs. 6 UmwStG um bis zu acht Monaten rückbezogen werden. Im Falle der Übertragung im Wege der Einzelrechtsnachfolge besteht hingegen keinerlei Möglichkeit zur steuerlichen Rückbeziehung des Einbringungszeitpunkts.

[152] Vgl. dazu unten Kapitel 3:C.II.1.d. und Kapitel 3:C.II.2.d.

[153] So auch *Patt* in: Dötsch/Patt/Pung/Möhlenbrock, § 24 UmwStG (SEStEG) Rn. 221.

bb. Anteile an inländischen Kapitalgesellschaften

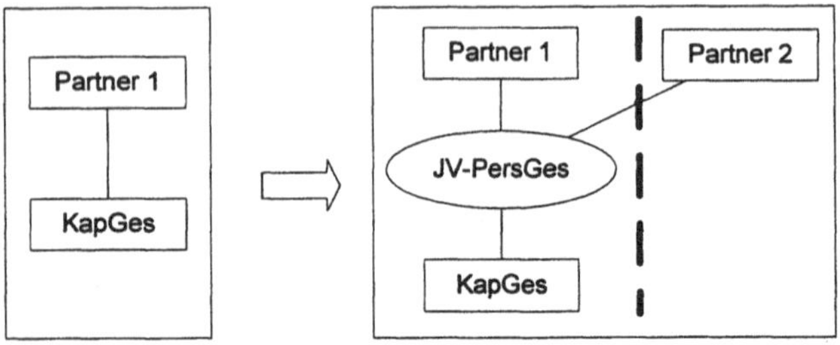

§ 24 UmwStG begünstigt seinem Wortlaut nach lediglich die Einbringung eines Betriebs, Teilbetriebs oder Mitunternehmeranteils. Als „Teilbetrieb" i.S.d. § 24 UmwStG zählt jedoch ausweislich der Gesetzesbegründung auch die 100 %ige Beteiligung an einer Kapitalgesellschaft[154]. Insoweit ergibt sich eine Überschneidung der Regelungsbereiche von § 24 UmwStG und § 6 Abs. 5 EStG, da eine im Betriebsvermögen gehaltene 100 %ige Beteiligung an einer Kapitalgesellschaft einerseits einzelnes Wirtschaftsgut i.S.d. § 6 Abs. 5 EStG ist, andererseits aber für Zwecke des § 24 UmwStG als fiktiver Teilbetrieb gilt. § 24 UmwStG geht dem § 6 Abs. 5 EStG jedoch insoweit als speziellere Vorschrift vor[155]. Auf die (isolierte) Einbringung einer geringeren als 100 %igen Beteiligung gegen Einräumung einer Mitunternehmerstellung findet § 24 UmwStG hingegen keine Anwendung[156].

Für die Einbringung von Anteilen des deutschen JV-Partners an einer inländischen Kapitalgesellschaft in eine deutsche JV-Personengesellschaft ist daher wie folgt zu differenzieren:

(1) 100 %ige Kapitalgesellschaftsbeteiligung

Eine vom deutschen JV-Partner eingebrachte 100 %ige Beteiligung kann von der übernehmenden inländischen JV-Personengesellschaft gemäß **§ 24 Abs. 2 Satz 2 UmwStG** auf Antrag mit dem Buchwert angesetzt werden, soweit das Besteuerungsrecht Deutschlands hinsichtlich des Gewinns aus der Veräußerung der eingebrachten Beteiligung weder ausgeschlossen noch beschränkt wird. Vor dem Hintergrund des von der Finanzverwaltung vertretenen Grundsatzes der **„Zentralfunktion des Stammhauses"**[157] kann es insoweit unter Umständen zu einer anteiligen Aufdeckung der stillen Reserven kommen, soweit der ausländische JV-Partner an der aufnehmenden Gesellschaft beteiligt ist. Zwar begründet die Beteiligung an der deutschen JV-Personengesellschaft für den ausländischen JV-Partner ein Unternehmen seines Ansässigkeitsstaates mit einer in Deutschland belegenen Betriebsstätte, deren Gewinne in Deutschland uneingeschränkt besteuert werden dürfen (vgl. Art. 13 Abs. 2 MA). Soweit die eingebrachte Kapitalgesellschaftsbeteiligung von der Finanzverwaltung jedoch anteilig dem Stammhaus des ausländischen JV-Partners zuge-

---

154 Vgl. BT-Drucks. 16/2710, S. 82.
155 *Patt* in: Dötsch/Patt/Pung/Möhlenbrock, § 24 UmwStG Rn. 81, 82.
156 *Benz/Rosenberg*, BB-Special Nr. 8/2006, S. 74 (Fn. 144).
157 Vgl. unten Kapitel 3:B.II.2.b.bb(1)(a).

ordnet wird, geht das vormals bestehende deutsche Besteuerungsrecht verloren (vgl. Art. 13 Abs. 5 MA) und ein Buchwertansatz scheidet aus.

Der auf Ebene der JV-Gesellschaft anzusetzende Wert gilt für den einbringenden deutschen JV-Partner nach **§ 24 Abs. 3 Satz 1 UmwStG** als Veräußerungspreis, so dass die Einbringung – bei fehlender Zuordnung zur inländischen Betriebsstätte – im Ergebnis zur Entstehung eines nach dem Halbeinkünfteverfahren bzw. § 8b Abs. 2 KStG begünstigten Einbringungsgewinns i.S.d. § 16 EStG führt.

(2) Geringere als 100 %ige Kapitalgesellschaftsbeteiligung

Wird durch den deutschen JV-Partner (isoliert) eine geringere als 100 %ige Kapitalgesellschaftsbeteiligung in die JV-Personengesellschaft eingebracht, so beurteilt sich der Vorgang mangels Anwendbarkeit des § 24 UmwStG[158] nach den **allgemeinen Grundsätzen** des EStG (ggf. i.V.m. § 8 Abs. 1 Satz 1 KStG). Danach führt die Übertragung einzelner Wirtschaftsgüter, die in ihrer Zusammenfassung weder (Teil-)Betriebsqualität besitzen, noch einen Mitunternehmeranteil bilden, auf eine Personengesellschaft gegen Gewährung von Gesellschaftsrechten als tauschähnlicher Vorgang i.S.d. § 6 Abs. 6 EStG grundsätzlich zu einer Gewinnrealisierung. Nach früherer Auffassung der Finanzverwaltung im sog. **Mitunternehmererlass**[159] sollte die aufnehmende Personengesellschaft jedoch hiervon abweichend in entsprechender Anwendung des § 24 UmwStG a.F. den Buchwert der eingebrachten Wirtschaftsgüter fortführen können. Grundlage dieser Verwaltungspraxis war die Rechtsprechung des BFH im sog. Einbringungsurteil[160], wonach es den Beteiligten bei der Einbringung eines aus dem Betriebsvermögen eines Gesellschafters stammenden Wirtschaftsguts in eine Personengesellschaft gegen Gewährung von Gesellschaftsrechten zur Wahl stand, entweder den Buchwert fortzuführen oder das Wirtschaftsgut bis zur Grenze des Teilwerts neu zu bewerten. Für die Bemessung eines Buchgewinns beim Einbringenden war nach dem BFH die Sachbehandlung auf Ebene der Gesellschaft maßgeblich. Im Ergebnis entstand danach im Fall der Buchwertfortführung kein Übertragungsgewinn, da der gewählte Wertansatz der aufnehmenden Personengesellschaft für den Einbringenden zugleich als Veräußerungspreis galt.

Im Zuge des StEntlG 1999/2000/2002 wurde die Übertragung von Einzelwirtschaftsgütern im Mitunternehmerbereich in **§ 6 Abs. 5 Satz 2 bis 6 EStG** schließlich erstmals gesetzlich geregelt und nachfolgend mehrfach modifiziert. Eine analoge Anwendung des § 24 UmwStG auf die nunmehr von § 6 Abs. 5 EStG erfassten Übertragungsvorgänge wird nach einhelliger Ansicht abgelehnt[161]. Nach **§ 6 Abs. 5 Satz 3 Nr. 1 i.V.m. Satz 1 EStG** ist bei der Übertragung von Einzelwirtschaftsgütern aus dem Betriebsvermögen eines Mitunternehmers in das Gesamthandsvermögen einer Personengesellschaft gegen Gewährung von Gesellschaftsrechten nunmehr zwingend der Buchwert fortzuführen, **„sofern die Besteuerung der stillen Reserven si-**

---

[158] Vgl. *Patt* in: Dötsch/Patt/Pung/Möhlenbrock, § 24 UmwStG (SEStEG) Rn. 82, 45; *Schmitt* in: Schmitt/Hörtnagl/Stratz, § 24 UmwStG Rn. 34.

[159] BMF-Schr. v. 20.12.1977, BStBl. I 1978, S. 8 Tz. 51 ff.

[160] BFH-Urt. v. 15.07.1976, BStBl. II 1976, S. 748; bestätigt durch Urt. v. 06.11.1985, BStBl. II 1986, S. 333.

[161] Vgl. *Schmitt* in: Schmitt/Hörtnagl/Stratz, § 24 UmwStG Rn. 84; *Patt* in: Dötsch/Patt/Pung/Möhlenbrock, § 24 UmwStG (SEStEG) Rn. 83.

chergestellt ist"[162]. Gegenüber den allgemeinen, in § 6 Abs. 6 EStG niedergelegten Grundsätzen für den Tausch und tauschähnliche Vorgänge ist diese Vorschrift lex specialis (vgl. § 6 Abs. 6 Satz 4 EStG). Ausreichend ist insoweit, dass die Mitunternehmerstellung erst im Zuge der Übertragung begründet wird[163].

Die Sicherstellung der Besteuerung der stillen Reserven im Sinne des § 6 Abs. 5 EStG setzt nach einhelliger Ansicht weder voraus, dass die bei späterer Aufdeckung der stillen Reserven bewirkte Steuerlast derjenigen im Falle der sofortigen Aufdeckung entspricht, noch dass die Besteuerung der stillen Reserven bei demselben Steuerpflichtigen erfolgt. Der grundsätzliche Besteuerungszugriff durch den deutschen Fiskus muss jedoch auch nach der Einbringung fortbestehen[164]. Dies erscheint jedoch bei Zugrundelegung der **„Zentralfunktion des Stammhauses"**[165] im Falle der Übertragung von bislang im Betriebsvermögen des deutschen JV-Partners gehaltenen Kapitalgesellschaftsanteilen in eine inländische JV-Personengesellschaft, an welcher neben dem deutschen auch ein ausländischer JV-Partner beteiligt ist, unter Umständen zweifelhaft. Denn nach der Verwaltungsauffassung wäre von einem anteiligen Übergang des deutschen Besteuerungsrechts auf den Ansässigkeitsstaat des ausländischen JV-Partners auszugehen (vgl. Art. 13 Abs. 5 MA), sofern die eingebrachte Beteiligung nicht einer in der (Personengesellschafts-) Betriebsstätte ausgeübten Tätigkeit dient. Die Besteuerung der stillen Reserven erschiene unter dieser Prämisse nur insoweit gesichert, als der deutsche JV-Partner an der übernehmenden JV-Personengesellschaft beteiligt ist. Eine anteilige Buchwertfortführung scheidet jedoch aus, da § 6 Abs. 5 Satz 1 EStG den Buchwertansatz anders als die §§ 20 ff. UmwStG nur vorsieht, „sofern" und nicht „soweit" die inländische Besteuerung der stillen Reserven gesichert ist. Bei anteilig fehlender Betriebsstättenzugehörigkeit ist daher nach § 6 Abs. 6 Satz 1 EStG insgesamt der gemeine Wert anzusetzen. Der danach beim einbringenden JV-Partner entstehende Übertragungsgewinn unterliegt jedoch gemäß § 8b Abs. 2 KStG bzw. § 3 Nr. 40 lit. a EStG nur zu 5 % bzw. zur Hälfte der Besteuerung.

Selbst wenn die Besteuerung der stillen Reserven nach den Umständen des Einzelfalls als gesichert erscheint, schränken die Sätze 4-6 des § 6 Abs. 5 EStG die Buchwertfortführung überdies insoweit ein als

- das eingebrachte Wirtschaftsgut innerhalb einer Sperrfrist von drei Jahren nach der Übertragung wieder entnommen oder veräußert wird und keine negative Ergänzungsbilanz für den übertragenden Mitunternehmer für die bis zur Einbringung entstandenen stillen Reserven gebildet worden ist (§ 6 Abs. 5 Satz 4 EStG)[166];

---

[162] Die Verweisung des § 6 Abs. 5 Satz 3 EStG auf § 6 Abs. 5 Satz 1 EStG ist mit anderen Worten als Rechtsgrundverweisung zu verstehen (vgl. *Niehus/Wilke* in: Herrmann/Heuer/Raupach, § 6 EStG Rn. 1457b).

[163] *Niehus/Wilke* in: Herrmann/Heuer/Raupach, § 6 EStG Rn. 1451b.

[164] Vgl. *Niehus/Wilke* in: Herrmann/Heuer/Raupach, § 6 EStG Rn. 1462b.

[165] Hierzu im Einzelnen unten Kapitel 3:B.II.2.b.bb(1)(a).

[166] Die Veräußerung oder Entnahme des eingebrachten Wirtschaftsguts innerhalb der Dreijahresfrist zwingt nach § 6 Abs. 5 Satz 4 EStG nur insoweit zum rückwirkenden Teilwertansatz, als die im eingebrachten Vermögen ruhenden stillen Reserven bei der Einbringung auf eine andere Person übergegangen sind (interpersonelle Verlagerung stiller Reserven; vgl. *Glanegger* in: Schmidt, § 6 EStG Rn. 537; *Niehus/Wilke* in: Herrmann/Heuer/Raupach, § 6 EStG Rn. 1467b). Werden die bis zur Ein-

- eine Körperschaft, Personenvereinigung oder Vermögensmasse an der aufnehmenden Personengesellschaft beteiligt ist, deren Anteil an dem übertragenen Wirtschaftsgut infolge der Einbringung unmittelbar oder mittelbar begründet wird oder sich erhöht (sog. Körperschaftsklausel, § 6 Abs. 5 Satz 5 EStG);
- innerhalb von sieben Jahren nach der Übertragung der Anteil einer Körperschaft, Personenvereinigung oder Vermögensmasse an dem übertragenen Wirtschaftsgut unmittelbar oder mittelbar begründet wird oder sich erhöht (§ 6 Abs. 5 Satz 6 EStG).

Abweichend von § 6 Abs. 5 Satz 3 i.V.m. Satz 1 EStG ist das eingebrachte Wirtschaftsgut in diesen Fällen – ggf. rückwirkend auf den Zeitpunkt der Übertragung – (anteilig) mit dem Teilwert anzusetzen. Gemäß **§ 6 Abs. 5 Satz 5 EStG** kommt es zu einer anteiligen Gewinnrealisierung, soweit neben dem einbringenden JV-Partner unmittelbar oder mittelbar eine (andere) Kapitalgesellschaft kapitalmäßig an der aufnehmenden JV-Personengesellschaft beteiligt ist[167]. Insoweit kann es sich grundsätzlich auch um eine ausländische Mitunternehmer-Kapitalgesellschaft handeln[168]. Errichtet der inländische JV-Partner somit gemeinsam mit einem ausländischen kapitalistisch organisierten JV-Partner ein paritätisch ausgestaltetes Joint Venture in Form einer deutschen Personengesellschaft und bringt in diese eine Kapitalgesellschaftsbeteiligung von weniger als 100 % ein, so ist diese – die Sicherstellung der Besteuerung der stillen Reserven vorausgesetzt – bei der aufnehmenden JV-Personengesellschaft nach § 6 Abs. 5 Satz 5 EStG zumindest zu 50 % mit dem Teilwert anzusetzen, während gemäß § 6 Abs. 5 Satz 3 i.V.m. Satz 1 EStG im Übrigen der Buchwert fortzuführen ist[169]. Der anteilige Teilwertansatz kann nach h.M. – anders als im Falle des § 6 Abs. 5 Satz 4 EStG – auch nicht durch Aufstellung einer Ergänzungsbilanz für den einbringenden Mitunternehmer verhindert werden[170]. Jedoch ist der infolge des anteiligen Teilwertansatzes beim einbringenden JV-Partner entstehende Gewinn nach herrschender Auffassung zumindest nach § 8b Abs. 2 KStG bzw. § 3 Nr. 40 EStG begünstigt, soweit die Übertragung gegen Gewährung von Gesellschaftsrechten erfolgt, da es sich insoweit um einen der Veräußerung gleichgestellten tauschähnlichen Vorgang i.S.d. § 6 Abs. 6 EStG handelt[171].

bringung entstandenen stillen Reserven dem Einbringenden durch Aufstellung einer Ergänzungsbilanz zugeordnet, bleibt es daher selbst bei Entnahme oder Veräußerung des eingebrachten Vermögens innerhalb der Dreijahresfrist bei dem nach § 6 Abs. 5 Satz 3 i.V.m. Satz 1 EStG vorgesehenen Buchwertansatz.

[167] Soweit der Einbringende hingegen an der aufnehmenden Personengesellschaft beteiligt ist, wird ein Anteil an dem übertragenen Wirtschaftsgut weder erhöht noch begründet, so dass eine Übertragung zu Buchwerten – selbst wenn es sich beim Einbringenden um eine Kapitalgesellschaft handelt – zulässig bleibt (vgl. OFD Frankfurt, Vfg. v. 03.05.2004, StEK Nr. 6 zu § 6 Abs. 5 EStG unter Ziff. 2.).

[168] *Müller* in: Widmann/Mayer, § 24 UmwStG Rn. 45.

[169] Gleiches würde gelten, wenn und soweit eine Kapitalgesellschaft beispielsweise durch einen Gesellschafterwechsel oder aufgrund eines Formwechsels nachträglich in den auf die Einbringung folgenden sieben Jahren an der aufnehmenden JV-Personengesellschaft beteiligt wird (§ 6 Abs. 5 Satz 6 EStG).

[170] So *Glanegger* in: Schmidt, § 6 EStG Rn. 539; *Patt* in: Dötsch/Patt/Pung/Möhlenbrock, § 24 UmwStG (SEStEG) Rn. 54; a.A.: *Groh*, DB 2003, S. 1403 ff.

[171] Vgl. *Dötsch/Pung* in: Dötsch/Eversberg/Jost/Pung/Witt, § 8b KStG Rn. 32b; *Schwedhelm/Olbing/Binnewies*, GmbHR 2002, S. 1157, 1159; *Rödder/Schumacher*, DStR 2003, S. 909, 911.

b. Einbringung von Auslandsvermögen

aa. Ausländisches Betriebsvermögen (Betrieb, Teilbetrieb oder Mitunternehmeranteil)

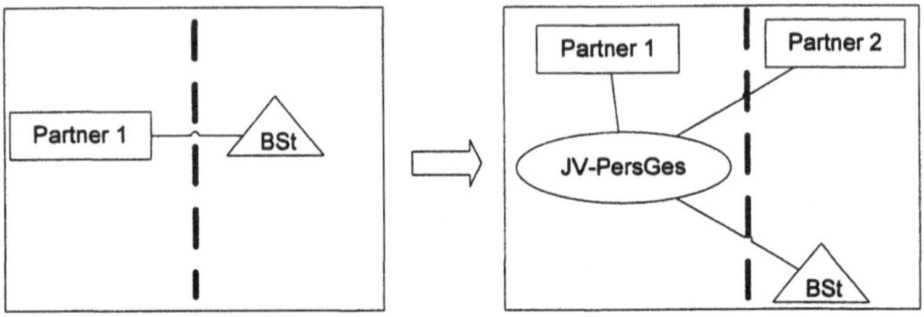

§ 24 UmwStG erfasst die Einbringung von in- wie ausländischem Betriebsvermögen gleichermaßen. Wird durch den inländischen JV-Partner daher ein ausländischer Betrieb, Teilbetrieb oder Mitunternehmeranteil gegen Einräumung einer Mitunternehmerstellung in die inländische JV-Personengesellschaft eingebracht, hängt die Möglichkeit zum Buchwertansatz auf Gesellschaftsebene gemäß **§ 24 Abs. 2 Satz 2 UmwStG** davon ab, inwieweit das Besteuerungsrecht Deutschlands hinsichtlich des Gewinns aus der Veräußerung des eingebrachten Betriebsvermögens ausgeschlossen oder beschränkt wird. Soweit der inländische JV-Partner an der aufnehmenden JV-Personengesellschaft beteiligt ist, treten hinsichtlich des deutschen Besteuerungsrechts – da die JV-Personengesellschaft nach deutschem Verständnis weder eigenständiges Steuersubjekt[172] noch abkommensberechtigte Person[173] ist – infolge der Einbringung keinerlei Änderungen ein[174]. Das Recht zur Besteuerung des ausländischen Betriebsvermögens steht insoweit vor wie nach der Einbringung je nach Bestehen und Ausgestaltung eines DBA entweder ausschließlich dem Betriebsstättenstaat (entsprechend Art. 13 Abs. 2, 23 A Abs. 1 MA) oder aber sowohl Deutschland als auch dem Betriebsstättenstaat zu, wobei die ausländische Steuer auf die deutsche Steuer anzurechnen ist. Soweit jedoch der ausländische JV-Partner an der aufnehmenden inländischen JV-Personengesellschaft beteiligt ist und vor der Einbringung (im **Anrechnungsfall**, d.h. bei Nichtbestehen eines DBA oder wegen Nichterfüllung eines DBA-Aktivitätsvorbehalts) ein deutsches Besteuerungsrecht hinsichtlich des ausländischen Betriebsvermögens bestand, geht dieses mit Wirksamwerden der Einbringung verloren. Zwar unterliegen die anteilig auf den ausländischen JV-Partner entfallenden Einkünfte aus der durch die deutsche Personengesellschaft vermittelten inländischen Betriebsstätte nach dem zwischen Deutschland und seinem Ansässigkeitsstaat bestehenden DBA uneingeschränkt der deutschen Besteuerung (vgl. Art. 13 Abs. 2 MA); dies gilt jedoch nicht für die anteiligen Einkünfte, die dem eingebrachten ausländischen Betriebsstättenvermögen zugerechnet werden können. Insoweit gelangt vielmehr das ggf. zwischen dem ausländischen Betriebsstättenstaat und dem Ansässigkeitsstaat des ausländischen JV-Partners bestehende DBA zur Anwendung. Ein deutsches Besteuerungsrecht be-

---

[172] Vgl. *Wacker* in: Schmidt, § 15 EStG Rn. 163 ff.

[173] Vgl. *Wassermeyer* in: Debatin/Wassermeyer, Art. 3 MA Rn. 20 und unten Kapitel 3:B.II.1.a.bb.

[174] Vgl. *Benz/Rosenberg*, BB-Special Nr. 8/2006, S. 75.

steht insoweit nach der Einbringung nicht mehr, so dass es zu einer anteiligen Aufdeckung der stillen Reserven kommt. Beim einbringenden deutschen JV-Partner, für den der auf Ebene der JV-Personengesellschaft angesetzte Wert gemäß **§ 24 Abs. 3 Satz 1 UmwStG** als Veräußerungspreis gilt, entsteht danach ein Veräußerungsgewinn i.S.d. § 16 EStG.

In der Regel wird allerdings bereits vor der Einbringung aufgrund abkommensrechtlicher **Betriebsstättenfreistellung** (Art. 13 Abs. 2, 23 A Abs. 1 MA) kein deutsches Besteuerungsrecht an dem eingebrachten ausländischen Betriebsvermögen bestanden haben, welches ausgeschlossen oder beschränkt werden könnte, so dass der mittelbare Übergang auf den ausländischen JV-Partner unschädlich ist und auf Antrag vollumfänglich der Buchwert angesetzt werden kann. In diesem Fall ist daher eine steuerneutrale Einbringung des ausländischen Betriebsvermögens möglich.

bb. Anteile an ausländischen Kapitalgesellschaften

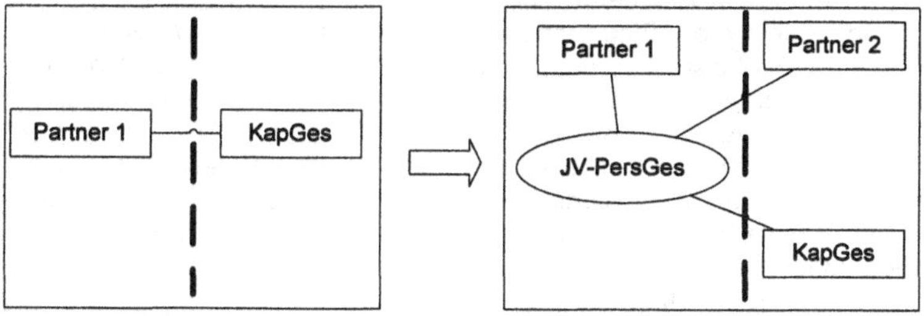

Hinsichtlich der Einbringung von Anteilen an ausländischen Kapitalgesellschaften gelten die obigen Ausführungen zur Einbringung von inländischen Kapitalgesellschaftsanteilen in eine in Deutschland ansässige JV-Personengesellschaft entsprechend[175].

Wird gemäß **§ 24 UmwStG** eine **100 %ige Beteiligung** des deutschen JV-Partners an einer ausländischen Kapitalgesellschaft in die inländische JV-Personengesellschaft eingebracht, droht angesichts der Verwaltungsauffassung von der „Zentralfunktion des Stammhauses"[176] eine anteilige Aufdeckung der stillen Reserven, soweit der ausländische JV-Partner an der aufnehmenden Gesellschaft beteiligt ist und die Beteiligung nicht einer in der (Personengesellschafts-) Betriebsstätte ausgeübten Tätigkeit dient. Ist Einbringungsgegenstand eine **geringere als 100 %ige Beteiligung**, so ist gemäß **§ 6 Abs. 6 EStG** insgesamt der gemeine Wert anzusetzen, sofern die inländische Besteuerung der stillen Reserven aufgrund der anteiligen Zuordnung der eingebrachten Beteiligung zum Stammhaus des ausländischen JV-Partners nicht sichergestellt ist. Ist die Besteuerung der stillen Reserven im Einzelfall hingegen sichergestellt, ist nach **§ 6 Abs. 5 Satz 5 und 6 EStG** (ggf. rückwirkend) zumindest insoweit der Teilwert anzusetzen, als neben dem einbringenden JV-Partner eine in- oder ausländische Kapitalgesellschaft unmittelbar oder mittelbar über eine weitere Personengesellschaft kapitalmäßig an der aufnehmenden JV-Personengesellschaft beteiligt ist bzw. eine solche Beteiligung innerhalb der auf die Einbringung folgenden

---
175 Vgl. oben Kapitel 3:A.II.1.a.bb.
176 Vgl. unten Kapitel 3:B.II.2.b.bb(1)(a).

sieben Jahre begründet wird Im Übrigen sind rückwirkend die bis zur Einbringung entstandenen stillen Reserven aufzudecken, wenn und soweit die eingebrachten Anteile innerhalb der Sperrfrist des § 6 Abs. 5 Satz 4 EStG veräußert oder entnommen werden und die stillen Reserven dem Einbringenden nicht durch Aufstellung einer Ergänzungsbilanz zugeordnet wurden. Ein mangels Sicherstellung der Besteuerung der stillen Reserven oder aufgrund der § 6 Abs. 5 Sätze 4 ff. EStG entstehender Übertragungsgewinn ist jedoch nach den §§ 8b Abs. 2 KStG, 3 Nr. 40 EStG begünstigt.

c. Zwischenergebnis

Inländisches Betriebsvermögen (Betrieb, Teilbetrieb, Mitunternehmeranteil) kann durch den deutschen JV-Partner steuerneutral in eine inländische JV-Personengesellschaft eingebracht werden, sofern einer Zuordnung der zum übergehenden Betriebsvermögen gehörenden Wirtschaftsgüter zu der durch die Einbringung entstehenden (Personengesellschafts-)Betriebsstätte des ausländischen JV-Partners im Einzelfall nicht der von der Finanzverwaltung vertretene Grundsatz von der „Zentralfunktion des Stammhauses“[177] entgegensteht. Die Einbringung ausländischen Betriebsvermögens, an welchem vor der Einbringung ein deutsches Besteuerungsrecht bestand, führt stets zu einer anteiligen Aufdeckung der stillen Reserven, soweit der ausländische JV-Partner an der aufnehmenden JV-Personengesellschaft beteiligt ist. War das eingebrachte ausländische Betriebsvermögen hingegen bereits vor Einbringung von der inländischen Besteuerung freigestellt, bleibt der Einbringungsvorgang ertragsteuerunbelastet.

Bei der Einbringung von Anteilen an in- oder ausländischen Kapitalgesellschaften gemäß § 24 UmwStG bzw. § 6 Abs. 5 Satz 3 Nr. 1 i.V.m. Satz 1 EStG kann es ebenfalls aufgrund der „Zentralfunktion des Stammhauses“ bzw. des § 6 Abs. 5 Satz 4 ff. EStG zumindest zu einer anteiligen Gewinnrealisierung kommen. Der entstehende Gewinn unterliegt gemäß §§ 8b Abs. 2 KStG, 3 Nr. 40 lit. a EStG jedoch nur zu 5 % bzw. zur Hälfte der Besteuerung.

2. Standort im Ausland (EU / EWR oder Drittstaat)

Alternativ zur Errichtung der JV-Personengesellschaft im Inland kann eine im Ausland errichtete Personengesellschaft den außersteuerlichen Zielsetzungen der JV-Partner unter Umständen eher entsprechen. Fast alle Staaten sehen in ihrem Gesellschaftsrecht Grundformen von Personengesellschaften vor, die mit einer deutschen GbR, OHG oder KG vergleichbar sind. Obwohl die rechtliche Ausgestaltung im Ausland im einzelnen von der deutschen Konzeption abweichen kann, besteht häufig insoweit eine Übereinstimmung, als das ausländische Gesellschaftsrecht von einer unbeschränkten persönlichen Haftung aller Gesellschafter bzw. der unbeschränkten Haftung eines oder mehrerer Gesellschafter verbunden mit der Beschränkung der persönlichen Haftung für bestimmte Gesellschafter ausgeht[178]. Das Gesellschaftsrecht mancher Staaten verbietet jedoch die Beteiligung von Ausländern an

[177] Zu diesbezüglicher Kritik vgl. unten Kapitel 3:B.II.2.b.bb(1)(a).
[178] *Pyszka/Brauer*, Ausländische Personengesellschaften, Rn. 12.

Personengesellschaften ausdrücklich[179], sieht eine solche nicht vor oder begrenzt diese. Darüber hinaus verlieren beschränkt haftende Gesellschafter in manchen Staaten ihre Haftungsbeschränkung, wenn sie aktiv für die Personengesellschaft tätig werden[180]. Die sich für inländische JV-Personengesellschaften anbietende Rechtsform der GmbH & Co. KG findet überdies nicht in allen Staaten eine Entsprechung; vielmehr erlaubt es das ausländische Gesellschaftsrecht oftmals nicht, dass eine Kapitalgesellschaft die Position des persönlich haftenden Gesellschafters einnimmt[181].

In steuerlicher Hinsicht werden Einbringungen in ausländische Personengesellschaften ebenfalls vom subjektiven Anwendungsbereich des **§ 24 UmwStG** erfasst. Während § 1 Abs. 4 Satz 1 Nr. 1 i.V.m. Abs. 3 Nr. 4 und 5 UmwStG für die Anwendung der §§ 20, 21 UmwStG voraussetzt, dass sich sowohl Sitz als auch Geschäftsleitung der aufnehmenden Kapitalgesellschaft innerhalb der EU / des EWR befinden, kommt es in Fällen der Einbringung in eine Personengesellschaft nach § 24 UmwStG auf die Ansässigkeit der aufnehmenden Personengesellschaft nicht an (vgl. § 1 Abs. 4 Satz 2 UmwStG). Somit werden auch Personengesellschaften mit Sitz und Ort der Geschäftsleitung außerhalb der EU / des EWR vom Anwendungsbereich der Norm erfasst.

a. Einbringung von Inlandsvermögen

aa. Inländisches Betriebsvermögen (Betrieb, Teilbetrieb oder Mitunternehmeranteil)

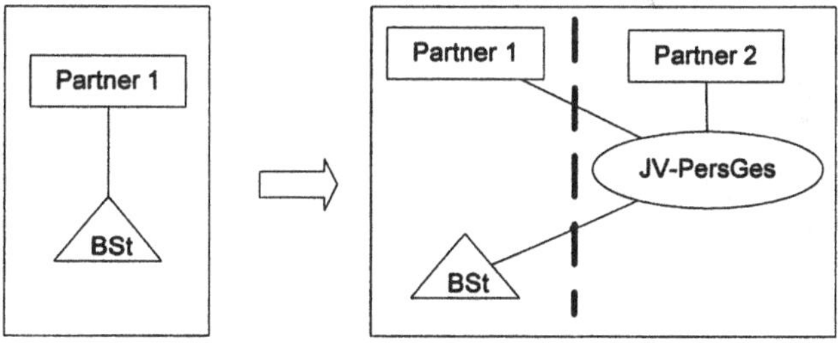

Wird durch den deutschen JV-Partner inländisches Betriebsvermögen in Form eines Betriebs, Teilbetriebs oder Mitunternehmeranteils in eine im Ausland ansässige JV-Personengesellschaft eingebracht, kann dieses bei der aufnehmenden Gesellschaft gemäß **§ 24 Abs. 2 Satz 2 UmwStG** auf Antrag mit dem Buchwert angesetzt und dieser vom Einbringenden nach **§ 24 Abs. 3 Satz 1 UmwStG** als Veräußerungspreis übernommen werden, soweit nach der Einbringung im Inland eine Betriebsstätte ver-

[179] So z.B. in Libyen, vgl. Art. 2 Satz 1 des Gesetzes über Kaufleute und Handelsgesellschaften (KHGG) vom 02.05.1970, Gesetz Nr. 65/1970.

[180] So z.B. in USA, Großbritannien und Frankreich, vgl. *Kahle*, StuB 2005, S. 667 (Fn. 3).

[181] Dies ist beispielsweise in der Schweiz der Fall. Nach Art. 594 Abs. 2 OR können unbeschränkt haftende Gesellschafter einer schweizerischen Kommanditgesellschaft nur natürliche Personen sein. Auch das italienische Gesellschaftsrecht verlangt mindestens eine natürliche Person als voll haftenden Gesellschafter (vgl. *Seibold/Vergine* in: Hohloch, EU-Handbuch Gesellschaftsrecht, Italien Rn. 102).

bleibt und die übergehenden Wirtschaftsgüter dieser Betriebsstätte auch tatsächlich zuzurechnen sind. Insoweit besteht gemäß Art. 13 Abs. 2 MA – auch soweit ausländische Personen an der aufnehmenden JV-Personengesellschaft beteiligt sind – nach der Einbringung ein deutsches Besteuerungsrecht hinsichtlich des Gewinns aus der Veräußerung des inländischen Betriebsvermögens fort, so dass im Ergebnis eine steuerneutrale Einbringung zu Buchwerten möglich ist[182].

Bei Berücksichtigung des Grundsatzes der **„Zentralfunktion des Stammhauses"**[183] sind jedoch insbesondere im Rahmen der Betriebseinbringung miteingebrachte Beteiligungen nach Wirksamwerden der Einbringung unter Umständen anteilig dem Stammhaus des ausländischen JV-Partners zuzurechnen, soweit sie nicht einer in der inländischen (Personengesellschafts-)Betriebsstätte ausgeübten Tätigkeit dienen. Insoweit wäre das deutsche Besteuerungsrecht und folglich auch eine steuerneutrale Einbringung regelmäßig ausgeschlossen (vgl. Art. 13 Abs. 5 MA).

bb. Anteile an inländischen Kapitalgesellschaften

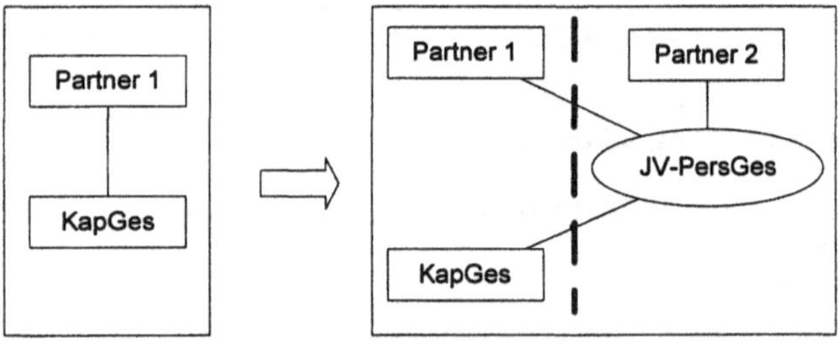

(1) 100 %ige Kapitalgesellschaftsbeteiligung

Bringt der deutsche JV-Partner eine 100 %ige Beteiligung an einer inländischen Kapitalgesellschaft ein, so ist diese bei der aufnehmenden ausländischen JV-Personengesellschaft gemäß **§ 24 Abs. 2 Satz 1 UmwStG** zwingend mit dem gemeinen Wert anzusetzen, da das vor Einbringung bestehende deutsche Besteuerungsrecht hinsichtlich des Gewinns aus der Veräußerung der eingebrachten Beteiligung ausgeschlossen oder zumindest beschränkt wird. Anders als ein inländischer (Teil-) Betrieb oder Mitunternehmeranteil begründet die Beteiligung an einer inländischen Kapitalgesellschaft für sich genommen keine Betriebsstätte im Inland[184]. Mit der Einbringung wird die Kapitalgesellschaftsbeteiligung Betriebsvermögen der ausländischen JV-Personengesellschaft und daher im Abkommenssinne anteilig ausländisches Betriebsstättenvermögen des deutschen JV-Partners, sofern sie der ausländischen (Personengesellschafts-)Betriebsstätte auch tatsächlich zuzurechnen ist. Das Recht

---

[182] Vgl. *Benz/Rosenberg*. BB-Special Nr. 8/2006, S. 75; *Hagemann/Ropohl/Viebrock/Jakob*, NWB Sonderheft 1/2007, S. 36 f. (Beispiel 9).

[183] Vgl. unten Kapitel 3:B.II.2.b.bb(1)(a).

[184] Aus diesem Grunde fand § 24 UmwStG im Falle der Einbringung einer 100 %igen Kapitalgesellschaftsbeteiligung in eine ausländische Personengesellschaft nach früherer Rechtslage keine Anwendung, da die Vorschrift voraussetzte, dass die Vermögensübertragung in eine inländische Betriebsstätte erfolgt bzw. eine solche im Zuge der Vermögensübertragung begründet wurde; vgl. *Kölbl*, Besteuerung eines Joint Ventures zwischen USA und Deutschland, S. 185 f.; *dies.*, StuB 2007, S. 419.

zur Besteuerung der Betriebsstättengewinne steht danach entweder ausschließlich dem Sitzstaat der JV-Personengesellschaft zu (bei Bestehen eines DBA mit Freistellungsmethode, vgl. Art. 13 Abs. 2, 23 A Abs. 1 MA) oder es verbleibt im Inland, wird jedoch durch eine Anrechnungsverpflichtung gemäß DBA oder § 34c EStG eingeschränkt. Berücksichtigt man bei der Zuordnung zwischen Stammhaus und Betriebsstätte wiederum die **„Zentralfunktion des Stammhauses"**[185], wäre die Beteiligung nach der Einbringung zwar ggf. anteilig weiterhin dem Stammhaus des inländischen JV-Partners zuzurechnen, so dass insoweit ein uneingeschränktes deutsches Besteuerungsrecht verbliebe. Zumindest insoweit, als der ausländische JV-Partner an der aufnehmenden JV-Personengesellschaft beteiligt ist, ginge das deutsche Besteuerungsrecht durch die Einbringung jedoch verloren und es käme zu einer anteiligen Aufdeckung der stillen Reserven. Der auf Gesellschaftsebene anzusetzende Wert gilt für den einbringenden JV-Partner nach **§ 24 Abs. 3 Satz 1 UmwStG** als Veräußerungspreis, so dass ein Einbringungsgewinn i.S.d. § 16 EStG entsteht, auf den jedoch – da eine 100 %ige Beteiligung an einer Kapitalgesellschaft eingebracht wurde – vollumfänglich § 3 Nr. 40 lit. b) EStG bzw. §§ 8b Abs. 6 i.V.m. Abs. 2 KStG anzuwenden ist[186]. Im Ergebnis unterliegt der entstehende Einbringungsgewinn somit nur zu 5 % bzw. zur Hälfte der inländischen Besteuerung.

(2) Geringere als 100 %ige Kapitalgesellschaftsbeteiligung

Handelt es sich bei dem eingebrachten Vermögen um eine geringere als 100 %ige Beteiligung an einer inländischen Kapitalgesellschaft, findet § 24 UmwStG keine Anwendung. Vielmehr beurteilt sich der Vorgang nach **§ 6 Abs. 5 Satz 3 Nr. 1 i.V.m. Satz 1 EStG**, wonach die eingebrachten Anteile bei der aufnehmenden Personengesellschaft zwingend zum Buchwert anzusetzen sind, „sofern die Besteuerung der stillen Reserven sichergestellt ist". Ob dies bei der Übertragung von Einzelwirtschaftsgütern aus dem inländischen Betriebsvermögen eines Mitunternehmers in das Gesellschaftsvermögen einer ausländischen Personengesellschaft der Fall ist, war bereits nach früherer Rechtslage heftig umstritten. Die **Rechtsprechung** sah zumindest die Überführung in eine ausländische Freistellungs-Betriebsstätte seit jeher als eine zum Teilwert zu bewertende Entnahme i.S.d. § 4 Abs. 1 Satz 2 EStG an (sog. finale Entnahmelehre)[187]. Innerhalb der **Finanzverwaltung** wurde eine Buchwertfortführung in den Fällen der Übertragung auf eine ausländische Personengesellschaft – anders als bei Überführung in eine ausländische Betriebsstätte – sogar unabhängig vom Bestehen oder Nichtbestehen eines Anrechnungs- oder Freistellungs-DBA generell abgelehnt[188]. Das **Schrifttum** vertrat demgegenüber überwiegend die Auffas-

[185] Vgl. hierzu unten Kapitel 3:B.II.2.b.bb(1)(a).

[186] Vgl. *Patt* in: Dötsch/Patt/Pung/Möhlenbrock, § 24 UmwStG (SEStEG) Rn. 142, 151; *Widmann/Mayer*, § 24 UmwStG Rn. 251.58.

[187] Vgl. BFH v. 16.07.1969, BStBl. II 1970, S. 175; v. 30.05.1972, BStBl. II 1972, S. 760; v. 07.10.1974, BStBl. II 1975, S. 168.

[188] Während sie bei Überführung eines Wirtschaftsgutes in eine ausländische Freistellungs-Betriebsstätte des inländischen Stammhauses „aus Billigkeitsgründen" eine Aufschiebung der Besteuerung bis zur Verwirklichung eines Gewinnrealisierungstatbestands in der ausländischen Betriebsstätte zuließ und bei Nichtbestehen eines DBA bzw. Bestehen eines Anrechnungs-DBA mit dem Betriebsstättenstaat die Notwendigkeit der Aufdeckung stiller Reserven sogar gänzlich verneinte, ordnete die Finanzverwaltung bei Überführung eines Wirtschaftsguts in eine ausländische Personengesell-

sung, die sofortige Besteuerung bei Übertragung von Wirtschaftsgütern aus dem inländischen Betriebsvermögen eines Mitunternehmers in das Gesellschaftsvermögen einer ausländischen Personengesellschaft verstoße gegen die gemeinschaftsrechtlich verbürgte Niederlassungs- und Kapitalverkehrsfreiheit (Art. 43 und 56 EG)[189] und sei gegenüber der Behandlung des reinen Inlandsfalles nicht zu rechtfertigen[190]. Gegen die von der Finanzverwaltung vertretene Auffassung wurde in der Literatur zudem eingewandt, zumindest soweit kein DBA oder ein Anrechnungs-DBA mit dem Ansässigkeitsstaat der aufnehmenden Personengesellschaft bestehe und in Deutschland unbeschränkt steuerpflichtige Gesellschafter vermögensmäßig an dieser beteiligt seien, bleibe eine Besteuerung der stillen Reserven gesichert, so dass eine Buchwertfortführung zuzulassen sei[191]. Teils wurde sogar für den Fall des Bestehens eines Freistellungs-DBA mit dem Ansässigkeitsstaat der Personengesellschaft eine Sicherstellung der Besteuerung der stillen Reserven bejaht, da das Besteuerungsrecht unter Veranlassungsgesichtspunkten zumindest hinsichtlich der bis zur Übertragung entstandenen stillen Reserven nach den Art. 7 Abs. 1 Satz 2, 23 MA dem Herkunftsstaat zugewiesen werde[192].

Im Zuge des SEStEG wurden durch den Gesetzgeber mit den **§§ 4 Abs. 1 Satz 3 EStG, 12 Abs. 1 KStG** nunmehr zwei neue allgemeine Entstrickungstatbestände eingeführt, die eine Gewinnrealisierung auf Basis des gemeinen Werts für den Fall vorsehen, dass das deutsche Besteuerungsrecht hinsichtlich des Gewinns aus der Veräußerung oder Nutzung eines Wirtschaftsguts des Betriebsvermögens ausgeschlossen oder beschränkt wird. § 4 Abs. 1 Satz 3 EStG fingiert insoweit eine Entnahme, die jedoch abweichend von der Grundregel des § 6 Abs. 1 Nr. 4 Satz 1, 1. Halbs. EStG nicht mit dem Teilwert, sondern dem gemeinen Wert anzusetzen ist (§ 6 Abs. 1 Nr. 4 Satz 1, 2. Halbs. EStG). Mangels außerbetrieblicher Sphäre bei Körperschaften (vgl. § 8 Abs. 2 KStG) fingiert § 12 Abs.1 Satz 1 KStG demgegenüber keine Entnahme, sondern die Veräußerung des Wirtschaftsgutes zum gemeinen Wert. Ausweislich der Gesetzesbegründung hatte der Gesetzgeber bei der Einführung der neuen Tatbestände insbesondere den Fall der Überführung eines Wirtschaftsguts vom inländischen Stammhaus in eine ausländische Freistellungs- oder Anrechungs-Betriebsstätte im Auge[193]. Für Fälle der Übertragung einzelner Wirtschaftsgüter aus dem inländischen Betriebsvermögen eines Mitunternehmers in das ausländische Gesellschaftsvermögen einer Personengesellschaft stellt sich daher die Frage, in welchem Verhältnis die neuen allgemeinen Entstrickungstatbestände zu § 6 Abs. 5 Satz 3 Nr. 1 i.V.m. Satz 1 EStG stehen und welche Rückschlüsse gegebenenfalls aus ihrer Einführung für die Auslegung des Begriffs der „Sicherstellung der Besteuerung der stillen Reserven" zu ziehen sind. Teilweise wird in der Literatur in Sachverhaltsgestaltungen mit Rechtsträgerwechsel bereits die Ein-

---

schaft ausnahmslos die sofortige Besteuerung der stillen Reserven durch Ansatz des Fremdvergleichspreises an; vgl. BMF-Schr. v. 24.12.1999, BStBl. I 1999, S. 1076 Tz. 2.6.1 ff.

[189] So *Pyszka/Brauer*, Ausländische Personengesellschaften, Rn. 152; *Schaumburg*, FS Wassermeyer, S. 411, 434 f.

[190] So *Kessler/Huck*, StuW 2005, S. 193, 211.

[191] Vgl. *Pyszka/Brauer*, Ausländische Personengesellschaften, Rn. 138; *Greif* in: Mössner, Steuerrecht international tätiger Unternehmen, Rn. E 107.

[192] Vgl. *Wassermeyer*, GmbHR 2004, S. 613, 616; *Niehus/Wilke* in: Herrmann/Heuer/Raupach, § 6 EStG Rn. 1463.

[193] Vgl. BT-Drucks. 16/2710, S. 28.

schlägigkeit der §§ 4 Abs. 1 Satz 3 EStG, 12 Abs. 1 KStG verneint und angenommen, die Vorschriften regelten vielmehr allein die innerbetriebliche grenzüberschreitende Entstrickung, während bei Vermögensübertragungen auf andere Rechtsträger speziellere Regelungen einschlägig seien[194]. Nach der Gesetzesbegründung enthalten die §§ 4 Abs. 1 Satz 3 EStG, 12 Abs. 1 KStG jedoch einen umfassenden Entstrickungstatbestand, der sowohl Fälle ohne als auch solche mit Rechtsträgerwechsel erfasst[195]. Geht man folglich davon aus, dass die §§ 4 Abs. 1 Satz 3 EStG, 12 Abs. 1 KStG grundsätzlich auch Vermögensübertragungen auf einen anderen Rechtsträger erfassen, stellt sich im Falle der Übertragung von Einzelwirtschaftsgütern auf eine ausländische Personengesellschaft die Frage nach dem **Konkurrenzverhältnis zu § 6 Abs. 5 Satz 3 Nr. 1 i.V.m. Satz 1 EStG**. Teilweise wird § 6 Abs. 5 EStG insoweit als lex specialis angesehen[196], während andere Stimmen in der Literatur demgegenüber – m.E. zu Recht – von einem Vorrang der neuen Entstrickungstatbestände ausgehen[197]. Hierfür spricht insbesondere der Vergleich mit dem Fall der Überführung vom inländischen Stammhaus in eine ausländische Anrechnungsbetriebsstätte, welcher in der Gesetzesbegründung ausdrücklich als Anwendungsfall des § 4 Abs. 1 Satz 3 EStG genannt wird[198]. Führt danach bereits die betriebsinterne grenzüberschreitende Vermögensüberführung zwingend zu einer Aufdeckung der stillen Reserven, so muss dies erst recht für den Fall der grenzüberschreitenden Übertragung in einen anderen Betrieb gelten. Andernfalls käme man zu dem Ergebnis, dass sich ein Wirtschaftsgut zwar steuerneutral aus dem inländischen Betriebsvermögen eines Mitunternehmers in das Gesamthandsvermögen einer ausländischen Personengesellschaft, mit deren Sitzstaat Deutschland ein Anrechnungs-DBA unterhält, übertragen ließe, nicht jedoch aus dem inländischen Stammhaus eines Steuerpflichtigen in dessen ausländische Anrechnungs-Betriebsstätte. Dieses Ergebnis erschiene jedoch widersinnig, zumal der erstgenannte Fall sicherlich den „veräußerungsähnlicheren" Vorgang darstellt und auch abkommensrechtlich kein Unterschied zwischen der Überführung in eine ausländische Betriebsstätte und der Übertragung auf eine ausländische Personengesellschaft besteht[199].

Selbst wenn man jedoch von einem Vorrang des § 6 Abs. 5 Satz 3 Nr. 1 i.V.m. Satz 1 EStG ausgehen wollte, wird man die Frage, ob die Besteuerung der stillen Reserven sichergestellt ist, jedenfalls im Lichte der §§ 4 Abs. 1 Satz 3, 12 Abs. 1 KStG beantworten müssen. Mit der Einführung des Tatbestandes „Beschränkung des Besteuerungsrechts" in den neuen allgemeinen Entstrickungstatbeständen hat der Gesetzgeber klar zum Ausdruck gebracht, dass er eine Versteuerung der stillen Reserven bei Übertragung eines Einzelwirtschaftsguts in eine ausländische Personengesellschaft weder für sichergestellt hält, wenn mit dem Sitzstaat der aufnehmenden Personengesellschaft ein Freistellungs-DBA besteht, noch im Falle des Be-

---

[194] Vgl. *Blumenberg/Lechner*, BB-Special Nr. 8/2006, S. 26; zustimmend *Carlé*, KöSDi 2007, S. 15405.
[195] Vgl. BT-Drucks. 16/2710, S. 26 und 31; so auch *Dötsch/Pung*, DB 2006, S. 2649; *Benecke*, StuB 2007, S. 3 f. *Blumenberg/Lechner* (BB-Special Nr. 8/2006, S. 26 Fn. 7) bezeichnen die Gesetzesbegründung insoweit als „missverständlich", was angesichts des eindeutigen Wortlauts jedoch nicht nachvollziehbar erscheint.
[196] *Stadler/Elser*, BB-Special Nr. 8/2006, S. 20; *Hruschka*, StuB 2006, S. 586 f.
[197] So *Förster*, DB 2007, S. 73.
[198] BT-Drucks. 16/2710, S. 28.
[199] Ähnlich *Förster*, DB 2007, S. 73; dieses Ergebnis hinnehmend *Hruschka*, StuB 2006, S. 587.

stehens eines Anrechnungs-DBA oder des Nichtbestehens eines DBA[200]. Im Freistellungsfall bleibt zwar das deutsche Besteuerungsrecht hinsichtlich der bis zur Überführung entstandenen stillen Reserven nach dem den Art. 7, 23 MA zugrunde liegenden Verursachungsprinzip theoretisch bestehen, jedoch vollzieht sich der weitere Aufbau stiller Reserven in diesem Fall im Ausland und damit außerhalb der Reichweite des deutschen Fiskus, was nach Ansicht des Gesetzgebers offensichtlich Anlass zur Aufdeckung der stillen Reserven im Zeitpunkt der Überführung gibt. Der Gesetzgeber des SEStEG geht darüber hinaus offenbar davon aus, dass der Besteuerungszugriff des deutschen Fiskus auch im Anrechnungsfalle nicht mehr umfassend gesichert ist. Zwar darf Deutschland nach der Übertragung von Wirtschaftsgütern auf eine in einem Nicht-DBA-Staat bzw. einen DBA-Staat mit Anrechnungsmethode ansässige Personengesellschaft sowohl auf die bislang im übertragenen Vermögen angewachsenen als auch auf die darin künftig entstehenden stillen Reserven zugreifen, jedoch ist die ausländische Steuer auf die inländische Steuerlast anzurechnen und damit der deutsche Besteuerungszugriff nicht mehr vollumfänglich gewahrt.

Bei Einbringung einer geringeren als 100 %igen Beteiligung des deutschen JV-Partners in eine ausländische JV-Personengesellschaft ist somit – unabhängig davon, ob mit dem Sitzstaat der Gesellschaft ein Anrechnungs-, Freistellungs- oder gar kein DBA besteht – zwingend der gemeine Wert anzusetzen, sofern die Beteiligung der ausländischen (Personengesellschafts-)Betriebsstätte tatsächlich zuzurechnen ist[201]. Der beim einbringenden deutschen JV-Partner entstehende Einbringungsgewinn unterliegt jedoch nach § 8b Abs. 2 KStG bzw. § 3 Nr. 40 lit. a EStG nur zu 5 % bzw. zur Hälfte der Besteuerung[202].

---

[200] Ebenso *Stadler/Elser*, BB-Special Nr. 8/2006, S. 20; anderer Ansicht ist *Hruschka* (StuB 2006, S. 586), der aus der Gesetzesbegründung zu Art. 1 Nr. 2 lit. b) SEStEG (S. 43) schließt, dass der Gesetzgeber die Besteuerung der stillen Reserven im Anrechnungsfalle als gesichert betrachte.

[201] Eine Zuordnung zur ausländischen (Personengesellschafts-)Betriebsstätte könnte nach Auffassung der Finanzverwaltung unter Umständen wiederum an der von ihr betonten „Zentralfunktion des Stammhauses" scheitern, so dass das deutsche Besteuerungsrecht – soweit der deutsche JV-Partner vermögensmäßig an der JV-Personengesellschaft beteiligt ist – anteilig erhalten bliebe (vgl. Art. 13 Abs. 5 MA). Im Umfang der Beteiligung des ausländischen JV-Partners ginge das Besteuerungsrecht Deutschlands hinsichtlich der eingebrachten Anteile jedoch zwingend verloren; aufgrund der in § 6 Abs. 5 Satz 1 EStG verwendeten Formulierung „sofern" wären daher auch in diesem Fall insgesamt die stillen Reserven aufzudecken.

[202] Eine Steuerstundung scheidet insoweit aus. Die Bildung eines Ausgleichspostens nach § 4g Abs. 1 EStG soll nach Stellungnahme des Bundesrates vom 09.11.2006 bei der Übertragung eines Wirtschaftsgutes auf eine ausländische Personengesellschaft nicht möglich sein (vgl. BT-Drucks. 16/3369, S. 11).

b. Einbringung von Auslandsvermögen

aa. Ausländisches Betriebsvermögen (Betrieb, Teilbetrieb oder Mitunternehmeranteil)

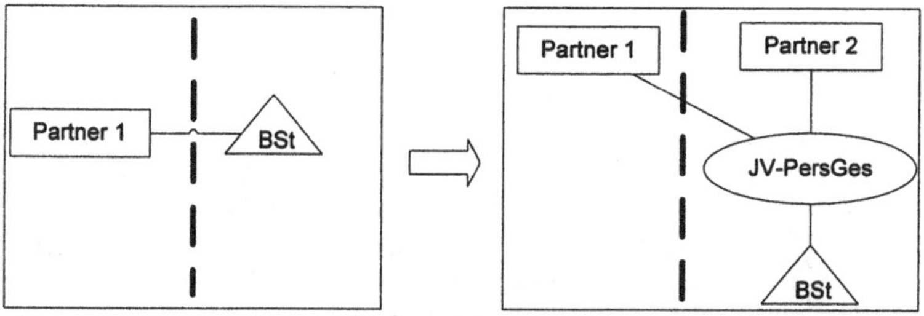

Bei Einbringung eines ausländischen Betriebs, Teilbetriebs oder Mitunternehmeranteils des deutschen JV-Partners in eine ausländische JV-Personengesellschaft bleibt das Deutschland (bei **Nichtbestehen eines DBA** bzw. bei Bestehen eines **DBA mit Anrechnungsmethode**) vor der Einbringung zugewiesene Besteuerungsrecht hinsichtlich des Gewinns aus der Veräußerung des eingebrachten Betriebsvermögens – soweit der inländische JV-Partner an der aufnehmenden Gesellschaft beteiligt ist – bestehen. Aufgrund der Transparenz der Personengesellschaft und ihrer fehlenden Abkommensberechtigung treten insoweit im Hinblick auf das deutsche Besteuerungsrecht keinerlei Änderungen ein. Das eingebrachte ausländische Betriebsvermögen begründet für den deutschen JV-Partner neben der Betriebsstätte im Sitzstaat der JV-Personengesellschaft eine (weitere) ausländische Betriebsstätte, für deren Gewinne auch nach der Übertragung auf die JV-Personengesellschaft anteilig das mit dem Staat der eingebrachten Betriebsstätte geschlossene DBA anwendbar bleibt[203]. Soweit allerdings der ausländische JV-Partner vermögensmäßig an der aufnehmenden JV-Personengesellschaft beteiligt ist, gelangt – sofern Betriebsstätten- und Ansässigkeitsstaat nicht sogar identisch sind – das zwischen seinem Ansässigkeitsstaat und dem Betriebsstättenstaat bestehende Abkommen zur Anwendung. Ein zuvor bestehendes deutsches Besteuerungsrecht geht folglich verloren. Es kommt daher insoweit gemäß **§ 24 Abs. 2 Satz 1 UmwStG** auf Ebene der aufnehmenden Gesellschaft zu einer anteiligen Aufdeckung der im eingebrachten Betriebsvermögen ruhenden stillen Reserven. Da der auf Ebene der JV-Personengesellschaft angesetzte Wert nach **§ 24 Abs. 3 Satz 1 UmwStG** für den einbringenden deutschen JV-Partner als Veräußerungspreis gilt, entsteht im Anrechnungsfall somit ein Veräußerungsgewinn i.S.d. § 16 EStG.

In der Regel wird jedoch bereits vor der Einbringung aufgrund abkommensrechtlicher **Betriebsstättenfreistellung** kein inländisches Besteuerungsrecht hinsichtlich des eingebrachten ausländischen Betriebsvermögens bestanden haben. Die Beteiligung des ausländischen JV-Partners an der aufnehmenden JV-Personengesellschaft ist in diesem Fall für die Besteuerung des Einbringungsvorgangs unschädlich; auf Gesellschaftsebene kann vollumfänglich der Buchwert angesetzt und die Entstehung eines Einbringungsgewinns beim deutschen JV-Partner somit vermieden werden.

---

[203] Vgl. *Benz/Rosenberg*, BB-Special Nr. 8/2006, S. 75 (Beispiel 30).

bb. Anteile an ausländischen Kapitalgesellschaften

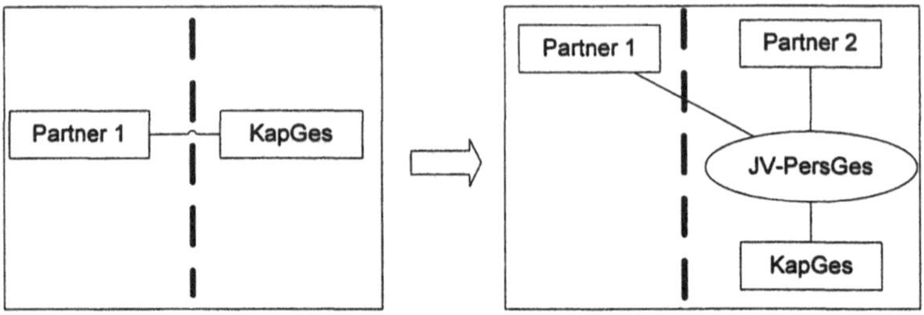

Soweit gemäß § 24 UmwStG bzw. § 6 Abs. 5 Satz 3 Nr. 1 i.V.m. Satz 1 EStG eine Beteiligung des deutschen JV-Partners an einer ausländischen Kapitalgesellschaft in die im Ausland ansässige JV-Personengesellschaft eingebracht wird, gelten die obigen Ausführungen zur Einbringung inländischer Anteile in eine ausländische JV-Personengesellschaft entsprechend[204]. Infolge der Einbringung kommt es zu einer (zumindest anteiligen) Aufdeckung der stillen Reserven mit der Folge der Entstehung eines Veräußerungsgewinns, der jedoch im Ergebnis nur zu 5 % bzw. zur Hälfte der inländischen Besteuerung unterliegt.

c. Zwischenergebnis

Die Einbringung eines inländischen (Teil-)Betriebs oder Mitunternehmeranteils in eine ausländische JV-Personengesellschaft ist gemäß § 24 UmwStG grundsätzlich steuerneutral möglich, sofern nicht einzelne Wirtschaftsgüter des eingebrachten Betriebsvermögens von der Finanzverwaltung aufgrund der „Zentralfunktion des Stammhauses"[205] anteilig dem Stammhaus des ausländischen JV-Partners zugeordnet werden. Ausländisches Betriebsvermögen in Form eines (Teil-)Betriebs oder Mitunternehmeranteils kann ebenfalls steuerneutral in die ausländische JV-Personengesellschaft eingebracht werden, sofern es bereits vor Einbringung von der inländischen Besteuerung freigestellt war. War das ausländische Betriebsvermögen hingegen zuvor im Inland steuerverhaftet, so kommt es zu einer anteiligen Aufdeckung stiller Reserven, soweit der ausländische JV-Partner vermögensmäßig an der aufnehmenden JV-Personengesellschaft beteiligt ist.

Die Einbringung von Anteilen an in- und ausländischen Kapitalgesellschaften führt beim inländischen JV-Partner ebenso zur Entstehung eines Einbringungsgewinns, der jedoch nach §§ 8b Abs. 2 KStG, 3 Nr. 40 lit. a EStG begünstigt ist.

---

[204] Vgl. oben Kapitel 3:A.II.2.a.bb.

[205] Vgl. kritisch hierzu unten Kapitel 3:B.II.2.b.bb(1)(a).

III. Zusammenfassung und Analyse

Die vorangegangene Untersuchung der einzelnen Gründungssachverhalte zeigt, dass eine Kapitalgesellschaftsstruktur unter Verwendung einer inländischen JV-Gesellschaft aus Sicht des deutschen JV-Partners auch nach der generellen „Europäisierung" der im UmwStG geregelten Einbringungstatbestände nach wie vor die weitestreichenden Möglichkeiten für die steuerneutrale Gründung eines internationalen Gemeinschaftsunternehmens in der Form einer Einheitsgesellschaft oder eines Holdingmodells bietet. Sowohl in- als auch ausländisches Vermögen (Betrieb, Teilbetrieb oder Mitunternehmeranteil sowie Kapitalgesellschaftsanteile) kann vom inländischen JV-Partner gegen Gewährung von Gesellschaftsrechten in eine inländische JV-Kapitalgesellschaft eingebracht werden, ohne dass es zur Aufdeckung stiller Reserven und zur Entstehung eines Einbringungsgewinns kommt. Sofern die JV-Gesellschaft ausschließlich die Funktion einer Holding hinsichtlich der Beteiligung an in- oder ausländischen Kapitalgesellschaften einnehmen soll, erscheint jedoch auch die Variante einer ausländischen Kapitalgesellschaft, welche nach den Rechtsvorschriften eines EU-/EWR-Mitgliedstaates gegründet ist und deren Sitz und Ort der Geschäftsleitung sich innerhalb der EU / des EWR befinden, für die Gründung eines internationalen Joint Ventures gut geeignet. Sowohl Anteile an in- als auch ausländischen Kapitalgesellschaften lassen sich steuerneutral durch den deutschen JV-Partner in eine solche EU-/EWR-Kapitalgesellschaft einbringen. Im Gegensatz zur früheren Rechtslage gilt dies grundsätzlich unabhängig davon, ob die erworbene Gesellschaft innerhalb der EU / des EWR ansässig ist und welcher Wert auf Ebene der aufnehmenden Kapitalgesellschaft angesetzt wird. Inwieweit nach neuem Recht demgegenüber die steuerneutrale Einbringung eines Betriebs, Teilbetriebs oder Mitunternehmeranteils in eine EU-/EWR-ausländische JV-Kapitalgesellschaft gelingt, ist stets abhängig von den Umständen des jeweiligen Einzelfalls, insbesondere von der abkommensrechtlichen Lage sowie davon, ob eine vollumfängliche Zuordnung der im übergehenden Betriebsvermögen enthaltenen Wirtschaftsgüter zu einer im Inland verbleibenden Betriebsstätte möglich ist. Der von der Finanzverwaltung bislang vertretene Grundsatz der „Zentralfunktion des Stammhauses" steht einer Betriebsstättenzuordnung insoweit häufig entgegen, mit der Folge, dass die in einzelnen Wirtschaftsgütern des eingebrachten Betriebsvermögens ruhenden stillen Reserven aufzudecken sind (zu kritischen Einwänden gegen die „Zentralfunktion" vgl. unten B.II.2.b.bb(1)(a)). Maßgeblich sind insoweit jedoch stets die tatsächlichen Verhältnisse, insbesondere die Struktur, Organisation und die Aufgabenverteilung innerhalb des Gesamtunternehmens. Ein denkbarer „Umweg" zur unmittelbaren Betriebseinbringung in eine EU-/EWR-ausländische JV-Kapitalgesellschaft könnte für den deutschen JV-Partner auch darin bestehen, das inländische Betriebsvermögen zunächst gemäß § 20 Abs. 2 Satz 2 UmwStG im Wege der Sacheinlage unter dem gemeinen Wert auf eine inländische Kapitalgesellschaft zu übertragen und nachfolgend die an dieser bestehenden Anteile gemäß § 21 Abs. 1 UmwStG zum Buchwert in die ausländische JV-Kapitalgesellschaft einzubringen. Teilweise wird innerhalb der Literatur jedoch angenommen, dass die Buchwerteinbringung der im Rahmen einer vorherigen Sacheinlage gewährten Anteile nach §§ 20, 21 UmwStG die rückwirkende Entstehung eines Einbringungsgewinns I auslöse (vgl. hierzu unten C.II.1.d.), so dass auch dieser Gestaltungsansatz nicht als sichere Alternative bezeichnet werden kann.

Auch Einbringungen im Rahmen einer Personengesellschaftsstruktur unter Verwendung einer im Inland errichteten JV-Gesellschaft lassen sich nicht mit Sicherheit steuerneutral realisieren. Aufgrund der steuerlichen Transparenz der Personengesellschaft droht in dieser Gründungsvariante je nach den Umständen des Einzelfalls ggf. eine Aufdeckung der im übergehenden Vermögen ruhenden stillen Reserven, soweit einzelne Wirtschaftsgüter von der Finanzverwaltung aufgrund der „Zentralfunktion des Stammhauses" anteilig dem Stammhaus des an der aufnehmenden Gesellschaft beteiligten ausländischen JV-Partners zugerechnet werden. Je nach Abkommenslage kann auch die Einbringung ausländischen Betriebsvermögens zur anteiligen Gewinnrealisierung beim inländischen JV-Partner führen. Bei entsprechender Sachverhaltsgestaltung bzw. durch eine (allerdings gebührenpflichtige, vgl. § 89 Abs. 3-5 AO) tatsächliche Verständigung mit den Finanzbehörden können diese Risiken jedoch ggf. bereits im Vorfeld ausgeschlossen werden.

Aus Sicht des deutschen Partners eher weniger für die Gründung eines internationalen Joint Ventures geeignet erscheint eine im Ausland (EU / EWR oder Drittstaat) ansässige JV-Personengesellschaft. Die Einbringung von Anteilen an in- und ausländischen Kapitalgesellschaften führt in dieser Konstellation stets zur Entstehung eines Veräußerungsgewinns beim Einbringenden. In- oder ausländische (Teil-)Betriebe oder Mitunternehmeranteile können allerdings je nach Abkommenslage und Zuordnung zwischen Stammhaus und Betriebsstätte unter Umständen steuerneutral eingebracht werden. Auch insoweit bedarf es jedoch einer entsprechenden vorherigen Abstimmung mit den zuständigen Steuerbehörden.

Die Einbringung von Betriebsvermögen und Kapitalgesellschaftsbeteiligungen in eine in einem Drittstaat ansässige JV-Kapitalgesellschaft führt beim einbringenden inländischen JV-Partner mangels Anwendbarkeit der Vorschriften des UmwStG schließlich stets zur Entstehung eines im Inland zu versteuernder Veräußerungsgewinns. Eine außerhalb der EU / des EWR ansässige JV-Kapitalgesellschaft wird der Zielvorgabe einer steuerneutralen Gründung aus Sicht des deutschen JV-Partners somit am wenigsten gerecht.

B. Laufende Besteuerung während des Bestehens des Joint Ventures

Hinsichtlich der laufenden Besteuerung im Rahmen von internationalen JV-Strukturen sind bei der Standort- und Rechtsformwahl für die JV-Partner typischerweise die folgenden Aspekte von besonderer Bedeutung[206]:

- Steuerbelastungsniveau am JV-Standort,
- Besteuerung von Dividenden und Betriebsstättengewinnen,
- Abzugsfähigkeit von Verlusten,
- Möglichkeiten nationaler und grenzüberschreitender Steueranrechnung,
- Internationale Gewinnabgrenzung,
- Außensteuerrechtliche Aspekte (insbesondere Hinzurechnungsbesteuerung) und Abkommensanwendung,
- Steuerliche Abzugsfähigkeit von Finanzierungsaufwendungen.

Im Rahmen der nachfolgenden Darstellung sollen diese Aspekte im Einzelnen untersucht und anschließend analysiert werden, welche Struktur aus Sicht des deutschen JV-Partners die optimalen steuerlichen Bedingungen im Hinblick auf die laufende Besteuerung eines internationalen Joint Ventures bietet. Dabei wird jeweils zwischen der Ebene der JV-Gesellschaft und der Ebene der JV-Partner unterschieden.

I. Kapitalgesellschaftsstrukturen

1. Standort in Deutschland

Entscheiden sich die JV-Partner für ein kapitalistisch organisiertes Joint Venture mit Standort im Inland, stellt sich die laufende Besteuerung aus Sicht des deutschen Partners wie folgt dar:

a. Ebene der JV-Kapitalgesellschaft

aa. Besteuerung von Dividenden und Betriebsstättengewinnen

Die inländische JV-Kapitalgesellschaft unterliegt mit ihrem Welteinkommen der unbeschränkten deutschen Körperschaftsteuerpflicht i.S.d. § 1 Abs. 1 KStG. Soweit sie Dividenden von in- oder ausländischen Tochterkapitalgesellschaften bezieht oder Einkünfte aus im In- oder Ausland belegenen Betriebsstätten erzielt, sind diese gewerblichen Einkünfte (§ 8 Abs. 1 Satz 1, Abs. 2 KStG i.V.m. § 15 Abs. 1 Nr. 1 EStG) im Inland grundsätzlich steuerbar und unterliegen auf Ebene der Gesellschaft einer Thesaurierungsbelastung mit Gewerbesteuer, Körperschaftsteuer und Solidaritätszuschlag i.H.v. derzeit 38,65 % (bei einem GewSt-Hebesatz von 400 % sowie 25 % KSt zzgl. SolZ, wobei die angefallene Gewerbesteuer sowohl bei der gewerbesteuerlichen als auch bei der körperschaftsteuerlichen Bemessungsgrundlage als Betriebsausgabe abgezogen werden kann)[207].

---

[206] Vgl. *Jacobs*, Internationale Unternehmensbesteuerung, S. 1211; *Schaumburg*, Grundsätze, S. 65 ff.; *Kraushaar/Müller*, Joint Ventures, S. 694, 698 ff.

[207] Im Zuge der Unternehmenssteuerreform 2008 soll der Körperschaftsteuersatz von 25 % auf 15 % sowie die Gewerbesteuermesszahl von maximal 5 % auf einheitlich 3,5 % gesenkt werden. Anders als

Nach § 8b Abs. 1, Abs. 5 Satz 1 KStG bleiben Dividenden, welche die deutsche JV-Kapitalgesellschaft aus dem In- oder Ausland bezieht, jedoch bei der Ermittlung ihres Einkommens außer Ansatz (körperschaftsteuerliches Schachtelprivileg), wobei 5 % der vereinnahmten Bezüge als nicht abzugsfähige Betriebsausgaben gelten[208]. Im wirtschaftlichen Ergebnis sind die erhaltenen Dividenden damit nur zu 95 % von der inländischen Körperschaftsteuer befreit, während tatsächliche Aufwendungen im Zusammenhang mit den steuerfreien Einnahmen nach § 8b Abs. 5 Satz 2 KStG im Gegenzug vollumfänglich abgezogen werden können. Hinsichtlich der aus dem Ausland bezogenen Dividenden gilt dies unabhängig von einem möglicherweise bestehenden DBA[209]. Über die Vorschrift des § 7 Satz 1 GewStG, derzufolge der körperschaftsteuerliche Gewinn aus Gewerbebetrieb die Ausgangsgröße zur Ermittlung des Gewerbeertrags bildet, wirkt sich die Steuerfreistellung nach § 8b Abs. 1, Abs. 5 KStG grundsätzlich auch auf die Gewerbesteuer aus. Allerdings bestimmt § 8 Nr. 5 GewStG, dass nach § 8b Abs. 1 KStG außer Ansatz gebliebene Dividenden dem Gewerbeertrag hinzuzurechnen sind, soweit sie nicht die Voraussetzungen des gewerbesteuerlichen Schachtelprivilegs nach § 9 Nr. 2a oder Nr. 7 GewStG erfüllen. Von der Hinzurechnung ausgenommen sind die nach § 8b Abs. 5 KStG nicht abziehbaren Betriebsausgaben. Im Ergebnis unterliegen damit – entsprechend der ertragsteuerlichen Behandlung – nur 5 % der Dividendenbezüge der Gewerbesteuer, wenn die empfangene JV-Kapitalgesellschaft zu Beginn des Erhebungszeitraums zu mindestens 10 % am Grund- oder Stammkapital der ausschüttenden Kapitalgesellschaft beteiligt war und – bei Beteiligung an einer ausländischen Kapitalgesellschaft – die Anteile während des gesamten Erhebungszeitraums ununterbrochen gehalten hat (vgl. § 9 Nr. 7 Satz 1 GewStG: „seit Beginn")[210].

bb. Organschaft

Soweit die inländische JV-Gesellschaft an Kapitalgesellschaften mit Sitz und Geschäftsleitung um Inland mehrheitlich beteiligt ist, wird zu diesen jedoch im Regelfall ein körperschaft- und gewerbesteuerliches Organschaftsverhältnis begründet werden. Folge dessen ist, dass das Einkommen der Tochtergesellschaft (Organgesell-

---

bisher wird die Gewerbesteuer jedoch künftig weder ihre eigene noch die körperschaftsteuerliche Bemessungsgrundlage mindern. Die nominale (Thesaurierungs-)Belastung von Unternehmensgewinnen wird somit ab 2008 von 38,65 % auf 29,83 % (15 % KSt + 14 % GewSt + 0,83 % SolZ) sinken.

[208] Bis einschließlich 2003 galt dies nur bei Bezügen aus Anteilen an *ausländischen* Körperschaften, die nach § 8b Abs. 1 KStG von der Besteuerung freigestellt waren. Durch das Korb II-Gesetz vom 22.12.2003 (BGBl. I 2003, S. 2840) ist der sachliche Anwendungsbereich des pauschalen Betriebsausgaben-Abzugsverbots nach § 8b Abs. 5 KStG jedoch vor dem Hintergrund einer europarechtskonformen Ausgestaltung der Vorschrift auf Dividenden von inländischen Kapitalgesellschaften ausgeweitet worden (vgl. *Gröbl/Adrian* in: Erle/Sauter, § 8b KStG Rn. 8).

[209] Dividendenbezüge aus dem Ausland sind innerstaatlich somit auch dann freizustellen, wenn auf Abkommensebene die Anrechnungsmethode vorgesehen ist (vgl. *Gröbl/Adrian* in: Erle/Sauter, § 8b KStG Rn. 48; *Dötsch/Pung* in: Dötsch/Jost/Pung/Witt, § 8b KStG Rn. 10). Damit kommt den DBA im Zusammenhang mit Auslandsdividenden regelmäßig nur noch eigenständige Bedeutung hinsichtlich ausländischer Quellensteuer, des abkommensrechtlichen Betriebsstättenvorbehalts sowie in den Ausnahmefällen nach § 8b Abs. 7 und 8 KStG zu.

[210] Vgl. *Gosch* in: Gosch, § 8b KStG Rn. 74; *Gröbl/Adrian* in: Erle/Sauter, § 8b KStG Rn. 79 ff., 260. Im Zuge der Unternehmenssteuerreform 2008 wird das gewerbesteuerliche Schachtelprivileg allerdings auf Beteiligungen von 15 % oder mehr erhöht. Bei Splitterbeteiligungen unter 15 % erfolgt daher ab dem 01.01.2008 eine Hinzurechnung der Dividende für Zwecke der Gewerbesteuer i.H.v. 95 %.

schaft)[211] dem Einkommen der JV-Kapitalgesellschaft (Organträger) gemäß § 14 Abs. 1 KStG zugerechnet wird und somit mangels Gewinnausschüttung an die JV-Gesellschaft für die Anwendung des § 8b Abs. 1 KStG sowie des Betriebsausgabenabzugsverbots nach § 8b Abs. 5 KStG kein Raum verbleibt[212]. Der sich bei Weiterleitung einer Gewinnausschüttung innerhalb der Beteiligungskette kumulierende Effekt des Abzugsverbots nach § 8b Abs. 5 KStG (sog. *Kaskadeneffekt*) kann auf diese Weise minimiert werden[213].

Zur Begründung eines Organschaftsverhältnisses bedarf es nach **§ 14 Abs. 1 Satz 1 KStG** zum einen der **finanziellen Eingliederung** der Organgesellschaft in die gewerblich tätige JV-Kapitalgesellschaft (Organträger) in Form einer unmittelbaren oder mittelbaren Stimmrechtsmehrheit des Organträgers an der Organgesellschaft (mindestens 51 %), zum anderen des Abschlusses eines zivilrechtlich wirksamen, auf mindestens fünf Jahre abgeschlossenen und während der gesamten Vertragslaufzeit tatsächlich durchgeführten[214] **Ergebnisabführungsvertrags** i.S.d. § 291 AktG, aufgrund dessen sich die Organgesellschaft verpflichtet, ihren gesamten Gewinn an die JV-Kapitalgesellschaft abzuführen. Das früher ferner bestehende Erfordernis wirtschaftlicher und organisatorischer Eingliederung wurde durch das StSenkG[215] aufgegeben. Liegen diese Voraussetzungen vor, wird in einem ersten Schritt das Einkommen der Organgesellschaft nach Maßgabe der §§ 8 Abs. 1 Satz 1, 15 KStG nach der sog. *Bruttomethode*[216] ermittelt, der JV-Kapitalgesellschaft sodann in einem zweiten Schritt zugerechnet und zusammen mit ihrem eigenen Einkommen wie originäres

---

211 Als Organgesellschaft kommen nach den §§ 14 Abs. 1 Satz 1, 17 Satz 1 KStG Unternehmen sowohl in der Rechtform der AG, KGaA und SE als auch der GmbH in Betracht. Die Organgesellschaft muss nach § 14 Abs. 1 Satz 1 KStG sowohl Sitz als auch Geschäftsleitung im Inland haben. Ein Organschaftsverhältnis der JV-Kapitalgesellschaft zu einem ausländischen Unternehmen, das weder Sitz noch Geschäftsleitung im Inland hat, scheidet daher nach derzeitiger Rechtslage aus (zu diesbezüglichen gemeinschaftsrechtlichen Bedenken und möglichen zukünftigen Entwicklungen vgl. unten Kapitel 3:B.I.2.b.cc.).

212 Vgl. *Gröbl/Adrian* in: Erle/Sauter, § 8b KStG Rn. 51, 229.

213 Scheidet die Begründung eines Organschaftsverhältnisses z.B. wegen Ansässigkeit der Tochtergesellschaft im Ausland aus, kann alternativ eine als *„dividend-access"*- oder *„stapled-stock"*-Modell bezeichnete Gestaltung zur Minimierung des Kaskadeneffektes genutzt werden. Dabei wird den JV-Partnern neben der Beteiligung an der JV-Gesellschaft über Verbundaktien bzw. Vorzugsanteile, Genussrechte, Genussscheine oder andere gewinnberechtigende Instrumente jeweils ein unmittelbarer Zugang zu den Gewinnen der ausländischen Tochterkapitalgesellschaft gewährt. Durch den direkten Dividendenbezug von der ausländischen Tochtergesellschaft wird die Entstehung einer 5 %igen Zusatzbelastung auf Ebene der JV-Kapitalgesellschaft vermieden. Vor Übergang zum Halbeinkünfteverfahren wurden derartige Modelle auch zur Nutzung von Körperschaftsteueranrechnungsvorteilen bei ausländischen Joint Ventures mit nachgeschalteten deutschen Kapitalgesellschaften gebraucht (vgl. zum Ganzen *Jacobs*, Internationale Unternehmensbesteuerung, S. 1224 ff.; *Kraushaar/Müller*, Joint Ventures, S. 708 ff., *Breuninger*, Gestaltungsmöglichkeiten, S. 220 ff.; *Endres*, Steueraspekte, S. 212 f.).

214 Ausnahmsweise bleibt ein Ergebnisabführungsvertrag, der vor Ablauf von fünf aufeinanderfolgenden Jahren durch Kündigung oder im gegenseitigen Einvernehmen beendet wird, für die Jahre seiner Durchführung steuerrechtlich wirksam, wenn die Beendigung auf einem wichtigen Grund beruht (KStR 60 Abs. 6).

215 Gesetz v. 23.10.2000, BGBl. I 2000, S. 1433.

216 Vgl. Bericht des Finanzausschusses zum Entwurf des UntStFG, BT-Drucks. 14/7344, S. 9. Danach ist § 8b Abs. 1-6 KStG bei der Ermittlung des Einkommens der Organgesellschaft nicht zu berücksichtigen (§ 15 Satz 1 Nr. 2 Satz 1 KStG), sondern vielmehr erst auf Ebene des Organträgers anzuwenden.

Einkommen der Besteuerung mit Körperschaftsteuer (zzgl. SolZ) und Gewerbesteuer unterworfen. Soweit in dem zugerechneten Einkommen Dividendenbezüge i.S.d. § 8b Abs. 1 KStG enthalten sind, werden diese jedoch nach § 15 Satz 1 Nr. 2 Satz 2 i.V.m. § 8b KStG auf Ebene der JV-Kapitalgesellschaft zu 95 % steuerfrei gestellt. Trotz der finanziellen Eingliederung und des Abschlusses eines Ergebnisabführungsvertrags bleibt die Organgesellschaft somit selbständiges Körperschaftsteuersubjekt, jedoch wird sie aufgrund der Einkommenszurechnung nicht mit Körperschaftsteuer belastet[217]. In gewerbesteuerlicher Hinsicht büßt die Organgesellschaft ihre Steuersubjektqualität hingegen ein; nach § 2 Abs. 2 Satz 2 GewStG gilt sie als Betriebsstätte der JV-Kapitalgesellschaft, mit der Folge, dass der Gewerbeertrag unmittelbar bei dieser erfasst wird[218].

Wesentlicher Vorteil der Organschaft ist neben der Verminderung des sog. Kaskadeneffektes die Möglichkeit des Ausgleichs von Verlusten bzw. Gewinnen inländischer Tochter-Kapitalgesellschaften mit Gewinnen bzw. Verlusten der JV-Kapitalgesellschaft. Ohne Organschaft wäre eine steuerliche Ergebniskonsolidierung innerhalb des Konzernverbunds insoweit nicht möglich, da die Verluste bzw. Gewinne der Tochtergesellschaften aufgrund deren eigener Steuersubjekteigenschaft gegenüber der JV-Kapitalgesellschaft abgeschirmt wären (Trennungsprinzip)[219]. Da durch die Begründung des Organschaftsverhältnisses eine Einkommenseinheit entsteht, wird diese Abschirmwirkung im Ergebnis durchbrochen.

cc. Hinzurechnungsbesteuerung ausländischer Betriebsstättengewinne

Soweit die inländische JV-Kapitalgesellschaft Einkünfte aus ausländischen Betriebsstätten bzw. der Beteiligung an ausländischen gewerblich tätigen Personengesellschaften erzielt, sind diese bei Bestehen eines DBA regelmäßig entsprechend Art. 7 Abs. 1 Satz 2, 23 A Abs. 1 MA von der inländischen Besteuerung freizustellen[220]. Etwas anderes kann sich jedoch aufgrund der Hinzurechnungsbesteuerung ausländischer Betriebsstättengewinne nach **§ 20 Abs. 2 AStG** ergeben. Danach ist die Doppelbesteuerung ausländischer Betriebsstätteneinkünfte[221] entgegen den jeweils einschlägigen Abkommensvorschriften nicht durch Freistellung, sondern durch Anrechnung der ausländischen Steuer nach § 34c EStG bzw. § 26 KStG zu vermeiden („*switch over*"), wenn die Einkünfte der ausländischen Betriebsstätte – unterstellt, es würde sich bei dieser um eine ausländische Tochterkapitalgesellschaft handeln – als Zwischeneinkünfte nach den §§ 7 ff. AStG steuerpflichtig wären. Es erfolgt somit ein innerstaatlicher Wechsel zur Anrechnungsmethode, wenn ein im Inland unbeschränkt Steuerpflichtiger über eine ausländische (Personengesellschafts-)Betriebsstätte in einem DBA-Staat verfügt, diese i.S.d. § 7 Abs. 1 oder 6 AStG „fiktiv be-

---

[217] *Erle* in: Erle/Sauter, § 14 KStG Rn. 248 ff.

[218] *Erle* in: Erle/Sauter, § 14 KStG Rn. 618.

[219] Vgl. *Fenzl/Hagen*, FR 2000, S. 294; *Witt/Dötsch* in: Dötsch/Jost/Pung/Witt, § 14 KStG Rn. 32.

[220] Vgl. *Wassermeyer* in: Debatin/Wassermeyer, Art. 7 MA Rn. 168. Ggf. steht die Freistellung unter einem sog. Aktivitätsvorbehalt, vgl. insoweit die übersichtsartige Darstellung bei *Vogel* in: Vogel/Lehner, Art. 23 MA Rn. 16.

[221] Bis zum Jahr 2003 war der Anwendungsbereich des § 20 Abs. 2 AStG a.F. noch auf ausländische Betriebsstätteneinkünfte mit Kapitalanlagecharakter beschränkt. Mit dem StVergAbG (Gesetz v. 16.05.2003, BGBl. I 2001, S. 3922) wurde diese Beschränkung jedoch aufgegeben, so dass die Norm nunmehr sämtliche „Betriebsstätteneinkünfte mit Zwischeneinkunftscharakter" erfasst (vgl. *Vogt* in: Strunk/Kaminski/Köhler, § 20 AStG Rn. 71).

herrscht" und durch die Betriebsstätte niedrig besteuerte (d.h. Ertragsteuerbelastung unter 25 %, vgl. § 8 Abs. 3 AStG)[222] „passive" Einkünfte i.S.d. § 8 Abs. 1 AStG (e contrario) erwirtschaftet. Im Ergebnis wird die Steuerbelastung der ausländischen Betriebsstätteneinkünfte damit mittels eines „*treaty override*" auf das deutsche Steuerniveau „hochgeschleust", um zu vermeiden, dass sich inländische Steuerpflichtige zur Ausnutzung des internationalen Steuergefälles einer ausländischen Freistellungsbetriebsstätte bedienen und die §§ 7 ff. AStG auf diese Weise umgehen[223].

Die Regelung des § 20 Abs. 2 AStG steht jedoch derzeit auf dem europarechtlichen Prüfstand. Das FG Münster hat dem EuGH mit Beschluss vom 05.07.2005[224] in der Sache „*Columbus Container Services*" die Rechtsfrage zur Vorabentscheidung vorgelegt, ob die Besteuerung von Einkünften mit Kapitalanlagecharakter aus einer ausländischen Betriebsstätte nach § 20 Abs. 2 AStG a.F. (i.d.F. vor dem StVergAbG) gegen die Niederlassungsfreiheit bzw. die Kapitalverkehrsfreiheit im Sinne der Art. 43, 56 EG verstößt. Das vorlegende Gericht hält die Gemeinschaftsrechtskonformität der Vorschrift für zweifelhaft und sieht in der Hinzurechnungsbesteuerung von Betriebsstättengewinnen eine diskriminierende nationale Maßnahme, die darauf abzielt, Steuerinländern die Aufnahme einer wirtschaftlichen Betätigung im Ausland zu erschweren und sie vor einer solchen Auslandsaktivität „abzuschrecken". Hierin erkennt das FG Münster eine Beschränkung der Niederlassungsfreiheit, die sich weder durch den Rechtfertigungsgrund der Vermeidung von Steuerverlusten noch der Bekämpfung von Gestaltungsmissbräuchen oder der Wahrung der Kohärenz des Steuersystems rechtfertigen lasse. In der Literatur wird bereits prognostiziert, dass der EuGH die Vorlagefrage bejahen und § 20 Abs. 2 AStG für EG-rechtswidrig erklären wird[225]. Zwischenzeitlich hat auch Generalanwalt *Mengozzi* in seinem Schlussantrag[226] entsprechende Zweifel an der EG-Rechtskonformität der Regelung angemeldet. Insbesondere vor dem Hintergrund der unlängst ergangenen EuGH-Entscheidung in der Rechtssache „*Cadbury Schweppes*"[227], mit der der EuGH den Anwendungsbereich einer Hinzurechnungsbesteuerung auf rein künstliche Gestaltungen ohne wirtschaftliche Substanz beschränkt hat, die allein auf die Umgehung nationaler Steuervorschriften abzielen, ist dem zuzustimmen. Da § 20 Abs. 2 AStG sowohl an die (hypothetische) Erfüllung des Tatbestandes als auch den Eintritt der Rechtsfolgen der §§ 7 ff. AStG anknüpft und letztere nach Ergehen der „*Cadbury Schweppes*"-Entscheidung in ihrer geltenden Fassung gemeinschaftsrechtswidrig sein dürften, erscheint auch § 20 Abs. 2 AStG nicht mehr länger haltbar[228]. Da die abkommensrechtliche Anerkennung einer Betriebsstätte stets eine gewisse Substanz wie z.B. im Ausland genutzte Räume, die Beschäftigung von Personal oder das Vorhandensein von Ausrüstungsgegenständen voraussetzt, dürfte die Annahme einer

---

[222] Vgl. insoweit zum Einfluss der Unternehmenssteuerreform unten Kapitel 3:B.I.2.b.bb.

[223] *Scheipers/Maywald*, IStR 2006, S. 473.

[224] IStR 2005, S. 631 ff; Rs. beim EuGH anhängig unter Az. C-298/05.

[225] So *Wimpissinger*, SWI 2006, S. 563; *Scheipers/Maywald*, IStR 2006, S. 476 f.; *Körner*, IStR 2006, S. 675; *ders.*, IStR 2005, S. 637; *Haun/Käshammer/Reiser*, GmbHR 2007, S. 188.

[226] EuGH, Schlussantrag v. 29.03.2007 – Rs. C-298/05 („*Columbus Container*"), IStR 2007, S. 299 mit Anm. *Wassermeyer*, IStR 2007, S. 299; *Rainer*, IStR 2007, 299 f.; *Cloer/Lavrelashvili*, EWS 2007, S. 221 ff.; kritisch *Franck*, IStR 2007, S. 489 ff.

[227] EuGH-Urt. v. 12.09.2006 – Rs. C-196/04 („*Cadbury Schweppes*"), GmbHR 2006, S. 1049.

[228] Ebenso *Rainer/Müller*, IStR 2007, S. 152; *Köhler/Eicker*, DStR 2007, S. 334. Zu „*Cadbury Schweppes*" sowie zur Gemeinschaftsrechtswidrigkeit der §§ 7 ff. AStG vgl. näher unten Kapitel 3:B.I.2.b.bb.

„rein künstlichen Gestaltung" im Sinne der EuGH-Rechtsprechung in *„Cadbury Schweppes"* im Rahmen des § 20 Abs. 2 AStG im Regelfall ohnehin ausscheiden[229].

b. Ebene des JV-Partners

aa. Dividendenbesteuerung

Auf Ebene eines in der Rechtsform einer **Kapitalgesellschaft** ausgestalteten deutschen JV-Partners unterliegen die von der JV-Kapitalgesellschaft ausgeschütteten Dividenden gemäß §§ 8b Abs. 1, Abs. 5 Satz 1 KStG im wirtschaftlichen Ergebnis zu 5 % der inländischen Besteuerung. Handelt es sich beim deutschen JV-Partner um eine **Personengesellschaft**, ist diese nach dem Mitunternehmerkonzept lediglich „Subjekt der Gewinnerzielung, Gewinnermittlung und Einkünftequalifikation"[230], jedoch kein eigenständiges Einkommen- bzw. Körperschaftsteuersubjekt (wohl aber eigenständiges Gewerbesteuersubjekt, vgl. § 2 Abs. 1 Satz 2 GewStG). Das auf Ebene der Mitunternehmerschaft ermittelte und der Gewerbesteuer unterworfene Einkommen ist vielmehr unmittelbar den dahinter stehenden natürlichen oder juristischen Personen als originäre eigene Einkünfte zuzurechnen und bei diesen nach deren persönlichen Merkmalen der Einkommen- oder Körperschaftsteuer zu unterwerfen (Transparenzprinzip)[231]. Dividendenausschüttungen der JV-Kapitalgesellschaft unterliegen somit nicht bei der empfangenden Personengesellschaft, sondern den dahinter stehenden Gesellschaftern nach § 8b Abs. 1, Abs. 5 Satz 1 i.V.m. Abs. 6 KStG zu 5 % bzw. nach § 3 Nr. 40 lit. d EStG zur Hälfte der Besteuerung. Die Besteuerung erfolgt insoweit unabhängig davon, ob die Gewinne im Unternehmen des JV-Partners verbleiben oder von den Gesellschaftern für private Zwecke entnommen werden[232].

bb. Verlustnutzung

Aufgrund ihrer eigenen Steuersubjektivität sind auf Ebene der JV-Kapitalgesellschaft entstandene Verluste, die theoretisch mit positiven Einkünften auf Ebene der JV-Partner zum Ausgleich gebracht könnten, grundsätzlich vor diesen abgeschirmt (Trennungsprinzip). Die JV-Partner können Verluste der inländischen JV-Kapitalgesellschaft daher nur für sich nutzbar machen, wenn die Abschirmwirkung jeweils durch Begründung eines körperschaftsteuerlichen und gewerbesteuerlichen Organschaftsverhältnisses zu dieser durchbrochen wird[233]. Da bei Joint Ventures typischer-

---

229 *Haun/Käshammer/Reiser*, GmbHR 2007, S. 188.

230 BFH-Urt. v. 26.11.1996, BStBl. II 1998, S. 328.

231 *Wacker* in: Schmidt, § 15 EStG Rn. 160.

232 Vgl. *Reiß* in: Kirchhof, § 15 EStG Rn. 201. Mit der Unternehmenssteuerreform 2008 soll in § 34a EStG n.F. eine auf Antrag zu gewährende sog. Thesaurierungsbegünstigung für Personengesellschaften eingeführt werden. Danach wird auf die nichtentnommenen laufenden Gewinne auf Antrag ein ermäßigter Steuersatz i.H.v. 28,25 % angewendet. Unter Berücksichtigung der Gewerbesteueranrechnung nach § 35 EStG und des Solidaritätszuschlags ergibt sich somit insgesamt eine Thesaurierungsbelastung für Personengesellschaften i.H.v. 29,77 %. Werden die ermäßigt besteuerten Gewinne später entnommen, soll – vergleichbar der Dividendenbesteuerung – eine Nachversteuerung mit einem Steuersatz von 25 % zzgl. Solidaritätszuschlag erfolgen (Abgeltungsbesteuerung). Zu diesem Zwecke wird der nachversteuerungspflichtige Betrag jährlich gesondert festgestellt und fortgeschrieben. Die Besteuerung von Personengesellschaften wird somit künftig in gewisser Hinsicht den für Kapitalgesellschaften geltenden Besteuerungsprinzipien angenähert.

233 Vgl. oben Kapitel 3:B.I.1.a.bb.

weise hohe Anfangsverluste entstehen, werden die JV-Partner hieran regelmäßig ein großes Interesse haben.

Ist das Joint Venture – wie in der Praxis gängig – paritätisch ausgestaltet, scheitert die Begründung eines Organschaftsverhältnisses jedoch regelmäßig an der gemäß § 14 Abs. 1 Satz 1 Nr. 1 KStG erforderlichen finanziellen Eingliederung, da keinem der JV-Partner mehr als 50 % der Stimmrechte aus der Beteiligung an der JV-Kapitalgesellschaft zustehen. Nach früherer Rechtslage schaffte insoweit das in Rechtsprechung[234] und Verwaltungspraxis[235] seit jeher gewohnheitsrechtlich anerkannte und im Jahre 2001 in den §§ 14 Abs. 2 KStG, 2 Abs. 2 Satz 3 GewStG a.F. erstmals kodifizierte Institut der **sog. Mehrmütterorganschaft** Abhilfe. Dieses früher in JV-Gestaltungen verbreitet genutzte Instrument war gekennzeichnet durch einen Zusammenschluss der Gesellschafter eines Gemeinschaftsunternehmens, die zwar nicht jeder für sich, jedoch gemeinsam die Voraussetzungen der finanziellen Eingliederung erfüllten, zu einer Innengesellschaft bürgerlichen Rechts, deren einziger gesellschaftsrechtlicher Zweck darin bestand, Interessenkongruenz sowie abgestimmte und einheitliche Einflussnahme auf die gemeinsame JV-Gesellschaft herzustellen („Willensbildungs-GbR"). Da die Mehrmütterorganschaft voraussetzte, dass sich Sitz bzw. Geschäftsleitung der Gesellschafter im Inland befanden oder der Tatbestand des § 18 KStG erfüllt war, wurde im Rahmen internationaler Joint Ventures in der Praxis häufig eine deutsche GmbH durch den ausländischen JV-Partner vorgeschaltet, um die Rahmenbedingungen für die Begründung einer Mehrmütterorganschaft zu schaffen[236].

Obwohl die Anteile an der JV-Kapitalgesellschaft (Organgesellschaft) im Betriebsvermögen der JV-Partner verblieben, fungierte die zwischen ihnen bestehende Willensbildungs-GbR nach älterer Auffassung in Rechtsprechung und Verwaltung als gewerbe- und körperschaftsteuerlicher Organträger im Verhältnis zur JV-Gesellschaft[237]. Dabei wurde die Gewerblichkeit der GbR fingiert, wenn die JV-Partner ihrerseits jeweils ein gewerbliches Unternehmen betrieben. Das Einkommen der JV-Kapitalgesellschaft wurde somit der Willensbildungs-GbR zugerechnet und im Wege der einheitlichen und gesonderten Gewinnfeststellung (§§ 180 Abs. 1 Nr. 2 lit. a, 179 Abs. 2 AO) auf die JV-Partner verteilt. Im Ergebnis war damit trotz eigenständiger Steuersubjektqualität der JV-Kapitalgesellschaft eine direkte Verrechnung der auf Ebene des Joint Ventures entstandenen körperschaftsteuerlichen Anlaufverluste mit Gewinnen der JV-Partner möglich. Für die Gewerbesteuer konnte dieses Ergebnis indes nicht erreicht werden, da die Willensbildungs-GbR eigenständiges Subjekt der Gewerbesteuer war (vgl. § 2 Abs. 1 Satz 2 GewStG) und die JV-Partner daher von den gewerbesteuerlichen Verlusten der JV-Gesellschaft abschottete[238].

---

[234] Vgl. BFH-Urt. v. 14.04.1993, BStBl. II 1994, S. 125; v. 09.06.1999, BStBl. II 2000, S. 695; v. 28.03.2000, BStBl. II 2000, S. 347.

[235] Vgl. R 52 Abs. 6 KStR 1995.

[236] Vgl. *Erle* in: Erle/Sauter, § 14 KStG Rn. 469; *Jacobs*, Internationale Unternehmensbesteuerung, S. 1216.

[237] Vgl. BFH-Urt. v. 14.04.1993, BStBl. II 1994, S. 125; ebenso R 52 Abs. 6 und 7 KStR 1995.

[238] Vgl. *Jonas* in: Herzig, Organschaft, S. 314; *Erle* in: Erle/Sauter, § 14 KStG Rn. 470.

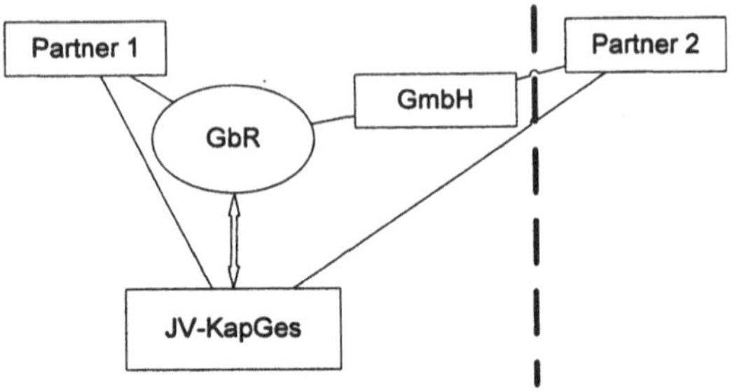

Mit zwei Urteilen aus dem Jahre 1999[239] nahm der BFH sodann von seiner bisherigen Rechtsprechung und der Verwaltungsauffassung Abstand und vertrat die Ansicht, die Organschaft bestehe unmittelbar im Verhältnis zu den Muttergesellschaften (hier: den JV-Partnern), nicht zu der Willensbildungs-GbR. Es war also nach Ansicht des BFH von mehreren Organträgern auszugehen, denen die Gewinne und Verluste der Organgesellschaft entsprechend ihrer Beteiligungsquote unmittelbar zuzurechnen waren. Begründet wurde dies unter Verweis auf die zivilrechtliche „Lehre von der mehrfachen Abhängigkeit“, die eine Mehrmütterherrschaft grundsätzlich für möglich hält und insoweit die Gesellschafter, nicht dagegen die zwischen ihnen bestehende GbR, als herrschend ansieht[240]. Für die körperschaftsteuerliche Organschaft hatte die geänderte BFH-Rechtsprechung keinerlei materielle Folgen; die den einzelnen Organträgern anteilig zuzurechnenden Einkommensbeträge waren lediglich nicht mehr bei der Willensbildungs-GbR, sondern unmittelbar bei der Organgesellschaft festzustellen[241]. Materielle Bedeutung erlangten die Urteile des BFH aber im Rahmen der Gewerbesteuer, zu der die Willensbildungs-GbR bislang als Organträger herangezogen worden war, während der Gewerbeertrag der Organgesellschaft auf Grundlage der neuen BFH-Rechtsprechung unmittelbar anteilig den jeweiligen Muttergesellschaften zugerechnet wurde. Damit konnten nach der neuen Rechtsprechung insbesondere Gewerbeverluste der Organgesellschaft, die bislang nur auf Ebene der Willensbildungs-GbR erfasst worden waren und daher regelmäßig steuerlich ungenutzt blieben, bei den Muttergesellschaften mit eigenen positiven Gewerbeerträgen verrechnet werden.

Die Finanzverwaltung reagierte auf die Rechtsprechungsänderung zunächst mit einem Nichtanwendungserlass[242]. Mit Einfügung der §§ 14 Abs. 2 KStG, 2 Abs. 2 Satz 3 GewStG a.F. sowie Änderung des § 14 Abs. 1 Satz 1, 1. Halbs. KStG a.F. im Zuge des UntStFG[243] stellte der Gesetzgeber schließlich rechtsprechungsbrechend die alte Rechtslage wieder her und schrieb die bisherige Verwaltungsauffassung gesetzlich fest. Die gesellschaftsrechtliche Lehre von der mehrfachen Abhängigkeit wurde somit steuerlich ignoriert. Schon mit dem StVergAbG[244] wurden die §§ 14 Abs. 2 KStG, 2 Abs. 2 Satz 3 GewStG a.F. jedoch – ohne inhaltliche Begründung –

---

[239] BFH-Urt. v. 09.06.1999, BStBl. II 2000, S. 695 und BFH/NV 2000, S. 347.

[240] Vgl. *Hüffer*, § 17 AktG Rn 13 f.

[241] Vgl. *Witt/Dötsch* in: Dötsch/Jost/Pung/Witt, § 14 KStG Rn. 107.

[242] BMF-Schr. v. 04.12.2000, BStBl. I 2000, S. 1571.

[243] Gesetz vom 20.12.2001, BGBl. I 2001, S. 3858.

[244] Gesetz v. 16.05.2003, BGBl. I 2001, S. 3922.

wieder aufgehoben[245]. Die Implementierung einer Mehrmütterorganschaft ist somit seit dem VZ 2003 generell nicht mehr möglich, wodurch JV-Strukturen ein wichtiges Gestaltungsinstrument genommen wurde, um Anlaufverluste der JV-Kapitalgesellschaft auf Ebene der Kooperationspartner körperschaft- und gewerbesteuerlich nutzbar zu machen[246]. Der früher gängigen Praxis, das wirtschaftliche Ergebnis einer Mehrmütterorganschaft durch Zwischenschaltung einer lediglich gewerblich geprägten Personengesellschaft zu erreichen, wurde zudem durch Änderung des § 14 Abs. 1 Satz 1 Nr. 2 KStG, wonach die Organträgereigenschaft einer Personengesellschaft an eine eigenständige originär gewerbliche Tätigkeit i.S.d. § 15 Abs. 1 Nr. 1 EStG geknüpft ist, entgegen gewirkt. Eine gewerbliche Prägung der zwischengeschalteten Personengesellschaft allein reicht daher seit dem VZ 2003 nicht mehr aus.

Als „Ausweichstrategie" zur Begründung einer Organschaft kam zur Erreichung einer steuerlichen Ergebniskonsolidierung früher ferner die Vornahme einer Teilwertabschreibung auf die Beteiligung an der verlustträchtigen JV-Gesellschaft oder aber die Ausschüttung von Gewinnen der JV-Gesellschaft zur Verrechnung mit auf Ebene der Partner entstandenen Verlusten in Betracht. Nachdem die Vornahme einer Teilwertabschreibung jedoch durch § 6 Abs. 1 Satz 1 Nr. 1 Satz 3 und Nr. 2 Satz 2 EStG auf Fälle einer voraussichtlich dauerhaften Wertminderung beschränkt wurde[247] bzw. innerhalb von Kapitalgesellschaftsstrukturen gemäß § 8b Abs. 3 Satz 3 KStG generell nicht mehr steuerwirksam möglich ist und Dividendenausschüttungen nunmehr nach § 8b Abs. 1 KStG freigestellt sind, stellen diese Gestaltungen keine echten Handlungsalternativen mehr dar[248].

Im Ergebnis können körperschaftsteuerliche Verluste der inländischen JV-Kapitalgesellschaft im Falle einer paritätischen Ausgestaltung des Joint Ventures somit nur noch unter der Voraussetzung auf Ebene der JV-Partner nutzbar gemacht werden, dass eine originär gewerblich tätige Personengesellschaft als Zwischenholding und Organträger im Verhältnis zur JV-Kapitalgesellschaft eingeschaltet wird. Die Eigengewerblichkeit der Zwischenholding setzt eine selbständige und nachhaltige Betätigung voraus, die mit der Absicht Gewinn zu erzielen unternommen wird, sich als Beteiligung am allgemeinen wirtschaftlichen Verkehr und weder als Ausübung von Land- und Forstwirtschaft noch als private Vermögensverwaltung darstellt[249]. Sind

---

[245] Der Gesetzgeber verfolgte mit der Abschaffung offenkundig die Intention, das Steueraufkommen zu erhöhen (vgl. *Rödder/Schumacher*, DStR 2003, S. 807).

[246] Vgl. *Ott*, INF 2003, S. 377; *Jonas* in: Herzig, Organschaft, S. 306; *Seer* in: Herzig, Organschaft, S. 384.

[247] Bloße Anlaufverluste während einer Phase von etwa 5 Jahren berechtigen daher regelmäßig nicht zu einer Teilwertabschreibung (vgl. *Prinz/Breuninger*, IWB Fach 10 Gr. 2, S. 1304; *Kraushaar/Müller*, Joint Ventures, S. 703).

[248] Vgl. *Warnke*, EStB 2001, S. 340.

[249] In der Literatur wird überwiegend die Auffassung vertreten, aufgrund der fehlenden Benennung eines Mindestumfangs der gewerblichen Tätigkeit in § 14 Abs. 1 Nr. 2 Satz 2 KStG sei wegen § 15 Abs. 3 Nr. 1 EStG bereits eine in ganz geringfügigem Umfang ausgeübte gewerbliche Tätigkeit der zwischengeschalteten Personengesellschaft zur Erfüllung der Organträgereigenschaft ausreichend (so u.a. *Diebel/Fischer*, GmbHR 2004, S. 342; *Rödder/Schumacher*, DStR 2003, S. 809). Demgegenüber erachten andere Vertreter in der Literatur eine nur geringe gewerbliche Betätigung unter Hinweis auf die neuere BFH-Rechtsprechung zu § 15 EStG, wonach ein gewerblicher Anteil von 1,25 % nicht für eine gewerbliche Infizierung anderweitiger Tätigkeiten genügen soll, nicht als ausreichend (so *Förster*, DB 2003, S. 903; *Dötsch/Pung*, DB 2003, S. 1971). Nach Ansicht der Finanzverwaltung soll

diese Voraussetzungen erfüllt, wird das positive oder negative Einkommen der JV-Kapitalgesellschaft der zwischengeschalteten Personengesellschaft aufgrund der bestehenden Organschaft zugerechnet und im Wege der einheitlichen und gesonderten Gewinnfeststellung auf die JV-Partner verteilt, so dass sich im Ergebnis eine körperschaftsteuerliche Ergebniskonsolidierung zwischen JV-Kapitalgesellschaft und JV-Partnern erzielen lässt[250]. Gewerbesteuerlich scheidet eine Nutzung der auf Ebene der JV-Kapitalgesellschaft entstandenen Verluste durch die JV-Partner hingegen auch in dieser Konstellation aus, da die zwischengeschaltete Personengesellschaft als Organträgerin eigenständig zur Gewerbesteuer herangezogen und der von ihr erzielte Gewerbeverlust den JV-Partnern daher nicht anteilig zugerechnet wird.

cc. Abzugsfähigkeit von Finanzierungsaufwendungen

Finanzierungsaufwendungen, die dem deutschen JV-Partner im wirtschaftlichen Zusammenhang mit den nach § 8b Abs. 1 KStG bzw. § 3 Nr. 40 EStG begünstigten Dividendenausschüttungen der inländischen JV-Kapitalgesellschaft entstanden sind (z.B. Finanzierungskosten für den Erwerb der Beteiligung an der JV-Gesellschaft), sind – je nachdem, ob es sich beim inländischen JV-Partner um eine Kapitalgesellschaft oder eine Personengesellschaft mit natürlichen Personen als Gesellschaftern handelt – in unterschiedlichem Umfang steuerlich abzugsfähig.

Bei **natürlichen Personen** unterliegen Finanzierungsaufwendungen im Zusammenhang mit nach § 3 Nr. 40 lit. d EStG zur Hälfte freigestellten Bezügen grundsätzlich der Abzugsbeschränkung nach § 3c Abs. 2 EStG. Danach werden Betriebsausgaben, die mit Einnahmen i.S.d. § 3 Nr. 40 EStG in wirtschaftlichem Zusammenhang stehen, bei der Ermittlung der Einkünfte nur zur Hälfte berücksichtigt. Am deutschen JV-Partner in Form einer Personengesellschaft beteiligte natürliche Personen können Aufwendungen im Zusammenhang mit dem Erwerb der Beteiligung an der inländischen JV-Kapitalgesellschaft somit nur zu 50 % in Abzug bringen. Ist der deutsche JV-Partner hingegen eine **Kapitalgesellschaft**, können Finanzierungsaufwendungen, die im Zusammenhang mit den nach § 8b Abs. 1 KStG steuerfrei gestellten Dividendenausschüttungen der JV-Kapitalgesellschaft entstanden sind, grundsätzlich in voller Höhe als Betriebsausgaben abgezogen werden[251]. Im Gegenzug deklariert § 8b Abs. 5 Satz 1 KStG jedoch pauschal 5 % der Dividendenbezüge als Ausgaben, die nicht als Betriebsausgaben abzugsfähig sind. Bezüglich tatsächlich entstandener Ausgaben stellt der mit dem Korb II-Gesetz[252] in das Gesetz eingefügte § 8b Abs. 5

---

das Merkmal der eigenen gewerblichen Tätigkeit verhindern, dass durch das Einschalten einer Personengesellschaft ohne substanzielle originäre gewerbliche Tätigkeit das gleiche steuerliche Ergebnis wie bei einer – nunmehr nicht mehr zulässigen – Mehrmütterorganschaft hergestellt wird. Diese Zielsetzung werde nur erreicht, wenn die eigene gewerbliche Tätigkeit der Personengesellschaft „nicht nur geringfügig" sei (vgl. BMF-Schr. v. 10.11.2005, BStBl. I 2005, S. 1040 Tz. 17). Zur Grenzziehung zwischen Anerkennung und Ablehnung einer originär gewerblichen Tätigkeit erscheint diese diffuse Formulierung jedoch wenig geeignet. Auch die vom BMF angeführten Einzelfälle (vgl. Tz. 18-20) tragen nur bedingt zur weiteren Klärung bei. In der Praxis ist daher darauf zu achten, dass die zwischengeschaltete Holding-Gesellschaft eine gewisse Mindestaktivität, z.B. durch Erbringung von Dienstleistungen gegenüber der JV-Kapitalgesellschaft, entfaltet.

[250] In diesem Zusammenhang ist jedoch § 15a EStG zu beachten, vgl. dazu im Einzelnen Kapitel 3:B.II.1.b.cc.

[251] Vgl. *Gröbl/Adrian* in: § 8b KStG Rn. 259.

[252] Gesetz vom 22.12.2003, BGBl. I 2003, S. 2840.

Satz 2 KStG demgegenüber klar, dass das Abzugsverbot des § 3c Abs. 1 EStG nicht anzuwenden ist[253]. Soweit das zum Erwerb der Beteiligung an der JV-Kapitalgesellschaft aufgenommene Fremdkapital als verzinsliches Gesellschafterdarlehen an die Gesellschaft weitergegeben wird, kann gleichwohl die Situation eintreten, dass der durch § 8b Abs. 5 Satz 2 KStG erzielte Vorteil abziehbarer Betriebsausgaben auf Gesellschafterebene unter Umständen durch die Nichtabziehbarkeit der gezahlten Zinsen auf Gesellschaftsebene gemäß § 8a KStG aufgewogen wird[254]. Nach dieser Vorschrift werden Vergütungen für das einer Kapitalgesellschaft von ihrem zu mindestens 25 % beteiligten Anteilseigner überlassene Fremdkapital unter bestimmten Voraussetzungen (Überschreiten einer bestimmten Eigenkapital-/Fremdkapitalrelation, sog. *„safe haven"*; Überschreiten einer Freigrenze i.H.v. 250.000 €) als verdeckte Gewinnausschüttungen umqualifiziert, mit der Folge, dass die Darlehenszinsen auf Ebene der Darlehensnehmerin nicht als Betriebsausgaben abziehbar sind, sondern deren Gewinn nach § 8 Abs. 3 Satz 2 KStG außerbilanziell hinzugerechnet werden und bei ihrem wesentlich beteiligten Anteilseigner zu 50 % (bei natürlichen Personen) bzw. 5 % (bei Kapitalgesellschaften) der Besteuerung unterliegen[255].

Durch die Begründung eines **Organschaftsverhältnisses** zu der inländischen JV-Kapitalgesellschaft (§§ 14 ff. KStG) besteht allerdings die Möglichkeit, die steu-

---

[253] Bis zum VZ 2004 war § 3c Abs. 1 EStG hingegen auf tatsächliche Aufwendungen im Zusammenhang mit inländischen Dividenden anzuwenden, da § 8b Abs. 5 KStG a.F. ausschließlich für Dividendenbezüge aus Anteilen an *ausländischen* Kapitalgesellschaften galt. Finanzierungsaufwendungen zum Erwerb der Beteiligung an einer *inländischen* JV-Kapitalgesellschaft waren daher insoweit nicht abziehbar, als steuerfreie Dividenden aus der betreffenden Beteiligung ausgeschüttet wurden. Darüber hinaus war ein Abzug der Fremdkapitalzinsen hingegen ohne weiteres möglich. Vor diesem Hintergrund bot es sich als Gestaltungsmöglichkeit an, die Gewinne auf Ebene der JV-Kapitalgesellschaft zu thesaurieren und Ausschüttungen nur von Zeit zu Zeit für mehrere Jahre in kumulierter Form bzw. erst nach Tilgung der Fremdmittel vorzunehmen (sog. *„Ballooning-Konzept"*). Auf diese Weise wurde die volle Abzugsfähigkeit der Zinsen im Inland gewährleistet (vgl. *Ley/Schulte*, Joint-Venture-Gesellschaften, Rn. 727 f.; *Schaumburg/Jesse* in: Lutter, Holding-Handbuch, § 13 Rn. 252; *Schaumburg*, Grundsätze, S. 77). Alternativ ließen sich beteiligungsbedingte Finanzierungsaufwendungen durch die Anwendung des sog. *„Zweikontenmodells"* vermeiden (vgl. *Heinicke* in: Schmidt, § 4 EStG Rn. 241 ff.; *Strahl*, KÖSDi 2002, S. 13353 f.). Hierbei wurden Betriebseinnahmen zur Tilgung der zum Erwerb der Beteiligung an der JV-Kapitalgesellschaft aufgenommenen Darlehen verwendet, während voll abzugsfähige Betriebsausgaben fremdfinanziert wurden. Ein Gestaltungsmissbrauch i.S.d. § 42 AO war in dieser Praxis nicht zu sehen, vielmehr entsprach dieses Vorgehen der dem Steuerpflichtigen zuzubilligenden Freiheit, Eigen- und Fremdmittel für die von ihm eigenständig zu bestimmenden Zwecke einzusetzen.

[254] Vgl. *Watermeyer* in: Herrmann/Heuer/Raupach, § 8b KStG Rn. 130.

[255] Im Zuge der Unternehmenssteuerreform 2008 ist mit den §§ 4h EStG, 8a KStG n.F. die Einführung einer Zinsschranke geplant, die den bisherigen § 8a KStG ablösen wird. Sie soll künftig für Personen- und Kapitalgesellschaften gleichermaßen gelten und auf alle Zinsen, die Teil einer inländischen Gewinnermittlung sind, Anwendung finden. Im Unterschied zur Regelung nach § 8a KStG, die im Ergebnis nur Zinszahlungen an wesentlich beteiligte Anteilseigner erfasst, ist von der Zinsschranke jede Art der Fremdfinanzierung, also insbesondere auch Bankdarlehen, betroffen. Allerdings greift die Zinsschranke nur, wenn der die Zinserträge überschreitende Zinsaufwand mehr als 1 Mio. € im Wirtschaftsjahr beträgt. Rechtsfolge wird künftig nicht mehr die Umqualifizierung in verdeckte Gewinnausschüttungen sein, vielmehr ist der Betriebsausgabenabzug auf Ebene des zahlenden Unternehmens nach der künftigen Regelung nur noch in den Grenzen der Zinsschranke möglich. Darüber hinausgehende Schuldzinsen können allenfalls in nachfolgenden Veranlagungszeiträumen und wiederum nur in den Grenzen der Zinsschranke abgezogen werden (Zinsvortrag), während diese beim Empfänger nach den für Zinsen geltenden Regelungen zu versteuern sind.

erlichen Folgen der §§ 8a, 8b Abs. 5 Satz 1 KStG und § 3c Abs. 2 EStG zu vermeiden bzw. zu kompensieren[256]. Da die organschaftlichen Gewinnabführungen durch die JV-Kapitalgesellschaft beim empfangenden inländischen JV-Partner keine Gewinnausschüttungen darstellen[257], gelangen weder das pauschale Betriebsausgabenabzugsverbot des § 8b Abs. 5 Satz 1 KStG noch die Abzugsbeschränkung nach § 3c Abs. 2 EStG zur Anwendung. Die dem JV-Partner zum Erwerb der Beteiligung an der JV-Kapitalgesellschaft entstandenen Aufwendungen stehen im Zusammenhang mit Gewinnabführungen im Sinne der §§ 14 ff. KStG, nicht jedoch mit nach §§ 8b Abs. 1 KStG, 3 Nr. 40 lit. d EStG steuerfreien Einnahmen[258]. Finanzierungsaufwendungen sind beim inländischen JV-Partner daher im Rahmen einer Organschaft voll abzugsfähig. Bei Weitergabe des aufgenommenen Fremdkapitals als Gesellschafterdarlehen hindert eine bestehende Organschaft zwar nicht die Rechtsfolge der Umqualifizierung nach § 8a KStG auf Ebene der darlehensempfangenden JV-Kapitalgesellschaft, jedoch ist das Einkommen des die Zinsen empfangenden deutschen JV-Partners in Höhe der fingierten verdeckten Gewinnausschüttung zu vermindern, um eine Doppelbelastung durch die Zurechnung des Einkommens der Organgesellschaft zu vermeiden[259]. Da die verdeckte Gewinnausschüttung im Rahmen der Organschaft als vorweggenommene Gewinnabführung gilt, ist auf Ebene des JV-Partners überdies weder § 8b Abs. 1 KStG noch das pauschale Betriebsausgabenabzugsverbot des § 8b Abs. 5 KStG anzuwenden, so dass die Folgen des § 8a KStG im Ergebnis im Organkreis kompensiert werden[260].

c. Zwischenergebnis

Eine in Deutschland ansässige JV-Kapitalgesellschaft unterliegt einem derzeit noch relativ hohen inländischen Steuerbelastungsniveau von 38,65 %. Dividenden, welche die JV-Kapitalgesellschaft von in- oder ausländischen Tochterkapitalgesellschaften bezieht, werden im wirtschaftlichen Ergebnis jedoch nur zu 5 % der inländischen Besteuerung unterworfen. Durch die Begründung eines körperschaft- und gewerbesteuerlichen Organschaftsverhältnisses zu den inländischen Tochtergesellschaften lässt sich zudem der aus § 8b Abs. 5 KStG bei Weiterausschüttung der Dividende innerhalb der Beteiligungskette resultierende Kaskadeneffekt minimieren. Einkünfte der inländischen JV-Kapitalgesellschaft aus im Ausland belegenen (Personengesellschafts-)Betriebsstätten sind bei Bestehen eines DBA im Inland überdies regelmäßig von der Besteuerung freizustellen. Eine Hinzurechnungsbesteuerung ausländischer Betriebsstättengewinne durch unilateralen Übergang zur Anrechnungsmethode (§ 20 Abs. 2 AStG) dürfte vor dem Hintergrund der jüngsten EuGH-Rechtsprechung gemeinschaftsrechtlich mittelfristig nicht länger haltbar sein.

Verluste der inländischen JV-Kapitalgesellschaft können von den JV-Partnern aufgrund des Trennungsprinzips jedoch lediglich durch Begründung einer körperschaftsteuerlichen Organschaft genutzt werden, was nach derzeitiger Rechtslage regelmäßig nur noch durch Zwischenschaltung einer als Organträger fungierenden origi-

---

[256] Vgl. *Nagler/Kleinert*, DB 2005, S. 855 f.

[257] So BMF-Schr. v. 26.08.2003, BStBl. I 2003, S. 437, Tz. 24.

[258] Vgl. *Erle* in: Erle/Sauter, § 15 KStG Rn. 74; *Heurung/Wehrheim/Adrian*, StuB 2004, S. 202 f.

[259] Vgl. R 62 Abs. 2 KStR; *Pung/Dötsch* in: Dötsch/Jost/Pung/Witt, § 8a KStG Rn. 50.

[260] Vgl. R 61 Abs. 4 Satz 1 KStR; *Heurung/Wehrheim/Adrian*, StuB 2004, S. 203; *Nagler/Kleinert*, DB 2005, S. 856.

när gewerblich tätigen Personengesellschaft gelingen wird. In gewerbesteuerlicher Hinsicht scheidet eine Verlustnutzung hingegen gänzlich aus. Finanzierungsaufwendungen des inländischen JV-Partners sind grundsätzlich gemäß § 3c Abs. 2 EStG nur zur Hälfte bzw. gemäß § 8b Abs. 5 Satz 2 KStG in voller Höhe abziehbar, wobei jedoch pauschal 5 % der von der JV-Kapitalgesellschaft bezogenen Dividenden als nicht abziehbare Betriebsausgaben gelten. Eine volle Abzugsfähigkeit der Finanzierungsaufwendungen lässt sich allerdings ebenfalls durch Begründung eines Organschaftsverhältnisses zur JV-Gesellschaft erreichen.

2. Standort im Ausland

Wird das Joint Venture in Form einer Kapitalgesellschaft mit Sitz und Ort der Geschäftsleitung im Ausland ausgestaltet, ergeben sich aus Sicht des deutschen JV-Partners für die laufende Besteuerung die folgenden ertragsteuerlichen Konsequenzen:

a. Ebene der JV-Kapitalgesellschaft

aa. Besteuerung von Dividenden und Betriebsstättengewinnen

Die ausländische JV-Kapitalgesellschaft unterliegt mit ihrem Welteinkommen in ihrem Domizilstaat grundsätzlich der unbeschränkten Körperschaft- und Gewerbesteuerpflicht. Die laufende Besteuerung der von ihr erwirtschafteten Gewinne richtet sich daher primär nach ausländischem Recht. Soweit die Gesellschaft jedoch Dividenden von inländischen (Tochter-)Kapitalgesellschaften bezieht, Gewinne aus im Inland belegenen Betriebsstätten oder der Beteiligung an einer inländischen gewerblichen Mitunternehmerschaft erzielt, unterliegt sie mit diesen inländischen Einkünften zudem der beschränkten deutschen Körperschaftsteuerpflicht im Sinne der §§ 2 Nr. 1, 8 Abs. 1 Satz 1 KStG i.V.m. §§ 49 Abs. 1 Nr. 2 lit. a, 15 Abs. 1 Nr. 1 EStG bzw. §§ 49 Abs. 1 Nr. 5 lit. a, Abs. 2, 20 Abs. 1 Nr. 1 EStG.

bb. Internationale Ergebnisabgrenzung

Auf Abkommensebene dürfen die einer deutschen Betriebsstätte der ausländischen JV-Kapitalgesellschaft zuzurechnenden Gewinne regelmäßig entsprechend Art. 7 Abs. 1 Satz 2, Abs. 2 MA in Deutschland besteuert werden, während sie im Sitzstaat der JV-Gesellschaft von der Besteuerung freizustellen sind oder die deutsche Steuer auf die ausländische Steuerlast anzurechnen ist (Art. 23 A und 23 B MA). Inwieweit der Gewinn der ausländischen JV-Kapitalgesellschaft ihrer im Inland belegenen Betriebsstätte zuzurechnen ist, richtet sich aus deutscher Sicht nach den sog. Betriebsstätten-Verwaltungsgrundsätzen des BMF[261]. Danach ist die Ergebnisabgrenzung zwischen Betriebsstätte und Stammhaus – soweit nicht ein DBA besondere Ermittlungsmethoden vorschreibt – grundsätzlich nach der **sog. direkten Methode**[262] zu vollziehen, bei der die Betriebsstätte wie ein hypothetisch selbständiges Unternehmen behandelt wird (vgl. Art. 7 Abs. 2 MA). Das Betriebsstättenergebnis ist durch

[261] BMF-Schr. v. 24.12.1999, BStBl. I 1999, S. 1076.

[262] Vgl. BMF-Schr. v. 24.12.1999, BStBl. I 1999, S. 1076 Tz. 2.3. Hilfsweise kann auf die sog. indirekte Methode zurückgegriffen werden, wonach der Gesamtgewinn des Unternehmens nach einem sachgerechten Schlüssel im Wege der Schätzung zwischen Stammhaus und Betriebsstätte aufzuteilen ist (vgl. aaO, Tz. 2.3.2).

Aufstellung einer gesonderten Betriebsstättenbilanz zu ermitteln, was voraussetzt, dass alle Wirtschaftsgüter entweder ausschließlich dem Stammhaus oder der Betriebsstätte oder anteilig sowohl dem Stammhaus als auch der Betriebsstätte zugeordnet werden können und eine gesonderte Betriebsstättenbuchführung erfolgt. Die gesonderte Betriebsstättenbilanz ist dabei jedoch nur als Ausschnitt aus der Gesamtbilanz des Unternehmens zu verstehen[263]. Bei der Ermittlung des inländischen Betriebsstättenergebnisses der JV-Kapitalgesellschaft ist daher gedanklich von einer nach deutschem Steuerrecht aufgestellten Gesamtbilanz des Unternehmens auszugehen und die inländische Betriebsstättenbilanz als Ausschnitt aus dieser Gesamtbilanz anzusehen. Bei der Gewinnaufteilung nach der direkten Methode ist darüber hinaus der sog. **„dealing at arm's length"-Grundsatz** zu beachten[264]. Das rechnerisch ermittelte Betriebsstättenergebnis ist danach einem Fremdvergleich zu unterziehen, um es um Vorgänge zu bereinigen, die allein auf die Abhängigkeit der Betriebsstätte vom Stammhaus zurückzuführen sind. Zu diesem Zweck sind der Betriebsstätte die Wirtschaftsgüter nach dem Prinzip der wirtschaftlichen Zugehörigkeit und die mit den Wirtschaftsgütern in Zusammenhang stehenden Betriebseinnahmen und –ausgaben nach dem Veranlassungsprinzip zuzuordnen.[265] Die auf die in dieser Weise ermittelten inländischen Betriebsstätteneinkünfte entfallende deutsche Körperschaftsteuer wird nach § 31 Abs. 1 KStG i.V.m. § 50 Abs. 1, Abs. 5 Satz 2 EStG im Wege der Veranlagung erhoben. Betriebsausgaben, die der ausländischen JV-Kapitalgesellschaft im wirtschaftlichen Zusammenhang mit den inländischen Betriebsstätteneinkünften entstanden sind, können daher grundsätzlich in Abzug gebracht werden (Veranlassungsprinzip)[266].

cc. Abgeltender Quellensteuerabzug bei grenzüberschreitenden Ausschüttungen

Dividenden, welche die ausländische JV-Kapitalgesellschaft von einer deutschen Tochtergesellschaft bezieht, können in Deutschland nach Art. 10 Abs. 2 MA einem abkommensrechtlich beschränkten Quellensteuersatz von 5 % (bei Schachtelbeteiligungen i.H.v. mindestens 25 %) bzw. 15 % (bei Anteilen im Streubesitz) unterworfen werden[267]. Das innerstaatliche deutsche Recht stellt die Dividendeneinkünfte bei der empfangenden ausländischen JV-Kapitalgesellschaft zwar grundsätzlich nach § 8b Abs. 1 KStG von der Besteuerung frei[268]. Jedoch ist von den Dividenden nach § 43 Abs. 1 Satz 3 EStG ungeachtet des § 8b Abs. 1 KStG ein Steuerabzug vom Kapitalertrag (KESt, § 43 Abs. 1 Satz 1 Nr. 1 EStG) vorzunehmen. Bei beschränkter Körperschaftsteuerpflicht mit inländischen Einkünften aus Kapitalvermögen im Sinne der §§ 49 Abs. 1 Nr. 5, 20 Abs. 1 Nr. 1 EStG, 2 Nr. 1 KStG hat dieser Steuerabzug nach **§ 32 Abs. 1 Nr. 2 KStG** abgeltende Wirkung[269]. Während die auf Dividenden erhobene KESt bei unbeschränkter Körperschaftsteuerpflicht des Empfängers ge-

---

263 *Wassermeyer* in: Debatin/Wassermeyer, Art. 7 MA Rn. 189.
264 Vgl. *Wassermeyer* in: Debatin/Wassermeyer, Art. 7 MA Rn. 188.
265 BMF-Schr. v. 24.12.1999, BStBl. I 1999, S. 1076 Tz. 2.2.
266 Vgl. *Heinicke* in: Schmidt, § 50 EStG Rn. 21.
267 Zu Abweichungen der deutschen DBA von der Regelung in Art. 10 Abs. 2 MA vgl. Übersicht bei *Tischbirek* in: Vogel/Lehner, Art. 10 MA Rn. 67.
268 *Streck*, § 8b KStG Anm. 3; *Gröbl/Adrian* in: Erle/Sauter, § 8b KStG Rn. 68.
269 BMF-Schr. v. 28.04.2003, BStBl. I 2003, S. 292, Tz. 11.

mäß § 31 Abs. 1 Satz 1 KStG i.V.m. § 36 Abs. 2 Nr. 2 EStG im Rahmen der Veranlagung in voller Höhe auf die Körperschaftsteuer angerechnet werden kann, ist bei abgeltender Steuererhebung im Abzugswege im Falle der beschränkten Steuerpflicht des Empfängers mangels Veranlagungsverfahren keine Einkommensermittlung im Inland vorzunehmen. Eine solche wäre jedoch Voraussetzung für die Berücksichtigung des körperschaftsteuerlichen Schachtelprivilegs nach § 8b Abs. 1 KStG[270]. Im Ergebnis wirkt der Quellensteuerabzug für die dividendenempfangende ausländische JV-Kapitalgesellschaft somit wegen § 32 Abs. 1 Nr. 2 KStG definitiv.

Ist die ausländische JV-Kapitalgesellschaft allerdings innerhalb der EU ansässig und während eines Zeitraums von mindestens 12 Monaten ununterbrochen zu mindestens 15 % (ab 01.01.2009: 10 %) am Nennkapital der ausschüttenden deutschen Tochtergesellschaft beteiligt gewesen (Schachtelbeteiligung), wird die Kapitalertragsteuer auf Bezüge i.S.d. § 20 Abs. 1 Nr. 1 EStG nach der die Mutter-/ Tochter-Richtlinie umsetzenden Vorschrift des **§ 43b Abs. 1 EStG** auf Antrag „nicht erhoben"[271]. Der Steuerabzug vom Kapitalertrag ist gemäß § 50d Abs. 1 Satz 1 EStG jedoch zunächst auch dann vorzunehmen, wenn der Empfänger der Dividende aufgrund des § 43b EStG oder eines DBA von der deutschen Besteuerung befreit ist. Nach § 50d Abs. 2 Satz 1, 1. Halbs. EStG besteht allerdings im Bereich des § 43b EStG die Möglichkeit der Freistellung der Dividenden im Steuerabzugsverfahren, wenn der Dividendengläubiger dem Vergütungsschuldner eine durch das Bundeszentralamt für Steuern erteilte Freistellungsbescheinigung vorlegt. Als Rechtsfolge wird der Vergütungsschuldner für die Zukunft von seiner Verpflichtung zum Abzug, zur Anmeldung und Abführung der Steuer sowie von seiner Haftung entbunden[272]. Ohne Freistellungsverfahren nach § 50d Abs. 2 Satz 1 EStG besteht für die ausländische JV-Kapitalgesellschaft nur die Möglichkeit, sich die entgegen § 43b Abs. 1 EStG einbehaltene Kapitalertragsteuer nach § 50d Abs. 1 Satz 2 EStG erstatten zu lassen.

Soweit § 43b EStG allerdings nicht zur Anwendung gelangt, stellt sich die Frage nach der **Vereinbarkeit** des abgeltenden Kapitalertragsteuerabzugs **mit den Grundfreiheiten des EG-Vertrags**[273]. Nach dem das französische Körperschaftsteuerrecht betreffenden Urteil des EuGH in der Rechtssache *Denkavit*[274] stellt es eine diskriminierende Beschränkung der Niederlassungsfreiheit im Sinne der Art. 43, 48 EG dar, dass Dividendenzahlungen einer in Frankreich ansässigen Tochtergesellschaft an ihre ebenfalls in Frankreich ansässige Muttergesellschaft vom Quellensteuerabzug freigestellt sind, während bei Dividendenausschüttung an eine nicht gebietsansässige Muttergesellschaft Quellensteuern einzubehalten sind. Diese Ungleichbehandlung

[270] *Fock*, RIW 2001, S. 113.

[271] Vgl. RL 90/435/EWG des Rates vom 23.07.1990, ABlEG Nr. L 225 S. 6. Weitere Voraussetzung der Steuerfreistellung nach der Mutter-/Tochter-Richtlinie bzw. § 43b EStG ist, dass sowohl Mutter- als auch Tochtergesellschaft eine in Anlage 2 zu § 43b EStG aufgeführte Gesellschaftsform haben und die Muttergesellschaft im anderen Mitgliedstaat einer ebenfalls in der Anlage 2 zu § 43b EStG genannten oder einer entsprechenden Ersatzsteuer unterliegt.

[272] *Heinicke* in: Schmidt, § 50d EStG Rn. 32.

[273] Vgl. *Röhrbein*, IWB Fach 11a, S. 1047; *Kessler/Spengel*, Beilage Nr. 1 zu DB 2007, S. 20; *Dautzenberg*, BB 2001, S. 2137 ff.; *Strunk/Theobald*, IWB Fach 3 Gr. 2, S. 1101; *Desens*, IStR 2003, S. 613; *Reuter/Klein*, IStR 2003, S. 634.

[274] EuGH-Urt. v. 14.12.2006 – Rs. C-170/05 („*Denkavit*"), IStR 2007, S. 62 ff.

lässt sich nach Auffassung des EuGH allerdings dadurch „neutralisieren“, dass der Ansässigkeitsstaat der Muttergesellschaft die Anrechnung der einbehaltenen Quellensteuer zulässt. In dem vom EuGH zu entscheidenden Fall kam letzteres jedoch nicht zum Tragen, da die aus Frankreich stammenden Dividendeneinkünfte im Ansässigkeitsstaat der Mutter (Niederlande) unilateral von der Besteuerung freigestellt wurden, so dass die im DBA zugelassene Steueranrechnung im Ergebnis ins Leere ging. Das Urteil betraf zudem einen Zeitraum, der noch nicht unter die Geltung der Mutter-/Tochter-Richtlinie fiel. Für das deutsche Recht ist aus dieser Rechtsprechung der Schluss zu ziehen, dass der abgeltende Kapitalertragsteuereinbehalt nach § 32 Abs. 1 Nr. 2 KStG bei grenzüberschreitenden Dividendenzahlungen in Fällen der Nichtanwendung der Mutter-/Tochter-Richtlinie einen nicht zu rechtfertigenden Verstoß gegen die im EG-Vertrag verbürgte Niederlassungsfreiheit darstellt, es sei denn, es kommt im Ansässigkeitsstaat der ausländischen Muttergesellschaft tatsächlich zu einer (vollständigen) „Neutralisierung“ infolge Anrechnung der deutschen Kapitalertragsteuer[275]. Zwar unterscheidet sich das deutsche Recht insoweit von der dem Urteil des EuGH zugrunde liegenden französischen Regelung, als Frankreich innerstaatliche Dividenden gar keiner Besteuerung unterwirft, während Deutschland stets eine Besteuerung vornimmt, jedoch nur der innerstaatlichen Muttergesellschaft eine nachfolgende Anrechnung auf die Körperschaftsteuer erlaubt. Bei wirtschaftlicher Betrachtungsweise sind die Regelungen jedoch durchaus vergleichbar. Hält die EU-ausländische JV-Kapitalgesellschaft allerdings lediglich eine Minderheitsbeteiligung (Portfoliobeteiligung) an einer deutschen Kapitalgesellschaft, kann sie sich mangels ausreichenden Einflusses auf die Gesellschaft nicht auf die Niederlassungsfreiheit (Art. 43 EG) berufen[276]. Die Investition einer in einem anderen Mitgliedstaat ansässigen Muttergesellschaft in eine deutsche Kapitalgesellschaft unterhalb der für die Niederlassungsfreiheit relevanten Beteiligungsschwelle unterfällt jedoch der Kapitalverkehrsfreiheit (Art. 56 EG)[277]. In den Schlussanträgen des Generalanwalts *Mengozzi* in der Rechtssache *„Amurta“*[278] hat dieser insoweit ausdrücklich festgestellt, dass eine Regelung zur Quellenbesteuerung von Dividenden an nichtansässige Anteilseigner, deren Kapitalanteil an der ausschüttenden Gesellschaft lediglich zwischen 5 % und 25 % beträgt, gegen die Kapitalverkehrsfreiheit verstößt. Dabei soll eine nur auf innerstaatlichen Rechtsvorschriften des Empfängerstaates beruhende Anrechnung der im Quellenstaat erhobenen Steuer nicht ausreichen, um den Verstoß gegen Art. 56 EG zu „neutralisieren“, da diese keine hinreichende Rechtssicherheit im Hinblick auf die Einhaltung des Verbots willkürlicher Beschränkungen des Kapitalverkehrs im Quellenstaat biete. Der Quellenstaat könne sich – so der Generalanwalt – allenfalls dann auf eine Anrechnung im Ansässigkeitsstaat des Dividendenempfängers berufen, wenn diese in einem bindenden DBA zwischen beiden Staaten vorgesehen sei, tatsächlich gewährt werde und den gleichen Umfang habe wie die Steu-

[275] Ebenso *Dörr/Fehling*, EWS 2007, S. 23.

[276] Vgl. EuGH-Urt. v. 12.12.2006, Rs C.374/04 („*Test Claimants in the ACT Group Litigation*“), ABlEG Nr. L 178, S. 5; v. 13.04.2000 – Rs. C-251/98 ("*Baars*"), Slg. 2000, I-2787; v. 21.11.2002 – Rs. C-436/00 („*X und Y*“), Slg. 2002, I-10829; v. 12.09.2006 – Rs. C-196/04 („*Cadbury Schweppes*“), RIW 2006, S. 785.

[277] Vgl. EuGH-Urt. v. 28.09.2006, Rs. C-282/04 und C-283/04 („*Kommission/Niederlande*“), EuZW 2006, S. 722; *Röhrbein*, RIW 2007, S. 198; *Köhler/Tippelhofer*, IStR 2007, S. 646.

[278] EuGH, Schlussanträge v. 07.06.2007 – Rs. C-379/05 („*Amurta*“), IStR 2007, S. 514; kritisch dazu *Rainer*, IStR 2007, S. 515.

ererleichterung, die der Quellenstaat seinen ansässigen Dividendenempfängern gewähre. Bei Nichterfüllung dieser Bedingungen wird man daher in § 32 Abs. 1 Nr. 2 KStG einen nicht zu rechtfertigenden Verstoß gegen die Kapitalverkehrsfreiheit sehen müssen.

Wie die Finanzverwaltung und der Gesetzgeber mit der „*Denkavit*"-Entscheidung und der noch ausstehenden EuGH-Entscheidung in der Rechtssache „*Amurta*" konkret umgehen werden, bleibt vorerst abzuwarten. De lege ferenda wird der deutsche Gesetzgeber die aus § 32 Abs. 1 Nr. 2 KStG resultierende Beschränkung der Art. 43 und 56 EG jedoch zu beseitigen haben. Bis zu einer entsprechenden Reaktion ist bei fehlender (bzw. unvollständiger) abkommensrechtlicher Anrechnung im Sitzstaat der EU-ausländischen JV-Kapitalgesellschaft jedenfalls davon auszugehen, dass Deutschland aus Art. 43, 56 EG verpflichtet ist, eine Erstattung der Quellensteuern zu gewähren, die der deutsche Fiskus außerhalb des Anwendungsbereichs des § 43b EStG auf Ausschüttungen von in Deutschland ansässigen Tochtergesellschaften erhebt. Gleiches gilt bei Sitz der JV-Kapitalgesellschaft im EWR-Raum[279]. Als Rechtsgrundlage könnte insoweit m.E. auf § 50d Abs. 1 Sätze 2 ff. EStG analog zurückgegriffen werden[280].

Praktisch relevant werden dürften die Auswirkungen der „*Denkavit*"-Entscheidung vor allem in Fällen, in denen die Mindestbeteiligungshöhe der Mutter-Tochter-Richtlinie von derzeit 15 % nicht erreicht wird oder die ausländische JV-Kapitalgesellschaft Vergütungen von ihrer inländischen Tochter erhält, die nach deutschem Verständnis wie Dividenden behandelt, jedoch unter Umständen nicht von der Mutter-/Tochter-Richtlinie erfasst werden[281]. Des Weiteren dürften sich aufgrund der „*Denkavit*"-Rechtsprechung Auswirkungen auf solche Fälle ergeben, in denen die im Zuge des JStG 2007[282] neu gefasste *Anti-Treaty-* bzw. *Directive-Shopping*-Regelung des **§ 50d Abs. 3 EStG** die Anwendung des § 43b EStG verhindert. Da es insoweit zu einer ungemilderten Belastung mit deutscher Quellensteuer kommt, sind die Auswirkungen des § 50d Abs. 3 EStG ebenfalls an den Grundfreiheiten des EG-Vertrags zu messen[283]. Nach § 50d Abs. 3 EStG hat eine ausländische Gesellschaft keinen Anspruch auf Entlastung von der Quellensteuer gemäß § 43b EStG, soweit Personen an ihr

---

[279] Ist die JV-Kapitalgesellschaft in einem Drittstaat ansässig, könnte sich diese im Falle einer Schachtel- oder Portfoliobeteiligung an einer deutschen Tochterkapitalgesellschaft allein auf die Kapitalverkehrsfreiheit nach Art. 56 EG – die grundsätzlich auch im Verhältnis zu Drittstaaten gilt (vgl. aktuell EuGH-Urt. v. 12.12.2006 – Rs. C-446/04, „*Test Claimants in the FII Group Litigation*", IStR 2007, S. 69 ff.; v. 13.03.2007 – Rs. C-524/04, „*Test Claimants in the Thin Cap Group Litigation*", IStR 2007, S. 249 ff.; für den Finanzdienstleistungsbereich vgl. EuGH-Urt. v. 03.10.2006 – Rs. C-452/04, „*Fidium Finanz AG*", IStR 2006, S. 754) – berufen. Insoweit stellt sich jedoch die Frage des Konkurrenzverhältnisses zur Niederlassungsfreiheit, vgl. dazu unten Kapitel 3:B.II.2.b.ee(1) und Fn. 319.

[280] Ebenso *Eckert*, IStR 2003, S. 406. *Watermeyer* (in: Herrmann/Heuer/Raupach, § 8b KStG Rn. 21) spricht sich in diesen Fällen demgegenüber für eine Rückerstattung der KESt nach § 37 Abs. 2 AO aus, was jedoch wegen § 43 Abs. 1 Satz 3 EStG am Kriterium des fehlenden rechtlichen Grundes scheitern dürfte.

[281] Zu denken ist insoweit insbesondere an Vergütungen auf Genussrechte, mit denen das Recht auf Beteiligung am Gewinn und am Liquidationserlös der inländischen Tochterkapitalgesellschaft verbunden ist (§ 8 Abs. 3 Satz 2 KStG). Diese unterfallen zwar wie Dividenden den §§ 20 Abs. 1 Nr. 1, 43 Abs. 1 Nr. 1 EStG, jedoch ist zweifelhaft, ob Genussrechte die von § 43b Abs. 2 Satz 1 EStG verlangte Beteiligung „am Kapital" der Tochtergesellschaft vermitteln (vgl. *Nakhai*, IWB Fach 11a, S. 1120).

[282] Gesetz v. 13.12.2006, BGBl. I 2006, S. 2878.

[283] Vgl. *Nakhai*, IWB Fach 11a, S. 1120 ff.

beteiligt sind, denen die Erstattung oder Freistellung – aufgrund ihres Status (z.B. keine Muttergesellschaft i.S.v. § 43b Abs. 2 EStG i.V.m. Anlage 2) oder ihrer Ansässigkeit nicht zustände, wenn sie die Einkünfte unmittelbar[284] erzielten, und wenn

1. für die Einschaltung der ausländischen Gesellschaft wirtschaftliche oder sonst beachtliche Gründe fehlen oder
2. die ausländische Gesellschaft nicht mehr als 10 % ihrer gesamten Bruttoerträge des betreffenden Wirtschaftsjahres aus eigener Wirtschaftstätigkeit erzielt oder
3. die ausländische Gesellschaft nicht mit einem für ihren Geschäftszweck angemessenen eingerichteten Geschäftsbetrieb am allgemeinen wirtschaftlichen Verkehr teilnimmt.

Nach dem Gesetzeswortlaut ist einer funktionsschwachen EU-ausländischen JV-Kapitalgesellschaft die Quellensteuerentlastung somit stets in Höhe der Beteiligungsquote des deutschen JV-Partners zu versagen, da dieser bei unmittelbarem Dividendenbezug von einer deutschen Kapitalgesellschaft mangels grenzüberschreitender Situation systemimmanent weder die Vergünstigungen eines DBA noch des § 43b EStG in Anspruch nehmen könnte. Dies entspricht im Ergebnis auch der von der Finanzverwaltung vertretenen Ansicht in einem jüngst zu § 50d Abs. 3 EStG ergangenen BMF-Schreiben[285] sowie der überwiegenden Literaturmeinung[286], die derartige *„Mäander-Strukturen"* vom Anwendungsbereich des § 50d Abs. 3 EStG erfasst sieht. Zu berücksichtigen ist jedoch, dass der inländische JV-Partner die auf die Dividende erhobene Quellensteuer bei Direktbezug der Dividende im Rahmen der Veranlagung gemäß §§ 31 Abs. 1 Satz 1 KStG, 36 Abs. 2 Nr. 2 EStG auf seine Einkommen- oder Körperschaftsteuer anrechnen bzw. gemäß § 44b i.V.m. § 44a Abs. 5 EStG erstattet verlangen könnte. Wirtschaftlich gesehen unterliegt der inländische Partner bei Dividendenbezug über eine zwischengeschaltete ausländische JV-Kapitalgesellschaft unter Berücksichtigung von § 43b EStG und §§ 8b KStG, 3 Nr. 40 EStG somit der-

---

[284] Hinsichtlich des Merkmals der Unmittelbarkeit war bislang fraglich, wie bei mehrstufigen funktionsschwachen Beteiligungsstrukturen zu verfahren ist, bei denen die Gesellschafter der die Quellensteuerentlastung begehrenden ausländischen Gesellschaft zwar persönlich abkommens- bzw. richtlinienberechtigt sind, die Erstattung oder Freistellung von der deutschen Besteuerung bei unmittelbarem Bezug jedoch auch bei diesen daran scheitern würde, dass sie den in § 50d Abs. 3 Nr. 1-3 EStG bestimmten Substanzkriterien nicht genügen. Teilweise wurde insoweit angenommen, dass die Versagung der Kapitalertragsteuerbefreiung nach § 50d Abs. 3 EStG aufgrund der kumulativen Verknüpfung der subjektiven und objektiven Voraussetzungen durch Implementierung einer solchen Doppel-Holdingsstruktur umgangen werden könne und kein Durchgriff auf höhere Beteiligungsebenen erfolge (so *Kessler/Eicke*, IStR 2007, S. 526 ff.). Diesem Modell hat die Finanzverwaltung jedoch kürzlich die Grundlage entzogen, indem sie ausdrücklich klargestellt hat, dass eine Prüfung der Funktionsvoraussetzungen des § 50d Abs. 3 EStG innerhalb mehrstufiger Beteiligungsstrukturen auf jeder Ebene zu erfolgen hat und so lange fortzusetzen ist, bis bei einem Gesellschafter eine aktive Tätigkeit gegeben ist (vgl. BMF-Schr. v. 10.07.2007, IStR 2007, S. 555f.; erläuternd und zustimmend *Lüdicke*, IStR 2007, S. 556; *Kempf/Meyer*, DStZ 2007, S. 585 f.). Dies entspricht im Ergebnis der Praxis in der Vergangenheit.

[285] Vgl. BMF-Schr. v. 03.04.2007, DStR 2007, S. 719 ff., Tz. 4 Abs. 1 Satz 3.

[286] Vgl. *Gosch* in: Kirchhof, § 50d EStG Rn. 125; *Heinicke* in: Schmidt, § 50d EStG Rn. 46; *Klein* in: Herrmann/Heuer/Raupach, § 50d EStG Rn. 55; *Schaumburg*, Internationales Steuerrecht, Rn. 16.155; a.A. *Frotscher* in: Frotscher, § 50d EStG Rn. 24; *Hahn-Joecks* in: Kirchhof/Söhn/Mellinghoff, § 50d EStG Rn. G 4; *Lüdicke*, Treaty shopping – § 50d Abs. 1a EStG, S. 107.

selben Steuerbelastung wie bei Direktbezug der Dividende. Vor diesem Hintergrund sollte der Anwendungsbereich der Norm teleologisch auf diejenigen Fälle mit inländischer Beteiligung reduziert werden, in denen der inländische Gesellschafter durch die Zwischenschaltung der ausländischen Gesellschaft in den Genuss einer Steuerentlastung gelangt, die er der Höhe nach im Falle des fiktiven unmittelbaren Dividendenbezugs nicht hätte erlangen können (z.B. im theoretisch denkbaren Fall der abkommensrechtlichen Quellensteuerreduzierung auf Null sowohl bei Dividendenausschüttung an die ausländische Muttergesellschaft als auch bei Weiterausschüttung an den inländischen Gesellschafter sowie Freistellung im jeweiligen Empfängerstaat)[287].

An einer eigenen Wirtschaftstätigkeit der ausländischen Gesellschaft im Sinne des § 50d Abs. 3 Nr. 2 EStG soll es fehlen, soweit sie ihre Bruttoerträge aus der Verwaltung von Wirtschaftsgütern erzielt oder ihre wesentliche Geschäftstätigkeit auf Dritte überträgt (§ 50d Abs. 3 Satz 3 EStG). Welche Anforderungen darüber hinaus an eine eigene Wirtschaftstätigkeit der ausländischen Gesellschaft zu stellen sind, hat die Finanzverwaltung durch ein jüngst veröffentlichtes BMF-Schreiben zu § 50d Abs. 3 EStG[288] präzisiert. Danach wird eine geschäftsleitende (Holding-)Funktion erst dann als eigene Wirtschaftstätigkeit angesehen, sofern sie gegenüber mindestens zwei Beteiligungen „von einigem Gewicht" ausgeübt wird und die Aktivitätsschwelle von 10 % überschritten wird[289]. Nach § 50d Abs. 3 Satz 2 EStG sollen insoweit ausschließlich die Verhältnisse der ausländischen Gesellschaft maßgeblich sein; einer Zurechnung von Merkmalen anderer Konzerngesellschaften hat der Gesetzgeber damit bewusst eine Absage erteilt. Letztlich wurde mit der Änderung des § 50d Abs. 3 EStG ein „Sammelsurium" von fiskalischen Argumenten aus den *„Hilversum"*[290]- und *„Dublin-Docks"*-Fällen[291] in Gesetzesform gegossen und rechtsprechungsbrechend der Zustand vor der *„Hilversum II"*-Entscheidung des BFH wieder hergestellt[292].

Insbesondere die starre Zehn-Prozent-Grenze der Aktivitätsklausel des § 50d Abs. 3 Satz 1 Nr. 2 EStG sowie das Verbot der Merkmalsübertragung nach § 50d Abs. 3

[287] Vgl. *Kempf/Meyer*, DStZ 2007, S. 587; *Schönfeld*, FR 2007, S. 507 f.; *ders.* in: Flick/Wassermeyer/Baumhoff, § 50d Abs. 3 EStG Rn. 32 (61. Erg.-Liefg., demnächst erscheinend); *Krabbe*, IStR 1998, S. 77; *Prokisch* in: Vogel/Lehner, Art. 1 MA Rn. 125.

[288] BMF-Schr. v. 03.04.2007, DStR 2007, S. 719 ff.

[289] BMF-Schr. v. 03.04.2007, DStR 2007, S. 719 ff., Tz. 6.2. Eine „klassische" geschäftsführende Holding, die keinerlei Vergütung für ihre geschäftsleitende Tätigkeit erhält, dürfte diese Aktivitätsschwelle häufig nicht überschreiten, da sie fast ausschließlich steuerfreie Dividendeneinnahmen generiert (vgl. *Kessler/Eicke*, IStR 2006, S. 579; *Korn/Fuhrmann*, NWB Fach 3, S. 14372).

[290] Vgl. BFH-Urt. v. 20.03.2002, BB 2006, S. 2159 ff. (*„Hilversum I"*); BFH-Urt. v. 31.05.2005, BStBl. II 2006, S. 118 ff. (*„Hilversum II"*).

[291] Vgl. BFH-Urt. v. 19.01.2000, BStBl. II 2001, S. 222 ff.; v. 25.02.2004, BStBl. II 2005, S. 15 ff.; v. 03.05.2006, BFH/NV 2006, S. 1729 ff.

[292] *Kessler/Eicke*, IStR 2007, S. 527. Entgegen seiner Rechtsprechung in *„Hilversum I"* hatte der BFH in seiner *„Hilversum II"*-Entscheidung festgestellt, dass eine ausländische Gesellschaft ohne eigene Geschäftsräume, Geschäftsausstattung und Personal dann nicht i.S.d. § 50d Abs. 3 EStG a.F. missbräuchlich zwischengeschaltet sei, wenn die reine Holdingaktivität der eingeschalteten Gesellschaft einem langfristig angelegten konzerninternen Strategiekonzept folge *und* in einem Staat angesiedelt sei, in dem der Konzern bereits einem aktiven Engagement durch andere Konzerngesellschaften nachgehe. Hierauf hatte das BMF mit einem Nichtanwendungserlass reagiert (BMF-Schr. v. 30.01.2006, BStBl. I 2006, S. 166 ff.).

Satz 2 EStG begegnen jedoch angesichts der EuGH-Rechtsprechung zu Art. 11 FRL gemeinschaftsrechtlichen Bedenken, da insoweit stark typisierende Kriterien angewendet werden anstatt – wie vom EuGH in der Rechtssache „*Leur-Bloem*"[293] gefordert – eine „globale Untersuchung jedes Einzelfalls" vorzunehmen[294]. Die Anwendung des § 50d Abs. 3 EStG auf solche Sachverhalte, in denen die empfangende EU-Muttergesellschaft über ein Mindestmaß an wirtschaftlicher Substanz verfügt, ist überdies auch vor dem Hintergrund der Grundfreiheiten und der EuGH-Rechtsprechung in der Rechtssache „*Cadbury Schweppes*"[295] nicht haltbar. Zwar werden typisierende Missbrauchsvorschriften durch den EuGH grundsätzlich gebilligt. Diese müssen jedoch zum einen sehr restriktiv gehandhabt werden und sich zum anderen auf „rein künstliche Konstruktionen, die ausschließlich auf eine Umgehung des Steuerrechts gerichtet sind" beschränken. Zumindest ist dem Steuerpflichtigen nach den vom EuGH aufgestellten Grundsätzen Gelegenheit zu geben, den Gegenbeweis zu führen, dass die Einschaltung seiner ausländischen Gesellschaft im konkreten Einzelfall nicht missbräuchlich war. Diesen Anforderungen wird die Missbrauchsregelung des § 50d Abs. 3 EStG in ihrer jetzigen Ausgestaltung jedoch nicht gerecht, da sie keine klare Grenzziehung zwischen schützenswerten geschäftsleitenden Holdinggesellschaften und bloßen „Briefkastengesellschaften" erlaubt[296]. Das zu § 50d Abs. 3 EStG ergangene BMF-Schreiben vermag diesen Vorwurf nicht zu entkräften, insbesondere ist die dort vorgesehene Beweislastumkehr nicht geeignet, die fehlende gesetzliche Verankerung einer Gegenbeweismöglichkeit zu ersetzen[297].

Selbst wenn eine geschäftsleitende Holding überdies die strengen nach dem BMF-Schreiben an eine eigene Wirtschaftstätigkeit i.S.d. § 50d Abs. 3 Satz 1 Nr. 2 EStG zu stellenden Anforderungen erfüllen sollte, könnte ihr aufgrund der in § 50d Abs. 3 Satz 1 EStG neuerdings vorgesehenen alternativen Aufzählung dennoch die Entlastung vom Quellensteuerabzug versagt werden, wenn es an einem wirtschaftlichen Grund für die Einschaltung der Gesellschaft i.S.d. § 50d Abs. 3 Satz 1 Nr. 3 EStG fehlt (z.B. bei Verfolgung lediglich konzernstrategischer Aufgaben). Nach früherer Rechtslage mussten demgegenüber noch wirtschaftliche oder sonst beachtliche Gründe *und* (kumulativ) eine wirtschaftliche Tätigkeit fehlen, damit die Finanzverwaltung eine Erstattung oder Freistellung verweigern konnte. Die Nichterfüllung nur einer der in § 50d Abs. 3 EStG n.F. aufgestellten Bedingungen reicht hingegen nunmehr aus, um die Entlastung von der Kapitalertragsteuer zu versagen. Da jedoch keines der in § 50d Abs. 3 Satz 1 Nr. 1-3 EStG genannten Kriterien für sich allein geeignet ist, um auf das Vorliegen einer „rein künstlichen Gestaltung" im Sinne der EuGH-Rechtsprechung schließen zu können, sondern allenfalls deren kumulative Erfüllung auf einen Rechtsmissbrauch hindeuten kann, ist die vom Gesetzgeber gewählte alternative Aufzählung gemeinschaftsrechtswidrig[298]. Der Gesetzgeber ist auf-

[293] EuGH-Urt. v. 17.07.1997 – Rs. C-28/95 („*Leur-Bloem*"), RIW 1997, S. 787 ff.

[294] So auch *Nakhai*, IWB Fach 11a, S. 1121; *Böing*, RIW 2007, S. 167; *Kubaile/Buck*, PIStB 2007, S. 82; *Kessler/Eicke*, IStR 2006, S. 579, 582; *Ritzer/Stangl*, FR 2006, S. 765; *Bron*, DB 2007, S. 1275; *Kempf/Meyer*, DStZ 2007, S. 589.

[295] EuGH-Urt. v. 12.09.2006 – Rs. C-196/04 („*Cadbury Schweppes*"), RIW 2006, S. 785 ff.

[296] Ebenso *Nakhai*, IWB Fach 11a, S. 1121; *Kessler/Eicke*, IStR 2006, S. 581 f.; *dies.*, DStR 2007, S. 782; *Böing*, RIW 2007, S, 168; *Korn/Fuhrmann*, NWB Fach 3, S. 14372; *Wiese/Süß*, GmbHR 2006, S. 974 ff.; *Günkel/Lieber*, DB 2006, S. 2199; *Bron*, DB 2007, S. 1275.

[297] *Kessler/Eicke*, DStR 2007, S. 782, 786; *Korts*, IStR 2007, S. 665.

[298] Ebenso *Grotherr*, RIW 2006, S. 908 f.; *Kessler/Eicke*, DStR 2007, S. 783; *Bron*, DB 2007, S. 1275.

gerufen, zu einer kumulativen Verknüpfung der Missbrauchsmerkmale zurückzukehren und eine Gegenbeweismöglichkeit zu schaffen, um den europarechtlichen Vorgaben gerecht zu werden.

In nicht allzu ferner Zukunft könnte der EuGH Gelegenheit erhalten, zur Europarechtskonformität des § 50d Abs. 3 EStG a.F. Stellung zu nehmen, sollte der BFH dem Gericht diese Frage in dem Revisionsverfahren in der Sache *„Luxemburg Holding / SOPARFI"*[299] zur Vorabentscheidung vorlegen. Eine insoweit eventuell festgestellte Europarechtswidrigkeit der bisherigen Regelung würde unmittelbar auch für § 50d Abs. 3 EStG i.d.F. des JStG 2007 zutreffen und den Gesetzgeber zur Nachbesserung zwingen[300].

b. Ebene des JV-Partners

aa. Dividendenbesteuerung

Dividendenausschüttungen der ausländischen JV-Kapitalgesellschaft unterliegen beim empfangenden deutschen JV-Partner bzw. seinen Gesellschaftern nach innerstaatlichem deutschen Recht gemäß § 8b Abs. 1, Abs. 5 Satz 1 KStG bzw. § 3 Nr. 40 lit. d EStG im wirtschaftlichen Ergebnis nur zu 5 % bzw. zur Hälfte der Besteuerung mit Körperschaft- oder Einkommensteuer. **Abkommensrechtlich** ist das Besteuerungsrecht hinsichtlich der Dividendenzahlungen der ausländischen JV-Kapitalgesellschaft entsprechend **Art. 10 Abs. 1 MA** ebenfalls regelmäßig Deutschland als Ansässigkeitsstaat des Empfängers zugewiesen, wobei jedoch gemäß **Art. 10 Abs. 2 MA** im Sitzstaat der JV-Gesellschaft – je nach Beteiligungshöhe – eine Quellensteuer zwischen 5 % und 15 % einbehalten werden darf. Diese ist in Deutschland regelmäßig nach **Art. 23 A Abs. 2 MA** auf die inländische Steuer des deutschen JV-Partners bzw. dessen Gesellschafter anzurechnen[301]. Soweit die abkommensrechtlich einzubehaltende ausländische Quellensteuer die deutsche Steuer übersteigt – was wegen der innerstaatlichen Freistellung nach § 8b Abs. 1, Abs. 5 Satz 1 KStG namentlich beim inländischen JV-Partner in Form einer Kapitalgesellschaft der Fall sein dürfte – geht die abkommensrechtlich vorgesehene Steueranrechnung jedoch letztlich ins Leere. Nach Art. 23 A Abs. 2 i.V.m. Art. 23 B Abs. 1 Satz 2 MA kann die Anrechnung nur bis zur Höhe desjenigen Teils der inländischen Steuer erfolgen, der auf die im Quellenstaat gemäß dem Abkommen besteuerten Dividenden entfällt (**Anrechnungshöchstbetrag**). Eine Anrechnung der auf die Dividenden erhobenen ausländischen Quellensteuer ist daher im Ergebnis nur insoweit möglich, als diese in Deutschland auch tatsächlich der Besteuerung unterliegen. Da viele Steuersysteme innerhalb der EU-/EWR-Mitgliedstaaten darüber hinaus ähnliche Strukturen aufweisen wie das deutsche Steuerrecht und dem Kapitalertragsteuerabzug für beschränkt Steuerpflichtige analog § 32 Abs. 1 Nr. 2 KStG abgeltende Wirkung zumessen, besteht – außerhalb des Anwendungsbereichs der Mutter-/Tochter-Richtlinie – unilateral regelmäßig keine Möglichkeit zur Erstattung der im Ausland einbehaltenen Quellensteuer oder zur Freistellung von dieser. Die über die inländische Steuer hinausgehende ausländische Quellensteuer wird für den im Sitzstaat der JV-Kapitalgesell-

---

[299] FG Köln, Urt. v. 16.03.2006, IStR 2006, S. 425, Revision beim BFH anhängig unter Az. I R 26/06.
[300] *Grotherr*, IWB Fach 3 Gr. 3, S. 1459.
[301] Soweit das jeweilige DBA ein internationales Schachtelprivileg enthält, kommt auch eine abkommensrechtliche Freistellung der Dividendeneinkünfte in Betracht.

schaft beschränkt steuerpflichtigen deutschen JV-Partner somit zur definitiven Steuerbelastung, während die Kapitalertragsteuer für dort unbeschränkt Steuerpflichtige regelmäßig als Vorauszahlung auf ihre individuelle Körperschaft- oder Einkommensteuer wirkt und auf diese angerechnet werden kann. Damit bestehen nach der EuGH-Entscheidung in der Rechtssache „*Denkavit*" gegen das innerstaatliche Recht zahlreicher EU-/EWR-Mitgliedstaaten gemeinschaftsrechtliche Bedenken. Insbesondere der abgeltende Kapitalertragsteuerabzug auf Dividendenbezüge ausländischer Anteilseigner nach dem innerstaatlichen Recht Belgiens, Finnlands, Frankreichs, Irlands, Italiens, Luxemburgs, der Niederlande, Österreichs, Polens, Portugals, Spaniens, der Tschechischen Republik und Ungarns dürfte nach der EuGH-Rechtsprechung gegen die Art. 43, 56 EG verstoßen[302]. Zu der niederländischen Regelung wird der EuGH im Rahmen des derzeit anhängigen Verfahrens in der Rs. C-379/05 („*Amurta*") explizit Stellung nehmen können. Bei Sitz der JV-Kapitalgesellschaft in einem dieser Staaten kann der deutsche JV-Partner daher die im Ausland erhobene Quellensteuer auf Dividenden – soweit diese im Inland nicht anrechenbar ist – unter Berufung auf die „*Denkavit*"-Entscheidung des EuGH zurückverlangen.

bb. Hinzurechnungsbesteuerung

Werden die von der ausländischen JV-Kapitalgesellschaft erwirtschafteten Gewinne thesauriert, entfaltet die Gesellschaft aufgrund ihrer eigenen Steuerrechtssubjektivität grundsätzlich Abschirmwirkung vor der deutschen Besteuerung, so dass auf Ebene des inländischen JV-Partners keinerlei steuerliche Belastung entsteht (**Trennungsprinzip**). Diese Abschirmwirkung gegenüber der inländischen Besteuerung kann jedoch unter bestimmten Umständen durch die sog. Hinzurechnungsbesteuerung nach den **§§ 7 ff. AStG** durchbrochen werden. Danach gelten bestimmte Einkünfte der ausländischen Gesellschaft unter gewissen Voraussetzungen als an den inländischen JV-Partner ausgeschüttet und unterliegen bei diesem als Einkünfte aus Kapitalvermögen i.S.d. § 20 Abs. 1 Nr. 1 EStG – jedoch ohne die Vergünstigungen der §§ 8b Abs. 1 KStG, 3 Nr. 40 lit. d EStG – der Besteuerung. Voraussetzung der Ausschüttungsfiktion ist, dass der deutsche JV-Partner mehrheitlich an der ausländischen JV-Kapitalgesellschaft beteiligt ist (sog. Inländerbeherrschung, § 7 Abs. 2 AStG), die ausländische Gesellschaft „passive" Einkünfte aus einer nicht im Aktivitätskatalog des § 8 Abs. 1 AStG genannten Tätigkeit erzielt und mit diesen im Staat ihrer Ansässigkeit einer Ertragsteuerbelastung von weniger als 25 % (vgl. § 8 Abs. 3 AStG)[303] unterliegt. Hiervon erfasst werden insbesondere als Joint Venture ausges-

---

[302] Vgl. *Röhrbein*, RIW 2007, S. 200.

[303] Fraglich ist, welche Auswirkungen sich insoweit aus der künftigen Absenkung des innerstaatlichen Körperschaftsteuersatzes von 25 % auf 15 % (§ 23 Abs. 1 KStG i.d.F. d. UnternStRefG 2008) ergeben. Überraschenderweise sehen weder das Unternehmenssteuerreformgesetz 2008 noch der vom Bundeskabinett am 08.08.2007 beschlossene Entwurf des JStG 2008 eine korrelierende Anpassung der Grenze für das Vorliegen einer Niedrigbesteuerung in § 8 Abs. 3 AStG vor, sondern halten an dem bisherigen Satz von 25 % fest. Mit der Änderung des § 8 Abs. 3 AStG im Zuge des JStG 2008 erfolgt lediglich eine Anpassung der Regelung dahingehend, dass es auf die tatsächliche steuerliche Vorbelastung im Ausland, nicht auf die rechtlich geschuldete Steuer ankommen soll (entgegen BFH-Urt. v. 09.07.2003, BStBl. II 2004, S. 4 ff.). Ausweislich der Entwurfsbegründung sieht der Gesetzgeber die Niedrigsteuergrenze von 25 % weiterhin als Indiz an, welches für die typisierende Vermutung eines Missbrauchs herangezogen werden kann (vgl. Referentenentwurf v. 14.06.2007, online abrufbar unter www.brak.de/seiten/pdf/Gesetzesentwuerfe/2007/RefE_JStG2008.pdf, S. 138). Angesichts der beschlossenen Senkung des Körperschaftsteuersatzes scheint dies jedoch europarechtlich nicht haltbar.

taltete konzerninterne Dienstleistungs-, Handels- und Finanzierungsgesellschaften[304]. Für sog. Zwischeneinkünfte mit Kapitalanlagecharakter ordnet § 7 Abs. 6 AStG darüber hinaus eine erweiterte Hinzurechnungsbesteuerung an: Soweit dem Grunde nach passive Einkünfte aus Finanzierungen und Finanzdienstleistungen etc. (vgl. § 7 Abs. 6a AStG) bei der ausländischen JV-Kapitalgesellschaft einer Niedrigbesteuerung unterliegen, treten die Rechtsfolgen der Hinzurechnungsbesteuerung beim inländischen JV-Partner bereits dann ein, wenn dieser zu mindestens 1 % bzw. unter den Voraussetzungen des § 7 Abs. 6 Satz 3 AStG zu weniger als 1 % beteiligt ist.

Vor dem Hintergrund der neueren EuGH-Rechtsprechung erscheint die deutsche Hinzurechnungsbesteuerung allerdings **gemeinschaftsrechtlich nicht länger haltbar**. In seinem das britische Pendant der §§ 7 ff. AStG betreffenden Urteil in der Rechtssache „*Cadbury Schweppes*“[305] kam der EuGH zu dem Ergebnis, eine Hinzurechnungsbesteuerung verstoße nur dann nicht gegen die Niederlassungsfreiheit im Sinne der Art. 43, 48 EG, wenn sie sich auf die Besteuerung rein künstlicher Gestaltungen beschränke, die darauf abzielen, der normalerweise geschuldeten Steuer zu entgehen. In der Terminologie des EuGH ist eine Hinzurechnungsbesteuerung danach ausgeschlossen, wenn für die Gründung einer beherrschten ausländischen Gesellschaft „ungeachtet des Vorhandenseins von Motiven steuerlicher Art“ auf der Grundlage objektiver und von Dritter Seite nachprüfbarer Anhaltspunkte ein Zusammenhang „mit einer wirtschaftlichen Realität“ zu erkennen und in diesem Sinne eine „tatsächliche Ansiedlung“ der Gesellschaft im Ausland gegeben ist. Insbesondere der Frage nach dem Vorhandensein von Geschäftsräumen, Personal und Ausrüstungsgegenständen soll insoweit indizielle Bedeutung zukommen. Die Tatsache, dass die von der ausländischen Gesellschaft ausgeübte Tätigkeit ebenso gut im Ansässigkeitsstaat der Muttergesellschaft ausgeübt werden könnte bzw. dass nur konzerninterne Dienstleistungen erbracht werden, lässt jedoch nach Auffassung des EuGH nicht den Schluss auf eine „rein künstliche Gestaltung“ zu.

Obwohl das Urteil des EuGH formell das britische Recht betrifft und grundsätzlich nur Wirkung inter partes entfaltet, lassen sich aus den Ausführungen des EuGH aufgrund der weitgehenden strukturellen Übereinstimmungen der britischen „*Controlled Foreign Company (CFC)*“-Normen mit den §§ 7 ff. AStG sowohl auf Tatbestands- als auch auf Rechtsfolgenebene durchaus Rückschlüsse für die deutsche Hinzurechnungsbesteuerung ziehen[306]. Danach erscheinen die in ihrer derzeitigen Ausge-

---

Ist die inländische Steuerbelastung (z.B. bei einem niedrigen GewSt-Hebesatz oder Inanspruchnahme der Kürzung nach § 9 Nr. 1 GewStG) niedriger als die „Niedrigbesteuerung“ auf den entsprechenden Sachverhalt im Ausland, lässt sich die Hinzurechnungsbesteuerung jedenfalls nicht mehr mit dem Interesse des deutschen Fiskus an der Bekämpfung der Steuerumgehung durch Flucht in einen Niedrigsteuerstaat rechtfertigen (vgl. *Dörr/Fehling*, NWB Fach 2, S. 9389 f.; kritisch auch *Schönfeld* in: Flick/Wassermeyer/Baumhoff, Vor §§ 7-14 AStG Rn. 220).

[304] Vgl. *Schaumburg*, Grundsätze, S. 87; *Haun* in: Wöhrle/Schelle/Groß, § 8 AStG Rn. 81 ff.

[305] EuGH-Urt. v. 12.09.2006 – Rs. C-196/04 („*Cadbury Schweppes*“), DStR 2006, S. 1686.

[306] Vgl. *Haun/Reiser* in: Wöhrle/Schelle/Gross, Vorbem. §§ 7-14 AStG Ziff. 5; *Köplin/Sedemund*, BB 2007, S. 45; *Wassermeyer/Schönfeld*, GmbHR 2006, S. 1067; *Hahn*, DStZ 2007, S. 202; *Waldens/Sedemund*, IStR 2007, S. 454. Einige Abweichungen der §§ 7 ff. AStG gegenüber den britischen CFC-Regelungen zeigen *Kraft/Bron*, IStR 2006, S. 618 ff. auf, jedoch verbunden mit dem Hinweis, dass die bestehenden Unterschiede keinen größeren Spielraum für eine Rechtfertigung der beschrän-

staltung generalisierenden und inkonsistenten Regelungen der §§ 7 ff. AStG, insbesondere des § 8 Abs. 1 AStG, als gemeinschaftsrechtswidrig[307]. Anders als § 8 Abs. 1 AStG stellt der EuGH in „*Cadbury Schweppes*" allein auf die Substanz und die Ausübung einer wirklichen Tätigkeit der ausländischen Gesellschaft ab, nicht jedoch darauf, an wen die Gesellschaft ihre Leistungen erbringt bzw. wer bei der Leistungserstellung mitwirkt. Das Urteil lässt überdies keinen Schluss darauf zu, dass es sich bei „wirklichen wirtschaftlichen Tätigkeiten" nur um solche handeln soll, die auch als aktive Tätigkeiten i.S.d. § 8 Abs. 1 AStG zu qualifizieren sind. Vielmehr stellt der EuGH in seiner Entscheidung ausdrücklich klar, dass allein der Umstand, dass die von einer beherrschten ausländischen Gesellschaft vorgenommenen Tätigkeiten ebenso gut im Staat der Muttergesellschaft ausgeführt werden könnte, nicht den Schluss auf eine rein künstliche Gestaltung zulasse.

Die Finanzverwaltung hat verhältnismäßig schnell auf die EuGH-Entscheidung in Sachen „*Cadbury Schweppes*" reagiert und Anfang 2007 ein BMF-Schreiben[308] veröffentlicht, mit welchem sie die Relevanz des Urteils für die deutsche Hinzurechnungsbesteuerung faktisch anerkennt die Anwendbarkeit der §§ 7 ff. AStG durch Einführung einer Gegenbeweismöglichkeit zu retten versucht. Nach den Vorgaben des BMF-Schreibens soll die Hinzurechnungsbesteuerung grundsätzlich auch im EU-/EWR-Kontext weiterhin zur Anwendung gelangen, es sei denn, der Steuerpflichtige weist nach, dass die Gesellschaft in ihrem Ansässigkeitsstaat eine „wirkliche wirtschaftliche Tätigkeit" ausübt. Hinsichtlich der an einen entsprechenden Nachweis zu stellenden Anforderungen enthält Ziff. 2 lit. a-e des BMF-Schreibens einen – nicht abschließenden – „Fünf-Punkte-Katalog" von Substanz- und Aktivitätsanforderungen, die jedoch insgesamt wesentlich über die vom EuGH in „*Cadbury Schweppes*" aufgestellten Vorgaben hinausgehen und aufgrund ihrer Unbestimmtheit die Führung des Entlastungsbeweises praktisch unmöglich machen[309]. Der EuGH nennt in seinem Urteil lediglich die „Briefkasten- und Strohfirma" als möglichen Missbrauchsfall und verweist bezüglich dieses Begriffs auf seine Rechtsprechung in der Rechtssache „*Eurofood*"[310]. Im Rahmen dieses Urteil hatte der EuGH seinerzeit klargestellt, dass von einer Briefkasten- oder Strohfirma jedenfalls dann nicht auszugehen sei, wenn die Gesellschaft einer Tätigkeit im Gebiet des Ansässigkeitsstaates nachgehe, selbst wenn sie dabei von der Muttergesellschaft kontrolliert werde. In welchem zeitlichen und sachlichen Umfang Personal beschäftigt wird (vgl. Ziff. 2 lit. b des BMF-Schrei-

---

kenden Wirkung der Hinzurechnungsbesteuerung bieten als es hinsichtlich der „CFC"-Regelungen der Fall war.

[307] So auch *Wassermeyer/Schönfeld*, GmbHR 2006, S. 1067 ff.; *Schönfeld*, IWB Fach 3 Gr. 1, S. 2121 ff.; *Lieber/Rasch*, GmbHR 2004, S. 1577; *Hahn*, IStR 2006, 669 f.; *Kraft/Bron*; IStR 2006, S. 620; *Körner*, IStR 2006, S. 675; *Strunk/Kaminski*, Stbg. 2007, S. 589; *Axer*, IStR 2007, S. 168; *Hahn*, DStZ 2007, S. 214; *Thömmes/Nakhai*, IWB Fach 11a, S. 1068; *Waldens/Sedemund*, IStR 2007, S. 453; insbesondere § 8 Abs. 1 Nr. 5 lit. a, Nr. 6 und Nr. 7 AStG für europarechtlich bedenklich hält *Wilke*, PIStB 2006, S. 245.

[308] BMF-Schr. v. 08.01.2007, DB 2007, S. 137.

[309] Vgl. *Haun/Käshammer/Reiser*, GmbHR 2007, S. 186 f.; *Köhler/Eicker*, DStR 2007, S. 333; *Krogmann/Vitale*, IWB Fach 3 Gr. 1, S. 2248 ff.; *Graf/Bisle*, INF 2007, S. 344; *Wagner*, Der Konzern 2007, S. 262. *Schönfeld* (in: Flick/Wassermeyer/Baumhoff, Vor §§ 7-14 AStG Rn. 218) bemerkt treffend, man gewinne den Eindruck, die Finanzverwaltung habe die von der EuGH-Rechtsprechung ausgehende rechtliche Beschränkung der §§ 7-14 AStG durch die wenig greifbare Formulierung des Nachweiskatalogs ausgleichen wollen.

[310] EuGH-Urt. v. 02.05.2005 – Rs. C-341/04 („*Eurofood*"), Slg. 2006, I-3813.

bens), über welche Qualifikation dieses verfügen (vgl. Ziff. 2 lit. c des BMF-Schreibens)[311] und welche Kapitalausstattung die ausländische Tochtergesellschaft aufweisen muss (vgl. Ziff. 2 lit. e des BMF-Schreibens), wird vom EuGH jedoch nicht vorgegeben. Darüber hinaus kann den Urteilsgründen der *„Cadbury Schweppes"*-Entscheidung auch nicht das Erfordernis entnommen werden, dass die ausländische Gesellschaft – wie Ziff. 2 lit. a des BMF-Schreibens es jedoch verlangt – in ihrem Sitzstaat „am dortigen Marktgeschehen im Rahmen ihrer gewöhnlichen Geschäftstätigkeit aktiv, ständig und nachhaltig teilnimmt"[312]. Dass bei Mitwirkung einer nahe stehenden Person i.S.d. § 1 Abs. 2 AStG an der Ausübung der wirtschaftlichen Tätigkeit der ausländischen Gesellschaft weitere Nachweiserfordernisse aufgestellt werden, findet ebenso wenig eine Stütze in der Entscheidung des EuGH[313]. Besonders bedenklich erscheint ferner Ziff. 3 des BMF-Schreibens, wonach unter anderem Einkünfte mit Kapitalanlagecharakter aus dem Anwendungsbereich der Gegenbeweisregelung per se ausgenommen sind[314]. Dem EuGH-Urteil lässt sich an keiner Stelle entnehmen, dass das Vorliegen von Zwischeneinkünften mit Kapitalanlagecharakter generell ein unwiderlegbares objektives Indiz für eine „rein künstliche Gestaltung" darstellt. Die Rechtssache *„Cadbury Schweppes"* betraf im Gegenteil gerade eine Gesellschaft im International Financial Services Centre (IFSC) in Dublin, deren Aufgabe darin bestand, Finanzmittel für den Konzern zu beschaffen. Insgesamt erscheint das BMF-Schreiben daher nicht geeignet, die EG-Rechtswidrigkeit der §§ 7 ff. AStG zu beseitigen[315]. Im Übrigen ist anzumerken, dass die lediglich in einem BMF-Schreiben vorgesehene Gegenbeweismöglichkeit bereits rechtssystematisch nicht geeignet sein kann, den Verstoß eines förmlichen Bundesgesetzes gegen EG-Recht zu beheben[316]; eine „geltungserhaltende Reduktion" der deutschen Hinzurechnungsbesteuerung im Erlasswege scheidet aus[317]. Hinzuweisen ist jedoch darauf, dass das BMF-Schreiben seinem ausdrücklichen Wortlaut nach (*„...bis zu einer gesetzlichen Regelung ..."*) nur vorläufigen Charakter hat. Mit Änderung des § 8 Abs. 2 AStG im Zuge des JStG 2008[318] werden die im BMF-Schreiben v. 08.01.2007 seitens der Finanzverwaltung aufgestellten Grundsätze demnächst legislatorisch umgesetzt. Der Gesetzgeber genügt den durch *„Cadbury Schweppes"* aufgestellten Vorgaben mit der geplanten Änderung jedoch nicht und ist vielmehr zu einer grundlegenden Neurege-

---

[311] Mit den an das Personal der ausländischen Kapitalgesellschaften gestellten Anforderungen knüpft die Finanzverwaltung offenbar an die *„Dublin Docks"*-Rechtsprechung des BFH (vgl. Urt. v. 25.02.2004, IStR 2004, S. 527 ff.) und die BMF-Schreiben vom 19.03.2001 (BStBl. I 2001, S. 243) und vom 28.12.2004 (BStBl. I 2005, S. 28) an.

[312] *Köhler/Eicker*, DStR 2007, S. 333; *Krogmann/Vitale*, IWB Fach 3 Gr. 1, S. 2248; *Waldens/Sedemund*, IStR 2007, S. 455; *Wagner*, Der Konzern 2007, S. 262.

[313] *Graf/Bisle*, INF 2007, S. 344.

[314] Ebenso *Köplin/Sedemund*, BB 2007, S. 247; *Rainer/Müller*, IStR 2007, S. 152; *Wagner*, Der Konzern 2007, S. 263; differenzierend *Schönfeld* in: Flick/Wassermeyer/Baumhoff, Vor §§ 7-14 AStG Rn. 222, 312; a.A. *Krogmann/Vitale*, IWB Fach 3 Gr. 1, S. 2248; *Graf/Bisle*, INF 2007, S. 344.

[315] Gleicher Ansicht *Köplin/Sedemund*, BB 2006, S. 247 f.; *Rainer/Müller*, IStR 2007, S. 152; *Köhler/Eicker*, DStR 2007, S. 333; *Haun/Käshammer/Reiser*, GmbHR 2007, S. 187; *Wagner*, Der Konzern 2007, S. 264; mit Blick auf die Schlussanträge des GA *Mengozzi* vom 29.03.2007 in der Rs. *„Columbus Container"* ebenso *Rainer*, IStR 2007, S. 300.

[316] Vgl. Beschl. d. FG München v. 03.08.2006, IStR 2006, S. 746.

[317] *Wagner*, Der Konzern 2007, S. 261; *Haun/Käshammer/Reiser*, GmbHR 2007, S. 185; *Ettinger*, IStR 2006, S. 747.

[318] Vgl. hierzu *Häuselmann*, BB 2007, S. 1534 f.

lung der §§ 7 ff. AStG aufgerufen, in deren Rahmen insbesondere der Aktivitätskatalog des § 8 Abs. 1 AStG und die Erfassung von Splitterbeteiligungen in § 7 Abs. 6 AStG zu überprüfen sein werden sowie eine Öffnung der Typisierungen für eine Würdigung im Einzelfall vorzusehen ist.

Bis zu einer Nachbesserung durch den Gesetzgeber wird die Hinzurechnungsbesteuerung jedoch vorerst für internationale Joint Ventures innerhalb der EU / des EWR von Bedeutung bleiben[319]. Ein unmittelbarer Handlungsbedarf für den deutschen Gesetzgeber könnte sich aber möglicherweise aufgrund des innerhalb des nächsten Jahres zu erwartenden EuGH-Urteils in der Rechtssache *„Columbus Container Services"*[320] zur Parallelregelung für Betriebsstätten (§ 20 Abs. 2 AStG) ergeben, sofern das Gericht im Rahmen seiner Entscheidung grundlegend zur deutschen Hinzurechnungsbesteuerung Stellung nehmen sollte. Weitere Aussagen zur grundsätzlichen EG-rechtlichen Zulässigkeit der Hinzurechnungsbesteuerung könnten auch in den anhängigen EuGH-Verfahren in den Rechtssachen *„Test Claimants in the CFC and Dividend Group Litigation"*[321] und *„Vodafone 2"*[322] zu erwarten sein. Mit den Urteilen ist voraussichtlich noch im Laufe des Jahres 2007 zu rechnen. Davon abgesehen bleibt es dem deutschen Partner eines internationalen Joint Ventures in Form einer ausländischen Kapitalgesellschaft jedoch unbenommen, sich unmittelbar auf die *„Cadbury Schweppes"*-Entscheidung zu berufen, soweit das jüngst ergangene BMF-Schreiben zu den §§ 7 ff. AStG den gemeinschaftsrechtlichen Anforderungen nicht gerecht wird.

cc. Grenzüberschreitende Verlustverrechnung

Als Konsequenz der eigenen Steuersubjektsqualität der ausländischen JV-Kapitalgesellschaft können auf Ebene des Joint Ventures entstandene Verluste und Gewinne vom deutschen Partner grundsätzlich nicht zum Ausgleich eigener positiver oder negativer Einkünfte genutzt werden. Das im Rahmen reiner Inlandssachverhalte insoweit Abhilfe schaffende Institut der körperschaftsteuerlichen Organschaft bietet nach geltender Rechtslage im Rahmen grenzüberschreitender Sachverhalte keine Handhabe zur Ergebniskonsolidierung, da die §§ 14 Abs. 1 Satz 1, 17 Satz 1 KStG voraussetzen, dass sich sowohl Sitz als auch Geschäftsleitung der Organgesellschaft **im Inland** befinden. Darüber hinaus kann der zur Begründung einer Organ-

---

[319] Im Verhältnis zu Drittstaaten könnte die Hinzurechnungsbesteuerung ggf. weiterhin ohne Gegenbeweismöglichkeiten auf die Fortbestandsgarantie des Art. 57 Abs. 1 EG gestützt werden. Allerdings haben die §§ 7 ff. AStG nach dem 31.12.1993 wesentlichen Änderungen zu Ungunsten deutscher Gesellschafter erfahren, für welche die Fortbestandsgarantie jedenfalls nicht greift (vgl. *Schönfeld*, IWB Fach 3 Gr. 1, S. 2128; *Rainer/Müller*, IStR 2007, S. 152; *Köhler/Eicker*, DStR 2007, S. 332). Zu berücksichtigen ist jedoch ferner dass der EuGH in seiner *„Cadbury Schweppes"*-Entscheidung ausdrücklich erklärt, dass die britischen CFC-Regelungen allein an der Niederlassungsfreiheit zu messen seien, da Beeinträchtigungen der Kapitalverkehrsfreiheit lediglich unvermeidliche Konsequenz der Beeinträchtigung ersterer seien und damit jedenfalls keine eigenständige Prüfung rechtfertigten. Damit scheint die Kapitalverkehrsfreiheit und daraus resultierend auch der Drittstaatenschutz nach Auffassung des EuGH im vorliegenden Fall durch die Niederlassungsfreiheit verdrängt zu werden. Im Verhältnis zu Drittstaaten könnten die §§ 7-14 AStG daher unter Umständen in ihrer geltenden Form aufrechterhalten werden (vgl. hierzu *Schönfeld* in: Flick/Wassermeyer/Baumhoff, Vor §§ 7-14 AStG Rn. 245; *Hahn*, DStZ 2007, S. 212; *Waldens/Sedemund*, IStR 2007, S. 454).

[320] Vgl. oben Kapitel 3:B.I.1.a.cc.

[321] EuGH – Rs. C-201/05.

[322] EuGH – Rs. C-203/05.

schaft erforderliche **Ergebnisabführungsvertrag** mit einer im Ausland ansässigen Gesellschaft nach herrschender Ansicht[323] nicht abgeschlossen werden, da die meisten ausländischen Rechtsordnungen einen solchen Vertrag nicht kennen und eine zu dessen zivilrechtlicher Wirksamkeit erforderliche Eintragung in das deutsche Handelsregister wegen § 294 AktG, der eine Eintragung am Sitz der zur Gewinnabführung verpflichteten Gesellschaft verlangt, ausscheidet. Eine grenzüberschreitende Verrechnung von Verlusten im Rahmen eines Organschaftsverhältnisses ist daher de lege lata nicht möglich[324].

Vor dem Hintergrund des **Gemeinschaftsrechts** ist die aufgezeigte rein nationale Ausrichtung der deutschen Organschaftsregelungen in der Literatur jedoch bereits seit längerem auf Kritik gestoßen[325]. Mit seinem Urteil in der Rechtssache *„Marks & Spencer"*[326] hat nun erstmals der EuGH zur grenzüberschreitenden Verlustberücksichtigung innerhalb eines Konzernverbunds Stellung genommen und dabei allgemeine gemeinschaftsrechtliche Vorgaben aufgestellt. Das Urteil betraf den britischen sog. *„group relief"*, welcher es ermöglicht, Verluste isoliert im Wege eines Konzernabzugs zwischen Konzerngesellschaften (sowohl im Verhältnis von Tochter- und Muttergesellschaften als auch zwischen Schwestergesellschaften) zu übertragen. Eines Ergebnisabführungsvertrags bedarf es insoweit nicht; der Konzernabzug ist jedoch auf Gewinne und Verluste beschränkt, die unter die Steuerhoheit Großbritanniens fallen[327]. Ausgehend von der Feststellung, dass es grundsätzlich einen Verstoß gegen die Niederlassungsfreiheit darstellt, Rechtssubjekten aus dem EU-Ausland steuerliche Vergünstigungen zu versagen, die einem Steuerinländer offen stehen, betonte der EuGH in Fortführung seiner bisherigen Rechtsprechung, dass ein derar-

---

[323] *Hüffer*, § 291 AktG Rn. 23, 5 ff., 8; *Linn/Reichl/Wittkowski*, BB 2006, S. 631; *Altrichter-Herzberg/Nuernberger*, GmbHR 2006, S. 466; *Hey*, GmbHR 2006, S. 118.

[324] Als „Ausweichstrategie" kommt für JV-Partner in Form einer Personengesellschaft mit natürlichen Personen als Gesellschaftern jedoch grundsätzlich die Vornahme einer Teilwertabschreibung auf die Beteiligung an der verlustträchtigen ausländischen JV-Kapitalgesellschaft in Betracht. Anders als Körperschaften ist Einkommensteuerpflichtigen – eine dauernde Wertminderung vorausgesetzt – grundsätzlich ein hälftiger Abzug von Teilwertabschreibungen auf die Beteiligung an in- und ausländischen Kapitalgesellschaften erlaubt. Für Auslandsbeteiligungen schränkt § 2a Abs. 1 Satz 1 Nr. 3 lit. a EStG, Abs. 2 EStG diese Möglichkeit jedoch insoweit ein, als die ausländische Beteiligungsgesellschaft eine aktive Tätigkeit i.S.d. § 2a Abs. 2 EStG ausüben muss. Der EuGH hat in dieser Beschränkung mit Urteil vom 29.03.2007 in der Rechtssache *„REWE Zentralfinanz"* (Rs. C-347/04, BB 2007, S. 923 ff.) eine Verletzung der Niederlassungsfreiheit gemäß Art. 43 EG gesehen, da eine entsprechende Beschränkung bei rein inländischen Sachverhalten nicht besteht. Damit ist JV-Partnern in Form von Personengesellschaften mit natürlichen Personen als Gesellschaftern auch dann ein hälftiger Abzug von Teilwertabschreibungen auf die Beteiligung an der ausländischen JV-Kapitalgesellschaft zu gewähren, wenn diese eine „passive Tätigkeit" i.S.d. § 2a Abs. 1, Abs. 2 EStG ausübt. Die Finanzverwaltung hat zwischenzeitlich mit BMF-Schreiben vom 11.06.2007 (DStR 2007, S. 1124) auf das EuGH-Urteil reagiert und will § 2a Abs. 1 Satz 1 Nr. 3 lit. a EStG auf negative Einkünfte mit Bezug auf die Mitgliedstaaten der EU / des EWR (mit Ausnahme von Liechtenstein, da insoweit keine Amtshilfe geleistet wird) nicht weiter anwenden, es sei denn, die Teilwertabschreibung beruht auf Umständen, die außerhalb des Gebiets der EU / des EWR liegen. Damit geht die Verwaltung wieder einmal nicht über das unbedingt zwingende Maß der Befolgung eines EuGH-Urteils hinaus. Die Einschränkung für Fälle, in denen die Ursache der Teilwertabschreibung in Drittstaaten liegt, findet in der Entscheidung des EuGH zudem keine Grundlage (vgl. *Röhrbein*, IWB Fach 11A, S. 1146).

[325] Vgl. u.a. *Grotherr*, StuW 1995, S. 124; *Saß*, BB 1999, 447; *Herzig/Dautzenberg*, DB 2000, S. 14 ff.; *Linn/Reichl/Wittkowski*, BB 2006, S. 631.

[326] EuGH-Urt. v. 13.12.2005 – Rs. C-446/03 (*„Marks & Spencer"*), IStR 2006, S. 19 ff.

[327] *Hey*, GmbHR 2006, S. 113.

tiger Verstoß nur hinnehmbar sei, sofern ein Rechtfertigungsgrund eingreife und der Verhältnismäßigkeitsgrundsatz gewahrt werde. Die mit der Beschränkung von Verlustberücksichtigungsmöglichkeiten im britischen Steuerrecht auf rein nationale Sachverhalte verbundene Beschränkung der Niederlassungsfreiheit sah der EuGH zwar durch die Rechtfertigungsgründe der Wahrung einer ausgewogenen Aufteilung der Besteuerungsbefugnisse zwischen den Mitgliedstaaten, der Verhinderung einer doppelten Verlustnutzung und der Unterbindung der Steuerflucht als gerechtfertigt an, hielt die britische Regelung jedoch für unverhältnismäßig, soweit sie Verluste einer ausländischen Tochtergesellschaft im Ansässigkeitsstaat der Muttergesellschaft unberücksichtigt lässt, für die im Sitzstaat der Tochter endgültig keine Verrechnungsmöglichkeit mehr besteht (definitive Verluste)[328]. Letzteres ist nach dem EuGH der Fall, wenn die Verluste der ausländischen Tochtergesellschaft in deren Ansässigkeitsstaat weder zurück- noch vorgetragen werden können, nicht im Rahmen eines Gruppenbesteuerungskonzepts auf einen Dritten übertragbar sind und im Falle der Übertragung der ausländischen Tochtergesellschaft auch nicht von einem Dritten verwertbar sind.

In der die finnische Gruppenbesteuerung betreffenden Rechtssache *„Oy AA"*[329] hatte der EuGH nachfolgend erneut Gelegenheit, sich zum Thema grenzüberschreitende Konzernbesteuerung zu äußern. Anders als im Fall *„Marks & Spencer"* ging es in *„Oy AA"* allerdings nicht um den grenzüberschreitenden Abzug von Verlusten, sondern um die grenzüberschreitende Übertragung von Gewinnen. Das finnische *„group contribution"*-System gestattet es einer inländischen Gesellschaft, Gewinne durch Gewährung eines als Betriebsausgabe abziehbaren sog. „Konzernbeitrags" zur Verrechnung auf eine andere inländische Gesellschaft mit Verlusten zu übertragen. Eine entsprechende Übertragung auf EU-ausländische Konzerngesellschaften lässt das finnische Recht hingegen nicht zu. Die darin bestehende Beschränkung der Niederlassungsfreiheit sah der EuGH jedoch als durch das Interesse der Mitgliedstaaten an der Wahrung der ausgewogenen Aufteilung der Besteuerungsgrundlagen und der Vermeidung von Steuerumgehungen gerechtfertigt und ebenso als verhältnismäßig an. Eine Ausdehnung der finnischen Regelung auf grenzüberschreitende Sachverhalte hätte – so der EuGH – zur Folge, dass Unternehmensgruppen nach Belieben die Aufteilung der Besteuerungsrechte gestalten könnten. Allem Anschein nach hält der EuGH eine Gewinnübertragung selbst dann nicht für erforderlich, wenn der Verlust der ausländischen Konzerngesellschaft andernfalls zu verfallen droht[330]. Zu den in *„Marks & Spencer"* aufgestellten Grundsätzen steht dieses Ergebnis nur scheinbar in Widerspruch. Es ist zwar letztlich nur eine Frage der Methodik, ob eine einmalige Verlustberücksichtigung durch Abzug der in einer anderen Besteuerungshoheit erlit-

---

[328] Ausführlich zu den vom EuGH zugrunde gelegen Rechtfertigungsgründen, zur Verhältnismäßigkeitsprüfung und diesbezüglicher Kritik *Hey*, GmbHR 2006, S. 114 ff.

[329] EuGH-Urt. v. 18.07.2007 – Rs. C-231/05 (*„Oy AA"*, bisher als *„Oy Esab"* bekannt), IStR 2007, S. 631 ff. mit Anm. *Rainer*, IStR 2007, S. 635 ff.; vgl. hierzu *Herzig/Wagner*, DB 2005, S. 2374 ff.; *Graf/Reichl/Wittkowski*, Stbg. 2006, S. 211 f.; *Thömmes*, IWB Fach 11a, S. 1071 ff.; *ders.*, IWB Fach 11a, S. 1151 ff.; *Wagner*, IStR 2007, S. 650 ff.

[330] Vgl. EuGH-Urt. v. 18.07.2007, aaO., Rz. 65; *Rainer*, IStR 2007, S. 635; *Wagner*, IStR 2007, S. 653. Mit diesem obiter dictum geht der EuGH letztlich über die Schlussanträge der Generalanwältin *Kokott* v. 12.09.2006 hinaus, die angesichts des zugrunde liegenden Sachverhalts keinen Anlass zur Prüfung der Frage sah, ob ein Gewinntransfer aus Verhältnismäßigkeitsgründen ausnahmsweise zuzulassen wäre, wenn die Verluste auf Ebene der Konzerngesellschaft anderweitig nicht mehr nutzbar sind.

tenen Definitivverluste bewirkt wird oder aber im Wege der Übertragung von Gewinnen auf eine auslandsansässige Konzerngesellschaft, welche Definitivverluste aufweist. Anders als im grenzüberschreitenden Verlusttransfer liegt in der Übertragung von Gewinnen auf ausländische Konzerngesellschaften jedoch eine gewisse Beliebigkeit, die letztlich ein strenges Festhalten am Territorialitätsprinzip gebietet[331]. Demgegenüber stellt die Erwirtschaftung von Verlusten eine unbeabsichtigte Einbuße der steuerlichen Leistungsfähigkeit dar, die in gewissem Maße – insbesondere im Falle definitiver Verluste – einen Eingriff in die Besteuerungsrechte der Mitgliedstaaten rechtfertigt.

Auf die deutschen Organschaftsregelungen haben die beiden Urteile zwar keine unmittelbaren Auswirkungen, jedoch geht der weit überwiegende Teil der steuerrechtlichen Literatur davon aus, dass die derzeitige Fassung der §§ 14 ff. KStG den vom EuGH in *„Marks & Spencer"* aufgestellten Vorgaben nicht gerecht wird[332]. Insoweit sieht die derzeit h.M. den deutschen Gesetzgeber – trotz bestehender konzeptioneller Unterschiede zwischen *„group relief"* und Organschaft[333] – durch das Urteil indirekt aufgefordert, das geltende Organschaftsrecht grundlegend zu überarbeiten, um eine grundsätzliche steuerliche Gleichbehandlung in- und ausländischer Tochtergesellschaften zu erreichen[334]. Diskutiert wird insoweit einerseits, die Regelungen zur Organschaft durch eine entsprechende Änderung des § 14 Abs. 1 Satz 1 KStG und einen Verzicht auf das Tatbestandsmerkmal des Ergebnisabführungsvertrags für ausländische Organgesellschaften zu öffnen. Eine vollumfängliche grenzüberschreitende Ergebnisverrechnung sieht beispielsweise das italienische Recht vor und könnte insoweit Anhaltspunkte für eine künftige deutsche Organschaftsregelung liefern[335]. Vor dem Hintergrund der in den bestehenden DBA regelmäßig vorgesehenen Freistellungsmethode wird eine Öffnung des deutschen Organschaftsrechts für grenzüberschreitende Sachverhalte jedoch teilweise auch als problematisch angesehen und befürchtet, dass es zu einer Doppelberücksichtigung von Verlusten sowohl bei der ausländischen Organgesellschaft als auch beim inländischen Organträger kommen könnte[336]. Angesichts des Urteils in der Rechtssache *„Oy AA"* steht überdies fest, dass das Gemeinschaftsrecht neben einem isolierten Abzug definitiver Auslandsverluste keine Übertragung von Gewinnen einer ausländischen Tochterge-

---

[331] Dies gilt für das finnische Konzernbeitragskonzept insbesondere, da danach ein Konzernbeitrag selbst dann gewährt werden kann, wenn bei der empfangenden Konzerngesellschaft keine Verluste bestehen. Ohne eine Begrenzung auf inlandsansässige Konzerngesellschaften bestünde damit nach der finnischen Regelung die Möglichkeit, unversteuerte Gewinne nach freiem Belieben und unabhängig vom Vorliegen eines Verlustes ins Ausland zu transferieren, wo sie ggf. einer geringeren oder gar keiner Besteuerung unterliegen.

[332] *Kolbe* in: Herrmann/Heuer/Raupach, § 14 KStG Rn. 12; *Balmes/Brück/Ribbrock*, BB 2006, S. 188 f.; *Graf/Reichl/Wittkowski*, Stbg. 2006, S. 210 f., 217; *Pache/Englert*, IStR 2007, S. 49.

[333] Vgl. hierzu *Hey*, GmbHR 2006, S. 118.

[334] So *Pache/Englert*, IStR 2007, S. 48; *Dürrschmidt/Schiller*, NZG 2006, S. 104 f.; ebenso Analyse der Wissenschaftlichen Dienste des Deutschen Bundestages, Nr. 7/06 (27.01.2006), online abrufbar unter http://www.bundestag.de/wissen/analysen/2006/EuGH_Urteil_zur_grenzueberschreitenden_Verlustrechnung_in_der_EU.pdf. Demgegenüber sehen *Dötsch/Pung* (Der Konzern 2006, S. 133 f.; ebenso *Dötsch/Witt* in: Dötsch/Jost/Pung/Witt, KStG § 14 Rn. 23, 25 f.) durch das Urteil keinen Handlungsbedarf für den Gesetzgeber begründet.

[335] Vgl. hierzu *Sedlaczek*, IWB Fach 5 Gr. 2, S. 585; *Schneider*, IStR 2007, S. 457 ff. Ähnliche Regelungen enthalten auch das Steuerrecht Frankreichs und Dänemarks.

[336] *Pache/Englert*, IStR 2007, S. 50.

sellschaft zur Verrechnung von Verlusten auf Ebene der inländischen Mutter geboten[337]. Alternativ wird daher in der Literatur vorgeschlagen, die Organschaftsregelungen im Kern unberührt zu lassen, sie jedoch um eine sog. „Konzernabzugs"-Vorschrift zu ergänzen, welche unter bestimmten Umständen eine isolierte Berücksichtigung von Verlusten ausländischer EU-Tochter- und Enkelgesellschaften nach dem Vorbild des § 10d EStG ermöglicht[338]. Eine ähnliche Regelung enthält z.B. die österreichische Gruppenbesteuerungsregelung in § 9 öKStG[339], die eine grenzüberschreitende Einbeziehung von Verlusten EU-ausländischer Tochtergesellschaften zulässt, diese jedoch durch eine entsprechende Nachversteuerung im Falle späterer Erwirtschaftung von Gewinnen im Ergebnis wieder rückgängig macht. Über die vom EuGH in *„Marks & Spencer"* aufgestellten Grundsätze geht die österreichische Regelung allerdings insoweit hinaus, als Verluste bereits im Entstehungsjahr und nicht erst nach Ausnutzung sämtlicher Verlustberücksichtigungsmöglichkeiten im Ansässigkeitsstaat der Tochtergesellschaft abgezogen werden können.

Eine grundlegende Überarbeitung des nationalen Rechts unter Bezugnahme auf *„Marks & Spencer"* legt auch die unlängst von der Europäischen Kommission veröffentlichte Empfehlung zur steuerlichen Behandlung von Verlusten bei grenzübergreifenden Sachverhalten[340] nahe. In dieser betont die Kommission ausdrücklich die Notwendigkeit, innerhalb der EU ein effizientes System des grenzübergreifenden Verlustausgleichs zu schaffen. Die begrenzte Möglichkeit einer grenzüberschreitenden Verlustverrechnung stellt nach Auffassung der Kommission eines der größten Hemmnisse für die internationale Unternehmenstätigkeit und für das Funktionieren des europäischen Binnenmarktes dar. Vor diesem Hintergrund empfiehlt die Europäische Kommission denjenigen Mitgliedstaaten, die – wie Deutschland – die grenzüberschreitende Berücksichtigung von Verlusten innerhalb eines Konzerns bislang nicht zulassen, ihr Steuersystem grundlegend zu überarbeiten und stellt hierzu drei Regelungskonzepte vor, die einen gemeinschaftsrechtskonformen grenzübergreifenden Verlustausgleich ermöglichen würden[341]. Unterschieden wird von der Kommission insoweit zwischen der Möglichkeit eines endgültigen konzerninternen Verlustübertrags ohne Nachversteuerung, eines vorübergehenden Verlustübertrags mit späterer Nachversteuerung (entsprechend § 2a Abs. 3 EStG a.F.) und eines Systems des konsolidierten Gewinns im Sinne einer laufenden Berücksichtigung der positiven oder negativen Ergebnisse der Tochter bei der Muttergesellschaft.

Ob, wie und wann der deutsche Gesetzgeber auf die gemeinschaftsrechtlichen Vorgaben reagieren wird, bleibt vorerst fraglich. Mittelfristig ist jedoch damit zu rechnen, dass er – sei es durch Öffnung der Organschaftsregelungen für ausländische Organgesellschaften oder durch Einführung eines konzerninternen Verlustabzugs – eine Möglichkeit zur grenzüberschreitenden Verlustverrechnung innerhalb des Konzerns schaffen wird. De lege ferenda werden deutsche JV-Partner daher voraussichtlich

---

[337] Vgl. *Thömmes*, IWB Fach 11a, S. 1074; *ders.*, IWB Fach 11a, S. 1154; *Wagner*, IStR 2007, S. 653.
[338] *Pache/Englert*, IStR 2007, S. 50 f.
[339] Vgl. hierzu *Sedlaczek*, IWB Fach 5 Gr. 2, S. 706 ff.
[340] Mitteilung vom 19.12.2006, SEK (2006) 1690, online abrufbar unter: http://ec.europa.eu/ taxation_customs/resources/documents/taxation/COM(2006)824_de.pdf.
[341] Vgl. Mitteilung vom 19.12.2006, SEK (2006) 1690, Ziff. 3.4 und 4.

auf Ebene einer EU-/EWR-ausländischen[342] JV-Kapitalgesellschaft entstandene Verluste unabhängig vom Erfordernis eines Ergebnisabführungsvertrags zumindest dann von ihren eigenen positiven Einkünften in Abzug bringen können, wenn auch nach Ausschöpfung sämtlicher inländischen Möglichkeiten zur Verlustberücksichtigung im Sitzstaat der JV-Kapitalgesellschaft ein Verlustüberhang verbleibt[343].

dd. Abzugsfähigkeit von Finanzierungsaufwendungen

Hinsichtlich der Abzugsfähigkeit von Finanzierungskosten gelten die obigen Ausführungen zu 1.b.cc grundsätzlich entsprechend.

Anders als im Falle rein nationaler Sachverhalte lassen sich die steuerlichen Folgen der §§ 8a, 8b Abs. 5 Satz 1 KStG und § 3c Abs. 2 EStG in der vorliegend betrachteten grenzüberschreitenden Situation jedoch nicht durch Begründung eines Organschaftsverhältnisses vermeiden bzw. kompensieren. Erweiterte Abzugsmöglichkeiten könnten sich jedoch möglicherweise de lege ferenda im Falle der Ausweitung der Organschaftsregelungen auf grenzüberschreitende Sachverhalte ergeben.

c. Zwischenergebnis

Eine im Ausland ansässige JV-Kapitalgesellschaft ist lediglich, soweit sie Einkünfte aus im Inland belegenen Betriebsstätten oder der Beteiligung an inländischen Tochtergesellschaften bezieht, der deutschen Besteuerung unterworfen. Inländische Betriebsstätteneinkünfte sind insoweit grundsätzlich nach der sog. direkten Methode zu ermitteln. Aus Deutschland bezogene Dividendeneinkünfte der ausländischen JV-Kapitalgesellschaft unterliegen nach derzeitiger Rechtslage außerhalb des Anwendungsbereichs der Mutter-/Tochter-Richtlinie bzw. bei Anwendung des § 50d Abs. 3 EStG trotz innerstaatlich vorgesehener Dividendenfreistellung noch einem abgeltenden Steuerabzug vom Kapitalertrag, was jedoch angesichts der jüngsten EuGH-Rechtsprechung gemeinschaftsrechtlich nicht haltbar sein dürfte. Soweit im Sitzstaat der JV-Kapitalgesellschaft keine Möglichkeit zur Anrechnung der im Inland einbehaltenen Kapitalertragsteuer besteht, hat Deutschland die Quellensteuer nach hier vertretener Ansicht gemäß § 50d Abs. 1 Sätze 2 ff. EStG zu erstatten. Entsprechend kann der deutsche JV-Partner im Sitzstaat der JV-Kapitalgesellschaft eine Erstattung der dort ggf. auf Dividendenausschüttungen der JV-Kapitalgesellschaft mit Abgeltungswirkung erhobenen Quellensteuer verlangen, soweit diese im Inland nicht anrechenbar ist.

Die in der ausländischen JV-Kapitalgesellschaft thesaurierten Gewinne sind grundsätzlich vor der inländischen Besteuerung auf Ebene des deutschen JV-Partners ab-

---

[342] Ob die Grundsätze aus *„Marks & Spencer"* vor dem Hintergrund der Kapitalverkehrsfreiheit auch für in Drittstaaten ansässige Tochtergesellschaften gelten, ist offen (vgl. *Wassermeyer/Schönfeld*, GmbHR 2006, S. 1069).

[343] *Neu/Müller* (GmbH-StB 2007, S. 15) weisen zutreffend darauf hin, dass sich die Auslandsverluste möglicherweise bereits (mittelbar) durch eine bei Personenunternehmen gemäß §§ 3 Nr. 40, 3c Abs. 2 EStG zu 50 % steuerwirksame Beteiligungsabschreibung ausgewirkt haben könnten, was angesichts des vom EuGH anerkannten Interesses der Mitgliedstaaten an der Vermeidung einer doppelten Verlustnutzung einer zusätzlichen Verwertung der Auslandsverluste im Inland entgegenstünde. Bei Kapitalgesellschaften gilt dies entsprechend bei nach h.M. trotz § 8b Abs. 3 Satz 3 KStG möglichen Forderungsabschreibungen auf (kapitalersetzende) Gesellschafterdarlehen an die notleidende ausländische Tochtergesellschaft (vgl. Nachweise bei *Dötsch/Pung* in: Dötsch/Jost/Pung/Witt, § 8b KStG Rn. 49).

geschirmt, soweit nicht die Hinzurechnungsbesteuerung nach den §§ 7 ff. AStG eingreift. Vor dem Hintergrund der neueren EuGH-Rechtsprechung sehen sich jedoch auch diese Regelungen in ihrer geltenden Form dem Vorwurf der Gemeinschaftsrechtswidrigkeit ausgesetzt, woran auch das jüngst zu den §§ 7 ff. AStG ergangene BMF-Schreiben nichts zu ändern vermag. Zukünftig könnte sich insoweit aufgrund der Rechtsprechung des EuGH unmittelbarer Handlungsbedarf für den Gesetzgeber ergeben. Dies gilt ebenso für den Bereich des deutschen Organschaftsrechts, welches grenzüberschreitende Sachverhalte nach geltender Rechtslage nicht erfasst. Verluste der ausländischen JV-Kapitalgesellschaft können daher vom inländischen JV-Partner derzeit nicht genutzt werden; ferner besteht nach geltendem Recht auch keine Möglichkeit zur Vermeidung bzw. Kompensation der steuerlichen Folgen der §§ 8b Abs. 5 Satz 1 KStG, 3c Abs. 2 EStG durch Begründung einer grenzüberschreitenden Organschaft. Nach den jüngsten Entwicklungen in der Rechtsprechung des EuGH und den Empfehlungen der Europäischen Kommission ist der Gesetzgeber jedoch gehalten, eine Möglichkeit zur grenzübergreifenden Berücksichtigung (zumindest definitiver) ausländischer Verluste zu schaffen, was entweder durch Öffnung des deutschen Organschaftsrechts für ausländische Organgesellschaften oder aber durch Schaffung eines konzerninternen grenzübergreifenden Verlustabzugs geschehen könnte.

II. Personengesellschaftsstrukturen

1. Standort in Deutschland

Wählen die JV-Partner für das Joint Venture die Rechtsform einer Personengesellschaft mit Sitz und Geschäftsleitung im Inland, so stellt sich die laufende Besteuerung während des Bestehens des Joint Ventures aus Sicht des deutschen JV-Partners wie folgt dar:

a. Ebene der JV-Personengesellschaft

aa. Steuersubjektqualität

Nach dem für die ertragsteuerliche Behandlung von Personengesellschaften geltenden **Transparenzprinzip** bzw. **Mitunternehmerkonzept** ist die JV-Personengesellschaft als solche weder eigenständiges Einkommen- noch Körperschaftsteuersubjekt, sondern lediglich Subjekt der Gewinnerzielung, Gewinnermittlung sowie Einkünftequalifikation und nach der Rechtsprechung insoweit „partielles Steuerrechtssubjekt“[344]. Dabei ist es für die steuerliche Behandlung unerheblich, ob die Gesellschaft zivilrechtlich als eigenständiger Rechtsträger des Gesamthandsvermögens anerkannt oder dieses lediglich als verselbständigte Vermögensmasse angesehen wird, dessen Rechtsträger die Gesellschafter in ihrer gesamthänderischen Verbundenheit sind[345]. Einkommen- oder Körperschaftsteuersubjekt sind ausschließlich die

[344] Vgl. BFH-Beschl. v. 25.06.1984, BStBl. II 1984, S. 751 ff.; v. 25.02.1991, BStBl. II 1991, S. 691 ff.; v. 03.07.1995, BStBl. II 1995, S. 617; BFH-Urt. v. 26.11.1996, BStBl. II 1998, S. 328 ff.

[345] Vgl. BFH-Beschl. v. 03.07.1995, BStBl. II 1995, S. 617. Ohne Bedeutung für die steuerliche Einordnung ist daher, dass die jüngere Rechtsprechung der (Außen-)GbR Teilrechtsfähigkeit (BGH-Urt. v. 29.01.2001, BGHZ 146, S. 341), teils sogar auch Grundbuchfähigkeit (OLG Stuttgart, Beschl. v. 09.01.2007, DB 2007, S. 332 ff. mit Besprechung *Tavakoli/Fehrenbacher*, DB 2007, S. 382 ff.) zugesteht

an der JV-Personengesellschaft – ggf. über eine weitere Personengesellschaft – beteiligten natürlichen oder juristischen Personen (Mitunternehmer) mit den auf sie entfallenden Anteilen am Gesellschaftsgewinn (Einheitsprinzip)[346]. Die auf Ebene der JV-Personengesellschaft erzielten Einkünfte werden den JV-Partnern nach § 15 Abs. 1 Nr. 2 EStG (ggf. i.V.m. § 8 Abs. 1 Satz 1 KStG) – unabhängig davon, ob diese im Unternehmen belassen oder entnommen werden – im Wege der einheitlichen und gesonderten Gewinnfeststellung (§§ 179 ff. AO) anteilig unmittelbar als eigene „originäre Einkünfte"[347] zugerechnet.

Volle Steuersubjektivität genießt die deutsche JV-Personengesellschaft hingegen im Rahmen der Gewerbesteuer (vgl. §§ 2 Abs. 1 Satz 2, 5 Abs. 1 Satz 3 GewStG). Die Personengesellschaft wird in diesem Bereich hinsichtlich der Steuersubjektqualität einer Kapitalgesellschaft gleichgestellt (**Trennungsprinzip**). Steuerschuldner der Gewerbesteuer ist nach § 5 Abs. 1 Satz 3 GewStG die Personengesellschaft selbst, auch wenn Unternehmer (Mitunternehmer) des Betriebs die Gesellschafter bleiben[348]. Der nach den Vorschriften des Einkommensteuergesetzes ermittelte, um die Hinzurechnungen nach § 8 GewStG vermehrte und um die Kürzungen nach § 9 GewStG verminderte Gewinn (Gewerbeertrag i.S.d. § 7 GewStG) der JV-Personengesellschaft ist daher bei dieser der Gewerbesteuer unterworfen. Nach § 9 Nr. 2 GewStG sind jedoch im gewerblichen Gewinn der Gesellschaft enthaltene Anteile am Gewinn einer anderen in- oder ausländischen Personengesellschaft, bei der die JV-Gesellschaft als Mitunternehmer anzusehen ist, für Zwecke der Gewerbesteuer aus ihrem Gewinn herauszukürzen. Gleiches gilt nach § 9 Nr. 2a und Nr. 7 GewStG für Gewinne aus der Beteiligung an in- und ausländischen Kapitalgesellschaften, sofern die inländische JV-Personengesellschaft zu Beginn bzw. ununterbrochen seit Beginn des Erhebungszeitraums zu mindestens 10 % (ab 01.01.2008: 15 %) am Grund- oder Stammkapital der Tochtergesellschaft beteiligt ist (sog. gewerbesteuerliches Schachtelprivileg)[349].

bb. Abkommensberechtigung

Bezieht die deutsche JV-Personengesellschaft Einkünfte aus dem Ausland, stellt sich regelmäßig die Frage nach ihrer Abkommensberechtigung, d.h. danach, ob sie selbst oder die an ihr beteiligten natürlichen oder juristischen Personen Abkommensschutz genießen und abkommensrechtliche Befreiungen bzw. Anrechnungsmöglichkeiten oder Quellensteuerreduktionen in Anspruch nehmen können[350].

Abkommensberechtigt sind gemäß **Art. 1 MA** *Personen*, die in einem Vertragsstaat oder beiden vertragsschließenden Staaten *ansässig* sind. Dabei umfasst der Begriff der **„Person"** gemäß Art. 3 Abs. 1 lit. a MA sowohl natürliche Personen und „Gesell-

---

[346] *Reiß* in: Kirchhof/Söhn/Mellinghoff, § 15 EStG Rn. 38 f.; *Jacobs*, Internationale Unternehmensbesteuerung, S. 441.

[347] BFH-Urt. v. 03.07.1995, BStBl. II 1995, S. 617.

[348] *Lenski/Steinberg*, § 2 GewStG Anm. 2310.

[349] Demgegenüber sind die nach §§ 8b Abs. 1 KStG, 3 Nr. 40 EStG außer Ansatz bleibenden Gewinnanteile aus im Streubesitz gehaltenen Beteiligungen gemäß § 8 Nr. 5 GewStG dem Gewinn aus Gewerbebetrieb hinzuzurechnen. Im Ergebnis unterliegen Beteiligungserträge aus Kapitalgesellschaftsbeteiligungen von weniger als 10 % (bzw. künftig 15 %) bei der empfangenden JV-Personengesellschaft somit in voller Höhe der Gewerbesteuer.

[350] Vgl. *Piltz* in: Mössner, Steuerrecht international tätiger Unternehmen, Rn. F 134.

schaften", d.h. juristische Personen oder diesen steuerlich gleichgestellte Rechtsträger (vgl. Art. 3 Abs. 1 lit. b MA), als auch „alle anderen Personenvereinigungen", worunter grundsätzlich auch eine deutsche JV-Personengesellschaft fällt. Sie genießt damit sog. Abkommenssubjektivität[351], was jedoch für sich genommen nur das Recht zur Berufung auf das abkommensrechtliche Diskriminierungsverbot des Art. 24 Abs. 1 MA begründet. Uneingeschränkt abkommensberechtigt ist die JV-Personengesellschaft hingegen nur dann, wenn sie auch in einem oder beiden Vertragstaaten steuerlich **„ansässig"** i.S.d. Art. 4 Abs. 1 MA ist, d.h. dort aufgrund des Ortes ihrer Geschäftsleitung oder eines ähnlichen Merkmals der (unbeschränkten) Steuerpflicht unterliegt. Da das deutsche Steuerrecht Personengesellschaften indes nicht als eigenständige Steuersubjekte, sondern ertragsteuerlich transparent behandelt, ist die inländische JV-Personengesellschaft aus deutscher Sicht mangels „Ansässigkeit" als solche nicht zur Inanspruchnahme von Abkommensvorteilen berechtigt[352]. Abkommensberechtigt können nach deutschem Verständnis nur die an der Gesellschaft unmittelbar oder mittelbar beteiligten natürlichen oder juristischen Personen sein, soweit diese ihrerseits „ansässige Personen" i.S.d. Art. 1 MA sind. In den bestehenden deutschen DBA ist der Zusatz „alle anderen Personenvereinigungen" überdies regelmäßig gestrichen[353], so dass die Abkommensberechtigung der deutschen JV-Personengesellschaft häufig bereits daran scheitern wird, dass sie keine „Person" i.S.d. Abkommens ist[354].

(1) Transparente Behandlung im Quellenstaat

Wird die aus deutscher Sicht steuerlich transparente inländische JV-Personengesellschaft auch im ausländischen Quellenstaat nicht als eigenständiges Steuersubjekt anerkannt, sondern das Ergebnis der Gesellschaft den einzelnen Gesellschaftern für steuerliche Zwecke unmittelbar zugerechnet (sog. **Mitunternehmerkonzept**)[355], bereitet die Beurteilung der Abkommensberechtigung grundsätzlich keinerlei Schwierigkeiten. Die parallele Qualifikation der Personengesellschaft in beiden Vertragsstaaten gewährleistet in diesem Fall eine auf einheitliche Rechtsfolgen gerichtete gleichförmige Abkommensanwendung[356]. Aus Sicht beider Staaten ist die JV-Gesellschaft zwar ggf. „andere Personvereinigung" i.S.d. Abkommens, jedoch nicht „ansässig" i.S.d. Art. 4 Abs. 1 MA. Abkommensberechtigt können damit nach übereinstimmender Ansicht beider Staaten allein die Gesellschafter sein; die in den Abkommen

[351] Vgl. *Wassermeyer* in: Debatin/Wassermeyer, Art. 1 MA Rn. 27; *Jacobs*, Internationale Unternehmensbesteuerung, S. 444; *Prokisch* in: Vogel/Lehner, Art. 1 MA, Rn. 5.

[352] Vgl. *Jacobs*, Internationale Unternehmensbesteuerung, S. 444.

[353] Vgl. Übersichten und Erläuterung bei *Vogel* in: Vogel/Lehner, Art. 3 MA Rn. 23, 25.

[354] Im Rahmen des DBA-USA wird eine Personengesellschaft demgegenüber beispielsweise als (partiell) abkommensberechtigt verstanden, soweit ihre Gesellschafter im Sitzstaat der Personengesellschaft ansässig sind (vgl. *Piltz* in: Mössner, Steuerrecht international tätiger Unternehmen, Rn. F 141).

[355] *Pyszka/Brauer*, Ausländische Personengesellschaften, Rn. 14; so z.B. in Österreich, der Schweiz, Luxemburg, den Niederlanden und – mit Einschränkungen – auch in den angloamerikanischen Staaten.

[356] *Schaumburg*, Hinzurechnungsbesteuerung und Abkommensberechtigung, S. 393.

regelmäßig für den Konzernverbund vorgesehenen niedrigeren Quellensteuersätze (vgl. Art. 10 Abs. 2 lit. a MA) gelangen daher nicht zur Anwendung[357].

(2) Intransparente Behandlung im Quellenstaat

Probleme ergeben sich hingegen, sofern die rechtliche Einordnung der JV-Personengesellschaft in den einzelnen Vertragsstaaten divergiert. Behandelt der Quellenstaat die deutsche JV-Personengesellschaft abweichend von der inländischen Sichtweise wie eine Körperschaft (sog. **Kapitalgesellschaftskonzept**)[358], kommt es zur Entstehung eines **subjektiven Qualifikationskonflikt**. Aus Sicht des Quellenstaates ist die deutsche JV-Personengesellschaft Körperschaft und damit als solche im Quellenstaat beschränkt körperschaftsteuerpflichtig. Abkommensrechtlich betrachtet der Quellenstaat die JV-Personengesellschaft folglich als „Gesellschaft" i.S.d. Art. 3 lit. b MA.

Welche Konsequenzen aus dieser abweichenden Qualifikation für Deutschland als Sitzstaat der JV-Personengesellschaft zu ziehen sind, ist umstritten. Für den umgekehrten Fall der Qualifikation einer Personengesellschaft als selbständiges Steuersubjekt in ihrem Sitzstaat und transparenter Behandlung im Quellenstaat wird in der Literatur überwiegend die Ansicht vertreten, der Quellenstaat sei zur Lösung des Qualifikationskonfliktes auf Abkommensebene an die intransparente Behandlung der Personengesellschaft in ihrem Sitzstaat gebunden (sog. **Qualifikationsverkettung**)[359]. Hieraus könnte der Umkehrschluss zu ziehen sein, dass Deutschland als Sitzstaat der JV-Personengesellschaft der intransparenten Behandlung im Quellenstaat zu folgen und die Gesellschaft abkommensrechtlich ebenfalls als „Gesellschaft" i.S.d. Art. 3 lit. b MA zu behandeln hätte. Die Ansicht, dass der Sitzstaat an die abkommensrechtliche Behandlung im Quellenstaat gebunden ist, hat sich indes zu Recht nicht durchsetzen können[360]. Sie findet weder im Wortlaut des Art. 3 Abs. 1 lit. a-c MA noch in dessen Sinn und Zweck eine Grundlage. Gegen eine Qualifikationsverkettung spricht zudem, dass die Abkommen ihrer Funktion nach lediglich nach innerstaatlichem Recht bestehende Besteuerungsrechte einschränken oder ausschließen können und daher die Beurteilung der Frage, wer bestimmte Einkünfte erzielt, generell dem jeweiligen innerstaatlichen Steuerrecht des Anwenderstaates überlassen. Sie bauen somit erst auf der persönlichen Einkünftezurechnung durch den jeweiligen Anwenderstaat auf. Damit nehmen es die DBA aber stillschweigend in Kauf, dass es aufgrund unterschiedlicher Besteuerungskonzepte in den Anwenderstaaten zu abweichenden Einkünftezurechnungen kommen kann. Mit *Wasser-*

---

[357] Hieran ändert sich mangels unmittelbarer Beteiligung auch dann nichts, wenn es sich bei dem deutschen JV-Partner um eine Kapitalgesellschaft handelt und dieser zu 50 % über die inländische JV-Personengesellschaft an einer ausländischen Kapitalgesellschaft beteiligt ist.

[358] *Pyszka/Brauer*, Ausländische Personengesellschaften, Rn. 15; so z.B. in Finnland, Frankreich, Portugal, Spanien, Tunesien, Japan, den meisten osteuropäischen Staaten und vielen süd- und mittelamerikanischen Staaten (z.B. Brasilien).

[359] In diesem Sinne *Debatin*, BB 1989, Beilage 2, S. 8 ff.; *Knobbe-Keuk*, Qualifikationskonflikte, S. 314; *Manke*, JbFSt 1978/79, S. 344 ff.; *Piltz*, Personengesellschaften, S. 175 ff.; *Schmidt*, IStR 1996, S. 16 f.; *Vogel*, Einl. Rn. 156 ff. Diese Ansicht liegt auch den Tz. 2 ff. MK 2000 zu Art. 1 MA zugrunde. Auch die Finanzverwaltung hat sich dieser Ansicht in einigen neueren BMF-Schreiben angeschlossen (vgl. z.B. BMF-Schr. v. 28.05.1998, BStBl. I 1998, S. 557 Tz. 1).

[360] *Piltz* in: Mössner, Steuerrecht international tätiger Unternehmen, Rn. F 147.

meyer[361] ist daher m.E. davon auszugehen, dass jeder Vertragsstaat **autonom** und unabhängig von der Beurteilung des anderen Staates **auf der Grundlage seines eigenen innerstaatlichen Steuerrechts** zu beurteilen hat, ob eine Personengesellschaft im konkreten Einzelfall „Gesellschaft“ im Abkommenssinne ist oder nicht. Die gegenteilige Meinung überzeugt aus den genannten systematischen Gründen nicht und ist darüber hinaus in sich inkonsequent, wendet sie sich doch, sobald Folgeprobleme auftreten (z.B. innerhalb der Art. 7, 10 und 13 MA), stets der hier vertretenen Ansicht zu, da sie die Ergebnisse der eigenen Auffassung nicht zu akzeptieren bereit ist[362]. Bei Annahme einer Qualifikationsverkettung ergibt sich überdies die praktische Schwierigkeit, dass sich der eine Vertragsstaat stets kundig zu machen hätte, wie die Personengesellschaft im anderen Staat steuerlich behandelt wird. Dies wird der anwendende Vertragsstaat jedoch oftmals gar nicht mit hinreichender Sicherheit beurteilen können, insbesondere wenn das Recht des anderen Vertragsstaats nicht eindeutig dem Kapitalgesellschafts- oder dem Mitunternehmerkonzept folgt, sondern z.B. eine Mischung beider Konzeptionen zulässt[363]. Die OECD hat zwar versucht, diesem Problem zu begegnen, indem sie dem OECD-Report über Personengesellschaften (OECD-Partnership-Report)[364] im Anhang Übersichten beigefügt hat, die über die Merkmale und die steuerliche Behandlung der einzelnen Gesellschaftsformen in den Mitgliedstaaten Aufschluss geben sollen. Zur korrekten Beurteilung der Behandlung einer Personengesellschaft im anderen Vertragsstaat wäre es jedoch notwendig, diese Übersichten fortlaufend zu aktualisieren oder einen ständigen gegenseitigen Informationsaustausch zwischen den einzelnen Staaten über ggf. erfolgte Änderungen zu gewährleisten. Dass letzteres nicht zu realisieren ist, belegt bereits der Umstand, dass bis zum Jahr 2000 in Art. 2 Abs. 4 Satz 2 MA eine jährliche gegenseitige Unterrichtung der zuständigen Behörden der Vertragsstaaten über bedeutsame Steuerrechtsänderungen vorgesehen war, welche jedoch gerade deshalb abgeschafft wurde, weil diese Verpflichtung „kaum je erfüllt wurde“[365].

Geht man somit davon aus, dass die Vertragsstaaten berechtigt sind, die deutsche JV-Personengesellschaft autonom auf Grundlage ihres eigenen innerstaatlichen Steuerrechts als „Gesellschaft“ im Abkommenssinne oder aber als „andere Personenvereinigung“ zu qualifizieren, so bleibt fraglich, ob die Gesellschaft aus Sicht des dem Kapitalgesellschaftskonzept folgenden Quellenstaats in einem der Vertragsstaaten „ansässig“ i.S.d. Art. 4 Abs. 1 MA ist und damit Abkommensschutz genießt. Nach einer streng am Wortlaut des Art. 4 Abs. 1 Satz 1 MA orientierten Ansicht, der unter anderem die Finanzverwaltung[366] folgt und die nunmehr auch den Ziff. 5 ff. des OECD-Musterkommentars (MK) zu Art. 1 MA zugrunde liegt, ist dies nicht der Fall, da die deutsche Personengesellschaft nach der Qualifikation ihres Sitzstaats in diesem nicht „aufgrund des Ortes ihrer Geschäftsleitung oder eines ähnlichen Merkmals

---

361 *Wassermeyer*, IStR 1998, S. 489 ff.; *ders.* in: Debatin/Wassermeyer, Art. 1 MA Rn. 27a. Ebenso *von Beckerath*, Durchgriff, S. 108 ff.; *Kluge*, DStR 1976, S. 367; *Diehl*, FR 1978, S. 521 und unlängst auch der BFH (vgl. Urt. v. 04.04.2007, IStR 2007, S. 1073 ff.) sowie das FG Hamburg (Urt. v. 22.08.2006, EFG 2007, S. 101 ff.).

362 Vgl. die Beispiele bei *Wassermeyer*, IStR 1998, S. 492 ff. und unten Kapitel 3:B.II.2.b.bb(2)(a).

363 Hierzu *Schmidt*, WPg. 2002, S. 1139; *Krabbe*, IWB Fach 3 Gr. 2, S. 757 ff.

364 „Application of the OECD Model Tax Convention to Partnerships“, Paris 1999.

365 Vgl. *Krabbe*, IStR 2000, S. 196.

366 Vgl. z.B. für spanische Personengesellschaften BMF-Schr. v. 28.05.1998, BStBl. I 1998, 557.

steuerpflichtig" ist[367]. Nach dem OECD-Partnership-Report sollen unabhängig von ihrer abkommensrechtlichen Ansässigkeit ebenso wenig die an der Personengesellschaft beteiligten Mitunternehmer im Quellenstaat Abkommensschutz genießen, da ihnen die Einkünfte der Personengesellschaft aus Sicht des Quellenstaats nicht persönlich zuzurechnen sind[368]. Danach wäre der Quellenstaat aus Rechtsgründen weder verpflichtet, der JV-Personengesellschaft noch den JV-Partnern Abkommensvorteile zu gewähren[369]. Der OECD-MK geht jedoch hiervon abweichend davon aus, dass der Quellenstaat subsidiär auf die Person der Gesellschafter abzustellen habe, so dass eine anteilige Abkommensberechtigung jedes einzelnen JV-Partners mit seinem jeweiligen Gesellschaftsanteil bestünde[370].

Nach a.A.[371] ist hingegen die inländische JV-Personengesellschaft selbst im Quellenstaat abkommensberechtigt. Die Gewährung von Abkommensvorteilen im Quellenstaat erfordert danach nicht unbedingt, dass die Personengesellschaft in ihrem Sitzstaat tatsächlich der unbeschränkten Steuerpflicht unterliegt, vielmehr soll es für die abkommensrechtliche „Ansässigkeit" aus Sicht des Quellenstaats bereits ausreichen, dass die Gesellschaft eine räumliche Beziehung zu ihrem Sitzstaat aufweist, die bei gegebener persönlicher Steuerpflicht eine unbeschränkte Steuerpflicht begründen würde („virtuelle Ansässigkeit")[372]. Der Quellenstaat hat nach dieser Ansicht die Konsequenzen aus seiner abweichenden steuerlich intransparenten Behandlung zu ziehen und die Personengesellschaft abkommensrechtlich als in Deutschland „ansässig" zu behandeln, selbst wenn sie dort tatsächlich nicht (unbeschränkt) steuerpflichtig ist[373].

Die letztgenannte Ansicht vermag m.E. zu überzeugen. Die dem OECD-Report zugrunde liegende strenge Orientierung am Wortlaut des Art. 4 Abs. 1 MA führt zu unbilligen Ergebnissen und begründet darüber hinaus eine nicht zu rechtfertigende steuerliche Ungleichbehandlung von Personengesellschaften, die in ihrem Sitzstaat steuerlich transparent behandelt werden, gegenüber solchen Personengesellschaften, die in ihrem Sitzstaat eigenständiges Steuersubjekt sind[374]. Auch der im OECD-Musterkommentar verfolgte „Kompromiss", subsidiär den Gesellschaftern Abkommensberechtigung im Quellenstaat zuzugestehen, erscheint aus systematischen Gründen nicht überzeugend. Er verkennt den Grundsatz, dass die DBA letztlich nur Besteuerungsrechte einschränken können, die nach dem innerstaatlichen Recht des Anwenderstaats ohne DBA bestehen würden[375]. Dementsprechend müssen die ab-

[367] So *Prokisch* in: Vogel/Lehner (4. Aufl.), Art. 1 MA Rn. 35; *Piltz*, Personengesellschaften, S. 130; *Manke*, Personengesellschaften, S. 200 f.; für den Bereich der Vermögensteuern auch *Firlinger*, SWI 1991, S. 225.

[368] Vgl. Tz. 69 und Bsp. 7 des OECD-Reports, hierzu *Lang*, SWI 2000, S. 60 ff.

[369] So offenbar *Reith*, Internationales Steuerrecht, Rn. 4.188 (Beispiel 2); *Toifl*, Personengesellschaften mit Drittstaatseinkünften, S. 144.

[370] Vgl. Tz. 6.4 MK zu Art. 1 MA; zustimmend *Prokisch* in: Vogel/Lehner (4. Aufl.), Art. 1 MA Rn. 35; *Krabbe*, IWB Fach 3 Gr. 2, S. 755.

[371] *Vogel/Lehner* (3. Aufl.), Art. 1 MA Rn. 25 ff.; *Lang*, SWI 2000, S. 64 f.; *ders.*, IStR 2000, S. 132 f.; *Lechner*, Abkommensberechtigung, S. 82 f.; *Wassermeyer*, IStR 1999, S. 483; *ders.* in: Debatin/Wassermeyer, Art. 1 MA Rn. 28f.

[372] Vgl. *Lehner* in: Vogel/Lehner, Art. 4 MA Rn. 33.

[373] Vgl. *Wassermeyer*, IStR 1999, S. 483.

[374] *Wassermeyer* in: Debatin/Wassermeyer, Art. 1 MA Rn. 28f.

[375] Vgl. *Lang*, SWI 2000, S. 64.

kommensrechtlichen Tatbestände in persönlicher und sachlicher Hinsicht an die *innerstaatlich* begründete Steuerschuld anknüpfen. Die Begriffe „Person“, „Ansässigkeit“ und „Abkommensberechtigung“ können sich daher jeweils nur auf die Person beziehen, die nach dem innerstaatlichen Recht des Anwenderstaates persönlich steuerpflichtig ist und der der Anwenderstaat die fraglichen Einkünfte zurechnet[376]. Rechnet der Quellenstaat die Einkünfte der nach seinem Verständnis intransparenten deutschen JV-Personengesellschaft zu, kann daher aus seiner Sicht auch nur diese abkommensberechtigt sein. Die DBA enthalten insoweit keinerlei Rechtsgrundlage dafür, Abkommensvergünstigungen, die nach dem innerstaatlichen Recht des Quellenstaats nur der JV-Personengesellschaft zustehen können, aus Gründen des innerstaatlichen deutschen Steuerrechts in Abkommensvorteile der JV-Partner umzuqualifizieren. Als logische Konsequenz aus der abweichenden intransparenten Qualifikation im Quellenstaat sowie dem Wesen und der Funktion der DBA hat die Abkommensberechtigung vielmehr bei der deutschen JV-Personengesellschaft als der nach dem Recht des Quellenstaates Verpflichteten anzusetzen. Im Quellenstaat ist insoweit von der Qualifikation nach dem eigenen innerstaatlichen Recht auszugehen und gewissermaßen der Sachverhalt zu unterstellen, der bestünde, wenn Deutschland von einer gleichgearteten Qualifikation ausginge[377]. Dies ist auch nicht mit Art. 4 Abs. 1 MA unvereinbar, wenn man diesen teleologisch dahingehend auslegt, dass die Ansässigkeit im Abkommenssinne von der räumlichen Nähe einer Person zu ihrem Sitzstaat abhängt. Da der Quellenstaat die JV-Personengesellschaft als intransparenten Rechtsträger behandelt und sie aufgrund ihres in Deutschland belegenen Sitzes und Ortes der Geschäftsleitung eine räumliche Nähebeziehung zum Inland aufweist, die bei unterstellter Intransparenz eine unbeschränkte deutsche Steuerpflicht begründen würde, genießt die inländische JV-Personengesellschaft nach hier vertretener Ansicht im Quellenstaat Abkommensschutz.

(3) „Nutzungsberechtigung“ im Sinne der Art. 10-12 MA

Bezieht die inländische JV-Personengesellschaft – ohne dort eine Betriebsstätte zu unterhalten – Dividenden, Zinsen oder Lizenzgebühren aus einem ausländischen Quellenstaat, der dem Kapitalgesellschaftskonzept folgt, hängt die Beantwortung der Frage, ob ihr die Abkommensvergünstigungen der Art. 10-12 MA (Reduzierung der Quellensteuer auf Dividenden und Zinsen bzw. Ausschluss des Quellenbesteuerungsrechts an Lizenzgebühren) zu gewähren sind, des Weiteren davon ab, ob die Gesellschaft „Nutzungsberechtigte“ (engl.: „*beneficial owner*“) dieser Einkünfte im Sinne der genannten Vorschriften ist. Die Art. 10-12 MA enthalten seit 1977 eine entsprechende Einschränkung, deren Zweck letztlich darin besteht, zu verhindern, dass nicht abkommensberechtigte Personen sich die Vorteile eines DBA durch Zwischenschaltung einer abkommensberechtigten Mittelsperson verschaffen (sog. „*treaty shopping*“)[378].

---

[376] *Wassermeyer* in: Debatin/Wassermeyer, Art. 1 MA Rn. 28f.

[377] *Wassermeyer* in: Debatin/Wassermeyer, Art. 1 MA Rn. 28f.

[378] *Vogel* in: Vogel/Lehner, Vor Art. 10-12 MA Rn. 12; *Schaumburg,* Internationales Steuerrecht, Rn. 16.347. Eine entsprechende Klausel enthalten die meisten deutschen DBA mit Ausnahme der vor dem Jahre 1977 geschlossenen Abkommen sowie den DBA Ecuador, Finnland 1979, Kenia, Kuwait 1987, Philippinen, Slowakei, Tschechien, Türkei, Uruguay und den UdSSR-Nachfolgestaaten (vgl. *Henkel* in: Mössner, Steuerrecht international tätiger Unternehmen, Rn. E 233).

Eine Legaldefinition des Begriffs des „Nutzungsberechtigten" ist weder dem MA selbst noch dem OECD-MK zu entnehmen. Auch die meisten deutschen DBA lassen eine Bestimmung des Begriffs vermissen[379]. Die Feststellung, ob die deutsche JV-Personengesellschaft „Nutzungsberechtigte" von Dividenden, Zinsen oder Lizenzgebühren aus dem Quellenstaat im Sinne der Art. 10-12 des jeweils anzuwendenden DBA ist, gestaltet sich daher denkbar schwierig, insbesondere weil **Uneinigkeit**[380] darüber besteht, ob der Begriff des Nutzungsberechtigten einheitlich aus dem Abkommen heraus auszulegen ist[381] oder die Begriffsbestimmung nach Maßgabe des nationalen Steuerrechts der Anwenderstaaten zu erfolgen hat[382]. Für die letztgenannte Ansicht scheint zunächst die allgemeine Auslegungsregel des **Art. 3 Abs. 2 MA** zu sprechen, wonach im Abkommen verwendete, aber nicht ausdrücklich definierte Ausdrücke nach dem Recht der Anwenderstaaten zu bestimmen sind, wenn „der Zusammenhang nichts anderes erfordert". Zu bedenken gegeben wird insoweit jedoch teilweise, dass den Rechtsordnungen der meisten Vertragsstaaten der abkommensrechtliche Begriff des „Nutzungsberechtigten" in präziser Umschreibung überhaupt nicht bekannt sei oder zumindest nicht im steuerlichen Bereich gebraucht werde[383]. Lediglich dem angloamerikanischen Rechtskreis sei der Begriff des *„beneficial owner"* geläufig, finde sich dort jedoch in erster Linie im Zivilrecht und weise daher – da auf *„case law"* beruhend – von Fall zu Fall sowie von Staat zu Staat eine gewisse Variationsbreite auf[384]. *Vogel*[385] vertritt angesichts dessen die Auffassung,

---

[379] Eine Ausnahme bilden insoweit zum einen die mit Italien und Norwegen bestehenden DBA, in deren Protokollen bestimmt wird, dass der Empfänger von Dividenden, Zinsen und Lizenzgebühren dann „Nutzungsberechtigter" im Sinne der Art. 10, 11 und 12 des jeweiligen DBA ist, wenn ihm das diesen Zahlungen zugrunde liegende Recht zusteht und ihm die aus diesem resultierenden Einkünfte nach dem Steuerrecht *beider Vertragsstaaten* zuzurechnen sind (vgl. Abs. 9 Prot. DBA Italien; Abs. 4 Prot. DBA Norwegen). Im DBA-Schweden wird eine in einem Vertragsstaat ansässige Person zum anderen dann als Nutzungsberechtigter von Dividenden, Zinsen und Lizenzgebühren angesehen, wenn diese ihr nach der Gesetzgebung ihres *Ansässigkeitsstaates* steuerlich zuzurechnen sind, es sei denn, die Einkünfte sind nach dem Recht des anderen Vertragsstaat anderen Personen steuerlich zuzurechnen, denen die Nutzung für diese Einkünfte zusteht und die nicht im erstgenannten Staat ansässig sind (vgl. Art. 43 Abs. 3 DBA Schweden). Nach dem DBA-USA gilt schließlich der in einem Vertragsstaat ansässige Bezieher von Dividenden, Zinsen oder Lizenzgebühren für den anderen Vertragsstaat dann als Nutzungsberechtigter im Sinne der Art. 10, 11 und 12 DBA-USA, wenn der Bezieher die Person ist, der die Einkünfte nach dem Recht des *Quellenstaates* steuerlich zuzurechnen sind (vgl. Abs. 10 Prot. DBA USA).

[380] Einen Überblick über den Streitstand im internationalen Kontext gibt *Wheeler*, BIFD 2005, S. 477.

[381] So *Vogel* in: Vogel/Lehner, Vor Art. 10-12 MA Rn. 15; *Henkel* in: Mössner, Steuerrecht international tätiger Unternehmen, Rn. E 234; *Polivanova-Rosenauer*, SWI 2001, S. 258 f., 269.

[382] Für eine Auslegung nach dem innerstaatlichen Recht des Quellenstaates *Wassermeyer* in: Debatin/Wassermeyer, Vor Art. 6-22 MA Rn. 15, Art. 10 MA Rn. 62, 62b (scheinbar a.A. aber in der Kommentierung des Beispiels in Rn. 62a: *„...macht erforderlich, dass die Abkommensberechtigung nur einheitlich für alle DBA und nicht abhängig von dem innerstaatlichen Recht (...) ausgelegt werden kann."*), Art. 11 MA Rn. 57; Art. 12 MA Rn. 33; *Kinzl*, IStR 2007, S. 562; für eine Begriffsbestimmung nach dem innerstaatlichen Recht des Ansässigkeitsstaates *Grützner* in: Becker/Höppner/Grotherr/Kroppen, Vor Art. 10-12 MA Rn. 13/1-13/3.

[383] So *Polivanova-Rosenauer*, SWI 2001, S. 258 unter Hinweis auf *Du Toit*, Beneficial Ownership, S. 173; *Vogel* in: Vogel/Lehner, Vor Art. 10-12 MA Rn. 14. *Grützner* (in: Becker/Höppner/Grotherr/Kroppen, Vor Art. 10-12 MA Rn. 13) ist der Ansicht, insbesondere dem deutschen Steuerrecht sei der Begriff des Nutzungsberechtigten in dem hier zu sehenden Sachzusammenhang fremd.

[384] *Vogel* in: Vogel/Lehner, Vor Art. 10-12 MA Rn. 14. Beispiele zur Auslegung des „beneficial owner"-Begriffs in der Judikatur einzelner Common-Law-Staaten finden sich bei *Du Toit*, Beneficial Ownership, S. 106 ff.

dass i.S.d. Art. 3 Abs. 2 MA **„der Zusammenhang anderes erfordere"**, nämlich die einheitliche Auslegung des Begriffs „Nutzungsberechtigter" aus dem Abkommen heraus. Gewisse „Leitlinien" für eine solche abkommensautonome Auslegung entnimmt *Vogel* der OECD-Kommentierung zu den Art. 10, 11 und 12 MA, derzufolge der Ausdruck „Nutzungsberechtigter" nicht in einem engen technischen Sinne zu verwenden sein soll, sondern aus dem Zusammenhang und im Licht des Sinns und Zwecks des Abkommens einschließlich der Vermeidung der Doppelbesteuerung und der Verhütung der Steuerhinterziehung und –umgehung zu verstehen ist. Vor diesem Hintergrund seien Vertretern, Beauftragten oder sonstigen Personen, die lediglich als „Durchlaufstation" für eine andere Person in Erscheinung träten, die Abkommensvergünstigungen der Art. 10-12 MA zu versagen, da diese in ihrem Ansässigkeitsstaat nicht als Bezieher der Dividenden, Zinsen oder Lizenzgebühren gälten und folglich keiner Doppelbesteuerung unterliegen könnten. Ferner könnten „Durchlaufgesellschaften" trotz formaler Nutzungsberechtigung nicht als Nutzungsberechtigte im Sinne der Art. 10-12 MA angesehen werden, wenn ihnen praktisch nur sehr enge Befugnisse zustünden, die sie in Bezug auf die fraglichen Einkünfte nur zu einem für Rechnung der interessierten Parteien handelnden Treuhänder oder Verwalter machten[386]. Hieraus zieht *Vogel* den Schluss, als Nutzungsberechtigter sei anzusehen, wer über das zur Nutzung zur Verfügung gestellte Kapital und/oder die Verwendung der hieraus erzielten Erträge frei verfügen könne[387].

Gegen die von *Vogel* befürwortete Auslegung spricht jedoch wiederum die **Funktion der Art. 6-22 MA**. Als reine Steuerbefreiungs- und Ermäßigungsnormen besteht die Funktion dieser Abkommensvorschriften darin, einen nach dem innerstaatlichen Recht des Quellenstaates bestehenden Steueranspruch steuerfrei zu stellen oder zu ermäßigen[388]. Die Vorschriften knüpfen somit rechtsfolgenmäßig erst auf Ebene der Einkünfteermittlung bzw. der Tarifermäßigung, d.h. im Anschluss an die Einkünftezurechnung an[389]. Anders ausgedrückt überlassen sie die steuerliche Zurechnung der Einkünfte zu einer Person und damit auch die Bestimmung des „Nutzungsberechtigten" im Sinne der Art. 10-12 MA dem innerstaatlichen Recht der Anwenderstaaten. Soweit das deutsche Steuerrecht betroffen ist, richtet sich die persönliche Zurechnung von Dividenden, Zinsen oder Lizenzgebühren gemäß § 2 Abs. 1 EStG nicht nach der zivilrechtlichen (formalen) Verfügungsmacht über die Einkünfte im Zeitpunkt ihrer Zahlung, sondern danach, wem im Zeitpunkt der Entstehung der Zinsforderung oder Lizenzgebühren die Rechte an der Forderung bzw. an den Vermögenswerten, für die die Zinsen oder Lizenzgebühren gezahlt werden, zustehen[390]. Entsprechend stellt auch der in § 20 Abs. 2a EStG verwendete Begriff des „Anteilseigners" nicht darauf ab, wem die Dividenden zivilrechtlich oder tatsächlich zufließen, sondern vielmehr darauf, wem im Zeitpunkt des Gewinnverteilungsbeschlusses die Anteile gemäß § 39 AO wirtschaftlich zuzurechnen sind[391]. Entspricht das innerstaatliche Recht des Quellenstaates insoweit dem deutschen Recht, so ist für die Ausle-

---

385 Vgl. *Vogel* in: Vogel/Lehner, Vor Art. 10-12 MA Rn. 15.
386 Vgl. Ziff. 12, 12.1 MK zu Art. 10; Ziff. 8, 8.1 MK zu Art. 11 und Ziff. 4, 4.1 MK zu Art. 12 MA.
387 *Vogel* in Vogel/Lehner, Vor Art. 10-12 MA Rn. 18.
388 *Wassermeyer* in: Debatin/Wassermeyer, Vor Art. 6-22 MA Rn. 1; *Kinzl*, IStR 2007, S. 561.
389 *Wassermeyer* in: Debatin/Wassermeyer, Vor Art. 6-22 MA Rn. 15.
390 *Wassermeyer* in: Debatin/Wassermeyer, Art. 11 MA Rn. 57 und Art. 12 MA Rn. 33.
391 *Weber-Grellet* in: Schmidt, § 20 EStG Rn. 13 ff.

gung der Nutzungsberechtigung der JV-Personengesellschaft aus Sicht des Quellenstaates somit ein wirtschaftlicher Maßstab anzulegen. Dies korrespondiert im Ergebnis mit der Auslegung des Begriffs des „Nutzungsberechtigten" durch die OECD. Aus der OECD-Kommentierung zu Art. 10-12 MA wird deutlich, dass es für die Bestimmung des „Nutzungsberechtigten" nicht darauf ankommen soll, wer – z.B. als Vertreter, Beauftragter, Treuhänder oder Verwalter – tatsächlicher Empfänger der Einkünfte bzw. formal Berechtigter ist, sondern vielmehr darauf, wem die Einkünfte wirtschaftlich zufließen. Die Ausdrücke „Nutzungsberechtigter", „Anteilseigner" und „Einkünfteerzielender" sind somit synonym zu verwenden[392]. Soweit der ausländische Quellenstaat die deutsche JV-Personengesellschaft daher nicht bloß als Gesamthandsgemeinschaft, sondern wie eine Körperschaft behandelt, sind ihr im Quellenstaat die Abkommensvergünstigungen der Art. 10 Abs. 2, 11 Abs. 2, 12 Abs. 1 MA zu gewähren.

b. Ebene des JV-Partners

aa. Besteuerung der Mitunternehmereinkünfte

Die JV-Partner erzielen aus ihrer Beteiligung an der inländischen JV-Personengesellschaft Mitunternehmereinkünfte i.S.d. **§ 15 Abs. 1 Satz 1 Nr. 2 EStG** (ggf. i.V.m. § 8 Abs. 1 KStG). Dazu gehören neben dem **Gewinnanteil** (§ 15 Abs. 1 Satz 1 Nr. 2 Satz 1, 1. Halbs. EStG) auch etwaige Vergütungen, welche die JV-Partner von der JV-Personengesellschaft für Tätigkeiten im Dienste der Gesellschaft, die Hingabe von Darlehen oder für die Überlassung von Wirtschaftsgütern erhalten haben (**Sondervergütungen**; § 15 Abs. 1 Satz 1 Nr. 2 Satz 1, 2. Halbs. EStG). Der auf Ebene der JV-Personengesellschaft aus der Steuerbilanz der Gesellschaft zuzüglich etwaiger Ergänzungs- und Sonderbilanzen der JV-Partner ermittelte Gesamtgewinn nach Gewerbesteuer wird den JV-Partnern nach Maßgabe des § 15 Abs. 1 Satz 1 Nr. 2 EStG unmittelbar anteilig als originäre eigene Einkünfte aus Gewerbebetrieb zugewiesen und nach deren individuellen Verhältnissen der Besteuerung unterworfen. Verfahrensrechtlich werden die Einkünfte der einzelnen Mitunternehmer dabei gesondert und für die Einkommen- oder Körperschaftsteuerveranlagung der Gesellschafter verbindlich festgestellt (**§§ 179 ff. AO**). Soweit den JV-Partnern im Rahmen des Gewinnanteils **Dividendeneinkünfte** zuzurechnen sind, welche der JV-Personengesellschaft von in- oder ausländischen (Tochter-) Kapitalgesellschaften zugeflossen sind, gelten die §§ 8b Abs. 1-5 KStG und § 3 Nr. 40 Satz 1 lit. d EStG entsprechend (vgl. **§ 8b Abs. 6 KStG, §§ 3 Nr. 40 Satz 2, 20 Abs. 3 EStG**). Der Gewinnanteil ist daher in den Händen des JV-Partners zu 95 % (Kapitalgesellschaft) bzw. 50 % (natürliche Person) steuerfrei, soweit er auf darin enthaltene Dividendeneinkünfte entfällt[393]. Die Steuerbefreiung ist im Rahmen der einheitlichen und gesonderten Gewinnfeststellung zu berücksichtigen[394].

Abkommensrechtlich handelt es sich bei den Einkünften der JV-Partner aus deutscher Sicht um **Unternehmensgewinne** i.S.d. **Art. 7 Abs. 1 MA**. Zu diesen zählen grundsätzlich auch Dividenden-, Zins- und Lizenzeinkünfte, welche dem inländischen

---

[392] *Wassermeyer* in: Debatin/Wassermeyer, Art. 10 MA Rn. 62, Art. 11 MA Rn. 57; Art. 12 Rn. 33; *Kinzl*, IStR 2007, S. 562.

[393] Vgl. *Wacker* in: Schmidt, § 15 EStG Rn. 438 f.; *Neyer*, GmbHR 2002, S. 104.

[394] *Binnewies* in: Streck, § 8b KStG Tz. 15.

JV-Partner im Rahmen seines Gewinnanteils aus einem anderen Vertragsstaat zufließen. Art. 7 Abs. 7 MA bestimmt jedoch, dass diese Einkünfte vorrangig nach den spezielleren Verteilungsnormen des DBA zu behandeln sind (**Spezialitätsprinzip**). Die Rechtsfolgen der Art. 10-12 und 21 MA gehen der Rechtsfolge des Art. 7 MA somit vor, soweit nicht im Einzelfall die Voraussetzungen der Zurückverweisung in Art. 10 Abs. 4, 11 Abs. 4, 12 Abs. 3 und 21 Abs. 2 MA erfüllt sind[395]. Damit dürfen im Unternehmensgewinn enthaltene Zinsen und Dividenden aus einem anderen Vertragsstaat nach Art. 10 Abs. 2 bzw. Art. 11 Abs. 2 Satz 1 MA im Ausland einer abkommensrechtlich beschränkten Quellensteuer i.H.v. 5 % bis 15 % unterworfen werden, welche nach Art. 23 A Abs. 2 MA auf die inländische Steuer des deutschen JV-Partners anzurechnen ist. Handelt es sich bei letzterem um eine Kapitalgesellschaft, läuft die abkommensrechtlich vorgesehene Anrechnung der ausländischen Quellensteuer auf die im Gewinnanteil enthaltenen Dividendeneinkünfte wegen der innerstaatlich gewährten 95 %igen jedoch weitgehend ins Leere.

bb. Steueranrechnung trotz fehlender Subjektidentität

Probleme können sich im Rahmen der Abkommensanwendung durch Deutschland ergeben, wenn dem deutschen JV-Partner im Rahmen seines Gewinnanteils aus der inländischen JV-Personengesellschaft Zins- oder Dividendeneinkünfte zugerechnet werden, welche aus einem ausländischen Quellenstaat stammen, der dem **Kapitalgesellschaftskonzept** folgt. Hier stellt sich die Frage, auf welche Weise Deutschland die Doppelbesteuerung der im Unternehmensgewinn enthaltenen Dividenden- und Zinseinkünfte zu vermeiden hat.

Im ausländischen Quellenstaat haben die Dividendenausschüttungen an die aus seiner Sicht intransparente deutsche JV-Personengesellschaft bei entsprechender Beteiligungshöhe einer gemäß Art. 10 Abs. 2 lit. a MA[396] ermäßigten Quellensteuer unterlegen. Da die JV-Personengesellschaft jedoch aus deutscher Sicht keine „ansässige Person" im Abkommenssinne ist, scheidet eine inländische Freistellung der Dividendeneinkünfte nach dem in den meisten deutschen DBA für Dividenden i.S.d. Art. 10 Abs. 2 lit. a MA vorgesehenen internationalen Schachtelprivileg[397] aus. In Betracht kommt allenfalls eine Anrechnung der im Ausland erhobenen Quellensteuer auf die inländische Steuer des deutschen JV-Partners gemäß Art. 23 A Abs. 2 MA[398].

---

[395] *Wassermeyer* in: Debatin/Wassermeyer, Art. 7 MA Rn. 394.

[396] Art. 10 Abs. 2 lit. a MA setzt tatbestandlich voraus, dass Nutzungsberechtigter der Schachteldividende eine Gesellschaft i.S.d. Art. 3 Abs. 1 lit. b MA, „jedoch keine Personengesellschaft" ist. Zur Beurteilung dessen kommt es entscheidend darauf an, ob der Anteilseigner *nach dem Recht des Quellenstaates* eine juristische Person oder ein Rechtsträger ist, der für Besteuerungszwecke wie eine solche behandelt wird (*Wassermeyer* in: Debatin/Wassermeyer, Art. 10 MA Rn. 71 f.). Der Quellenstaat hat demnach die Existenz einer „Gesellschaft" auf Seiten des Dividendenempfängers autonom auf Grundlage seines eigenen Rechts zu prüfen.

[397] In Abweichung zum MA gewähren die meisten deutschen DBA eine Freistellung von Dividendenzahlungen im Konzern, sofern die inländische Muttergesellschaft zu mindestens 10 %-25 % unmittelbar am Kapital ihrer ausländischen Tochter beteiligt ist (vgl. *Vogel* in: Vogel/Lehner, Art. 23 MA Rn. 91 ff.)

[398] Vgl. *Piltz* in: Mössner, Steuerrecht international tätiger Unternehmen, Rn. F 147. Eine Anrechnung auf die inländische Steuer des gemäß § 49 Abs. 1 Nr. 2 lit. a EStG beschränkt steuerpflichtigen ausländischen JV-Partners nach dem zwischen Deutschland und dem Quellenstaat bestehenden DBA scheidet dagegen von vornherein aus, da dieser in keinem der beiden Staaten steuerlich ansässig ist. Der ausländische JV-Partner kann sich jedoch auf das zwischen Deutschland und seinem Ansässig-

Problematisch erscheint insoweit jedoch, dass aus Sicht des Quellenstaates die JV-Personengesellschaft als solche besteuert wurde, während dies aus Sicht Deutschlands deren Gesellschafter sind. Es fehlt mit anderen Worten an der für eine Steueranrechnung grundsätzlich erforderlichen **Identität des Steuersubjekts**. Der OECD-MK geht im Allgemeinen davon aus, dass die DBA nur die Vermeidung einer echten, „juristischen" Doppelbesteuerung bezweckten, welche nur dann vorliege, wenn ein und dieselbe Person einer Besteuerung desselben Besteuerungsgegenstandes mit vergleichbaren Steuern in beiden Vertragsstaaten ausgesetzt sei[399]. Dies sei – so der MK – vom Fall der Besteuerung derselben Einkünfte bei verschiedenen Personen (sog. „wirtschaftliche Doppelbesteuerung") zu unterscheiden, welcher durch zweiseitige Verhandlungen der Vertragsstaaten zu lösen sei[400]. Hieraus wird von einem **Teil der Literatur**[401] geschlossen, Deutschland sei nicht verpflichtet, die ausländische Quellensteuer in der vorliegend betrachteten Situation anzurechnen. Die **h.M. im Schrifttum**[402] geht demgegenüber davon aus, eine Anrechnung habe trotz formalrechtlich fehlender Subjektidentität zu erfolgen. Zum selben Ergebnis kommt auch der OECD-Partnership-Report, dessen Wertung ausdrücklich in den zwischenzeitlich überarbeiteten MK-Kommentar zu Art. 23 MA eingeflossen ist[403]. Die Annahme einer Anrechnungsverpflichtung bei intransparenter Behandlung der Personengesellschaft im Quellenstaat wird dort damit begründet, dass es, soweit der Sitzstaat der Personengesellschaft die ausländischen Einkünfte an die Gesellschafter zum Zwecke der Besteuerung durchleite, nur folgerichtig sei, die von der Personengesellschaft im Quellenstaat erhobene Steuer ebenfalls an die Gesellschafter durchzuleiten. Anders ausgedrückt ist also der der JV-Personengesellschaft vom Quellenstaat eingeräumte Status einer Körperschaft, welchen Deutschland für Zwecke der Besteuerung der JV-Partner unbeachtet lässt, konsequenterweise auch für Zwecke der Steueranrechnung zu ignorieren. Der Wortlaut der Art. 23 A Abs. 2, Art. 23 B Abs. 1 MA setzt überdies für die Anrechnung lediglich voraus, dass eine in einem Vertragsstaat ansässige Person Einkünfte bezieht, die nach dem Abkommen im anderen Vertragsstaat besteuert werden können, und dass im anderen Vertragsstaat eine derartige Steuer gezahlt worden ist. Dass die *im Sitzstaat ansässige* Per-

keitsstaat bestehende DBA berufen und nach Art. 7 Abs. 1 Satz 2, 21 Abs. 2 i.V.m. Art. 23 A Abs. 1 MA Freistellung von der Besteuerung in seinem Ansässigkeitsstaat verlangen. Die im Quellenstaat auf die Dividendenausschüttungen an die deutsche JV-Personengesellschaft einbehaltene Steuer kann allerdings auf den ersten Blick mangels Anrechnungsvolumen im Ansässigkeitsstaat des ausländischen JV-Partners und Abkommensberechtigung der Personengesellschaft bzw. des JV-Partners in Deutschland oder dem Quellenstaat nirgends zur Anrechnung gebracht werden. Auf innerstaatlicher Ebene bietet in derartigen Dreieckssachverhalten jedoch § 50 Abs. 6 EStG Abhilfe. Vor dem Hintergrund des zwischen Deutschland und dem Ansässigkeitsstaat des ausländischen JV-Partners analog Art. 24 Abs. 3 MA vereinbarten sowie des aus den Grundfreiheiten des EG-Vertrags abzuleitenden Betriebsstättendiskriminierungsverbots ist Deutschland darüber hinaus verpflichtet, die im Quellenstaat erhobene Steuer nach seinem mit dem Quellenstaat geschlossenen DBA auf die Steuer anzurechnen, welche es auf die inländischen Betriebsstätteneinkünfte des beschränkt steuerpflichtigen ausländischen JV-Partners erhebt (vgl. im Einzelnen hierzu Kapitel 3:B.II.2.b.cc. unten).

399 Tz. 1 MK zu Art. 23 MA.

400 Tz. 2 MK zu Art. 23 MA.

401 So *Lang*, IStR 2000, S. 133; *Lang/Wimpissinger*, Einkünfte von Gesellschaftern einer Personengesellschaft, S. 98 f.; *Wilke* in: Becker/Höppner/Grotherr/Kroppen, Art. 1 MA Rn. 38.

402 So *Wassermeyer* in: Debatin/Wassermeyer, Vor Art. 1 MA Rn. 2, 3; *ders.*, IStR 1998, S. 492; *Lechner*, Abkommensberechtigung, S. 79, 75; *Höppel*, Anrechnung, S. 58 f.; *Kinzl*, IStR 2007, S. 562.

403 Tz. 69.1 und 69.2 MK zu Art. 23 MA.

son die im Quellenstaat erhobene Steuer gezahlt haben muss, verlangt der Wortlaut hingegen nicht[404]. Da die Art. 23 A Abs. 2, 23 B MA zudem methodisch erst an die Besteuerung im Quellenstaat nach Maßgabe des dortigen innerstaatlichen Rechts anknüpfen und den persönlichen Anknüpfungspunkten für die Besteuerung im Quellenstaat insbesondere im Hinblick auf Personengesellschaften vielfach unterschiedliche Konzeptionen zugrunde liegen, wird eine Steuersubjektidentität „im streng juristischen Sinne" häufig gar nicht erreichbar sein. Angesichts dessen sind die Vorschriften in einem an Sinn und Zweck des Abkommens orientierten **wirtschaftlichen Sinne** auszulegen, wonach es zur Begründung der Anrechnungsverpflichtung ausreicht, wenn die Steuer im Quellenstaat aufgrund eines dort geltenden anderen Besteuerungskonzepts zwar bei einer anderen Person, aber wirtschaftlich gesehen für Rechnung derjenigen Person erhoben wird, die die Anrechnung im Inland begehrt[405].

cc. Verlustnutzung

Ebenso wie auf Ebene der inländischen JV-Personengesellschaft erzielte Gewinne werden dem deutschen JV-Partner Verluste, welche die JV-Personengesellschaft aus eigenen Aktivitäten oder Verlustübernahmen aus Ergebnisabführungsverträgen mit inländischen Tochter-Kapitalgesellschaften erleidet, für Zwecke der Körperschaft- bzw. Einkommensteuer gemäß § 15 Abs. 1 Satz 1 Nr. 2 Satz 1, 1. Halbs. EStG anteilig zugerechnet und können von diesem nach **§ 2 Abs. 3 EStG** zunächst mit eigenen positiven Einkünften aus Gewerbebetrieb und sodann mit seinen übrigen Einkünften zum Ausgleich gebracht oder nach § 10d EStG (ggf. i.V.m. § 8 Abs. 4 KStG[406]) im Rahmen des Verlustabzugs genutzt werden. Der durch das Betriebsfinanzamt nach den §§ 179 ff. AO einheitlich und gesondert festgestellte Verlust aus Gewerbebetrieb bindet das (Wohn-)Sitzfinanzamt insoweit sowohl für das Jahr der Verlustentstehung als auch für die Folgejahre[407]. Gewerbesteuerlich können auf Ebene der JV-Personengesellschaft entstandene Verluste hingegen grundsätzlich nicht von den JV-Partnern genutzt werden, da die Gesellschaft selbständig gewerbesteuerpflichtig ist (vgl. § 2 Abs. 1 Satz 2, 5 Abs. 1 Satz 3 GewStG) und Gewerbeverluste den Gesellschaftern daher nicht anteilig zugerechnet werden.

Ist die inländische JV-Personengesellschaft als **GmbH & Co. KG** ausgestaltet, wird die Möglichkeit des Verlustausgleichs bzw. -abzugs für einen beschränkt haftenden inländischen JV-Partner zudem durch die – verfassungsrechtlich umstrittene[408] – Vorschrift des **§ 15a EStG** eingeschränkt. Der einem Kommanditisten[409] zuzurech-

---

[404] So auch *Höppel*, Anrechnung, S. 52.

[405] Ebenso *Wassermeyer*, Art. 23 A MA Rn. 95; *Lang/Reich/Schmidt*, IStR 2007, S. 7; für § 34c EStG gleichfalls *Schaumburg*, Internationales Steuerrecht, Rn. 15.18 und *Kinzl*, IStR 2007, S. 562.

[406] Im Zuge der Unternehmensteuerreform 2008 wird die bisherige Mantelkaufregelung des § 8 Abs. 4 KStG durch eine allgemeine Verlustabzugsbeschränkung für Körperschaften in § 8c KStG n.F. abgelöst. Eine mittelbare oder unmittelbare Übertragung von mindestens 25 % und maximal 50 % der Gesellschaftsanteile oder Stimmrechte innerhalb von fünf Jahren führt danach zu einem anteiligen Verfall des Verlustabzugs der Gesellschaft. Unabhängig davon kommt es im Fall der Übertragung von mehr als 50% der Anteile oder Stimmrechte zu einem vollständigen Untergang des Verlustabzugs.

[407] *Raupach/Schencking* in: Herrmann/Heuer/Raupach, § 2 EStG Rn. 558.

[408] Vgl. Nachweise bei *Lüdemann* in: Herrmann/Heuer/Raupach, § 15a EStG Rn. 25 ff.

[409] Gemäß § 15a Abs. 5 EStG sind Teile der Regelung sinngemäß auf andere Unternehmer (z.B. OHG-Gesellschafter, Komplementäre) übertragbar, soweit deren Haftung der eines Kommanditisten vergleichbar ist (vgl. *Wacker* in: Schmidt, § 15a EStG Rn. 195 ff.).

nende Anteil am Verlust einer KG kann danach weder mit anderen Einkünften aus Gewerbebetrieb noch mit Einkünften aus anderen Einkunftsarten ausgeglichen werden, soweit durch den Verlust ein negatives Kapitalkonto[410] des Kommanditisten entsteht oder sich dieses erhöht; auch § 10d EStG findet unter diesen Voraussetzungen keine Anwendung (vgl. § 15a Abs. 1 Satz 1 EStG). Die nicht ausgleichsfähigen Verluste werden als **sog. verrechenbare Verluste** nach § 15a Abs. 4 EStG besonders festgestellt und können nicht mehr innerperiodisch, sondern nur noch mit zukünftig anfallenden Gewinnanteilen aus der Beteiligung an der Personengesellschaft verrechnet werden (vgl. § 15a Abs. 2 EStG). Es erfolgt somit eine zeitliche Verzögerung in der steuerlichen Wirksamkeit solcher Verlustzuweisungen, die über den Betrag des Kapitalkontos des Kommanditisten hinausgehen[411]. Ausnahmsweise lässt § 15a Abs. 1 Satz 2 EStG jedoch auch insoweit einen innerperiodischen Verlustausgleich bzw. -abzug durch den Kommanditisten zu, als durch ihn ein negatives Kapitalkonto entsteht oder sich dieses erhöht, wenn und soweit am Bilanzstichtag eine „überschießende Außenhaftung" des Kommanditisten nach § 171 HGB besteht[412]. Verlustanteile dürfen in diesem Fall in Höhe des Betrags ausgeglichen werden, um den die im Handelsregister eingetragene Haftsumme die geleistete Einlage übersteigt. Voraussetzung dieses erweiterten Verlustausgleichs ist jedoch, dass derjenige, dem der Verlustanteil steuerlich zuzurechnen ist, am Bilanzstichtag im Handelsregister eingetragen ist, die Haftung nachgewiesen wird und eine Vermögensminderung aufgrund der Haftung weder durch Vertrag ausgeschlossen noch nach Art und Weise des Geschäftsbetriebs unwahrscheinlich ist (vgl. § 15a Abs. 1 Satz 3 EStG). Grundgedanke der in § 15a Abs. 1 Satz 1 und 2 EStG getroffenen Regelung ist die Begrenzung der Verlustberücksichtigung „auf den Haftungsbetrag", da Verluste, die über diesen hinausgehen, den Steuerpflichtigen im Jahr der Entstehung des Verlustes im Regelfall weder rechtlich noch wirtschaftlich belasten, sondern erst dann, wenn

---

[410] Gesellschaftsrechtlich wird ein Verlustanteil, der nach dem vertraglichen oder gesetzlichen Gewinnverteilungsschlüssel auf einen Gesellschafter entfällt, von seinem Kapitalanteil „abgeschrieben" (vgl. §§ 161 Abs. 2, 120 Abs. 2 HGB). Soweit nichts anderes vereinbart ist, nimmt ein Kommanditist jedoch an Verlusten gemäß § 167 Abs. 3 HGB nur bis zur Höhe seines Kapitalanteils und seiner noch rückständigen (Pflicht-)Einlage teil. Diese Regelung ist jedoch nicht so zu verstehen, dass die Belastung des Kommanditisten mit Verlusten bei Erschöpfung seines Kapitalanteils zuzüglich der noch zu leistenden Einlage aufhört. Vielmehr kann der Kommanditist ebenso wie der persönlich haftende Gesellschafter einen negativen Kapitalanteil haben, den er durch spätere Gewinnanteile zunächst wieder auf Null bringen muss, bevor er Beträge ausbezahlt verlangen kann (vgl. *Hopt* in: Baumbach/Hopt, § 167 HGB Rn. 4, 5). In der Jahresschlussbilanz (Handelsbilanz) ist ein Verlustanteil des Kommanditisten von dessen Kapitalanteil somit auch insoweit abzuschreiben, als dieser dadurch negativ wird (*Wacker* in: Schmidt, § 15a EStG Rn. 3).

[411] *Jacobs*, Internationale Unternehmensbesteuerung, S. 591.

[412] Der Kommanditist haftet den Gläubigern der Gesellschaft nach § 171 Abs. 1 HGB bis zur Höhe seiner im Handelsregister eingetragenen Einlage (Hafteinlage) unmittelbar; seine Haftung ist erloschen, soweit die Einlage in voller Höhe geleistet ist. Hat der Kommanditist seine Einlage in voller Höhe erbracht, besteht somit für ihn keine Außenhaftung mehr. Wurde die Einlage hingegen nicht bzw. nicht in voller Höhe erbracht, so haftet der Kommanditist den Gläubigern der Gesellschaft mit dem Differenzbetrag zwischen Hafteinlage und geleisteter Einlage (Haftungsbetrag) unmittelbar. Dasselbe gilt für den Fall der Rückzahlung der tatsächlich geleisteten Einlage sowie bei Entnahme von Gewinnanteilen, wenn dadurch der Kapitalanteil unter den Betrag der geleisteten Einlage herabgemindert ist (vgl. § 172 Abs. 4 HGB).

und soweit spätere Gewinne entstehen[413]. Darüber hinaus soll die Regelung die Betätigungsmöglichkeit von sog. Verlustzuweisungsgesellschaften einschränken[414].

Um zu verhindern, dass die Beschränkungen des § 15a Abs. 1 Satz 1 und 2 EStG durch nur vorübergehende Einlageerhöhungen oder Haftungserweiterungen zum Zwecke des Verlustausgleichs in Verlustjahren umgangen werden, enthält **§ 15a Abs. 3 EStG** ferner eine **Missbrauchsregelung**. Danach sind Entnahmen in den auf die Verlustentstehung folgenden Wirtschaftsjahren, die zu einem negativen Kapitalkonto führen oder dieses erhöhen (**Einlageminderungen** i.S.d. § 15a Abs. 3 Satz 1 EStG), und Beträge, um die in den der Verlustentstehung nachfolgenden Wirtschaftsjahren die Haftung herabgesetzt wird (**Haftungsminderungen** nach § 15a Abs. 3 Satz 2 und 3 EStG), grundsätzlich bis zur Höhe der in vorangegangenen Perioden ausgleichs- und abzugsfähigen Verluste als fiktiver laufender Gewinn des Jahres der Einlage- oder Haftungsminderung zu versteuern, während in gleicher Höhe der früher ausgleichs- und abzugsfähige Verlust in einen verrechenbaren „umgepolt" wird (vgl. § 15a Abs. 3 Satz 4 EStG)[415]. Durch diese nachträgliche Zurechnung fiktiver Gewinne wird letztlich dieselbe Lage hergestellt, die bestanden hätte, wenn von vornherein eine geringere Einlage geleistet worden wäre oder eine geringere Haftung bestanden hätte und somit der Verlust bereits im Entstehungsjahr nur ein „verrechenbarer Verlust" i.S.d. § 15a Abs. 4 EStG gewesen wäre.

Im Ergebnis macht die Regelung des § 15a EStG für die ertragsteuerliche Verlustnutzung auf Ebene des beschränkt haftenden JV-Partners insbesondere in Fällen, in denen Anlaufverluste zu erwarten sind, eine entsprechende Eigenkapitalausstattung der JV-Personengesellschaft erforderlich. Darüber hinaus ist stets vor dem Ende des jeweiligen Wirtschaftsjahres zu prüfen, ob das vorhandene Kapitalkonto des Kommanditisten in Ansehung der zu erwartenden Verluste noch ausreichend dotiert ist. Ist dies nicht der Fall, ist das Kapitalkonto entweder rechtzeitig vor dem Ablauf des Wirtschaftsjahres aufzustocken oder die Außenhaftung des Kommanditisten zu erhöhen[416].

dd. Abzugsfähigkeit von Finanzierungsaufwendungen

Aufwendungen zur Finanzierung der Beteiligung an der inländischen JV-Personengesellschaft sind grundsätzlich als **Sonderbetriebsausgaben** der JV-Partner bei der JV-Personengesellschaft zu berücksichtigen[417]. Diese gehen neben Sondervergütungen und Wertveränderungen des Sonderbetriebsvermögens über die Sonderbilanzen der JV-Partner in die „additive Gesamtbilanz" der JV-Personengesellschaft mit ein und mindern deren gewerbliche Einkünfte (§ 4 Abs. 4 EStG). Ist die JV-Personengesellschaft ihrerseits an Kapitalgesellschaften beteiligt, so wird die Abziehbarkeit der Finanzierungsaufwendungen jedoch durch **§ 3c Abs. 2 EStG, § 8b Abs. 5 Satz 1 KStG** eingeschränkt[418]: Soweit einer **natürlichen Person** im Rahmen des

---

413 Vgl. BR-Drucks. 511/79, S. 16.
414 Vgl. BR-Drucks. 694/76.
415 *Wacker* in: Schmidt, § 15a EStG Rn. 150.
416 *Ley/Schulte*, Joint-Venture-Gesellschaften, Rn. 712.
417 Vgl. BFH v. 30.06.1966, BStBl. III 1966, S. 582 ff.; v. 03.12.1991, BFH/NV 1992, S. 515 ff.; *Köster* in: Herrmann/Heuer/Raupach, § 15 EStG Rn. 556; *Wacker* in: Schmidt, § 15 EStG Rn. 645.
418 Vgl. *Ley/Schulte*, Joint-Venture-Gesellschaften, Rn. 726; *Starke*, FR 2001, S. 25 f.

Gewinnanteils aus der inländischen JV-Personengesellschaft Dividendeneinkünfte zuzurechnen sind, unterliegen diese gemäß §§ 3 Nr. 40 Satz 1 lit. d, Satz 2, 20 Abs. 3 EStG dem Halbeinkünfteverfahren. Dementsprechend können Finanzierungsaufwendungen, soweit sie anteilig auf den Erwerb der im Betriebsvermögen der JV-Personengesellschaft gehaltenen Kapitalgesellschaftsanteile entfallen, nach § 3c Abs. 2 EStG nur zur Hälfte abgezogen werden. Fließen demgegenüber einer **Kapitalgesellschaft** über den Gewinnanteil aus der JV-Personengesellschaft Dividendeneinkünfte zu, sind diese gemäß § 8b Abs. 6 Satz 1, Abs. 1 Satz 1 KStG grundsätzlich von der Besteuerung freigestellt, jedoch gelten nach § 8b Abs. 6 Satz 1, Abs. 5 Satz 1 KStG 5 % der Bezüge fiktiv als Ausgaben, die nicht als Betriebsausgaben abgezogen werden dürfen. Tatsächlich entstandene Finanzierungsaufwendungen für den Erwerb des Mitunternehmeranteils können im Gegenzug gemäß § 8b Abs. 6 Satz 1, Abs. 5 Satz 2 KStG, der die Anwendung des Betriebsausgabenabzugsverbots des § 3c Abs. 1 EStG ausschließt, voll abgezogen werden.

Um die aus §§ 3c Abs. 2 EStG, 8b Abs. 5 Satz 1 KStG resultierenden Einschränkungen hinsichtlich der Abzugsfähigkeit von Finanzierungsaufwendungen zu vermeiden, bietet sich auch hier die Begründung eines **Organschaftsverhältnisses** zwischen der JV-Personengesellschaft und ihren inländischen Tochter-Kapitalgesellschaften an (§§ 14 ff. KStG)[419]. Nach § 14 Abs. 1 Nr. 2 Satz 2 KStG kann auch eine inländische Personengesellschaft i.S.d. § 15 Abs. 1 Satz 1 Nr. 2 EStG die Rolle des Organträgers einnehmen, vorausgesetzt sie übt eine – „nicht nur geringfügige" – originär gewerbliche Tätigkeit nach § 15 Abs. 1 Satz 1 Nr. 1 EStG aus. Soweit die JV-Personengesellschaft jedoch an ausländischen Kapitalgesellschaften beteiligt ist, scheidet eine grenzüberschreitende Organschaft nach derzeit (noch) geltendem Recht aus.

c. Zwischenergebnis

Eine in Deutschland ansässige JV-Personengesellschaft unterliegt mangels eigener Steuersubjektqualität als solche keinerlei Belastung mit inländischer Körperschaft- oder Einkommensteuer, sondern ist insoweit – anders als im Bereich der Gewerbesteuer – lediglich Subjekt der Gewinnerzielung, -ermittlung und Einkünftequalifikation für Zwecke der Besteuerung der an ihr beteiligten JV-Partner (Mitunternehmerkonzept). Bezieht die deutsche JV-Personengesellschaft Einkünfte aus dem Ausland, stellt sich angesichts der international stark divergierenden Behandlung von Personengesellschaften auf Abkommensebene stets die Frage nach ihrer Abkommensberechtigung. Nach hier vertretener Auffassung ist diese Frage von den Vertragsstaaten stets autonom auf Grundlage ihres eigenen innerstaatlichen Rechts ohne Bindung an die Beurteilung im jeweils anderen Staat zu beantworten. Aus deutscher Sicht fehlt es daher an einer Abkommensberechtigung der JV-Personengesellschaft, selbst wenn der ausländische Quellenstaat dem Kapitalgesellschaftskonzept folgt und die Gesellschaft wie eine Körperschaft behandelt. In Deutschland abkommensberechtigt sind danach nur die an der JV-Personengesellschaft beteiligten natürlichen oder juristischen Personen, sofern diese die Voraussetzungen der Abkommensberechtigung in ihrer Person selbst erfüllen. Im Quellenstaat genießt die deutsche JV-Personengesellschaft bei dortiger Geltung des Kapitalgesellschaftskonzepts

[419] Vgl. *Starke*, FR 2001, S. 26.

hingegen Abkommensschutz und kann als „Nutzungsberechtigte" insbesondere auch die Abkommensvergünstigungen der Art. 10-12 MA in Anspruch nehmen. Die Einzelheiten in diesem Bereich sind jedoch umstritten.

Den JV-Partnern werden die auf Ebene der JV-Personengesellschaft erzielten Gewinne oder Verluste anteilig unmittelbar im Wege der einheitlichen und gesonderten Gewinnfeststellung als eigene gewerbliche Mitunternehmereinkünfte zugerechnet. Zu diesen zählen sowohl der auf den jeweiligen JV-Partner entfallende Gewinn- oder Verlustanteil als auch ggf. von der JV-Personengesellschaft bezogene Sondervergütungen. Verluste der JV-Personengesellschaft können vom deutschen JV-Partner somit – vorbehaltlich der Regelung des § 15a EStG – unmittelbar zum Ausgleich eigener positiver Einkünfte genutzt werden. Soweit dem deutschen JV-Partner im Rahmen seines Gewinnanteils aus der Mitunternehmerschaft Dividendeneinkünfte zufließen, sind diese im Inland ebenso zur Hälfte bzw. zu 95 % steuerbefreit wie bei unmittelbarem Bezug von einer Kapitalgesellschaft. Aufwendungen für den Erwerb der Beteiligung an der JV-Personengesellschaft sind grundsätzlich als Sonderbetriebsausgaben des JV-Partners bei der Personengesellschaft zu berücksichtigen, wobei jedoch – vorbehaltlich des Bestehens eines Organschaftsverhältnisses – die Einschränkungen der §§ 3c Abs. 2 EStG, 8b Abs. 5 Satz 1 KStG zu berücksichtigen sind, soweit die Aufwendungen anteilig auf den Erwerb einer von der JV-Personengesellschaft gehaltenen Kapitalgesellschaftsbeteiligung entfallen. Abkommensrechtlich stellen sich im Hinblick auf die Anrechnung ausländischer Quellensteuern im Inland Probleme, wenn der Quellenstaat dem Kapitalgesellschaftskonzept folgt und daher ein anderes Subjekt der Besteuerung unterwirft als Deutschland. Nach hier vertretener Auffassung ist die im Ausland auf Zinsen oder Dividendeneinkünfte der deutschen JV-Personengesellschaft erhobene Quellensteuer in diesem Fall gleichwohl auf die inländische Steuer des deutschen JV-Partners anzurechnen, da dieser die ausländische Steuer letztlich wirtschaftlich zu tragen hat. Auch dies ist allerdings nicht unumstritten.

2. Standort im Ausland

Im Falle der Errichtung einer JV-Personengesellschaft im Ausland ergeben sich im Hinblick auf die laufende Besteuerung aus Sicht des deutschen JV-Partners die folgenden Auswirkungen:

a. Ebene der JV-Personengesellschaft

aa. Steuersubjektqualität

Die steuerliche Behandlung der ausländischen JV-Personengesellschaft in ihrem Sitzstaat ist abhängig von dem dem dortigen innerstaatlichen Recht zugrunde liegenden Besteuerungskonzept[420]. Folgt der Sitzstaat wie Deutschland dem **Mitunternehmerkonzept**, so erfolgt die Besteuerung mit ausländischer Körperschaft- oder Einkommensteuer nicht auf Ebene der – steuerlich transparenten – Personengesellschaft, sondern wird auf die Ebene der an ihr beteiligten JV-Partner verlagert. Das

[420] Ein Überblick über die Besteuerung von Personengesellschaften an den wichtigsten ausländischen Investitionsstandorten findet sich bei *Pyszka/Brauer*, Ausländische Personengesellschaften, Anhang S. 193 ff.

auf Ebene der ausländischen JV-Personengesellschaft erzielte Ergebnis wird den aufgrund ihrer Beteiligung im Ausland regelmäßig beschränkt steuerpflichtigen JV-Partnern in diesem Fall als eigene Einkünfte unmittelbar anteilig zugerechnet und bei diesen als Betriebsstätteneinkünfte der Besteuerung unterworfen. Folgt der Sitzstaat der JV-Personengesellschaft hingegen dem **Kapitalgesellschaftskonzept** und behandelt die Gesellschaft wie eine Körperschaft als eigenständiges Steuersubjekt, so unterliegt die JV-Personengesellschaft in ihrem Sitzstaat als solche der unbeschränkten Körperschaftsteuerpflicht, während aufgrund der Abschirmwirkung der Gesellschaft auf die JV-Partner nur insoweit im Rahmen der beschränkten Steuerpflicht zugegriffen wird, als diesen tatsächlich Einkünfte aus dem Sitzstaat zufließen. Teilweise folgt das Steuerrecht ausländischer Staaten auch einer **Mischung beider Konzeptionen**, indem es bei bestimmten Personengesellschaftsformen einzelne Gesellschafter nach dem Mitunternehmer- und andere nach dem Kapitalgesellschaftskonzept behandelt[421]. Unter Umständen sieht das Recht des Sitzstaates der JV-Personengesellschaft auch die Möglichkeit vor, für das eine oder andere Besteuerungskonzept zu optieren (sog. „*check the box*"-Verfahren)[422] oder qualifiziert die Gesellschaft für steuerliche Zwecke aufgrund ihrer gesellschaftsrechtlichen Strukturmerkmale in eine Kapitalgesellschaft um[423].

Welchem Besteuerungskonzept der Sitzstaat der ausländischen JV-Personengesellschaft folgt und wie etwaig bestehende Optionsrechte ausgeübt wurden, ist aus Sicht des deutschen Steuerrechts jedoch grundsätzlich ohne Bedeutung. Die Qualifikation eines ausländischen Rechtsgebildes für Zwecke der deutschen Besteuerung richtet sich vielmehr ausschließlich nach innerstaatlichem deutschen Recht[424]. Insoweit gelangen die auf die Rechtsprechung des RFH im sog. „Venezuela-Urteil" zurückgehenden und durch den BFH fortentwickelten Grundsätze des **sog. Rechtstypenvergleichs** zur Anwendung[425]. Danach ist jeweils im Rahmen einer Gesamtwürdigung des rechtlichen Aufbaus und der bestehenden Strukturmerkmale des ausländischen Rechtsgebildes zu klären, ob dieses eher dem deutschen Gesellschaftstypus einer Personen- oder einer Kapitalgesellschaft entspricht. Basierend auf der Rechtsprechung werden von der Finanzverwaltung insoweit hauptsächlich die Kriterien „Geschäftsführung und Vertretung", „Haftung", „Übertragbarkeit der Anteile", „Gewinnzuteilung" und „Kapitalaufbringung" herangezogen; ergänzend wird auf die Kriterien „Lebensdauer der Gesellschaft", „Gewinnverteilung" sowie „formale Gründungs-

---

[421] Dies ist z.B. bei tschechischen und slowakischen Kommanditgesellschaften üblich.

[422] Letzteres ist beispielsweise in Belgien, Frankreich und den USA der Fall.

[423] Dies ist z.B. bei der kanadischen limited Partnership der Fall, welche nach kanadischem Steuerrecht dann als corporation (sog. *association*) angesehen wird, wenn der Gesellschaftsvertrag vorwiegend kapitalistische Züge aufweist (vgl. *Jacobs*, Internationale Unternehmensbesteuerung, S. 561)

[424] Würde man hingegen auf die zivilrechtliche oder steuerrechtliche Behandlung im Ausland abstellen, so wäre eine unterschiedliche Behandlung wirtschaftlich identischer Tatbestände aufgrund der Vielfalt des Zivil- und Steuerrechts der ausländischen Staaten kaum zu vermeiden, was jedoch den Grundsatz der Gleichmäßigkeit der Besteuerung verletzen würde. Nach diesem verfassungsrechtlichen Grundsatz sind wirtschaftlich gleiche Sachverhalte unabhängig davon, ob sie im In- oder Ausland verwirklicht werden, steuerlich gleich zu behandeln. Die Qualifikation anhand des ausländischen Rechts ist daher abzulehnen (ebenso *Müller/Wangler*, IStR 2003, S. 146).

[425] Vgl. RFH v. 12.02.1930, RStBl. 1930, S. 444 ff.; BFH v. 17.07.1968, BStBl. II 1968, S. 695 ff.; v. 23.06.1992, BStBl. II 1992, S. 972 ff.

voraussetzungen" abgestellt[426]. Ausreichend ist insoweit, wenn mindestens drei der fünf genannten Hauptkriterien für eine Einordnung als Personen- oder Kapitalgesellschaft sprechen; in „Patt-Situationen" können die aufgeführten Nebenkriterien den Ausschlag zugunsten der einen oder anderen Rechtsform geben. Im Anhang der „Betriebsstätten-Verwaltungsgrundsätze" des BMF[427] findet sich zudem eine typisierende Übersicht über Rechtsformtypen ausländischer Unternehmen und ihre Vergleichbarkeit mit inländischen Gesellschaftsformen.

Spricht eine Gesamtwürdigung im Ergebnis für eine Einordnung der ausländischen JV-Gesellschaft als Personengesellschaft (insbesondere wegen unbeschränkter Haftung mindestens eines Gesellschafters, personalistischer Struktur und Bindung der Übertragung von Gesellschaftsanteilen an die Zustimmung der Mitgesellschafter)[428], scheidet diese für Zwecke der deutschen Besteuerung als eigenständiges Subjekt der Körperschaft- oder Einkommensteuer aus. Die ausländische JV-Personengesellschaft als solche unterliegt somit – selbst wenn sie Einkünfte aus Deutschland bezieht – keiner inländischen Besteuerung.

bb. Abkommensberechtigung

Auch für Zwecke der DBA-Anwendung ist eine Qualifikation der ausländischen JV-Personengesellschaft erforderlich. Für die inländische Besteuerung spielt die Einordnung der Gesellschaft nach Abkommensrecht primär eine Rolle, wenn sie z.B. Zinsen, Dividenden oder Lizenzgebühren aus Deutschland bezieht. In diesem Fall ist Deutschland zugleich Quellenstaat und Ansässigkeitsstaat des deutschen JV-Partners. Auf Ebene der ausländischen JV-Personengesellschaft stellt sich insoweit regelmäßig die Frage, ob diese sich gegenüber dem deutschen Fiskus auf die im DBA zwischen Deutschland und ihrem Sitzstaat vorgesehenen Steuerbefreiungen und Quellensteuerreduktionen berufen kann[429]. Soweit das Abkommen keine speziellen Vorschriften zur Abkommensberechtigung von Personengesellschaften enthält[430], kommt es zur Beantwortung dieser Frage aus Sicht Deutschlands als dem Quellenstaat darauf an, ob die ausländische JV-Personengesellschaft als im anderen Vertragsstaat „ansässige Person" im Sinne der Art. 1, 3 Abs. 1 lit. a, 4 Abs. 1 MA und als Nutzungsberechtigte („*beneficial owner*") der Einkünfte im Sinne der Art. 10-12 MA anzusehen ist. Insoweit ist danach zu differenzieren, ob die JV-Personengesellschaft

---

[426] Vgl. BMF-Schr. v. 24.12.1999, BStBl. I 1999, S. 1076 ff. bezüglich der US-Limited Liability-Company. Auf andere ausländische Rechtsformen ist der dort aufgestellte Kriterienkatalog ohne weiteres übertragbar (so auch *Kahle*, StuB 2005, S. 668).

[427] BMF-Schr. v. 24.12.1999, BStBl. I 1999, S. 1076 ff.

[428] Vgl. *Lieber* in: Becker/Höppner/Grotherr/Kroppen, Art. 7 MA Rn. 296; *Schild/Ehlermann*, Besteuerungsprobleme, S. 1394.

[429] Vgl. *Jacobs*, Internationale Unternehmensbesteuerung, S. 562; *Kahle*, StuB 2005, S. 669. Im Übrigen wird die Abkommensberechtigung der ausländischen JV-Personengesellschaft bzw. die damit verknüpfte abkommensrechtliche Einordnung einzelner Einkünfte durch den ausländischen Sitzstaat nur für die deutsche Besteuerung des inländischen JV-Partners relevant (vgl. dazu unten Kapitel 3:B.II.2.b.).

[430] Sonderregelungen zur Abkommensberechtigung von Personengesellschaften und zur Lösung subjektiver Qualifikationskonflikte finden sich z.B. in den deutschen DBA bzw. in ergänzenden Protokollnotizen zu den DBA mit Belgien, Finnland, Island, Italien, Japan, Portugal, Spanien und Tunesien (*Greif* in: Mössner, Steuerrecht international tätiger Unternehmen, Rn. E 37 und E 40 ff.).

in ihrem Sitzstaat einer transparenten oder intransparenten steuerlichen Behandlung unterliegt.

(1) Transparente Behandlung im Sitzstaat

Liegt dem Recht des Sitzstaates ebenso wie dem deutschen Steuerrecht das Mitunternehmerkonzept zugrunde, besteht also „Abkommensharmonie", hat die ausländische JV-Personengesellschaft als solche in Deutschland als dem Quellenstaat unstreitig keinerlei Anspruch auf die Gewährung von Abkommensvorteilen[431]. Die Personengesellschaft genießt zwar ggf. aus Sicht beider Vertragsstaaten als „andere Personenvereinigung" i.S.d. Art. 3 Abs.1 lit. a OECD Abkommenssubjektivität, sie unterliegt jedoch weder in Deutschland noch in ihrem Sitzstaat aufgrund ihres Sitzes, ihrer Geschäftsleitung oder eines ähnlichen Merkmals der unbeschränkten Steuerpflicht und ist daher in keinem der Vertragsstaaten steuerlich „ansässig" i.S.d. Art. 4 Abs. 1 MA. Die Abkommensberechtigung ist somit auf Ebene der JV-Partner zu prüfen; sie kommen im Ergebnis in den Genuss der Abkommensvorteile, soweit sie in einem der Vertragsstaaten „ansässige Personen" im Sinne der Art. 1, 3 Abs. 1 lit. a und b, 4 Abs. 1 MA sind.

(2) Intransparente Behandlung im Sitzstaat

Behandelt der Sitzstaat die JV-Personengesellschaft hingegen (ggf. aufgrund einer entsprechenden Option oder durch Umqualifizierung) wie eine Körperschaft und unterwirft sie aufgrund ihres Sitzes, Ortes der Geschäftsleitung oder eines ähnlichen Merkmals der Besteuerung, ist die Gesellschaft aus Sicht des ausländischen Sitzstaates sowohl „Gesellschaft" i.S.d. Art. 3 Abs. 1 lit. b MA als auch dort „ansässig" i.S.d. Art. 4 Abs. 1 MA. Die Gesellschaft als solche ist somit nach dem Verständnis des anderen Vertragsstaats abkommensberechtigte Person i.S.d. Art. 1 MA, während Deutschland nur den in einem der Vertragsstaaten ansässigen Gesellschaftern Abkommensschutz zubilligt. In diesem Fall kommt der Interpretation der Abkommensbegriffe „Gesellschaft" und „Ansässigkeit" durch die Vertragsstaaten daher entscheidende Bedeutung zu[432].

Bezüglich der **Qualifikation als „Gesellschaft"** im Abkommenssinne besteht innerhalb der Literatur Streit, ob insoweit eine „vertragliche Bindung" des Quellenstaats an die Anerkennung der Steuersubjektivität der Personengesellschaft in ihrem Sitzstaat besteht (Qualifikationsverkettung)[433] oder vielmehr jeder Vertragsstaat autonom und unabhängig von der Beurteilung durch den anderen Vertragsstaat aufgrund seines eigenen innerstaatlichen Rechts zu prüfen hat, ob die Personengesellschaft im Einzelfall „Gesellschaft" i.S.d. Art. 3 Abs. 1 lit. b MA ist[434]. Da die Abkommen – wie bereits ausgeführt[435] – in persönlicher Hinsicht erst auf der Einkünftezurechnung durch den jeweiligen Anwenderstaat aufbauen und ihrer Systematik nach die Beurteilung

[431] Vgl. *Krabbe*, IWB Fach 3 Gr. 2, S. 755 f.; *Kahle*, StuB 2005, S. 669; *Wilke* in: Becker/Höppner/Grotherr/Kroppen, Art. 1 MA Rn. 22 f.; *Prokisch* in: Vogel, Art. 1 MA Rn. 28; *Jacobs*, Internationale Unternehmensbesteuerung, S. 562.

[432] Vgl. *Jacobs*, Internationale Unternehmensbesteuerung, S. 565.

[433] So die überwiegend in der Literatur vertretene und nunmehr auch dem OECD-MK zugrunde liegende Auffassung, vgl. Nachweise oben Fn. 359.

[434] Vgl. Nachweise oben Fn. 361.

[435] Vgl. oben Kapitel 3:B.II.1.a.bb(2).

der Frage, wer bestimmte Einkünfte erzielt, dem jeweiligen innerstaatlichen Recht der Anwenderstaaten überlassen, ist der letztgenannten Ansicht m.E. der Vorzug zu geben. Folge dessen ist, dass Deutschland die Existenz einer „Gesellschaft" im Abkommenssinne **eigenständig** und **ohne jede Bindung an die Auffassung des ausländischen Sitzstaates** der JV-Personengesellschaft zu beurteilen hat. Danach ist die ausländische JV-Personengesellschaft in Deutschland als dem Quellenstaat selbst dann nicht abkommensberechtigt, wenn ihr Sitzstaat sie wie eine Körperschaft behandelt. Wegen der Transparenz der Personengesellschaft können vielmehr allenfalls die JV-Partner in Deutschland Abkommensvorteile in Anspruch nehmen. Dies erfordert jedoch, dass der einzelne JV-Partner die Voraussetzungen der Abkommensberechtigung in seiner Person selbst erfüllt, d.h. er muss selbst „ansässige Person" im Abkommenssinne sein[436]. Für inländische Kapitalgesellschaften oder (an einem JV-Partner in Form einer Personengesellschaft beteiligte) inländische natürliche Personen ist dies im Hinblick auf das DBA Deutschland-Sitzstaat der Fall[437]. Diese können somit die Vorteile des zwischen Deutschland und dem Sitzstaat der Personengesellschaft bestehenden Abkommens beanspruchen, soweit sie selbst die weiteren jeweils erforderlichen Voraussetzungen (z.B. für eine Quellensteuerreduktion) erfüllen.

b. Ebene des JV-Partners

aa. Einkünftequalifikation nach innerstaatlichem Recht

Der deutsche JV-Partner erzielt aus seiner Beteiligung an der ausländischen JV-Personengesellschaft nach innerstaatlichem Recht gewerbliche Einkünfte i.S.d. § 15 Abs. 1 Satz 1 Nr. 2 EStG (ggf. i.V.m. § 8 Abs. 1 KStG), die in Deutschland im Rahmen der unbeschränkten Körperschaft- oder Einkommensteuerpflicht des JV-Partners bzw. seiner Gesellschafter der Besteuerung unterliegen (**Universalitätsprinzip**; §§ 1 Abs. 1, Abs. 2 EStG bzw. §§ 1 Abs. 1, Abs. 2 KStG). Die obigen Ausführungen

---

436 Nach der gegenteiligen Ansicht, welche von einer Qualifikationsverkettung ausgeht, soll die Abkommensberechtigung der Personengesellschaft demgegenüber auf die Gesellschafter unerheblich davon durchschlagen, ob diese in ihrer Person selbst die Voraussetzungen des Art. 1 MA erfüllen. Nach dieser Ansicht könnte sich somit jeder Gesellschafter auf den Abkommensschutz nach Art. 7 Abs. 1 MA berufen (*Reith*, Internationales Steuerrecht, Rn. 4.184; *Prokisch* in: Vogel/Lehner, Art. 1 MA Rn. 33). Systematische Schwierigkeiten bereitet dieser Ansatz in Dreiecksfällen (vgl. dazu unten Kapitel 3:B.II.2.b.dd.), in denen eine ausländische Personengesellschaft, deren Gesellschafter in einem Drittstaat ansässig ist, Einkünfte aus Deutschland bezieht und zwischen allen beteiligten Staaten DBA bestehen. In diesen Konstellationen ergibt sich als Konsequenz der von der h.M. vertretenen Ansicht eine doppelte Abkommensberechtigung zum einen der Personengesellschaft selbst (aus dem DBA Deutschland-Sitzstaat) als auch des in einem Drittstaat ansässigen Gesellschafters (aus dem DBA Deutschland-Drittstaat). Der OECD-Partnership-Report behilft sich insoweit damit, dass jeweils die DBA-Regelung zur Anwendung gelangen soll, die für den Gesellschafter die günstigere Rechtsfolge enthält (vgl. Tz. 6.5 MK zu Art. 1 MA). Dass hieraus, insbesondere bei hoher Gesellschafterzahl und unterschiedlichen Ansässigkeitsstaaten der Gesellschafter, praktische Probleme erwachsen können, liegt auf der Hand.

437 Gleiches gilt für den im Sitzstaat der JV-Personengesellschaft ansässigen ausländischen Partner, soweit dieser aus deutscher Sicht „Person" im Abkommenssinne ist. Ist der ausländische JV-Partner hingegen in einem Drittstaat ansässig, kann er sich allenfalls auf ein zwischen Deutschland und dem Drittstaat bestehendes DBA berufen; nach dem DBA Deutschland-Sitzstaat ist er hingegen nicht abkommensberechtigt. In diesem Fall können sich Anrechnungsprobleme im Hinblick auf die in Deutschland einbehaltene Quellensteuer ergeben (vgl. Kapitel 3:B.II.2.b.dd. unten und Fn. 398).

zur Besteuerung der Mitunternehmereinkünfte aus einer inländischen JV-Personengesellschaft gelten insoweit grundsätzlich entsprechend[438]. Zur Ermittlung der Einkünfte sind anknüpfend an die Ergebnisse der ausländischen Buchführung (vgl. § 146 Abs. 2 Satz 3 AO) die **inländischen Vorschriften über die Gewinnermittlung** (§§ 4 Abs. 1, Abs. 3 EStG)[439] heranzuziehen. In Fällen, in denen der Sitzstaat der JV-Personengesellschaft dem Mitunternehmerkonzept folgt, können die nach ausländischem Recht erstellten Gesamthands- und Sonderbilanzen weitgehend übernommen und daraus der auf den deutschen JV-Partner entfallende Gewinnanteil nach Maßgabe der inländischen Gewinnermittlungsvorschriften abgeleitet werden. Liegt dem Recht des Sitzstaats hingegen das Kapitalgesellschaftskonzept zugrunde, können für die Ermittlung der Einkünfte des inländischen JV-Partners hilfsweise gesonderte, nach inländischem Recht erstellte Sonderbilanzen notwendig werden[440]. Die auf dieser Grundlage ermittelten ausländischen Mitunternehmereinkünfte werden bei Nichtbestehen eines DBA mit dem Sitzstaat der JV-Personengesellschaft gemäß § 180 Abs. 1 Nr. 2 AO gesondert festgestellt; bei Bestehen eines DBA erfolgt die Feststellung der Einkünfte nach § 180 Abs. 5 AO aufgrund der regelmäßig vorgesehenen abkommensrechtlichen Freistellung lediglich für Zwecke des Progressionsvorbehalts und des § 2a EStG[441].

Im Sitzstaat der JV-Personengesellschaft unterliegt der deutsche JV-Partner, wenn dort ebenfalls das Mitunternehmerkonzept vorherrscht, mit seinem Gewinnanteil im Feststellungszeitpunkt zudem der ausländischen Besteuerung im Rahmen seiner dortigen beschränkten Steuerpflicht (**Betriebsstättenprinzip**). Folgt der Sitzstaat der JV-Personengesellschaft hingegen dem Kapitalgesellschaftskonzept, wird im Zeitpunkt der Gewinnerzielung auf Ebene der Gesellschaft Körperschaftsteuer und erst im „Ausschüttungsfall" Kapitalertragsteuer auf die an den beschränkt steuerpflichtigen inländischen JV-Partner ausgeschüttete „Dividende" erhoben. Überlässt der deutsche JV-Partner der ausländischen JV-Personengesellschaft ferner Wirtschaftsgüter oder Kapital zur Nutzung oder erbringt dieser gegenüber entgeltliche Leistungen, so gehören die dafür von der Gesellschaft gezahlten Vergütungen nach innerstaatlichem deutschen Recht als **Sondervergütungen** ebenfalls zu den Einkünften aus Gewerbebetrieb i.S.d. § 15 Abs. 1 Satz 1 Nr. 2 EStG[442]. Als solche mindern sie nach deutschem Verständnis grundsätzlich den Steuerbilanzgewinn der Personengesellschaft, werden jedoch beim Gesellschafter in gleicher Höhe in einer Sonderbilanz erfasst und gehen so in den Gesamtgewinn der Mitunternehmerschaft mit ein[443]. Wird die ausländische JV-Personengesellschaft in ihrem Sitzstaat jedoch nach dem Kapitalgesellschaftskonzept besteuert oder liegt dem Recht des Sitzstaates zwar das Mitunternehmerkonzept zugrunde, sind ihm jedoch Sondervergütungen

---

[438] Vgl. oben Kapitel 3:B.II.1.b.

[439] § 5 Abs. 1 EStG ist demgegenüber laut BFH (Urt. v. 13.09.1990, BStBl. II 1990, S. 57) nicht anwendbar, da es an einer originären deutschen Buchführungspflicht der ausländischen JV-Personengesellschaft gemäß den §§ 140, 141 AO; § 238 HGB fehlt (vgl. *Prinz/Breuninger*, IWB Fach 10 Gr. 2, S. 1299).

[440] Vgl. *Jacobs*, Internationale Unternehmensbesteuerung, S. 569.

[441] *Greif* in: Mössner, Steuerrecht international tätiger Unternehmen, Rn. E 110.

[442] Vgl. BFH-Urt. v. 19.05.1993, BStBl. II 1993, S. 714; v. 17.10.1990, BStBl. II 1991, S. 211.

[443] BFH-Urt. v. 06.07.1999, BStBl. II 1999, S. 720.

fremd[444], so werden die Vergütungen nach ausländischem Recht auf Ebene der Gesellschaft regelmäßig zum Abzug zugelassen und beim inländischen JV-Partner im Rahmen seiner beschränkten Steuerpflicht einer besonderen Besteuerung (z.B. mit Lohnsteuer, Kapitalertragsteuer) unterworfen, mit der Folge, dass der nach ausländischem Recht ermittelte Personengesellschaftserfolg regelmäßig niedriger ausfällt als der nach deutschem Recht ermittelte Gewinn.

bb. Abkommensrechtliche Einkünftequalifikation

Auf Abkommensebene folgt die Qualifikation der aus der Beteiligung an der ausländischen JV-Personengesellschaft erzielten Einkünfte grundsätzlich anderen Regeln als nach innerstaatlichem Recht[445]. Insbesondere stehen die einzelnen Einkunftsarten im Vergleich zum innerstaatlichen deutschen Recht abkommensrechtlich in einem anderen Konkurrenzverhältnis. Während das innerstaatliche deutsche Recht von dem Grundsatz beherrscht wird, dass Einkünfte aus verschiedenen Betätigungen vorrangig als gewerblich zu qualifizieren sind, sofern sie im Rahmen eines Betriebs erzielt werden (**Subsidiaritätsprinzip**), steht dem auf Abkommensebene gegenläufig das Prinzip gegenüber, dass jeweils der spezielleren Einkunftsart Vorrang zu gewähren ist (**Spezialitätsprinzip**). Problematisch ist bei der abkommensrechtlichen Einkünftequalifikation zudem, dass die Art. 6-22 MA grundsätzlich vom Leitbild eines zivil- und steuerrechtlich selbständigen Rechtssubjekts (Kapitalgesellschaft) ausgehen und daneben lediglich die rechtlich völlig unselbständige Betriebsstätte kennen. Da die Personengesellschaft ihrer Rechtsnatur nach jedoch zwischen diesen beiden Extremen steht, bereitet die abkommensrechtliche Behandlung von Einkünften aus der Beteiligung an einer Personengesellschaft besondere Probleme. Hinzu kommt, dass international kein einheitliches Besteuerungskonzept für Personengesellschaften existiert. Behandelt der Sitzstaat die ausländische JV-Personengesellschaft nach dem Kapitalgesellschaftskonzept oder ist das Mitunternehmerkonzept im Sitzstaat anders ausgeprägt als nach innerstaatlichem deutschen Recht, kann es zur Entstehung von subjektiven und/oder objektiven Qualifikationskonflikten kommen, deren Lösung nach wie vor umstritten ist.

(1) Transparente Behandlung im Sitzstaat

(a) Gewinnanteile

Geht der Sitzstaat ebenso wie Deutschland vom Mitunternehmerkonzept aus, ist aus Sicht beider Vertragsstaaten nicht die ausländische JV-Personengesellschaft, sondern der in Deutschland unbeschränkt steuerpflichtige inländische JV-Partner bzw. dessen Gesellschafter „ansässige Person" im Sinne der Art. 3 Abs. 1 lit. a, Art. 4 Abs. 1 MA. Dieser erzielt mit seinem Gewinnanteil aus der Beteiligung an der gewerblich tätigen ausländischen JV-Personengesellschaft grundsätzlich **Unternehmensgewinne** i.S.d. **Art. 7 MA**. Das „Unternehmen der Personengesellschaft" wird

---

[444] Lediglich in Dänemark, Luxemburg und den Niederlanden werden Sondervergütungen entsprechend der deutschen Besteuerung behandelt, die meisten anderen Staaten behandeln die Vergütungen demgegenüber – selbst wenn sie dem Mitunternehmerkonzept folgen – entsprechend der jeweils zugrunde liegenden Einkunftsart.

[445] *Schaumburg*, Internationales Steuerrecht, Rn. 18.57.

dabei abkommensrechtlich als Unternehmen der JV-Partner behandelt[446]. Eine von der JV-Personengesellschaft in ihrem Sitzstaat unterhaltene Betriebsstätte ist dem inländischen JV-Partner abkommensrechtlich anteilig als eigene Betriebsstätte zuzurechnen[447]. Die Beteiligung an der ausländischen JV-Personengesellschaft stellt für ihn damit ein eigenständiges deutsches Unternehmen i.S.d. Art. 3 Abs. 1 lit. d MA dar, welches seine Geschäftstätigkeit durch eine im Sitzstaat der JV-Personengesellschaft belegene Betriebsstätte ausübt[448]. Nach Art. 7 Abs. 1 Satz 1, 2. Halbs., Satz 2 MA ist daher der Sitzstaat der Personengesellschaft berechtigt, die Gewinne der (Personengesellschafts-)Betriebsstätte zu besteuern, soweit sie dieser zuzurechnen sind (Betriebsstättenprinzip)[449]. In Deutschland sind die der ausländischen Betriebsstätte zuzurechnenden Einkünfte im Gegenzug gemäß Art. 23 A Abs. 1 MA (ggf. unter Progressionsvorbehalt) von der Besteuerung freizustellen.

Dem inländischen JV-Partner im Rahmen seines Gewinnanteils zuzurechnende **Zins-, Dividenden- oder Lizenzeinkünfte** aus dem Sitzstaat der JV-Personengesellschaft oder einem Drittstaat sind der (Personengesellschafts-)Betriebsstätte jedoch nach Art. 7 Abs. 7 MA i.V.m. dem in Art. 10 Abs. 4, 11 Abs. 4, 12 Abs. 3 und 21 Abs. 2 MA jeweils normierten **Betriebsstättenvorbehalt** nur insoweit zuzurechnen, als die diesen Einkünften zugrunde liegenden Vermögenswerte „tatsächlich" zu der ausländischen Betriebsstätte der JV-Personengesellschaft bzw. der dadurch vermittelten Betriebsstätte des inländischen JV-Partners gehören. Im Übrigen sind die Einkünfte hingegen unter die abkommensrechtlichen Spezialregelungen der Art. 10-12 und 21 MA zu subsumieren, mit der Folge, dass diesbezüglich ein deutsches Besteuerungsrecht besteht und lediglich die ausländische Quellensteuer anzurechnen ist. Ob ein Vermögenswert in diesem Sinne **„tatsächlich"** zu einer Betriebsstätte **gehört**, ist nach der jüngeren Rechtsprechung des **BFH**[450] nicht nach innerstaatlichem Recht, sondern vielmehr nach allgemeinen abkommensrechtlichen Grundsätzen zu beurteilen. Eine nach nationalem Recht bestehende (zivil-)rechtliche Zugehörigkeit im Sinne einer bloßen „Mehrung" bzw. „Verstärkung" des Gesamthandsvermögens der Personengesellschaft durch ein Wirtschaftsgut soll danach für dessen tatsächliche Zugehörigkeit zu der (Personengesellschafts-)Betriebsstätte nicht ausreichen. Nach dem BFH kommt es zur Beurteilung der tatsächlichen Zugehörigkeit vielmehr darauf an, ob der betreffende Vermögenswert in einem **„funktionalen Zusammenhang"** zu der in der Betriebsstätte ausgeübten unternehmerischen Tätigkeit steht und die Einnahmen hieraus als deren Nebenerträge anzusehen sind. Insoweit soll auf die zu § 8 AStG entwickelten Grundsätze zur funktionalen Betrachtungsweise sinngemäß zurückgegriffen werden können; danach muss es sich um „Nebenerträge

[446] Vgl. BFH-Urt. v. 26.02.1992, BStBl. II 1992, S. 937.

[447] Vgl. *Wassermeyer* in: Debatin/Wassermeyer, Art. 5 MA Rn. 44.

[448] Vgl. *Kahle*, StuB 2005, S. 671.

[449] Damit besteht kein Besteuerungsrecht des ausländischen Sitzstaates für solche Gewinne, die der JV-Partner zwar aus diesem Staat, jedoch ohne Beteiligung der (Personengesellschafts-)Betriebsstätte erzielt. Eine sog. „Attraktivkraft der Betriebsstätte", die zur Behandlung sämtlicher Einkünfte aus dem Quellenstaat als Betriebsstätteneinkünfte führen würde, besteht nach dem MA nicht (*Hemmelrath* in: Vogel/Lehner, Art. 7 MA Rn. 16, 42).

[450] Ständige BFH-Rspr. seit Urt. v. 27.02.1991, BStBl. II 1991, S. 444 ff.; vgl. z.B. BFH-Urt. v. 26.02.1992, BStBl. II 1992, S. 937 ff.; v. 31.05.1995, BStBl. II 1995, S. 683 ff.; v. 30.08.1995, BStBl. II 1996, S. 563 ff.; v. 27.01.1999, BStBl. II 2000, S. 336 ff.; v. 24.03.1999, BStBl. II 2000, S. 399 ff.; v. 29.11.2000, IStR 2001, S. 2185 ff.; v. 07.08.2002, BStBl. II 2002, S. 848 ff.

handeln, die nach der Verkehrsauffassung zu der Tätigkeit gehören, bei der das Schwergewicht der in der Betriebsstätte ausgeübten Unternehmenstätigkeit liegt." Gegen eine funktionale Zuordnung zur Betriebsstätte soll – so der BFH – allerdings der Umstand sprechen, dass aus der Nutzung des betreffenden Wirtschaftsgutes erzielte Einkünfte „in gleicher Weise" im Stammhaus hätten erzielt werden können[451].

Nach Auffassung des BFH steht es einem Unternehmer somit offenbar nicht frei, (einzelne) Wirtschaftsgüter nach seinem Belieben einer Betriebsstätte zuzuordnen. Davon zu trennen ist jedoch die Frage, ob einer Betriebsstätte durch den Unternehmer jede beliebige betrieblich relevante **Funktion** im Rahmen seines Unternehmens zugeordnet werden kann, was natürlich mittelbar auch eine entsprechende Zuordnung von Vermögenswerten bewirkt. Der Frage des „funktionalen Zusammenhangs" eines Wirtschaftsgutes zu einer in einer Betriebsstätte ausgeübten unternehmerischen Tätigkeit liegt damit letztlich die Problematik zugrunde, ob einer (Personengesellschafts-)Betriebsstätte durch den Unternehmer beliebig z.B. die Funktion einer Holding, eine Finanzierungs- oder Lizenzgeberfunktion zugeordnet werden kann[452]. Innerhalb der **Finanzverwaltung** wird insoweit zwar grundsätzlich anerkannt, dass der Unternehmer in der Funktionszuordnung zu seiner Betriebsstätte frei ist, jedoch soll für die Frage, ob ein funktionaler Zusammenhang eines Wirtschaftsgutes zu einer Betriebsstätte besteht, die sog. **„Zentralfunktion des Stammhauses"** zu beachten sein, wonach dem Gesamtunternehmen dienende Finanzmittel, Rechte und Beteiligungen, die nicht einer in der Betriebsstätte ausgeübten Tätigkeit dienen, in der Regel dem Stammhaus zuzurechnen sind[453]. Nach Verwaltungsauffassung ist es danach mit anderen Worten grundsätzlich unzulässig, einer (Personengesellschafts-) Betriebsstätte eine Finanzierungs-, Holding- oder Lizenzgeberfunktion zuzuweisen, da diese Funktionen prinzipiell dem Stammhaus vorbehalten sind. Die Rechtsgrundlage für diese Auffassung bleibt jedoch im Unklaren. In ihren Betriebsstätten-Verwaltungsgrundsätzen verweist die Finanzverwaltung insoweit ausdrücklich auf ein Urteil des BFH vom 30.08.1995[454], in welchem der BFH aber seinerseits überhaupt nicht auf eine angebliche „Zentralfunktion des Stammhauses" abstellt, sondern seine Rechtsansicht mit der unterschiedlichen Einkünftequalifikation nach innerstaatlichen Recht und Abkommensrecht begründet und betont, dass sich die Zuordnungsentscheidung „allein nach tatsächlichen Anhaltspunkten" richte. Die Finanzverwaltung missachtet, dass es grundsätzlich Sache des Unternehmers ist zu entscheiden, welche wirtschaftliche Funktion er dem Stammhaus bzw. der Betriebsstätte zuweist, soweit die Grenze des Gestaltungsmissbrauchs (§ 42 AO) nicht überschritten wird[455].

---

[451] BFH-Urt. v. 30.08.1995, BStBl. II 1996, S. 563.

[452] *Blumers*, DB 2007, S. 313.

[453] BMF-Schr. v. 24.12.1999, BStBl. I 1999, S. 1076, Tz. 2.4. Hieran hält die Finanzverwaltung auch in ihrem unlängst veröffentlichten Entwurf eines BMF-Schreibens zur Anwendung der DBA auf Personengesellschaften vom 10.05.2007 (IV B 4 – S 1300/07/0006, Tz. 2.2.4.1 und Tz. 7, online abrufbar unter http://www.gmbhr.de/volltext/voll_in.htm) grundsätzlich fest, stellt aber zudem – ohne nähere Erläuterung – auf das weitere Kriterium der *Erforderlichkeit* der Zuordnung von Wirtschaftsgütern zu einer Betriebsstätte ab. Eine gesetzliche Grundlage dieser „Neuschöpfung" der Finanzverwaltung ist jedoch nicht ersichtlich (zu Recht kritisch daher *Haun/Reiser*, GmbHR 2007, S. 920).

[454] BStBl. II 1996, S. 563 ff.

[455] Ebenso *Ditz* in: Wassermeyer/Andresen/Ditz, Betriebsstätten-Handbuch, Rn. 4.6; *Kraft*, StBJb 2000/01, S. 218. Maßstab für eine Missbräuchlichkeit der Funktionszuordnung ist insoweit, ob die

Insbesondere existiert kein betriebswirtschaftlicher oder sonstiger Lehrsatz, demzufolge eine Holding-, Finanzierungs- oder Lizenzgeber-Funktion in organisatorischer Hinsicht zwangsläufig der Unternehmenszentrale zuzuordnen wäre[456]; lediglich die Geschäftsleitungsfunktion liegt zwingend beim Stammhaus[457]. Einer (Personengesellschafts-)Betriebsstätte kann daher **jede beliebige unternehmerische Funktion**, z.B. auch die einer geschäftsleitenden Holding, zugeordnet werden[458]. Die von der Finanzverwaltung konstruierte „Zentralfunktion des Stammhauses" ist letztlich rein fiskalpolitisch motiviert, entbehrt aber jeglicher Rechtsgrundlage. Darüber hinaus erscheint sie auch vor dem Hintergrund der Niederlassungs- und Kapitalverkehrsfreiheit (Art. 43, 56 EG) bedenklich, da inländische Unternehmer in ihrer unternehmerischen Freiheit zur Errichtung von Holding-, Finanzierungs- oder Lizenzgeber-Personengesellschaften und Betriebsstätten im Ausland beschränkt werden. Ein vom EuGH anerkannter Rechtfertigungsgrund für eine derartige Beschränkung ist jedoch nicht ersichtlich[459] und selbst bei Vorliegen eines solchen erschiene die pauschale Zurechnung bestimmter Wirtschaftsgüter zum Stammhaus vor dem Hintergrund der „*Cadbury Schweppes*"-Entscheidung des EuGH jedenfalls unverhältnismäßig[460]. Da die führenden EU-Mitgliedstaaten hinsichtlich der Frage der Zuordnung von Vermögenswerten zu einer ausländischen Betriebsstätte von einem eher liberalen Ansatz ausgehen[461] und auch auf Ebene der OECD keine „Zentralfunktion des Stammhauses" existiert[462], ist die deutsche Finanzverwaltung – insbesondere, da sich die ihrerseits vertretene Auffassung auch in Fällen grenzüberschreitender Einbringung oftmals als „Einbringungsbremse" erweist (vgl. oben A) – dringend gehalten, ihren bisherigen konservativen Ansatz aufzugeben.

Hinzuweisen ist allerdings auf die **jüngste einschlägige Entscheidung des BFH** zur Frage der Holdingfunktion einer ausländischen Personengesellschaft, mit welcher sich das Gericht in einem obiter dictum dem von der Finanzverwaltung vertretenen Grundsatz von der „Zentralfunktion des Stammhauses" anzuschließen scheint[463]. Der BFH führt in seiner Entscheidung aus, Dividendenzahlungen einer luxemburgischen Kapitalgesellschaft an ihre deutschen Anteilseigner seien auch dann nicht nach Maßgabe des DBA-Luxemburg von der deutschen Besteuerung freizustellen, wenn die Anteilseigner in Luxemburg eine geschäftsleitende gewerbliche Holding in der Rechtsform einer luxemburgischen Personengesellschaft unterhielten. Die Ablehnung der Zuordnung der Kapitalgesellschaftsbeteiligung zu der luxembur-

---

Entscheidung „im Widerspruch zu kaufmännischen und wirtschaftlichen Erfordernissen steht" (vgl. BFH-Urt. v. 01.04.1987, BStBl. II 1987, S. 550).

[456] *Kraft*, StBJb 2000/01, S. 217.

[457] Vgl. *Kessler/Jehl*, IWB Fach 10 Gr. 2, S. 1987 unter Verweis auf BFH-Urt. v. 19.11.2003, BStBl. II 2004, S. 932 ff.

[458] Ebenso *Kessler/Huck*, IStR 2006, S. 436 ff.; *Blumers*, DB 2007, S. 313 f.; *ders.*, DB 2006, S. 857; *Roth*, Zurechnung von Wirtschaftsgütern, S. 100; *Lüdicke*, StBJb 1997/98, S. 471; zweifelnd Podiumsbeitrag von *Wassermeyer* in: StBJb 1997/98, S. 504 f.

[459] Vgl. *Blumers*, DB 2006, S. 859 f.

[460] Vgl. *Kessler/Jehl*, IWB Fach 10 Gr. 2, S. 1987.

[461] So *Blumers*, DB 2007, S. 313 unter Hinweis auf den European Tax Circle, Paris-Meeting vom 20.10.2006.

[462] Vgl. *Kessler/Jehl*, IWB Fach 10 Gr. 2, S. 1983 f.

[463] Vgl. BFH-Urt. v. 17.12.2003, BFH/NV 2004, S. 771; hierzu *Blumers*, DB 2006, S. 858; *ders.*, DB 2007, S. 313 f.

gischen (Personengesellschafts-)Betriebsstätte dürfte jedoch nicht auf einer generellen Ablehnung der möglichen Holdingfunktion einer ausländischen Personengesellschaft durch den BFH beruhen, sondern vielmehr auf die Umstände des Einzelfalls zurückzuführen sein. In dem der Entscheidung zugrunde liegenden Fall beschränkte sich die Tätigkeit der luxemburgischen Personengesellschaft auf „eine unterstützende dienstleistende Tätigkeit für die Kapitalgesellschaften und die (partielle) Wahrnehmung von deren Geschäftsleitungsaufgaben". Art und Umfang dieser Tätigkeit sah der BFH nicht als ausreichend an, um eine „tatsächliche Nutzung" der Beteiligungen durch die Geschäftsleitungs-Betriebsstätte der Personengesellschaft anzunehmen. Demnach dürfte für den BFH, wenn die unternehmerischen Entscheidungen in der geschäftsleitenden Holding-Betriebsstätte darüber hinausgehen, z.B. auch die Disposition über die Beteiligungen und die Wahrnehmung der Gesellschafterrechte im Sinne der Steuerung und Nutzung der Gewinnausschüttungen umfassen, eine andere Wertung der „tatsächlichen Zugehörigkeit" nicht ausgeschlossen sein[464].

Für den vorliegend betrachteten Fall ist daher von einem hinreichenden „funktionalen Zusammenhang" mit einer der (Personengesellschafts-)Betriebsstätte zugeordneten geschäftsleitenden Holdingfunktion auszugehen, soweit die ausländische JV-Personengesellschaft ein aktives Beteiligungsmanagement betreibt, Gesellschafterrechte wahrnimmt und Dispositionen über die von ihr gehaltenen Beteiligungen trifft. Dem buchmäßigen Ausweis der Beteiligungen als Eigenkapital im gesamthänderisch gebundenen Betriebsvermögen der JV-Personengesellschaft ist insoweit indizielle Bedeutung für eine entsprechende Zuordnungsentscheidung der JV-Partner beizumessen[465]. Dies muss m.E. auch dann gelten, wenn der JV-Personengesellschaft neben der Funktion einer geschäftsleitenden Holding weitere unternehmerische Funktionen (beispielsweise die einer Produktions-, Vertriebs- oder Forschungs- und Entwicklungsgesellschaft)[466] zugeordnet sind. Entgegen der Rechtsprechung des BFH kann es in solchen Fällen der Doppel- oder Multifunktionalität einer Betriebsstätte nicht darauf ankommen, welcher Funktion nach der allgemeinen Verkehrsauffassung innerhalb der Betriebsstätte das „Schwergewicht" zukommt. Dies stellt bereits deshalb kein taugliches Kriterium für die Zuordnung von Wirtschaftsgütern dar, weil eine eindeutige Gewichtung zwischen den der (Personengesellschafts-)Betriebsstätte zugeordneten Funktionen oftmals gar nicht möglich sein wird.

(b) Sondervergütungen

Die abkommensrechtliche Qualifikation von grenzüberschreitenden Sondervergütungen (z.B. Zinsen für ein der JV-Personengesellschaft vom inländischen JV-Partner überlassenes Darlehen) bereitet Probleme, wenn der Sitzstaat die ausländische JV-Personengesellschaft zwar ebenfalls transparent behandelt, jedoch eine dem § 15 Abs. 1 Satz 1 Nr. 2 Satz 1, 2. Halbs. EStG entsprechende Zuordnungs-

[464] Ebenso *Kessler/Huck*, IStR 2006, S. 439.

[465] Vgl. *Wassermeyer* in: Wassermeyer/Andresen/Ditz, Betriebsstätten-Handbuch, Rn. 7.15; *Lieber* in: Becker/Höppner/Grotherr/Kroppen, Art. 7 MA Rn. 313; *Lüdicke*, StBJb 1997/98, S. 470 ff.; *Roth*, Zurechnung von Wirtschaftsgütern, S. 108; *Kroppen*, StBJb 1999/00, S. 155; *Blumers*, DB 2007, S. 312; *ders.*, DB 2006, S. 857; *Schaumburg*, Internationales Steuerrecht, Rn. 16.260 m.w.N.; *Kessler/Jehl*, IWB Fach 10 Gr. 2, S. 1987.

[466] Vgl. *Staringer*, Betriebsstättenvorbehalt, S. 236.

norm für Sondervergütungen nicht kennt[467]. Werden die Sondervergütungen gemäß Art. 3 Abs. 2 MA nach innerstaatlichem deutschen Recht als Bestandteil des ausländischen Betriebsstättengewinns behandelt und dementsprechend abkommensrechtlich als Unternehmensgewinne (Art. 7 Abs. 1 Satz 2 MA) von der inländischen Besteuerung freigestellt, kommt es bei gleichzeitiger abkommensrechtlicher Einstufung als Zinsen, Lizenzgebühren etc. im Ausland und entsprechendem Betriebsausgabenabzug letztlich zu einer **doppelten Nicht- oder Minderbesteuerung** bzw. zur Entstehung „weißer" oder „grauer" Einkünfte (**objektiver Qualifikationskonflikt**)[468]. Insoweit stellt sich die kontrovers diskutierte Frage, ob ausschließlich die innerstaatliche deutsche Rechtswertung maßgeblich sein soll oder ob diese durch eine grundsätzlich vorrangige Auslegung des Abkommens aus sich selbst heraus verdrängt wird[469].

Nach der neueren Rechtsprechung des **BFH**[470] ist der Gesamtgewinn bei Beteiligungen an ausländischen Personengesellschaften für Zwecke der Abkommensanwendung in den Gewinnanteil und die Sondervergütungen aufzuteilen. Die Sondervergütungen sind danach grundsätzlich **vorrangig** unter die einschlägigen **speziellen Abkommensartikel** zu subsumieren, mit der Folge, dass sie – unter Anrechnung einer ggf. anfallenden ausländischen Quellensteuer – der deutschen Besteuerung unterliegen. Zinsen aus einem Gesellschafterdarlehen unterfallen danach abkommensrechtlich Art. 11 MA, Lizenzgebührzahlungen an den Gesellschafter Art. 12 MA, Vergütungen aus einem Arbeitsvertrag mit dem Gesellschafter Art. 15 MA usw., wenn die Voraussetzungen dieser Artikel erfüllt sind. Dies soll selbst dann gelten, wenn das jeweils anzuwendende DBA keine dem Art. 7 Abs. 7 MA entsprechende „Spezialitätsklausel" enthält und gleichzeitig der ausländische Staat die Vergütungen unter die spezielleren abkommensrechtlichen Einkunftsarten subsumiert[471]. **Art. 7 Abs. 1 MA** sollen die Sondervergütungen nach dem BFH nur dann zuzuordnen sein, wenn der ihnen zugrunde liegende Vermögenswert (z.B. Forderung, Beteiligung oder Patent) – soweit der abkommensrechtliche Betriebsstättenvorbehalt greift – **„tatsächlich"** und nicht nur rechtlich zum Vermögen der ausländischen (Personengesellschafts-)Betriebsstätte **gehört**, wobei es auf einen „funktionalen Zusammenhang" zu der dort (schwerpunktmäßig) ausgeübten Tätigkeit ankommen soll[472]. Insbesondere für Sondervergütungen in Form von Zinsen für ein der Personengesell-

---

[467] Dies ist beispielsweise in den USA der Fall. Nach US-amerikanischem Recht sind Zinsen auf Gesellschafterdarlehen abzugsfähig und mindern den Gewinn der Personengesellschaft trotz des grundsätzlich geltenden Mitunternehmerkonzepts.

[468] Im Sitzstaat der JV-Personengesellschaft wird allenfalls eine abkommensrechtlich reduzierte Quellensteuer auf die Sondervergütungen erhoben. In diesem Fall kommt es jedoch immer noch zu einer partiellen Doppelfreistellung bzw. zur Entstehung „grauer Einkünfte".

[469] Vgl. *Jacobs*, Internationale Unternehmensbesteuerung, S. 575.

[470] Vgl. BFH-Urt. v. 27.02.1991, BStBl. II 1991, S. 444 ff.; v. 27.02.1991, BFH/NV 1992, S. 385 ff.; v. 14.07.1993, BStBl. II 1994, S. 91 ff.; v. 24.03.1999, BStBl. II 2000, S. 399 ff.; v. 09.08.2006, BFH/NV 2006, S. 2326 ff. Einen Überblick über die jüngere Rechtsprechung zur abkommensrechtlichen Behandlung von Sondervergütungen gibt *Hölscher*, IWB Fach 3 Gr. 2, S. 1361 ff.

[471] Vgl. BFH-Urt. v. 09.08.2006, BFH/NV 2006, S. 2326 ff. Demgegenüber erkennt der BFH eine Ausnahme vom Grundsatz des Vorrangs der Spezialartikel an, wenn das jeweils einschlägige Abkommen keine dem Art. 7 Abs. 7 MA entsprechende Vorschrift enthält und der ausländische Staat das Rechtsinstitut der Sondervergütungen ebenfalls kennt und er diese folglich als Unternehmensgewinne qualifiziert (vgl. BFH-Urt. v. 24.03.1999, BStBl. II 2000, S. 399 ff.).

[472] Vgl. BFH-Urt. v. 30.08.1995, BStBl. II 1996, S. 563 ff.

schaft gewährtes Gesellschafterdarlehen ergibt sich insoweit nach der Rechtsprechung nur ein sehr eingeschränkter Betriebsstättenvorbehalt, da die Darlehensforderung gerade keine Forderung der Personengesellschaft, sondern eine Forderung des Gesellschafters gegen die Gesellschaft ist. Eine „tatsächliche Zugehörigkeit" setzt nach Ansicht der Rechtsprechung aber voraus, dass die Forderung zivilrechtlich bei der ausländischen Personengesellschaft **Eigenkapital** ist, die Personengesellschaft also einen Aktivposten in ihre Bilanz einstellt[473]. Diese Sichtweise hat der BFH mit Urteil vom 20.12.2006[474] erst unlängst bestätigt, indem er es als nicht klärungsbedürftig ansah, dass Zinsen aus abkommensrechtlicher Sicht nicht einer Betriebsstätte zugerechnet werden können, wenn die verzinste Forderung für die Betriebsstätte Fremdkapital darstellt.

Die **Finanzverwaltung** vertritt demgegenüber in ihren Betriebsstätten-Verwaltungsgrundsätzen[475] – ungeachtet der dargestellten BFH-Rechtsprechung und ohne überhaupt auf eine „tatsächliche Zugehörigkeit" des betreffenden Wirtschaftsgutes zu der ausländischen (Personengesellschafts-)Betriebsstätte abzustellen[476] – die Auffassung, Sondervergütungen seien **stets Bestandteil des Unternehmensgewinns** i.S.d. Art. 7 MA. Danach wären Sondervergütungen, die ein inländischer Gesellschafter von einer ausländischen Personengesellschaft bezieht, konsequenterweise in Deutschland (ggf. unter Progressionsvorbehalt) von der Besteuerung freizustellen. Hiervon will die Finanzverwaltung jedoch in Fällen, in denen der Sitzstaat der ausländischen Personengesellschaft die Sondervergütungen abkommensrechtlich als Zinsen, Lizenzgebühren etc. qualifiziert, abweichen und im Wege einer **teleologischen Reduktion des Methodenartikels (Art. 23 MA)** von der Freistellungs- zur Anrechnungsmethode übergehen, um eine sonst drohende doppelte Nicht- bzw. Minderbesteuerung zu vermeiden. Letztlich kommt die Finanzverwaltung somit im „Outbound-Fall", in dem der andere Vertragsstaat die Sondervergütungen unter die Spezialartikel des Abkommens subsumiert, zum gleichen Ergebnis wie der BFH[477], jedoch auf anderem Wege. Eine Begründung für den von der Verwaltung vorgenommenen Methodenwechsel lässt sich den Betriebsstätten-Verwaltungsgrundsätzen nicht ent-

---

[473] So BFH-Urt. v. 27.02.1991, BStBl. II 1991, S. 444 ff.; v. 26.02.1992, BStBl. II 1992, S. 937 ff.; v. 14.07.1993, BStBl. II 1994, S. 91 ff.; v. 31.05.1995, BStBl. II 1995, S. 683 ff.; v. 30.08.1995, BStBl. II 1996, S. 563 ff.

[474] BFH-Urt. v. 20.12.2006, IStR 2007, S. 330 ff. mit Anmerkung *Wassermeyer*, IStR 2007, S. 334 f. *Wassermeyer* wirft insoweit die Frage auf, ob nicht zumindest für eigenkapitalersetzende Gesellschafterdarlehen oder unter dem Gesichtspunkt einer angemessenen Dotationskapitalausstattung der ausländischen (Personengesellschafts-)Betriebsstätte eine „tatsächliche" Betriebsstättenzugehörigkeit angenommen werden kann (so auch *ders.*, IStR 2007, S. 417). Die Frage, ob die Grundsätze zur angemessenen Dotation von Betriebsstätten auf ausländische Personengesellschaften überhaupt übertragbar sind, ist allerdings bislang ungeklärt (vgl. dazu *Löwenstein/Heinsen*, IStR 2007, S. 301 ff.). Ob der BFH insoweit oder für den Bereich eigenkapitalersetzender Gesellschafterdarlehen im Hinblick auf den abkommensrechtlichen Betriebsstättenvorbehalt von seiner bisherigen restriktiven Handhabung abweichen wird, bleibt abzuwarten.

[475] Vgl. BMF-Schr. v. 24.12.1999, BStBl. I 1999, S. 1076 Tz. 1.2.3.; ebenso der Entwurf eines BMF-Schreibens zur Anwendung der DBA auf Personengesellschaften vom 10.05.2007 (IV B 4 - S 1300/07/0006, Tz. 5.1, online abrufbar unter http://www.gmbhr.de/volltext/voll_in.htm).

[476] *Greif* (in: Mössner, Steuerrecht international tätiger Unternehmen, Rn. E 53) und *Kahle* (StuB 2005, S. 704) gehen insoweit davon aus, die Finanzverwaltung unterstelle die tatsächliche Zugehörigkeit der den Sondervergütungen zugrunde liegenden Vermögenswerte zur ausländischen Betriebsstätte als Regelfall.

[477] So auch der BFH, Urt. v. 20.12.2006, IStR 2007, S. 223.

nehmen; von Vertretern der Finanzverwaltung wird insoweit allerdings auf den OECD-Partnership-Report verwiesen, dessen Wertungen auch dem geänderten OECD-MK zugrunde liegen[478]. Danach sei es letztlich Aufgabe des Wohnsitzstaates des Gesellschafters, die sich aus Qualifikationskonflikten ergebende Doppelbesteuerung zu beseitigen. Der Wohnsitzstaat sei daher weitgehend an die Behandlung im Quellenstaat (Sitzstaat der Personengesellschaft) gebunden und habe dementsprechend die Doppelbesteuerung nach der Methode zu vermeiden, die sich aufgrund der abkommensrechtlichen Zuordnung durch den Quellenstaat ergebe. Qualifiziere der Quellenstaat die Sondervergütungen aufgrund seines innerstaatlichen Rechts als Dividenden, Zinsen oder Lizenzgebühren und sehe er sich aufgrund dieser Zuordnung nach DBA daran gehindert, die Einkünfte (voll) zu besteuern, so seien die Sondervergütungen nicht von der deutschen Besteuerung freizustellen, sondern vielmehr unter Anrechnung einer eventuell erhobenen Quellensteuer in die Bemessungsgrundlage für die inländische Steuer mit einzubeziehen[479]. Die Lösung durch Methodenwechsel seitens des Ansässigkeitsstaates soll jedoch nur solche Qualifikationskonflikte betreffen, welche auf Unterschiede im innerstaatlichen Recht der Anwenderstaaten zurückzuführen sind; für Auslegungskonflikte, die sich aufgrund unterschiedlicher Abkommensauslegung oder Sachverhaltswürdigung ergeben, findet demgegenüber der im Jahre 2000 neu in das MA eingefügte Art. 23 Abs. 4 MA Anwendung[480].

Im **Schrifttum**[481] wird der Finanzverwaltung vor allem entgegen gehalten, sie interpretiere mit der Anordnung des Übergangs von der Freistellungs- zur Anrechnungsmethode unzulässigerweise eine *„switch over“*-Klausel in den Methodenartikel hinein und verletze den Grundsatz der autonomen Vertragsauslegung durch jeden Vertragsstaat. Darüber hinaus wird die von der Finanzverwaltung vertretene „dynamische Auslegung“ der DBA beanstandet, wonach die auf den OECD-Partnership-Report und den entsprechend geänderten OECD-MK gestützte teleologische Reduktion auch auf bereits bestehende Abkommen anzuwenden sein soll. Dies wird zu Recht als zu weitgehend und auch verfassungsrechtlich bedenklich angesehen, da der MK lediglich Auslegungsmittel für solche Abkommen darstellen kann, die nach dem Zeitpunkt seiner Änderung abgeschlossen wurden. Angesichts der Tatsache, dass die Entstehung „weißer“ bzw. „grauer“ Einkünfte im Outbound-Fall bereits durch konsequente Anwendung der BFH-Rechtsprechung zur abkommensrechtlichen Qua-

[478] Vgl. *Krabbe*, IWB Fach 3 Gr. 2, S. 128.

[479] Vgl. Tz. 32.1 ff. MK zu Art. 23 MA.

[480] Vgl. Tz. 56.1 ff. MK zu Art. 23 MA; *Vogel* in: Vogel/Lehner, Art. 23 MA Rn. 246; *Wassermeyer* in: Debatin/Wassermeyer, Art. 23 A MA Rn. 146 und Übersicht bei *Schmidt*, WPg. 2002, S. 1145. Zu beachten ist allerdings, dass die derzeit geltenden deutschen DBA noch keine dem Art. 23 A Abs. 4 MA entsprechende Regelung enthalten (*Vogel* in: Vogel/Lehner, Art. 23 MA Rn. 248). In den meisten neueren deutschen DBA bzw. den dazugehörigen Protokollerklärungen sind jedoch ausdrückliche „switch-over-Klauseln“ für den Fall vereinbart, dass Einkünfte in beiden Vertragsstaaten unterschiedlich qualifiziert werden und dieser Konflikt nicht durch ein Verständigungsverfahren beseitigt werden kann (z.B. Art. 23 Abs. 2 lit. b) gg) DBA-USA i.V.m. Art. 21 lit. a) bb) Prot. DBA-USA; Art. 18 lit. b) Prot. DBA-Italien; Art. 9 lit. b) Prot. DBA-Kanada; Art. 43 Abs. 1 lit. a) bb) DBA-Schweden).

[481] Vgl. *Strunk/Kaminski*, IStR 2000, S. 41; *Piltz* in: Debatin/Wassermeyer, Art. 7 MA Rn. 109; *Jacobs*, Internationale Unternehmensbesteuerung, S. 579, 1243 f.; *Lieber* in: Becker/Höppner/Grotherr/Kroppen, Art. 7 MA Rn. 341 f.; *Schmidt*, WPg. 2002, S. 1145; *Günkel/Lieber*, FR 2000, S. 853 ff.; *Lüdicke*, Besteuerung von international tätigen Personengesellschaften, S. 7 f., 21 ff., 25 ff.; *Wassermeyer*, IStR 2007, S. 413 ff.

lifikation von Sondervergütungen vermieden werden kann, besteht für den von der Finanzverwaltung vertretenen Methodenwechsel darüber hinaus auch kein praktisches Bedürfnis. Die Verwaltungsauffassung lässt sich nur vor dem Hintergrund der steuerlichen Konsequenzen der BFH-Rechtsprechung in „Inbound-Fällen" erklären: Bei Zugrundelegung der BFH-Grundsätze wären nämlich z.B. Zinsen, die eine deutsche Personengesellschaft ihrem ausländischen Gesellschafter für ein von ihm gewährtes Darlehen zahlt, kein Bestandteil des inländischen Betriebsstättengewinns nach Art. 7 MA und könnten daher lediglich einer abkommensrechtlich reduzierten inländischen Quellensteuer unterworfen werden. Wegen der innerstaatlichen Einstufung als Sondervergütungen wäre Deutschland aber sogar an der Ausübung seines abkommensrechtlich bestehenden Quellenbesteuerungsrechts gehindert. Dieses unerwünschte Ergebnis will die Finanzverwaltung offenbar nicht hinnehmen und versucht, die Nichtbesteuerung in Deutschland durch einen unsystematischen Wechsel zur Anrechnungsmethode zu vermeiden. Dabei missachtet sie jedoch den seit jeher anerkannten Grundsatz, dass die DBA nicht nur die effektive, sondern auch die sog. „virtuelle" Doppelbesteuerung vermeiden sollen[482]. Vorbehaltlich einer ausdrücklichen anderslautenden Regelung erfolgt die Steuerfreistellung nach dem Methodenartikel somit auch dann, wenn der jeweils andere Staat das ihm nach dem DBA belassene Besteuerungsrecht nach seinem innerstaatlichen Steuerrecht nicht ausnutzt. Damit nimmt es die Freistellungsmethode aber gerade in Kauf, dass Einkünfte unbesteuert bleiben, wenn das Recht des anderen Vertragsstaates dies so vorsieht[483]. Es entspricht mit anderen Worten nicht dem Ziel der DBA, eine doppelte Nicht- bzw. Minderbesteuerung zu vermeiden[484]. Soll die Entstehung „weißer" oder „grauer" Einkünfte vermieden werden, so ist es den Vertragsstaaten unbenommen, im jeweiligen DBA statt der Freistellung die Anrechnung zu vereinbaren oder eine ausdrückliche Rückfallklausel in das DBA aufzunehmen; für einen ungeschriebenen Methodenwechsel – wie er von der Finanzverwaltung befürwortet wird – besteht jedoch kein Raum.

Zu berücksichtigen ist allerdings, dass der deutsche Gesetzgeber nunmehr im Zuge des JStG 2007 auf Ebene des nationalen Rechts eine ausdrückliche unilaterale „*subject to tax*"- bzw. „*switch over*"-Klausel geschaffen hat. Nach dem neuen **§ 50d Abs. 9 EStG** ist in Fällen, in denen das DBA grundsätzlich eine Freistellung von Einkünften vorsieht, der andere Vertragsstaat diese aber nicht oder nur der Höhe nach beschränkt besteuert, „ungeachtet des Abkommens" von der Freistellungs- zur Anrechnungsmethode überzugehen[485]. Die ausländische Steuer kann in diesem Fall

[482] So jüngst das FG Hamburg (Urt. v. 22.08.2006, EFG 2007, S. 101 ff., Rev. beim BFH anh. unter Az. I R 79/06; hierzu *Suchanek*, IStR 2007, S. 654 ff.) in einer Entscheidung zur abkommensrechtlichen Behandlung von Gewinnen aus der Veräußerung einer intransparenten spanischen Personengesellschaft; vgl. auch *Vogel* in: Vogel/Lehner, Einl. Rn. 74 ff.; *Salzmann*, IWB Fach 3 Gr. 3, S. 1466.

[483] *Vogel*, IStR 2007, S. 225.

[484] Mit der Frage, ob und inwieweit die DBA neben der Vermeidung der Doppelbesteuerung auch die Vermeidung doppelter Nichtbesteuerung bezwecken, hat sich bereits im Jahre 2004 die International Fiscal Association auf ihrem Kongress in Wien auseinandergesetzt. Von den erstatteten Landesberichten wurde die Frage durchweg verneint (vgl. Cahiers de Droit Fiscal International, Bd. 89a, 2004, S. 123 ff.).

[485] Hierauf will die Finanzverwaltung im Falle eines negativen Qualifikationskonfliktes bei der abkommensrechtlichen Qualifikation von Sondervergütungen nunmehr den von ihr bislang durch teleologische Reduktion des Methodenartikels erreichten Übergang von der Freistellungs- zur Anrechnungs-

gemäß § 34c Abs. 6 Satz 5 EStG auf die inländische Steuer angerechnet bzw. in Abzug gebracht werden. Von der nationalen Rückfallklausel erfasst werden Fälle der Nicht- bzw. Minderbesteuerung im anderen Staat aufgrund unterschiedlicher abkommensrechtlicher Einkünftequalifikation durch die Vertragsstaaten, insbesondere weil sie Abkommensbegriffe nach ihrem nationalen Recht unterschiedlich auslegen (§ 50d Abs. 9 Satz 1 Nr. 1 EStG)[486] oder der andere Staat die Einkünfte mangels unbeschränkter Steuerpflicht nach seinem nationalen Recht nicht besteuern kann (§ 50d Abs. 9 Satz 1 Nr. 2 EStG; z.B. bei Besteuerung auf *„remittance basis"* in Großbritannien)[487]. Die Norm ist als Reaktion des Gesetzgebers auf die restriktive Auslegung vergleichbarer abkommensrechtlicher Klauseln durch die jüngere BFH-Rechtsprechung[488] zu verstehen.

Ebenso wie die im Zuge des JStG 2007 eingefügte Missbrauchsklausel des § 50d Abs. 3 EStG begegnet jedoch auch § 50d Abs. 9 EStG **gemeinschaftsrechtlichen Bedenken**[489]. Seit dem EuGH-Urteil in der Rechtssache *„Cadbury Schweppes"*[490] steht fest, dass sämtliche Missbrauchsklauseln, die typisierend auch objektiv nicht missbräuchliche Fälle erfassen, mit den Grundfreiheiten des EG-Vertrags nicht in Einklang stehen, sofern sie zu einer Ungleichbehandlung von In- und Auslandssachverhalten führen. Mit § 50d Abs. 9 EStG hat der Gesetzgeber eine Norm geschaffen, die weder nach dem Grund für die Auslandsbetätigung noch für die Nicht- bzw. Minderbesteuerung im Ausland fragt, sondern pauschal abkommensrechtlich freigestellte Einkünfte der inländischen Besteuerung unterwirft, wenn im Ausland keine oder nur eine nach DBA reduzierte Steuer erhoben wird. Auch die Schlussanträge des Generalanwalts *Mengozzi* in der Rs. *„Columbus Container"*[491], in denen dieser betont, dass kein Mitgliedstaat die Niedrigbesteuerung in einem anderen Mitgliedstaat zum Anlass nehmen dürfe, um auf die dort erzielten Einkünfte eine „Nachsteuer" zu erheben, legen die Gemeinschaftsrechtswidrigkeit des § 50d Abs. 9 EStG nahe[492]. Vermag eine relativ niedrige Steuerbelastung in einem anderen EU-Mitgliedstaat keine Heraufschleusung auf das deutsche Steuerniveau zu rechtfertigen, so kann eben-

---

methode stützen (vgl. Entwurf eines BMF-Schr. z. Anwendung der DBA auf Personengesellschaften vom 10.05.2007, IV B 4 - S 1300/07/0006, Tz. 5.1, online abrufbar unter http://www.gmbhr.de/volltext/voll_in.htm).

[486] Die Vorschrift führt dazu, dass nunmehr stets die abkommensrechtliche Behandlung des grenzüberschreitenden Falls durch den ausländischen Quellenstaat zu untersuchen ist, um die Behandlung im Inland abschließend beurteilen zu können. Da aus der bloßen Nichtbesteuerung im Ausland nicht ohne weiteres auf eine abweichende Abkommensanwendung geschlossen werden kann, dürfte die Vorschrift in der Praxis nur schwerlich zu handhaben sein (vgl. *Urbahns*, INF 2007, S. 337, 339).

[487] Anwendungsbeispiele finden sich bei *Grotherr*, IWB Fach 3 Gr. 3, S. 1459 ff.; *Loose/Hölscher/Althaus*, BB 2006, S. 2725 f.

[488] Vgl. insbesondere BFH-Urt. v. 17.12.2003, BStBl. II 2004, S. 260 ff. Der BFH vertrat insoweit unter ausdrücklicher Aufgabe seiner bisherigen Rechtsprechung die Auffassung, dass das Besteuerungsrecht aufgrund von Klauseln in DBA nicht an den Ansässigkeitsstaat zurückfalle, wenn es sich um Einkünfte handele, die einem ausschließlichen Besteuerungsrecht des Quellenstaates unterliegen. Es lasse sich nicht argumentieren, dass im Streitfall Art. 23 Abs. 3 DBA-Kanada 1981 generell eine „Keinmalbesteuerung" vermeiden solle. Entscheidend sei vielmehr, dass der Zweck der Vermeidung einer doppelten Nichtbesteuerung nicht im Wortlaut der Norm zum Ausdruck komme.

[489] Vgl. *Strunk/Kaminski*, Stbg. 2006, S. 589; bezogen auf § 50d Abs. 9 Satz 2 EStG ebenso *Wagner*, NWB Fach 3, S. 1227 f.

[490] EuGH-Urt. v. 12.09.2006 – Rs. C-196/04 (*„Cadbury Schweppes"*), DB 2006, S. 2045 ff.

[491] Vgl. Schlussantrag v. 29.03.2007 – Rs. C-298/05 (*„Columbus Container"*), IStR 2007, S. 299.

[492] So auch *Wassermeyer*, IStR 2007, S. 299.

so wenig der Umstand, dass sich der andere Vertragsstaat aufgrund seines innerstaatlichen Steuerrecht gänzlich an einer Besteuerung gehindert sieht, zu einem Rückfall des Besteuerungsrechts an den deutschen Fiskus führen[493]. Zur Rechtfertigung der mit § 50d Abs. 9 EStG verbundenen Beschränkung der Niederlassungsfreiheit lassen sich jedenfalls weder Kohärenzgesichtspunkte noch ein sonstiger der vom EuGH anerkannten Rechtfertigungsgründe heranziehen. Im Ergebnis ist daher der BFH-Rechtsprechung zu folgen, in deren Konsequenz eine Doppelfreistellung der Sondervergütungen im Outbound-Fall regelmäßig durch Subsumtion unter die jeweiligen Spezialartikel des Abkommens vermieden wird und sich ein Rückgriff auf den von der Finanzverwaltung vertretenen ungeschriebenen Methodenwechsel bzw. die gemeinschaftsrechtlich fragwürdige unilaterale Rückfallklausel des § 50d Abs. 9 EStG damit erübrigt.

Insoweit stellt sich jedoch die weitergehende Frage, ob die von der ausländischen JV-Personengesellschaft an den deutschen JV-Partner gezahlten Zinsen oder Lizenzgebühren im Sinne der Art. 11 Abs. 1, 12 Abs. 1 MA **„aus dem anderen Vertragsstaat stammen"**. Nach **Art. 11 Abs. 5 Satz 1 MA**, der im Rahmen des Art. 12 MA analog gilt[494], gelten die Einkünfte dann als aus dem anderen Vertragsstaat stammend, wenn der Schuldner eine in diesem Vertragsstaat „ansässige Person" ist. Dies ist bei der ausländischen JV-Personengesellschaft, sofern diese in ihrem Sitzstaat steuerlich transparent behandelt wird, jedoch gerade nicht der Fall. Gemäß **Art. 11 Abs. 5 Satz 2 MA** stammen die Einkünfte allerdings auch dann aus dem anderen Vertragsstaat, wenn deren Schuldner im anderen Vertragsstaat eine Betriebsstätte hat, die Schuld, für die die Einkünfte gezahlt wurden, für Zwecke der Betriebsstätte eingegangen worden ist und die Betriebsstätte die Zahlung trägt. Insoweit wird in der Literatur teilweise angenommen, der Begriff einer Person, „die in einem Vertragsstaat eine Betriebsstätte [hat]", setze voraus, dass der Schuldner zumindest mit den Einkünften aus Quellen in diesem Vertragsstaat i.S.d. Art. 4 Abs. 1 Satz 2 MA (beschränkt) steuerpflichtig sei, d.h. dort als eigenständiges Steuersubjekt gelte[495]. Dass das „Innehaben" einer Betriebsstätte Steuersubjektivität voraussetzt, lässt sich jedoch weder dem Wortlaut des Art. 11 Abs. 5 Satz 2 MA entnehmen, noch erscheint dies nach Sinn und Zweck der Vorschrift erforderlich. Zu berücksichtigen ist zudem, dass eine Personengesellschaft zumindest nach dem OECD-MA „Person" im Abkommenssinne ist, so dass nicht einzusehen ist, weshalb sie nicht „Inhaberin" einer Betriebsstätte i.S.d. Art. 11 Abs. 5 MA sein können soll[496]. Hiervon ausgehend „stammen" die seitens der ausländischen JV-Personengesellschaft an den inländischen JV-Partner gezahlten Sondervergütungen in Form von Zinsen oder Lizenzgebühren aus dem Sitzstaat und dürfen folglich gemäß Art. 11 Abs. 1, 12 Abs. 1, 23 A Abs. 2 MA in Deutschland besteuert werden[497]. Die Rückverweisung auf Art. 7 MA über den in Art. 11 Abs. 4, 12 Abs. 3 MA enthaltenen Betriebsstättenvorbehalt greift nicht ein, da das den Vergütungen zugrunde liegende Stammrecht mangels Eigen-

---

[493] Ebenso *Rosenthal*, IStR 2007, S. 613 f.

[494] *Wassermeyer* in: Debatin/Wassermeyer, Art. 12 MA Rn. 28.

[495] So *Lang*, Hybride Finanzierungen im Internationalen Steuerrecht, S. 95 f.

[496] Im Ergebnis ebenso *Hölscher*, IWB Fach 3 Gr. 2, S. 1367.

[497] Von seinem abkommensrechtlich bestehenden Besteuerungsrecht macht Deutschland nach seinem innerstaatlichen Recht (§§ 15 Abs. 1 Satz 1 Nr. 2, 49 Abs. 1 Nr. 2 lit. a EStG) auch Gebrauch.

kapitalcharakter regelmäßig nicht „tatsächlich" zu der (Personengesellschafts-)Betriebsstätte gehört.

(2) Intransparente Behandlung im Sitzstaat

Problematisch gestaltet sich die steuerliche Behandlung der Gewinnanteile und Sondervergütungen beim inländischen JV-Partner auch dann, wenn der Sitzstaat der JV-Personengesellschaft nach dem Kapitalgesellschaftskonzept verfährt. In diesen Fällen kommt es zur Entstehung eines **subjektiven Qualifikationskonflikts**, aus welchem eine doppelte Nicht- bzw. Minderbesteuerung resultieren kann.

(a) Gewinnanteile und „Ausschüttungen"

Behandelt der Sitzstaat der JV-Personengesellschaft diese zwingend oder aufgrund einer entsprechend ausgeübten Option als selbständiges Steuersubjekt, unterliegen die von der Gesellschaft „thesaurierten" Gewinne sowie die an die JV-Partner vorgenommenen „Gewinnausschüttungen" im Sitzstaat der Gesellschaft der Besteuerung mit Körperschaft- bzw. Einkommensteuer. Abkommensrechtlich handelt es sich bei den Gewinnen der aus Sicht des Sitzstaates als „ansässige Person" zu qualifizierenden Personengesellschaft um Gewinne eines Unternehmens des Sitzstaates (vgl. Art. 3 Abs. 1 lit. c MA), die nach **Art. 7 Abs. 1 Satz 1, 1. Halbs. MA** ausschließlich in diesem besteuert werden dürfen. Eine evtl. Berücksichtigung in Deutschland im Rahmen des Progressionsvorbehalts scheidet somit aus Sicht des Sitzstaates bereits mangels Anwendung des Methodenartikels (Art. 23 A MA) aus. Die an den JV-Partner „ausgeschütteten" Gewinne wertet der Sitzstaat infolge seiner abweichenden Subjektqualifikation als **Dividenden** und wendet abkommensrechtlich folgerichtig **Art. 10 MA** an.

Welche **Besteuerungsfolgen** sich aus dieser abweichenden Behandlung im Sitzstaat für die abkommensrechtliche Einkünftequalifikation **in Deutschland** ergeben, ist stark umstritten. Diejenigen Vertreter, die sich im Rahmen der Beurteilung der Abkommensberechtigung einer in ihrem Sitzstaat wie eine Körperschaft behandelten Personengesellschaft für eine „vertragliche Bindung" Deutschlands an die intransparente Behandlung im Sitzstaat aussprechen[498], müssten vorliegend eigentlich konsequenterweise zu dem Ergebnis gelangen, Deutschland sei auch bei der Anwendung der Verteilungsartikel (Art. 6-22 MA) an die Behandlung im Sitzstaat der Personengesellschaft gebunden ist und hätte daher Art. 7 Abs. 1 Satz 1, 1. Halbs. MA anzuwenden, so dass der abkommensrechtliche Progressionsvorbehalt ins Leere ginge[499]. Nach Auffassung der **Finanzverwaltung**[500] soll es bei der Abkommensanwen-

---

[498] Vgl. oben Kapitel 3:B.II.2.a.bb(2).

[499] So u.a. *Schmidt*, WPg. 2002, S. 1235 f.; *Kahle*, StuB 2005, S. 671 f.; ebenso wohl auch *Prokisch* in: Vogel/Lehner, Art. 1 Rn. 33; *Schaumburg*, Internationales Steuerrecht, Rn. 18.58; *Wilke* in: Becker/Höppner/Grotherr/Kroppen, Art. 1 MA Rn. 33. Der BFH wendet indes unter Aufgabe seiner früheren Ansicht in seiner neueren Rechtsprechung den innerstaatlichen Progressionsvorbehalt nach § 32b Abs. 1 Nr. 2 und 3 EStG weitgehend losgelöst vom abkommensrechtlichen Progressionsvorbehalt an (vgl. BFH-Urt. v. 19.12.2001, IStR 2002, S. 439 ff.; v. 15.05.2002, IStR 2002, S. 1435 ff.; v. 19.11.2003, BStBl. II 2004, S. 549 ff.; v. 04.04.2007, IStR 2007, S. 1075). Danach soll Deutschland nur dann an der Anwendung des § 32b Abs. 1 Nr. 2 und 3 EStG a.F. gehindert sein, wenn dies in einem Abkommen ausdrücklich bestimmt wäre, was derzeit jedoch in keinem DBA mit deutscher Beteiligung der Fall ist. Den in Art. 23 A MA verankerten Progressionsvorbehalt sieht der BFH als rein deklaratorisch an. Der Gesetzgeber hat dieser profiskalischen Rechtsprechung in DBA-Fällen durch

dung durch Deutschland jedoch – trotz der von ihr für Zwecke der Abkommensberechtigung grundsätzlich bejahten Bindung an die Behandlung im Sitzstaat – maßgeblich auf das im deutschen Recht vorherrschende Transparenzprinzip ankommen, mit der Folge, dass die Beteiligung des inländischen JV-Partners an der ausländischen Personengesellschaft als eigenständiges deutsches Unternehmen mit Betriebsstätte im anderen Vertragsstaat zu behandeln wäre und Deutschland die der ausländischen Betriebsstätte zuzurechnenden Einkünfte nach Art. 7 Abs. 1 Satz 2, 23 A MA zumindest innerhalb des Progressionsvorbehalts berücksichtigen dürfte. Mag dieser Ansicht auch vom Ergebnis her zuzustimmen sein, so setzt sie sich doch in Widerspruch zu der von ihr bejahten Abkommensberechtigung der ausländischen Personengesellschaft in beiden Vertragsstaaten. Zu Recht wird sie daher im Schrifttum als in sich inkonsequent kritisiert[501].

Nach **hier vertretener Ansicht** besteht weder bei der Beurteilung der Abkommensberechtigung noch im Rahmen der Einkünftequalifikation eine Bindung Deutschlands an die intransparente Behandlung im Sitzstaat der Personengesellschaft, vielmehr hat die Zurechnung der Einkünfte allein nach dem innerstaatlichen deutschen Steuerrecht zu erfolgen. Das von der Finanzverwaltung mühsam konstruierte Ergebnis erscheint bei Zugrundelegung dieser Ansicht nur selbstverständlich: Die Gewinne der JV-Personengesellschaft werden im Ergebnis auch bei intransparenter Behandlung im Sitzstaat den einzelnen Gesellschaftern anteilig als Betriebsstättengewinne i.S.d. Art. 7 Abs. 1 Satz 2 MA zugerechnet und folglich in Deutschland nach Art. 23 A Abs. 1 MA von der Besteuerung freigestellt[502]. Aus deutscher Sicht anzuerkennen ist jedoch, dass die „Gewinnausschüttungen" der ausländischen JV-Personengesellschaft abkommensrechtlich als Dividenden i.S.d. Art. 10 Abs. 2 MA behandelt und daher im Sitzstaat der Personengesellschaft einer (reduzierten) Quellenbesteuerung unterworfen werden. Dies ergibt sich zwingend aus der Regelung des Art. 10 Abs. 3 MA, wonach die Frage, ob bestimmte Einkünfte als Dividenden anzusehen sind, für den anderen Vertragsstaat (positiv) verbindlich nach dem innerstaatlichen Recht des Quellenstaates zu beantworten ist[503]. Die abkommensrechtliche Qualifikation als Di-

Streichung der Worte „unter dem Vorbehalt der Einbeziehung bei der Berechnung der Einkommensteuer" in § 32b Abs. 1 Nr. 3 EStG i.d.F. des JStG 2007 Rechnung getragen, d.h. ein abkommensrechtlicher Einbeziehungsvorbehalt ist für die Anwendung des Progressionsvorbehalts auf die DBA-steuerbefreiten Einkünfte nicht mehr erforderlich (vgl. BR-Drucks. 622/06, S. 88; *Grotherr*, IWB Fach 3 Gr. 3, S. 1446 f.; *Kubaile/Buck*, PIStB 2007, S. 78 f.). Damit unterliegen nunmehr sämtliche Einkünfte, seien sie aufgrund einer Zuteilungsnorm der Art. 6-21 MA oder des Methodenartikels in Deutschland freigestellt, dem innerstaatlichen Progressionsvorbehalt.

[500] Vgl. BMF-Schr. v. 13.01.1997, BStBl. I 1997, S. 97 ff. (betreffend tschechische/slowakische Personengesellschaften); v. 25.08.1997, BStBl. I 1997, S. 796 ff. (betreffend tunesische Personengesellschaften); v. 01.10.1997, BStBl. I 1997, S. 863 (betreffend rumänische Personengesellschaften); v. 28.05.1998, BStBl. I 1998, S. 557 (betreffend spanische Personengesellschaften); vgl. auch *Krabbe*, IWB Fach 3 Gr. 2, S. 761 ff.; *Schild/Ehlermann*, Besteuerungsprobleme, S. 1402.

[501] Vgl. *Wassermeyer*, IStR 1998, S. 492; *Schmidt*, WPg. 2002, S. 1235; *Lieber* in: Becker/Höppner/Grotherr/Kroppen, Art. 7 MA Rn. 303; *Kahle*, StuB 2005, S. 671.

[502] Dies gilt nach hier vertretener Auffassung gemäß Art. 7 Abs. 7 MA i.V.m. dem in Art. 10 Abs. 4, 11 Abs. 4, 12 Abs. 3, 21 Abs. 2 MA jeweils normierten Betriebsstättenvorbehalt auch insoweit, als im Betriebsstättengewinn Zins-, Dividenden- oder Lizenzeinkünfte enthalten sind, sofern der ausländischen (Personengesellschafts-)Betriebsstätte eine Holding-, Finanzierungs- oder Lizenzgeberfunktion zugeordnet wurde und ein „funktionaler Zusammenhang" mit der in der Betriebsstätte ausgeübten Tätigkeit besteht (vgl. Kapitel 3:B.II.2.b.bb(1)(a) oben).

[503] *Tischbirek* in: Vogel/Lehner, Art. 10 MA Rn. 184.

vidende ändert jedoch nichts daran, dass die Zuwendung nach innerstaatlichem deutschen Recht als nicht steuerbare Entnahme des inländischen JV-Partners (§ 15 Abs. 1 Satz 1 Nr. 2 EStG) zu qualifizieren ist[504]. Das deutsche Steuerrecht bietet insoweit keine Rechtsgrundlage dafür, die Gewinnentnahme aus der ausländischen JV-Personengesellschaft als Dividende zu behandeln; ebenso wenig vermag das Abkommensrecht einen neuen Steuertatbestand zu erschaffen[505]. Das abkommensrechtlich bestehende Recht Deutschlands zur Besteuerung der „Dividenden" kann daher im Ergebnis mangels inländischen Besteuerungsanspruchs nicht ausgenutzt werden[506].

Da somit weder der laufende Gewinn des inländischen JV-Partners noch die seitens der ausländischen JV-Personengesellschaft vorgenommenen „Gewinnausschüttungen" in Deutschland der Besteuerung unterliegen, wirken die auf den Gewinn der Personengesellschaft im Ausland erhobene Körperschaftsteuer sowie die im Ausschüttungsfall gemäß Art. 10 Abs. 2 MA einbehaltene Quellensteuer in der Regel definitiv[507].

(b) Sondervergütungen

Wird die ausländische JV-Personengesellschaft in ihrem Sitzstaat nach dem Kapitalgesellschaftskonzept behandelt, stellen an den inländischen JV-Partner gezahlte Leistungsvergütungen aus Sicht des Sitzstaates z.B. Zins- oder Lizenzzahlungen im Sinne der Art. 11, 12 MA dar, welche auf Gesellschaftsebene als Betriebsausgaben abziehbar sind und im Sitzstaat allenfalls einer abkommensrechtlich beschränkten Quellensteuer unterworfen werden dürfen. Eine Anwendung des abkommensrechtlichen Betriebsstättenvorbehalts scheidet aus ausländischer Sicht bereits deshalb aus, weil die Beteiligung des deutschen JV-Partners an der ausländischen JV-Personengesellschaft nicht wie dessen Betriebsstätte zu behandeln ist. Nach deutschem Verständnis handelt es sich bei den Einkünften hingegen um ausländische Betriebsstättengewinne des inländischen JV-Partners i.S.d. Art. 7 Abs. 1 Satz 2 MA, welche im Inland gemäß Art. 23 A Abs. 1 MA von der Besteuerung freizustellen wären. Im Ergebnis droht somit wiederum eine **Doppelfreistellung bzw. Minderbesteuerung** der Vergütungen, welche Rechtsprechung und Finanzverwaltung – wie bereits unter (1)(b) ausgeführt – auf unterschiedliche Art und Weise zu vermeiden versuchen.

Die **Finanzverwaltung** unterscheidet hinsichtlich der von ihr befürworteten teleologischen Reduktion des Methodenartikels nicht danach, ob die ausländische Personengesellschaft in ihrem Sitzstaat transparent oder intransparent behandelt wird[508]. Die oben unter (1)(b) dargestellten Grundsätze gelten somit nach Verwaltungsauffassung entsprechend, wenn der Sitzstaat die JV-Personengesellschaft wie eine Körperschaft behandelt und aus diesem Grunde die an den inländischen JV-Partner gezahlten Vergütungen als Zinsen, Lizenzgebühren etc. qualifiziert. Nach **hier vertretener Auffassung** ist jedoch dem Grundsatz der autonomen Abkommensanwendung durch

---

[504] Vgl. *Greif* in: Mössner, Steuerrecht international tätiger Unternehmen, Rn. E 55; ebenso BFH-Urt. v. 04.04.2007, IStR 2007, S. 1074.

[505] *Piltz* in: Debatin/Wassermeyer, Art. 7 MA Rn. 67; *Krabbe*, IWB Fach 3 Gr. 2, S. 765.

[506] *Lang/Wimpissinger*, Einkünfte von Gesellschaftern einer Personengesellschaft, S. 94 ff.

[507] Zu Ausnahmen vgl. Kapitel 3:B.II.2.b.cc.

[508] Vgl. BMF-Schr. v. 24.12.1999, BStBl. I 1999, S. 1076 ff., Tz. 1.2.3.

die Vertragsstaaten Rechnung zu tragen und mit der Rechtsprechung des BFH der jeweils einschlägige Spezialartikel des DBA anzuwenden, während der Betriebsstättenvorbehalt mangels „tatsächlicher Zugehörigkeit" des den Sondervergütungen zugrunde liegenden Stammrechts zu der Auslandsbetriebsstätte regelmäßig nicht greift. Die von der ausländischen JV-Personengesellschaft erhaltenen Vergütungen sind somit nicht von der deutschen Besteuerung freizustellen, sondern gemäß Art. 11 Abs. 1, 12 Abs. 1, 23 A Abs. 2 MA unter Anrechnung einer im Ausland ggf. einbehaltenen Quellensteuer in die inländische Bemessungsgrundlage des deutschen JV-Partners einzubeziehen.

cc. Steueranrechnung trotz fehlender Subjektidentität bzw. Verschiebung der Besteuerungsperioden

Die meisten jüngeren DBA mit deutscher Beteiligung machen die Steuerfreistellung im Ansässigkeitsstaat davon abhängig, dass die Einnahmen der (Personengesellschafts-)Betriebsstätte ausschließlich, fast ausschließlich oder zu einem festen Anteil aus sog. „aktiven" oder „produktiven" Tätigkeiten stammen. Ist letzteres nicht der Fall, so sind die dem inländischen JV-Partner aus seiner Beteiligung an der ausländischen JV-Personengesellschaft zuzurechnenden Gewinnanteile abweichend vom „Regelfall" nicht von der inländischen Besteuerung freizustellen, sondern dürfen unter Anrechnung ggf. angefallener ausländischer Steuern im Inland der Besteuerung unterworfen werden (**sog. Aktivitätsklausel**)[509].

Folgt der Sitzstaat der JV-Personengesellschaft dem **Kapitalgesellschaftskonzept**, stellt sich aus deutscher Sicht insoweit die Frage, ob die auf die laufenden Gewinne der ausländischen JV-Personengesellschaft erhobene Körperschaftsteuer bzw. die im „Ausschüttungsfall" im Sitzstaat einbehaltene Quellensteuer trotz formalrechtlich fehlender Steuersubjektidentität bzw. mangelnder Identität der Besteuerungszeiträume auf die inländische Steuer des deutschen JV-Partners anzurechnen ist. Problematisch ist insoweit, dass die ausländische Körperschaftsteuer von der JV-Personengesellschaft als solche und nicht vom inländischen JV-Partner erhoben wurde und die von der „Gewinnausschüttung" einbehaltene ausländische Quellensteuer meist erst in einem Veranlagungszeitraum anfällt, der auf die Feststellung des der deutschen Besteuerung zugrunde liegenden anteiligen Gewinns folgt, so dass es unweigerlich zu einer Verschiebung der Besteuerungsperioden kommt.

Die deutsche **Finanzverwaltung**[510] differenziert insoweit der Auffassung der OECD folgend und will – allerdings ohne weitere Begründung – lediglich die Anrechnung der im Ausland erhobenen anteiligen Körperschaftsteuer zulassen, während eine Anrechnung der von den „Gewinnausschüttungen" der Personengesellschaft einbehaltenen ausländischen Quellensteuer ausscheiden soll. Für eine derartige Differenzierung besteht jedoch **m.E.** kein Grund. Bei Zugrundelegung einer wirtschaftlichen Betrachtungsweise ist zum einen die für eine Anrechnung der ausländischen Körperschaftsteuer erforderliche Subjektidentität gegeben (vgl. bereits oben 1.b.bb.), zum anderen kann die ausländische Kapitalertragsteuer in eine „zusätzliche Steuer" auf den Gewinnanteil des deutschen JV-Partners umgedeutet und bei der inländischen

---

[509] Vgl. *Vogel* in: Vogel/Lehner, Art. 23 MA Rn. 74 ff.

[510] Vgl. BMF-Schr. v. 28.05.1998, BStBl. I 1998, S. 557 ff., Tz. 3.

Besteuerung im Jahr der Ausschüttung berücksichtigt werden[511]. Somit sind nach hier vertretener Ansicht sowohl die anteilige ausländische Körperschaftsteuer als auch die auf die „Dividenden" erhobene ausländische Quellensteuer auf die inländische Steuer des deutschen JV-Partners anzurechnen.

dd. Steueranrechnung in Dreieckssachverhalten

Weitere Probleme hinsichtlich der Steueranrechnung im Inland stellen sich im Rahmen sog. Dreieckssachverhalte. Bezieht der deutsche JV-Partner über die ausländische JV-Personengesellschaft quellenbesteuerte Zins- oder Dividendeneinkünfte aus einem Drittstaat, kann es – wenn alle beteiligten Staaten übereinstimmend vom **Mitunternehmerkonzept** ausgehen – zu einer nach Abkommensrecht auf den ersten Blick nicht vermeidbaren Doppelbesteuerung kommen, da die im Drittstaat erhobene Quellensteuer scheinbar nirgends zur Anrechnung gebracht werden kann.

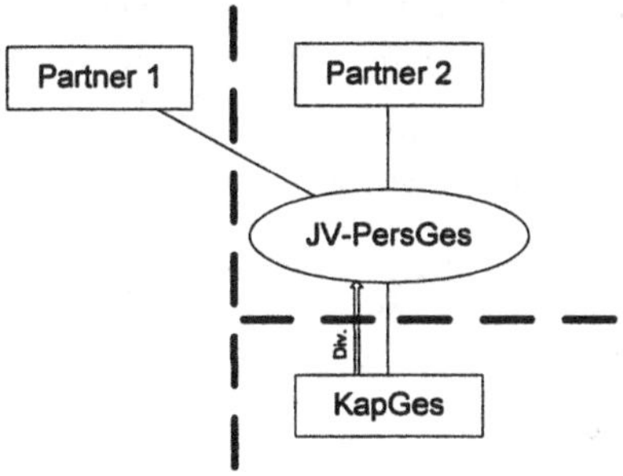

Das **DBA Deutschland-Drittstaat** bietet für eine Quellensteueranrechnung in der betrachteten Situation keine Handhabe. Der deutsche JV-Partner ist zwar ggf. nach dem zwischen Deutschland und dem Drittstaat bestehenden DBA abkommensberechtigt (vgl. Art. 3 Abs. 1 lit. a, Art. 4 Abs. 1 MA). Auch liegen isoliert betrachtet die sonstigen Voraussetzungen für eine Anrechnung der im Drittstaat erhobenen Steuer auf die inländische Steuer des deutschen JV-Partners vor, da die aus dem Drittstaat stammenden Einkünfte zwar einer ausländischen (Personengesellschafts-) Betriebsstätte zuzurechnen sind, es sich jedoch aufgrund des Universalitätsprinzips insoweit gleichwohl um Einkünfte des Unternehmens des deutschen JV-Partners handelt[512]. Dennoch scheidet eine Steueranrechnung im Inland aufgrund der Wechselwirkung mit dem zwischen Deutschland und dem Sitzstaat der JV-Personengesellschaft bestehenden DBA (**DBA Deutschland-Betriebsstättenstaat**) aus. Nach diesem ist das Besteuerungsrecht für die aus dem Drittstaat stammenden Einkünfte, soweit sie der ausländischen (Personengesellschafts-)Betriebsstätte des deutschen JV-Partners zuzurechnen sind, regelmäßig dem Betriebsstättenstaat zugewiesen, während Deutschland die Einkünfte (ggf. unter Progressionsvorbehalt) von der inlän-

---

[511] Vgl. *Jacobs*, Internationale Unternehmensbesteuerung, S. 588; *Wied* in: Blümich, § 34c EStG Rn. 35 unter a) und b) sowie Rn. 47; *Schmidt*, WPg. 2002, S. 1236; *Krabbe*, IWB Fach 3 Gr. 2, S. 765; *Lang/Wimpissinger*, Einkünfte von Gesellschaftern einer Personengesellschaft, S. 97 f.; unter Hinweis auf den „Geist des Abkommens" im Ergebnis ebenso *Wassermeyer*, IStR 1998, S. 492 f.

[512] Vgl. *Wassermeyer* in: Debatin/Wassermeyer, Systematik IV, Rn. 80; *Helde*, Dreiecksverhältnisse, S. 78.

dischen Besteuerung freizustellen hat (vgl. Art. 21 Abs. 2, Art. 7 Abs. 1 Satz 2, Art. 23 A Abs. 1 MA)[513]. Damit wird auf die aus dem Drittstaat stammenden Dividenden und Zinsen im Inland aber gar keine Steuer erhoben, welche Grundlage einer Steueranrechnung sein könnte. Die nach dem DBA Deutschland-Drittstaat im Inland grundsätzlich mögliche Steueranrechnung geht damit aufgrund der Freistellung der Drittstaatseinkünfte nach dem DBA Deutschland-Betriebsstättenstaat ins Leere[514]. Eine Anrechnung nach Maßgabe des **DBA Betriebsstättenstaat-Drittstaat** scheitert ebenfalls, da mangels „Ansässigkeit" in einem der Vertragsstaaten weder der deutsche JV-Partner noch die steuerlich transparente ausländische Personengesellschaft insoweit abkommensberechtigt ist[515]. Die somit bestehende Doppelbesteuerung scheint auf den ersten Blick nicht behebbar[516].

Eine Anrechnungsverpflichtung des Betriebsstättenstaates könnte sich jedoch aufgrund des mit Deutschland abkommensrechtlich vereinbarten **Betriebsstättendiskriminierungsverbots (Art. 24 Abs. 3 MA)** ergeben. Danach darf die Besteuerung einer Betriebsstätte, die ein Unternehmen eines Vertragsstaats im anderen Vertragsstaat unterhält, im anderen Vertragsstaat nicht ungünstiger sein als die Besteuerung eines rechtlich selbständigen Unternehmens des anderen Vertragsstaates, das die gleiche Tätigkeit ausübt[517]. Dies bedeutet, dass der deutsche JV-Partner im Hinblick auf die Einkünfte aus seiner ausländischen (Personengesellschafts-)Betriebsstätte im Betriebsstättenstaat nicht ungünstiger besteuert werden darf als ein dort ansässiges, rechtlich selbständiges Vergleichsunternehmen[518]. Der Betriebsstättenstaat ist aus diesem Grunde unstreitig verpflichtet, **unilaterale** Regelungen zur Vermeidung

---

[513] Dividenden- oder Zinseinkünfte werden ihrer Art nach zwar in den Art. 10, 11 MA behandelt, welche dem Unternehmensgewinne betreffenden Art. 7 MA nach dessen Abs. 7 (Spezialitätsklausel) grundsätzlich vorgehen. Allerdings sind die Art. 10, 11 MA vorliegend nicht anwendbar, da sie Einkünfte nicht „aus dem anderen Vertragsstaat" (d.h. dem Staat der Betriebsstätte), sondern einem Drittstaat stammen. Die über eine ausländische (Personengesellschafts-)Betriebsstätte aus einem Drittstaat bezogenen Dividenden oder Zinsen fallen damit wegen Art. 7 Abs. 7 MA unter die Vorschrift des Art. 21 MA. Dessen Abs. 2 bestimmt jedoch – konstitutiv (so *Wassermeyer* in: Debatin/Wassermeyer, Art. 21 MA Rn. 67; *Lehner* in: Vogel/Lehner, Art. 21 MA Rn. 45; a.A.: *Schaumburg*, Internationales Steuerrecht, Rn. 16.485; *Lang/Reich/Schmidt*, IStR 2007, S. 5) – wiederum die Anwendbarkeit des Art. 7 MA (Betriebsstättenvorbehalt). Damit dürfen die Drittstaatseinkünfte – vorausgesetzt, sie sind der (Personengesellschafts-)Betriebsstätte „tatsächlich zugehörig" (vgl. hierzu *Lehner* in: Vogel/Lehner, Art. 21 MA Rn. 47; *Vogel* in: Vogel/Lehner, Vor Art. 10-12 MA Rn. 39 f.) – im Betriebsstättenstaat besteuert werden, während Deutschland diese im Gegenzug von der Besteuerung freizustellen hat (Art. 7 Abs. 1 Satz 2, Art. 23 A Abs. 1 MA).

[514] Dies folgt aus der Regelung des Anrechnungshöchstbetrags nach Art. 23 B Abs. 1 Satz 2, wonach die Anrechnung nur bis zur Höhe desjenigen Teils der inländischen Steuer vorgesehen ist, der auf die im Quellenstaat gemäß dem Abkommen besteuerten Einkünfte entfällt. Danach kann eine Anrechnung im Ergebnis nur erfolgen, wenn und soweit die aus dem Drittstaat stammenden Einkünfte auch tatsächlich im Inland besteuert werden.

[515] Vgl. *Schaumburg*, Internationales Steuerrecht, Rn. 16.175.

[516] Vgl. *Greif* in: Mössner, Steuerrecht international tätiger Unternehmen, Rn. E 70; *Jacobs*, Internationale Unternehmensbesteuerung, S. 583, 585 f.; *Kahle*, StuB 2005, S. 706 f.; *Müller/Wangler*, IStR 2003, S. 151 f.

[517] *Rust* in: Vogel/Lehner, Art. 24 MA Rn. 96 ff.

[518] Das Diskriminierungsverbot gilt unabhängig davon, ob der Inhaber der (Personengesellschafts-)Betriebsstätte eine Gesellschaft oder eine natürliche Person ist. Handelt es sich bei dem deutschen JV-Partner um eine Personengesellschaft, sind als Träger der ausländischen Betriebsstätte die am inländischen JV-Partner beteiligten natürlichen oder juristischen Personen anzusehen, soweit sie im Inland ansässig sind (vgl. *Rust* in: Vogel/Lehner, Art. 24 MA Rn. 99).

der Doppelbesteuerung so anzuwenden, als ob es sich bei der (Personengesellschafts-)Betriebsstätte des deutschen JV-Partners um ein selbständiges inländisches Vergleichsunternehmen handeln würde[519]. Fraglich ist jedoch, ob sich aus dem mit Deutschland vereinbarten Betriebsstättendiskriminierungsverbot auch die weitergehende Verpflichtung des Betriebsstättenstaates zur Anwendung **bilateraler** Regelungen mit Drittstaaten ergibt. Es stellt sich mit anderen Worten die Frage, ob Art. 24 Abs. 3 MA auch solche Diskriminierungen verbietet, die sich aufgrund der Nichtanwendbarkeit eines DBA mit einem Drittstaat ergeben[520].

Dem OECD-MK lässt sich zu dieser Frage keine eindeutige Aussage entnehmen. Tz. 52 MK zu Art. 24 MA enthält lediglich einen an diejenigen Staaten, die eine Anrechnungsverpflichtung weder aufgrund ihres innerstaatlichen Rechts noch durch das Betriebsstättendiskriminierungsverbot begründet sehen, gerichteten unverbindlichen Vorschlag zur Handhabung derartiger Dreieckssachverhalte[521]. In der Literatur wird eine Verpflichtung des Betriebsstättenstaates zur Anwendung bilateraler Regelungen mit Drittstaaten teilweise unter dem Hinweis auf ein zwischen den Vertragsstaaten bestehendes *„do ut des"*-Verhältnis verneint[522]. Danach stünden abkommensrechtliche Steuervergünstigungen regelmäßig in einem untrennbaren Zusammenhang mit einem entsprechenden Entgegenkommen des anderen Vertragsstaates; ihr Anwendungsbereich sei daher bereits wesensmäßig auf die jeweils vertragsschließenden Staaten beschränkt. Da der Ausdehnung von Abkommensvorteilen aus dem DBA Betriebsstättenstaat-Drittstaat durch den Betriebsstättenstaat auf Betriebsstätten ausländischer Unternehmen aber keine entsprechende „Gegenleistung" des Drittstaats in Form einer entsprechenden Ausdehnung abkommensrechtlicher Vergünstigungen auf in seinem Territorium belegene Betriebsstätten ausländischer Unternehmer gegenüberstehe, bestehe für eine Anwendung dieses Abkommens im Verhältnis zu Steuerpflichtigen anderer Staaten keine Grundlage. Dieser Ansicht ist jedoch zu Recht entgegen gehalten worden, dass die Gewährung von Abkommensvorteilen durch den Betriebsstättenstaat tatsächlich nicht ohne Gegenleistung bleibt[523]. Gewährt der Staat der ausländischen (Personengesellschafts-)Betriebsstätte aufgrund des mit dem Ansässigkeitsstaat des Steuerpflichtigen vereinbarten Betriebsstättendiskriminierungsverbotes Vorteile aus einem DBA mit einem Drittstaat, kann er zwar keine Gegenleistung des Drittstaates verlangen, jedoch ist der Ansässigkeitsstaat des Steuerpflichtigen für den umgekehrten Fall, in welchem ein Unternehmen des Betriebsstättenstaates über eine im Ansässigkeitsstaat belegene (Personengesellschafts-)Betriebsstätte quellenbesteuerte Einkünfte aus einem dritten Staat bezieht, im Gegenzug verpflichtet, Steuerpflichtigen des Betriebsstättenstaates seinerseits entsprechende Abkommensvergünstigungen

---

[519] *Helde*, Dreiecksverhältnisse, S. 91 f. m.w.N. Soweit Deutschland als Betriebsstättenstaat betroffen ist, enthält § 50 Abs. 6 EStG eine unilaterale Bestimmung zur Beseitigung der Betriebsstättendiskriminierung.

[520] Vgl. *Lang/Lüdicke/Riedweg*, IStR 2006, S. 75. Dieser Frage kommt insbesondere dann Bedeutung zu, wenn im Betriebsstättenstaat keine unilateralen Regelungen zur Anrechnung ausländischer Quellensteuer existieren, so z.B. in der Schweiz und (teilweise) in den Niederlanden (vgl. *Kolb* in: Mennel/Förster, Länderteil Schweiz, S. 255; *Müssener* in: Mennel/Förster, Länderteil Niederlande, S. 277).

[521] Ausführlich hierzu *Staringer*, Triangular Cases, S. 81.

[522] So noch *Engelschalk* in: Vogel/Lehner (3. Auflage), Art. 24 MA Rn. 132b; *Piltz*, Personengesellschaften, S. 226.

[523] So *Helde*, Dreiecksverhältnisse, S. 95 f.; *Moser*, Bedeutung von Diskriminierungsverboten, S. 66.

zu gewähren. Im Verhältnis zum Ansässigkeitsstaat des Steuerpflichtigen steht der durch den Betriebsstättenstaat gewährten Steuervergünstigung daher eine entsprechende Gegenleistung gegenüber. Wortlaut sowie Sinn und Zweck des Art. 24 Abs. 3 MA legen darüber hinaus ein umfassendes Verständnis der Vorschrift im Sinne einer Verpflichtung zur Anwendung auch von Drittstaatsabkommen auf die Steuerpflichtigen anderer Vertragsstaaten nahe. Die Vorschrift verbietet generell eine „ungünstigere Besteuerung" von Betriebsstätten ausländischer Unternehmen gegenüber inländischen selbständigen Vergleichsunternehmen, ohne dass sich dem Wortlaut eine Beschränkung des Diskriminierungsschutzes auf innerstaatliche Regelungen entnehmen ließe[524]. Inhaltlich zielt die Vorschrift zudem darauf ab, in steuerlicher Hinsicht Wettbewerbsgleichheit zwischen rechtlich unselbständigen Betriebsstätten und rechtlich selbständigen Unternehmen herzustellen[525]. Dieses Ziel kann jedoch nur dann vollumfänglich erreicht werden, wenn auch die mit Drittstaaten abgeschlossenen Abkommen zugunsten des Betriebsstätteninhabers angewendet werden. Andernfalls bestünde für den Betriebsstättenstaat zudem die Möglichkeit, das mit dem Ansässigkeitsstaat des Betriebsstätteninhabers vereinbarte Diskriminierungsverbot durch Verlagerung seiner innerstaatlichen Rechtssetzung auf das in DBA mit Drittstaaten geschaffene zwischenstaatliche Recht bzw. durch Berufung auf die relative Wirkung der Abkommen „auszuhöhlen"[526].

Eine Anrechnung der im Drittstaat erhobenen Quellensteuer im Betriebsstättenstaat ist letztlich auch **gemeinschaftsrechtlich geboten**[527]. Mit seinem Urteil in der Rechtssache „*Saint Gobain*"[528] hat der EuGH ausdrücklich entschieden, dass der Betriebsstättenstaat aufgrund der Niederlassungsfreiheit verpflichtet ist, bei der Betriebsstätte eines EU-ausländischen Unternehmens die Doppelbesteuerung nach seinen DBA in gleicher Weise zu vermeiden wie bei selbständigen inländischen Vergleichsunternehmen. Nicht ausschlaggebend ist insoweit, ob die Abkommensvorteile durch den Betriebsstättenstaat mit anderen EU-Mitgliedstaaten oder mit Drittländern außerhalb der EU vereinbart wurden[529]. Praktische Bedeutung gewinnt die aus dem Gemeinschaftsrecht abgeleitete Anrechnungsverpflichtung zum einen für Staaten, mit denen kein DBA bzw. ein DBA besteht, welches kein dem Art. 24 Abs. 3 MA entsprechendes Diskriminierungsverbot enthält. Zum anderen unterliegt das gemeinschaftsrechtliche Diskriminierungsverbot der Kontrolle durch den EuGH, was gegenüber der in der Praxis häufig mit Schwierigkeiten verbundenen Durchführung eines

---

[524] *Rust* in: Vogel/Lehner, Art. 24 MA Rn. 116.

[525] *Staringer*, Triangular Cases, S. 82 f.

[526] *Staringer*, Triangular Cases, S. 83; *Garcia Prats*, Intertax 1994, S. 479 f.

[527] Ebenso *Helde*, Dreiecksverhältnisse, S. 103 ff., *Weggenmann*, Einordnungskonflikte bei Personengesellschaften, S. 103 ff.; *Staringer*, Triangular Cases, S. 84 ff.; *Garcia Prats*, Intertax 1994, S. 484 ff.; *Züger*, SWI 2001, S. 116 ff.; *Jann*, Auswirkungen des EU-Rechts, S. 81 ff.

[528] EuGH-Urt. v. 21.09.1999 – Rs. C-307/97 („*St. Gobain*"), IStR 1999, S. 592 ff.

[529] *Saß*, DB 1999, S. 2382; *Staringer*, Triangular Cases, S. 85. Die Inanspruchnahme der Niederlassungsfreiheit setzt jedoch voraus, dass der Betriebsstätteninhaber innerhalb der EU ansässig ist. Darüber hinausgehenden Schutz bietet die Kapitalverkehrsfreiheit nach Art. 56 EG, auf deren Grundlage grundsätzlich auch Angehörige eines außerhalb der EU gelegenen Staates vom EU-Betriebsstättenstaat die Anrechnung der im Quellenstaat erhobenen Steuer verlangen können, wenn dies für Ansässige des Betriebsstättenstaat nach innerstaatlichem oder Abkommensrecht vorgesehen ist (*Moser*, Bedeutung von Diskriminierungsverboten, S. 77).

Verständigungsverfahrens i.S.d. Art. 25 MA auf bilateraler Ebene regelmäßig von Vorteil sein dürfte[530].

Der Sitzstaat der ausländischen JV-Personengesellschaft ist im Ergebnis in der vorliegend betrachteten Konstellation verpflichtet, die im Drittstaat auf Zins- und Dividendeneinkünfte erhobene Quellensteuer nach seinem mit dem Drittstaat bestehenden DBA auf die Steuer, welche er auf das Betriebsstättenergebnis des deutschen JV-Partners erhebt, anzurechnen[531]. Der **Höhe** nach ist grundsätzlich der Betrag anzurechnen, welchen der Betriebsstättenstaat nach dem DBA Drittstaat-Betriebsstättenstaat auf die Steuer eines inländischen selbständigen Vergleichsunternehmen in Anrechnung zu bringen hätte, denn das Diskriminierungsverbot verlangt lediglich eine Gleich-, jedoch keine Besserstellung der (Personengesellschafts-)Betriebsstätte gegenüber inländischen Unternehmen[532]. Zu berücksichtigen ist insoweit, dass sich aus der Anrechnungsverpflichtung des Betriebsstättenstaats – da weder ein abkommensrechtlich vereinbartes noch das gemeinschaftsrechtlich vom Betriebsstättenstaat zu beachtendes Diskriminierungsverbot Rechte zu Lasten Dritter zu begründen vermag – keinerlei Folgen für die Abkommensanwendung durch den Drittstaat ergeben, so dass der Drittstaat keineswegs verpflichtet ist, die (Personengesellschafts-)Betriebsstätte seinerseits mit einem im Betriebsstättenstaat ansässigen selbständigen Vergleichsunternehmen gleichzustellen und bei der Erhebung der Quellensteuer die im DBA Betriebsstättenstaat-Drittstaat vorgesehene Quellensteuerreduktion vorzunehmen[533]. Da aus Sicht des Drittstaats ausschließlich das DBA Deutschland-Drittstaat zur Anwendung gelangt, wird er die Quellensteuer vielmehr gemäß den Regelungen dieses Abkommens einbehalten. Sieht das DBA Deutschland-Drittstaat aber einen geringeren Quellensteuersatz als das DBA Drittstaat-Betriebsstättenstaat vor, kann eine Anrechnung der Quellensteuer im Betriebsstättenstaat nur in Höhe dieses niedrigeren Betrags erfolgen, da lediglich die tatsächlich angefallene ausländische Steuer im Rahmen der Anrechnung zu berücksichtigen ist. Die Doppelbesteuerung wird in diesem Falle infolge der Anrechnung im Betriebsstättenstaat vollumfänglich vermieden. Ist im DBA Deutschland-Drittstaat hingegen ein höherer Quellensteuersatz vorgesehen als dies nach Maßgabe des DBA Drittstaat-Betriebsstättenstaat der Fall ist[534], kann im Betriebsstättenstaat nicht die gesamte im Drittstaat angefallene Quellensteuer zur Anrechnung gebracht werden, da das Diskriminierungsverbot lediglich zur Anrechnung derjenigen Steuer zwingt, welche ein selbständiges Vergleichsunternehmen des Betriebsstättenstaats im Drittstaat

---

[530] *Staringer*, Triangular Cases, S. 86.

[531] Vgl. *Schmidt*, WPg. 2002, S. 1142; *Lang/Lüdicke/Riedweg*, IStR 2006, S. 75 ff.; *Weggenmann*, Einordnungskonflikte, S. 99 ff.; *Helde*, Dreiecksverhältnisse, S. 88 ff.; *Rust* in: Vogel/Lehner (4. Auflage), Art. 24 Rn. 114 ff.; *Wassermeyer* in: Debatin/Wassermeyer, Art. 24 Rn. 52 und 21 ff.; *Staringer*, Triangular Cases, S. 80 ff.; *van Raad*, ET 1993, S. 299; *Garcia Prats*, Intertax 1994, S. 477 ff.; *Züger*, SWI 2001, S. 113 ff.; *Moser*, Bedeutung von Diskriminierungsverboten, S. 65 ff.; zurückhaltend *Heinsen*, Behandlung von Dreieckssachverhalten, S. 1475 ff.

[532] Vgl. *Garcia Prats*, Intertax 1994, S. 480; *Helde*, Dreiecksverhältnisse, S. 101; *Heinsen*, Behandlung von Dreieckssachverhalten, S. 1476; *Lang/Lüdicke/Riedweg*, IStR 2006, S. 77.

[533] Vgl. *Lang/Lüdicke/Riedweg*, IStR 2006, S. 77; *Jann*, Auswirkungen des EU-Rechts, S. 82; *Helde*, Dreiecksverhältnisse, S. 99 f. und 120 f.; *Garcia Prats*, Intertax 1994, S. 480.

[534] Dem gleichzustellen ist der Fall, dass zwischen dem Ansässigkeitsstaat und dem Drittstaat kein DBA besteht oder ein solches zwar besteht, aber nicht anwendbar ist (*Garcia Prats*, Intertax 1994, S. 481).

zu zahlen hätte. Es kommt somit zur Entstehung eines Anrechnungsüberhangs in Höhe der Differenz der jeweils abkommensrechtlich vereinbarten Quellensteuersätze und damit – vorbehaltlich unilateraler Ausgleichsmöglichkeiten – zu einer teilweise verbleibenden Doppelbesteuerung beim inländischen JV-Partner[535].

Folgen Sitzstaat der JV-Personengesellschaft und Drittstaat abweichend von der soeben dargestellten Konstellation übereinstimmend dem **Kapitalgesellschaftskonzept**, kann die im Drittstaat erhobene Quellensteuer grundsätzlich ohne Schwierigkeiten im Sitzstaat der ausländischen Personengesellschaft zur Anrechnung gebracht werden. Nach dem OECD-Partnership-Report soll in diesem Fall sowohl das DBA Deutschland-Drittstaat als auch das DBA Sitzstaat-Drittstaat zur Anwendung gelangen, da zum einen die in ihrem Sitzstaat intransparent behandelte Personengesellschaft und zum anderen der in Deutschland steuerpflichtige inländische JV-Partner abkommensberechtigt seien. Im Ergebnis soll im Drittstaat der nach beiden Abkommen niedrigere Quellensteuersatz angewendet werden; im Sitzstaat der JV-Personengesellschaft erfolgt sodann die Anrechnung nach Maßgabe des dortigen innerstaatlichen Rechts[536].

Von den vorgenannten Konstellationen des Weiteren zu unterscheiden ist der Fall, dass die ausländische JV-Personengesellschaft im Drittstaat eine **Betriebsstätte** unterhält oder ihrerseits an einer Personengesellschaft mit Sitz im Drittstaat beteiligt ist. Liegt dem Recht des Drittstaats und des Sitzstaats in diesen beiden Fällen übereinstimmend das Mitunternehmerkonzept zugrunde, gilt die im Drittstaat belegene (Personengesellschafts-)Betriebsstätte nicht als Unterbetriebsstätte der ausländischen JV-Personengesellschaft, sondern ist vielmehr als (weitere) Betriebsstätte des inländischen JV-Partners zu betrachten[537]. Die der Drittstaats-Betriebsstätte zuzurechnenden Einkünfte unterliegen damit im Sitzstaat der JV-Personengesellschaft keiner Besteuerung mehr, sondern bleiben der Besteuerungskompetenz des Drittstaats überlassen. Allerdings kann es auch in dieser Konstellation zu einer Doppelbesteuerung kommen, sobald nur einer der anderen beteiligten Staaten – sei dies der Sitz- oder der Drittstaat – ein vom Mitunternehmerkonzept abweichendes Konzept verfolgt und die Personengesellschaft als steuerlich intransparent qualifiziert[538].

ee. Grenzüberschreitende Verlustnutzung

(1) Symmetriethese

Wie bereits ausgeführt[539] werden die in einer ausländischen JV-Personengesellschaft erzielten Gewinne regelmäßig als Betriebsstättengewinne des deutschen JV-Partners entsprechend Art. 23 A Abs. 1 MA (ggf. unter Progressionsvorbehalt) von der inländischen Besteuerung freigestellt. Nach ständiger Rechtsprechung des **BFH**[540] hat dies jedoch nicht nur zur Folge, dass die positiven Betriebsstätten-

---

535 Vgl. *Heide*, Dreiecksverhältnisse, S. 102; *Garcia Prats*, Intertax 1994, S. 481; *Heinsen*, Behandlung von Dreieckssachverhalten, S. 1476; *Staringer*, Triangular Cases, S. 87.

536 Vgl. OECD-Partnership-Report, Tz. 73 ff.

537 *Jacobs*, Internationale Unternehmensbesteuerung, S. 582 f.

538 Vgl. *Müller/Wangler*, IStR 2003, S. 153.

539 Vgl. oben Kapitel 3:B.II.1.a.bb.

540 Vgl. zuletzt BFH-Urt. v. 13.11.2002, BStBl. II 2003, S. 795 ff.; v. 28.06.2006, IStR 2006, S. 784 ff.; v. 22.08.2006, IStR 2006, S. 862 ff.

einkünfte von der inländischen Besteuerung ausgenommen sind, sondern auch, dass die in der ausländischen (Personengesellschafts-)Betriebsstätte erzielten Verluste korrespondierend bei der inländischen Besteuerung nicht berücksichtigt werden (**sog. Symmetriethese**). Wenn Deutschland in einem DBA durch Vereinbarung der Freistellungsmethode einen Besteuerungsverzicht an positiven Einkünften aus bestimmten Quellen erkläre, folge daraus – so der BFH – auch das Recht, negative Einkünfte aus eben diesen Quellen im Inland unberücksichtigt zu lassen. Dementsprechend können Verluste der ausländischen JV-Personengesellschaft beim inländischen JV-Partner im Falle der DBA-Freistellung[541] – trotz des dem innerstaatlichen Recht zugrunde liegenden Welteinkommensprinzips[542] – grundsätzlich nicht in Abzug gebracht werden. Im Rahmen der Einkommensteuer können sich die Verluste gemäß Art. 23 A Abs. 3 MA allenfalls über den negativen Progressionsvorbehalt nach § 32b Abs. 1 Nr. 3, 1. Alt. EStG auf den inländischen Steuersatz auswirken[543]. Auch insoweit scheidet eine Verlustberücksichtigung jedoch aus, wenn die Verluste aus einer in der (Personengesellschafts-)Betriebsstätte ausgeübten „passiven Tätigkeit" im Sinne des § 2a Abs. 1 Satz 1 Nr. 2, Abs. 2 EStG resultieren[544].

Noch bis einschließlich 1998 erlaubte **§ 2a Abs. 3 EStG a.F.** demgegenüber unter bestimmten Voraussetzungen die (temporäre) einkommensmindernde Berücksichtigung ausländischer Betriebsstättenverluste trotz abkommensrechtlicher Freistellung im Wege eines „*treaty override*"[545]. Die Berücksichtigung war jedoch nur möglich, soweit die Verluste im Inland ohne DBA-Freistellung und damit insbesondere nach § 2a Abs. 1 und 2 EStG berücksichtigungsfähig gewesen wären, und stand unter

---

[541] Ist in Deutschland – beispielsweise aufgrund eines Aktivitätsvorbehalts – die Anrechnungsmethode anzuwenden, mindern die ausländischen (Personengesellschafts-)Betriebsstättenverluste aufgrund des Welteinkommensprinzips demgegenüber grundsätzlich die inländische Bemessungsgrundlage. Gemäß § 2a Abs. 1 EStG sind jedoch auch in diesem Fall bestimmte negative Einkünfte aus passiver Tätigkeit aus dem Ausland von der Berücksichtigung im Inland ausgeschlossen, weil der Gesetzgeber sie als Folge von Investitionen ansieht, die der deutschen Volkswirtschaft keinen erkennbaren Nutzen bringen (*Heinicke* in: Schmidt, § 2a EStG Rn. 1). Nur negative Einkünfte aus bestimmten aktiven Tätigkeiten sind nach § 2a Abs. 2 EStG von diesem Ausgleichsverbot ausgenommen und demnach weiterhin im Inland ausgleichsfähig. Sofern abkommensrechtlich „passive" Einkünfte vorliegen und aus diesem Grunde aufgrund einer Aktivitätsklausel zur Anrechnungsmethode überzugehen ist, werden jedoch vielfach auch passive Einkünfte i.S.d. § 2a Abs. 1 EStG vorliegen. Die ausländischen Betriebsstättenverluste dürfen unter diesen Umständen nur mit positiven Einkünften derselben Art aus demselben Staat ausgeglichen und nicht nach § 10d EStG abgezogen werden.

[542] Das Welteinkommensprinzip verlangt bei unbeschränkt steuerpflichtigen natürlichen oder juristischen Personen im Rahmen der Einkommensermittlung die Berücksichtigung sämtlicher in- und ausländischer positiver und negativer Einkünfte. Nach § 2 Abs. 3 EStG ist danach grundsätzlich auch eine Berücksichtigung ausländischer Betriebsstättenverluste im Inland möglich.

[543] Nach h.M. ist der Progressionsvorbehalt hingegen nicht auf die Körperschaftsteuer anwendbar, da eine der Tarifvorschrift des § 32b EStG entsprechende Norm im Körperschaftsteuerrecht nicht existiert (*Probst* in: Herrmann/Heuer/Raupach, § 32b EStG Rn. 18; *Wassermeyer* in: Debatin/Wassermeyer, Art. 23 A MA Rn. 124). Inländischen Kapitalgesellschaften ist es daher per se versagt, in- oder ausländische Verluste progressionsmindernd zu berücksichtigen (*Graf/Reichl/Wittkowski*, Stbg. 2006, S. 216).

[544] Zwar erlaubt § 32b EStG die Berücksichtigung sowohl positiver als auch negativer Einkünfte im Steuersatz und trägt so grundsätzlich dem Leistungsfähigkeitsprinzip Rechnung. Jedoch stellt § 2a Abs. 1 EStG insoweit die speziellere Norm dar, so dass der negative Progressionsvorbehalt für die betroffenen Verluste verwehrt wird (vgl. BFH-Urt. v. 17.10.1990, BStBl. II 1991, S. 136 ff.; v. 13.11.2002, BStBl. II 2003, S. 795; H 32b EStR „Ausländische Verluste"; *Heinicke* in: Schmidt, § 2a EStG Rn. 46).

[545] Vgl. hierzu im Einzelnen *Roche*, Grenzüberschreitende Verlustverrechnung, S. 322 ff.

dem Vorbehalt der Nachversteuerung, soweit sich in einem der folgenden Veranlagungszeiträume bei den nach DBA eigentlich zu befreienden gewerblichen Einkünften aus der Betriebsstätte insgesamt ein positiver Betrag ergab. Im Zuge des StEntlG 1999/2000/2003 wurde die Regelung jedoch – so die Gesetzesbegründung – unter anderem deswegen abgeschafft, weil die Finanzverwaltung mit der Anwendung der Nachversteuerungsregelung administrativ überfordert sei, eine doppelte Verlustnutzung im Einzelfall nicht ausgeschlossen werden könne und ausländische Verluste in ausreichendem Maße im Rahmen des fortbestehenden Progressionsvorbehalts nach § 32b EStG berücksichtigt würden[546].

Die seither generell nicht mehr mögliche Berücksichtigung von DBA-freigestellten ausländischen Betriebsstättenverlusten bzw. die diesbezügliche Versagung des negativen Progressionsvorbehalts gemäß § 2a Abs. 1 EStG begegnet jedoch **gemeinschaftsrechtlichen Bedenken**. Zu der letztgenannten Problematik hat der **EuGH** unlängst in der Rechtssache *„Ritter-Coulais"*[547] entschieden, dass eine Regelung, die es unbeschränkt Einkommensteuerpflichtigen untersagt, Verluste aus der Eigennutzung einer im Ausland belegenen Immobilie im Inland im Rahmen des negativen Progressionsvorbehalts geltend zu machen, gegen die europarechtlich gewährleistete Arbeitnehmerfreizügigkeit (Art. 39 EG) verstößt. Den Hintergrund dieser Entscheidung bildete die früher in § 21 Abs. 2 EStG a.F. vorgesehene Möglichkeit, Verluste bei der Nutzung einer Immobilie in Abzug zu bringen, die daraus resultieren, dass die Immobilie nicht „am Markt" vermietet, sondern zu eigenen Wohnzwecken genutzt wurde (sog. Nutzungswertbesteuerung). Das Ehepaar *Ritter-Coulais* begehrte dieser Regelung entsprechend bei der Festsetzung des Einkommensteuersatzes die Berücksichtigung von Verlusten aus ihrem in Frankreich belegenen Einfamilienhaus im Wege des negativen Progressionsvorbehalts, da Immobilieneinkünfte nach dem DBA-Frankreich von der deutschen Besteuerung freigestellt werden. Dem widersprach die Finanzverwaltung jedoch unter Hinweis auf § 2a Abs. 1 Nr. 4 EStG a.F. (= § 2a Abs. 1 Nr. 6 lit. a EStG n.F.). Der EuGH vertrat demgegenüber die Auffassung, dass dem Ehepaar aus gemeinschaftsrechtlichen Gründen ein negativer Progressionsvorbehalt zu gewähren sei, da negative Einkünfte aus Deutschland bei der Festsetzung des Steuersatzes Berücksichtigung fänden[548]. Die weitergehende Vorlagefrage, ob die Auslandsverluste über den negativen Progressionsvorbehalt hinaus in Deutschland bei der Ermittlung des zu versteuernden Einkommens zu berücksichtigen seien, ließ der EuGH jedoch ausdrücklich unbeantwortet, da derartiges von den Klägern nicht beantragt worden war und der Gerichtshof diese abstrakte Rechtsfrage daher als nicht entscheidungserheblich ansah[549]. Die deutsche **Finanzverwaltung** hat auf die Entscheidung in Sachen *„Ritter-Coulais"* mit einem faktischen Nichtanwendungserlass[550] reagiert, mit welchem sie die Auswirkungen des Urteils „in ge-

---

546 BT-Drucks. 14/265, S. 168; kritisch hierzu *Reichl/Wittkowski*, BB 2006, S. 2498.

547 EuGH-Urt. v. 21.02.2006 – Rs. C-152/03 (*„Ritter-Coulais"*), BB 2006, S. 525 ff.

548 Ähnlich urteilte der EuGH unlängst auch in der Rs. *„Lakebrink"* (EuGH-Urt. v. 18.07.2007 – Rs. C-182/06, DStR 2007, S. 1339 ff. mit Anm. *de Weerth*, DStR 2007, S. 1341) hinsichtlich des luxemburgischen Rechts, welches fiktiv unbeschränkt Steuerpflichtigen die Berücksichtigung ausländischer Verluste im Rahmen des Progressionsvorbehalts untersagt, während Auslandsverluste Gebietsansässiger bei der Festsetzung des Steuersatzes berücksichtigt werden.

549 Kritisch hierzu *Balmes/Grammel/Sedemund*, BB 2006, S. 1476.

550 Vgl. BMF-Schr. v. 24.11.2006, IStR 2007, S. 40; dazu *Cloer/Lavrelashvili*, BB 2007, S. 187 ff.

wohnter Manier" auf dem entschiedenen Fall genau entsprechende Sachverhalte und damit auf die Regelung des bis einschließlich 1998 anzuwendenden § 21 Abs. 2 EStG a.F. beschränken will. Weitergehende Rechtsfolgen, „beispielsweise für andere negative Einkünfte i.S.d. § 2a Abs. 1 Satz 1 Nr. 6 lit. a EStG", will die Finanzverwaltung der EuGH-Entscheidung hingegen nicht entnehmen und entkleidet diese damit nahezu jeglicher praktischer Bedeutung, zumal die Anzahl der noch offenen Veranlagungen, in denen die frühere Nutzungswertbesteuerung noch eine Rolle spielt, verschwindend gering sein dürfte[551]. Es ist jedoch kein Grund ersichtlich, weshalb die Versagung des negativen Progressionsvorbehalts für andere ausländische Betriebsstättenverluste außerhalb des Anwendungsbereichs der Nutzungswertbesteuerung gemeinschaftsrechtskonform sein sollte[552]. Die Finanzverwaltung missachtet, dass auch sie an Gemeinschaftsrecht gebunden ist. Entgegen ihrer restriktiven Wertung ist der Entscheidung in Sachen *„Ritter-Coulais"* die grundsätzliche Aussage zu entnehmen, dass Verluste unbeschränkt einkommensteuerpflichtiger Personen nicht nur deshalb von der Berücksichtigung im Rahmen des negativen Progressionsvorbehalts ausgenommen werden dürfen, weil sie im Ausland erzielt wurden. Vor diesem Hintergrund dürfte § 2a Abs. 1 EStG, soweit dieser den negativen Progressionsvorbehalt bei DBA-freigestellten Auslandsverlusten unbeschränkt einkommensteuerpflichtiger Personen ausschließt, gemeinschaftsrechtswidrig sein[553].

Offen geblieben ist nach *„Ritter-Coulais"* jedoch weiterhin die umstrittene Frage, ob in Fällen der DBA-Freistellung über die Versagung des negativen Progressionsvorbehalts hinaus die Nichtberücksichtigung von Auslandsverlusten bei der Ermittlung des zu versteuernden Einkommens unbeschränkt einkommensteuer- oder körperschaftsteuerpflichtiger Personen gegen Gemeinschaftsrecht verstößt. Insoweit steht letztlich die vom BFH in ständiger Rechtsprechung aufgestellte Symmetriethese in der europarechtlichen Diskussion. Innerhalb Europas wird der Symmetriegedanke des BFH von der obergerichtlichen Rechtsprechung nicht überall geteilt. So hat beispielsweise der **österreichische Verwaltungsgerichtshof** (öVwGH) seine frühere, der BFH-Rechtsprechung gleichende Auffassung mit Urteil vom 25.09.2001[554] aufgegeben und erstmals angenommen, dass Verluste ausländischer Betriebsstätten auch bei Vorliegen eines DBA mit Freistellungsmethode im Wohnsitzstaat im Rahmen der Einkommensermittlung zu berücksichtigen seien. Zur Begründung verweist der Gerichtshof auf die Schrankenwirkung der DBA, welche nur eine sich aus innerstaatlichem Recht ergebende Steuerpflicht begrenzen, jedoch keinen eigenständigen Steu-

---

[551] Vgl. *Cloer/Lavrelashvili*, BB 2007, S. 188.

[552] So auch *Neu/Müller*, GmbH-StB 2007, S. 17.

[553] Ebenso *Neu/Müller*, GmbH-StB 2007, S. 16 f.; *Cloer/Lavrelashvili*, BB 2007, S. 187 f.; *Thömmes*, IWB Fach 11a, S. 974; *Graf/Reichl/Wittkowski*, Stbg. 2006, S. 215; *Lieber*, WPg. 2007, S. 122. Des Weiteren wird man § 2a EStG nach den EuGH-Entscheidungen in den Rechtssachen *„Ritter-Coulais"* und *„REWE Zentralfinanz"* generell als gemeinschaftsrechtwidrig ansehen müssen, soweit die Vorschrift die Einbeziehung von Auslandsverlusten in die inländische Steuerbemessungsgrundlage ausschließt (vgl. *Lieber*, WPg. 2007, S. 122; *Rehm/Feyerabend/Nagler*, IStR 2007, S. 10 f.; *Rehm/Nagler*, GmbHR 2007, S. 501; *Rainer*, DStR 2007, S. 667 f.; *Röhrbein*, IWB Fach 11A S. 1145 f.). Dies betrifft insbesondere die Frage der Berücksichtigung von ausländischen Betriebsstättenverlusten, wenn mit dem Betriebsstättenstaat kein DBA, ein DBA mit Anrechnungsmethode oder ein DBA mit Aktivitätsvorbehalt besteht und letzterem nicht genügt wird. Demgegenüber will *Hruschka* (IStR 2006, S. 629 ff., 632) in gemeinschaftsrechtlicher Hinsicht keine weitergehenden Schlüsse aus *„Ritter-Coulais"* ziehen.

[554] öVwGH, Urt. v. 25.09.2001, IStR 2001, S. 754 ff.

eranspruch begründen könnten. Dazu würde eine Verweigerung der Berücksichtigung ausländischer Betriebsstättenverluste nach Ansicht des öVwGH jedoch letztlich führen, da im Ergebnis – zumindest dann, wenn eine Verlustverrechnung im Betriebsstättenstaat ausscheidet – ein höherer Steueranspruch entstünde als er nach innerstaatlichem Recht bestehe. Auch vor dem Hintergrund der Niederlassungsfreiheit (Art. 43 EG) hält der öVwGH eine Berücksichtigung der Auslandsverluste für geboten. Zur Vermeidung einer doppelten Verlustverrechnung sieht der Gerichtshof eine Nachversteuerung vor, soweit im Ausland eine Verwertung der Verluste möglich ist, welche zuvor bereits in Österreich die steuerliche Bemessungsgrundlage gemindert haben. Auch der **luxemburgische Verwaltungsgerichtshof** („*Tribunal Administratif*") hat kürzlich seine frühere symmetrische Betrachtungsweise aufgegeben und vertritt nunmehr den Standpunkt, ausländische Betriebsstättenverluste seien trotz DBA-Freistellung zum Abzug zuzulassen[555]. Die deutschen Finanzgerichte zweifeln ebenfalls zunehmend an der Gemeinschaftsrechtskonformität des Symmetriegedankens[556].

Der **BFH** hat gleichwohl erst jüngst – jedoch ohne Auseinandersetzung mit der Argumentation der beiden ausländischen Verwaltungsgerichtshöfe – in zwei **Vorlagebeschlüssen vom 28.06.2006** (Fall „*M+T / Lidl*")[557] **und 22.08.2006** (Fall „*Stahlwerk Ergste Westig*")[558] grundsätzlich an seiner Symmetriethese festgehalten und sich auch nicht in der Lage gesehen, der Spruchpraxis der anderen Gerichte im Wege der gemeinschaftsrechtskonformen Auslegung zu folgen. Da sich aber aus seiner Sicht auch DBA an den gemeinschaftsrechtlichen Grundfreiheiten messen lassen müssten und die Gemeinschaftsrechtslage zur Verwertung ausländischer Betriebsstättenverluste keineswegs eindeutig sei, hat der BFH dem EuGH dennoch die Frage zur Vorabentscheidung vorgelegt, ob es der Niederlassungs- bzw. der Kapitalverkehrsfreiheit widerspricht, dass Verluste aus einer (Personengesellschafts-)Betriebsstätte eines anderen Mitgliedstaates bzw. eines Drittstaates nach der Freistellungsmethode einschlägiger DBA im Rahmen der deutschen Besteuerung nicht berücksichtigt werden. Zweifel hegt der BFH insbesondere daran, ob anstelle der prinzipiellen Nichtabziehbarkeit ausländischer Betriebsstättenverluste nicht wenigstens das im Verhältnis dazu mildere Mittel einer Nachversteuerung zunächst abziehbarer Verluste, wie sie bis Ende 1998 in § 2a Abs. 3 EStG a.F. vorgesehen war, vorzuziehen sei und den gemeinschaftsrechtlichen Vorgaben eher gerecht werde. Allerdings hält der BFH die Beschränkungen, wie sie der EuGH in seiner Entscheidung in der Rechtssache „*Marks & Spencer*"[559] hinsichtlich der Berücksichtigung von Verlusten ausländischer Tochterkapitalgesellschaften aufgestellt hatte, für durchaus auf die Frage der Berücksichtigung ausländischer Betriebsstättenverluste übertragbar. Danach wäre eine Verlustberücksichtigung im Inland grundsätzlich nur dann zu gewähren, wenn der Verlust im Betriebsstättenstaat endgültig nicht mehr steuerlich verwertet werden kann. In Bezug auf außerhalb der EU / des EWR belegene Betriebsstätten gibt der

---

[555] Tribunal Administratif, Urt. v. 19.01.2005, hierzu *Winandy*, IStR 2005, S. 594 ff.

[556] Vgl. FG Niedersachsen, Urt. v. 14.10.2004, EFG 2005, S. 286 ff. (rkr.); FG München, Urt. v. 14.02.2005, EFG 2005, S. 928 ff. (rkr.).

[557] BFH-Beschl. v. 28.06.2006, IStR 2006, S. 784 ff.; beim EuGH anhängig als Rs. C-414/06.

[558] BFH-Beschl. v. 22.08.2006, IStR 2006, S. 862 ff.; beim EuGH anhängig als Rs. C-415/06.

[559] EuGH-Urt. v. 13.12.2005 – Rs. C-446/03 („*Marks & Spencer*"), IStR 2006, S. 19 ff.

BFH zudem unter Berufung auf die Ansicht *Schöns*[560] zu bedenken, dass sich die mit der Nichtberücksichtigung von Verlusten verbundene Beschränkung der Kapitalverkehrsfreiheit insoweit ggf. unter dem Aspekt des schutzwürdigen Allgemeininteresses rechtfertigen ließe, da die Konsequenzen eines unbeschränkten Verlustabzugs für die jeweiligen Mitgliedstaaten insoweit besonders gravierend sein könnten. Darüber hinaus verweist der BFH auf die sog. „*stand still*"-Klausel des Art. 57 Abs. 1 EG, wonach Beschränkungen der Kapitalverkehrsfreiheit hinzunehmen sind, die bereits am 31.12.1993 aufgrund innerstaatlicher oder gemeinschaftsrechtlicher Vorschriften für den Kapitalverkehr mit dritten Staaten im Zusammenhang mit Direktinvestitionen bestanden haben. Das Gericht wirft insoweit die Frage auf, auf welche Rechtsnorm die Beschränkung der Kapitalverkehrsfreiheit vorliegend zurückzuführen sei und weist darauf hin, dass die direkte Möglichkeit zur Berücksichtigung von Auslandsverlusten bei der Ermittlung der inländischen Steuerbemessungsgrundlage erst mit der Abschaffung des § 2a Abs. 3 EStG a.F. im Jahre 1999 entfallen ist.

Wie der EuGH in den genannten Vorlageverfahren entscheiden wird, lässt sich derzeit zwar nicht mit Sicherheit prognostizieren. Vor dem Hintergrund der EuGH-Rechtsprechung in der Rechtssache „*AMID*"[561] spricht jedoch vieles dafür, dass der Gerichtshof – soweit EU-/EWR-Sachverhalte betroffen sind – eine Berücksichtigung von Auslandsverlusten über den negativen Progressionsvorbehalt hinaus gemeinschaftsrechtlich grundsätzlich für geboten halten wird. Mit diesem Urteil hatte der EuGH die Vorgabe aufgestellt, dass die Mitgliedstaaten eine vollständige Berücksichtigung ausländischer Verluste zu ermöglichen haben. Eine Einschränkung, wonach eine Verlustberücksichtigung im Rahmen des negativen Progressionsvorbehalts ausreiche, lässt sich dem Urteil gerade nicht entnehmen[562]. Es ist zudem davon auszugehen, dass der EuGH hinsichtlich der Vorlage vom 28.06.2006 („*Fall M+T / Lidl*") jedenfalls nicht hinter seine in der Rechtssache „*Marks & Spencer*" entwickelten Grundsätze zur konzerninternen grenzüberschreitenden Verlustverrechnung zurückfallen wird. Was für die grenzüberschreitende Verlustnutzung im Konzernverbund gilt, sollte erst recht für die „rechtsträgerinterne" Nutzung von Verlusten zwischen inländischem Stammhaus und ausländischer Betriebsstätte gelten. Dementsprechend sollten EU-/EWR-ausländische (Personengesellschafts-) Betriebsstättenverluste jedenfalls insoweit im anderen Vertragsstaat in Abzug gebracht werden können, als eine Verwertung im Betriebsstättenstaat endgültig ausscheidet[563]. Fraglich bleibt jedoch, ob sich aus „*Marks & Spencer*" lediglich die Minimalvoraussetzungen für eine Verwer-

---

[560] *Schön*, Kapitalverkehr mit Drittstaaten, S. 515 f.

[561] EuGH-Urt. v. 14.12.2000 – Rs. C-141/99 („*AMID*"), RIW 2001, S. 384 ff.

[562] Vgl. *Balmers/Grammel/Sedemund*, BB 2006, S. 1476.

[563] Im Ergebnis ebenso *Thömmes*, IWB Fach 11a, S. 974; *Reichl/Wittkowski*, BB 2006, S. 2499; *Graf/Reichl/Wittkowski*, Stbg. 2006, S. 216; *Balmes/Grammel/Sedemund*, BB 2006, S. 1477 f.; *Lieber*, WPg. 2007, S. 123. Dies dürfte insbesondere dann der Fall sein, wenn die Aktivitäten in der verlustträchtigen ausländischen Betriebsstätte unter deren Auflösung eingestellt werden, das Auslandsengagement in anderer Rechtsform fortgeführt wird (z.B. bei Umwandlung einer ausländischen Personen- in eine Kapitalgesellschaft) und hierbei Verlustvorträge wegfallen oder ein Verlustvor- bzw. -rücktrag in zeitlicher Hinsicht nicht mehr möglich ist (*Lieber*, WPg. 2007, S. 122). Fraglich ist, ob es für die Annahme eines definitiven Verlustes ebenso ausreicht, wenn anhand belastbarer qualifizierter Ergebnisprognosen nachgewiesen wird, dass die ausländische Betriebsstätte bei unveränderter Fortführung keine mit den Verlusten verrechenbare Gewinne erzielen wird (sog. faktische Unmöglichkeit). Hierfür sprechen sich sowohl *Herzig/Wagner* (DStR 2006, S. 8) als auch *Balmes/Grammel/Sedemund* (BB 2006, S. 1479) aus.

tung EU-/EWR-ausländischer Betriebsstättenverluste im Inland ableiten lassen oder ob eine Verlustverwertung jenseits definitiver Betriebsstättenverluste ausscheidet. Es stellt sich mit anderen Worten die Frage, ob ausländische Betriebsstättenverluste „nur dann" oder „zumindest dann" bei der Einkommensermittlung im Inland zu berücksichtigen sind, wenn es sich um definitive Verluste handelt. M.E. bestehen gute Gründe dafür, einen sofortigen Abzug der Betriebsstättenverluste mit späterer Nachversteuerung unabhängig davon zuzulassen, ob im Betriebsstättenstaat noch unausgeschöpfte Möglichkeiten zur Verlustnutzung bestehen[564]. Zwar hat sich der EuGH mit der Alternative eines vorübergehenden doppelten Verlustabzugs mit späterer Nachversteuerung in der Rechtssache „*Marks & Spencer*" nicht auseinandergesetzt, jedoch kam diese Möglichkeit bei der dieser Entscheidung zugrunde liegenden Sachlage auch nicht in Betracht, da der Gerichtshof über die Berücksichtigung definitiver Verluste zu befinden hatte. Im Verhältnis zu einer ausländischen Betriebsstätte als unselbständigem Bestandteil des Unternehmens liegt ein sofortiger Verlustabzug mit späterer Nachversteuerung überdies näher als im Verhältnis zu einer im anderen Staat belegenen selbständigen Tochterkapitalgesellschaft. Denn die in einer ausländischen Betriebsstätte entstehenden Verluste hat das inländische Stammhaus – da Betriebsstätte und Stammhaus eine einheitliche Rechtsperson darstellen – als eigenen Verlust wirtschaftlich zu tragen, während es sich bei Verlusten einer ausländischen selbständigen Tochter um fremde Verluste eines anderen Rechtssubjekts handelt. Insoweit steht eine (Personengesellschafts-)Betriebsstätte dem Stammhaus näher als eine Tochter- ihrer Mutterkapitalgesellschaft[565]. Darüber hinaus lässt sich auch aus der EuGH-Entscheidung in der Rechtssache „*REWE Zentralfinanz*"[566] schließen, dass die Niederlassungsfreiheit auch dann eine Berücksichtigung ausländischer Betriebsstättenverluste gebietet, wenn es sich nicht um Definitiv-Verluste handelt. In dieser Sache urteilte der EuGH, dass das in § 2a Abs. 1 Satz 1 Nr. 3 lit. a, Abs. 2 Satz 2 EStG niedergelegte Verbot der Teilwertabschreibung auf eine Auslandsbeteiligung nicht mit Art. 43 EG im Einklang stehe. Da eine Teilwertabschreibung aber lediglich auf Grundlage einer Prognose erfolgt und nach der im Streitfall maßgeblichen Fassung des § 6 Abs. 1 Nr. 2a EStG a.F. insoweit bereits eine vorübergehende Wertminderung ausreichte, hatte der EuGH insoweit über die Berücksichtigung nicht definitiver Verluste zu befinden. Das Gericht stellt in seiner Entscheidung ausdrücklich klar, dass der sich aus dem Verbot der Teilwertabschreibung auf Auslandsbeteiligungen ergebende Liquiditätsnachteil auch dann eine nicht gerechtfertigte Beschränkung der Niederlassungsfreiheit darstelle, wenn der Verlust mit zukünftigen positiven Einkünften (Wertaufholung) verrechnet werden könne, d.h. nicht definitiv ist. Somit bietet die Rechtsprechung des EuGH keinerlei Anlass für die An-

---

[564] Auch die Zulässigkeit der späteren Hinzurechnung positiver Einkünfte nach § 2a Abs. 3 Satz 3 und 4 EStG a.F. bzw. § 2 Abs. 1 Satz 3 AIG steht allerdings derzeit auf dem gemeinschaftsrechtlichen Prüfstand; vgl. Vorlagebeschl. d. BFH v. 29.11.2006, GmbHR 2007, S. 503; dazu *Rehm/Nagler*, GmbHR 2007, S. 501 f.; *Balmes/Ribbrock*, BB 2007, S. 1431 ff.

[565] So auch *Graf/Reichl/Wittkowski*, Stbg. 2006, S. 216; *Lieber*, WPg. 2007, S. 122; *Reichl/Wittkowski*, BB 2006, S. 2499.

[566] EuGH-Urt. v. 29.03.2007 – Rs. C-347/04 („*REWE Zentralfinanz*"), IStR 2007, S. 291 ff; vgl. dazu *Lausterer*, IStR 2007, S. 296 f.; *de Weerth*, IStR 2007, S. 297 f.; *Rainer*, DStR 2007, S. 667 f.; *Cloer/Lavrelashvili*, RIW 2007, S. 377 ff. und *Röhrbein*, IWB Fach 11A, S. 1141 ff.

nahme, dass die Endgültigkeit des Verlustes generell Voraussetzung für eine grenzüberschreitende Verlustverrechnung ist[567].

Die Symmetriethese des BFH scheint im Ergebnis innerhalb der EU / des EWR nicht länger haltbar[568]. Deutschland erschwert mit dem Festhalten am Symmetriegedanken letztlich jedes Auslandsengagement, welches nicht bereits im Veranlagungszeitraum des Investitionsbeginns profitabel ist. Da die sofortige Profitabilität – gerade bei Joint Ventures – die Ausnahme und Anlaufverluste die Regel sein dürften, hat die steuerliche Nichtberücksichtigung typischerweise anfallender Anlaufverluste im Inland bei Auslandsengagements gegenüber vergleichbaren Inlandsengagements erhebliche Liquiditätsnachteile zur Folge. Da sich die Phase der Anlaufverluste regelmäßig über mehrere Veranlagungszeiträume erstreckt, wird denjenigen inländischen Steuerpflichtigen, deren Kapitalausstattung nicht ausreichend ist, um diese Liquiditätsnachteile hinzunehmen, durch die Symmetriethese die Niederlassungsfreiheit vorenthalten[569]. Zur Rechtfertigung dieser Beschränkung lässt sich weder der Grundsatz der Kohärenz des Steuerrechts noch ein anderer vom EuGH anerkannter Rechtfertigungsgrund heranziehen. Die Gefahr einer missbräuchlichen Nutzung fremder Verluste nach dem Belieben des Steuerpflichtigen kann in diesem Bereich ausgeschlossen werden, da Betriebsstättenverluste stets Teil des Gesamtergebnisses eines Steuerpflichtigen sind und damit eigene Verluste darstellen. Ferner besteht im Hinblick auf Betriebsstättenverluste auch kein ernstzunehmendes Risiko der Steuerumgehung, da eine willkürliche Verlagerung der Verluste in andere Staaten außer dem Ansässigkeitsstaat des Stammhauses ausscheidet[570]. In der Rechtssache „*REWE Zentralfinanz*" führt der EuGH zudem ausdrücklich aus, dass die Ausgewogenheit der Aufteilung der Besteuerungsbefugnisse zwischen den Mitgliedstaaten eine dahingehende Regelung nicht rechtfertigen könne, „dass ein Mitgliedstaat einer gebietsansässigen Muttergesellschaft systematisch einen Steuervorteil mit der Begründung verweigert, dass diese eine grenzüberschreitende wirtschaftliche Tätigkeit entfaltet habe, die dem Mitgliedstaat nicht unmittelbar Steuereinnahmen verschaffen könne". Nach ständiger Rechtsprechung des EuGH vermag überdies auch der Hinweis auf andere steuerliche Vorteile, die sich für ein Auslandsengagement aus einem DBA ergeben, eine Schlechterstellung gegenüber Inlandssachverhalten nicht zu rechtfertigen[571].

---

567 Ebenso *Rehm/Nagler*, GmbHR 2006, S. 1242 f.; *Rehm/Feyerabend/Nagler*, IStR 2007, S. 10; *Balmes/Ribbrock*, BB 2007, S. 927.

568 Hierfür spricht auch ein zu der Mitteilung der Europäischen Kommission vom 19.12.2006 veröffentlichtes Arbeitsdokument (online abrufbar unter: http://ec.europa.eu/taxation_customs/ resources/documents/sec_2006_1690_de.pdf), welchem entnommen werden kann, dass die meisten Länder innerhalb Europas Betriebsstättenverluste bei der inländischen Besteuerung berücksichtigen (S. 3) und damit europaweit offensichtlich ein weitgehender Konsens zur Berücksichtigung von Betriebsstättenverlusten besteht.

569 Vgl. *Rehm/Nagler*, GmbHR 2006, S. 1243 f.; *Rehm/Feyerabend/Nagler*, IStR 2007, S. 8; *Koch*, RIW 2007, S. 374 ff.

570 Vgl. *Koch*, RIW 2007, S. 376 f.

571 Vgl. EuGH-Urt. v. 28.01.1986 – Rs. C-270/83 („*Kommission/Frankreich*"), Slg. 1986, S. 273 ff.; v. 27.06.1996 – Rs. C-107/94 („*Asscher*"), Slg. 1996, S. 3089 ff.; v. 26.10.1999 – Rs. C-294/97 („*Eurowings*"), Slg. 1999, S. 7447 ff.; v. 11.08.1995 – Rs. C-180/94 („*Wielockx*"), Slg. 1995, S. 2508 ff.; v. 15.07.2004 – Rs. C-242/03 („*Weidert*"), Slg. 2004, S. 7379 ff.

Soweit mit der Vorlage des BFH vom 22.08.2006 („*Stahlwerk Ergste Westig*") demgegenüber Verluste von außerhalb der EU / des EWR belegenen Betriebsstätten betroffen sind, scheint der Ausgang des Verfahrens derzeit völlig offen. Zwar gewährleistet Art. 56 Abs. 1 EG die Freiheit des Kapitalverkehrs nach seinem Wortlaut auch gegenüber Drittstaaten. Jedoch sind Reichweite und Schranken dieser Garantie in Drittstaatensachverhalten sowie das Konkurrenzverhältnis zu anderen Grundfreiheiten, insbesondere der Niederlassungsfreiheit, bislang nicht abschließend geklärt. In seinen Urteilen in den Rechtssachen „*Fidium Finanz AG*"[572] und „*Thin Cap Group Litigation*"[573] hat der EuGH die aus Steuer- oder sonstigen Normen resultierende Beschränkung der Kapitalverkehrsfreiheit in einem Drittstaatssachverhalt gegenüber den sonstigen Grundfreiheiten als subsidiär eingestuft, wenn der Eingriff in Art. 56 EG – in der Diktion des EuGH – lediglich „zwangsläufige Folge" der Beschränkung der Dienstleistungs- bzw. Niederlassungsfreiheit ist und sich die negativen Auswirkungen auf den freien Kapitalverkehr gewissermaßen nur als Rechtsreflex darstellen. In diesem Fall trete die Kapitalverkehrsfreiheit hinter die Dienstleistungs- bzw. Niederlassungsfreiheit zurück[574]. In seinen nachfolgenden Entscheidungen in den Rechtssachen „*Holböck*"[575] und „*Lasertec*"[576] hat der EuGH diese Rechtsprechung dahingehend präzisiert, dass es insoweit grundsätzlich entscheidend auf den Gegenstand und Zweck der konkret beschränkenden Norm ankomme. Beschränke eine Regelung nach der Intention des Gesetzgebers primär die Niederlassungsfreiheit, so trete eine im konkreten Fall gleichzeitig – quasi unbeabsichtigt – bestehende Beschränkung der Kapitalverkehrsfreiheit und damit auch der Drittstaatenschutz bei tatsächlich bestehender „Beherrschung" im Einzelfall hinter der Niederlassungsfreiheit zurück[577]. Bereits vor diesem Hintergrund könnte eine Berücksichtigung ausländischer Betriebsstättenverluste im Fall „*Stahlwerk Ergste Westig*" ausscheiden, da die vom BFH vertretene Symmetriethese auf die Errichtung unselbständiger ausländischer Betriebsstätten abzielt, welche primär vom Schutzbereich der Niederlassungsfreiheit erfasst wird[578]. Darüber hinaus sind – worauf auch der BFH in seinem Vorlagebeschluss hinweist – an die Rechtfertigung einer Beschränkung der Kapitalverkehrsfreiheit im Verhältnis zu Drittstaaten aufgrund der insoweit „fehlenden Reziprozität gemeinschaftsrechtlicher Regelungen" in der Regel niedrigere Anforderungen zu stellen als im EU-Kontext, so dass unter Umständen bereits das Interesse am Schutz des nationalen Steueraufkommens einen Eingriff in den freien Kapitalverkehr mit Drittstaaten rechtfertigen könnte[579]. Die Frage nach dem Eingreifen der „*standstill*"-Klausel des Art. 57 Abs. 1 EG dürfte im Streitfall allerdings – wie vom BFH zu-

---

[572] EuGH-Urt. v. 03.10.2006 – Rs. C-452/04 („*Fidium Finanz AG*"), DB 2006, S. 2456 ff.; hierzu *Schönfeld*, DB 2007, S. 80 ff.

[573] EuGH-Urt. v. 13.03.2007 – Rs. C-524/04 („*Test Claimants in the Thin Cap Group Litigation*"), IStR 2007, S. 249 ff. mit Anm. *Rainer*, IStR 2007, S. 259 f. und *Schönfeld*, IStR 2007, S. 260 f.

[574] Vgl. auch *Schönfeld*, IStR 2007, S. 260; *Köhler/Tippelhofer*, IStR 2007, S. 646 f.

[575] EuGH-Urt. v. 24.05.2007 – Rs. C-157/05 („*Holböck*"), IStR 2007, S. 441 ff. mit. Anm. *Schönfeld*, IStR 2007, S. 443 f.

[576] EuGH-Beschl. v. 10.05.2007 – Rs. C-492/04 („*Lasertec*"), IStR 2007, S. 439 ff. mit Anm. *Rainer*, IStR 2007, S. 440.

[577] Vgl. *Schönfeld*, IStR 2007, S. 443; *Dölker/Ribbrock*, BB 2007, S. 1930 ff.; *Köhler/Tippelhofer*, IStR 2007, S. 647 f.

[578] So auch *Reichl/Wittkowski*, IStR 2007, S. 389; a.A. *Röhrbein*, IWB Fach 11A, S. 1150.

[579] Vgl. *Schön*, Kapitalverkehr mit Drittstaaten, S. 516; *Schnitger*, IStR 2005, S. 501 f.

treffend vermutet – zu verneinen sein, da die beschränkende Wirkung der abkommensrechtlichen Freistellung von Betriebsstättenverlusten faktisch erst mit Abschaffung des § 2a Abs. 3 EStG a.F. im Jahre 1999 und damit nach dem 31.12.1993 eingetreten ist[580].

(2) Verlustausgleichsbeschränkung gemäß § 15a EStG

Ist die Haftung des inländischen JV-Partners für Schulden der ausländischen JV-Personengesellschaft beschränkt, so ist über den Symmetriegedanken und § 2a Abs. 1 EStG hinaus ferner die Verlustausgleichsbeschränkung des **§ 15a EStG** zu beachten[581]. Eine Haftungsbeschränkung liegt bei Gesellschaftern einer ausländischen Personengesellschaft gemäß § 15a Abs. 5 Nr. 3 EStG insbesondere vor, wenn die Haftung des Mitunternehmers der eines Kommanditisten bzw. eines stillen oder atypisch stillen Gesellschafters deutschen Rechts entspricht, die Inanspruchnahme des Mitunternehmers für Schulden im Zusammenhang mit dem Betrieb der ausländischen Personengesellschaft durch Vertrag ausgeschlossen ist oder es nach Art und Weise des Geschäftsbetriebs unwahrscheinlich ist, dass auf den Mitunternehmer ein Verlustanteil entfällt. Die Regelung des § 15a Abs. 1 Satz 2 EStG, wonach ein innerperiodischer Verlustausgleich bzw. -abzug durch den beschränkt haftenden Gesellschafter ausnahmsweise auch insoweit zulässig ist, als durch ihn ein negatives Kapitalkonto entsteht oder sich dieses erhöht, wenn und soweit am Bilanzstichtag eine „überschießende Außenhaftung" nach § 171 HGB besteht, findet auf beschränkt haftende Gesellschafter einer ausländischen Personengesellschaft indes keine Anwendung (vgl. § 15a Abs. 5 Satz 1 EStG). Insoweit besteht eine Ungleichbehandlung von Mitunternehmern ausländischer und inländischer Personengesellschaften, die sich allenfalls aus Gründen einer erschwerten Nachprüfbarkeit der Haftungsverhältnisse im Ausland rechtfertigen lässt[582]. Die Stellung des Kommanditisten einer ausländischen Personengesellschaft, welcher im Ausland einer der erweiterten Außenhaftung nach § 171 HGB entsprechenden Haftung ausgesetzt ist, entspricht letztlich ebenso wie die des nach § 171 HGB haftenden Kommanditisten einer inländischen Personengesellschaft der eines voll haftenden Komplementärs. Dementsprechend erscheint eine erweiterte Verlustverrechnungsmöglichkeit in diesen Fällen nach Sinn und Zweck des § 15a EStG geboten.

Schwierigkeiten bei der Anwendung des § 15a EStG können sich ferner ergeben, wenn das Recht des Domizilstaats der JV-Personengesellschaft vorsieht, dass Verluste der Gesellschaft nicht den beschränkt haftenden inländischen JV-Partner, sondern den Komplementär treffen, falls die Einlage des inländischen JV-Partners aufgezehrt ist und für diesen keine Nachschusspflicht besteht[583]. Abweichend vom deutschen Steuerrecht kommt es in diesem Fall nach dem Recht des Sitzstaates zu einer Zurechnungsänderung der negativen Einkünfte im Feststellungsjahr. Die Anwendung des § 15a EStG hängt insoweit davon ab, ob der inländische beschränkt haftende JV-Partner die dem Komplementär nach ausländischem Recht zugerechneten Verluste letztlich wirtschaftlich zu tragen hat[584]. Dies ist beispielsweise dann

[580] So auch *Lieber*, WPg. 2007, S. 120, 123; *Rehm/Nagler*, GmbHR 2006, S. 1246.
[581] Vgl. bereits oben Kapitel 3:B.II.1.b.cc.
[582] Vgl. *Jacobs*, Internationale Unternehmensbesteuerung, S. 594.
[583] Vgl. *Jacobs*, Internationale Unternehmensbesteuerung, S. 591 f.
[584] Vgl. *Jacobs*, Internationale Unternehmensbesteuerung, S. 592.

der Fall, wenn künftige Gewinne dem beschränkt haftenden inländischen JV-Partner erst dann zufließen, wenn die Verlustübernahme durch den Komplementär mit späteren Gewinnen des inländischen JV-Partners ausgeglichen worden sind. Die nach dem Recht des Sitzstaates dem Komplementär zugewiesenen Verluste sind dann in entsprechender Anwendung des § 15a EStG beim inländischen JV-Partner „zu speichern" und mit späteren Gewinnen zu verrechnen. Anders liegt der Fall hingegen, wenn dem inländischen JV-Partner nach der Verlustübernahme durch den Komplementär in den Folgeperioden unmittelbar wieder anteilige Gewinne zugerechnet werden; unter diesen Umständen trägt der Komplementär wirtschaftlich den Verlust und § 15a EStG gelangt nicht zur Anwendung.

ff. Abzugsfähigkeit von Finanzierungsaufwendungen

Refinanziert der inländische JV-Partner seine Beteiligung an der ausländischen JV-Personengesellschaft durch ein Fremddarlehen und entrichtet hierfür Zinsen, so sind diese aus deutscher Sicht grundsätzlich als Sonderbetriebsausgaben des inländischen JV-Partners bei der ausländischen JV-Personengesellschaft gewinnmindernd zu berücksichtigen (§§ 15 Abs. 1 Satz 1 Nr. 2, 4 Abs. 4 EStG)[585]. Auf Abkommensebene werden die Gewinnanteile des inländischen JV-Partners allerdings in der Regel – unabhängig von der steuerlichen Behandlung der JV-Personengesellschaft in ihrem Sitzstaat – als **Betriebsstättengewinne** i.S.d. **Art. 7 Abs. 1 Satz 2 MA i.V.m. Art. 23 A Abs. 1 MA** (ggf. unter Progressionsvorbehalt) von der deutschen Besteuerung freigestellt. Somit können Aufwendungen, die durch die Beteiligung an der ausländischen JV-Personengesellschaft verursacht wurden (wie z.B. Refinanzierungszinsen), aufgrund ihrer wirtschaftlichen Zugehörigkeit zum ausländischen Betriebsstättenergebnis im Inland steuerlich nicht geltend gemacht werden[586]. Dies ergibt sich bereits unmittelbar aus der abkommensrechtlichen Freistellung der Beteiligungs-„Einkünfte" im Sinne einer Nettogröße (Einnahmen abzüglich Ausgaben, vgl. § 2 Abs. 2 EStG); auf das Abzugsverbot des § 3c Abs. 1 EStG, welches Aufwendungen in unmittelbarem wirtschaftlichen Zusammenhang mit steuerfreien „Einnahmen" (vgl. §§ 4 Abs. 3 Satz 1, 8 Abs. 1 EStG) betrifft, kommt es insoweit nicht an[587]. Bereits aus der Systematik der abkommensrechtlichen Frei-

---

[585] Vgl. *Wacker* in: Schmidt, § 15 EStG Rn. 522, 640, 645; BFH-Urt. v. 04.03.1998, BStBl. II 1998, S. 511 ff.; v. 28.10.1999, BStBl. II 2000, S. 390 ff.

[586] Vgl. *Burmester*, Unternehmensfinanzierung, Rn. 89; *Pyszka/Brauer*, Ausländische Personengesellschaften, Rn. 110 f.; *Prinz/Breuninger*, IWB Fach 10 Gr. 2, S. 1309; *Jacobs*, Internationale Unternehmensbesteuerung, S. 811; *Piltz* in: Debatin/Wassermeyer, Art. 7 MA Rn. 162a.

[587] Vgl. *von Beckerath* in: Kirchhof/Söhn/Mellinghoff, § 3c EStG Rn. A 52; *Birk/Jahndorf* in: Herrmann/Heuer/Raupach, § 3c EStG Rn. 40, 42. Eine Anwendung des § 3c Abs. 1 EStG kommt im Zusammenhang mit DBA nur in Betracht, soweit diese „Einnahmen" von der deutschen Besteuerung freistellen. Die meisten deutschen DBA sprechen zwar von der Freistellung von „Einkünften"; jedoch sind hierunter nicht zwingend auch Einkünfte i.S.d. innerstaatlichen deutschen Rechts zu verstehen. Nach dem BFH ist vielmehr für jede abkommensrechtliche Einkunftsart gesondert festzustellen, ob sich die Steuerbefreiung im Ansässigkeitsstaat auf „Einkünfte" oder „Einnahmen" i.S.d. nationalen Rechts bezieht. So sollen beispielsweise Dividenden, die Art. 10 Abs. 3 MA als „Einkünfte aus Aktien, Genussrechten etc." definiert, nach innerstaatlichem Recht als Einnahmen aufzufassen sein und daher in den Anwendungsbereich des § 3c Abs. 1 EStG fallen (vgl. Urteile v. 29.05.1996, BStBl. II 1997, S. 57 ff., 60 ff. und 63 ff.). Dagegen seien Einkünfte aus nichtselbständiger Arbeit i.S.d. DBA auch nach inländischer Terminologie als „Einkünfte" zu qualifizieren (vgl. BFH-Urt. v. 06.10.1993, BStBl. II 1994, S. 113; v. 20.07.1973, BStBl. II 1973, S. 732). Die nach Art. 23 A MA freizustellenden Einkünfte i.S.d. Art. 7 Abs. 1 Satz 1, 2. Halbs., Satz 2 MA sind in der Regel als Nettobeträge und damit als „Ein-

stellung folgt vielmehr, dass sämtliche Einnahmen und Aufwendungen des inländischen JV-Partners im Zusammenhang mit Art. 7 Abs. 1 Satz 2 MA von der deutschen Besteuerung auszuklammern sind.

Dem Sitzstaat der ausländischen JV-Personengesellschaft wird die Konzeption der Sonderbetriebsausgaben jedoch regelmäßig fremd sein. Abweichend von der Zuordnung nach innerstaatlichem deutschen Recht werden die Refinanzierungszinsen daher nach ausländischer Wertung als Betriebsausgaben des inländischen JV-Partners betrachtet[588]. Mangels einer die abkommensrechtliche Zuordnung ausfüllenden Sonderbetriebsvermögensvorschrift (analog § 15 Abs. 1 Satz 1 Nr. 2 EStG) können die Refinanzierungskosten somit auch im Ausland in der Regel nicht gewinnmindernd berücksichtigt werden. Im Ergebnis droht damit die Entstehung **„vagabundierenden Finanzierungsaufwands"**, der in keinem der beteiligten Staaten steuerlich abzugsfähig ist[589]. Dieses Ergebnis lässt sich auch nicht im Wege einer – nach hier vertretener Ansicht ohnehin abzulehnenden – abkommensrechtlichen Qualifikationsverkettung vermeiden, da die doppelte Nichtberücksichtigung der Aufwendungen auf abweichenden nationalen Vorschriften betreffend das Sonderbetriebsvermögen und nicht auf einer divergierenden Abkommensanwendung beruht. In Betracht kommt somit allenfalls ein Verständigungsverfahren nach Art. 25 Abs. 3 Satz 2 MA[590].

Die Problematik des „vagabundierenden Zinsaufwands" lässt sich jedoch unter Umständen vermeiden, indem die Beteiligung an der ausländischen JV-Personengesellschaft nicht mit Fremd-, sondern mit Eigenkapital finanziert wird[591]. Dagegen kann der doppelten Nichtberücksichtigung nicht dadurch begegnet werden, dass das vom inländischen JV-Partner zum Erwerb seiner Beteiligung aufgenommene Fremdkapital als verzinsliches Gesellschafterdarlehen an die ausländische JV-Personengesellschaft weitergegeben wird[592]. Das aufgenommene Fremdkapital stellt auch in diesem Fall nach inländischer Wertung passives Sonderbetriebsvermögen des inländischen

---

künfte" im Sinne des § 2 Abs. 2 EStG zu verstehen (*Wassermeyer* in: Debatin/Wassermeyer, Art. 23 A MA Rn. 21). § 3c Abs. 1 EStG findet daher keine Anwendung.

[588] Vgl. *Burmester*, Unternehmensfinanzierung, Rn. 89.

[589] *Müller/Wangler*, IStR 2003, S. 149; *Greif* in: Mössner, Steuerrecht international tätiger Unternehmen, Rn. E 51; *Jacobs*, Internationale Unternehmensbesteuerung, S. 1219; *Prinz/Breuninger*, IWB Fach 10 Gr. 2, S. 1309 f. unter Hinweis auf die doppelte Nichtabzugsfähigkeit von Währungsverlusten. Demgegenüber bestehen für den an einer inländischen JV-Personengesellschaft beteiligten ausländischen JV-Partner ggf. *„double dip"*-Möglichkeiten: Refinanzierungsaufwendungen des ausländischen JV-Partners können in dieser Konstellation in Deutschland als Sonderbetriebsausgaben im Rahmen der einheitlichen und gesonderten Gewinnfeststellung auf Ebene der inländischen JV-Personengesellschaft abgezogen werden. Gleichzeitig sind die Kosten regelmäßig im Ausland als Betriebsausgaben des ausländischen JV-Partners abzugsfähig. Es kommt somit zu einer doppelten Berücksichtigung des Zinsaufwandes (vgl. *Prinz/Breuninger*, IWB Fach 10 Gr. 2, S. 1309; *Endres*, Steueraspekte, S. 204 (Fn. 34); *Burmester*, Unternehmensfinanzierung, Rn. 89; *Jacobs*, Internationale Unternehmensbesteuerung, S. 1244 f.).

[590] *Burmester*, Unternehmensfinanzierung, Rn. 89; *Schaumburg*, Internationales Steuerrecht, Rn. 16.88 ff.

[591] Vgl. *Pyszka/Brauer*, Ausländische Personengesellschaften, Rn. 111. Zu beachten sind jedoch mögliche Begrenzungen derartiger Finanzierungen unter dem Aspekt eines angemessenen Dotationskapitals, wonach eine besonders hohe Eigenkapitalausstattung einer ausländischen Personengesellschaft in einem DBA-Staat unter Umständen von den deutschen Finanzbehörden beanstandet werden könnte (dazu *Pyszka/Brauer*, Ausländische Personengesellschaften, Rn. 128 ff.; *Löwenstein/Heinsen*, IStR 2007, S. 301 ff.).

[592] *Burmester*, Unternehmensfinanzierung, Rn. 90.

JV-Partners bei der ausländischen JV-Personengesellschaft dar, so dass die Zinszahlungen an die Bank als Sonderbetriebsausgaben im Rahmen der Ermittlung des ausländischen Betriebsstättenergebnisses zu berücksichtigen sind. Nach ausländischem nationalen Recht ist das Bankdarlehen demgegenüber dem inländischen JV-Partner zuzurechnen, mit der Folge, dass die Zinszahlungen bei diesem als Betriebsausgaben i.S.v. § 4 Abs. 4 EStG zu berücksichtigen wären. Auf Abkommensebene können das vom inländischen JV-Partner aufgenommene Bankdarlehen und die Refinanzierungszinsen zwar ebenso wie das Gesellschafterdarlehen mitsamt den daraus erzielten Zinsvergütungen mangels Eigenkapitalcharakter nicht der ausländischen (Personengesellschafts-)Betriebsstätte zugeordnet werden[593]. Folglich wird der Refinanzierungsaufwand auch nicht von der Freistellung im Inland nach Art. 23 A Abs. 1 MA i.V.m. Art. 7 Abs. Satz 1, 2. Halbs., Satz 2 MA erfasst, sondern ist abkommensrechtlich grundsätzlich der deutschen Besteuerungskompetenz unterstellt. Die abkommensrechtliche Zuweisung des Besteuerungsrechts wird durch das innerstaatliche Recht jedoch nicht ausgefüllt, denn nach deutscher Wertung handelt es sich insoweit um ausländische Sonderbetriebsausgaben i.S.d. § 15 Abs. 1 Satz 1 Nr. 2 EStG, welche nur im Rahmen der additiven Gesamtbilanz der ausländischen JV-Personengesellschaft berücksichtigt werden können[594]. Im Ergebnis kommt es somit sowohl im Falle der fremdfinanzierten Ausstattung der JV-Personengesellschaft mit Eigen- als auch mit Fremdkapital zu einer doppelten Nichtberücksichtigung des Refinanzierungsaufwands.

c. Zwischenergebnis

Eine im Ausland ansässige JV-Personengesellschaft unterliegt in ihrem Sitzstaat ggf. als solche der Besteuerung mit ausländischer Körperschaftsteuer. Unabhängig davon ist die JV-Gesellschaft jedoch, sofern sie aufgrund eines Rechtstypenvergleichs nach innerstaatlichem deutschen Recht als Personengesellschaft einzuordnen ist, in Deutschland als solche weder unbeschränkt noch beschränkt steuerpflichtig. Auch auf Abkommensebene genießt die JV-Personengesellschaft, wenn sie Einkünfte aus Deutschland bezieht, keine Abkommensberechtigung. Dies gilt nach hier vertretener Auffassung mangels Bindung an die Behandlung im Ausland selbst dann, wenn die Gesellschaft in ihrem Sitzstaat Steuersubjektivität genießt und wie eine Körperschaft besteuert wird. Abkommensvorteile können in Deutschland vielmehr nur die an der ausländischen JV-Personengesellschaft beteiligten natürlichen oder juristischen Personen in Anspruch nehmen, sofern diese die Voraussetzungen der Abkommensberechtigung in ihrer Person selbst erfüllen.

Auf Ebene des inländischen JV-Partners bereitet die Qualifikation seiner Einkünfte aus der Beteiligung an der ausländischen JV-Personengesellschaft nach innerstaatlichem Recht keinerlei Probleme. In Deutschland sind diese – ebenso wie im Fall der Beteiligung an einer inländischen Personengesellschaft – als gewerbliche Mitunternehmereinkünfte i.S.d. § 15 Abs. 1 Satz 1 Nr. 2 EStG zu qualifizieren; im Sitzstaat der JV-Personengesellschaft unterliegen die Einkünfte als gewerbliche Betriebsstät-

---

593 Vgl. *Burmester*, Unternehmensfinanzierung, Rn. 90; ebenso die BFH-Rechtsprechung, vgl. Kapitel 3:B.II.2.b.bb(1)(b) und Kapitel 3:B.II.2.b.bb(2)(b).

594 Anderer Ansicht offenbar *Pyszka/Brauer* (Ausländische Personengesellschaften, Rn. 111 a.E.), die davon ausgehen, der Refinanzierungsaufwand sei im Inland abzugsfähig, da die Zinserträge aus dem Gesellschafterdarlehen in Deutschland der Besteuerung unterlägen.

teneinkünfte (im Falle der Geltung des Mitunternehmerkonzepts) bzw. als „Dividenden", Zinsen oder Lizenzgebühren (bei Geltung des Kapitalgesellschaftskonzepts) der dortigen beschränkten Steuerpflicht. Die abkommensrechtliche Einkünftequalifikation gestaltet sich hingegen höchst problematisch. Nach hier vertretener Auffassung sind die Gewinne der ausländischen JV-Personengesellschaft – unabhängig davon, ob deren Sitzstaat dem Mitunternehmer- oder dem Kapitalgesellschaftskonzept folgt – dem deutschen JV-Partner anteilig als ausländische Betriebsstätteneinkünfte i.S.d. Art. 7 Abs. 1 Satz 2 MA zuzurechnen und folglich gemäß Art. 23 A Abs. 1 MA von der inländischen Besteuerung freizustellen. Die abkommensrechtliche Freistellung gilt grundsätzlich auch insoweit, als dem inländischen JV-Partner im Rahmen seines Gewinnanteils Dividenden-, Zins- oder Lizenzeinkünfte zuzurechnen sind und das diesen Einkünften zugrunde liegende Stammrecht aufgrund eines entsprechenden Bilanzausweises einer der ausländischen JV-Personengesellschaft zugewiesenen Holding-, Finanzierungs- oder Lizenzgeberfunktion zuzuordnen ist. Die Finanzverwaltung will die Funktionszuordnungsfreiheit des Betriebsstätteninhabers im Hinblick auf dem Gesamtunternehmen dienende Beteiligungen, Finanzmittel und immaterielle Rechte hingegen nicht anerkennen und ordnet diese Vermögenswerte wegen der ihrer Ansicht nach zu berücksichtigenden „Zentralfunktion des Stammhauses" prinzipiell dem Stammhaus zu. Es droht daher eine inländische Besteuerung der dem deutschen JV-Partner zuzurechnenden Gewinnanteile, soweit in ihnen über die ausländische JV-Personengesellschaft bezogene Dividenden-, Zins- oder Lizenzeinkünfte enthalten sind. Von der ausländischen JV-Personengesellschaft bezogene Sondervergütungen sind nach hier vertretener Ansicht gemäß der Rechtsprechung des BFH unter die jeweils einschlägigen speziellen Abkommensartikel zu subsumieren und unterliegen mangels „tatsächlicher" Betriebsstättenzugehörigkeit bzw. Eigenkapitalcharakter des ihnen zugrunde liegenden Stammrechts stets der inländischen Besteuerung. Die Finanzverwaltung will die Sondervergütungen hingegen generell Art. 7 MA zuordnen, kommt jedoch, wenn der ausländische Staat die Vergütungen abweichend vom deutschen Verständnis als Zinsen, Lizenzgebühren etc. einstuft, im Wege einer fragwürdigen teleologischen Reduktion des Methodenartikels bzw. über die gemeinschaftsrechtlich bedenkliche Vorschrift des § 50d Abs. 9 EStG ebenfalls zu dem Ergebnis eines deutschen Besteuerungsrechts.

Auch hinsichtlich der Anwendung des Methodenartikels durch Deutschland ergeben sich Probleme, zum einen wenn Deutschland – beispielsweise aufgrund einer Aktivitätsklausel – ausnahmsweise die von der ausländischen JV-Personengesellschaft bezogenen Gewinnanteile besteuert und diese in ihrem Sitzstaat wie eine Körperschaft behandelt wird. Nach hier vertretener Auffassung sind die in diesem Fall im Ausland erhobene Körperschaft- und Kapitalertragsteuer trotz formalrechtlich fehlender Steuersubjektidentität und trotz Verschiebung der Besteuerungsperioden auf die inländische Steuer des deutschen JV-Partners anzurechnen. Zum anderen ergeben sich Anrechnungsprobleme in sog. Dreieckssachverhalten, in denen dem deutschen JV-Partner über die ausländische JV-Personengesellschaft quellenbesteuerte Drittstaatseinkünfte (Dividenden, Zinsen etc.) zufließen. Die im Drittstaat erhobene Quellensteuer kann in diesem Fall in Deutschland nicht zur Anrechnung gebracht werden; jedoch zwingt das abkommensrechtlich vereinbarte bzw. aus dem Gemeinschaftsrecht abzuleitende Betriebsstättendiskriminierungsverbot den Sitzstaat der JV-Personengesellschaft zu einer Anrechnung nach seinem innerstaatlichen Recht bzw. einem mit dem Drittstaat bestehenden DBA.

Problematisch erweist sich die Beteiligung an einer ausländischen JV-Personengesellschaft auch im Hinblick auf die Nutzung von Gesellschaftsverlusten. Korrespondierend zur abkommensrechtlichen Freistellung der in der ausländischen (Personengesellschafts-)Betriebsstätte erwirtschafteten Gewinne sollen auf Ebene der ausländischen Personengesellschaft erzielte Verluste nach der vom BFH vertretenen Symmetriethese nicht im Rahmen der inländischen Besteuerung des Gesellschafters genutzt werden können. Nach der Rechtsprechung des EuGH erscheint eine Berücksichtigung ausländischer Betriebsstättenverluste jedoch zumindest im Rahmen des negativen Progressionsvorbehalts gemeinschaftsrechtlich geboten. Zu der Frage, ob eine darüber hinausgehende Berücksichtigung der Verluste im Rahmen der Einkommensermittlung des inländischen Gesellschafters zu erfolgen hat, liegen dem EuGH derzeit zwei Vorlageverfahren zu einem EU- sowie einem Drittstaatssachverhalt vor, deren Ausgang mit Spannung erwartet werden darf. Es ist zu vermuten, dass der EuGH eine grenzüberschreitende Nutzung von Betriebsstättenverlusten jedenfalls innerhalb des Bereichs der EU / des EWR und zumindest, soweit im anderen Vertragsstaat eine Verwertung endgültig ausscheidet, für geboten erachten wird. Nach hier vertretener Auffassung bestehen allerdings keine zwingenden Gründe für eine Beschränkung auf definitive Verluste, so dass künftig ggf. sogar – vorbehaltlich der Verlustausgleichsbeschränkung des § 15a EStG – ein sofortiger Abzug ausländischer Betriebsstättenverluste mit späterer Nachversteuerung nach dem Vorbild des früheren § 2a Abs. 3 EStG a.F. möglich sein dürfte. Nach geltendem Recht scheidet eine Berücksichtigung DBA-rechtlich freigestellter Verluste der ausländischen JV-Personengesellschaft im Inland jedoch aus.

Im Hinblick auf Finanzierungsaufwendungen des inländischen JV-Partners droht aufgrund der international divergierenden Besteuerungskonzepte bei Personengesellschaften zudem regelmäßig die Entstehung „vagabundierenden Zinsaufwandes", da die durch die Beteiligung an der ausländischen JV-Personengesellschaft verursachten Aufwendungen als Folge der regelmäßig vorgesehenen abkommensrechtlichen Freistellung der Betriebsstätteneinkünfte im Inland nicht berücksichtigungsfähig sind und im Ausland – da dem ausländischen Recht das Konzept der Sonderbetriebsausgaben meist fremd ist – ebenfalls nicht abgezogen werden können.

III. Zusammenfassung und Analyse

Die vorausgegangene Untersuchung der laufenden Besteuerung während des Bestehens des Joint Ventures zeigt, dass sich die Wahl eines deutschen Standortes für die JV-Gesellschaft aus Sicht des inländischen JV-Partners trotz des derzeit (noch) vergleichsweise hohen deutschen Steuerniveaus als vorzugswürdig erweist.

Wird die JV-Gesellschaft im Ausland errichtet, so ergeben sich de lege lata vor allem Probleme hinsichtlich der Nutzung von auf Ebene der Gesellschaft erzielten Verlusten durch den inländischen JV-Partner. Mangels Möglichkeit zur Begründung einer grenzüberschreitenden Organschaft sowie aufgrund der vom BFH vertretenen Symmetriethese scheidet eine Verlustberücksichtigung insoweit unabhängig von der Rechtsform der JV-Gesellschaft aus. Die in der Regel für die Ausgestaltung des Joint Ventures in Form einer ausländischen Kapitalgesellschaft sprechende Abschirmwirkung der Gesellschaft vor der deutschen Besteuerung wird zudem ggf. durch die Hinzurechnungsbesteuerung nach den §§ 7 ff. AStG durchbrochen, soweit der Beweis einer „wirklichen wirtschaftlichen Tätigkeit" der Gesellschaft im Sinne der jüngsten Verwaltungsauffassung nicht erfolgreich geführt werden kann. Im Falle der Ausschüttung von Dividenden deutscher Tochtergesellschaften an eine im Ausland ansässige JV-Kapitalgesellschaft unterliegt diese unter Umständen zudem einem abgeltenden Steuerabzug vom Kapitalertrag mit der Folge, dass die innerstaatlich vorgesehene Dividendenfreistellung nach § 8b Abs. 1 KStG ins Leere geht. Gleiches gilt ggf. für Dividendenausschüttungen der ausländischen JV-Kapitalgesellschaft an den inländischen JV-Partner. Gegen die Ausgestaltung des Joint Ventures in Form einer ausländischen Personengesellschaft sprechen ferner insbesondere die aus der international stark divergierenden Behandlung von Personengesellschaften resultierenden Probleme im Rahmen der Abkommensberechtigung der Gesellschaft, der abkommensrechtlichen Einkünftequalifikation sowie der Anwendung des Methodenartikels durch Deutschland als Ansässigkeitsstaat des Gesellschafters. Zwar hat sich die Rechtssicherheit insoweit insbesondere in Bezug auf die abkommensrechtliche Behandlung von Sondervergütungen durch die jüngere Rechtsprechung des BFH weiter erhöht. Dennoch bestehen im Bereich der Abkommensanwendung im Zusammenhang mit Personengesellschaften nach wie vor viele Uneinigkeiten zwischen Finanzverwaltung und Rechtsprechung, die ein hohes Konfliktpotenzial bergen und die Beteiligung an einer ausländischen JV-Personengesellschaft für den deutschen JV-Partner eher unattraktiv erscheinen lassen.

Durch den Einfluss des Gemeinschaftsrechts könnten sich zukünftig allerdings einige der aufgezeigten Probleme – insbesondere im Bereich der grenzüberschreitenden Verlustnutzung, der Hinzurechnungsbesteuerung und des abgeltenden Kapitalertragsteuerabzugs – entschärfen. Eine im EU-/EWR-Ausland ansässige Kapitalgesellschaft könnte unter dieser Prämisse künftig eine echte Alternative für die Ausgestaltung eines internationalen Joint Ventures unter Beteiligung eines deutschen JV-Partners darstellen. Anders als Personengesellschaften sehen sich Kapitalgesellschaften in der Regel nur selten Qualifikationskonflikten ausgesetzt. Zudem könnte eine ausländische Kapitalgesellschaft, sollte der deutsche Gesetzgeber die §§ 7 ff. AStG unter gemeinschaftsrechtlichen Gesichtspunkten grundlegend überarbeiten, zukünftig in weiteren Grenzen als bisher die Möglichkeit eröffnen, die auf Gesellschaftsebene erzielten Gewinne durch Thesaurierung vor dem relativ hohen deutschen Steuerniveau abzuschirmen.

Vom Standpunkt des geltenden Rechts aus betrachtet bietet jedoch eine deutsche Personengesellschaft für den inländischen JV-Partner die günstigsten Rahmenbedingungen im Hinblick auf die laufende Besteuerung während des Bestehens des Joint Ventures. Im Vergleich zu Kapitalgesellschaftsstrukturen, welche durch einen Dualismus der Besteuerung der Kapitalgesellschaftsgewinne einerseits und der Dividendenerträge der Gesellschafter andererseits geprägt sind, zeichnet sich die Personengesellschaft durch eine Einmalbesteuerung auf Ebene des Gesellschafters aus. Eine inländische Personengesellschaft hält gegenüber einer inländischen Kapitalgesellschaft zudem weiterreichende Möglichkeiten zur Verlustverrechnung bereit, da es mangels eigener Steuersubjektqualität der Gesellschaft insoweit nicht der Begründung eines Organschaftsverhältnisses bedarf. Zugleich kommt der deutsche JV-Partner jedoch bei Beteiligung an einer inländischen JV-Personengesellschaft gemäß § 8b Abs. 6 KStG bzw. §§ 3 Nr. 40 S. 2, 20 Abs. 3 EStG ebenso in den Genuss der für Dividenden und Veräußerungsgewinne geltenden Vergünstigungen wie im Fall der Beteiligung an einer inländischen Kapitalgesellschaft. Bezieht eine inländische JV-Personengesellschaft überdies Einkünfte aus einem ausländischen Staat, welcher dem Kapitalgesellschaftskonzept folgt, kann die Gesellschaft nach hier vertretener Ansicht selbst die Abkommensvorteile im Quellenstaat in Anspruch nehmen.

C. Besteuerung bei Beendigung des Joint Ventures

Die Zusammenarbeit der Partner im Rahmen eines Joint Ventures ist in der Regel von vornherein nicht auf Dauer angelegt. Darüber hinaus besteht die Gefahr von Uneinigkeiten der JV-Partner in wesentlichen Fragen mit der Folge, dass unter Umständen einer der Partner vorzeitig aus dem Gemeinschaftsunternehmen ausscheidet[595]. Vor diesem Hintergrund stellt sich die Frage der steuerlichen Konsequenzen einer Beendigung des Joint Ventures.

Zur Beendigung ihrer Zusammenarbeit stehen den JV-Partnern klassischerweise zwei Handlungsalternativen zur Verfügung: Zum einen kann die gemeinsame wirtschaftliche Aktivität unter Liquidation der JV-Gesellschaft, etwa wegen mangelnder Wirtschaftlichkeit des jeweiligen Geschäftsfeldes[596], beendet werden. Dies hat zur Folge, dass die JV-Gesellschaft zivilrechtlich als Rechtsperson und steuerrechtlich als (im Falle einer Personengesellschaft: partielles) Steuersubjekt wegfällt[597]. Alternativ können die Kooperationspartner ihre Zusammenarbeit auch beenden, indem ein JV-Partner seine gesamte Beteiligung an der JV-Gesellschaft an den anderen Partner oder einen Dritten veräußert. In diesem Falle wird die JV-Gesellschaft nach Übernahme aller Anteile der ausscheidenden Partei von einem der Partner als Alleingesellschafter oder aber gemeinsam mit einem Dritten fortgeführt.

Neben den steuerlichen Folgen dieser „klassischen" Wege zur Beendigung eines internationalen Joint Ventures soll im Rahmen der nachfolgenden Betrachtung schwerpunktmäßig untersucht und kritisch bewertet werden, ob sich durch den Einfluss des Gemeinschaftsrechts und die gesetzlichen Änderungen des UmwG sowie des UmwStG neuerdings alternative Beendigungsszenarien entwickeln lassen, welche möglicherweise sogar gegenüber den herkömmlichen Formen des „Exits" steuerlich vorzugswürdig erscheinen. Zu denken ist insoweit insbesondere an eine Spaltung der JV-Gesellschaft auf die an ihr beteiligten JV-Partner oder auf in ihrem Sitzstaat ansässige Schwestergesellschaften. Denkbar wäre ferner eine Beendigung durch Verschmelzung der JV-Gesellschaft auf einen der JV-Partner, wodurch jedoch eine kapitalmäßige Beteiligung des anderen Partners am Übernehmenden begründet würde[598]. Da das Bestehen einer kapitalmäßigen Verflechtung nach Beendigung der gemeinsamen Kooperation den Interessen der JV-Partner jedoch regelmäßig nicht entsprechen dürfte, wird auf letztere Variante nachfolgend nicht weiter eingegangen.

I. Kapitalgesellschaftsstrukturen

1. Standort im Inland

a. Veräußerung

Veräußert der deutsche JV-Partner seine Beteiligung an einer inländischen JV-Kapitalgesellschaft an den anderen Partner oder einen Dritten, so erzielt er in Höhe der Differenz zwischen dem Veräußerungspreis nach Abzug etwaiger Veräußerungskosten und dem Buchwert des veräußerten Anteils einen Veräußerungsgewinn, des-

[595] *Wilde*, DB 2007, S. 273.
[596] *Ley/Schulte*, Joint-Venture-Gesellschaften, Rn. 737.
[597] Vgl. *Fuhrmann*, KöSDi 2005, S. 14910.
[598] Vgl. unten Kapitel 3:C.I.1.c.aa.

sen steuerliche Behandlung im Ergebnis davon abhängt, inwieweit er auf eine Kapitalgesellschaft oder auf eine natürliche Person entfällt.

Soweit der Veräußerungsgewinn auf eine (unmittelbar oder über eine inländische Personengesellschaft an der JV-Kapitalgesellschaft beteiligte) **Kapitalgesellschaft** entfällt, findet § 8b Abs. 2 Satz 1 KStG (ggf. i.V.m. § 8b Abs. 6 KStG) Anwendung. Danach bleiben Gewinne aus der Veräußerung eines Anteils an einer Körperschaft oder Personenvereinigung, deren Leistungen beim Empfänger zu nach § 8b Abs. 1 KStG begünstigten laufenden Beteiligungserträgen geführt haben, bei der Einkommensermittlung grundsätzlich außer Ansatz. Von dem nach § 8b Abs. 2 Satz 1 KStG freigestellten Veräußerungsgewinn gelten jedoch 5 % fiktiv als Ausgaben, die nicht als Betriebsausgaben abgezogen werden dürfen. Im wirtschaftlichen Ergebnis führt dies dazu, dass – entsprechend der Regelung der Dividendenbesteuerung – 95 % des Veräußerungsgewinns steuerlich unberücksichtigt bleiben[599]. Die im Zusammenhang mit der Veräußerung tatsächlich anfallenden Betriebsausgaben sind hingegen uneingeschränkt abzugsfähig (vgl. § 8b Abs. 3 Satz 2 KStG). Ausnahmsweise greift die Freistellung nach § 8b Abs. 2 KStG jedoch nicht, soweit der Anteil an der JV-Kapitalgesellschaft in früheren Jahren steuerwirksam auf einen niedrigeren Teilwert abgeschrieben und diese Gewinnminderung nicht durch eine Wertaufholung ausgeglichen wurde (§ 8b Abs. 2 Satz 4 KStG). Seit Inkrafttreten des StSenkG[600] hat diese Beschränkung allerdings nur noch für „Altfälle" Bedeutung, da Teilwertabschreibungen innerhalb von Kapitalgesellschaftsstrukturen nach § 8b Abs. 3 Satz 3 KStG generell nicht mehr steuerwirksam vorgenommen werden können[601]. Als weitere Einschränkung der gesetzlich vorgesehenen Steuerfreistellung nach § 8b Abs. 2 KStG ist ferner § 8b Abs. 4 Satz 1 Nr. 1, Satz 2 KStG a.F. zu beachten, wonach Gewinne aus der Veräußerung einbringungsgeborener Anteile i.S.d. § 21 UmwStG a.F. innerhalb von sieben Jahren nach ihrer Entstehung beim Veräußernden grundsätzlich voll steuerpflichtig sind. Diese Beschränkung spielt auch nach Ablösung des bisherigen Besteuerungskonzepts der einbringungsgeborenen Anteile im Zuge des SEStEG noch eine Rolle (vgl. § 34 Abs. 7a KStG), soweit die veräußerten Anteile an der inländischen JV-Kapitalgesellschaft infolge der Einbringung „alter" einbringungsgeborener Anteile nach §§ 20 Abs. 3 Satz 4, 21 Abs. 2 Satz 6 UmwStG ebenfalls als einbringungsgeboren i.S.d. § 21 Abs. 1 UmwStG a.F. gelten[602].

Soweit der Veräußerungsgewinn demgegenüber auf eine (über eine inländische Personengesellschaft an der JV-Kapitalgesellschaft beteiligte) **natürliche Person** entfällt, unterliegt er gemäß § 3 Nr. 40 lit. a EStG grundsätzlich der Besteuerung im Halbeinkünfteverfahren. Danach bleibt die Hälfte des Gewinns aus der Veräußerung der Anteile an der JV-Kapitalgesellschaft bei der Besteuerung außer Ansatz; Veräußerungskosten oder sonstige Aufwendungen im wirtschaftlichen Zusammenhang mit

599 Vgl. *Gröbl/Adrian* in: Erle/Sauter, § 8b KStG Rn. 143.

600 Gesetz vom 23.10.2003, BGBl. I 2000, S. 1433 ff.

601 Vgl. BMF-Schr. v. 28.04.2003, BStBl. I 2003, S. 292 ff., Tz. 26; *Watermeyer* in: Herrmann/Heuer/Raupach, § 8b KStG Rn. 72; *Dötsch/Pung* in: Dötsch/Jost/Pung/Witt, § 8b KStG Rn. 39.

602 Vgl. *Haritz*, GmbHR 2007, S. 170, 172. Dies ist der Fall, wenn das nach § 20 UmwStG in die JV-Kapitalgesellschaft eingebrachte Betriebsvermögen bzw. die nach § 21 UmwStG eingebrachten Kapitalgesellschaftsanteile „alte" einbringungsgeborene Anteile enthalten; die Qualifikation als „einbringungsgeboren" infiziert dann nach §§ 20 Abs. 3 Satz 4, 21 Abs. 2 Satz 6 UmwStG auch die im Gegenzug erhaltenen Anteile.

der Veräußerung können dementsprechend nach § 3c Abs. 2 Satz 1 EStG nur hälftig in Abzug gebracht werden. Auch insoweit ist jedoch zu beachten, dass die Veräußerung der Anteile innerhalb einer Siebenjahresfrist im Falle ihrer aus §§ 20 Abs. 3 Satz 4, 21 Abs. 2 Satz 6 UmwStG i.d.F. des SEStEG folgenden Qualifikation als „einbringungsgeboren" nach dem insoweit weiterhin anzuwendenden § 3 Nr. 40 Satz 3 EStG a.F. zur vollen Besteuerung des Veräußerungsgewinns führt (vgl. § 52 Abs. 4b Satz 2 EStG).

b. Liquidation

Bei Beendigung des Joint Ventures unter Liquidation der inländischen JV-Kapitalgesellschaft ist hinsichtlich der steuerlichen Konsequenzen auf Ebene der JV-Gesellschaft und auf Ebene des inländischen JV-Partners zu unterscheiden[603].

aa. Ebene der JV-Kapitalgesellschaft

Die inländische JV-Kapitalgesellschaft unterliegt einer **Liquidationsbesteuerung** nach Maßgabe des **§ 11 KStG**. Sinn dieser Vorschrift ist es, in der Vergangenheit erwirtschaftete, aber bisher nicht realisierte Gewinne vor Beendigung der subjektiven Körperschaftsteuerpflicht der zu liquidierenden Gesellschaft, also im letztmöglichen Erfassungszeitpunkt, einer Art Schlussbesteuerung zuzuführen[604]. Dies setzt voraus, dass die Gesellschaft aufgelöst und (kumulativ) abgewickelt wird[605].

Die **Auflösung** der JV-Kapitalgesellschaft kann durch Beschluss (vgl. §§ 262 Abs. 1 Nr. 2 AktG, 60 Abs. 1 Nr. 2 GmbHG)[606] oder aus anderen Gründen (z.B. Eröffnung eines Insolvenzverfahrens, rechtskräftiger gerichtlicher Beschluss) erfolgen und ist grundsätzlich zum Handelsregister anzumelden. In der Firma der Gesellschaft wird die Auflösung nachfolgend durch den Zusatz „i.L." (= in Liquidation) oder „i.A." (= in Auflösung) kenntlich gemacht[607]. Auf die Auflösung folgt die **Abwicklung** der JV-Kapitalgesellschaft, in deren Rahmen die laufenden Geschäfte durch einen vom Amtsgericht zu bestellenden Liquidator beendet, Vermögenswerte veräußert, Forderungen eingezogen und Gläubiger befriedigt werden[608]. Soweit nach Abschluss der Abwicklung verbleibendes Vermögen der Gesellschaft vorhanden ist (Schlussvermögen), wird dieses an die JV-Partner ausgekehrt. Mit dieser Schlussauskehrung, jedoch nicht vor Ablauf des zum Schutze der Gläubiger unabdingbar einzuhaltenden

---

[603] Vgl. *Wurm*, Beendigung von internationalen Joint Ventures, S. 416.

[604] Vgl. *Graffe* in: Dötsch/Jost/Pung/Witt, § 11 KStG Rn. 3; *Lenz* in: Erle/Sauter, § 11 KStG Rn. 4; *Klein* in: Herrmann/Heuer/Raupach, § 11 KStG Rn. 5; *Hofmeister* in: Blümich, § 11 KStG Rn. 7. Damit steht die Vorschrift in einer Reihe mit anderen, demselben Zweck dienenden Vorschriften wie z.B. § 16 EStG. Über § 8 Abs. 1 KStG gilt § 16 EStG zwar grundsätzlich auch im Bereich der Körperschaftsteuer, jedoch geht § 11 KStG den Bestimmungen in § 16 EStG als lex specialis vor (vgl. BFH-Urt. v. 08.05.1991, BStBl. II 1992, S. 437 ff.).

[605] *Graffe* in: Dötsch/Jost/Pung/Witt, § 11 KStG Rn. 5, 7; *Lenz* in: Erle/Sauter, § 11 KStG Rn. 6; *Hofmeister* in: Blümich, § 11 KStG Rn. 20; *Fuhrmann*, KöSDi 2005, S. 14910.

[606] Eine Übersicht über den zeitlichen Ablauf des auf einen Liquidationsbeschluss zurückzuführenden Liquidationsverfahrens und die sich daraus ergebenden Steuerfolgen findet sich bei *Neu*, GmbHR 2000, S. 58; vgl. auch *Beste*, StuB 2002, S. 692 ff.

[607] Für die GmbH *Neu*, GmbHR 2000, S. 57.

[608] *Graffe* in: Dötsch/Jost/Pung/Witt, § 11 KStG Rn. 13.

Sperrjahres (vgl. §§ 272 Abs. 1 AktG, 73 GmbHG)[609], ist die Liquidation der JV-Kapitalgesellschaft beendet. Der anschließenden Löschung der Gesellschaft im Handelsregister kommt daher nur noch deklaratorische Bedeutung zu[610].

Der im Abwicklungszeitraum durch „Versilberung" des Gesellschaftsvermögens erzielte Gewinn wird nach § 11 Abs. 1 Satz 1, Abs. 6 KStG der laufenden Besteuerung der JV-Kapitalgesellschaft zugrunde gelegt. Der Besteuerungszeitraum sollte dabei drei Jahre nicht überschreiten (§ 11 Abs. 1 Satz 2 KStG). Für Zwecke der Liquidationsbesteuerung tritt dieser Zeitraum in Ausnahme zu den §§ 7 Abs. 3 und 4, 31 Abs. 1 KStG i.V.m. § 25 Abs. 1 EStG an die Stelle des Wirtschaftsjahres und wird als einheitlicher Gewinnermittlungs- und Veranlagungszeitraum behandelt[611]. Basis der Schlussbesteuerung nach § 11 KStG ist gemäß § 11 Abs. 2 KStG der **Abwicklungsgewinn** als Differenz zwischen dem sog. Abwicklungs-Endvermögen zum Ende und dem sog. Abwicklungs-Anfangsvermögen zu Beginn des steuerlichen Abwicklungszeitraums. **Abwicklungs-Anfangsvermögen** in diesem Sinne ist das Betriebsvermögen, das am Schluss des der Abwicklung vorangegangenen Wirtschaftsjahres der Körperschaftsteuerveranlagung zugrunde gelegt worden ist (§ 11 Abs. 4 Satz 1 KStG). Maßgebend ist insoweit das Vermögen, das der Veranlagung tatsächlich zugrunde lag, d.h. es ist auf die Buchwerte aus der letzten Steuerbilanz der JV-Kapitalgesellschaft abzustellen[612]. Gewinnausschüttungen, die für Wirtschaftsjahre vor der Auflösung vorgenommen wurden, sind gemäß § 11 Abs. 4 Satz 3 KStG aus dem Abwicklungs-Anfangsvermögen herauszukürzen. Unter **Abwicklungs-Endvermögen** im oben genannten Sinne ist das den JV-Partnern zur Verteilung kommende Vermögen zu verstehen, welches nach Veräußerung der Vermögenswerte der JV-Kapitalgesellschaft und Befriedigung der Gläubiger verbleibt, jedoch vermindert um steuerfreie Vermögensmehrungen, welche der Gesellschaft im Abwicklungszeitraum zugeflossen sind (§ 11 Abs. 3 KStG). Abzuziehen sind danach sowohl nach §§ 3 EStG, 8b KStG oder nach DBA steuerfreie Einnahmen und Bezüge als auch gesellschafts- und mitgliedschaftsrechtlich veranlasste Vermögensmehrungen (wie z.B. Einlagen, Nachschüsse)[613].

Der durch Gegenüberstellung von Abwicklungs-Anfangs- und Abwicklungs-Endvermögen ermittelte Abwicklungsgewinn unterliegt auf Ebene der JV-Kapitalgesellschaft ungemildert der Belastung mit Körperschaft- und Gewerbesteuer[614]. Eine ermäßigte Besteuerung, wie sie die §§ 16 Abs. 4, 34 EStG für die Schlussbesteuerung bei Betriebsaufgabe i.S.d. § 16 EStG vorschreiben, ist im Rahmen der Liquidationsbesteuerung nach § 11 KStG nicht vorgesehen.

---

[609] Eine Verteilung des verbleibenden Gesellschaftsvermögens ist bei der Liquidation einer GmbH nach §§ 73 Abs. 1, 65 Abs. 2 GmbHG erst zulässig, wenn nach der dritten Bekanntmachung der Auflösung der Gesellschaft im Bundesanzeiger ein Jahr vergangen ist (*Fuhrmann*, KöSDi 2005, S. 14908). Für die AG gilt gemäß §§ 272 Abs. 1, 267 AktG Entsprechendes.

[610] *Graffe* in: Dötsch/Jost/Pung/Witt, § 11 KStG Rn. 15; *Klein* in: Herrmann/Heuer/Raupach, § 11 KStG Rn. 25; *Fuhrmann*, KöSDi 2005, S. 14911; R 51 Abs. 2 Satz 4 KStR 2005.

[611] *Graffe* in: Dötsch/Jost/Pung/Witt, § 11 KStG Rn. 16; *Lenz* in: Erle/Sauter, § 11 KStG Rn. 12, 25.

[612] Vgl. *Graffe* in: Dötsch/Jost/Pung/Witt, § 11 KStG Rn. 30; *Hofmeister* in: Blümich, § 11 KStG Rn. 60.

[613] *Hofmeister* in: Blümich, § 11 KStG Rn. 54.

[614] Vgl. *Klein* in: Herrmann/Heuer/Raupach, § 11 KStG Rn. 6.

bb. Ebene des JV-Partners

Im Zuge der Auskehrung des Schlussvermögens der inländischen JV-Kapitalgesellschaft erzielt der deutsche JV-Partner einen **Liquidationserlös**, welcher zum Teil steuerpflichtigen Kapitalertrag darstellt und zum Teil als reine Kapitalrückzahlung zu qualifizieren ist[615].

Soweit dem inländischen JV-Partner Bezüge aus der Auflösung der JV-Kapitalgesellschaft zufließen, die nicht in der Rückzahlung von „echtem“ Nennkapital[616] bestehen und für die auch nicht Beträge aus dem steuerlichen Einlagekonto i.S.d. § 27 Abs. 1 KStG als verwendet gelten, zählen diese zu den **Einkünften aus Kapitalvermögen (§§ 20 Abs. 1 Nr. 2 Satz 1, Abs. 3, 15 EStG)**[617]. Als solche sind die anteiligen Bezüge beim inländischen JV-Partner, sofern dieser die Rechtsform einer Kapitalgesellschaft hat, im wirtschaftlichen Ergebnis zu 95 % von der Besteuerung freigestellt (§ 8b Abs. 1 Satz 1, Abs. 5 Satz 1 KStG)[618]. Bei natürlichen Personen unterliegen die Bezüge nach § 20 Abs. 1 Nr. 2 EStG gemäß §§ 3 Nr. 40 lit. e, 3c Abs. 2 EStG der Besteuerung im Halbeinkünfteverfahren[619].

Soweit die Liquidationsbezüge des inländischen JV-Partners demgegenüber auf die Rückzahlung von Nennkapital entfallen oder als Rückzahlungen aus dem steuerlichen Einlagekonto gelten, handelt es sich um grundsätzlich nicht steuerbare[620] **Kapitalrückzahlungen** im Sinne der **§§ 20 Abs. 1 Nr. 1 Satz 3, 27 Abs. 1 Satz 1 KStG**. Inwieweit für die Liquidationsraten das Nennkapital bzw. das steuerliche Einlagekonto oder sonstiges neutrales Vermögen als verwendet gilt, bestimmt sich nach den in §§ 27, 28 Abs. 2 KStG niedergelegten Verwendungsregeln. Danach liegt eine Verwendung aus dem steuerlichen Einlagekonto unabhängig von der handelsrechtlichen Einordnung grundsätzlich nur insoweit vor, als die Rückzahlung – soweit sie nicht als Nennkapitalrückzahlung zu beurteilen ist – den auf den Schluss des vorangegangenen Wirtschaftsjahres ermittelten ausschüttbaren Gewinn übersteigt (§ 27 Abs. 1 Satz 3 KStG)[621]. Da die Anteile an der aufgelösten JV-Kapitalgesellschaft im

---

[615] Vgl. *Neyer/Gürzenich-Schmidt*, IStR 2000, S. 295; *Cremer*, BBK Fach 30, S. 1718; *Henkel* in: Mössner, Steuerrecht international tätiger Unternehmen, Rn. 333.

[616] Das „echte“ Nennkapital ist von den gesondert auszuweisenden Teilen des Nennkapitals abzugrenzen, welche auf der Umwandlung von Gewinnrücklagen beruhen, vgl. § 28 Abs. 1 Satz 3 KStG. Gemäß § 20 Abs. 1 Nr. 2 Satz 2 EStG gehören zu den Kapitalerträgen auch Bezüge anlässlich der Auflösung einer Körperschaft, die den Sonderausweis i.S.d. § 28 Abs. 1 Satz 3 KStG verringern und somit als Gewinnausschüttungen i.S.d. § 28 Abs. 2 Satz 2 und 4 KStG gelten. Dies sind Bezüge aus dem Nennkapital, das auf der Umwandlung von Rücklagen beruht, die aus dem Gewinn gebildet worden sind (*von Beckerath* in: Kirchhof, § 20 EStG Rn. 102; *Gröbl/Adrian* in: Erle/Sauer, § 8b KStG Rn. 61).

[617] Zwar werden die Einkünfte, wenn die JV-Partner ihre Beteiligung an der JV-Kapitalgesellschaft im Betriebsvermögen halten, gemäß §§ 20 Abs. 3, 15 EStG den Einkünften aus Gewerbebetrieb zugeordnet. Ihrem Wesen nach handelt es sich bei den Einkünften aber um Bezüge i.S.d. § 20 Abs. 1 Nr. 2 EStG (*Jünger*, BB 2001, S. 76).

[618] Vgl. BMF-Schr. v. 28.04.2003, BStBl. I 2003, S. 292 ff., Tz. 7.

[619] Vgl. *Hamacher* in: Korn, § 20 EStG Rn. 115.1.

[620] Vgl. *Schulte* in: Erle/Sauter, § 8 KStG Rn. 207; *Weber-Grellet* in: Schmidt, § 20 EStG Rn. 105, 85, 87; *Förster/van Lishaut*, FR 2002, S. 1205.

[621] Ein Direktzugriff auf das Einlagekonto ist somit grundsätzlich nicht möglich (*Dötsch/Pung*, DB 2006, S. 2651; *Korn*, KöSDi 2007, S. 15440; *Blumenberg/Lechner*, BB-Special Nr. 8/2006, S. 32). Ausnahmsweise besteht allerdings bei der Rückzahlung von Nennkapital gemäß § 28 Abs. 2 KStG die Möglichkeit des Direktzugriffs auf das Einlagekonto: Danach wird in einem ersten Schritt das Nennka-

Betriebsvermögen des deutschen JV-Partners gehalten werden[622], ist die Kapitalrückzahlung zunächst erfolgsneutral mit dem Buchwert seiner Beteiligung zu verrechnen. Soweit die ausgekehrten Einlagen den Buchwert der (bei paritätischer Ausgestaltung: 50 %igen) Beteiligung des deutschen JV-Partners jedoch übersteigen, entsteht ein laufender Gewinn, der zunächst das steuerpflichtige Einkommen erhöht[623]. Handelt es sich beim inländischen JV-Partner um eine Kapitalgesellschaft, ist die den Buchwert der Beteiligung übersteigende Einlagenrückgewähr allerdings im Ergebnis nach § 8b KStG zu 95 % von der Besteuerung freigestellt, wobei jedoch umstritten ist, ob sich dies aus § 8b Abs. 2 Satz 1, Satz 3 KStG oder § 8b Abs. 1 Satz 1 KStG i.V.m. § 20 Abs. 1 Nr. 1 EStG ergibt[624]. Bei natürlichen Personen unter-

---

pital der Körperschaft (einschließlich des Sonderausweises nach § 28 Abs. 1 Satz 3 KStG) gemäß § 28 Abs. 2 Satz 1 KStG auf Null gesetzt (fingierte Kapitalherabsetzung) und ein (erweitertes) steuerliches Einlagekonto der aufgelösten Gesellschaft gebildet, in dem sämtliche Einlagen der Gesellschafter unabhängig davon verzeichnet werden, ob sie ursprünglich in das Nennkapital geleistet wurden oder nicht (*Förster/van Lishaut*, FR 2002, S. 1266; *Dötsch/Pung* in: Dötsch/Jost/Pung/Witt, § 28 KStG Rn. 42, 45; *Lornsen-Veit/Odenbach* in: Erle/Sauter, § 28 KStG Rn. 40). In einem zweiten Schritt wird die Rückzahlung des Nennkapitals, soweit der Sonderausweis i.S.d. § 28 Abs. 1 Satz 3 KStG zu mindern ist, als Gewinnausschüttung behandelt (§ 28 Abs. 2 Satz 2 KStG); ein über den Sonderausweis hinausgehender Betrag ist vom positiven Bestand des Einlagekontos abzuziehen (§ 28 Abs. 2 Satz 3 KStG). Die Rückzahlung von „echtem" Nennkapital wird somit aufgrund des technischen Zwischenschrittes der Verrechnung mit dem Einlagekonto (§ 28 Abs. 2 Satz 1 KStG) stets als Einlagenrückgewähr behandelt (*Lornsen-Veit/Odenbach* in: Erle/Sauter, § 28 KStG Rn. 43). Zum Ganzen vgl. BMF-Schreiben vom 26.08.2003, BStBl. I 2003, S. 434.

[622] Bei Anteilen im Privatvermögen ist die Rückzahlung von Einlagen gemäß § 20 Abs. 1 Nr. 1 Satz 3 EStG hingegen grundsätzlich unbeachtlich; soweit die Rückzahlung die Anschaffungskosten der Beteiligung jedoch überschreitet, wird – bei relevanter Beteiligung i.S.d. § 17 EStG – gemäß § 17 Abs. 4 EStG ein Veräußerungsgewinn fingiert, welcher nach § 3 Nr. 40 Satz 1 lit. c EStG zur Hälfte der Besteuerung unterliegt (*Lornsen-Veit/Odenbach* in: Erle/Sauter, § 27 KStG Rn. 10; *Wacht* in: Ernst & Young, § 11 KStG Rn. 66; *Fuhrmann*, KÖSDi 2005, S. 14912; *Dötsch/Pung*, DB 2003, S. 1349; *Cremer*, BBK Fach 30, S. 1718). Im Ergebnis kommt es beim privaten Anteilseigner somit zur Spaltung des anteiligen Liquidationserlöses in einen Veräußerungserlös nach § 17 EStG und in Einnahmen aus Kapitalvermögen i.S.d. § 20 Abs. 1 Nr. 2 EStG (*Henkel* in: Mössner, Steuerrecht international tätiger Unternehmen, Rn. F 346; *Jünger*, BB 2001, S. 73).

[623] Vgl. *Lornsen-Veit/Odenbach* in: Erle/Sauter, § 27 KStG Rn. 4; *Wacht* in: Ernst & Young, § 11 KStG Rn. 68; *Dötsch/Pung*, DB 2003, S. 1349. Bei 100 %-iger Beteiligung an der JV-Kapitalgesellschaft würde deren Auflösung und Liquidation gemäß §§ 16 Abs. 1 Satz 1 Nr. 1 Satz 2, 17 Abs. 4 Satz 3 EStG einer begünstigten Teilbetriebsveräußerung i.S.d. § 16 EStG gleichgestellt, soweit der Liquidationserlös nicht den laufenden Einkünften aus Kapitalvermögen zuzuordnen ist (vgl. *Wacker* in: Schmidt, § 16 EStG Rn. 167; *Henkel* in: Mössner, Steuerrecht international tätiger Unternehmen, Rn. F 351; *Wacht* in: Ernst & Young, § 11 KStG Rn. 69; *Neu*, GmbHR 2000, S. 61 f).

[624] Vgl. *Lornsen-Veit/Odenbach* in: Erle/Sauter, § 27 KStG Rn. 9; *Gosch* in: Gosch, § 8b KStG Rn. 107. Bedeutung kommt dieser Frage insbesondere im Hinblick auf die Anwendung der §§ 8b Abs. 2 Satz 4, 37 Abs. 3 KStG und § 8b Abs. 4 KStG a.F. zu (*Förster/van Lishaut*, FR 2002, S. 1205 Fn. 1). Während die Finanzverwaltung im BMF-Schreiben vom 28.04.2003 (BStBl. I 2003, S. 292 ff., Tz. 6) von der Einschlägigkeit des § 8b Abs. 2 Satz 3, Satz 1 KStG ausgeht, wird in der Literatur – m.E. zu Recht – überwiegend die Auffassung vertreten, die Steuerfreistellung folge aus § 8b Abs. 1 Satz 1 KStG, da die Einlagenrückgewähr gemäß § 20 Abs. 1 Nr. 1 Satz 3 EStG e contrario grundsätzlich zu den Bezügen i.S.d. § 20 Abs. 1 Nr. 1 Satz 1 EStG gehöre und gemäß dessen Satz 3 EStG lediglich nicht zu steuerpflichtigen Einnahmen führe (so *Füger/Rieger*, FR 2003, S. 545; *Dötsch/Pung* in: Dötsch/Patt/Pung/Witt, § 8b KStG Rn. 32a mit weiteren Nachweisen). Für die Anwendung des § 8b Abs. 1 KStG spricht ferner, dass es sich bei der Einlagenrückzahlung – was § 8b Abs. 2 KStG jedoch voraussetzen würde – gerade nicht um einen veräußerungsgleichen Tatbestand handelt, sondern handels- und steuerrechtlich eine Vollausschüttung der Kapitalgesellschaft vorliegt. Anders als im An-

liegt der Betrag der Einlagenrückgewähr, der den Buchwert der Beteiligung an der JV-Kapitalgesellschaft übersteigt, nach § 3 Nr. 40 EStG im Ergebnis nur zur Hälfte der Besteuerung[625]; auch insoweit besteht jedoch Uneinigkeit, ob diesbezüglich § 3 Nr. 40 lit. a EStG oder § 3 Nr. 40 lit. d EStG einschlägig ist[626].

c. Spaltung

Wie die Untersuchung der „klassischen" Beendigungsszenarien zeigt, führen sowohl die Veräußerung der Beteiligung an der JV-Kapitalgesellschaft als auch deren Liquidation im Ergebnis zu – wenn auch durch das Halbeinkünfteverfahren bzw. § 8b KStG begünstigten – steuerwirksamen Übertragungs- bzw. Ausschüttungsvorgängen. Alternativ eröffnet möglicherweise die Spaltung der JV-Kapitalgesellschaft durch Auf- oder Abspaltung auf die JV-Partner bzw. auf neu gegründete oder bereits bestehende Schwestergesellschaften nach Maßgabe des § 123 Abs. 1 und 2 UmwG einen gesellschaftsrechtlich möglichen und steuerlich vorteilhaften Weg zur Beendigung des Joint Ventures.

aa. Gesellschaftsrechtliche Vorgaben

Bei der **Aufspaltung (§ 123 Abs. 1 UmwG)** überträgt ein Rechtsträger sein gesamtes Vermögen in Teilen im Wege eines einheitlichen Vorgangs auf mindestens zwei bereits bestehende oder im Zuge der Übertragung neu gegründete übernehmende Rechtsträger[627]. Der Vermögensübergang erfolgt dabei im Wege der partiellen Gesamtrechtsnachfolge[628], wobei der übertragende Rechtsträger ohne Abwicklung mit Eintragung der Spaltung ins Handelsregister erlischt (§ 131 Abs. 1 Nr. 1 und 2 UmwG). Bei der **Abspaltung (§ 123 Abs. 2 UmwG)** wird demgegenüber nicht das gesamte Vermögen, sondern werden nur Teile davon übertragen, so dass der übertragende Rechtsträger nicht erlischt, sondern lediglich in seinem Wert gemindert wird[629]. Für beide Fälle sieht § 123 UmwG grundsätzlich vor, dass den Anteilsinhabern des untergehenden Rechtsträgers als Gegenleistung für die Vermögensübertragung Anteile an den übernehmenden Rechtsträgern gewährt werden, d.h. die Gesellschafter der übertragenden Gesellschaft Gesellschafter der übernehmenden

---

wendungsbereich des § 17 Abs. 4 EStG fehlt es in § 20 EStG zudem an einer ausdrücklichen Gleichstellung der Liquidation mit einem Veräußerungsvorgang.

[625] Vgl. *Lornsen-Veit/Odenbach* in: Erle/Sauter, § 27 KStG Rn. 5.

[626] Da die Finanzverwaltung die Einlagenrückgewähr im BMF-Schreiben vom 28.04.2003 als veräußerungsähnlichen Vorgang qualifiziert, müsste sie zur Anwendung des § 3 Nr. 40 Satz 1 lit. a EStG gelangen, mit der Folge, dass u.U. auch § 3 Nr. 40 Satz 3 EStG a.F. einschlägig ist. M.E. ist jedoch § 3 Nr. 40 Satz 1 lit. d EStG anzuwenden, da es sich bei den Ausschüttungen aus dem Einlagekonto grundsätzlich um Bezüge i.S.d. § 20 Abs. 1 Nr. 1 EStG handelt (Umkehrschluss aus § 20 Abs. 1 Nr. 1 Satz 3 EStG; ebenso *Lornsen-Veit/Odenbach* in: Erle/Sauter, § 27 KStG Rn. 5).

[627] *Hörtnagl* in: Schmitt/Hörtnagl/Stratz, § 123 UmwG Rn. 6 f.; *Kallmeyer* in: Kallmeyer, § 123 UmwG Rn. 7 f.; *Teichmann* in: Lutter/Winter, § 123 UmwG Rn. 8, 19; *Djanani/Brähler*, Umwandlungssteuerrecht, S. 286.

[628] Da jeweils nur Teile des Vermögens und nicht das gesamte Vermögen in einem auf einen anderen Rechtsträger übertragen werden, tritt der aufnehmende Rechtsträger lediglich hinsichtlich des auf ihn übertragenen Vermögensteils in die Rechtsstellung des übertragenden Rechtsträgers ein (§ 131 Abs. 1 UmwG). Dies wird als partielle Gesamtrechtsnachfolge oder auch Sonderrechtsfolge bezeichnet (*Djanani/Brähler*, Umwandlungssteuerrecht, S. 284; *Hörtnagl* in: Schmitt/Hörtnagl/Stratz, § 131 UmwG Rn. 4 ff.).

[629] *Djanani/Brähler*, Umwandlungssteuerrecht, S. 286.

Gesellschaft werden. Die übernehmenden Rechtsträger können jedoch auch bereits vor der Spaltung am übertragenden Rechtsträger beteiligt sein (Aufspaltung auf die Muttergesellschaften; im Folgenden auch als **„up-stream"-Spaltung** bezeichnet), mit der Folge, dass keine Gewährung von Anteilen bzw. Kapitalerhöhung bei den übernehmenden Rechtsträgern erfolgt (vgl. §§ 125, 54 Abs. 1 Satz 1 Nr. 1, 68 Abs. 1 Satz 1 Nr. 1 UmwG; § 131 Abs. 1 Nr. 3 Satz 1, 2. Halbs., 2. Alt. UmwG)[630]. Bei der Spaltung auf Schwestergesellschaften (im Folgenden auch als **„side-step"-Spaltung** bezeichnet) erlaubt § 128 UmwG überdies eine sog. *„Spaltung zu Null"*, bei der ein Gesellschafter der übertragenden an einer der übernehmenden Gesellschaften überhaupt nicht beteiligt wird. Somit ist die Spaltung grundsätzlich als Instrument zur Aufteilung des Vermögens der JV-Gesellschaft zwischen den JV-Partnern geeignet[631].

Nach dem Wortlaut des **§ 1 Abs. 1 UmwG** können an einer Spaltung nach dem Umwandlungsgesetz als übertragender oder übernehmender Rechtsträger jedoch nur die in §§ 124, 3 Abs. 1 UmwG genannten Rechtsträger **„mit Sitz im Inland"** teilnehmen[632]. Aufgrund dieser Formulierung und des aus § 1 Abs. 2 UmwStG folgenden Analogieverbotes wurden grenzüberschreitende Umwandlungen von der bislang h.M.[633] generell für unzulässig gehalten. Für die Beendigung internationaler Joint Ventures durch grenzüberschreitende Aufspaltung auf die JV-Partner bestand danach bisher kein Raum[634]. Andere Stimmen in der Literatur[635] sahen in der Anknüpfung des UmwG an einen Inlandssitz hingegen bereits früher eine unzulässige Beschränkung der Niederlassungs- bzw. Kapitalverkehrsfreiheit und sprachen sich für eine europarechtskonforme Auslegung des § 1 UmwG aus. Die letztgenannte Auffassung wurde Ende 2005 im Ergebnis durch den **EuGH** bestätigt. Mit seinem Urteil in der Rechtssache *„SEVIC Systems AG"*[636] entschied der EuGH, dass es gegen Art. 43 EG verstößt, wenn die Eintragung grenzüberschreitender Verschmelzungen in das Handelsregister in einem Mitgliedstaat der EU generell verweigert wird, während die Eintragung einer Verschmelzung unter Beteiligung ausschließlich inländischer Gesellschaften möglich ist. Dem vom EuGH zu beurteilenden Fall lag der Sachverhalt einer (Herein-)Verschmelzung einer luxemburgischen S.A. auf eine deutsche GmbH zugrunde, welche seitens des deutschen Registergerichts unter Berufung auf § 1 Abs. 1 UmwG abgelehnt worden war. Über die Fälle der Hereinver-

[630] *Kallmeyer* in: Kallmeyer, § 131 UmwG Rn. 12 f.; *Hörtnagl* in: Schmitt/Hörtnagl/Stratz, § 126 Rn. 46, 43 f.; *Priester* in: Lutter/Winter, § 126 Rn. 24, § 128 Rn. 15.

[631] Vgl. *Ley/Schulte*, Joint-Venture-Gesellschaften, Rn. 861.

[632] Der Gesetzgeber begründete diese Beschränkung auf innerstaatliche Sachverhalte seinerzeit damit, dass diese in nahezu sämtlichen Fällen geltendem Recht entspreche; ferner sei die Regelung grenzüberschreitender Vorgänge angesichts der Bemühungen der EG um ein einheitliches Konzept und der mit einer Ausdehnung des UmwG auf internationale Fälle zu erwartenden rechtstechnischen und politischen Probleme einstweilen zurückzustellen (vgl. Begründung des Regierungsentwurfs zu § 1 UmwG, abgedruckt bei *Ganske*, Umwandlungsrecht, S. 43.).

[633] *Heckschen* in: Widmann/Mayer, § 1 UmwG (83. Lfg., Stand: Juli 2005) Rn. 206 ff.; *Semler/Stengel*, UmwG, Einl. A Rn. 110 ff.; *Neye*, ZIP 1994, S. 919 f.; *Dötsch*, BB 1998, S. 1030; *Bogenschütz*, IStR 2000, S. 610; *Kindler* in: MüKo BGB, IntGesR Rn. 872 ff.

[634] Vgl. *Schaumburg*, Grundsätze, S. 94 f.

[635] Vgl. *Kallmeyer* in: Kallmeyer, § 1 UmwG Rn. 13 ff.; *Hörtnagl* in: Schmitt/Hörtnagl/Stratz (4. Aufl. 2006), § 1 UmwG Rn. 22, 42 ff.; *Drygala* in: Lutter/Winter, § 1 UmwG Rn. 18; *Dorr/Stukenborg*, DB 2003, S. 648 f.; *Triebel/von Hase*, BB 2003, S. 2416 f.; *Wenglorz*, BB 2004, S. 1062 f.

[636] EuGH-Urt. v. 13.12.2005 – Rs. C-411/03 (*„SEVIC Systems AG"*), DStR 2006, S. 49 ff.

schmelzung von Kapitalgesellschaften hinaus lassen sich die Erwägungen des Gerichts jedoch ohne weiteres auch auf andere Fälle grenzüberschreitender Umwandlungen, insbesondere auf grenzüberschreitende Spaltungen, übertragen. Dies legen sowohl die weite Formulierung der Entscheidungsgründe[637] als auch die Gesetzessystematik nahe. Die Spaltung ist in der Regel nichts anderes als die Kehrseite einer Verschmelzung; ihrer Struktur nach unterscheidet sich insbesondere die Aufspaltung nur insofern von einer Verschmelzung, als das Vermögen nicht auf einen, sondern auf mindestens zwei Rechtsträger übertragen wird[638]. Damit entspricht die Aufspaltung im Ergebnis mehreren Teilverschmelzungen. Die mittlerweile h.M.[639] geht daher zu Recht davon aus, dass sich auch die grenzüberschreitende Spaltung als Ausübung der Niederlassungsfreiheit darstellt und nach der *„SEVIC"*-Rechtsprechung folgerichtig nach Maßgabe der vom deutschen Umwandlungsrecht für innerdeutsche Spaltungen vorgesehenen Vorgaben zuzulassen ist. Dies muss m.E. für Hereinspaltungen (d.h. für grenzüberschreitende Spaltungsvorgänge mit einem deutschen Unternehmen als übernehmendem Rechtsträger) und Herausspaltungen (d.h. für grenzüberschreitende Spaltungsvorgänge mit einem deutschen Unternehmen als übertragendem Rechtsträger) gleichermaßen gelten[640]. Hinsichtlich der Zulässigkeit von Herausspaltungen ergibt sich insoweit – entgegen einiger Stimmen in der Literatur[641] – insbesondere kein Wertungswiderspruch zu der EuGH-Entscheidung in der Rechtssache *„Daily Mail"*[642], mit welcher der EuGH urteilte, dass die Niederlassungsfreiheit einer Gesellschaft nicht das Recht gewähre, ihren Sitz unter Beibehaltung ihrer Rechtspersönlichkeit in einen anderen Mitgliedstaat zu verlegen. Anders als bei der in *„Daily Mail"* betroffenen reinen Sitzverlegung ist bei der Herausverschmelzung oder -spaltung auch das von der Niederlassungsfreiheit geschützte Recht des beteiligten ausländischen Rechtsträgers zur Begründung einer deutschen Zweigniederlassung zu berücksichtigen, welches in unzulässiger Weise beschränkt würde, wollte man einer inländischen Gesellschaft die Herausverschmelzung oder -spaltung untersagen[643]. Die Aussagen des EuGH in *„SEVIC"* beschränken sich überdies auch nicht auf eine bestimmte Gesellschaftsform, so dass ohne Einschränkung auch grenzüberschreitende Umwandlungen unter Beteiligung anderer Rechtsträger als Kapitalgesellschaften, soweit ihnen nach nationalem Recht eine innerstaatliche Verschmelzung oder Spaltung möglich ist, zuzulassen sind[644]. Insbesondere Personenhandels-

---

[637] So sah der EuGH in seinen Ausführungen neben der grenzüberschreitenden Verschmelzung auch *„andere Gesellschaftsumwandlungen"* als vom Schutzbereich der Art. 43, 48 EG erfasst an (vgl. EuGH aaO., Tz. 21).

[638] *Sagasser/Sickinger* in: Sagasser/Bula/Brünger, Umwandlungen, N Rn. 3.

[639] Vgl. *Veil*, Der Konzern 2007, S. 99; *Bungert*, BB 2006, S. 55; *Geyrhalter/Weber*, DStR 2006, S. 150; *Kallmeyer/Kappes*, AG 2006, S. 234 ff.; *Simon/Rubner*, Der Konzern 2006, S. 843; *Spahlinger/Wegen*, NZG 2006, S. 725; *Louven*, ZIP 2006, S. 2023; *Krause/Kulpa*, ZHR 171, S. 47; *Weiss/Wöhlert*, WM 2007, S, 584; *Winter*, Der Konzern 2007, S. 31; *Haritz/von Wolff*, GmbHR 2006, S. 344

[640] Ebenso *Kallmeyer/Kappes*, AG 2006, S. 234.

[641] Unter anderem *Leible/Hoffmann*, RIW 2006, S. 165; *Kappes*, NZG 2006, S. 101 f.

[642] EuGH-Urt. v. 27.09.1988 – Rs. C-81/87 (*„Daily Mail"*), NJW 1989, S. 2186 ff.

[643] So auch *Kallmeyer* in: Kallmeyer, § 1 UmwG Rn. 13; *Geyrhalter/Weber*, DStR 2006, S. 150; *Spahlinger/Wegen*, NZG 2006, S. 724; *Krause/Kulpa*, ZHR 171, S. 45 f.; *Weiss/Wöhlert*, WM 2007, S. 584 f.

[644] Ebenso *Spahlinger/Wegen*, NZG 2006, S. 725; *Louven*, ZIP 2006, S. 2023; *Bayer/Schmidt*, ZIP 2006, S. 212; *Geyrhalter/Weber*, IStR 2006, S. 151; *Krause/Kulpa*, ZHR 171, S. 48; *Simon/Rubner*,

gesellschaften i.S.d. § 3 Abs. 1 Nr. 1 UmwG müssen somit als übertragender oder übernehmender Rechtsträger an einer grenzüberschreitenden Umwandlung teilnehmen können.

Gleichwohl hat sich der deutsche Gesetzgeber im Zuge der Umsetzung der Verschmelzungsrichtlinie[645] durch das **Zweite Gesetz zur Änderung des Umwandlungsgesetzes**[646] nicht dazu entschließen können, eine ausdrückliche gesellschaftsrechtliche Regelung für grenzüberschreitende Spaltungen sowie für grenzüberschreitende Umwandlungen unter Beteiligung von Personengesellschaften zu schaffen. Mit den neu in das Gesetz eingefügten **§§ 122a ff. UmwG** wurde lediglich eine rechtliche Grundlage für die grenzüberschreitende Verschmelzung von Kapitalgesellschaften geschaffen. Anders als noch im Referentenentwurf vorgesehen[647], enthält das Gesetz nunmehr in § 125 Satz 1 UmwG eine Einschränkung, welche die §§ 122a ff. UmwG von der generellen Verweisung des Spaltungs- auf das Verschmelzungsrecht ausnimmt. Nach der Gesetzesbegründung sind die neuen Vorschriften über die grenzüberschreitende Verschmelzung für Spaltungen ausdrücklich nicht anwendbar[648]. Ferner beschränkt § 122b Abs. 1 UmwG den Kreis der an einer grenzüberschreitenden Verschmelzung beteiligten Gesellschaften auf EU-/EWR-Kapitalgesellschaften und lässt die in § 3 Abs. 1 Nr. 1 UmwG genannten Personenhandelsgesellschaften vom Anwendungsbereich der neuen §§ 122a ff. UmwG aus. Beides erscheint angesichts der Tatsache, dass der Gesetzgeber mit den neuen Vorschriften ausweislich der Gesetzesbegründung[649] ausdrücklich auch den vom EuGH in der Rechtssache „*SEVIC Systems*" aufgestellten Anforderungen Rechnung tragen wollte, als zu kurz gegriffen[650]. Angesichts von 27 EU-Mitgliedstaaten sowie weiteren drei EWR-Staaten und der daraus resultierenden „nahezu unüberschaubaren Anzahl von Kombinationsmöglichkeiten" sah sich der Gesetzgeber allerdings an einer andere Umwandlungsarten als die Verschmelzung und andere Rechtsformen als Kapitalgesellschaften betreffenden Regelung „mit der vom UmwG bekannten Tiefe" gehindert[651]. Aufgrund des Einflusses des Gemeinschaftsrechts muss die deutsche Rechtsordnung jedoch auch über die Verschmelzung von Kapitalgesellschaften hinaus grenzüberschreitende Umwandlungsvorgänge ermöglichen. Nach dem Willen des Gesetzgebers soll insoweit dem Vorbild des schweizerischen Rechts[652] und einem darauf beruhenden Vorschlag des Deutschen Rates für Internationales Privat-

Der Konzern 2006, S. 842 f.; *Haritz/von Wolff*, GmbHR 2006, S. 341; *Weiss/Wöhlert*, WM 2007, S. 583; *Veil*, Der Konzern 2007, S. 99.

[645] RL 2005/56/EG v. 26.10.2005 über die grenzüberschreitende Verschmelzung von Kapitalgesellschaften, ABlEG Nr. L 310 v. 25.11.2005, S. 1.

[646] Gesetz v. 19.04.2007, BGBl. I 2007, S. 542 ff.; dazu *Neye*, BB 2007, S. 389; *Neye/Timm*, GmbHR 2007, S. 561 ff.; zu den Änderungen außerhalb der Neuregelungen zur grenzüberschreitenden Verschmelzung vgl. *Mayer/Weiler*, DB 2007, S. 1235 ff. und 1291 ff.

[647] Hierzu *Kallmeyer/Kappes*, AG 2006, S. 238.

[648] BT-Drucks. 16/2919, S. 18.

[649] BT-Drucks. 16/2919, S. 11.

[650] So auch *Bayer/Schmidt*, NZG 2006, S. 841; *Haritz/von Wolff*, GmbHR 2006, S. 344; *Drinhausen/Keinath*, BB 2006, S. 732; *Wachter*, GmbHR 2007, R 161.

[651] Vgl. BT-Drucks. 16/2919, S. 11.

[652] Vgl. das schweizerische Bundesgesetz über das Internationale Privatrecht (IPRG) v. 18.12.1987 sowie das Bundesgesetz über Fusion, Spaltung, Umwandlung und Vermögensübertragung (FusG) v. 03.10.2003; hierzu im Einzelnen *Veil*, Der Konzern 2007, S. 99 ff.

recht[653] folgend ein **kollisionsrechtlicher Ansatz** verfolgt werden. Dieser knüpft an die sog. *Vereinigungstheorie*[654] an, wonach auf grenzüberschreitende Umwandlungen die Rechtsordnungen der betroffenen Staaten grundsätzlich kumulativ anzuwenden sind, im Falle von Widersprüchlichkeiten jedoch das jeweils strengere Recht zur Anwendung gelangen soll. Man wird daher von einer durch den Gesetzgeber vorerst bewusst offen gelassenen Regelungslücke ausgehen können, welche in enger Anlehnung an das geltende Recht, vorzugsweise im Wege der Analogie, zu schließen ist[655]. Damit richten sich die Voraussetzungen, das Verfahren und die Wirkungen einer grenzüberschreitenden Spaltung von Kapital- und Personengesellschaften im Grundsatz nach den – insoweit europarechtskonform zu reduzierenden – §§ 1 ff. UmwG. Für Zwecke des Gläubiger- und Gesellschafterschutzes sind zudem nach hier vertretener Ansicht trotz der fehlenden Verweisung in § 125 Satz 1 UmwG gerade doch die §§ 122a ff. UmwG als sachnächste Vorschriften entsprechend heranzuziehen, soweit es sich um der grenzüberschreitenden Konstellation geschuldete Regelungen handelt und eine Übertragung auf die jeweilige Konstellation sinnvollerweise möglich ist[656]. Im Interesse der größeren Rechtssicherheit wäre es allerdings zu begrüßen, wenn der europäische Gesetzgeber die Grundprinzipien für grenzüberschreitende Umstrukturierungsvorgänge in eine in allen Mitgliedstaaten unmittelbar anwendbare EG-Verordnung aufnehmen würde[657].

Eine „up-stream"-Aufspaltung der inländischen JV-Kapitalgesellschaft auf einen deutschen und einen EU-/EWR-ausländischen JV-Partner in der Rechtsform einer Kapital- oder Personenhandelsgesellschaft ist damit nach der *„SEVIC"*-Entscheidung des EuGH zumindest auf Grundlage der europäischen Niederlassungsfreiheit gesellschaftsrechtlich zulässig, wenn auch mangels ausdrücklicher Rechtsgrundlage und klarer Verfahrensvorschriften mit Rechtsunsicherheiten verbunden. In der Praxis wird sich die Durchführung einer solchen grenzüberschreitenden Spaltung letztlich nur mit entsprechender Kooperation der zuständigen Registergerichte realisieren lassen[658]. Vorrangig ist daher ggf. zu erwägen, die JV-Kapitalgesellschaft „zu Null" auf zwei inländische Schwestergesellschaften zu spalten („side-step"-Spaltung), welche sodann jeweils als operative Tochtergesellschaften des deutschen und des ausländischen JV-Partners fortgeführt oder nach Ablauf bestimmter Sperrfristen – durch § 8b Abs. 2 KStG bzw. das Halbeinkünfteverfahren begünstigt – veräußert werden können.

---

[653] Vgl. *Sonnenberger/Bauer*, Vorschlag des Deutschen Rates für Internationales Privatrecht für eine Regelung des Internationalen Gesellschaftsrechts auf europäischer/nationaler Ebene v. 09.02.2006, RIW 2006, Beilage zu Heft 4.

[654] Vgl. dazu *Kindler* in: MüKo BGB, IntGesR, Rn. 848 ff.; *Geyrhalter/Weber*, DStR 2006, S. 146 f.; *Kallmeyer/Kappes*, AG 2006, S. 230.

[655] *Winter*, Der Konzern 2007, S. 31.

[656] Ebenso *Simon/Rubner*, Der Konzern 2006, S. 843; *Veil*, Der Konzern 2007, S. 104 f.; *Winter*, Der Konzern 2007, S. 31.

[657] So auch *Neye/Timm*, GmbHR 2007, S. 565.

[658] So auch die Einschätzung *Kallmeyers* (in: Kallmeyer § 1 UmwG Rn. 17) sowie *Veils* (Der Konzern 2007, S. 106). Hinsichtlich der weiteren Planung und Vorbereitung des Spaltungsvorgangs vgl. die entsprechend geltenden Ausführungen *Winters* (Der Konzern 2007, S. 25 ff.) zur grenzüberschreitenden Verschmelzung.

bb. Steuerliche Behandlung

In steuerlicher Hinsicht ist im Falle der Beendigung des Joint Ventures durch Spaltung zum einen danach zu differenzieren, ob die Spaltung auf Kapital- oder auf Personengesellschaften erfolgt, zum anderen danach, ob die JV-Kapitalgesellschaft „up-stream" auf die an ihr beteiligten JV-Partner oder „side-step" auf zwei inländische Schwestergesellschaften gespalten wird.

(1) Spaltung auf Kapitalgesellschaften

(a) „Up-stream" - Spaltung

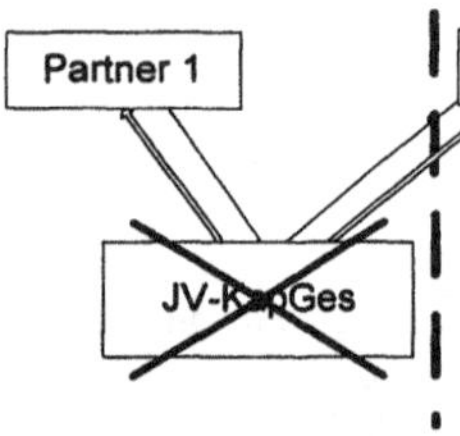

Wird die JV-Kapitalgesellschaft auf Kapitalgesellschaften gespalten, so finden in steuerlicher Hinsicht die **§§ 15, 11-13 UmwStG** Anwendung, wenn es sich bei dem zugrunde liegenden Vorgang um einen solchen i.S.d. Umwandlungsgesetzes oder einen vergleichbaren ausländischen Vorgang handelt (§ 1 Abs. 1 Nr. 1 UmwStG), die an der Umwandlung beteiligten Körperschaften nach dem Recht eines Mitgliedstaates der EU / des EWR gegründet sind und sich ihr Sitz und Ort der Geschäftsleitung innerhalb des Hoheitsgebietes eines dieser Staaten befinden (§ 1 Abs. 1 Nr. 1, Abs. 2 Nr. 1 UmwStG). Erfolgt die Aufspaltung insoweit „up-stream" auf die an der JV-Kapitalgesellschaft beteiligten JV-Partner, ist entsprechend der gesetzlichen Systematik der §§ 15, 11 f. UmwStG hinsichtlich der steuerlichen Auswirkungen auf Ebene der zu spaltenden JV-Kapitalgesellschaft und auf Ebene der übernehmenden JV-Partner zu unterscheiden[659].

(aa) Ebene der JV-Kapitalgesellschaft

Die inländische JV-Kapitalgesellschaft hat auf den steuerlichen Übertragungsstichtag (§ 2 UmwStG)[660] eine steuerliche Schlussbilanz zu erstellen, in welcher die im Zuge

[659] Da im vorliegend betrachteten Fall der „up-stream"-Aufspaltung an die Stelle der untergehenden Anteile an der übertragenden Gesellschaft keine anderen Anteile, sondern die übergehenden Wirtschaftsgüter des Betriebsvermögens treten (vgl. §§ 125 Abs. 1, 54 Abs. 1 Satz 1 Nr. 1, 68 Abs. 1 Satz 1 Nr. 1, 131 Abs. 1 Nr. 3 Satz 1, 2. Halbs., 2. Alt. UmwG) und Identität zwischen der übernehmenden Körperschaft und den Gesellschaftern der übertragenden Körperschaft besteht, finden die die steuerlichen Folgen auf Ebene der Gesellschafter des übertragenden Rechtsträgers betreffenden §§ 15, 13 UmwStG hingegen keine Anwendung, (vgl. *Widmann* in: Widmann/Mayer, § 13 UmwStG Rn. 9; *Dötsch* in: Dötsch/Patt/Pung/Möhlenbrock, § 13 UmwStG (SEStEG) Rn. 12; *Schmitt* in: Schmitt/Hörtnagl/Stratz, § 13 UmwStG Rn. 28; *Hruschka*, StuB 2007, S. 538).

[660] Gemäß §§ 125, 17 Abs. 2 Satz 1 UmwG ist auf den Tag, der dem handelsrechtlichen Umwandlungsstichtag vorausgeht, eine handelsrechtliche Schlussbilanz zu erstellen. Der Tag der Erstellung der handelsrechtlichen Schlussbilanz gilt dabei als steuerlicher Übertragungsstichtag und geht somit dem handelsrechtlichen Umwandlungsstichtag um einen Tag voraus (*Ley/Bodden*, FR 2007, S. 266).

der Aufspaltung übergehenden Wirtschaftsgüter, einschließlich nicht entgeltlich erworbener oder selbst geschaffener immaterieller Wirtschaftsgüter, grundsätzlich mit dem gemeinen Wert anzusetzen sind (**§§ 15 Abs. 1 Satz 1, 11 Abs. 1 Satz 1 UmwStG**). Es kommt somit im Grundsatz zur Aufdeckung der im übergehenden Vermögen ruhenden stillen Reserven und zur Entstehung eines Übertragungsgewinns[661]. Da nach dem UmwStG keine Bindung an den steuerlichen Wertansatz nach ausländischem Recht besteht, gilt dies auch dann, wenn ein ausländischer Staat (z.B. der Belegenheitsstaat einer übergehenden ausländischen Betriebsstätte) das übertragene Vermögen mit einem anderen Wert berücksichtigt[662].

Auf Antrag[663] können die übergehenden Wirtschaftsgüter allerdings nach **§§ 15 Abs. 1 Satz 1, 11 Abs. 2 Satz 1 UmwStG** mit den Buchwerten oder einem Zwischenwert angesetzt werden, soweit

- sie auch später bei den übernehmenden JV-Partnern der Körperschaftsteuer unterliegen[664],
- das deutsche Besteuerungsrecht hinsichtlich des Gewinns aus der Veräußerung der übergehenden Wirtschaftsgüter weder ausgeschlossen noch beschränkt wird und
- keine Gegenleistung bzw. eine nur in Gesellschaftsrechten bestehende Gegenleistung gewährt wird[665].

Hinsichtlich des Kriteriums der Gewährleistung des deutschen Besteuerungsrechts lassen sich bei der Aufspaltung auf einen in- und einen ausländischen JV-Partner in Form von Kapitalgesellschaften insoweit die folgenden **Fallgruppen** bilden:

- Soweit im Zuge der Aufspaltung *inländisches Betriebsstättenvermögen* oder nicht in einer inländischen Betriebsstätte verhaftete *Anteile* der JV-Kapitalgesellschaft *an in- oder ausländischen Kapitalgesellschaften*[666] auf den *deutschen* JV-Partner übergehen, bleibt das deutsche Besteuerungsrecht unproblematisch erhalten, da übertragender und übernehmender Rechtsträger dem

---

[661] Daneben besteht die Möglichkeit der Entstehung eines Konfusionsgewinns im Sinne der §§ 15 Abs. 1 Satz 1, 12 Abs. 4, 6 UmwStG auf Ebene der übertragenden Körperschaft, wenn Gläubiger und Schuldner einer Forderung im Zuge der Verschmelzung zweier Kapitalgesellschaften vereinigt werden. Hierauf wird jedoch nachfolgend nicht weiter eingegangen.

[662] *Felchner/Wendland*, SteuerStud 2007, S. 168; *Schulze zur Wiesche*, WPg. 2007, S. 166.

[663] Nach §§ 15 Abs. 1 Satz 1, 11 Abs. 3, 3 Abs. 2 Satz 2 UmwStG ist der Antrag – ggf. konkludent durch Ausübung des Wertansatzwahlrechts in der steuerlichen Schlussbilanz – spätestens bis zu deren erstmaliger Abgabe bei dem für die Besteuerung der übertragenden inländischen JV-Kapitalgesellschaft zuständigen Finanzamt i.S.v. § 20 AO zu stellen. Durch das Konzept des Regelansatzes mit dem gemeinen Wert und der Einräumung eines an bestimmte Voraussetzungen geknüpften Bewertungswahlrechts wird im Ergebnis der Grundsatz der Maßgeblichkeit der Handelsbilanz für die Steuerbilanz aufgegeben (vgl. *Hagemann/Ropohl/Viebrock/Jakob*, NWB Sonderheft 1/2007, S. 14).

[664] Dies ist der Fall, sofern keine der übernehmenden Gesellschaften körperschaftsteuerbefreit ist.

[665] Diese Voraussetzung ist bei der vorliegend betrachteten „up-stream"-Aufspaltung stets erfüllt, da gemäß § 131 Abs. 1 Nr. 3 Satz 1, 2. Halbs. UmwG von Gesetzes wegen keine Gegenleistung erfolgt und steuerschädliche bare Zuzahlungen mangels Kapitalerhöhung (vgl. §§ 125 Abs. 1, 54 Abs. 1 Satz 1 Nr. 1, 68 Abs. 1 Satz 1 Nr. 1 UmwG) bereits gesellschaftsrechtlich unzulässig sind.

[666] Nach dem sog. Teilbetriebserfordernis des § 15 Abs. 1 Satz 2, Satz 3 UmwStG muss es sich insoweit um eine 100 %ige Beteiligung handeln, dazu sogleich.

gleichen Besteuerungsregime unterworfen sind[667]. Ein Buchwertansatz ist daher grundsätzlich möglich.

- Wird im Zuge der Spaltung *inländisches Betriebsstättenvermögen* der JV-Kapitalgesellschaft auf den *ausländischen JV-Partner* übertragen, bleibt das deutsche Besteuerungsrecht grundsätzlich unberührt, soweit das Vermögen nach der Aufspaltung die Voraussetzungen einer inländischen Betriebsstätte des ausländischen JV-Partners erfüllt und die übergehenden Wirtschaftsgüter dieser auch funktional zuzurechnen sind[668]. Vor dem Hintergrund der innerhalb der Finanzverwaltung vertretenen These von der „Zentralfunktion des Stammhauses“[669] kann sich die Zuordnung bestimmter Wirtschaftsgüter (insbesondere Beteiligungen, Patente, Rechte, Lizenzen) zu der im Inland verbleibenden Betriebsstätte jedoch als problematisch erweisen. „Betriebsstättenungebundenes Vermögen“ wäre danach zwingend mit dem gemeinen Wert anzusetzen, da das deutsche Besteuerungsrecht infolge der Zuordnung zum Stammhaus des ausländischen JV-Partners verloren ginge[670]. Gleiches gilt für isolierte *Anteile an in- oder ausländischen Kapitalgesellschaften*, welche im Zuge der Spaltung auf den ausländischen JV-Partner übergehen[671].
- Soweit im Zuge der Aufspaltung *ausländisches Betriebsstättenvermögen* der JV-Kapitalgesellschaft auf die JV-Partner übergeht, ist darüber hinaus je nach Abkommenslage zu unterscheiden:
  - Besteht mit dem ausländischen Betriebsstättenstaat ein DBA, welches die *Freistellungsmethode* vorsieht, so war Deutschland bereits vor der Aufspaltung der JV-Kapitalgesellschaft an der Besteuerung der im ausländischen Betriebsstättenvermögen ruhenden stillen Reserven gehindert, so dass mit der Aufspaltung weder eine Beschränkung noch ein Ausschluss des deutschen Besteuerungsrechts einhergehen kann. Die übergehenden Wirtschaftsgüter können in diesem Falle nach § 11 Abs. 2 Satz 1 UmwStG mit den Buchwerten angesetzt werden[672].
  - Besteht mit dem ausländischen Betriebsstättenstaat hingegen kein DBA oder ist (z.B. aufgrund einer Aktivitätsklausel) die abkommensrechtliche *Anrechnungsmethode* anzuwenden, so war das übergehende ausländische Betriebsstättenvermögen vor der Aufspaltung im Inland steuerverstrickt. Soweit derartiges ausländisches Betriebsstätten-

---

[667] *Klingberg* in: PWC, Reform des Umwandlungssteuerrechts, Rn. 1277.
[668] Vgl. *Hagemann/Ropohl/Viebrock/Jakob*, NWB Sonderheft 1/2007, S. 31; *Schaflitzl/Widmayer*, BB-Special Nr. 8/2006, S. 47, 42.
[669] Vgl. hierzu die kritischen Anmerkungen oben Kapitel 3:B.II.2.b.bb(1)(a).
[670] Vgl. *Hagemann/Ropohl/Viebrock/Jakob*, NWB Sonderheft 1/2007, S. 31; *Klingberg/Nitzschke*, PIStB 2007, S. 43.
[671] War die übergehende Beteiligung vor der Spaltung ausnahmsweise nicht im Inland steuerverstrickt, da das Besteuerungsrecht dem Ansässigkeitsstaat der Tochter-Kapitalgesellschaft zugewiesen war (so bei Beteiligung an einer tschechischen, slowakischen oder zypriotischen Kapitalgesellschaft), ist der Übergang auf den ausländischen JV-Partner demgegenüber unschädlich und ein Buchwertansatz grundsätzlich möglich. Gleiches gilt für den Übergang einer Beteiligung an einer deutschen Tochter-Kapitalgesellschaft auf einen in Tschechien, der Slowakei, Zypern oder einem Nicht-DBA-Staat ansässigen ausländischen JV-Partner.
[672] Vgl. *Schaflitzl/Widmayer*, BB 2006, S. 47, 41.

vermögen auf den *inländischen* JV-Partner übergeht, können die Wirtschaftsgüter nach § 11 Abs. 2 Satz 1 UmwStG mit den Buchwerten angesetzt werden, da durch die Aufspaltung hinsichtlich der Besteuerungsrechte im Verhältnis Deutschland-Betriebsstättenstaat keine Änderung eintritt[673]. Soweit jedoch im Zuge der Spaltung ein Übergang des steuerverstrickten ausländischen Betriebsstättenvermögens auf den *ausländischen* JV-Partner erfolgt, geht das vor der Spaltung bestehende deutsche Besteuerungsrecht verloren und die übergehenden Wirtschaftsgüter sind demzufolge in der steuerlichen Schlussbilanz zwingend mit dem gemeinen Wert anzusetzen[674]. Befindet sich die Betriebsstätte in einem EU-Mitgliedstaat, ist die auf den in diesem Fall entstehenden Übertragungsgewinn entfallende Körperschaftsteuer gemäß §§ 15 Abs. 1 Satz 1, 11 Abs. 3, 3 Abs. 3 UmwStG entsprechend Art. 10 Abs. 2 FRL um eine fiktive ausländische Steuer, wie sie sich nach den jeweiligen ausländischen Rechtsvorschriften im Falle der Veräußerung der übertragenen Wirtschaftsgüter zum gemeinen Wert ergeben würde, zu ermäßigen.

Über die Erfüllung der Voraussetzungen des § 11 Abs. 2 Satz 1 UmwStG hinaus setzt **§ 15 Abs. 1 Satz 2 UmwStG** für den Ansatz des Buchwerts zudem voraus, dass auf die übernehmenden JV-Partner jeweils ein steuerlicher **Teilbetrieb** übertragen wird. Als Teilbetrieb gelten insoweit auch Mitunternehmeranteile und 100 %ige Kapitalgesellschaftsbeteiligungen (§ 15 Abs. 1 Satz 3 UmwStG)[675]. Kann das Vermögen der zu spaltenden inländischen JV-Kapitalgesellschaft dagegen nicht vollständig auf Teilbetriebe aufgeteilt werden, ist eine steuerneutrale Aufspaltung nach dem Gesetzeswortlaut nicht möglich („*Nur-Teilbetriebserfordernis*")[676]. Dieses Ergebnis begegnet jedoch **gemeinschaftsrechtlichen Bedenken**. Aufgrund des durch das SEStEG erweiterten Anwendungsbereichs der §§ 11 ff. UmwStG wurde § 15 UmwStG – obwohl inhaltlich nur geringfügig geändert[677] – in einen gemeinschaftsrechtlichen Kontext gestellt und muss sich daher nunmehr an den Vorgaben der Fusionsrichtlinie messen lassen[678]. Insoweit ist zu berücksichtigen, dass Art. 2 lit. b FRL, welcher eine Definition der Spaltung enthält, abweichend von § 15 Abs. 1 Satz 2 UmwStG keinerlei Teilsbetriebserfordernis aufstellt. Aus Art. 4 FRL ergibt sich darüber hinaus, dass die Spaltung so, wie sie die Richtlinie definiert, steuerneutral

---

673 Vgl. *Hagemann/Ropohl/Viebrock/Jakob*, NWB Sonderheft 1/2007, S. 29; *Schaflitzl/Widmayer*, BB-Special Nr. 8/2006, S. 47, 42.

674 Vgl. *Schaflitzl/Widmayer*, BB-Special Nr. 8/2006, S. 47, 42; *Klingberg/Nitzschke*, PIStB 2007, S. 43.

675 Zur Teilbetriebsdefinition im Rahmen von Umwandlungsvorgängen vgl. im Einzelnen *Kofmann/Götz*, SteuerStud 2007, S. 220 ff.

676 Dies entspricht auch der bisherigen Verwaltungsauffassung; vgl. BMF-Schr. v. 25.03.1998, BStBl. I 1998, S. 268 Tz. 15.01 f.

677 Tatbestandsmäßig entspricht die Vorschrift weitestgehend der früheren Rechtslage, lediglich auf Rechtsfolgenseite haben sich insofern Änderungen ergeben, als bei Nichterfüllung der gesetzlichen Voraussetzungen nicht mehr die generelle Anwendbarkeit der §§ 11-13 UmwStG a.F., sondern lediglich das nach § 11 Abs. 2 Satz 1 UmwStG bestehende Antragswahlrecht ausgeschlossen ist.

678 So auch *Körner*, IStR 2006, S. 109 f., 470; *Gille*, IStR 2007, S. 196; vgl. auch EuGH-Urt. v. 18.10.1990 – Rs. C-297/88 und C-197/89 („*Dzodzi*"), Slg. 1990, I-3783, Tz. 29 ff., mit welchem der EuGH seine Auslegungskompetenz auch für solche Normen des nationalen Rechts als gegeben angesehen hat, die nicht unmittelbar der Umsetzung von Richtlinien dienen.

möglich sein muss. Indem § 15 Abs. 1 Satz 2 UmwStG die Steuerneutralität der Aufspaltung vom zusätzlichen Kriterium der Erfüllung des Teilbetriebserfordernisses abhängig macht, wird die Fusionsrichtlinie somit nicht korrekt umgesetzt und eine steuerneutrale Aufspaltung in gemeinschaftsrechtswidriger Weise erschwert. § 15 UmwStG ist daher europarechtskonform dahingehend zu reduzieren, dass eine steuerneutrale Spaltung unabhängig von der Erfüllung des Teilbetriebserfordernisses möglich ist.

Nach **§ 15 Abs. 2 UmwStG** wird das steuerliche Antragswahlrecht im Fall der Spaltung darüber hinaus ausgeschlossen, wenn einer der dort aufgeführten typisierten **Missbrauchstatbestände** erfüllt ist. Ein Buchwertansatz auf Ebene der JV-Kapitalgesellschaft setzt danach zusätzlich zu der Erfüllung sämtlicher Voraussetzungen des § 11 Abs. 2 Satz 1 UmwStG voraus, dass im Rahmen der Spaltung übergehende „fiktive Teilbetriebe" i.S.d. § 15 Abs. 1 Satz 3 (Mitunternehmeranteil oder 100 %ige Kapitalgesellschaftsbeteiligung) mindestens drei Jahre vor der Spaltung bestanden haben und zwischen Gründung des Joint Ventures und Aufspaltung der JV-Kapitalgesellschaft mindestens fünf Jahre verstrichen sind (vgl. § 15 Abs. 2 Satz 1 und 5 UmwStG). Innerhalb einer Frist von fünf Jahren nach dem steuerlichen Übertragungsstichtag dürfen ferner nicht mehr Anteile an den übernehmenden Körperschaften (JV-Partnern) an Außenstehende veräußert werden, als es (wertmäßig) 20 % der vor Wirksamwerden der Spaltung bestehenden Anteile an der JV-Kapitalgesellschaft entsprochen hätte (vgl. § 15 Abs. 2 Satz 3 und 4)[679]. Wegen ihres typisierenden Charakters erscheinen jedoch auch die in § 15 Abs. 2 UmwStG enthaltenen Missbrauchsbekämpfungsvorschriften **europarechtlich bedenklich**[680]. Faktisch werden durch § 15 Abs. 2 UmwStG unterschiedliche Jahresfristen aufgestellt, bei deren Nichteinhaltung der Gesetzgeber typisierend einen Missbrauch unterstellt und eine Steuerneutralität des Spaltungsvorgangs generell versagt[681]. Insbesondere § 15 Abs. 2 Sätze 3 bis 5 UmwStG enthalten eine unwiderlegliche Vermutung für das Vorliegen einer missbräuchlichen Gestaltung, die über das nach der Fusionsrichtlinie Zulässige hinausgeht. Spätestens seit dem EuGH-Urteil in der Rechtssache *„Leur-Bloem"*[682] steht fest, dass schematisierte Fristenregelungen ohne Missbrauchsprü-

---

679 In der Literatur wird für den Fall der Spaltung zur Aufnahme zwar überwiegend vertreten, dass der Wortlaut des § 15 Abs. 2 Sätze 3 und 4 UmwStG dahingehend teleologisch zu reduzieren sei, dass lediglich die Veräußerung der anlässlich der Spaltung neu gewährten Anteile an der übernehmenden Kapitalgesellschaft (sog. *spaltungsgeborene Anteile*) zu einem nachträglichen Wegfall des Privilegs des Buchwertansatzes führen soll, während eine Veräußerung von bereits vor der Spaltung bestehenden Anteilen am übernehmenden Rechtsträger unschädlich sei (*Widmann* in: Widmann/Mayer, § 15 UmwStG Rn. 343; *Hörtnagl* in: Schmitt/Hörtnagl/Stratz, § 15 UmwStG Rn. 166; *Sagasser/Fahrenberg* in: Sagasser/Bula/Brünger, Umwandlungen, P Rn. 38). Bei der Aufspaltung zur Aufnahme auf Muttergesellschaften werden jedoch keine neuen, „spaltungsgeborenen" Anteile ausgegeben (vgl. §§ 125 Abs. 1, 54 Abs. 1 Satz 1 Nr. 1, 68 Abs. 1 Satz 1 Nr. 1, 131 Abs. 1 Nr. 3 Satz 1, 2. Halbs., 2. Alt. UmwG). Hieraus wird von der Literatur überwiegend geschlossen, dass für diesen Fall eine Wortlauteinschränkung des § 15 Abs. 2 Sätze 3 und 4 UmwStG ausscheidet (so *Widmann* in: Widmann/Mayer, § 15 UmwStG Rn. 344; anders *Sagasser/Fahrenberg* in: Sagasser/Bula/Brünger, Umwandlungen, P Rn. 38, die die Missbrauchsvorschrift des § 15 Abs. 2 Sätze 3 und 4 UmwStG im Falle der *„up-stream"*-Spaltung insgesamt für nicht anwendbar halten). *Dötsch/Pung* (in: Dötsch/Patt/Pung/Möhlenbrock, § 15 UmwStG Rn. 140) und *Neyer* (DStR 2002, S. 2203 f.) stehen einer teleologischen Reduktion des § 15 Abs. 2 Sätze 3 und 4 UmwStG generell kritisch gegenüber.

680 So auch *Körner*, IStR 2006, S. 113, 471; *Gille*, IStR 2007, S. 196 f.; *Hahn*, GmbHR 2006, S. 464 f.

681 *Dötsch/Pung*, DB 2006, S. 2707.

682 Vgl. EuGH-Urt. v. 17.07.1997 – Rs. C-28/95 ("*Leur-Bloem*"), IStR 1997, S. 539 ff.

fung im Einzelfall nicht mit Art. 11 FRL vereinbar sind. Bei richtlinienkonformer Auslegung kann § 15 Abs. 2 UmwStG daher allenfalls als widerlegliche Missbrauchsvermutung gewertet werden, welche dem Steuerpflichtigen jedoch die Möglichkeit belässt, im Falle der Nichteinhaltung der Haltefristen bzw. Vorbesitzzeiten den Nachweis zu erbringen, dass der konkrete Vorgang nicht der Steuerumgehung dient.

(bb) Ebene des JV-Partners

Der deutsche JV-Partner hat die auf ihn übergehenden Wirtschaftsgüter gemäß **§§ 15 Abs. 1 Satz 1, 12 Abs. 1 Satz 1 UmwStG** grundsätzlich mit den auf Ebene der übertragenden JV-Kapitalgesellschaft angesetzten Schlussbilanzwerten zu übernehmen. Die steuerlichen Wertansätze sind dabei unabhängig von der handelsrechtlichen Behandlung vorzunehmen[683]. Durch die steuerliche Wertverknüpfung bleiben im Ergebnis sämtliche im übergehenden Betriebsvermögen ruhenden stillen Reserven, die auf Ebene der JV-Kapitalgesellschaft noch keiner Besteuerung unterlegen haben, beim übernehmenden deutschen JV-Partner steuerverhaftet[684].

Gemäß **§§ 15 Abs. 1 Satz 1, 12 Abs. 2 UmwStG** entsteht bei der „up-stream"-Aufspaltung der JV-Kapitalgesellschaft jedoch regelmäßig ein buchmäßiger **Übernahmegewinn oder -verlust**. Dieser ergibt sich nach §§ 15 Abs. 1 Satz 1, 12 Abs. 2 Satz 1 UmwStG in Höhe des Unterschiedsbetrags zwischen dem Buchwert der (im Zuge der Aufspaltung wegfallenden) Anteile an der übertragenden JV-Kapitalgesellschaft und dem Wert, mit dem die übergegangenen Wirtschaftsgüter gemäß § 12 Abs. 1 Satz 1 UmwStG vom JV-Partner zu übernehmen sind, abzüglich der Kosten für den Vermögensübergang[685]. Zur Ermittlung des Übernahmeergebnisses ist auf die Beteiligung des inländischen JV-Partners an der übertragenden JV-Kapitalgesellschaft nach §§ 15 Abs. 1 Satz 1, 12 Abs. 1 Satz 2, 4 Abs. 1 Sätze 2 und 3 UmwStG zunächst eine steuerpflichtige Zuschreibung von zuvor steuerwirksam vorgenommenen Teilwertabschreibungen und Abzügen nach § 6b EStG etc. bis zur Höhe des gemeinen Wertes vorzunehmen[686]. Ein sich dabei ergebender sog. **Beteiligungskorrekturgewinn** unterliegt beim inländischen JV-Partner gemäß §§ 15 Abs. 1 Satz 1, 12 Abs. 1 Satz 2 i.V.m. §§ 4 Abs. 1 Satz 3 UmwStG, 8b Abs. 2 Satz 4 und 5 KStG als laufender Gewinn der vollen Besteuerung. Der auf diese Weise ggf. zugeschriebene Buchwert der Anteile an der übertragenden JV-Kapitalgesellschaft geht sodann in die Ermittlung des Übernahmeergebnisses gemäß §§ 15 Abs. 1 Satz 1, 12

[683] Vgl. *Ley/Bodden*, FR 2007, S. 272.

[684] Vgl. *Hagemann/Ropohl/Viebrock/Jakob*, NWB Sonderheft 1/2007, S. 25.

[685] Lediglich wenn der Wert der wegfallenden Beteiligung an der JV-Kapitalgesellschaft exakt dem Wert des Vermögenszugangs aus der Spaltung entspricht, kommt es somit nicht zur Entstehung eines Übernahmegewinns oder -verlustes. Dies dürfte jedoch eher selten der Fall sein (vgl. *Dötsch* in: Dötsch/Patt/Pung/Möhlenbrock, § 12 UmwStG (SEStEG) Rn. 25).

[686] Die Regelung des § 12 Abs. 1 Satz 2, 4 Abs. 1 Sätze 2 und 3 UmwStG tritt damit an die Stelle des § 12 Abs. 2 Satz 2 UmwStG a.F. In Bezug auf Teilwertabschreibungen kommt ihr allerdings nur ein eingeschränkter Anwendungsbereich zu, da bereits das Wertaufholungsgebot des § 6 Abs. 1 Nr. 1 Satz 4 EStG ggf. zu einer steuerwirksamen Aufstockung des Buchwertes der Beteiligung an der übertragenden Körperschaft zum letzten Bilanzstichtag zwingt. Die nach §§ 12 Abs. 1 Satz 2, 4 Abs. 1 Sätze 2 und 3 UmwStG vorzunehmende Zuschreibung hat daher nur insoweit eigenständige Bedeutung, als es zwischen Umwandlungs- und Bilanzstichtag noch zu Wertsteigerungen gekommen ist, welche bislang unberücksichtigt geblieben sind (so auch *Hagemann/Ropohl/Viebrock/Jakob*, NWB Sonderheft 1/2007, S. 15; *Ley/Bodden*, FR 2007, S. 270; *Schmitt* in: Schmitt/Hörtnagl/Stratz, § 12 UmwStG Rn. 34).

Abs. 2 Satz 1 UmwStG ein. Ein Übernahme*gewinn* ergibt sich danach insoweit, als die übergehenden Wirtschaftsgüter in der steuerlichen Schlussbilanz der JV-Kapitalgesellschaft mit einem höheren Wert angesetzt sind als die bis zur Spaltung beim übernehmenden deutschen JV-Partner aktivierten Anteile an der übertragenden Gesellschaft.

Gemäß § 12 Abs. 2 Satz 1 UmwStG bleibt der buchmäßig entstehende Übernahmegewinn für Zwecke der Körperschaft- und Gewerbesteuer beim JV-Partner grundsätzlich „außer Ansatz". Die **§§ 15 Abs. 1 Satz 1, 12 Abs. 2 Satz 2 UmwStG** schreiben seit ihrer Änderung durch das SEStEG insoweit allerdings die Anwendung des **§ 8b KStG** vor, d.h. 5 % des auf die Beteiligungsquote des übernehmenden JV-Partners entfallenden und um die Spaltungskosten geminderten Übernahmegewinns gelten gemäß § 8b Abs. 3 Satz 1 KStG als nicht abziehbare Betriebsausgaben. In **gemeinschaftsrechtlicher** Hinsicht erscheint dies bedenklich. Durch die gesetzliche Verweisung auf § 8b KStG werden letztlich reine Buchgewinne ohne eigene unternehmerische Wertschöpfung zu 5 % der Besteuerung unterworfen[687]. Zudem widerspricht § 12 Abs. 2 Satz 2 UmwStG den Vorgaben des sekundären Gemeinschaftsrechts[688]. Denn gemäß Art. 7 Abs. 1 FRL dürfen Wertsteigerungen, die beim Untergang der Beteiligung der übernehmenden an der übertragenden Gesellschaft entstehen, grundsätzlich keiner Besteuerung unterliegen. Hiervon dürfen die Mitgliedstaaten nach Art. 7 Abs. 2 FRL lediglich dann abweichen, wenn der Anteil der übernehmenden Gesellschaft am Kapital der übertragenden Gesellschaft weniger als 15 % (ab 01.01.2009: 10 %) beträgt. Im Gegensatz zur Mutter-/Tochter-Richtlinie[689] beinhaltet die Fusionsrichtlinie auch keine generelle Öffnungsklausel, welche es den Mitgliedstaaten erlauben würde, im Umwandlungssteuerrecht eine pauschale 5 %ige Besteuerung des Übernahmeergebnisses einzuführen. Mit der in § 12 Abs. 2 Satz 2 UmwStG geschaffenen Regelung wird die Fusionsrichtlinie somit nicht korrekt umgesetzt.

Obgleich der übernehmende inländische JV-Partner ferner mit Wirksamwerden der Aufspaltung grundsätzlich in die Rechtsstellung der übertragenden JV-Kapitalgesellschaft eintritt (vgl. §§ 15 Abs. 1 Satz 1, 12 Abs. 3, 1. Halbs. UmwStG), ist eine spaltungsbedingte Übertragung verrechenbarer **Verluste**, nicht verbrauchter körperschaftsteuerlicher und gewerbesteuerlicher Verlustvorträge und nicht ausgeglichener negativer Einkünfte der inländischen JV-Kapitalgesellschaft in Abweichung zu der bisherigen Rechtslage[690] nach **§§ 15 Abs. 1 Satz 1, 19 Abs. 2 i.V.m. §§ 12 Abs. 3, 2. Halbs., 4 Abs. 2 Satz 2 UmwStG** ausgeschlossen. Die generelle Abschaffung des Übergangs jeglicher steuerlicher Verluste im Zuge des SEStEG ist als Reaktion des

---

687 *Werra/Teiche*, DB 2006, S. 1459.

688 Gleicher Ansicht *Werra/Teiche*, DB 2006, S. 1459 f.; *Körner*, IStR 2006, S. 111, 470; *Schaflitzl/Widmayer*, BB-Special Nr. 8/2006, S. 47; *dies.* in: Blumenberg/Schäfer, SEStEG, S. 133; *Thömmes/Schulz/Eismayr/Müller*, IWB Fach 11 Gr. 2, S. 755; *Hagemann/Ropohl/Viebrock/Jakob*, NWB Sonderheft 1/2007, S. 26; *Ley/Bodden*, FR 2007, S. 274.

689 RL 2003/123/EG v. 22.12.2003, ABlEG Nr. L 7 2004, S. 41 ff., vgl. dort Art. 4 Abs. 2.

690 Nach §§ 15 Abs. 1 Satz 1, 12 Abs. 3 Satz 2 UmwStG a.F. trat die übernehmende Körperschaft in einen verbleibenden Verlustvortrag der Überträgerin nach § 10d EStG zumindest unter der Voraussetzung ein, dass der Betrieb oder Betriebsteil, welcher den Verlust verursacht hatte, über den Spaltungsstichtag hinaus in einem nach dem Gesamtbild der wirtschaftlichen Verhältnisse vergleichbaren Umfang in den folgenden fünf Jahren fortgeführt wurde.

Gesetzgebers auf eine Entscheidung des BFH[691] zu werten, mit welcher das Gericht den Übergang laufender Verluste bei der Verschmelzung von Körperschaften bejaht und mit der steuerlichen Gesamtrechtsnachfolge i.S.d. § 45 Abs. 1 Satz 1 AO begründet hatte. Nachdem die Finanzverwaltung das Urteil zunächst mit einem Nichtanwendungserlass[692] belegt hatte, wurde die Verwaltungsauffassung nunmehr in Gestalt der § 12 Abs. 3, 2. Halbs. i.V.m. § 4 Abs. 2 Satz 2 UmwStG gesetzlich fixiert. Zur Nutzung nicht verbrauchter Verlustvorträge und laufender Verluste der übertragenden Körperschaft verbleibt somit nunmehr nur noch die Möglichkeit, eine Buchwertaufstockung in der steuerlichen Schlussbilanz vorzunehmen und die Verluste mit dem dabei entstehenden Übertragungsgewinn zu verrechnen. Auch dies stellt jedoch keine vollständige Kompensation des Wegfalls des Verlustübergangs dar, da wegen der in § 10d Abs. 2 Satz 1 EStG geregelten Mindestbesteuerung bei Überschreiten des dort bestimmten Sockelbetrags von 1 Mio. € stets 40 % des Übertragungsgewinns der Besteuerung unterliegen[693]. Zu bedenken ist ferner, dass die körperschaftsteuerlichen und gewerbesteuerlichen Verlustvorträge in der Regel nicht identisch sein werden, so dass es im Falle der Buchwertaufstockung bei Verrechnung mit einem körperschaftsteuerlichen Verlustvortrag gleichwohl zur Entstehung eines gewerbesteuerpflichtigen Gewinns kommen kann, wenn insoweit kein ausreichender gewerbesteuerlicher Verlustvortrag vorliegt[694]. Vor dem Hintergrund der jüngeren EuGH-Rechtsprechung erscheint die gesetzliche Anordnung des Untergangs der Verlustvorträge zudem **europarechtlich fragwürdig**[695]. Mit seinen Entscheidungen in den Rechtssachen *„Marks & Spencer"*[696] und *„AMID"*[697] hat der EuGH klargestellt, dass eine gänzliche Versagung des Verlustabzugs gemeinschaftsrechtswidrig ist und eine Verlustberücksichtigung primär in dem Staat zu erfolgen hat, in dessen Territorium die Verluste entstanden sind. Die Regelung in §§ 12 Abs. 3, 2. Halbs., 4 Abs. 2 Satz 2 UmwStG führt aber faktisch dazu, dass verbleibende Verlustvorträge anlässlich der Aufspaltung definitiv untergehen. Das gesetzliche Verlustübernahmeverbot lässt sich m.E. auch nicht mit der seitens des BMF angeführten Erwägung rechtfertigen, der Steuerstandort Deutschland sei „vor dem Import von Verlusten durch grenzüberschreitende Umwandlungen" zu schützen[698]. Denn angesichts der Regelung in Art. 6 FRL könnten verbleibende Verlustvorträge eines übertragenden ausländischen Rechtsträgers im Falle der Hineinverschmelzung oder -spaltung ohnehin nur im Rahmen der im Ausland zurückbleibenden Betriebsstätte der übernehmenden inländischen Körperschaft genutzt werden, so dass die Sorge eines Imports auslän-

[691] BFH-Urt. v. 31.05.2005, BFHE 209, S. 535 ff.

[692] BMF-Schr. v. 07.04.2006, BStBl. I 2006, S. 344.

[693] So auch *Dötsch/Pung*, DB 2006, S. 2714; *Rödder/Schumacher*, DStR 2006, S. 1533; *Felchner/Wendland*, SteuerStud 2007, S. 166. Um beispielsweise einen Verlustvortrag von 10 Mio. € nicht verfallen zu lassen, müssten 16 Mio. € stille Reserven aufgedeckt werden, mit der Folge, dass 6 Mio. € Mehrgewinn zu versteuern sind; vgl. das Rechenbeispiel bei *Eisgruber*, DStZ 2007, S. 632. Allgemein zum Zwischenwertansatz als Instrument zur Nutzung steuerlicher Verlustvorträge vgl. *Dörfler/Wittkowski*, GmbHR 2007, S. 355.

[694] *Hagemann/Ropohl/Viebrock/Jakob*, NWB Sonderheft 1/2007, S. 26.

[695] Ebenso *Körner*, IStR 2006, S. 112, 470; *Ley/Bodden*, FR 2007, S. 276.

[696] EuGH-Urt. v. 13.12.2005 – Rs. C-446/03 (*„Marks & Spencer"*), IStR 2006, S. 19 ff.

[697] EuGH-Urt. v. 14.12.2000 – Rs. C-141/99 (*„AMID"*), Slg. 2000, I-11619.

[698] Vgl. Pressemitteilung des BMF Nr. 89/2006 v. 12.07.2006.

discher Verluste nach Deutschland tatsächlich unbegründet ist[699]. In Wirklichkeit dürften vielmehr rein fiskalische Erwägungen das Hauptmotiv des Gesetzgebers für die Abschaffung des Verlustübergangs bei Verschmelzung und Spaltung gebildet haben. Aus gemeinschaftsrechtlicher Sicht und vor dem Hintergrund des Gebotes der Besteuerung nach der Leistungsfähigkeit erscheint die Streichung der gemäß § 12 Abs. 3 Satz 2 UmwStG a.F. früher bestehenden Verlustübernahmemöglichkeiten jedoch nicht vertretbar.

(b) „Side-step" - Spaltung

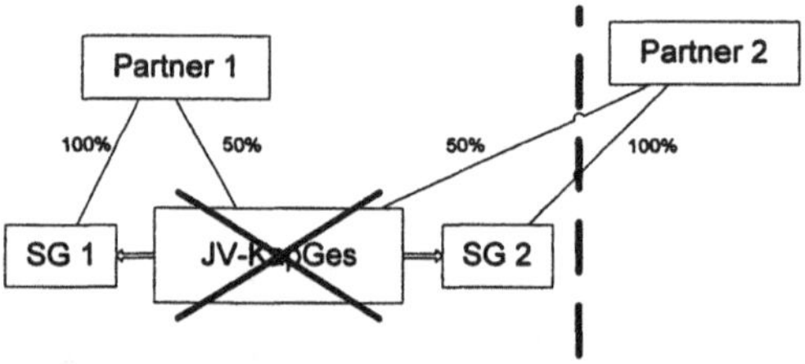

Soll die inländische JV-Kapitalgesellschaft alternativ „side-step" auf zwei deutsche Schwester-Kapitalgesellschaften aufgespalten oder ein Teil ihres Vermögens zur Beendigung des Joint Ventures auf eine inländische Schwester-Kapitalgesellschaft abgespalten werden, so sind gemäß den §§ 15, 11-13 UmwStG die folgenden drei Besteuerungsebenen zu betrachten:

(aa) Ebene der JV-Kapitalgesellschaft

In der steuerlichen Schlussbilanz der inländischen JV-Kapitalgesellschaft können die im Zuge der Spaltung übergehenden Wirtschaftsgüter des in- und ausländischen Betriebsvermögens gemäß **§§ 15 Abs. 1 Satz 1, 11 Abs. 2 Satz 1 UmwStG** auf Antrag mit den Buchwerten angesetzt werden, da sich im Fall der reinen Inlandsspaltung unter Beteiligung inländischer Rechtsträger keine Änderung hinsichtlich des deutschen Besteuerungsrechts ergibt (vgl. obige Fallgruppen unter (a)(aa)). Die Entstehung eines Übertragungsgewinns kann daher grundsätzlich vermieden werden. Weitere Voraussetzung für einen Buchwertansatz auf Ebene der übertragenden Gesellschaft ist jedoch nach dem Gesetzeswortlaut, dass ein Teilbetrieb übertragen wird; im Falle der Abspaltung muss zudem auch das der inländischen JV-Kapitalgesellschaft verbleibende Vermögen zu einem Teilbetrieb gehören (*„doppeltes Teilbetriebserfordernis"*; vgl. § 15 Abs. 1 Satz 2 UmwStG). Nach hier vertretener Ansicht ist § 15 UmwStG jedoch zur Herstellung der Gemeinschaftsrechtskonformität um das Teilbetriebserfordernis zu reduzieren. Ferner sind die Missbrauchstatbestände des § 15 Abs. 2 UmwStG zu beachten. Hinsichtlich der insoweit zu erhebenden gemeinschaftsrechtlichen Bedenken vgl. bereits oben (a)(aa).

[699] Ebenso *Thömmes/Schulz/Eismayr/Müller*, IWB Fach 11 Gr. 2, S. 754; *Schaflitzl/Widmayer*, BB-Special Nr. 8/2006, S. 48; *dies.* in: Blumenberg/Schäfer, SEStEG, S. 134; *Rödder/Schumacher*, DStR 2006, S. 1533; *Dötsch/Pung*, DB 2006, S. 2714; *Maiterth/Müller, DStR* 2006, S. 1865; *Ley/Bodden*, FR 2007, S. 276.

(bb) Ebene der übernehmenden Schwestergesellschaft

Die inländische Schwestergesellschaft hat die auf sie übergehenden Wirtschaftsgüter mit den Werten aus der steuerlichen Schlussbilanz der JV-Kapitalgesellschaft zu übernehmen (§§ 15 Abs. 1 Satz 1, 12 Abs. 1 Satz 1 UmwStG) und tritt gemäß §§ 15 Abs. 1 Satz 1, 12 Abs. 3, 1. Halbs. UmwStG grundsätzlich in deren Rechtsstellung ein. Anders als im Fall der „up-stream"-Aufspaltung auf die JV-Partner finden die §§ 12 Abs. 1 Satz 2, 4 Abs. 1 Satz 2 und 3 UmwStG sowie § 12 Abs. 2 UmwStG bei der Spaltung auf Schwestergesellschaften jedoch mangels Beteiligung der übernehmenden an der übertragenden Gesellschaft keine Anwendung, so dass **weder ein Übernahmeergebnis** zu ermitteln ist **noch ein Beteiligungskorrekturgewinn** entsteht[700]. Dies folgt bereits aus dem Gesetzeswortlaut sowie aus der Gesetzesbegründung zu § 12 Abs. 2 UmwStG a.F., wonach durch diese Regelung vermieden werden soll, dass neben die Besteuerung des Gewinns der übertragenden Körperschaft eine Besteuerung der in den „*untergehenden Anteilen* an dieser Körperschaft" ruhenden stillen Reserven tritt[701]. Demgegenüber vertrat die Finanzverwaltung[702] nach bisherigem Recht die Auffassung, dass ein Übernahmeergebnis unabhängig von der Beteiligungsquote, d.h. auch bei der Verschmelzung von Schwestergesellschaften, zu ermitteln und bei fehlender Beteiligung des übernehmenden am übertragenden Rechtsträger lediglich der Buchwert der Anteile an der übernehmenden Gesellschaft mit Null anzusetzen sei. Ein Beteiligungskorrekturgewinn sollte bei der Verschmelzung von Schwestergesellschaften dagegen auch nach Auffassung der Finanzverwaltung zunächst nicht entstehen, vielmehr war der Hinzurechnungsbetrag nach Verwaltungsansicht nur zu ermitteln, in geeigneter Weise festzuhalten und eine spätere Zuschreibung vorzunehmen, falls die übernehmende Schwestergesellschaft nachfolgend „up-stream" auf die Muttergesellschaft verschmolzen wurde.

Da der Wortlaut des § 12 Abs. 2 Satz 1 UmwStG im Zuge des SEStEG keine Änderung erfahren hat, ist davon auszugehen, dass die Frage, ob bei der „side-step"-Verschmelzung oder -Spaltung von Körperschaften überhaupt ein Übernahmeergebnis zu ermitteln ist, weiterhin umstritten ist. Unabhängig davon besteht jedoch Einigkeit, dass jedenfalls die neu in das Gesetz eingefügte Vorschrift des **§ 12 Abs. 2 Satz 2 UmwStG**, welche durch die Verweisung auf § 8b KStG letztlich eine 5 %ige Besteuerung des Übernahmegewinns anordnet, eine Beteiligung des übernehmenden am übertragenden Rechtsträger voraussetzt[703]. Damit bliebe ein im Falle der „side-step"-Spaltung der JV-Kapitalgesellschaft entgegen der hier vertretenen Ansicht zu ermittelnder Übernahmegewinn mangels Anwendbarkeit des § 12 Abs. 2 Satz 2 UmwStG jedenfalls gemäß §§ 15 Abs. 1 Satz 1, 12 Abs. 2 Satz 1 UmwStG zu 100 % steuerfrei.

Gemäß §§ 15 Abs. 1 Satz 1, 12 Abs. 3, 2. Halbs. i.V.m. § 4 Abs. 2 Satz 2 UmwStG gehen nicht ausgeglichene **Verluste** der JV-Kapitalgesellschaft im Falle ihrer Auf-

---

[700] So die h.M., vgl. *Schmitt* in: Schmitt/Hörtnagl/Stratz, § 12 UmwStG Rn. 28; *Widmann* in: Widmann/Mayer, § 12 UmwStG Rn. 20; *Sagasser* in: Sagasser/Bula/Brünger, Umwandlungen, L Rn. 16; *Klingberg* in: Blümich, § 12 UmwStG Rn. 21f.

[701] BT-Drucks. 12/6885, S. 21.

[702] BMF-Schr. v. 25.03.1998, BStBl. I 1998, S. 268 ff., Tz. 11.14, 12.07 f.

[703] Vgl. *Klingberg* in: PWC, Reform des Umwandlungssteuerrechts, Rn. 1300; *Dötsch* in: Dötsch/Patt/Pung/Möhlenbrock, § 12 UmwStG (SEStEG) Rn. 33; *Schaflitzl/Widmayer* in: Blumenberg/Schäfer, SEStEG, S. 132.

spaltung jedoch vollständig unter; bei Abspaltung eines Teilbetriebs auf eine inländische Schwestergesellschaft bleiben steuerliche Verlustvorträge gemäß § 15 Abs. 3 UmwStG hingegen wenigstens insoweit erhalten, als Vermögen bei der JV-Kapitalgesellschaft verbleibt[704]. Vor diesem Hintergrund kann es sich empfehlen, Schulden – soweit wirtschaftlich und gesellschaftsrechtlich möglich – dem bei Abspaltung übergehenden Teilbetrieb zuzuordnen. Auf diese Weise mindert sich der Wert des übergehenden Vermögens, mit der Folge, dass ein entsprechend höherer Anteil des Verlustvortrags bei der JV-Kapitalgesellschaft bestehen bleibt[705].

(cc) Ebene des JV-Partners

Auf Ebene der JV-Partner findet ein Anteilstausch statt, bei dem die Anteile an der übertragenden inländischen JV-Kapitalgesellschaft gemäß **§§ 15 Abs. 1 Satz 1, 13 Abs. 1 UmwStG** grundsätzlich als zum gemeinen Wert veräußert und die an ihre Stelle tretenden Anteile an der übernehmenden inländischen Schwestergesellschaft als mit diesem Wert angeschafft gelten. Es kommt somit grundsätzlich zur Aufdeckung der in den Anteilen an der JV-Kapitalgesellschaft ruhenden stillen Reserven. Auf Antrag können die Anteile an der übernehmenden Schwestergesellschaft jedoch gemäß **§§ 15 Abs. 1 Satz 1, 13 Abs. 2 Satz 1 UmwStG** mit dem Buchwert angesetzt werden, wenn

- das Recht der Bundesrepublik Deutschland hinsichtlich der Besteuerung des Gewinns aus der Veräußerung der Anteile an der übernehmenden Schwestergesellschaft nicht ausgeschlossen oder beschränkt wird oder
- dieses zwar beschränkt wird, die an der Spaltung beteiligten Mitgliedstaaten jedoch Art. 8 FRL anzuwenden haben.

Im Falle einer reinen Inlandsspaltung unter Beteiligung inländischer Kapitalgesellschaften ist bereits die erstgenannte Voraussetzung stets erfüllt; das deutsche Besteuerungsrecht bleibt uneingeschränkt bestehen[706]. Hinsichtlich der vom ausländischen JV-Partner gehaltenen Beteiligung an der JV-Kapitalgesellschaft bestand gemäß Art. 13 Abs. 5 MA in der Regel bereits vor der Spaltung kein deutsches Besteuerungsrecht, welches beeinträchtigt werden könnte. Da ein etwaiger Veräußerungsgewinn ohnehin nicht besteuert werden dürfte, ist der Wertansatz beim ausländischen JV-Partner für die deutsche Besteuerung somit ohne Relevanz[707].

Nach der in **§§ 15 Abs. 1 Satz 1, 13 Abs. 2 Satz 2 UmwStG** erstmals gesetzlich fixierten „Fußstapfentheorie" treten die neuen Anteile an der übernehmenden Schwestergesellschaft mit Wirksamwerden der Spaltung in die steuerliche Rechtsstellung der

---

[704] Vgl. BT-Drucks. 16/2710, S. 42.

[705] Vgl. *Schaflitzl/Widmayer*, BB-Special Nr. 8/2006, S. 50; *dies.* in: Blumenberg/Schäfer, SEStEG, S. 139; *Klingberg* in: PWC, Reform des Umwandlungssteuerrechts, Rn. 1478; vgl. auch OFD Hannover, Vfg. v. 30.01.2007, DStR 2007, S. 716.

[706] Vgl. *Dötsch* in: Dötsch/Patt/Pung/Möhlenbrock, § 13 UmwStG (SEStEG) Rn. 23; *Hagemann/Ropohl/Viebrock/Jakob*, NWB Sonderheft 1/2007, S. 27, 29.

[707] Vgl. *Dötsch* in: Dötsch/Patt/Pung/Möhlenbrock, § 13 UmwStG (SEStEG) Rn. 23. Anders wäre dies nur bei Ansässigkeit des ausländischen JV-Partners in Tschechien, der Slowakei, Zypern oder einem Nicht-DBA-Staat. In diesem Fall bestünde aber sowohl vor als auch nach der Spaltung ein uneingeschränktes deutsches Besteuerungsrecht, so dass grundsätzlich der Buchwert angesetzt werden könnte.

Anteile an der übertragenden JV-Kapitalgesellschaft ein. Sämtliche steuerliche Attribute der Altanteile (wie beispielsweise eine Wertaufholungspflicht nach vorausgegangener Teilwertabschreibung) gehen demzufolge auf die Neuanteile über[708].

(2) Spaltung auf Personengesellschaften

(a) „Up-stream" - Spaltung

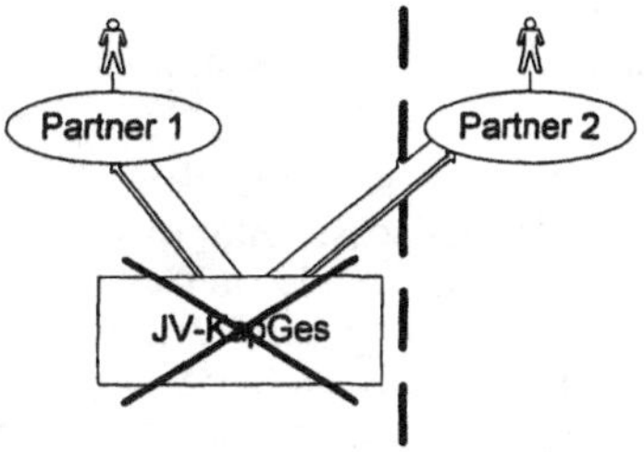

Erfolgt die Spaltung auf Personengesellschaften, so gelangen in steuerlicher Hinsicht die **§§ 16 Satz 1, 3 – 8, 10 und 15 UmwStG** zur Anwendung. Voraussetzung für die Anwendung dieser Vorschriften ist neben dem Vorliegen eines Vorgangs nach dem UmwG oder eines vergleichbaren ausländischen Vorgangs wiederum, dass übertragender und übernehmender Rechtsträger EU-/EWR-Gesellschaften sind, d.h. nach dem Recht eines Mitgliedstaates gegründet sind sowie ihren Sitz und Ort der Geschäftsleitung innerhalb des Hoheitsgebietes eines EU-/EWR-Staates haben (vgl. §§ 1 Abs. 1 Nr. 1, Abs. 2 Nr. 1 UmwStG). Wird die inländische JV-Kapitalgesellschaft „up-stream" auf die an ihr beteiligten JV-Partner in Form von Personengesellschaften aufgespalten, ist zwischen den steuerlichen Folgen auf Ebene der übertragenden inländischen JV-Kapitalgesellschaft und auf Ebene der übernehmenden JV-Partner bzw. ihrer Gesellschafter zu unterscheiden.

(aa) Ebene der JV-Kapitalgesellschaft

Gemäß **§§ 16 Satz 1, 3 Abs. 1 Satz 1 UmwStG** sind die im Zuge der Aufspaltung übergehenden Wirtschaftsgüter, einschließlich nicht entgeltlich erworbener und selbst geschaffener immaterieller Wirtschaftsgüter, in der steuerlichen Schlussbilanz der übertragenden JV-Kapitalgesellschaft grundsätzlich mit dem gemeinen Wert anzusetzen. Auf Antrag[709] ist jedoch gemäß **§§ 16 Satz 1, 3 Abs. 2 Satz 1 UmwStG** ein Ansatz des Buch- oder eines Zwischenwerts möglich und die Entstehung eines Übertragungsgewinns somit vermeidbar, soweit

[708] BT-Drucks. 16/2710, S. 41. Damit wird eine früher häufig gebrauchte Gestaltung verhindert, mit der versucht wurde, einer Wertaufholung zu entgehen, indem die Gesellschaft, deren Anteile in früheren Wirtschaftsjahren auf den niedrigeren Teilwert abgeschrieben wurden, durch Umwandlung auf einen anderen Rechtsträger „beseitigt" wurde. Den Hintergrund dieser Gestaltung bildete die früher h.M., derzufolge die Wertaufholungsverpflichtung nicht im Zuge der Umwandlung überging (vgl. *Dötsch* in: Dötsch/Patt/Pung/Möhlenbrock, § 13 UmwStG (SEStEG) Rn. 27).

[709] Der Antrag ist nach §§ 16, 3 Abs. 2 Satz 2 UmwStG spätestens bis zur erstmaligen Abgabe der steuerlichen Schlussbilanz bei dem für die übertragende Kapitalgesellschaft zuständigen Finanzamt zu stellen.

- die übergehenden Wirtschaftsgüter Betriebsvermögen der übernehmenden Personengesellschaft werden und ihre spätere Besteuerung mit (in- oder ausländischer) Einkommen- oder Körperschaftsteuer sichergestellt ist[710],
- das deutsche Besteuerungsrecht hinsichtlich des Gewinns aus der Veräußerung der übertragenen Wirtschaftsgüter bei den Gesellschaftern der übernehmenden Personengesellschaft weder ausgeschlossen noch beschränkt ist und
- keine oder eine ausschließlich in Gesellschaftsrechten bestehende Gegenleistung gewährt wird.

Bei einer Personengesellschaft als übernehmendem Rechtsträger ist das Vorliegen dieser Voraussetzungen für jeden Gesellschafter gesondert zu prüfen[711]. Die Transparenz der übernehmenden Personengesellschaft kann dabei dazu führen, dass sich im Zuge der Aufspaltung die Zuordnung von Wirtschaftsgütern ändert und folglich das deutsche Besteuerungsrecht im obigen Sinne eingeschränkt oder ausgeschlossen wird. Bei der Aufspaltung der inländischen JV-Kapitalgesellschaft auf die als Personengesellschaften organisierten JV-Partner ist somit unter Umständen für einzelne Wirtschaftsgüter ein Buchwertansatz nur anteilig möglich, weil das deutsche Besteuerungsrecht lediglich bei einigen Gesellschaftern des übernehmenden JV-Partners gewahrt ist, bei anderen hingegen nicht[712]. Der gewählte Wertansatz ist jedoch stets einheitlich für alle übergehenden Wirtschaftsgüter auszuüben; eine selektive Buchwertaufstockung für Einzelwirtschaftsgüter ist somit ausgeschlossen[713].

Es lassen sich insoweit die folgenden **Fallgruppen** bilden:

- Soweit sämtliche Gesellschafter des übernehmenden JV-Partners *in Deutschland* ansässig sind und ausschließlich *inländisches Betriebsstättenvermögen* oder nicht in einer inländischen Betriebsstätte verhaftete *Anteile an in- oder ausländischen Kapitalgesellschaften* übertragen werden, bleibt das deutsche Besteuerungsrecht hinsichtlich des Gewinns aus der Veräußerung der übertragenen Wirtschaftsgüter unangetastet, so dass ein Ansatz des Buchwertes grundsätzlich möglich ist[714].
- Geht *inländisches Betriebsstättenvermögen* oder eine isolierte *Beteiligung* der JV-Kapitalgesellschaft *an in- oder ausländischen Kapitalgesellschaften* im Zuge der Aufspaltung auf einen JV-Partner in Form einer Personengesellschaft über, deren Gesellschafter *im Ausland* ansässig sind, kommt es zu keiner Be-

[710] Dies ist beispielsweise nicht gegeben, soweit an der übernehmenden Personengesellschaft eine von der Körperschaftsteuer befreite Kapitalgesellschaft oder Stiftung beteiligt ist (*Schulze zur Wiesche*, WPg. 2007, S. 164).

[711] BT-Drucks. 16/2710, S. 37.

[712] Vgl. *Förster/Felchner*, DB 2006, S. 1073; *Lemaitre/Schönherr*, GmbHR 2007, S. 174; *Schwedhelm/Olbing/Binnewies*, GmbHR 2006, S. 1226; *Klingberg/Nitzschke*, PIStB 2007, S. 39; *Schulze zur Wiesche*, WPg. 2007, S. 164.

[713] *Felchner/Wendland*, SteuerStud 2007, S. 166.

[714] Vgl. *Hagemann/Ropohl/Viebrock/Jakob*, NWB Sonderheft 1/2007, S. 14; *Dötsch/Pung*, DB 2006, S. 2708; *Bodden*, FR 2007, S. 68. An den übergehenden Kapitalgesellschaftsanteilen bestünde jedoch ausnahmsweise kein deutsches Besteuerungsrecht mehr, wenn die Beteiligung nach der Spaltung funktional einer ausländischen (Personengesellschafts-)Betriebsstätte des inländischen Mitunternehmers zuzurechnen wäre.

schränkung des deutschen Besteuerungsrechts, soweit die übergehenden Wirtschaftsgüter nach der Aufspaltung einer im Inland verbleibenden Betriebsstätte zuzurechnen sind. Die betreffenden Wirtschaftsgüter bleiben insoweit im Rahmen der beschränkten Steuerpflicht der ausländischen Gesellschafter der übernehmenden Personengesellschaft im Inland steuerverhaftet (vgl. § 49 Abs. 1 Nr. 2 lit. a EStG, Art. 13 Abs. 2 MA)[715]. Diesbezüglich können sich jedoch aufgrund des von der Finanzverwaltung vertretenen Grundsatzes der „Zentralfunktion des Stammhauses" insbesondere hinsichtlich der Zuordnung von Beteiligungen, Patenten oder Lizenzen zur inländischen Betriebsstätte Probleme ergeben[716].

- Soweit im Zuge der Aufspaltung *ausländisches* Betriebsstättenvermögen der JV-Kapitalgesellschaft auf einen JV-Partner in Form einer Personengesellschaft übergeht, ist weiter zu differenzieren:
  - Besteht zwischen Deutschland und dem Staat der ausländischen Betriebsstätte ein DBA, welches die *Freistellungsmethode* vorsieht, so war Deutschland bereits vor der Aufspaltung auf die JV-Partner an der Besteuerung gehindert, so dass sich keine Beeinträchtigung des deutschen Besteuerungsrechts ergeben kann. Auf Antrag kann das übergehende Betriebsvermögen daher insoweit – unabhängig davon, ob die Gesellschafter der übernehmenden Personengesellschaft im In- oder Ausland ansässig sind – mit den Buchwerten angesetzt werden[717].
  - Besteht mit dem ausländischen Betriebsstättenstaat hingegen kein DBA oder sieht ein solches (z.B. wegen Nichterfüllung eines Aktivitätsvorbehalts) die Anwendung der *Anrechnungsmethode* vor, so wird das vor der Spaltung hinsichtlich des ausländischen Betriebsstättenvermögens der JV-Kapitalgesellschaft bestehende deutsche Besteuerungsrecht aufgrund der steuerlichen Transparenz der Personengesellschaft jedenfalls insoweit eingeschränkt, als ein im *Ausland* ansässiger Gesellschafter am übernehmenden in- oder ausländischen JV-Partner beteiligt ist[718]. Das Besteuerungsrecht hinsichtlich der Veräußerungsgewinne ist insoweit nach der Aufspaltung entweder dem Staat der ausländischen Betriebsstätte oder aber dem Ansässigkeitsstaat des ausländischen Gesellschafters zugewiesen. Folglich sind die übergehenden Wirtschaftsgüter anteilig mit den gemeinen Werten anzusetzen; es entsteht ein nach allgemeinen Grundsätzen steuerpflichtiger Übertra-

---

[715] Vgl. *Hagemann/Ropohl/Viebrock/Jakob*, NWB Sonderheft 1/2007, S. 20; *Förster/Felchner*, DB 2006, S. 1078.

[716] Vgl. *Schaflitzl/Widmayer*, BB-Special Nr. 8/2006, S. 41, 42; *Förster/Felchner*, DB 2006, S. 1078; *Lemaitre/Schönherr*, GmbHR 2007, S. 182; *Klingberg/Nitzschke*, PIStB 2007, S. 39; *Hruschka*, StuB 2007, S. 535 f. Hinsichtlich einer kritischen Analyse der „Zentralfunktion des Stammhauses" vgl. oben Kapitel 3:B.II.2.b.bb(1)(a).

[717] Vgl. *Hagemann/Ropohl/Viebrock/Jakob*, NWB Sonderheft 1/2007, S. 21, 22; *Schaflitzl/Widmayer*, BB-Special Nr. 8/2006, S. 41; *Förster/Felchner*, DB 2006, S. 1077 f.; *Lemaitre/Schönherr*, GmbHR 2007, S. 175, 182.

[718] Vgl. *Schaflitzl/Widmayer*, BB-Special Nr. 8/2006, S. 42; *Förster/Felchner*, DB 2006, S. 1078; *Lemaitre/Schönherr*, GmbHR 2007, S. 176, 183; *Klingberg/Nitzschke*, PIStB 2007, S. 39.

gungsgewinn[719]. Befindet sich die Betriebsstätte in einem EU-Mitgliedstaat, ist die auf den Übertragungsgewinn entfallende Körperschaftsteuer nach §§ 16 Satz 1, 3 Abs. 3 UmwStG entsprechend Art. 10 Abs. 2 FRL um eine fiktive ausländische Steuer, wie sie sich nach den jeweiligen ausländischen Rechtsvorschriften bei einer Veräußerung der übertragenen Wirtschaftsgüter zum gemeinen Wert ergeben würde, zu ermäßigen. Soweit demgegenüber im *Inland* ansässige Gesellschafter am übernehmenden in- oder ausländischen JV-Partner beteiligt sind, tritt nach erfolgter Aufspaltung hinsichtlich des deutschen Besteuerungsrechts keine Veränderung ein. Aufgrund der steuerlichen und abkommensrechtlichen Transparenz der Personengesellschaft richtet sich die Besteuerung des Veräußerungsgewinns unabhängig vom Sitz des übernehmenden JV-Partners weiterhin nach dem DBA Deutschland-Betriebsstättenstaat bzw. – sofern kein DBA besteht – nach dem Welteinkommensprinzip[720]. Da somit auf Ebene des inländischen Gesellschafters der übernehmenden JV-Partners ein deutsches Besteuerungsrecht hinsichtlich der Gewinne aus der Veräußerung des ausländischen Betriebsstättenvermögen verbleibt, können die übergehenden Wirtschaftsgüter insoweit mit den Buchwerten angesetzt werden[721].

Im Ergebnis gelten für den Wertansatz auf Ebene der übertragenden inländischen JV-Kapitalgesellschaft bei Aufspaltung auf die JV-Partner in Form von Personengesellschaften somit entsprechende Maßstäbe wie im Falle der Aufspaltung auf Kapitalgesellschaften. Abweichungen ergeben sich lediglich insoweit, als es aufgrund der Transparenz der Personengesellschaft nicht auf die Ansässigkeit der übernehmenden JV-Partner, sondern auf die ihrer Gesellschafter ankommt[722]. Unabhängig von der Gewährleistung des deutschen Besteuerungsrechts und den übrigen Voraussetzungen des § 3 Abs. 2 UmwStG finden gemäß § 16 Satz 1 UmwStG ferner die – vor dem Hintergrund der Vorgaben der Fusionsrichtlinie bedenklichen – Vorschriften nach § 15 Abs. 1 Satz 2, Abs. 2 UmwStG entsprechende Anwendung. Auf die diesbezüglichen obigen Ausführungen wird verwiesen[723].

(bb) Ebene des JV-Partners

Der übernehmende JV-Partner hat die im Zuge der Aufspaltung auf ihn übergehenden Wirtschaftsgüter grundsätzlich mit den in der steuerlichen Schlussbilanz der übertragenden inländischen JV-Kapitalgesellschaft enthaltenen Werten anzusetzen (**§§ 16 Satz 1, 4 Abs. 1 Satz 1 UmwStG**). Gemäß §§ 16 Satz 1, 4 Abs. 2 Sätze 1 und 2 UmwStG tritt er grundsätzlich in die steuerliche Rechtsstellung der übertragenden JV-Kapitalgesellschaft ein, jedoch gehen verrechenbare Verluste, ver-

---

[719] Vgl. *Hagemann/Ropohl/Viebrock/Jakob*, NWB Sonderheft 1/2007, S. 22; *Dörfler/Adrian/Oblau*, RIW 2007, S. 270.
[720] Vgl. *Hagemann/Ropohl/Viebrock/Jakob*, NWB Sonderheft 1/2007, S. 21.
[721] Vgl. *Schaflitzl/Widmayer*, BB-Special Nr. 8/2006, S. 41; *Förster/Felchner*, DB 2006, S. 1077; *Lemaitre/Schönherr*, GmbHR 2007, S. 183.
[722] Vgl. *Schaflitzl/Widmayer* in: Blumenberg/Schäfer, SEStEG, S. 131.
[723] Vgl. oben Kapitel 3:C.I.1.c.bb(1)(a)(aa).

bleibende Verlustvorträge oder von der übertragenden JV-Kapitalgesellschaft nicht ausgeglichene negative Einkünfte nicht mit über[724].

Zum Zwecke der Besteuerung der Gesellschafter des übernehmenden JV-Partners ist ferner nach §§ 16 Satz 1, 4 Abs. 1 Satz 2 und 3, 4 Abs. 4 UmwStG und §§ 16 Satz 1, 7 UmwStG ein in einen „Dividenden"- und einen „Veräußerungsteil" aufzuteilendes **Übernahmeergebnis** zu ermitteln[725]:

- Gemäß **§§ 16 Satz 1, 7 UmwStG** werden den JV-Partnern zunächst die **offenen Rücklagen** der übertragenden JV-Kapitalgesellschaft (Eigenkapital abzüglich des Bestands des steuerlichen Einlagekontos i.S.d. § 27 KStG) prozentual entsprechend ihrer Beteiligung am Nennkapital als Einnahmen aus Kapitalvermögen gemäß § 20 Abs. 1 Nr. 1 EStG zugerechnet und der Kapitalertragsteuer (§ 43 Abs. 1 Nr. 1 EStG) unterworfen. Im Ergebnis wird somit eine Ausschüttung der offenen Rücklagen gesetzlich fingiert. Auf Ebene der Gesellschafter des übernehmenden JV-Partners unterliegen die Bezüge nach §§ 3 Nr. 40 Satz 1 lit. a EStG, 8b Abs. 1, Abs. 5 KStG einer hälftigen bzw. 5 %igen Besteuerung[726]. Bei inländischen Gesellschaftern ist die einbehaltene Kapitalertragsteuer gemäß den §§ 31 KStG, 36 EStG auf die Körperschaft- bzw. Einkommensteuer anzurechnen.
- Daneben entsteht gemäß **§§ 16 Satz 1, 4 Abs. 4 Satz 1 UmwStG** ein buchmäßiger **Übernahmegewinn oder -verlust** in Höhe des Unterschiedsbetrags zwischen dem Wert, mit dem die übergegangenen Wirtschaftsgüter aus der Schlussbilanz der übertragenden Gesellschaft zu übernehmen sind, abzüglich der Kosten für den Vermögensübergang, und dem Wert der im Zuge der Spaltung wegfallenden Anteile an der übertragenden JV-Kapitalgesellschaft. Zu dessen Ermittlung ist zunächst der Buchwert der Beteiligung des übernehmenden JV-Partners an der übertragenden JV-Kapitalgesellschaft zum steuerlichen Übertragungsstichtag um steuerwirksame Teilwertabschreibungen vorangegangener Jahre sowie um Abzüge nach § 6b EStG und ähnliche Abzüge bis zum gemeinen Wert der Anteile gewinnwirksam zu erhöhen (§§ 16 Satz 1, 4 Abs. 1 Satz 2 UmwStG). Ein daraus resultierender **Beteiligungskorrekturgewinn** unterliegt als laufender Gewinn des übernehmenden JV-Partners bei dessen Gesellschaftern gemäß §§ 16 Satz 1, 4 Abs. 1 Satz 3 UmwStG i.V.m. §§ 8b Abs. 2 Satz 4 und 5 KStG, 3 Nr. 40 Satz 1 lit. a Satz 2 und 3 EStG der vollen Besteuerung[727]. Der um die Zuschreibungen korrigierte Wert der Anteile an der übertragenden JV-Kapitalgesellschaft geht sodann in die Ermittlung des Übernahmeergebnisses nach § 4 Abs. 4 UmwStG mit ein. Abweichend von § 4 Abs. 4 Satz 1 ist übergehendes Vermögen, welches nicht der deut-

[724] Zu diesbezüglichen gemeinschaftsrechtlichen Bedenken vgl. oben Kapitel 3:C.I.1.c.bb(1)(a)(bb).

[725] Vgl. *Dötsch/Pung*, DB 2006, S. 2710; *Förster/Felchner*, DB 2006, S. 1074; *Lemaitre/Schönherr*, GmbHR 2007, S. 176.

[726] In der Literatur wird die Ausschüttungsfiktion der offenen Rücklagen aus diesem Grunde zum Teil als „neue Umwandlungsbremse" kritisiert und im EU-Kontext als bedenklich erachtet; vgl. *Dötsch/Pung*, DB 2006, S. 2710; *Förster/Felchner*, DB 2006, S. 1074; *Lemaitre/Schönherr*, GmbHR 2006, S. 176.

[727] Vgl. *Rödder/Schumacher*, DStR 2006, S. 1530; *Dötsch/Pung*, DStR 2006, S. 2710; *Förster/Felchner*, DB 2006, S. 1074.

schen Besteuerung unterliegt (sog. „**neutrales Vermögen**")[728], dabei unabhängig vom Wertansatz in der steuerlichen Schlussbilanz der JV-Gesellschaft mit dem gemeinen Wert anzusetzen (**§§ 16 Satz 1, 4 Abs. 4 Satz 2 UmwStG**). Die Regelung betrifft insbesondere ausländisches Betriebsstättenvermögen der JV-Kapitalgesellschaft, welches in einem Staat belegen ist, mit welchem Deutschland ein Freistellungs-DBA unterhält. Durch die Erfassung mit dem gemeinen Wert zum Zwecke der Ermittlung des Übernahmeergebnisses kommt es im Ergebnis zu einer Erhöhung des Übernahmegewinns bzw. einer Minderung des Übernahmeverlustes um die im freigestellten ausländischen Betriebsstättenvermögen ruhenden stillen Reserven[729].

Da die offenen Rücklagen bereits als Bezüge aus Kapitalvermögen der Besteuerung unterworfen sind, ist der gemäß §§ 16 Satz 1, 4 Abs. 4 UmwStG ermittelte Übernahmegewinn oder -verlust (= **Übernahmeergebnis 1. Stufe**) zur Vermeidung einer doppelten Steuerbelastung gemäß §§ 16 Satz 1, 4 Abs. 5 Satz 2 UmwStG um die Bezüge nach §§ 16 Satz 1, 7 UmwStG zu kürzen (= **Übernahmeergebnis 2. Stufe**). Soweit sich danach ein Übernahme*gewinn* zweiter Stufe ergibt, gelangen gemäß §§ 16 Satz 1, 4 Abs. 7 UmwStG die §§ 8b KStG, 3 Nr. 40 Satz 1 und 2, 3c EStG zur Anwendung, so dass der Gewinn in den Händen der Gesellschafter des übernehmenden JV-Partners zur Hälfte bzw. zu 95 % steuerfrei bleibt. Anders als im Fall der Aufspaltung auf Kapitalgesellschaften steht die Besteuerung des Übernahmegewinns auch mit der Fusionsrichtlinie in Einklang, da deren Art. 10a Abs. 3 und 4 den Mitgliedstaaten das Recht gewährt, § 4 UmwStG ungeachtet der Art. 7 und 8 FRL anzuwenden[730]. Wegen des Abzugs der Bezüge nach §§ 16 Satz 1, 7 UmwStG von dem nach §§ 16 Satz 1, 4 Abs. 4 UmwStG ermittelten Übernahmeergebnis 1. Stufe wird sich jedoch in der Regel kein Übernahmegewinn, sondern ein Übernahme*verlust* zweiter Stufe ergeben[731]. Dieser bleibt gemäß **§§ 16 Satz 1, 4 Abs. 6 Satz 1**

---

[728] Vgl. BT-Drucks. 16/2710, S. 39.

[729] Die im freigestellten ausländischen Betriebsstättenvermögen ruhenden stillen Reserven sollen nach Ansicht des Gesetzgebers im Übernahmeergebnis erfasst werden, da sie sich auch bei einer Veräußerung der Beteiligung an der übertragenden Körperschaft auf die Höhe des Kaufpreises ausgewirkt und insoweit der deutschen Besteuerung unterlegen hätten (BT-Drucks. 16/2710, S. 39). Soweit die betreffenden Wirtschaftsgüter zu einer EU-/EWR-ausländischen Betriebsstätte gehören, wird die Regelung des § 4 Abs. 4 Satz 2 UmwStG jedoch als europarechtswidrige Diskriminierung ausländischen Betriebsvermögens angesehen (so *Förster/Felchner*, DB 2006, S. 1075, 1078; *Werra/Teiche*, DB 2006, S. 1459; *Schaflitzl/Widmayer*, BB-Special Nr. 8/2006, S. 44; *dies.* in: Blumenberg/Schäfer, SEStEG, S. 123; *Lemaitre/Schönherr*, GmbHR 2007, S. 178). Zudem kommt es durch die Regelung im Rahmen der Einkommensteuer im Ergebnis zu einer Doppelerfassung der in der ausländischen Freistellungs-Betriebsstätte ruhenden stillen Reserven einerseits im Rahmen des Übernahmeergebnisses und – über den Progressionsvorbehalt – andererseits im Rahmen der Besteuerung eines späteren Veräußerungsgewinns (*Lemaitre/Schönherr*, GmbHR 2007, S. 175). *Müller/Maiterth* (WPg. 2007, S. 250) weisen zudem zutreffend darauf hin, dass ein rationaler Erwerber der Anteile an der übertragenden Körperschaft die nicht der deutschen Besteuerung unterliegenden Wirtschaftsgüter im Kaufpreis ohnehin nur unter Abschlag der auf die stillen Reserven entfallenden ausländischen Körperschaftsteuer entgelten würde.

[730] So *Benecke* in: PWC, Reform des Umwandlungssteuerrechts, Rn. 1134, 1005; *Benecke/Schnitger*, IStR 2007, S. 26.

[731] *Hagemann/Ropohl/Viebrock/Jakob*, NWB Sonderheft 1/2007, S. 17; *Förster/Felchner*, DB 2006, S. 1075; *Rödder/Schumacher*, DStR 2006, S. 1531; *Bodden*, FR 2007, S. 73; *Müller/Maiterth*, WPg. 2007, S. 253. Ausnahmen hiervon können sich beispielsweise dann ergeben, wenn DBA-freigestelltes

UmwStG, soweit er auf eine Körperschaft als Gesellschafterin des übernehmenden JV-Partners entfällt, grundsätzlich außer Ansatz. Soweit der Übernahmeverlust auf natürliche Personen entfällt, ist er entsprechend den Grundsätzen des Halbeinkünfteverfahrens zur Hälfte, höchstens jedoch in Höhe der Hälfte der Bezüge im Sinne der §§ 16 Satz 1, 7 UmwStG zu berücksichtigen (**§§ 16 Satz 1, 4 Abs. 6 Satz 4 UmwStG**). Zur Verhinderung von Missbräuchen bleibt der Verlust gemäß **§§ 16 Satz 1, 4 Abs. 6 Satz 5 UmwStG** darüber hinaus stets außer Ansatz, soweit bei Veräußerung der Anteile an der übertragenden JV-Kapitalgesellschaft ein Veräußerungsverlust nach § 17 Abs. 2 Satz 5 EStG nicht zu berücksichtigen wäre oder die Anteile an der übertragenden JV-Kapitalgesellschaft innerhalb der letzten fünf Jahre vor dem steuerlichen Übertragungsstichtag entgeltlich erworben wurden[732].

Soweit **ausländische Gesellschafter** am übernehmenden JV-Partner in Form einer Personengesellschaft beteiligt sind, ist hinsichtlich der Besteuerung der Bezüge nach §§ 16 Satz 1, 7 UmwStG und des Übernahmeergebnisses nach §§ 16 Satz 1, 4 Abs. 4 UmwStG danach zu unterscheiden, ob die Anteile an der übertragenden JV-Kapitalgesellschaft zu einer inländischen Betriebsstätte gehören oder nicht.

- Sind die Anteile an der übertragenden JV-Kapitalgesellschaft einer (durch die Beteiligung am deutschen JV-Partner in Form einer Personengesellschaft) vermittelten **inländischen Betriebsstätte** des ausländischen Gesellschafters zuzurechnen, unterliegt dieser sowohl mit dem „Dividenden-" als auch mit dem „Veräußerungsteil" des Übernahmeergebnisses gemäß § 49 Abs. 1 Nr. 2 lit. a EStG der beschränkten deutschen Steuerpflicht. Auch abkommensrechtlich besteht insoweit gemäß Art. 10 Abs. 4, 7 Abs. 1 Satz 2 bzw. Art. 13 Abs. 2 MA ein deutsches Besteuerungsrecht. Da in diesem Fall für die inländischen Betriebsstätteneinkünfte eine Veranlagung durchzuführen ist, ist eine Verrechnung der Bezüge nach §§ 16 Satz 1, 7 UmwStG mit einem sich nach den §§ 16 Satz 1, 4 Abs. 4 und 5 UmwStG ergebenden Übernahmeverlust zweiter Stufe in den Grenzen des §§ 16 Satz 1, 4 Abs. 6 UmwStG grundsätzlich möglich[733].
- Können die Anteile an der übertragenden JV-Kapitalgesellschaft hingegen **keiner inländischen (Personengesellschafts-)Betriebsstätte** des ausländischen Gesellschafters zugerechnet werden, sind die Bezüge nach §§ 16 Satz 1, 7 UmwStG als Einkünfte aus Kapitalvermögen gemäß §§ 49 Abs. 1 Nr. 5 lit. a, 20 Abs. 1 Nr. 1 EStG im Inland beschränkt steuerpflichtig und dürfen abkommensrechtlich einer reduzierten[734] deutschen Quellensteuer nach

---

ausländisches Betriebsstättenvermögen übergeht, in welchem hohe stille Reserven ruhen, da sich in diesem Fall wegen § 4 Abs. 4 Satz 2 UmwStG ein entsprechend hoher Übernahmegewinn ergibt.

[732] Im Ergebnis wird durch diese Regelung eine fünfjährige faktische Umwandlungssperre nach einem Anteilserwerb errichtet (*Lemaitre/Schönherr*, GmbHR 2007, S. 180; *Müller/Maiterth*, Wpg 2007, S. 251, 256 ff.). Falls die Einbringung gemäß § 20, 21 UmwStG als entgeltliche Übertragung i.S.d. § 4 Abs. 6 Satz 5 UmwStG zu werten ist, wäre die Berücksichtigung eines im Falle der Aufspaltung innerhalb von 5 Jahren nach der Einbringung entstehenden Übernahmeverlustes somit ausgeschlossen; vgl. *Bauernschmitt/Blöchle*, BB 2007, S. 750.

[733] Vgl. *Lemaitre/Schönherr*, GmbHR 2007, S. 177, 181.

[734] Während die abkommensrechtliche Beschränkung des Quellensteuersatzes Anwendung findet, greift die Freistellung gemäß § 43b EStG für Kapitalerträge i.S.d. § 20 Abs. 1 Nr. 1 EStG, die anlässlich der Umwandlung einer Tochtergesellschaft entstehen, nicht ein (vgl. § 43b Abs. 1 Satz 4 EStG).

Art. 10 Abs. 2 MA unterworfen werden. Da der Quellensteuerabzug gemäß § 50 Abs. 5 Satz 1 EStG bzw. § 32 Abs. 1 Nr. 2 KStG abgeltende Wirkung hat, entfällt eine inländische Veranlagung. Die inländische Kapitalertragsteuer wird daher zur definitiven Belastung[735]. Der „Veräußerungsteil" des Übernahmeergebnisses nach §§ 16 Satz 1, 4 Abs. 4 UmwStG unterliegt darüber hinaus ggf. der beschränkten deutschen Steuerpflicht gemäß § 49 Abs. 1 Nr. 2 lit. e, Abs. 2 EStG[736]. Auf Abkommensebene ist das diesbezügliche Besteuerungsrecht jedoch gemäß Art. 13 Abs. 5 MA ausschließlich dem ausländischen Ansässigkeitsstaat des Mitunternehmers zugewiesen. Die Verrechnung eines Übernahmeverlusts zweiter Stufe mit den Bezügen im Sinne der §§ 16 Satz 1, 7 UmwStG ist damit ausgeschlossen[737].

(b) „Side-step" - Spaltung

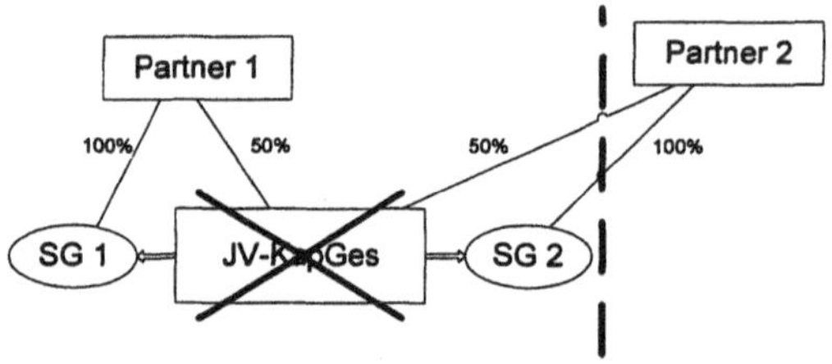

Erfolgt die Spaltung der deutschen JV-Kapitalgesellschaft alternativ „side-step" auf inländische Schwester-Personengesellschaften, ergeben sich gemäß den §§ 16 Satz 1, 3-8, 10 und 15 UmwStG auf Ebene der zu spaltenden JV-Kapitalgesellschaft, der übernehmenden Schwester-Personengesellschaften sowie der JV-Partner jeweils die folgenden steuerlichen Auswirkungen:

(aa) Ebene der JV-Kapitalgesellschaft

Die übertragende inländische JV-Kapitalgesellschaft kann die übergehenden Wirtschaftsgüter des in- oder ausländischen Betriebsvermögens in ihrer steuerlichen Schlussbilanz gemäß **§§ 16 Satz 1, 3 Abs. 2 Satz 1 UmwStG** auf Antrag mit dem Buchwert ansetzen und damit die Entstehung eines Übertragungsgewinns vermeiden, soweit (vgl. Fallgruppen oben (a)(aa))

Dies steht mit den sekundärrechtlichen Vorgaben der Mutter-/Tochter-Richtlinie und der Fusionsrichtlinie im Einklang (vgl. *Benecke/Schnitger*, IStR 2007, S. 26).

[735] Vgl. *Schaflitzl/Widmayer*, BB-Special Nr. 8/2006, S. 43; *Förster/Felchner*, DB 2006, S. 1079; *Lemaitre/Schönherr*, GmbHR 2007, S. 177; *Hagemann/Ropohl/Viebrock/Jakob*, NWB Sonderheft 1/2007, S. 20; *Dörfler/Adrian/Oblau*, RIW 2007, S. 270.

[736] Aufgrund der isolierenden Betrachtungsweise des § 49 Abs. 2 EStG unterliegen Gewinne aus der Veräußerung einer relevanten Beteiligung an einer inländischen Kapitalgesellschaft i.S.d. § 17 EStG auch dann der Regelung des § 49 Abs. 1 Nr. 2 lit. e EStG, wenn sie in einem ausländischen Betriebsvermögen gehalten werden; vgl. *Kumpf* in: Herrmann/Heuer/Raupach, § 49 EStG Rn. 579; *Wied* in: Blümich, § 49 EStG Rn. 113; *Heinicke* in: Schmidt, § 49 EStG Rn. 37; im Ergebnis ebenso, wenn auch mit anderer Begründung *Mössner* in: Mössner, Steuerrecht international tätiger Unternehmen, Rn. 189.

[737] So auch *Hagemann/Ropohl/Viebrock/Jakob*, NWB Sonderheft 1/2007, S. 21.

- *inländisches Betriebsstättenvermögen* oder nicht in einer inländischen Betriebsstätte verhaftete *Anteile an in- oder ausländischen Kapitalgesellschaften* auf an den übernehmenden Schwester-Personengesellschaften beteiligte inländische natürliche oder juristische Personen übergeht bzw. nach der Spaltung im Inland eine Betriebsstätte verbleibt und die übergehenden Wirtschaftsgüter dieser auch tatsächlich zuzurechnen sind,
- vor der Spaltung in Deutschland *steuerverstricktes ausländisches Betriebsstättenvermögen* auf an den übernehmenden Schwester-Personengesellschaften beteiligte inländische natürliche oder juristische Personen übergeht oder
- bereits *vor* der Spaltung *kein deutsches Besteuerungsrecht* an dem übergehenden ausländischen Betriebsstättenvermögen bestand.

(bb) Ebene der übernehmenden Schwestergesellschaft

Von den inländischen Schwester-Personengesellschaften sind die auf sie übergehenden Wirtschaftsgüter nach **§§ 16 Satz 1, 4 Abs. 1 Satz 1 UmwStG** mit den Werten aus der steuerlichen Schlussbilanz der JV-Kapitalgesellschaft zu übernehmen. Gemäß §§ 16 Satz 1, 4 Abs. 2 Satz 1 und 2 UmwStG treten die Schwestergesellschaften jeweils in die steuerliche Rechtsstellung der JV-Kapitalgesellschaft ein, wobei jedoch Verluste generell nicht mit übergehen[738].

Mangels Beteiligung der übernehmenden Gesellschaften an der übertragenden JV-Kapitalgesellschaft finden die den Beteiligungskorrekturgewinn betreffenden Vorschriften der §§ 16 Satz 1, 4 Abs. 1 Satz 2 und 3 UmwStG bei der vorliegend betrachteten „side-step"-Spaltung grundsätzlich keine Anwendung[739]. Nach den **§§ 16 Satz 1, 5 Abs. 3 UmwStG** gelten die Anteile an der übertragenden JV-Kapitalgesellschaft jedoch für Zwecke der Ermittlung des Übernahmeergebnisses im Sinne der §§ 16 Satz 1, 4 Abs. 4 UmwStG als mit dem Buchwert – erhöht um steuerwirksam vorgenommene Teilwertabschreibungen und Abzüge nach § 6b EStG etc. – zum steuerlichen Übertragungsstichtag aus dem Betriebsvermögen des (in- oder ausländischen) JV-Partners in das Betriebsvermögen der übernehmenden Schwester-Personengesellschaft überführt **(Einlagefiktion)**. Der dabei entstehende **Zuschreibungsgewinn** unterliegt gemäß §§ 5 Abs. 3 Satz 2, 4 Abs. 1 Satz 3 UmwStG der vollen Besteuerung. Aufgrund der Einlagefiktion ist somit im Falle der Spaltung der JV-Kapitalgesellschaft auf Schwester-Personengesellschaften im Ergebnis ebenso ein Übernahmegewinn oder -verlust im Sinne der **§§ 16 Satz 1, 4 Abs. 4 UmwStG** zu ermitteln wie bei der „up-stream"-Aufspaltung auf die JV-Partner. Die diesbezüglichen obigen Ausführungen geltend daher sinngemäß[740].

(cc) Ebene des JV-Partners

Unabhängig von der Ermittlung des Übernahmeergebnisses nach §§ 16 Satz 1, 4 Abs. 4, 5 UmwStG werden den JV-Partnern zudem gemäß **§§ 16 Satz 1, 7 UmwStG**

[738] Zu diesbezüglichen Bedenken im Hinblick auf das Gemeinschaftsrecht sowie das Prinzip der Besteuerung nach der Leistungsfähigkeit vgl. oben Kapitel 3:C.I.1.c.bb(1)(a)(bb).

[739] Vgl. *Pung* in: Dötsch/Patt/Pung/Möhlenbrock, § 4 UmwStG (SEStEG) Rn. 16.

[740] Vgl. oben Kapitel 3:C.I.1.c.bb(1)(a)(bb).

die offenen Rücklagen der JV-Kapitalgesellschaft als Einlagen aus Kapitalvermögen i.S.d. § 20 Abs. 1 Nr. 1 EStG zugerechnet und der Kapitalertragsteuer unterworfen. Die obigen Ausführungen für den Fall der „up-stream"-Aufspaltung auf die JV-Partner gelten insoweit entsprechend[741]. Soweit ausländische natürliche oder juristische Personen betroffen sind, ist eine Verrechnung der Bezüge nach §§ 16 Satz 1, 7 UmwStG mit einem sich nach den §§ 16 Satz 1, 4 Abs. 4 und 5 UmwStG auf Ebene der übernehmenden inländischen Schwester-Personengesellschaft ergebenden Übernahmeverlust zweiter Stufe danach nur möglich, soweit die Anteile an der übertragenden JV-Kapitalgesellschaft tatsächlich zu einer inländischen Betriebsstätte gehören und daher abkommensrechtlich ein deutsches Besteuerungsrecht hinsichtlich des Übernahmeergebnisses nach §§ 16 Satz 1, 4 Abs. 4 UmwStG besteht (vgl. Art. 13 Abs. 2 MA). Ob die aus § 5 Abs. 3 UmwStG folgende Fiktion der Überführung der Anteile an der übertragenden JV-Kapitalgesellschaft in die aufnehmende inländische Schwester-Personengesellschaft insoweit ausreicht, um auf Abkommensebene eine tatsächliche Zuordnung zum inländischen Betriebsstättenvermögen zu begründen, ist m.E. zu bezweifeln[742]. Die Nutzung eines Übernahmeverlustes im Rahmen der §§ 16 Satz 1, 4 Abs. 6 Satz 4 UmwStG scheidet für beschränkt Steuerpflichtige somit in der Regel wegen des insoweit fehlenden deutschen Besteuerungsrechts aus.

d. Rückwirkung auf vorausgegangene Einbringungen

Erfolgt die Beendigung innerhalb von sieben Jahren, nachdem im Zuge der Begründung des Joint Ventures (Teil-)Betriebe, Mitunternehmeranteile oder Anteile an Kapitalgesellschaften zum Buchwert in die inländische JV-Kapitalgesellschaft eingebracht wurden, so ist ferner die mögliche steuerliche Rückwirkung des Beendigungsvorgangs auf die vorausgegangenen Einbringungen i.S.d. **§ 22 Abs. 1 und 2 UmwStG** zu beachten. Insoweit ist je nach Gegenstand der vorausgegangenen Einbringung sowie nach Art der Beendigung des Joint Ventures zu differenzieren:

Wurde bei Gründung ein **Betrieb, Teilbetrieb oder Mitunternehmeranteil** des deutschen JV-Partners unter dem gemeinen Wert in das Gemeinschaftsunternehmen eingebracht, so ist rückwirkend und ungemildert der sog. Einbringungsgewinn I als Gewinn i.S.d. § 16 EStG zu versteuern, soweit der deutsche JV-Partner die im Gegenzug erhaltenen Anteile an der aufnehmenden JV-Kapitalgesellschaft innerhalb von sieben Jahren nach dem Einbringungszeitpunkt wieder **veräußert** (vgl. §§ 20 Abs. 2 Satz 2, 22 Abs. 1 UmwStG). Gleiches gilt für den Fall der **Liquidation** der JV-Kapitalgesellschaft innerhalb der siebenjährigen Sperrfrist, welche insoweit als ein der Veräußerung der erhaltenen Anteile gleichgestellter Vorgang gilt (vgl. § 22 Abs. 1 Satz 6 Nr. 3 UmwStG).

Die **„side-step"-Spaltung** der Gesellschaft auf inländische Schwestergesellschaften könnte ebenfalls als „Veräußerung" der erhaltenen Anteile i.S.d. § 22 Abs. 1 Satz 1 UmwStG oder als deren (tauschähnliche) „entgeltliche Übertragung" i.S.v. § 22

[741] Vgl. oben Kapitel 3:C.I.1.c.bb(2)(a)(bb).

[742] Ebenso verneinend *Lemaitre/Schönherr*, GmbHR 2007, S. 181; *Hagemann/Ropohl/Viebrock/Jakob*, NWB Sonderheft 1/2007, S. 21; *Pung* in: Dötsch/Jost/Pung/Witt, § 4 (SEStEG) Rn. 5; *Benecke/Schnitger*, IStR 2006, S. 773; *Förster/Felchner*, DB 2006, S. 1080 m.w.N. zum früheren Recht.

Abs. 1 Satz 6 Nr. 2 UmwStG zu werten sein, welche innerhalb der siebenjährigen Sperrfrist eine rückwirkende Besteuerung des Einbringungsgewinns I auslöst. Teilweise wird wegen der im Tatbestand des § 22 Abs. 1 Satz 6 Nr. 2 UmwStG enthaltenen Rückausnahme für Buchwerteinbringung nach §§ 20 Abs. 1, 21 Abs. 1 UmwStG allerdings angenommen, der Anwendungsbereich dieser Norm erschöpfe sich in der Einbringung von Anteilen zum gemeinen Wert[743] bzw. sei aufgrund der Deckungsgleichheit mit dem Veräußerungstatbestand nach § 22 Abs. 1 Satz 1 UmwStG schlicht nicht vorhanden[744]. Hinsichtlich des Begriffs der Veräußerung nach § 22 Abs. 1 Satz 1 UmwStG gehen einige Stimmen in der Literatur überdies davon aus, dass Umwandlungsvorgänge nach den §§ 3 ff., 11 ff., 15 UmwStG, soweit sie steuerneutral durchgeführt würden, generell nicht als Veräußerung in diesem Sinne zu werten seien[745]. Es entspricht jedoch der einhelligen Meinung, dass tauschähnliche Vorgänge – wozu unstreitig auch Spaltung und Verschmelzung zählen – als entgeltliche Übertragungen und damit als Veräußerung zu werten sind[746]. Der entgeltliche Charakter dieser Vorgänge bleibt überdies grundsätzlich davon unberührt, ob sie für steuerliche Zwecke zu Buchwerten vorgenommen werden oder nicht. Die Gesetzesbegründung zum SEStEG geht folgerichtig - ohne zwischen der Übertragung zum Buchwert oder einem höheren Wert zu differenzieren - ausdrücklich davon aus, dass einer Veräußerung i.S.d. § 22 Abs. 1 UmwStG auch die Übertragung der erhaltenen Anteile im Rahmen eines Umwandlungsvorgangs gleichsteht und nennt insoweit die Abspaltung einer im Rahmen einer Einbringung erhaltenen 100 %igen Beteiligung nach § 15 UmwStG als Beispiel[747]. Dem Gesetz selbst lässt sich zudem nicht entnehmen, dass in Fällen der Umwandlung zu Buchwerten die Nachversteuerung generell nicht ausgelöst werden soll. Wenn der Gesetzgeber eine Ausnahme für sämtliche Buchwertumwandlungen hätte treffen wollen, fragt es sich, weshalb lediglich eine Ausnahmeregelung für Buchwerteinbringungen nach den §§ 20, 21 UmwStG geschaffen wurde. Es muss daher angenommen werden, dass auch eine steuerneutrale „side-step"-Spaltung der JV-Kapitalgesellschaft innerhalb der siebenjährigen Sperrfrist eine rückwirkende Besteuerung der vorausgegangenen Betriebseinbringung nach sich zieht[748].

Ob jedoch auch die **„up-stream"-Aufspaltung** der JV-Kapitalgesellschaft auf die an ihr beteiligten JV-Partner als „Veräußerung" bzw. „entgeltlicher Vorgang" i.S.d. §§ 22 Abs. 1 Satz 1, Satz 6 Nr. 2 UmwStG gilt, könnte bezweifelt werden, da bei der Aufspaltung einer Tochter- auf ihre Muttergesellschaft das Vermögen der Tochtergesellschaft unter Ausschluss der Abwicklung auf die Muttergesellschaft übergeht, ohne dass Anteile am übernehmenden Rechtsträger als Gegenleistung gewährt werden (§§ 125, 54 Abs. 1 Satz 1 Nr. 1; 68 Abs. 1 Satz 1 Nr. 1; 131 Abs. 1 Nr. 3 Satz 1, 2. Halbs., 2. Alt. UmwG). Zum Teil wird ein derartiger Vorgang in steuerrechtlicher

[743] So *Heß/Schnitger* in: PWC, Reform des Umwandlungssteuerrechts, Rn. 1669 ff.; *Benz/Rosenberg*, BB-Special Nr. 8/2006, S. 63.
[744] In diesem Sinne *Patt* in: Dötsch/Patt/Pung/Möhlenbrock, § 22 UmwStG (SEStEG) Rn. 41.
[745] Vgl. *Heß/Schnitger* in: PWC, Reform des Umwandlungssteuerrechts, Rn. 1661, 1663; *Benz/Rosenberg*, BB-Special Nr. 8/2006, S. 62.
[746] Vgl. *Patt* in: Dötsch/Patt/Pung/Möhlenbrock, § 22 UmwStG (SEStEG) Rn. 31; *Heß/Schnitger*, PWC, Reform des Umwandlungssteuerrechts, Rn. 1659; *Benz/Rosenberg*, BB-Special Nr. 8/2006, S. 62.
[747] BT-Drucks. 16/2710, S. 47.
[748] Ebenso *Bauernschmitt/Blöchle*, BB 2007, S. 749.

Hinsicht daher allein als „gesellschaftsrechtlicher Organisationsakt“ angesehen[749]. Die Finanzverwaltung verneinte überdies bei der Verschmelzung von Kapitalgesellschaften auf Personen- oder Kapitalgesellschaften nach bisherigem Recht – entgegen der Rechtsprechung – generell das Vorliegen eines Anschaffungs- und Veräußerungsvorgangs mit der Begründung, dass das Vermögen insoweit im Wege der Gesamtrechtsnachfolge übergehe[750]. Auf die Aufspaltung als Fall der „Teil-Verschmelzung“, bei der der Vermögensübergang im Wege der partiellen Gesamtrechtsnachfolge erfolgt, wäre diese Argumentation ohne weiteres übertragbar. Die „up-stream“-Aufspaltung der JV-Kapitalgesellschaft auf die JV-Partner könnte jedoch auch als entgeltliche Übertragung gewertet werden, bei der das Betriebsvermögen der übertragenden JV-Kapitalgesellschaft als Ganzes im Wege eines tauschähnlichen Vorgangs an die Stelle der bei den JV-Partners bislang bestehenden Anteile an der JV-Kapitalgesellschaft tritt. Dies entspricht letztlich auch der Gesetzessystematik des UmwStG, welches bei Umwandlungen grundsätzlich den Ansatz des gemeinen Werts und somit eine Gewinnrealisierung vorschreibt[751]. Im Ergebnis kann somit wohl auch im Falle der „up-stream“-Spaltung der JV-Kapitalgesellschaft innerhalb von sieben Jahren die rückwirkende Entstehung eines Einbringungsgewinns I nicht mit Sicherheit ausgeschlossen werden.

Der Sachverhalt wird in den genannten Fällen im Ergebnis rückwirkend auf das Jahr der Einbringung steuerlich so gestellt, als hätte der inländische JV-Partner das Betriebsvermögen von vornherein zum gemeinen Wert in die JV-Gesellschaft eingebracht[752]. Der ungemildert zu versteuernde Einbringungsgewinn I schmilzt dabei jedoch mit jedem nach der Einbringung abgelaufenen Zeitjahr ratierlich um ein Siebtel. Da für die Ermittlung des Einbringungsgewinns allein auf den gemeinen Wert des eingebrachten Betriebsvermögens im Zeitpunkt des steuerlichen Übertragungsstichtag abzustellen ist, bleiben Wertveränderungen der erhaltenen Anteile während der Sperrfrist somit ohne Auswirkungen. Im Ergebnis wird jährlich ein Siebtel der zum Einbringungsstichtag im eingebrachten Vermögen ruhenden stillen Reserven der Besteuerung nach dem Halbeinkünfteverfahren bzw. § 8b Abs. 2 KStG zugeführt. Dem liegt wohl der Gedanke des Gesetzgebers zugrunde, dass die Vermutung eines

---

[749] Vgl. Nachweise bei *Widmann* in: Widmann/Mayer, Umwandlungsrecht, Ablageordner 3 - UmwStG alt -, Einf Steuer R Rn. 4399 ff.

[750] BMF-Schr. v. 25.03.1998, BStBl. I 1998, S. 268 ff., Tz. 12.27 und 04.07.

[751] So auch *Bauernschmitt/Blöchle*, BB 2007, S. 750; *Widmann* in: Widmann/Mayer, Umwandlungsrecht, Ablageordner 3 - UmwStG alt -, Einf Steuer R Rn. 4401.

[752] Die rückwirkende Besteuerung macht es erforderlich, im Zeitpunkt der Veräußerung oder eines gleichgestellten Ereignisses die Wertverhältnisse am steuerlichen Übertragungsstichtag zu ermitteln. Einige Vertreter in der Literatur sehen hierdurch zu Recht kaum lösbare Probleme für die Praxis aufgeworfen (so *Dötsch/Pung*, DB 2006, S. 2766; *Hagemann/Jakob/Ropohl/Viebrock*, NWB Sonderheft 1/2007, S. 39; ähnlich *Patt*, Der Konzern 2006, S. 737 f.). Da es sich insoweit um einen steuererhöhenden Umstand handelt, ist zwar grundsätzlich die Finanzverwaltung beweispflichtig. Anders als der erste Entwurf des SEStEG (vgl. § 20 Abs. 9 UmwStG-E, welcher jedoch bereits im Referentenentwurf vom 21.04.2006 nicht mehr enthalten war) sieht die verabschiedete Fassung des UmwStG jedoch nicht mehr vor, dass der im Zeitpunkt der Einbringung eines (Teil-)Betriebs oder Mitunternehmeranteils bestehende Differenzbetrag zwischen dem gemeinen Wert des eingebrachten Betriebsvermögens und dem Wertansatz durch die aufnehmende Kapitalgesellschaft gesondert festgestellt wird. Es empfiehlt sich daher, diesen von vornherein zu dokumentieren, um den Einbringungsgewinn I vorsorglich belegen zu können und eine retrospektive Ermittlung zu vermeiden (vgl. *Strahl*, KöSDi 2007, S. 15449; *Ley*, FR 2007, S. 115).

Missbrauchs i.S.d. Art. 11 Abs. 1 lit. a FRL mit zunehmendem zeitlichen Abstand zur Einbringung abnimmt[753]. Ob die gewählte schematische Anknüpfung an eine Siebenjahresfrist jedoch mit dem **Gemeinschaftsrecht** im Einklang steht, erscheint zweifelhaft[754]. Der § 22 UmwStG zugrunde liegende „abnehmende Missbrauchsgedanke" typisiert Missbrauchsfälle und verknüpft diese mit pauschalen Besteuerungsfolgen, ohne dass es auf eine Prüfung der Missbräuchlichkeit im jeweiligen Einzelfall ankommt. Zwar gestehen sowohl Art. 11 FRL als auch der EuGH den Mitgliedstaaten grundsätzlich zu, in pauschaler Weise anhand eines sog. Motivtests zu unterstellen, dass eine rein künstliche Gestaltung zur Steuerumgehung eingesetzt wurde. Nach der Rechtsprechung des EuGH[755] ist bei der Anwendung von Missbrauchsklauseln jedoch in jedem Einzelfall eine globale Untersuchung des Vorgangs auf etwaigen Missbrauch vorzunehmen und dem Steuerpflichtigen die Möglichkeit eines Gegenbeweises zu eröffnen, welche in § 22 UmwStG allerdings fehlt. In Anbetracht dessen dürfte die starre Sperrfristregelung des § 22 UmwStG gemeinschaftsrechtswidrig sein.

Soweit bei Gründung des Joint Ventures **Anteile** des deutschen JV-Partners **an in- oder ausländischen Kapitalgesellschaften** – isoliert nach § 21 Abs. 1 UmwStG oder im Rahmen einer Sacheinlage nach § 20 Abs. 1 UmwStG – unter dem gemeinen Wert in die inländische JV-Kapitalgesellschaft eingebracht wurden, bleibt eine spätere **Veräußerung** der erhaltenen Anteile an der JV-Gesellschaft hingegen ohne steuerliche Auswirkung auf die vorausgegangene Einbringung. Gemäß § 22 Abs. 2 UmwStG (ggf. i.V.m. § 22 Abs. 1 Satz 5 UmwStG) führt lediglich die innerhalb der Sperrfrist liegende Veräußerung der *eingebrachten* Kapitalgesellschaftsanteile durch die aufnehmende JV-Kapitalgesellschaft zu einer rückwirkenden Besteuerung des sog. Einbringungsgewinns II. Die Veräußerung der im Gegenzug für die Einbringung *erhaltenen* Anteile an der inländischen JV-Kapitalgesellschaft ist jedoch – selbst wenn sie innerhalb der Siebenjahresfrist erfolgt – unschädlich[756]. Demgemäß löst jedoch eine Veräußerung der eingebrachten Anteile durch die JV-Kapitalgesellschaft im Rahmen der mit ihrer **Liquidation** einhergehenden „Versilberung" des Gesellschaftsvermögens innerhalb der Sperrfrist sehr wohl die rückwirkende Entstehung des Einbringungsgewinns II aus, soweit der einbringende JV-Partner keine durch § 8b Abs. 2 KStG begünstigte Person ist (§ 22 Abs. 1 Satz 5, Abs. 2 UmwStG). Handelt es sich beim einbringenden inländischen JV-Partner um eine Personengesellschaft, so kommt es insoweit darauf an, inwieweit an dieser natürliche Personen als Mitunternehmer beteiligt sind[757]. Dagegen ist eine Liquidation innerhalb der Sperrfrist unschädlich, wenn der einbringende inländische JV-Partner eine Kapitalgesellschaft ist bzw. soweit Kapitalgesellschaften am inländischen JV-Partner in Form einer Personengesellschaft beteiligt sind. Gleiches gilt für die innerhalb der Siebenjahresfrist

---

[753] Vgl. BT-Druck. 16/2710, S. 75.

[754] Ebenso *Gille*, IStR 2007, S. 197; *Hahn*, IStR 2006, S. 805; ähnlich kritisch *Förster/Wendland*, BB 2007, S. 635; *Rödder/Schumacher*, DStR 2006, S. 1537 f.; *Werra/Teiche*, DB 2006, S. 1461; *Thömmes/Schulz/Eismayr/Müller*, IWB Fach 11 Gr. 2, S. 758.; *Schwenke*, DStZ 2007, S. 247.

[755] Vgl. EuGH-Urt. v. 17.07.1997 – Rs. C-28/95 („*Leur-Bloem*"), RIW 1997, S. 787 ff.; v. 12.09.2005 – Rs. C-196/04 („*Cadbury Schweppes*"), IStR 2006, S. 670 ff.

[756] Vgl. *Heß/Schnitger* in: PWC, Reform des Umwandlungssteuerrechts, Rn. 1698.

[757] Vgl. BT-Drucks. 16/2710, S. 48.

erfolgende tauschähnliche und damit entgeltliche Übertragung der eingebrachten Anteile im Wege der **Spaltung** der JV-Kapitalgesellschaft.

e. Zwischenergebnis

Bei Beendigung des Joint Ventures auf „klassischem" Wege kommt es zwingend zu einer Realisierung der im Vermögen der JV-Kapitalgesellschaft ruhenden stillen Reserven: Veräußert der deutsche JV-Partner seine Beteiligung an der inländischen JV-Kapitalgesellschaft, so erzielt er hierbei einen steuerpflichtigen Veräußerungsgewinn, welcher im wirtschaftlichen Ergebnis zu 5 % (bei Kapitalgesellschaften) bzw. zur Hälfte (bei natürlichen Personen) der Besteuerung unterliegt. Wird das Joint Venture stattdessen unter Liquidation der JV-Kapitalgesellschaft beendet, kommt es zum einen auf Ebene der Gesellschaft zu einer Besteuerung des Abwicklungsgewinns nach § 11 KStG, zum anderen auf Ebene des JV-Partners bzw. seiner Gesellschafter zu einer 5 %igen bzw. hälftigen Besteuerung des anteilig erzielten Liquidationserlöses, soweit dieser steuerpflichtigen Kapitalertrag i.S.d. § 20 Abs. 1 Nr. 2 EStG oder eine über den Buchwert der Beteiligung an der aufgelösten JV-Kapitalgesellschaft hinausgehende Einlagenrückgewähr darstellt.

Alternativ zu den „klassischen" Beendigungsmechanismen ist unter Berufung auf die „*SEVIC*"-Entscheidung des EuGH jedoch auch eine Aufspaltung der inländischen JV-Kapitalgesellschaft auf den deutschen und einen EU-/EWR-ausländischen JV-Partner in Form einer Kapital- oder Personengesellschaft nach Art. 43 EG möglich, wenn auch mangels ausdrücklicher Rechtsgrundlage in der Praxis von einer entsprechenden Kooperation der zuständigen Registergerichte abhängig. Soweit es dabei nicht zum Übergang von in Deutschland steuerverstricktem ausländischen Betriebsstättenvermögen, isolierten Kapitalgesellschaftsbeteiligungen oder inländischem „Betriebsstättenungebundenen" Vermögen auf den ausländischen JV-Partner in Form einer Kapitalgesellschaft bzw. auf ausländische Mitunternehmer eines als Personengesellschaft organisierten JV-Partners kommt, kann die Aufdeckung der im übergehenden Vermögen ruhenden stillen Reserven grundsätzlich durch Fortführung der Buchwerte vermieden werden. Das Gesetz setzt für einen Buchwertansatz allerdings – entgegen den Vorgaben des sekundären Gemeinschaftsrechts und der jüngeren EuGH-Rechtsprechung – des Weiteren voraus, dass das im Zuge der Aufspaltung übergehende Vermögen Teilbetriebsqualität hat und die Spaltung nicht im Sinne der typisierenden Missbrauchsregelungen des § 15 Abs. 2 UmwStG als missbräuchlich zu erachten ist. Der mit der Aufspaltung auf die JV-Partner einhergehende Wegfall der Beteiligung an der inländischen JV-Kapitalgesellschaft und der damit ggf. verbundene Wechsel des Besteuerungsregimes wird zudem im Rahmen eines Übernahmeergebnisses erfasst. Handelt es sich beim übernehmenden JV-Partner um eine Kapitalgesellschaft, so unterliegen im wirtschaftlichen Ergebnis 5 % des buchmäßig entstehenden Übernahmegewinns der Besteuerung, was allerdings zumindest dann, wenn der JV-Partner zu mehr als 15 % an der inländischen JV-Kapitalgesellschaft beteiligt ist, nicht im Einklang mit der Fusionsrichtlinie steht. Handelt es sich beim übernehmenden JV-Partner um eine Personengesellschaft, so wird zunächst eine kapitalertragsteuerpflichtige Auskehrung der offenen Rücklagen fingiert, welche in den Händen der Mitunternehmer der 5 %igen bzw. hälftigen Besteuerung unterliegt. Daneben ist hinsichtlich des übrigen übergehenden Vermögens (Nennkapital, Kapitalrücklagen) ein Übernahmeergebnis im Sinne der §§ 16 Satz 1, 4 Abs. 4 UmwStG zu ermitteln, wobei sich – vorbehaltlich des Vorhandenseins besonders hoher stiller Reserven im DBA-freigestellten Betriebsstättenvermögen, welche gemäß § 4 Abs. 4 Satz 2 UmwStG in die Ermittlung des Übernahmeergebnisses einzubeziehen sind – in der Regel ein (nur in engen Grenzen abziehbarer) Übernahmeverlust ergeben wird. Damit werden im Ergebnis die offenen sowie die im ausländischen „neutralen" Vermögen ruhenden stillen Reserven der inländischen Besteuerung unterworfen.

Angesichts der mit einer grenzüberschreitenden Spaltung verbundenen gesellschaftsrechtlichen Rechtsunsicherheiten und der bei einer „up-stream"-Spaltung eintretenden steuerlichen Folgen kann es sich daher anbieten, die inländische JV-Kapitalgesellschaft „side-step" auf zwei inländische Schwester-*Kapitalgesellschaften* aufzuspalten bzw. einen Teilbetrieb der Gesellschaft auf eine inländische Schwester-Kapitalgesellschaft abzuspalten. Da es sich insoweit um eine reine Inlandsspaltung handelt, lässt sich der Vorgang im Ergebnis ohne Aufdeckung der stillen Reserven gestalten. Mangels Beteiligung der übernehmenden an der übertragenden Gesellschaft kommt es in diesem Falle auch nicht zur Entstehung eines steuerpflichtigen Übernahmegewinns. Im Falle der „side-step"-Spaltung auf inländische Schwester-*Personengesellschaften* ergibt sich wegen der Einlagefiktion des § 5 Abs. 3 UmwStG und der für sämtliche Anteilseigner fingierten Ausschüttung der offenen Rücklagen (vgl. § 7 Satz 2 UmwStG) hingegen in steuerlicher Hinsicht keine Verbesserung gegenüber dem „up-stream"-Fall. Auch insoweit ist aber wegen der fehlenden ausdrücklichen zivilrechtlichen Rechtsgrundlage für eine grenzüberschreitende Spaltung ggf. eine „side-step"-Spaltung auf inländische Schwestergesellschaften vorzuziehen. Auf Ebene der JV-Kapitalgesellschaft bestehende Verluste gehen jedoch trotz steuerlicher Rechtsnachfolge weder bei der Spaltung „up-stream" noch „side-step" über, was angesichts der jüngeren EuGH-Rechtsprechung zur grenzüberschreitenden Verlustberücksichtigung und dem Grundsatz der Besteuerung nach der Leistungsfähigkeit allerdings nicht vertretbar erscheint.

In allen drei Beendigungsszenarien ist ferner zu beachten, dass es – je nach Einbringungsgegenstand und einbringender Person – innerhalb eines Zeitraum von sieben Jahren, nachdem im Zuge der Gründung des Joint Ventures Vermögenswerte unter dem gemeinen Wert in die inländische JV-Kapitalgesellschaft eingebracht wurden, zu einer Rückwirkung der Veräußerung, Liquidation oder Spaltung auf die steuerliche Behandlung des vorausgegangenen Einbringungsvorgangs kommen kann. In diesem Fall ist ggf. rückwirkend auf den Einbringungszeitpunkt ein Einbringungsgewinn I oder II zu versteuern und eine entsprechende Aufstockung der Werte bei der JV-Kapitalgesellschaft vorzunehmen.

2. Standort im Ausland

a. Veräußerung

Veräußert der deutsche JV-Partner zur Beendigung der Zusammenarbeit seine Beteiligung an einer im Ausland ansässigen JV-Kapitalgesellschaft, so unterliegen er bzw. seine Gesellschafter mit dem daraus erzielten Veräußerungsgewinn neben der inländischen Besteuerung im Rahmen der unbeschränkten deutschen Steuerpflicht (Welteinkommensprinzip) im Sitzstaat der JV-Kapitalgesellschaft bei dortiger Existenz einer dem § 49 Abs. 1 Nr. 2 lit. e, Abs. 2 EStG entsprechenden Vorschrift ggf.

der beschränkten Steuerpflicht[758]. Abkommensrechtlich ist das Besteuerungsrecht hinsichtlich des Veräußerungsgewinns jedoch regelmäßig ausschließlich Deutschland als Ansässigkeitsstaat des Veräußernden zugewiesen, während der Sitzstaat der JV-Kapitalgesellschaft auf die Ausnutzung seines innerstaatlich unter Umständen gegebenen Besteuerungsrechts verzichtet (Art. 13 Abs. 5 MA). Hinsichtlich der inländischen Besteuerung gelten die bereits oben unter I.1.a. dargestellten Grundsätze entsprechend.

b. Liquidation

aa. Ebene der JV-Kapitalgesellschaft

Wird das Joint Venture unter Liquidation der ausländischen JV-Kapitalgesellschaft beendet, bestimmen sich die steuerlichen Konsequenzen auf Ebene der Gesellschaft grundsätzlich allein nach Maßgabe des Steuerrechts ihres jeweiligen Sitzstaates[759]. § 11 KStG findet, selbst wenn die JV-Gesellschaft im Inland beschränkt steuerpflichtig ist, nach seinem ausdrücklichen Wortlaut („Wird ein *unbeschränkt* Steuerpflichtiger (...) nach der Auflösung abgewickelt, ...") keine Anwendung[760].

bb. Ebene des JV-Partners

Der deutsche JV-Partner bzw. dessen Gesellschafter unterliegen im Falle einer Liquidation der ausländischen JV-Kapitalgesellschaft in deren Sitzstaat mit dem anteilig erzielten Liquidationserlös ggf. der beschränkten Steuerpflicht. Sofern im ausländischen Sitzstaat keine Betriebsstätte unterhalten wird, der die Beteiligung an der JV-Kapitalgesellschaft zuzuordnen wäre, kommt insoweit allenfalls die Erhebung einer ausländischen Quellensteuer in Betracht[761].

Daneben sind der deutsche JV-Partner bzw. seine Gesellschafter mit den Bezügen aus der Liquidation der ausländischen JV-Kapitalgesellschaft der inländischen Besteuerung unterworfen. Anders als bei den Liquidationsauskehrungen inländischer Kapitalgesellschaften kam eine Aufteilung des anteiligen Liquidationserlöses in nicht steuerbare reine Kapitalrückzahlungen und steuerpflichtige Kapitalerträge bei der Auflösung einer ausländischen Kapitalgesellschaft nach bisher nahezu einhelliger Ansicht allerdings nicht in Betracht[762]. Begründet wurde dies mit der fehlenden Verpflichtung ausländischer Kapitalgesellschaften zur Führung eines steuerlichen Einlagekontos i.S.d. § 27 KStG[763]. Da nach dem Wortlaut dieser Vorschrift nur unbe-

---

[758] *Wurm*, Beendigung internationaler Joint Ventures, S. 420.

[759] *Wurm*, Beendigung internationaler Joint Ventures, S. 416; *Schaumburg*, Grundsätze, S. 93.

[760] Vgl. *Lambrecht* in: Gosch, § 11 KStG Rn. 7.

[761] *Wurm*, Beendigung internationaler Joint Ventures, S. 417.

[762] So *Neyer/Gürzenich-Schmidt*, IStR 2000, S. 295; *Kroninger*, IStR 2003, S. 732; *Dötsch/Pung* in: Dötsch/Jost/Pung/Witt, § 20 EStG Rn. 175; *Dötsch/Pung*, DB 2003, S. 1349; *Henkel* in: Mössner, Steuerrecht international tätiger Unternehmen, Rn. E 335 f.; *Stuhrmann* in: Blümich, § 20 EStG Rn. 203; *Hamacher* in: Korn, § 20 EStG Rn. 115; *Wassermeyer* in: Kirchhof/Söhn/Mellinghoff, § 20 EStG Rn. D 15; *Frotscher* in: Frotscher/Maas, § 8b KStG Rn. 21.

[763] Vgl. BMF-Schreiben v. 04.06.2003, BStBl. I 2003, S. 366 Tz. 3; *Dötsch in*: Dötsch/Jost/Pung/Witt, § 27 KStG Rn. 3 unter c) und 7a; *Dötsch/Pung*, DB 2003, S. 1346; *Frotscher* in: Frotscher/Maas, § 27 KStG Rn. 11. Der BFH hat in seinen Entscheidungen vom 14.10.1992 (BStBl. II 1993, S. 189 ff.) und 27.04.2000 (BStBl. II 2001, S. 168 ff.) demgegenüber losgelöst von § 27 KStG zur Ermittlung einer

schränkt steuerpflichtige Körperschaften die nicht in das Eigenkapital geleisteten Einlagen auf einem steuerlichen Einlagekonto gesondert auszuweisen und dem Anteilseigner zu bescheinigen haben, dass es sich bei den Ausschüttungen um Leistungen aus diesem Konto handelt, wurden die Bezüge des inländischen Gesellschafters aus der Liquidation einer ausländischen Kapitalgesellschaft bislang vollumfänglich als Veräußerungserlöse behandelt und beim inländischen Anteilseigner gemäß den §§ 17, 23, 15 EStG der Besteuerung unterworfen. Dies wurde, soweit EU-ausländische Körperschaften betroffen waren, jedoch europarechtlich für bedenklich gehalten[764].

Den gemeinschaftsrechtlichen Bedenken hat der Gesetzgeber nunmehr durch die im Zuge des SEStEG neu eingefügte Vorschrift des **§ 27 Abs. 8 KStG** Rechnung getragen, mit welcher der Anwendungsbereich der inländischen Regelungen zum steuerlichen Einlagekonto auf das Gebiet der EU (jedoch nicht des EWR) ausgedehnt wurde. Für Gesellschaften, die in einem anderen Mitgliedstaat der EU der unbeschränkten Steuerpflicht unterliegen, besteht danach die antrags- und fristgebundene Möglichkeit, unter Einschaltung des Bundeszentralamts für Steuern für den jeweiligen Veranlagungszeitraum die Höhe der Einlagenrückgewähr gesondert feststellen zu lassen[765]. Für den deutschen JV-Partner kann danach nunmehr unter entsprechender Anwendung der §§ 27 Abs. 1-6, 28, 29 KStG ermittelt werden, ob es sich bei den Bezügen aus der Liquidation einer EU-ausländischen JV-Kapitalgesellschaft ganz oder teilweise um die Rückzahlung von Einlagen handelt. Soweit keine Einlagenrückgewähr festgestellt wird, gelten die erfolgten Leistungen gemäß § 27 Abs. 8 Satz 9 KStG als Gewinnausschüttungen, die beim inländischen JV-Partner zu Einnahmen i.S.d. § 20 Abs. 1 Nr. 1 oder 9 EStG führen. Für Bezüge aus der Liquidation einer außerhalb der EU ansässigen JV-Kapitalgesellschaft scheint eine steuerfreie Einlagenrückgewähr aufgrund der ausdrücklichen Beschränkung des § 27 Abs. 8 KStG auf das Gebiet der EU demgegenüber ausgeschlossen[766]. Vor dem Hintergrund des Leistungsfähigkeitsprinzips und der in Art. 56 EG niedergelegten Kapitalverkehrsfreiheit sowie im Hinblick auf das in nahezu allen DBA verankerte Diskriminierungsverbot erscheint dies jedoch fragwürdig[767]. Ein Grund dafür, die inländischen Regelungen über die steuerfreie Einlagenrückgewähr nicht weltweit anzuwenden, ist nicht ersichtlich, zumal die Steuerfreiheit von Rückzahlungen aus der Kapitalrücklage ausländischer Kapitalgesellschaften internationalen Gepflogenheiten entspricht[768]. Der

nicht steuerbaren Einlagenrückgewähr durch eine ausländische Gesellschaft allein auf die Behandlung nach ausländischem Handelsrecht abgestellt.

[764] In diesem Sinne *Förster/van Lishaut*, FR 2002, S. 1207; *Antweiler* in: Ernst & Young, § 27 KStG Rn. 20.3; *Füger/Rieger*, FR 2003, S. 545; *Blumenberg/Lechner*, BB-Special Nr. 8/2006, S. 33.

[765] *Korn*, KöSDi 2007, S. 15440 f.; kritisch zu den insoweit aufgestellten Nachweispflichten *Werra/Teiche*, DB 2006, S. 1458; *Dötsch/Pung*, DB 2006, S. 2653; *Rödder/Schumacher*, DStR 2006, S. 1490; *Blumenberg/Lechner*, BB-Special Nr. 8/2006, S. 33.

[766] Vgl. *Dötsch/Pung*, DB 2006, S. 2653; *Werra/Teiche*, DB 2006, S. 1458; *Blumenberg/Lechner*, BB-Special Nr. 8/2006, S. 33; a.A. unter Berufung auf die frühere Rechtsprechung des BFH (vgl. oben Fn. 763) wohl *Rödder/Schumacher*, DStR 2006, S. 1490.

[767] So auch *Werra/Teiche*, DB 2006, S. 1458; *Antweiler* in: Ernst & Young, § 27 KStG Rn. 20.4.

[768] Nach dem Steuerrecht der meisten anderen Staaten (z.B. USA, Kanada, Mexiko, Brasilien, Argentinien, Japan, Russland, Türkei, Spanien, Belgien, Niederlande) sind Kapitalrückzahlungen ausländischer Kapitalgesellschaften generell von der Besteuerung ausgenommen (vgl. *Werra/Teiche*, DB 2006, S. 1458).

deutsche Gesetzgeber ist daher gehalten, auch für in Drittstaaten bzw. innerhalb des EWR ansässige Körperschaften und Personenvereinigungen die Möglichkeit des Nachweises zu schaffen, dass Leistungen ganz oder teilweise aus einer Einlagenrückgewähr resultieren.

Fraglich ist, wie der anteilige Liquidationserlös des inländischen JV-Partners **abkommensrechtlich** zu qualifizieren ist. Bislang bestand insoweit Uneinigkeit, ob der Erlös als Veräußerungsgewinn (Art. 13 Abs. 5 MA) oder als Dividende (Art. 10 Abs. 3 MA) einzustufen ist[769]. Die OECD-Kommentierung in Ziff. 31 ff. MK zu Art. 13 MA und Ziff. 28 ff. MK zu Art. 10 MA stellt es dem Ansässigkeitsstaat der liquidierten Kapitalgesellschaft grundsätzlich frei, Liquidationserlöse nach seiner autonomen Abkommensauslegung entweder als Dividenden zu qualifizieren oder als Veräußerungsgewinne zu behandeln, da die Dividendendefinition in Art. 10 Abs. 3 MA jedenfalls auch Liquidationserlöse umfasst. Dementsprechend ist innerhalb der OECD-Mitgliedstaaten keine einheitliche abkommensrechtliche Behandlung festzustellen; teilweise werden Gewinnausschüttungen angenommen, während andere Staaten von einem Veräußerungsgewinn ausgehen. Für die Abkommensanwendung durch Deutschland als Ansässigkeitsstaat des Gesellschafters einer liquidierten ausländischen Kapitalgesellschaft ist daher fraglich, ob der Qualifikation des Liquidationserlöses durch den ausländischen Quellenstaat zu folgen[770] oder der Erlös unabhängig von der Behandlung im Quellenstaat auf Grundlage des innerstaatlichen Rechts zu qualifizieren ist[771]. Vor dem Hintergrund des **Art. 10 Abs. 3 MA** ist insoweit zu differenzieren: Wenngleich die Vertragsstaaten nach hier vertretener Ansicht grundsätzlich befugt sind, Abkommensbegriffe autonom und unabhängig von der Qualifikation im anderen Staat auf der Grundlage ihres eigenen innerstaatlichen Rechts auszulegen, so gilt für den Dividendenbegriff doch insoweit eine Ausnahme, als Art. 10 Abs. 3 MA die Frage, ob bestimmte Einkünfte abkommensrechtlich als Dividenden anzusehen sind, durch die Bezugnahme auf das Recht des Quellenstaates auch für den anderen Staat verbindlich beantwortet[772]. Das einschlägige innerstaatliche Recht des Quellenstaates wird insoweit zum Abkommensrecht erhoben und schlägt auf die Abkommensanwendung im Sitzstaat des Empfängers durch. Stellt das nationale Recht des Sitzstaates der liquidierten JV-Kapitalgesellschaft somit Liquidationsgewinne *positiv* mit „regulären" Gewinnausschüttungen von Kapitalgesellschaften gleich, folgt daraus die abkommensrechtliche Dividendeneigenschaft der Einkünfte auch mit Wirkung für Deutschland als Sitzstaat des Empfängers. Deutschland hat daher die entsprechenden Abkommensvergünstigungen zu gewähren und die im Ausland auf den Liquidationserlös erhobene Quellensteuer auf die inländische Steuer des deutschen JV-Partners bzw. seiner Gesellschafter anzurechnen[773]. Dies bedeutet jedoch nicht,

[769] Vgl. *Henkel* in: Mössner, Steuerrecht international tätiger Unternehmen, Rn. E 342; *Neyer/Gürzenich-Schmidt*, IStR 2000, S. 297; *Schaumburg*, Internationales Steuerrecht, Rn. 16.345. Seit Einführung der hälftigen bzw. 95 %igen steuerlichen Befreiung von Gewinnen aus der Veräußerung ausländischer Kapitalgesellschaftsanteile nach innerstaatlichem Recht dürfte diese Frage jedoch an Bedeutung verloren haben.

[770] So *Burmester*, RIW 1987, S. 301; *Schaumburg*, Internationales Steuerrecht, Rn. 16.345.

[771] So grundsätzlich *Wassermeyer* in: Debatin/Wassermeyer, Art. 10 MA Rn. 105; *Piltz*, DStR 1989, S. 135.

[772] Vgl. *Tischbirek* in: Vogel/Lehner, Art. 10 MA Rn. 184; *Wassermeyer* in: Debatin/Wassermeyer, Art. 10 MA Rn. 92, 105.

[773] Vgl. *Wassermeyer*, Liquidation, S. 98.

dass das Recht des Quellenstaates umgekehrt auch *negativ* mit Bindung für Deutschland bestimmen könnte, dass die Liquidationsgewinne nicht als Dividenden, sondern z.B. als Veräußerungsgewinne zu qualifizieren sind[774]. Mangels Verweisung auf das Recht des Quellenstaates für die Einstufung als Veräußerungsgewinn i.S.d. Art. 13 MA ist Deutschland nach hier vertretener Ansicht somit nicht gehindert, den anteiligen Liquidationserlös des inländischen JV-Partners aufgrund seiner autonomen Auslegung anteilig als Dividende i.S.d. Art. 10 MA und – soweit von der Möglichkeit des § 27 Abs. 8 KStG Gebrauch gemacht wurde – im Übrigen als nicht steuerbare Kapitalrückzahlung zu behandeln, selbst wenn der ausländische Quellenstaat die Einkünfte seinerseits als Veräußerungsgewinne qualifiziert[775]. Die unterschiedliche Abkommensanwendung mündet in diesem Fall jedoch nicht in einen positiven oder negativen Qualifikationskonflikt, da Deutschland nach übereinstimmender Auffassung beider Vertragsstaaten ein Besteuerungsrecht eingeräumt wird (vgl. Art. 10 Abs. 1 bzw. Art. 13 Abs. 5 MA).

c. Spaltung

Wie im Inlandsfall bietet sich möglicherweise auch im Auslandsfall eine Spaltung der JV-Kapitalgesellschaft zur Beendigung der Kooperation der JV-Partner an. In Betracht käme insoweit eine – aufgrund der Vorgaben des europäischen Primär- und Sekundärrechts zwingend zuzulassende – grenzüberschreitende Aufspaltung der ausländischen JV-Kapitalgesellschaft auf die JV-Partner („up-stream"-Spaltung) oder aber eine Auf- oder Abspaltung auf ebenfalls im Sitzstaat der JV-Kapitalgesellschaft ansässige ausländische Schwestergesellschaften („side-step"-Spaltung). In steuerlicher Hinsicht ist dabei jeweils danach zu differenzieren, ob die Spaltung auf Kapital- oder auf Personengesellschaften erfolgt. Die Vorschriften der §§ 15, 11 ff. UmwStG bzw. §§ 16, 3-8, 10 und 15 UmwStG finden insoweit Anwendung, sofern es sich beim übernehmenden und übertragenden Rechtsträger jeweils um EU-/EWR-Gesellschaften handelt und der nach ausländischem Recht zu beurteilende Spaltungsvorgang einer Aufspaltung i.S.d. § 123 UmwG vergleichbar ist (vgl. § 1 Abs. 1 Satz 1 Nr. 1, Abs. 2 Satz 1 Nr. 1 UmwStG)[776].

[774] Vgl. *Tischbirek* in: Vogel/Lehner, Art. 10 Rn. 223.
[775] Ebenso *Kroninger*, IStR 2003, S. 733.
[776] Auf- oder Abspaltungen außerhalb der EU / des EWR werden demgegenüber weder vom Anwendungsbereich des UmwStG noch von der für Drittstaatsverschmelzungen geltenden Vorschrift des § 12 Abs. 2 KStG erfasst; vgl. *Ronge/Peroulaz*, IStR 2007, S. 426.

aa. Spaltung auf Kapitalgesellschaften

(1) „Up-stream" - Spaltung

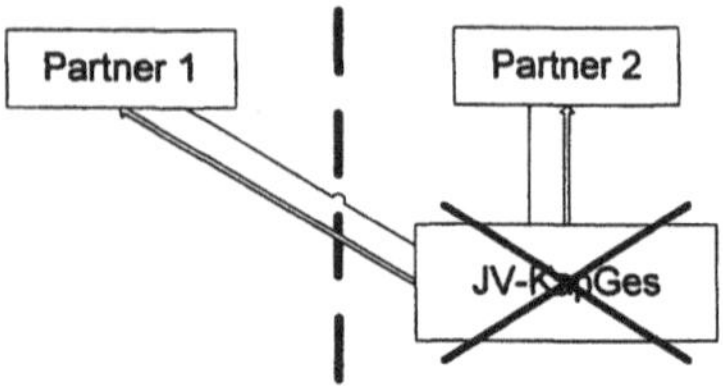

(a) Ebene der JV-Kapitalgesellschaft

Nach der Gesetzesbegründung zum SEStEG sollen aufgrund des erweiterten Anwendungsbereichs des UmwStG nunmehr grundsätzlich nicht nur inländische, sondern auch EU-/EWR-ausländische Kapitalgesellschaften als übertragende Körperschaften verpflichtet sein, eine **Schlussbilanz** i.S.d. § 11 UmwStG nach deutschen steuerrechtlichen Grundsätzen aufzustellen. Dies soll unabhängig davon gelten, ob die Körperschaft einer inländischen Steuerpflicht unterliegt oder im Inland zur Führung von Büchern verpflichtet ist[777]. Von der Vorlage einer steuerlichen Schlussbilanz kann – so die Gesetzesbegründung – nur dann abgesehen werden, wenn sie „nicht für inländische Besteuerungszwecke benötigt wird". Danach hätte die übertragende ausländische JV-Kapitalgesellschaft insbesondere dann eine steuerliche Schlussbilanz mit den nach § 11 UmwStG anzusetzenden Werten zu erstellen, wenn sie über inländisches Betriebsstättenvermögen verfügt und/oder einer der übernehmenden JV-Partner der deutschen Steuerpflicht unterliegt, da die Bilanz insoweit für Zwecke der Ermittlung des inländischen Übertragungsgewinns der in Deutschland beschränkt steuerpflichtigen JV-Kapitalgesellschaft bzw. für die Ermittlung des im Inland steuerpflichtigen Übernahmegewinns des JV-Partners benötigt wird[778]. In letzterem Fall (kein inländisches Betriebsstättenvermögen, aber inländische Steuerpflicht des übernehmenden Rechtsträgers) erscheint die Rechtmäßigkeit der vom Gesetzgeber in der Gesetzesbegründung zum SEStEG für ausländische übertragende Körperschaften so selbstverständlich aufgestellten Bilanzierungspflicht m.E. jedoch zweifelhaft. Die Frage, ob eine inländische Verpflichtung zur Bilanzerstellung besteht, beantwortet sich in erster Linie nach § 140 AO i.V.m. §§ 238 ff. HGB und somit nach inländischen handelsrechtlichen Grundsätzen. Danach unterliegt ein ausländischer Kaufmann jedoch nur insoweit der inländischen Buchführungs- und Bilanzierungspflicht, als er eine Zweigniederlassung (§ 13d ff. HGB) im Inland unterhält[779]. Ausländische Rechtsnormen, denen zufolge der ausländische Kaufmann zur Buchführung verpflichtet ist, sind darüber hinaus nicht geeignet, über § 140 AO eine derivative Buch-

---

[777] BT-Drucks. 16/2710, S. 40.

[778] Vgl. BT-Drucks. 16/2710, S. 40, 37; *Lemaitre/Schönherr*, GmbHR 2007, S. 173; *Schaflitzl/Widmayer*, BB-Special Nr. 8/2006, S. 41 f.; *Hagemann/Ropohl/Viebrock/Jakob*, NWB Sonderheft 1/2007, S. 30.

[779] *Trzaskalik* in: Hübschmann/Hepp/Spitaler, § 140 AO Rn. 6; *Dumke* in: Schwarz, § 141 AO Rn. 3; *Stobbe* in: Herrmann/Heuer/Raupach, § 5 EStG Rn. 31.

führungspflicht im Inland zu begründen[780]. Subsidiär kann sich aus § 141 AO eine originäre steuerrechtliche Buchführungspflicht ergeben, falls in Bezug auf eine inländische Betriebsstätte des ausländischen Kaufmanns die dort genannten Umsatz-, Betriebsvermögens- oder Gewinngrenzen überschritten werden. Die Buchführungspflicht bestimmt sich jedoch ausschließlich nach der Geschäftstätigkeit der inländischen Betriebsstätte, soweit diese im Inland steuerbar ist[781]. Folglich unterliegt eine ausländische Kapitalgesellschaft, die im Inland weder eine Zweigniederlassung im Sinne der §§ 13d ff. HGB unterhält noch über eine deutsche Betriebsstätte verfügt, nach den §§ 140, 141 AO keiner inländischen Bilanzierungspflicht. Selbst wenn eine inländische Zweigniederlassung oder Betriebsstätte der ausländischen Kapitalgesellschaft vorhanden ist, so bestünde eine inländische Bilanzierungspflicht gemäß §§ 140, 141 AO darüber hinaus lediglich für den Bereich dieser Zweigniederlassung/Betriebsstätte, da nur insoweit eine im Inland steuerbare Geschäftstätigkeit ausgeübt wird[782]. Dass der Gesetzgeber nunmehr im Bereich des § 11 UmwStG ausländischen übertragenden Körperschaften unabhängig von ihrer inländischen Steuer- und Buchführungspflicht auferlegen will, für ihr gesamtes In- und Auslandsvermögen eine deutsch-steuerliche Schlussbilanz aufzustellen, erscheint vor dem Hintergrund grundlegender Prinzipien des internationalen Steuerrechts sowie der europarechtlichen Grundfreiheiten bedenklich. Zum einen enden die Eingriffsbefugnisse der deutschen Finanzbehörden innerhalb internationaler Sachverhalte nach dem aus dem Völkerrecht abzuleitenden Territorialitätsprinzip grundsätzlich an den Staatsgrenzen. Um einen Steuerausländer der deutschen Steuerverwaltungshoheit unterwerfen zu können, bedarf es daher stets eines hinreichenden Inlandsbezugs[783]. Daraus folgt, dass einem Steuerausländer nur insoweit inländische Bilanzierungspflichten auferlegt werden können, als dieser über einen entsprechenden Bezugspunkt im Inland (z.B. eine inländische Betriebsstätte) verfügt. Soll eine ausländische Körperschaft, die weder über einen inländischen Sitz oder Ort der Geschäftsleitung noch über inländisches Betriebsstättenvermögen verfügt, auf einen inländischen Rechtsträger verschmolzen werden, fehlt es hinsichtlich der übertragenden Körperschaft aber an jeglichem Inlandsbezug, da sich die Frage, ob infolge der Verschmelzung ein Übertragungsgewinn entsteht und wie dieser zu ermitteln ist, ausschließlich nach ausländischem Recht bestimmt. Dass der *übernehmende* Rechtsträger der inländischen Steuerpflicht unterliegt und möglicherweise einen Übernahmegewinn zu versteuern hat, begründet überdies keinen eigenen inländischen Anknüpfungspunkt für die *übertragende* Gesellschaft. Zudem erscheint die seitens des deutschen Gesetzgebers aufgestellte Verpflichtung zur Erstellung einer deutsch-steuerlichen Schlussbilanz auch vor dem Hintergrund der Niederlassungsfreiheit nach Art. 43, 48 EG problematisch, da es hierdurch für ausländische übertragende Rechtsträger, die

---

[780] So FG Köln, Urt. v. 14.10.1981, EFG 1982, S. 422 ff.; *Trzaskalik* in: Hübschmann/Hepp/Spitaler, § 140 AO Rn. 6; *Dumke* in: Schwarz, § 140 AO Rn. 2, 2a; *Stobbe* in: Herrmann/Heuer/Raupach, § 5 EStG Rn. 31; a.A. hingegen *Kruse/Drüen* (in: Tipke/Kruse, § 140 Rn. 7), die eine weitergehende Auslegung des § 140 AO mit dem Zweck der Vorschrift, möglichst viele außersteuerliche Pflichten dem Steuerrecht nutzbar zu machen, zu rechtfertigen versuchen.

[781] *Dumke* in: Schwarz, § 141 AO Rn. 3; *Stobbe* in: Herrmann/Heuer/Raupach, § 5 EStG Rn. 31; *Drüen* in: Tipke/Kruse, § 141 AO Rn. 6.

[782] Vgl. BFH-Urt. v. 17.12.1997, BStBl. II 1998, S. 260 ff.

[783] Vgl. in Bezug auf die Begründung der beschränkten Steuerpflicht *Hey*, IWB Fach 3 Gr. 1, S. 2004; *Schaumburg*, Internationales Steuerrecht, Rn. 5.119 ff.

bislang nicht der deutschen Steuerhoheit unterlegen haben, im Ergebnis weniger attraktiv wird, auf einen inländischen Rechtsträger zu verschmelzen als auf einen vergleichbaren ausländischen Rechtsträger. Angesichts dieser Bedenken bleibt abzuwarten, ob sich die insoweit aufgestellte Bilanzierungspflicht halten lassen wird. Unbenommen ist es der ausländischen übertragenden Körperschaft jedoch, freiwillig eine steuerliche Schlussbilanz mit den nach §§ 15 Abs. 1 Satz 1, 11 UmwStG anzusetzenden Werten aufzustellen.

Im Hinblick auf die nach §§ 15 Abs. 1 Satz 1, 11 Abs. 2 Satz 1 Nr. 2 UmwStG erforderliche Gewährleistung des deutschen Besteuerungsrechts können die übergehenden Wirtschaftsgüter in der steuerlichen Schlussbilanz der ausländischen JV-Kapitalgesellschaft mit dem **Buchwert** angesetzt werden, soweit

- *inländisches Betriebsstättenvermögen* auf den *inländischen* JV-Partner übergeht, da insoweit sowohl der übertragende als auch der übernehmende Rechtsträger dem deutschen Besteuerungsregime unterliegen[784];
- *inländisches Betriebsstättenvermögen* auf den *ausländischen* JV-Partner übergeht und die übergehenden Wirtschaftsgüter auch nach der Aufspaltung funktional einer deutschen Betriebsstätte zuzurechnen sind: Deutschland besitzt insoweit vor und nach der Spaltung ein uneingeschränktes Besteuerungsrecht an dem inländischen Betriebsstättenvermögen, selbst wenn die übertragende JV-Kapitalgesellschaft und der übernehmende ausländische JV-Partner in verschiedenen EU-/EWR-Staaten ansässig sind und infolge des Vermögensübergangs ein Wechsel in der Methode zur Vermeidung der Doppelbesteuerung eintritt[785];
- *ausländisches Betriebsstättenvermögen* auf den *inländischen* JV-Partner übergeht: Insoweit besteht entweder weder vor noch nach der Aufspaltung ein deutsches Besteuerungsrecht (DBA mit Freistellungsmethode) oder aber ein solches wird durch die Aufspaltung erstmals begründet (DBA mit Anrechnungsmethode oder Nichtbestehen eines DBA)[786];
- eine isolierte *Beteiligung* der ausländischen JV-Kapitalgesellschaft *an in- oder ausländischen Kapitalgesellschaften* auf den *inländischen* JV-Partner übertragen wird: An den übergehenden Anteilen wird insoweit in der Regel erstmals ein deutsches Besteuerungsrecht begründet (vgl. Art. 13 Abs. 5 MA)[787].

---

[784] Vgl. *Hagemann/Ropohl/Viebrock/Jakob*, NWB Sonderheft 1/2007, S. 32.

[785] Vgl. *Hagemann/Ropohl/Viebrock/Jakob*, NWB Sonderheft 1/2007, S. 30.

[786] Vgl. *Hagemann/Ropohl/Viebrock/Jakob*, NWB Sonderheft 1/2007, S. 32. *Schaflitzl/Widmayer* (BB-Special Nr. 8/2006, S. 40) gehen in letzterem Fall davon aus, dass die übergehenden Wirtschaftsgüter beim übertragenden Rechtsträger daher in analoger Anwendung der §§ 4 Abs. 1 Satz 7, 2. Halbs., 6 Abs. 1 Nr. 5a EStG zwingend mit dem gemeinen Wert anzusetzen seien. Dies vermag jedoch m. E. nicht zu überzeugen, da die Verstrickung erst auf Ebene des übernehmenden inländischen JV-Partners erfolgt und eine Anwendung der §§ 4 Abs. 1 Satz 7, 6 Abs. 1 Nr. 5 lit. a EStG auf Ebene der übertragenden Gesellschaft daher ausscheidet (so auch *Lemaitre/Schönherr*, GmbHR 2007, S. 175).

[787] Bestand hinsichtlich der übergehenden Anteile an einer deutschen Tochter-Kapitalgesellschaft vor der Spaltung demgegenüber ausnahmsweise ein deutsches Besteuerungsrecht (bei Ansässigkeit der JV-Kapitalgesellschaft in Tschechien, der Slowakei, Zypern oder in einem Staat, mit dem Deutschland kein DBA unterhält), bleibt dieses bei Übergang auf den deutschen JV-Partner gewahrt. Gehen die in Deutschland steuerverstrickten Anteile hingegen auf den ausländischen JV-Partner über, geht das

Soweit *ausländisches Betriebsstättenvermögen* oder nicht in einer Betriebsstätte verhaftete *Kapitalgesellschaftsanteile* auf den *ausländischen* JV-Partner übergehen, erübrigt sich die Anwendung der §§ 15 Abs. 1 Satz 1, 11 und 12 UmwStG, da (hinsichtlich Kapitalgesellschaftsanteilen zumindest in der Regel) weder für einen Übertragungs- noch für einen Übernahmegewinn ein deutsches Besteuerungsrecht bestünde[788].

(b) Ebene des JV-Partners

Der deutsche JV-Partner hat die im Zuge der Aufspaltung auf ihn übergehenden Wirtschaftsgüter nach **§§ 15 Abs. 1 Satz 1, 12 Abs. 1 Satz 1 UmwStG** grundsätzlich mit den in der steuerlichen Schlussbilanz der übertragenden ausländischen JV-Kapitalgesellschaft enthaltenen Werten zu übernehmen. Im Falle des Buchwertansatzes auf Ebene der JV-Kapitalgesellschaft kommt es somit zu einer steuerlichen Buchwertverknüpfung. Soweit im Zuge der „Hereinspaltung" jedoch erstmals ein deutsches Besteuerungsrecht an den Wirtschaftsgütern der übertragenden ausländischen JV-Kapitalgesellschaft begründet wird, ergibt sich insoweit ein Widerspruch zu den allgemeinen Verstrickungsgrundsätzen der **§§ 4 Abs. 1 Satz 7, 2. Halbs. i.V.m. 6 Abs. 1 Nr. 5a EStG**. Verfügt die zu spaltende ausländische JV-Kapitalgesellschaft z.B. über ausländisches Betriebsstättenvermögen, welches im Verhältnis zu Deutschland in einem DBA-Staat mit Anrechnungsmethode oder einem Nicht-DBA-Staat belegen ist und folglich mit Übergang auf den deutschen JV-Partner erstmals in die inländische Besteuerung hineinwächst, so schreiben die §§ 8 Abs. 1 Satz 1 KStG, 4 Abs. 1 Satz 7, 2. Halbs., 6 Abs. 1 Nr. 5 lit. a EStG insoweit – unabhängig von der steuerlichen Behandlung im Ausland – einen Ansatz mit dem gemeinen Wert vor. Gleiches gilt für isolierte Kapitalgesellschaftsbeteiligungen der ausländischen JV-Kapitalgesellschaft, welche durch Übergang auf den inländischen JV-Partner erstmals im Inland steuerverstrickt werden.

Nach dem Gesetzeswortlaut sind die §§ 4 Abs. 1 Satz 7, 2. Halbs. i.V.m. 6 Abs. 1 Nr. 5a EStG grundsätzlich auch auf eine Verstrickung im Zusammenhang mit einem Rechtsträgerwechsel, d.h. auch im Falle der Spaltung anwendbar[789]. Aufgrund der tatbestandlichen Überschneidung stellt sich daher die Frage nach dem **Konkurrenzverhältnis** der die Fortführung der Buchwerte vorschreibenden §§ 15 Abs. 1 Satz 1, 12 Abs. 1 Satz 1 UmwStG zu den allgemeinen Verstrickungsgrundsätzen der §§ 4 Abs. 1 Satz 7, 2. Halbs. i.V.m. 6 Abs. 1 Nr. 5 lit. a EStG. Grundsätzlich ist davon auszugehen, dass die allgemeinen Vorschriften der §§ 4 Abs. 1 Satz 7, 6 Abs. 1 Nr. 5a EStG im Falle einer umwandlungsbedingten Verstrickung hinter die spezielleren Vorschriften der §§ 4 Abs. 1 und 12 Abs. 1 UmwStG zurücktreten[790]. Demnach wäre auch im Falle der erstmaligen Steuerverstrickung infolge der „Hereinspaltung" nach Deutschland ein auf Ebene der zu spaltenden ausländischen JV-Kapitalgesellschaft angesetzter Buchwert zwingend auf Ebene des übernehmenden deutschen JV-Partners fortzuführen. Sinn und Zweck des Gesetzes sprechen jedoch m.E. gegen eine

---

deutsche Besteuerungsrecht in der Regel verloren, es sei denn der ausländische JV-Partner ist seinerseits in Tschechien, der Slowakei, Zypern oder in einem Nicht-DBA-Staat ansässig.

[788] Vgl. *Dötsch* in: Dötsch/Patt/Pung/Möhlenbrock, § 11 UmwStG (SEStEG) Rn. 61a, Fall g).

[789] *Rödder/Schumacher*, DStR 2006, S. 1528.

[790] So *Dötsch/Pung*, DB 2006, S. 2705; *Dötsch* in: Dötsch/Jost/Pung/Witt, Kurzkommentierung zum SEStEG, Vor § 12 UmwStG, Rn. 1; *Lemaitre/Schönherr*, GmbHR 2007, S. 175.

derartige steuerliche Wertverknüpfung. Im Falle einer Buchwertverknüpfung nach §§ 15 Abs. 1 Satz 1, 12 Abs. 1 Satz 1 UmwStG würden die im Ausland in den übertragenen Wirtschaftsgütern aufgelaufenen stillen Reserven ins Inland hineinverlagert und bei einer späteren Veräußerung in Deutschland steuerlich erfasst. Es käme damit letztlich zu einem Import der noch vor Eintritt in das deutsche Besteuerungsregime im Ausland gebildeten stillen Reserven. Im Sitzstaat der JV-Kapitalgesellschaft haben diese stillen Reserven jedoch ggf. bereits bei Ausscheiden aus der dortigen steuerlichen Sphäre der Besteuerung unterlegen. Damit käme es letztlich zu einer Doppelerfassung. Den Import ausländischer stiller Reserven wollen die §§ 4 Abs. 1 Satz 7, 6 Abs. 1 Nr. 5 lit. a EStG ausweislich der Gesetzesbegründung zudem gerade vermeiden[791]. Der Gesetzeszweck spricht somit m.E. dafür, die durch die Aufspaltung erstmals im Inland steuerverstrickten Wirtschaftsgüter – unabhängig vom Wertansatz in der steuerlichen Schlussbilanz der ausländischen JV-Kapitalgesellschaft – auf Ebene des übernehmenden deutschen JV-Partners mit dem gemeinen Wert anzusetzen[792]. Die Vorschriften des UmwStG gelangen insoweit nur vorbehaltlich der allgemein gültigen Verstrickungsgrundsätze zur Anwendung. Dies scheint auch der Gesetzgeber des SEStEG intendiert zu haben, sieht doch die Gesetzesbegründung für den Parallelfall der Einbringung nach § 20 UmwStG, soweit durch diese ein deutsches Besteuerungsrecht hinsichtlich des Gewinns aus der Veräußerung des eingebrachten Betriebsvermögens erstmals begründet wird, zwingend den Ansatz des gemeinen Werts analog § 6 Abs. 1 Nr. 5a i.V.m. § 4 Abs. 1 Satz 7, 2. Halbs. EStG vor[793]. Der Einheitlichkeitsgrundsatz soll dem – so die Gesetzesbegründung – nicht entgegenstehen. Dies muss m.E. für alle Umwandlungsarten gleichermaßen gelten, da kein Grund ersichtlich ist, weshalb der Vorbehalt der allgemeinen Verstrickungsgrundsätze allein auf den Bereich der Einbringung nach § 20 UmwStG beschränkt sein sollte. Angesichts der grundsätzlichen Spezialität des UmwStG gegenüber den Vorschriften des EStG wäre eine gesetzgeberische Klarstellung hier jedoch wünschenswert. Praktisch lässt sich das Problem des Imports von im Ausland gebildeten stillen Reserven – sofern kein inländisches Betriebsstättenvermögen vorhanden ist – zwar umgehen, indem die ausländische JV-Kapitalgesellschaft in ihrer deutsch-steuerlichen Schlussbilanz von ihrem nach §§ 15, 11 Abs. 2 Satz 1 UmwStG bestehenden Antragswahlrecht keinen Gebrauch macht, sondern die beim übernehmenden inländischen JV-Partner erstmals in die deutsche Besteuerung hineinwachsenden Wirtschaftsgüter mit dem gemeinen Wert ansetzt. Ein dabei entstehender „fiktiver" Übertragungsgewinn der ausländischen JV-Kapitalgesellschaft unterläge mangels Steuerpflicht der Überträgerin im Inland jedenfalls keiner Besteuerung. Dieser Weg ist jedoch nicht gangbar, sofern neben dem „hineingespaltenen" ausländischen Vermögen eine inländische Betriebsstätte vorhanden ist, da die übertragende JV-Kapitalgesellschaft in diesem Fall aufgrund des Einheitlichkeitsprinzips steuerwirksam auch das inländische Vermögen mit dem gemeinen Wert anzusetzen und folglich im Inland einen Übertragungsgewinn zu versteuern hätte.

---

[791] Vgl. BT-Drucks. 16/2710, S. 27.

[792] Im Ergebnis ebenso *Hagemann/Ropohl/Viebrock/Jakob*, NWB Sonderheft 1/2007, S. 32; im Kontext des § 12 Abs. 3 UmwStG auch *Klingberg* in: PWC, Reform des Umwandlungssteuerrechts, Rn. 1341.

[793] Vgl. BT-Drucks. 16/2710, S. 43; dazu auch *Schönherr/Lemaitre*, GmbHR 2007, S. 462; *Patt* in: Dötsch/Jost/Pung/Witt, § 20 UmwStG (SEStEG) Rn. 27.

Ausgehend von dem Grundsatz, dass die im Zuge der Aufspaltung erstmals in die deutsche Steuerverhaftung hineinwachsenden Wirtschaftsgüter somit unabhängig vom Wertansatz in der steuerlichen Schlussbilanz der übertragenden JV-Kapitalgesellschaft mit dem gemeinen Wert anzusetzen sind, ergeben sich unmittelbar Auswirkungen für die Ermittlung des **Übernahmegewinns**, der sich um den gemeinen Wert der „hineingespaltenen" Wirtschaftsgüter erhöht. Gemäß § 12 Abs. 2 Satz 2 UmwStG i.V.m. § 8b KStG ist der buchmäßig entstehende Übernahmegewinn außerhalb der Bilanz zu neutralisieren[794], wobei allerdings 5 % des Gewinns als nicht abziehbare Betriebsausgaben gelten. Die damit gesetzlich angeordnete 5 %ige Besteuerung des Übernahmegewinns widerspricht jedoch den Vorgaben der Fusionsrichtlinie. Nach hier vertretener Ansicht hat ein sich nach § 12 Abs. 2 UmwStG ergebender Übernahmegewinn daher – wie nach bisheriger Rechtslage – gänzlich steuerfrei bleiben. Soweit die im „hineingespaltenen" ausländischen Vermögen ruhenden stillen Reserven den Übernahmegewinn erhöhen, sollte m.E. anstelle einer Sofortversteuerung zumindest im Billigkeitswege eine Stundung bis zur endgültigen Realisierung der stillen Reserven bei Veräußerung gewährt werden[795]. Im Übrigen gelten die obigen, den reinen Inlandsfall betreffenden Ausführungen zum Beteiligungskorrekturgewinn und Verlustübergang entsprechend[796].

(2) „Side-step" - Spaltung

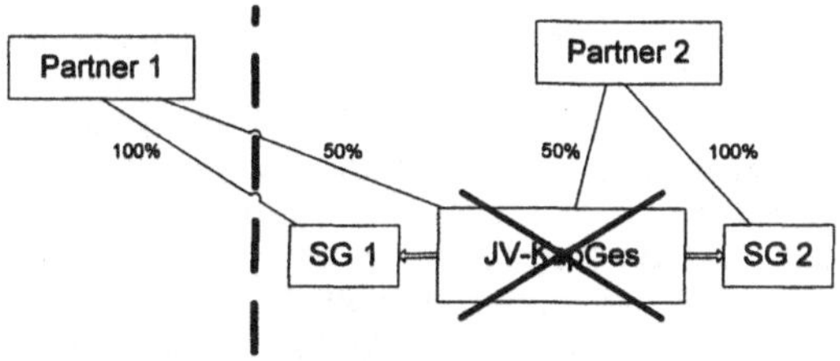

(a) Ebene der JV-Kapitalgesellschaft

Im Falle der Auf- oder Abspaltung auf in ihrem Sitzstaat ansässige Schwester-Kapitalgesellschaften hat die ausländische JV-Kapitalgesellschaft eine deutsch-steuerliche Schlussbilanz im Sinne der §§ 15 Abs. 1 Satz 1, 11 UmwStG nur aufzustellen, wenn und soweit sie über inländisches Betriebsvermögen verfügt und daher der beschränkten deutschen Steuerpflicht unterliegt[797]. Da Deutschland nach allen DBA mit Staaten der EU / des EWR inländische Betriebsstättengewinne uneingeschränkt besteuern darf, können die übergehenden Wirtschaftsgüter in der Schlussbilanz der JV-Kapitalgesellschaft auf Antrag grundsätzlich mit dem Buchwert angesetzt werden **(§§ 15 Abs. 1 Satz 1, 11 Abs. 2 Satz 1 UmwStG)**, wodurch die Entstehung eines Übertragungsgewinns vermieden wird.

---

[794] Vgl. BMF-Schr. v. 25.03.1998, BStBl. I 1998, S. 268 ff., Tz. 12.03.
[795] So auch *Schaflitzl/Widmayer*, BB-Special Nr. 8/2006, S. 44.; *dies.* in: Blumenberg/Schäfer, SEStEG, S. 123.
[796] Vgl. dazu oben Kapitel 3:C.I.1.c.bb(1)(a)(bb).
[797] Vgl. *Dötsch* in: Dötsch/Patt/Pung/Möhlenbrock, § 11 UmwStG (SEStEG) Rn. 61a, Fall g) und h).

Fehlt es hingegen an einer beschränkten Steuerpflicht der ausländischen JV-Kapitalgesellschaft, so findet § 11 UmwStG keinerlei Anwendung, da die Vorlage einer deutsch-steuerlichen Schlussbilanz in diesem Fall – mangels Steuerpflicht – weder für Zwecke der Besteuerung der übertragenden JV-Kapitalgesellschaft, noch der übernehmenden ausländischen Schwester-Kapitalgesellschaften benötigt wird und auch die Besteuerung des deutschen JV-Partners gemäß §§ 15, 13 UmwStG unabhängig davon erfolgt, ob auf Ebene der übertragenden Körperschaft die §§ 15, 11 UmwStG und auf Ebene der übernehmenden Körperschaft die §§ 15, 12 UmwStG anzuwenden sind[798]. Der Ansatz oder die Bewertung des übergehenden Vermögens beim übertragenden und übernehmenden Rechtsträger ist für die steuerliche Behandlung des Anteilseigners ohne Bedeutung[799].

(b) Ebene der übernehmenden Schwestergesellschaft

Die steuerliche Behandlung auf Ebene der übernehmenden ausländischen Schwester-Kapitalgesellschaft richtet sich allein nach dem Recht ihres jeweiligen Sitzstaates. Insbesondere ist kein Übernahmeergebnis nach deutschem Recht zu ermitteln; § 12 UmwStG findet mangels inländischer Steuerpflicht der übernehmenden Gesellschaft keine Anwendung[800].

(c) Ebene des JV-Partners

Auf Ebene des deutschen JV-Partners gelten die Anteile an der übertragenden ausländischen JV-Kapitalgesellschaft grundsätzlich als zum gemeinen Wert veräußert und die Anteile an der übernehmenden ausländischen Schwester-Kapitalgesellschaft als zu demselben Wert angeschafft. Auf Antrag können die Anteile an der Übernehmerin jedoch gemäß **§§ 15 Abs. 1 Satz 1, 13 Abs. 2 Satz 1 UmwStG** mit dem Buchwert der ausscheidenden Beteiligung an der übertragenden JV-Kapitalgesellschaft angesetzt werden, da Deutschland gemäß Art. 13 Abs. 5 MA in der Regel sowohl die Gewinne aus der Veräußerung der Anteile an der übertragenden als auch der im selben Staat ansässigen übernehmenden Gesellschaft besteuern darf und das deutsche Besteuerungsrecht somit im Vergleich zu einer Veräußerung der Altanteile nicht eingeschränkt wird[801]. Im Ergebnis findet somit ein steuerneutraler Anteilstausch statt, wobei die steuerliche Qualität der Altanteile auf die neuen Anteile an der übernehmenden Gesellschaft übergeht (§§ 15 Abs.1 Satz 1, 13 Abs. 2 Satz 2 UmwStG).

---

[798] BT-Drucks. 16/2710, S. 41.

[799] *Klingberg* in: PWC, Reform des Umwandlungssteuerrechts, Rn. 1382.

[800] Vgl. *Hagemann/Ropohl/Viebrock/Jakob*, NWB Sonderheft 1/2007, S. 30 f.

[801] Ist die JV-Kapitalgesellschaft in Tschechien, der Slowakei oder Zypern ansässig, durfte Deutschland den Gewinn aus der Veräußerung der Altanteile ausnahmsweise ohnehin nicht besteuern. Die „side-step"-Spaltung kann daher denknotwendig zu keiner Beeinträchtigung des deutschen Besteuerungsrechts führen.

bb. Spaltung auf Personengesellschaften

(1) „Up-stream“ – Spaltung

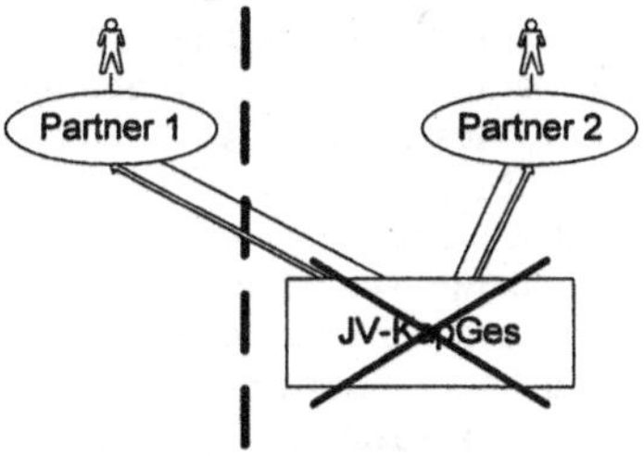

(a) Ebene der JV-Kapitalgesellschaft

Auch im Fall der Spaltung einer ausländischen Kapitalgesellschaft auf Personengesellschaften soll die übertragende ausländische Kapitalgesellschaft nach der Gesetzesbegründung zum SEStEG unabhängig von ihrer inländischen Steuer- oder Buchführungspflicht verpflichtet sein, eine **steuerliche Schlussbilanz** im Sinne der §§ 16 Satz 1, 3 UmwStG aufzustellen, es sei denn, die Vorlage einer solchen wird für inländische Besteuerungszwecke nicht benötigt[802]. Einer deutsch-steuerlichen Schlussbilanz der ausländischen übertragenden Körperschaft bedarf es nach der Gesetzesbegründung insoweit insbesondere, wenn ein Mitunternehmer der übernehmenden Personengesellschaft in Deutschland der unbeschränkten oder beschränkten Steuerpflicht unterliegt. Soweit die ausländische Körperschaft jedoch bislang in keiner Weise (beispielsweise aufgrund einer inländischen Betriebsstätte) der deutschen Steuerverwaltungshoheit unterstellt war, erscheint die Rechtmäßigkeit einer solchen Bilanzierungspflicht vor dem Hintergrund des Territorialitätsprinzips und der Niederlassungsfreiheit m.E. fraglich[803]. Es bleibt der übertragenden ausländischen Körperschaft jedoch selbstverständlich unbenommen, freiwillig eine steuerliche Schlussbilanz mit den nach §§ 16 Satz 1, 3 UmwStG anzusetzenden Werten aufzustellen.

Die im Zuge der Aufspaltung auf die JV-Partner in Form von Personengesellschaften übergehenden Wirtschaftsgüter können in der steuerlichen Schlussbilanz der JV-Kapitalgesellschaft grundsätzlich mit dem **Buchwert** angesetzt werden, soweit

- *inländisches Betriebsstättenvermögen* auf im In- oder Ausland ansässige Mitunternehmer der übernehmenden Personengesellschaft übergeht, da insoweit nach der Aufspaltung ein deutsches Besteuerungsrecht auf Ebene der unbeschränkt oder beschränkt steuerpflichtigen Mitunternehmer fortbesteht oder
- *ausländisches Betriebsstättenvermögen* bzw. isolierte *Anteile an in- oder ausländischen Kapitalgesellschaften* auf im Inland steuerpflichtige Mitunternehmer der übernehmenden Personengesellschaft übergehen, da insoweit – unabhängig von der abkommensrechtlichen Lage – vor der Aufspaltung (hinsichtlich Kapitalgesellschaftsanteilen zumindest in der Regel) ohnehin kein

---

[802] BT-Drucks. 16/2710, S. 37.

[803] Vgl. bereits oben Kapitel 3:C.I.2.c.aa(1)(a).

deutsches Besteuerungsrecht bestand, welches beeinträchtigt werden könnte[804].

Soweit *ausländisches Betriebsstättenvermögen* oder isolierte *Anteile an in- oder ausländischen Kapitalgesellschaften* auf in Deutschland weder unbeschränkt noch beschränkt steuerpflichtige Mitunternehmer der übernehmenden Personengesellschaft übergehen, erübrigt sich eine Anwendung der §§ 3 ff. UmwStG, da weder für einen Übertragungs- noch für einen Übernahmegewinn ein deutsches Besteuerungsrecht bestünde[805]. Im Hinblick auf die Wertansätze bei der übertragenden ausländischen JV-Kapitalgesellschaft entspricht die steuerliche Behandlung somit derjenigen bei Spaltung auf Kapitalgesellschaften; Abweichungen ergeben sich lediglich insoweit, als der übernehmende Rechtsträger steuerlich transparent ist und somit hinsichtlich der Gewährleistung des deutschen Besteuerungsrechts auf die Mitunternehmer abzustellen ist.

(b) Ebene des JV-Partners

Die übergehenden Wirtschaftsgüter sind auf Ebene des deutschen JV-Partners nach **§ 16 Satz 1, 4 Abs. 1 Satz 1 UmwStG** grundsätzlich mit den in der steuerlichen Schlussbilanz der übertragenden ausländischen JV-Kapitalgesellschaft enthaltenen Werten zu übernehmen. Nach hier vertretener Ansicht gilt dies jedoch trotz der grundsätzlichen Spezialität des UmwStG gegenüber den Vorschriften des EStG nach Sinn und Zweck des Gesetzes nur vorbehaltlich der allgemein gültigen Verstrickungsgrundsätze[806]. Soweit im Zuge der Aufspaltung der ausländischen JV-Kapitalgesellschaft erstmals ein inländisches Besteuerungsrecht an den übergehenden Wirtschaftsgütern begründet wird (z.B. bei Übergang von ausländischem Betriebsstättenvermögen in einem DBA-Staat mit Anrechnungsmethode bzw. einem Nicht-DBA-Staat oder isolierten Kapitalgesellschaftsanteilen auf inländische Mitunternehmer der übernehmenden in- oder ausländischen Personengesellschaft), ist somit zur Vermeidung einer system-, verfassungs- und europarechtswidrigen Doppelerfassung[807] der stillen Reserven nach **§ 4 Abs. 1 Satz 7, 2. Halbs. i.V.m. § 6 Abs. 1 Nr. 5a EStG** der gemeine Wert anzusetzen. Andernfalls würden die im Ausland gebildeten stillen Reserven des übergehenden Betriebsvermögens bei einer späteren Veräußerung im Inland steuerlich erfasst, obwohl sie ggf. bereits bei Ausscheiden aus der steuerlichen Sphäre des Sitzstaats der JV-Kapitalgesellschaft der ausländischen Besteuerung unterlegen haben und zudem im Rahmen des Übernahmeergebnisses gemäß §§ 16 Satz 1, 4 Abs. 4 Satz 2 UmwStG im Inland erfasst wer-

---

[804] Bestand hinsichtlich Anteilen an einer inländischen Tochter-Kapitalgesellschaft vor der Spaltung ausnahmsweise ein deutsches Besteuerungsrecht (bei Ansässigkeit der JV-Kapitalgesellschaft in Tschechien, der Slowakei, Zypern oder einem Nicht-DBA-Staat), geht dieses Recht hingegen regelmäßig verloren, soweit die Anteile auf ausländische Mitunternehmer der übernehmenden Personengesellschaft übergehen, es sei denn, der ausländische Mitunternehmer ist seinerseits in Tschechien, der Slowakei, Zypern oder einem Staat ansässig, mit dem Deutschland kein DBA unterhält oder die Anteile können funktional einer inländischen (Personengesellschafts-)Betriebsstätte zugeordnet werden.

[805] Vgl. *Pung* in: Dötsch/Patt/Pung/Möhlenbrock, § 4 UmwStG (SEStEG) Rn. 6, Fall o). Zu Ausnahmen vgl. soeben Fn. 804.

[806] Vgl. oben Kapitel 3:C.I.2.c.aa(1)(b).

[807] Vgl. *Lemaitre/Schönherr*, GmbHR 2007, S. 175.

den[808]. Der Gesetzgeber ist gehalten, hier Klarheit zu schaffen und zum Verhältnis der allgemeinen Verstrickungsregelungen zu § 4 Abs. 1 Satz 17 UmwStG Stellung zu nehmen.

Hinsichtlich der Ermittlung des **Übernahmeergebnisses** nach §§ 16 Satz 1, 4 Abs. 4 UmwStG und der Bezüge nach §§ 16 Satz 1, 7 UmwStG gelten die obigen, den Inlandsfall betreffenden Ausführungen entsprechend; die Ermittlung kommt jedoch nur für die in Deutschland steuerpflichtigen Gesellschafter der übernehmenden JV-Partner in Betracht[809]. Inländisches Betriebsstättenvermögen der übertragenden ausländischen JV-Kapitalgesellschaft ist dabei gemäß den **§§ 16 Satz 1, 4 Abs. 4 Satz 1 UmwStG** mit dem aus der Schlussbilanz übernommenen Wert anzusetzen. Die Wirtschaftsgüter des ausländischen Betriebsstättenvermögen sowie nicht in einer Betriebsstätte verhaftete Kapitalgesellschaftsbeteiligungen der übertragenden ausländischen JV-Kapitalgesellschaft sind demgegenüber gemäß **§§ 16 Satz 1, 4 Abs. 4 Satz 2 UmwStG** mit den gemeinen Werten zu erfassen, da an diesen vor der Aufspaltung kein deutsches Besteuerungsrecht bestand. Ob ein solches im Zuge der Aufspaltung begründet wird oder nicht, ist nach dem Wortlaut des § 4 Abs. 4 Satz 2 UmwStG für dessen Anwendung ohne Bedeutung[810]. Soweit die übergehenden Wirtschaftsgütern des ausländischen Vermögens jedoch erstmals in die deutsche Besteuerung hineinwachsen, sind diese m.E. bereits in der Bilanz des übernehmenden JV-Partners mit dem gemeinen Wert anzusetzen (§§ 4 Abs. 1 Satz 7, 6 Abs. 1 Nr. 5 lit. a EStG), so dass sich nach § 4 Abs. 4 *Satz 1* UmwStG unmittelbar Auswirkungen auf die Ermittlung des Übernahmeergebnisses ergeben. Dass § 4 Abs. 4 *Satz 2* UmwStG insoweit für Zwecke der Übernahmeergebnisermittlung den Ansatz mit dem gemeinen Wertes vorschreibt, ist daher rein deklaratorisch[811]. Gemäß **§§ 16 Satz 1, 7 UmwStG** ist den JV-Partnern ferner das anteilige Eigenkapital aus der steuerlichen Schlussbilanz der übertragenden JV-Kapitalgesellschaft, abzüglich des Bestands des steuerlichen Einlagekontos, welcher sich aus § 29 Abs. 3 KStG ergibt, als Bezüge aus Kapitalvermögen i.S.d. § 20 Abs. 1 Nr. 1 EStG zuzurechnen. Da die übertragende ausländische JV-Kapitalgesellschaft jedoch im Inland nicht unbeschränkt steuerpflichtig ist, ist sie zur Führung eines steuerlichen Einlagekontos i.S.d. § 27 KStG nicht verpflichtet. Für diesen Fall ist jedoch der Bestand der Einlagen bei der übertragenden JV-Kapitalgesellschaft – ihre Ansässigkeit innerhalb der EU vorausgesetzt – nach **§§ 29 Abs. 6, 27 Abs. 8 KStG** in entsprechender Anwendung der Regelungen zum steuerlichen Einlagekonto zu ermitteln[812]. An die Stelle des zuvor nicht festgestellten Einlagekontos tritt bei EU-ausländischen Kapitalgesellschaften insoweit der

---

808 *Pung* (in: Dötsch/Patt/Pung/Möhlenbrock, § 4 UmwStG (SEStEG) Rn. 60) will hingegen § 4 Abs. 4 Satz 2 UmwStG in Fällen der erstmaligen Steuerverstrickung in Deutschland im Wege der teleologischen Reduktion nicht anwenden und auf diese Weise die eintretende Mehrfachbesteuerung vermeiden.

809 Vgl. *Schaflitzl/Widmayer*, BB-Special Nr. 8/2006, S. 46; *Lemaitre/Schönherr*, GmbHR 2007, S. 183.

810 So auch *Förster/Felchner*, DB 2006, S. 1080.

811 Ähnlich *Schaflitzl/Widmayer*, BB-Special Nr. 8/2006, S. 44, die allerdings §§ 4 Abs. 1 Satz 7, 6 Abs. 1 Nr. 5a EStG – m.E. unzutreffend – bereits analog auf Ebene der zu spaltenden Kapitalgesellschaft anwenden wollen.

812 Dies sehen *Hagemann/Ropohl/Viebrock/Jakob* (NWB Sonderheft 1/2007, S. 23) und *Blumenberg/Lechner* (BB-Special Nr. 8/2006, S. 33) jedoch mit erheblichen praktischen Problemen verbunden.

Bestand der nicht in das Nennkapital geleisteten Einlagen zum Zeitpunkt der Vermögensübertragung.

Abkommensrechtlich besteht hinsichtlich der Bezüge im Sinne der §§ 16 Satz 1, 7 UmwStG sowie des Übernahmeergebnisses im Sinne der §§ 16 Satz 1, 4 Abs. 4 UmwStG – soweit diese auf im Inland steuerpflichtige Gesellschafter des übernehmenden deutschen JV-Partners entfallen – gemäß den Art. 10 Abs. 1, 21 Abs. 2 bzw. Art. 13 Abs. 2, Abs. 5 MA ebenfalls regelmäßig ein deutsches Besteuerungsrecht[813]. Sofern der Ansässigkeitsstaat der übertragenden JV-Kapitalgesellschaft die Bezüge im Sinne der §§ 16 Satz 1, 7 UmwStG ebenfalls als Dividenden (Art. 10 Abs. 3 MA) qualifiziert, hat Deutschland die insoweit anfallende ausländische Quellensteuer gemäß Art. 23 A Abs. 2 MA auf die inländische Steuer der Mitunternehmer anzurechnen. Unter den Voraussetzungen der §§ 16 Satz 1, 4 Abs. 6 UmwStG ist auch die Berücksichtigung eines Übernahmeverlustes zweiter Stufe im Inland möglich.

(2) „Side-step" – Spaltung

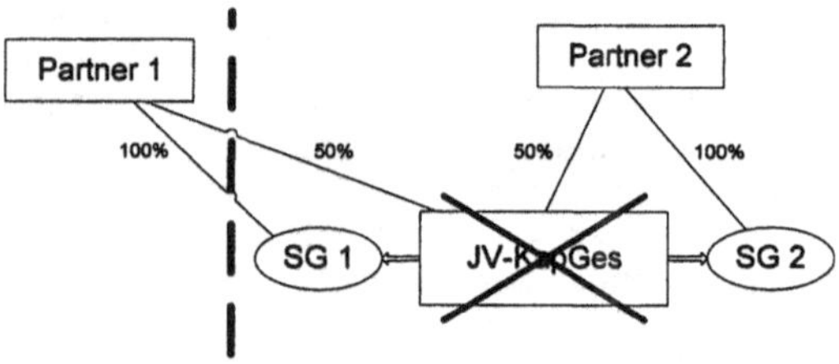

(a) Ebene der JV-Kapitalgesellschaft

Erfolgt die Spaltung „side-step" auf im Sitzstaat der ausländischen JV-Kapitalgesellschaft ansässige Schwester-Personengesellschaften, so können die im Zuge der Spaltung übergehenden Wirtschaftsgüter gemäß **§§ 16 Satz 1, 3 Abs. 2 Satz 1 UmwStG** in der steuerlichen Schlussbilanz der übertragenden Gesellschaft auf Antrag grundsätzlich mit dem Buchwert angesetzt werden, da das Besteuerungsrecht Deutschlands durch die Spaltung im Ergebnis weder ausgeschlossen noch beschränkt wird. In Bezug auf *ausländisches Betriebsstättenvermögen* oder isolierten *Anteilen an in- oder ausländischen Kapitalgesellschaften*[814] bestand aufgrund der Abschirmwirkung der übertragenden ausländischen JV-Kapitalgesellschaft bereits vor der Spaltung kein deutsches Besteuerungsrecht, welches durch den Vermögensübergang auf die ausländische Schwester-Personengesellschaft beeinträchtigt werden könnte. Hinsichtlich *inländischen Betriebsstättenvermögens* bleibt das deutsche Besteuerungsrecht ferner auch erhalten, soweit es auf eine ausländische Schwester-Personengesellschaft übergeht, an welcher der ausländische JV-Partner zu 100 % als Kommanditist beteiligt ist, da Deutschland auf die inländischen Betriebsstätten-

---

[813] Vgl. *Förster/Felchner*, DB 2006, S. 1080; *Hagemann/Ropohl/Viebrock/Jakob*, NWB Sonderheft 1/2007, S. 23.

[814] Zu Ausnahmen hinsichtlich Anteilen an einer inländischen Tochter-Kapitalgesellschaft vgl. oben Fn. 804.

einkünfte gemäß § 49 Abs. 1 Nr. 2 lit. a EStG, Art. 7 Abs. 1 Satz 2 MA weiterhin uneingeschränkt zugreifen darf[815].

(b) Ebene der übernehmenden Schwestergesellschaft

Auf Ebene der vom inländischen JV-Partner gehaltenen ausländischen Schwester-Personengesellschaft ist der in der steuerlichen Schlussbilanz der JV-Kapitalgesellschaft angesetzte Wert grundsätzlich gemäß **§§ 16 Satz 1, 4 Abs. 1 Satz 1 UmwStG** zu übernehmen und aufgrund der Einlagefiktion des § 5 Abs. 3 UmwStG für Zwecke der inländischen Besteuerung des deutschen JV-Partners bzw. seiner Gesellschafter ein Übernahmeergebnis nach **§§ 16 Satz 1, 4 Abs. 4 UmwStG** zu ermitteln. Da die übernehmende Gesellschaft im Inland nicht steuerpflichtig ist, erscheint fraglich, welches Finanzamt insoweit zuständig ist. Gemäß § 18 Abs. 2 Satz 1 AO besteht wohl eine Zuständigkeit des für die Besteuerung des inländischen JV-Partners zuständigen Finanzamtes[816]. Im Übrigen gelten die obigen Ausführungen zum „up-stream"-Fall – insbesondere soweit diese die erstmalige Steuerverstrickung von Wirtschaftsgütern im Zuge der Spaltung betreffen – sinngemäß[817].

(c) Ebene des JV-Partners

Dem deutschen JV-Partner ist gemäß **§§ 16 Satz 1, 7 UmwStG** das anteilige Eigenkapital aus der steuerlichen Schlussbilanz der ausländischen JV-Kapitalgesellschaft, abzüglich des nach §§ 29 Abs. 6, 27 Abs. 8 KStG in entsprechender Anwendung der inländischen Regelungen zum steuerlichen Einlagekonto zu ermittelnden Bestands der Einlagen, als Einkünfte aus Kapitalvermögen i.S.d. § 20 Abs. 1 Nr. 1 EStG zuzurechnen. Da die Einlagefiktion des § 5 Abs. 3 UmwStG nach hier vertretener Ansicht nicht ausreicht, um die Beteiligung an der JV-Kapitalgesellschaft funktional dem Betriebsvermögen der übernehmenden ausländischen Schwester-Personengesellschaft und somit einer ausländischen Betriebsstätte zuzurechnen[818], besteht abkommensrechtlich in der Regel sowohl für die Bezüge im Sinne der §§ 16 Satz 1, 7 UmwStG (vgl. Art. 10 Abs. 1 MA) als auch für das Übernahmeergebnis im Sinne der §§ 16 Satz 1, 4 Abs. 4 UmwStG (vgl. Art. 13 Abs. 5 MA) ein deutsches Besteuerungsrecht. Eine Verrechnung der Bezüge nach §§ 16 Satz 1, 7 UmwStG mit einem etwaigen Übernahmeverlust zweiter Stufe ist in den Grenzen des § 4 Abs. 6 UmwStG somit grundsätzlich möglich.

d. Rückwirkung auf vorausgegangene Einbringungen

Im Hinblick auf eine mögliche steuerliche Rückwirkung der Veräußerung, Liquidation oder Spaltung auf die im Zuge der JV-Gründung vorausgegangenen Einbringungen gelten die obigen Ausführungen zu II.1.d. entsprechend. Soweit danach gemäß § 22 UmwStG ein Einbringungsgewinn I oder II entsteht, ist das diesbezügliche Besteuerungsrecht nach Art. 13 Abs. 5 MA abkommensrechtlich in der Regel ausschließlich Deutschland als Ansässigkeitsstaat des Einbringenden zugewiesen.

---

[815] Vgl. oben Kapitel 3:C.I.2.c.bb(1)(a).
[816] So auch *Pung* in: Dötsch/Patt/Pung/Möhlenbrock, § 4 UmwStG (SEStEG) Rn. 6 Fall m).
[817] Vgl. oben Kapitel 3:C.I.2.c.bb(1)(b).
[818] Vgl. bereits oben Kapitel 3:C.I.1.c.bb(2)(b)(cc); ebenso *Pung* in: Dötsch/Patt/Pung/Möhlenbrock, § 4 UmwStG (SEStEG) Rn. 5 m.w.N.

e. Zwischenergebnis

Auch im Falle eines ausländischen Standortes kommt es im Rahmen der „klassischen" Beendigungsmechanismen zur Aufdeckung der im Vermögen der JV-Kapitalgesellschaft ruhenden stiller Reserven. Bei Veräußerung der Beteiligung des deutschen JV-Partners an einer ausländischen JV-Kapitalgesellschaft ergeben sich keinerlei Unterschiede zum bereits betrachteten Inlandsfall, da das Besteuerungsrecht hinsichtlich des erzielten Veräußerungsgewinns abkommensrechtlich Deutschland zugewiesen ist. Erfolgt die Beendigung des Joint Ventures unter Liquidation der ausländischen JV-Kapitalgesellschaft, so richten sich die Steuerfolgen auf Ebene der Gesellschaft demgegenüber allein nach ausländischem Recht. Auf Ebene des deutschen JV-Partners bzw. seiner Gesellschafter unterliegt der anteilige Erlös aus der Liquidation, soweit er nicht gemäß den §§ 27 Abs. 8, Abs. 1-6, 28, 29 KStG als bloße Einlagenrückgewähr zu qualifizieren ist, jedoch zur Hälfte (bei natürlichen Personen) bzw. zu 5 % (bei juristischen Personen) der inländischen Besteuerung. Abkommensrechtlich ist Deutschland nach hier vertretener Ansicht wegen Art. 10 Abs. 3 MA in positiver Hinsicht an eine Qualifikation der Liquidationsgewinne als Dividenden durch den Sitzstaat der JV-Kapitalgesellschaft gebunden und hat die entsprechenden Abkommensvergünstigungen zu gewähren. In negativer Hinsicht besteht insoweit hingegen keinerlei Bindungswirkung, so dass es Deutschland unbenommen ist, den auf den inländischen JV-Partner entfallenden Liquidationserlös – soweit er nicht als bloße Kapitalrückzahlung anzusehen ist – abkommensrechtlich als Dividende i.S.d. Art. 10 MA zu qualifizieren, selbst wenn der Sitzstaat der ausländischen JV-Kapitalgesellschaft die Dividendeneigenschaft verneint.

Alternativ zu den herkömmlichen „Exit"-Varianten kann die ausländische JV-Kapitalgesellschaft bei Standort innerhalb der EU / des EWR auch auf Grundlage der Niederlassungsfreiheit auf die JV-Partner in Form von EU-/EWR-Kapital- oder Personengesellschaften aufgespalten werden („up-stream"-Spaltung). In steuerlicher Hinsicht soll die ausländische Gesellschaft insoweit unabhängig von ihrer inländischen Steuer- und Buchführungspflicht verpflichtet sein, eine deutsch-steuerliche Schlussbilanz aufzustellen, es sei denn, deren Vorlage ist für Zwecke der inländischen Besteuerung nicht erforderlich. Soweit die JV-Kapitalgesellschaft jedoch selbst über keinen eigenen Anknüpfungspunkt im Inland (z.B. inländisches Betriebsstättenvermögen) verfügt, erscheint die insoweit durch den deutschen Gesetzgeber aufgestellte Bilanzierungspflicht vor dem Hintergrund des Territorialitätsprinzips und den europarechtlichen Grundfreiheiten bedenklich. In der Schlussbilanz der ausländischen JV-Kapitalgesellschaft können die übergehenden Wirtschaftsgüter des in- und ausländischen Betriebsvermögens grundsätzlich mit den Buchwerten angesetzt werden, welche vom inländischen JV-Partner – nach hier vertretener Auffassung entsprechend Sinn und Zweck des Gesetzes jedoch nur vorbehaltlich der allgemeinen Verstrickungsgrundsätze (§§ 4 Abs. 1 Satz 7, 6 Abs. 1 Nr. 5a EStG) – grundsätzlich zu übernehmen sind. Soweit im Zuge der Aufspaltung erstmals ein deutsches Besteuerungsrecht an den übergehenden Wirtschaftsgütern begründet wird, sind diese m.E. in der Bilanz des übernehmenden deutschen JV-Partners mit dem gemeinen Wert anzusetzen, so dass sich insoweit unmittelbar Auswirkungen für die Ermittlung des Übernahmeergebnisses im Sinne der §§ 15 Abs. 1 Satz 1, 12 Abs. 2 bzw. §§ 16 Satz 1, 4 Abs. 4 UmwStG ergeben. Ein buchmäßig entstehender Übernahmegewinn wird somit um die im „hineingespaltenen" Vermögen ruhenden stillen Reserven erhöht bzw.

ein Übernahmeverlust entsprechend gemindert. Soweit der Gewinn auf eine zu mindestens 15 % an der JV-Kapitalgesellschaft beteiligte Kapitalgesellschaft entfällt, ist ein insoweit entstehender Übernahmegewinn jedoch nach hier vertretener Ansicht insgesamt steuerfrei zu stellen; die neuerdings gesetzlich vorgeschriebene 5 %ige Besteuerung des Übernahmegewinns widerspricht den Vorgaben der Fusionsrichtlinie. Zumindest sollte im Billigkeitswege eine Stundung bis zu einer endgültigen Veräußerung der „hineingespaltenen" Wirtschaftsgüter gewährt werden.

Auch im Auslandsfall kann es sich allerdings ggf. vorrangig anbieten, die ausländische JV-Kapitalgesellschaft „side-step" auf in ihrem Sitzstaat ansässige ausländische Schwester-*Kapitalgesellschaften* zu spalten. Auf Ebene des inländischen JV-Partners kommt es in diesem Fall bei entsprechendem Antrag zu einem steuerneutralen Anteilstausch; der Wertansatz bei der ausländischen übertragenden und übernehmenden Körperschaft ist insoweit ohne Belang. Die im Inland unter Umständen beschränkt steuerpflichtige JV-Kapitalgesellschaft kann in ihrer steuerlichen Schlussbilanz ebenfalls die Buchwerte ansetzen, so dass kein Übertragungsgewinn entsteht. Für die im Inland nicht steuerpflichtige übernehmende Schwester-Kapitalgesellschaft ist überdies kein Übernahmeergebnis zu ermitteln. Im Ergebnis lässt sich der Spaltungsvorgang somit steuerneutral realisieren. Bei „side-step"-Spaltung auf ausländische Schwester-*Personengesellschaften* kommt es demgegenüber wegen der Einlagefiktion des § 5 Abs. 3 UmwStG – wie im „up-stream"-Fall – zwingend zur Besteuerung der offenen Rücklagen und der im übergehenden ausländischen Vermögen ruhenden stillen Reserven, jedoch vermeidet auch diese Variante die mit einer grenzüberschreitenden Spaltung verbundenen zivilrechtlichen Rechtsunsicherheiten.

Wie im Inlandsfall kann es ferner auch im Falle eines ausländischen Standortes der JV-Kapitalgesellschaft in allen drei Beendigungsszenarien innerhalb eines Zeitraums von sieben Jahren nach Gründung des Joint Ventures zur rückwirkenden Entstehung eines Einbringungsgewinns I oder II kommen, welcher gemäß Art. 13 Abs. 5 MA abkommensrechtlich ausschließlich in Deutschland besteuert werden darf.

II. Personengesellschaftsstrukturen

1. Standort im Inland

a. Veräußerung

Ist das Joint Venture in Form einer inländischen JV-Personengesellschaft (Mitunternehmerschaft) ausgestaltet, so erzielt der deutsche JV-Partner bei Beendigung der Kooperation durch Veräußerung seiner Beteiligung in Höhe des Betrags, um den der Veräußerungspreis nach Abzug der Veräußerungskosten den nach §§ 4 Abs. 1, 5 EStG zu ermittelnden Wert des Betriebsvermögens im Zeitpunkt der Veräußerung übersteigt, einen Veräußerungsgewinn i.S.d. **§ 16 Abs. 1 Satz 1 Nr. 2, Abs. 2 EStG**. Die steuerliche Behandlung dieses Gewinns hängt im Ergebnis davon ab, inwieweit er auf eine Kapitalgesellschaft oder auf natürliche Personen entfällt.

Soweit der Veräußerungsgewinn auf eine (unmittelbar oder mittelbar über eine weitere Personengesellschaft) an der inländischen JV-Personengesellschaft beteiligte **Kapitalgesellschaft** entfällt, unterliegt er bei dieser grundsätzlich der vollen Gewerbe- (vgl. § 7 Satz 2 Nr. 2 GewStG) und Körperschaftsteuerpflicht. Die Tarifvergünstigungen der §§ 16 Abs. 4, 34 EStG finden insoweit keine Anwendung, da diese ihrem Wortlaut nach eine *Einkommen*steuerpflicht voraussetzen[819]. Gemäß § 8b Abs. 6 Satz 1, Abs. 2 KStG bleibt der Gewinn aus der Veräußerung des Mitunternehmeranteils einer Kapitalgesellschaft jedoch insoweit außer Ansatz, als er auf im Betriebsvermögen der JV-Personengesellschaft gehaltene Anteile an in- oder ausländischen (Tochter-)Kapitalgesellschaften entfällt. Da nach § 8b Abs. 6, Abs. 3 KStG allerdings 5 % des auf die Kapitalgesellschaftsanteile entfallenden Veräußerungsgewinns als Ausgaben gelten, die nicht als Betriebsausgaben abgezogen werden dürfen, ist der Veräußerungsgewinn insoweit im wirtschaftlichen Ergebnis nur zu 95 % steuerfrei.

Soweit der Gewinn aus der Veräußerung des Mitunternehmeranteils auf eine (mittelbar über eine weitere Personengesellschaft) an der inländischen JV-Personengesellschaft beteiligte **natürliche Person** entfällt, unterliegt er bei dieser unter den Vergünstigungen der §§ 16 Abs. 4, 34 Abs. 1 oder 3 EStG der Besteuerung mit Einkommensteuer sowie mit Gewerbesteuer. Gemäß § 7 Satz 2 Nr. 2 GewStG ist der Gewinn aus der Veräußerung eines Mitunternehmeranteils nur insoweit nicht in den Gewerbeertrag einzubeziehen, als er auf *unmittelbar* als Mitunternehmer beteiligte natürliche Personen entfällt. Die Veräußerung eines Mitunternehmeranteils an einer Obergesellschaft ist bei einer mehrstöckigen Personengesellschaftsstruktur somit mangels unmittelbarer Beteiligung nicht nach § 7 Satz 2 Nr. 2 GewStG von der Gewerbesteuer ausgenommen. § 15 Abs. 1 Nr. 1 Satz 2 EStG, wonach der mittelbar über eine oder mehrere Personengesellschaften beteiligte Mitunternehmer dem unmittelbar beteiligten gleichsteht, findet insoweit keine Anwendung[820]. Die anfallende Gewerbesteuer ist jedoch gemäß § 35 Abs. 2 Satz 5 EStG auf die Einkommensteuer einer mittelbar über eine andere Personengesellschaft beteiligten natürlichen Person anrechenbar. Gemäß § 3 Nr. 40 Satz 1 lit. b EStG bleibt zudem die Hälfte des Veräußerungspreises i.S.d. § 16 Abs. 2 EStG, soweit er anteilig auf die Veräußerung von im Betriebsvermögen der Mitunternehmerschaft gehaltenen Kapitalgesellschaftsanteilen entfällt, außer Ansatz. Für die steuerpflichtige Hälfte des von § 3 Nr. 40 Satz 1 lit. b EStG erfassten Veräußerungsgewinns scheidet eine begünstigte Besteuerung nach § 34 Abs. 1 oder 3 EStG allerdings aus (vgl. § 34 Abs. 2 Nr. 1 EStG)[821].

b. Liquidation

Die gesellschaftsrechtliche Auflösung, Liquidation und Beendigung einer inländischen JV-Personengesellschaft gemäß den §§ 726 ff., 730 ff. BGB; §§ 131, 145 ff. i.V.m. 161 Abs. 2 HGB löst auf **Ebene der Gesellschaft** aufgrund deren steuerlicher Transparenz keinerlei Steuerfolgen aus. Die JV-Personengesellschaft ist lediglich Objekt der Ermittlung sowie der einheitlichen und gesonderten Feststellung des Liquidationsgewinns, welcher den an ihr beteiligten JV-Partnern entsprechend ihrer Beteiligungsquote anteilig zugerechnet wird und bei diesen (bzw. deren Gesellschaftern) der Besteuerung unterliegt.

---

[819] Vgl. BFH-Urt. v. 21.02.1991 – Az.: IV R 93/89, BStBl. II 1991, S. 455 ff.; *Glanegger/Seeger* in: Schmidt, § 34 EStG Rn. 5; *Wacker* in: Schmidt, § 16 EStG Rn. 579, 581.

[820] Vgl. BT-Drucks. 14/7344; S. 12; *Selder* in: Glanegger/Güroff, § 7 GewStG Rn. 70b; *Füger/Rieger*, DStR 2002, S. 734 f.; *Schmidt/Hageböke*, DB 2003, S. 793 f.

[821] *Glanegger/Seeger* in: Schmidt, § 34 EStG Rn. 28.

Auf **Ebene der JV-Partner** führt die Liquidation der inländischen JV-Personengesellschaft grundsätzlich zur Entstehung eines Betriebsaufgabegewinns nach **§§ 16 Abs. 3 Satz 1, Abs. 2 EStG**. Voraussetzung für die Annahme einer nach §§ 16 Abs. 4, 34 EStG begünstigten Betriebsaufgabe in diesem Sinne ist, dass die bisher im Betrieb der JV-Personengesellschaft entfaltete Tätigkeit aufgrund eines Entschlusses, den Betrieb aufzugeben, endgültig eingestellt wird, alle Betriebsgrundlagen in einem einheitlichen Vorgang, d.h. innerhalb kurzer Zeit, klar und eindeutig erkennbar in das Privatvermögen überführt bzw. anderen betriebsfremden Zwecken zugeführt werden und/oder an verschiedene Erwerber veräußert werden und dadurch der Betrieb „als selbständiger Organismus des Wirtschaftslebens" zu bestehen aufhört[822]. Insoweit ist die begünstigte Betriebsaufgabe insbesondere von der allmählichen Abwicklung des Betriebs abzugrenzen, aus welcher nicht begünstigte laufende Gewinne i.S.d. § 15 EStG resultieren. Nach herrschender Auffassung besteht diesbezüglich ein „Wahlrecht" des Steuerpflichtigen, soweit er seine bisherige gewerbliche Tätigkeit endgültig einstellt[823]. Im Sinne einer Betriebsaufgabe hat der Steuerpflichtige dieses Wahlrecht ausgeübt, wenn sein Verhalten sämtliche Tatbestandsmerkmale einer solchen erfüllt, d.h. insbesondere, wenn zwischen Beginn und Ende aller Aufgabehandlungen nur ein „kurzer Zeitraum" liegt[824]. Welcher Zeitraum insoweit noch als „kurz" zu bezeichnen ist, kann nicht schematisch bestimmt werden[825]. Entscheidend ist, ob die einzelnen Aufgabehandlungen wirtschaftlich gesehen noch als einheitlicher Vorgang zu werten sind[826]. Bei einem Zeitraum von mehr als 36 Monaten zwischen der ersten vom Aufgabeentschluss getragenen Handlung, die objektiv auf die Auflösung des Betriebs gerichtet ist, und der Veräußerung bzw. Entnahme der letzten wesentlichen Betriebsgrundlage kann in der Regel nicht mehr von einem einheitlichen Vorgang ausgegangen werden[827].

Als Aufgabegewinn ist von den JV-Partnern (bzw. deren Gesellschaftern) der Betrag anteilig zu versteuern, um den die Summe aus dem Veräußerungspreis für die im Rahmen der Betriebsaufgabe veräußerten Wirtschaftsgüter, dem gemeinen Wert der ins Privatvermögen überführten Wirtschaftsgüter und den in wirtschaftlichem Zusammenhang mit der Aufgabe angefallenen sonstigen Erträgen oder Aufwendungen nach Abzug der Aufgabekosten den Buchwert des Betriebsvermögens der JV-Personengesellschaft im Zeitpunkt der Betriebsaufgabe übersteigt (§ 16 Abs. 3 Satz 6 und 7 i.V.m. § 16 Abs. 2 EStG)[828]. Die Besteuerung des Aufgabegewinns entspricht im Ergebnis derjenigen bei Veräußerung des Mitunternehmeranteils des in-

---

[822] Vgl. *Wacker* in: Schmidt, § 16 EStG Rn. 173; BFH-Urt. v. 24.06.1976, BStBl. II 1976, S. 670 ff.; v. 29.10.1981, BStBl. II 1982, S. 381 ff.; v. 09.09.1983, BStBl. II 1984, S. 105 ff; v. 18.12.1990, BStBl. II 1991, S. 512 ff.

[823] Vgl. *Wacker* in: Schmidt, § 16 EStG Rn. 184.

[824] BFH-Urt. v. 26.05.1993, BStBl. II 1993, S. 710 ff.

[825] In der Rechtsprechung wurde je nach den Umständen des Einzelfalls ein Zeitraum zwischen 9 und 19 Monaten noch als „kurz" angesehen; vgl. BFH-Urt. v. 16.09.1966, BStBl. III 1967, S. 70 ff.; v. 26.10.1989, BStBl. II 1990, S. 373 ff.; v. 21.10.1993, BStBl. II 1994, S. 385 ff.; FG Baden-Württemberg, Urt. v. 30.05.2001, EFG 2001, S. 1460 ff. (rkr.).

[826] BFH-Urt. v. 16.09.1966, BStBl. III 1967, S. 70 ff.; v. 08.09.1976, BStBl. II 1977, S. 66 ff.

[827] So BFH-Urt. v. 26.04.2001, BStBl. II 2001, S. 798 ff.; H 16 Abs. 2 EStR („Zeitraum für die Betriebsaufgabe").

[828] Vgl. *Wacker* in: Schmidt, § 16 EStG Rn. 212.

ländischen JV-Partners; auf die diesbezüglichen obigen Ausführungen wird daher verwiesen[829].

c. Spaltung

Auch im Rahmen einer Personengesellschaftsstruktur stellt die Spaltung der inländischen JV-Gesellschaft unter Umständen eine gegenüber den „klassischen" Beendigungsmechanismen steuerlich vorzugswürdige Möglichkeit zur Beendigung der Kooperation der JV-Partner dar. Gesellschaftsrechtlich ist dies zum einen – gestützt auf die Niederlassungsfreiheit[830] – durch grenzüberschreitende Aufspaltung auf die JV-Partner möglich („up-stream"-Spaltung), zum anderen auch unproblematisch im Wege der „side-step"-Spaltung auf inländische Schwestergesellschaften nach den §§ 1, 123 ff., 39 ff., 126 ff., 135 ff. UmwG. In steuerlicher Hinsicht ergeben sich insoweit jeweils die folgenden Konsequenzen:

(1) „Up-stream"-Spaltung

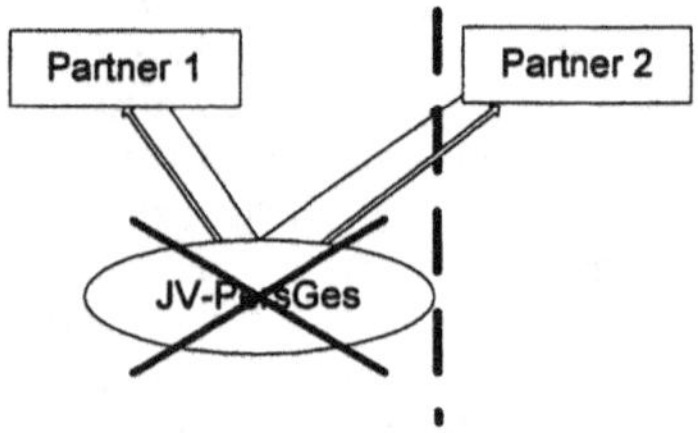

Die Aufspaltung einer Personengesellschaft wird in steuerlicher Hinsicht grundsätzlich von den **§§ 20, 21, 24 UmwStG** erfasst und damit der Einbringung gleichgestellt[831]. Voraussetzung für die Anwendbarkeit dieser Vorschriften ist jedoch zum einen, dass mit der Spaltung Betriebe, Teilbetriebe, Mitunternehmeranteile oder Kapitalgesellschaftsanteile auf die übernehmenden Rechtsträger übergehen, zum anderen, dass die Vermögensübertragung gegen Gewährung neuer Anteile an der übernehmenden Kapital- oder Personengesellschaft erfolgt bzw. ein bereits bestehender Mitunternehmeranteil an der übernehmenden Personengesellschaft aufgestockt wird (vgl. §§ 20 Abs. 1, 21 Abs. 1 Satz 1, 24 Abs. 1 UmwStG)[832]. Mangels Gewährung neuer Anteile sind die §§ 20 ff. UmwStG somit unanwendbar, wenn bei einer Umwandlung im Wege der Aufspaltung ein vollständiges Kapitalerhöhungsverbot bzw. eine Ausnahme von der Verpflichtung zur Gewährung von Gesellschaftsanteilen besteht[833]. Dies ist bei einer „up-stream"-Aufspaltung auf die Muttergesellschaften gemäß den §§ 125, 54 Abs. 1 Satz 1 Nr. 1, 68 Abs. 1 Satz 1 Nr. 1, 131 Abs. 1 Nr. 3

[829] Vgl. oben Kapitel 3:C.II.1.a.

[830] Vgl. oben Kapitel 3:C.I.1.c.aa.

[831] Vgl. *Schmitt* in: Schmitt/Hörtnagl/Stratz, Vor §§ 20-23 UmwStG Rn. 1, § 20 UmwStG Rn. 196, § 24 UmwStG Rn. 273; *Engl* in: Widmann/Mayer, Umwandlungsrecht, Anh. 10 Rn. 316, 376 ff.; *Schaumburg/Schumacher* in: Lutter/Winter, Anh. § 151 UmwG Rn. 105; BMF-Schreiben v. 25.03.1998, BStBl. I 1998, S. 268 ff., Tz. 20.02, 24.01 und 24.19.

[832] *Schmitt* in: Schmitt/Hörtnagl/Stratz, § 24 UmwStG Rn. 123, § 20 UmwStG Rn. 206 ff.

[833] Vgl. *Patt* in: Dötsch/Patt/Pung/Möhlenbrock, § 20 UmwStG (SEStEG) Rn. 176 ff.; § 21 UmwStG (SEStEG) Rn. 41; § 24 UmwStG (SEStEG) Rn. 79; *Schaumburg* in: Lutter/Winter, Anh. § 122 UmwG Tz. 124; *Stuhrmann* in: Blümich, § 16 EStG Rn. 303.

Satz 1, 2. Halbs., 2. Alt. UmwG jedoch gerade der Fall. Die Aufspaltung der inländischen JV-Personengesellschaft auf die an ihr beteiligten JV-Partner lässt sich daher nicht nach den §§ 20, 21, 24 UmwStG realisieren.

Soweit eine Anwendung der §§ 20 ff. UmwStG mangels Gewährung neuer Anteile als Gegenleistung ausscheidet, richtet sich die Aufspaltung der JV-Personengesellschaft vielmehr nach den steuerrechtlichen Grundsätzen über die **Realteilung (§ 16 Abs. 3 Satz 2 ff. EStG)**[834]. Gemäß § 16 Abs. 3 Satz 2 EStG sind im Zuge der Realteilung in das jeweilige Betriebsvermögen der JV-Partner übergehende Betriebe[835], Teilbetriebe[836], Mitunternehmeranteile oder einzelne Wirtschaftsgüter bei der Ermittlung des Gewinns der JV-Personengesellschaft grundsätzlich mit dem Buchwert anzusetzen, sofern „die Besteuerung der stillen Reserven sichergestellt ist". Die übernehmenden JV-Partner sind nach § 16 Abs. 3 Satz 2, 2. Halbs. EStG an diesen Wertansatz gebunden[837]. Damit ermöglicht § 16 Abs. 3 Satz 2 EStG grundsätzlich eine steuerneutrale Aufteilung sämtlicher (Einzel-)Wirtschaftsgüter der inländischen JV-Personengesellschaft auf die JV-Partner. Fraglich erscheint insoweit jedoch, wann von einer **„Sicherstellung der Besteuerung der stillen Reserven"** auszugehen ist. Nach Auffassung der Finanzverwaltung im sog. Realteilungserlass soll dies beispielsweise bei einem Transfer in eine ausländische (Personengesellschafts-)Betriebsstätte zu verneinen sein, sofern mit dem Betriebsstättenstaat ein Freistellungs-DBA besteht; im Übrigen sollen die Grundsätze des Betriebsstättenerlasses zur Überführung von Wirtschaftsgütern zwischen In- und Ausland zur Anwendung gelangen[838]. Die Details dieser Verweisung sind jedoch unklar, insbesondere wirft das Zusammenspiel mit der im Betriebsstättenerlass vorgesehenen Methode der aufgeschobenen Besteuerung Fragen auf und hätte näherer Erläuterung bedurft[839]. M.E.

[834] Vgl. *Schulze zur Wiesche*, DStZ 2004, S. 371; *ders.*, WPg. 2006, S. 451; *Engl* in: Widmann/Mayer, Umwandlungsrecht, Anh. 10 Rn. 2, 6 und 313, 375; *Schmitt* in: Schmitt/Hörtnagl/Stratz, § 24 UmwStG Rn. 275; *Stuhrmann* in: Blümich, § 16 EStG Rn. 271; *Forst/Frings*, EStB 2003, S. 443; *Spiegelberger*, NWB Fach 3, S. 14020; *Sagasser/Fahrenberg* in: Sagasser/Bula/Brünger, P Rn. 107.

[835] Über den Wortlaut des § 16 Abs. 3 Satz 2 EStG hinaus dürfte nicht nur die Übertragung eines Teilbetriebs, sondern auch des gesamten Betriebs einer Mitunternehmerschaft vom Anwendungsbereich der Norm erfasst sein (so auch *Engl* in: Widmann/Mayer, Umwandlungsrecht, Anh. 10 Rn. 473).

[836] Als Teilbetrieb in diesem Sinne gilt auch die 100 %ige Beteiligung an einer Kapitalgesellschaft (*Wacker* in: Schmidt, § 16 EStG Rn. 543; BMF-Schr. v. 28.02.2006, BStBl. I 2006, S. 228 ff. unter III.).

[837] Soweit der Buchwert der erhaltenen Wirtschaftsgüter dem Buchwert des bisherigen Kapitalkontos entspricht und auf den betreffenden JV-Partner betragsmäßig genau der Anteil an den im Gesellschaftsvermögen ruhenden stillen Reserven übergeht, der ihm zuvor auf Ebene der Mitunternehmerschaft zuzurechnen war, sind lediglich die Buchwerte der übernommenen Wirtschaftsgüter und der Buchwert des jeweiligen Kapitalkontos fortzuführen. Weicht der Buchwert des Kapitalkontos des JV-Partners in der Gesamthandsbilanz der JV-Personengesellschaft hingegen von der Summe der Buchwerte der übernommenen Wirtschaftsgüter ab (z.B. bei disquotaler Verteilung wegen unterschiedlich hoher stiller Reserven in den einzelnen Wirtschaftsgütern), sind die Kapitalkonten der JV-Partner laut Schlussbilanz der JV-Personengesellschaft durch gewinnneutrale Auf- bzw. Abstockung an die Höhe der Summe der Buchwerte der übernommenen Wirtschaftsgüter anzugleichen (sog. *Kapitalkontenanpassungsmethode*; vgl. BFH-Urt. v. 10.12.1991, BStBl. II 1992, S. 385 ff.; BMF-Schr. v. 28.02.2006, BStBl. I 2006, S. 228 ff. unter VII.). Infolgedessen kommt es zu einem Überspringen stiller Reserven zwischen den JV-Partner mit der Folge zukünftiger Steuerbelastungsdivergenzen, wofür ggf. ein interner Ausgleich zu schaffen ist (vgl. *Rogall/Stangl*, FR 2006, S. 355).

[838] Vgl. BMF-Schr. v. 28.02.2006, BStBl. I 2006, S. 228 ff. unter V.; BMF-Schr- v. 24.12.1999, BStBl. I 1999, S. 1076 ff., Tz. 2.6.

[839] So auch *Rogall/Stangl*, FR 2006, S. 352.

ist eine Besteuerung der stillen Reserven i.S.d. § 16 Abs. 3 Satz 2 EStG jedenfalls dann nicht mehr sichergestellt, wenn dem ausländischen JV-Partner bislang in Deutschland steuerverhaftetes Vermögen zugeteilt wird, bezüglich dessen nach der Realteilung kein oder nur noch ein eingeschränktes deutsches Besteuerungsrecht besteht. Dies ist beispielsweise der Fall, wenn im Betriebsvermögen der JV-Personengesellschaft gehaltene Anteile an in- oder ausländischen Kapitalgesellschaften im Zuge der Realteilung auf den ausländischen JV-Partner übergehen[840] oder in einem Nicht-DBA-Staat bzw. Anrechnungs-DBA-Staat belegenes ausländisches Betriebsstättenvermögen auf den ausländischen JV-Partner übertragen wird. Wird die inländische JV-Personengesellschaft hingegen dergestalt real geteilt, dass der ausländische JV-Partner ausschließlich in Deutschland nicht steuerverhaftetes ausländisches Betriebsstättenvermögen oder nach der Realteilung weiterhin in Deutschland steuerverstricktes inländisches Betriebsstättenvermögen übernimmt, während das sonstige Betriebsvermögen auf den deutschen JV-Partner übertragen wird, lässt sich der Vorgang gemäß § 16 Abs. 3 Satz 2 EStG grundsätzlich unter Fortführung der Buchwerte realisieren[841].

In Ausnahme zu § 16 Abs. 3 Satz 2 EStG ordnen die Sätze 3 und 4 für die Übertragung von Einzelwirtschaftsgütern allerdings in Anlehnung an die Parallelregelung des § 6 Abs. 5 Satz 4 und 5 EStG unter bestimmten Umständen den Ansatz des gemeinen Wertes an. Nach § 16 Abs. 3 Satz 3 EStG ist zum einen rückwirkend der gemeine Wert anzusetzen, soweit nach einer Realteilung, bei der Einzelwirtschaftsgüter übertragen wurden, bestimmte zum Buchwert übertragene Wirtschaftsgüter (Grund und Boden, Gebäude, andere wesentliche Betriebsgrundlagen) innerhalb einer Sperrfrist von drei Jahren veräußert oder entnommen werden[842]. Ferner ist nach § 16 Abs. 3 Satz 4 EStG der gemeine Wert auch insoweit anzusetzen, als einzelne Wirtschaftsgüter unmittelbar oder mittelbar auf eine Körperschaft, Personenvereinigung oder Vermögensmasse übergehen und diese nicht schon zuvor mittelbar oder unmittelbar an dem übertragenen Wirtschaftsgut beteiligt war (sog. **Körperschaftsklausel I**)[843]. Bei der Übertragung von Betrieben, Teilbetrieben oder Mitunternehmeranteilen[844] sind demgegenüber weder die dreijährige Mindestbehaltefrist

[840] Ausnahmsweise besteht hinsichtlich der Beteiligung an einer inländischen Tochter-Kapitalgesellschaft hingegen auch nach Übergang auf den ausländischen JV-Partner ein deutsches Besteuerungsrecht, wenn dieser in Tschechien, der Slowakei, Zypern oder einem Nicht-DBA-Staat ansässig ist.

[841] Ähnlich *Winkemann*, BB 2004, S. 136; *Piltz* in: Mössner, Steuerrecht international tätiger Unternehmen, Rn. F 122.

[842] Der Veräußerung gleichgestellt wird die Einbringung der erhaltenen Einzelwirtschaftsgüter nach §§ 20, 21 oder 24 UmwStG, selbst wenn diese zum Buchwert erfolgt, ferner der Formwechsel nach § 25 UmwStG sowie die Übertragung gegen Gesellschaftsrechte gemäß § 6 Abs. 5 EStG (BMF-Schr. v. 28.02.2006, BStBl. I 2006, S. 228 ff. unter VIII.; *Heß*, DStR 2006, S. 780 f.; *Stuhrmann* in: Blümich, § 16 EStG Rn. 287; kritisch *Schell*, BB 2006, S. 1029; *Spiegelberger*, NWB Fach 3, S. 14024).

[843] BMF-Schr. v. 28.02.2006, BStBl. I 2006, S. 228 ff. unter I.; *Heß*, DStR 2006, S. 781; *Stuhrmann* in: Blümich, § 16 EStG Rn. 291. Nach Verwaltungsauffassung soll dies auch dann gelten, wenn an der real zu teilenden Personengesellschaft ausschließlich Körperschaften, Personenvereinigungen oder Vermögensmassen beteiligt sind.

[844] Nach der Verwaltungsauffassung sind Mitunternehmer-Teilanteile ebenfalls unter die Mitunternehmeranteile zu fassen und nicht als Einzelwirtschaftsgüter zu qualifizieren, mit der Konsequenz, dass insoweit weder die Sperrfristregelung des § 16 Abs. 3 Satz 3 EStG noch die Körperschaftsklausel Anwendung finden (BMF-Schr. v. 28.02.2006, BStBl. I 2006, S. 228 unter III.; *Heß*, DStR 2006, S. 778).

noch die Körperschaftsklausel zu beachten[845]. Die Problematik des (rückwirkenden) Ansatzes des gemeinen Wertes nach der Sperrfristenregelung bzw. der Körperschaftsklausel I lässt sich daher vermeiden, indem der Betrieb der JV-Personengesellschaft vor der Realteilung u.U. in mehrere Teilbetriebe umorganisiert wird[846].

Im Zuge des SEStEG wurde § 16 EStG ferner um einen neuen Absatz 5 erweitert, der nunmehr auch dann einen rückwirkenden Ansatz des gemeinen Werts vorsieht, wenn bei einer Realteilung, bei der Teilbetriebe[847] übertragen werden, Anteile an einer Körperschaft, Personenvereinigung oder Vermögensmasse unmittelbar oder mittelbar von einem nicht durch § 8b Abs. 2 KStG begünstigten Steuerpflichtigen auf einen von § 8b Abs. 2 KStG begünstigten Mitunternehmer übertragen werden und dieser die erhaltenen Anteile innerhalb eines Zeitraums von sieben Jahren nach der Realteilung unmittelbar oder mittelbar veräußert bzw. einen der in § 22 Abs. 1 Satz 6 Nr. 1-5 UmwStG genannten Ersatzrealisationstatbestände verwirklicht (sog. **Körperschaftsklausel II**)[848]. Dies betrifft unter anderem den Fall, dass – sofern an der JV-Personengesellschaft sowohl Kapitalgesellschaften als auch natürliche Personen unmittelbar oder mittelbar als Mitunternehmer beteiligt sind – im Zuge der Realteilung ein Teilbetrieb einschließlich Kapitalgesellschaftsanteilen bzw. eine 100 %ige Kapitalgesellschaftsbeteiligung unmittelbar oder mittelbar auf eine Mitunternehmer-Kapitalgesellschaft übergeht und diese die Beteiligung sodann innerhalb der darauffolgenden sieben Jahre veräußert. Da § 16 Abs. 5, 2. Halbs. EStG auf die den Einbringungsgewinn II betreffende Vorschrift des § 22 Abs. 2 Satz 3 UmwStG verweist und nach Sinn und Zweck dem Wegfall des § 8b Abs. 4 Satz 1 Nr. 2 KStG a.F. Rechnung tragen soll, welcher seinerseits die Veräußerung von Kapitalgesellschaftsanteilen durch eine Körperschaft sanktionierte, soweit die Anteile zuvor unter dem gemeinen Wert von einer natürlichen Person erworben worden waren, ist jedoch davon auszugehen, dass nur der Teil der stillen Reserven nach § 16 Abs. 5 EStG aufzudecken ist, der der Beteiligungsquote natürlicher Personen entspricht[849]. Bei Veräußerung einer im Zuge der Realteilung erhaltenen Beteiligung durch eine Mitunternehmer-Kapitalgesellschaft innerhalb der siebenjährigen Sperrfrist ist somit nur insoweit rückwirkend der gemeine Anteilswert anzusetzen, als natürliche Personen als Mitunternehmer an der real geteilten JV-Personengesellschaft beteiligt sind, wobei sich der Realteilungsgewinn um jeweils ein Siebtel für jedes seit dem Realteilungszeitpunkt abgelaufene Zeitjahr vermindert (vgl. § 16 Abs. 5, 2. Halbs. EStG i.V.m. § 22 Abs. 2 Satz 3 UmwStG)[850]. Sind ausschließlich Kapitalgesellschaften (unmit-

[845] So auch *Wacker* in: Schmidt, § 16 EStG Rn. 553 ff.; *Rogall/Stangl*, FR 2006, S. 348; *Stuhrmann* in: Blümich, § 16 EStG Rn. 287a; BMF-Schr. v. 28.2.2006, BStBl. I 2006, S. 228 ff. unter VIII.

[846] Vgl. *Stuhrmann* in: Blümich, § 16 EStG Rn. 288.

[847] Ihrem Wortlaut nach gilt die Regelung des § 16 Abs. 5 EStG nur bei der Übertragung von Teilbetrieben, nicht dagegen, wenn ein Mitunternehmeranteil übertragen wird und zum Betriebsvermögen der Mitunternehmerschaft Kapitalgesellschaftsanteile gehören. Als Teilbetrieb ist insoweit jedoch auch eine 100 %ige Beteiligung an einer Kapitalgesellschaft anzusehen (*Förster*, DB 2007, S. 78).

[848] *Wacker* in: Schmidt, § 16 EStG Rn. 556.

[849] So auch *Wacker* in: Schmidt, § 16 EStG Rn. 556 und wohl auch BT-Drucks. 16/3369, S. 6.

[850] Unklar ist, ob der rückwirkend zu versteuernde Realteilungsgewinn – entsprechend § 23 Abs. 2 UmwStG – als nachträgliche Anschaffungskosten zu berücksichtigen ist. Nach dem Gesetzeswortlaut ist dies nicht der Fall, vielmehr ist ungeachtet der Tatsache, dass wegen der Siebtelregelung nur ein Teil der stillen Reserven rückwirkend als Realteilungsgewinn versteuert wurde, der gemeine Wert anzusetzen (*Förster*, DB 2007, S. 78).

telbar oder mittelbar über eine Personengesellschaft) an der JV-Personengesellschaft beteiligt, ist die rückwirkende Entstehung eines Realteilungsgewinns nach § 16 Abs. 5 EStG demgegenüber von vornherein ausgeschlossen[851].

(2) „Side-step"-Spaltung

Anders als im Falle der „up-stream"-Spaltung ist bei der Auf- oder Abspaltung der JV-Personengesellschaft auf inländische Schwestergesellschaften eine Kapitalerhöhung bei den übernehmenden Gesellschaften gesetzlich vorgeschrieben, so dass es zur Gewährung neuer Gesellschaftsanteile kommt (vgl. §§ 126 Abs. 1 Nr. 2, 131 Abs. 1 Nr. 3 Satz 1, 1. Halbs. UmwG)[852]. Bei einer „Spaltung zu Null" nach § 128 UmwG gilt dies jedenfalls insoweit, als der einzelne JV-Partner an einer der übernehmenden Schwestergesellschaften beteiligt wird. Auf den Vorgang finden folglich die **§§ 20, 21, 24 UmwStG** Anwendung. Da die JV-Personengesellschaft ertragsteuerlich transparent behandelt wird, wird der Spaltungsvorgang im Ergebnis einer Vermögenseinbringung durch die an ihr beteiligten JV-Partner gleichgestellt, wobei jeweils nach Gegenstand des im Wege der Spaltung übergehenden Vermögens sowie danach zu differenzieren ist, ob die Spaltung auf Kapital- oder Personengesellschaften erfolgt.

(a) Spaltung auf Kapitalgesellschaften

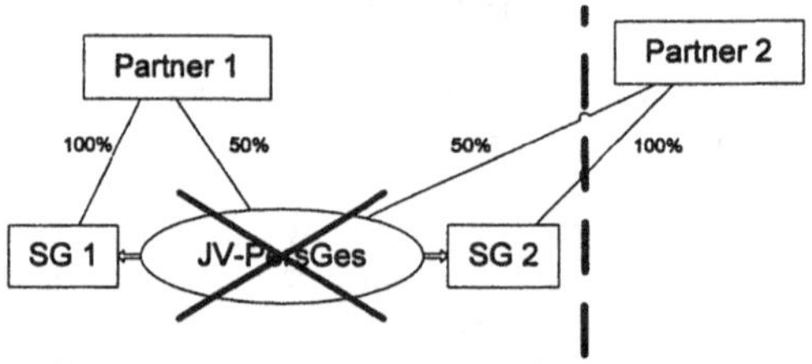

Die Auf- oder Abspaltung der JV-Personengesellschaft auf inländische Schwester-Kapitalgesellschaften beurteilt sich in steuerlicher Hinsicht nach den **§§ 20, 21 UmwStG** (vgl. § 1 Abs. 3 Nr. 1 UmwStG). Gegenstand des im Wege der Spaltung übergehenden Vermögens kann insoweit entweder ein (Teil-)Betrieb oder Mitunternehmeranteil oder aber die Beteiligung an einer in- oder ausländischen Kapitalgesellschaft sein.

Wird im Rahmen der Spaltung ein in- oder ausländischer **Betrieb, Teilbetrieb oder Mitunternehmeranteil** gegen Gewährung von Gesellschaftsrechten an die JV-Partner auf eine der übernehmenden inländischen Schwester-Kapitalgesellschaften übertragen, kann das erhaltene Betriebsvermögen gemäß § 20 Abs. 2 Satz 2 UmwStG auf Antrag grundsätzlich mit dem Buchwert angesetzt werden, da das deutsche Besteuerungsrecht hinsichtlich des Gewinns aus der Veräußerung der übertragenen Wirtschaftsgüter im Ergebnis nicht tangiert wird. Der auf Ebene der übernehmenden Schwester-Kapitalgesellschaft angesetzte Buchwert gilt für den JV-Partner grundsätzlich als Veräußerungspreis des übertragenen Vermögens i.S.d. § 16 Abs. 2 EStG

---

[851] Vgl. *Wacker* in: Schmidt, § 16 EStG Rn. 556.

[852] Vgl. *Priester* in: Lutter/Winter, § 126 UmwG Rn. 24; *Hörtnagl* in: Schmitt/Hörtnagl/Stratz, § 126 UmwG Rn. 51; *Schröer* in: Semler/Stengel, § 126 UmwG Rn. 29.

sowie als Anschaffungskosten der im Gegenzug erhaltenen Anteile (§ 20 Abs. 3 Satz 1 UmwStG). Hiervon abweichend gelten die erhaltenen Anteile an der Übernehmerin jedoch gemäß § 20 Abs. 3 Satz 2 UmwStG als mit dem gemeinen Wert angeschafft, soweit freigestelltes ausländisches Betriebsstättenvermögen übertragen wird, da insoweit weder vor der Spaltung ein deutsches Besteuerungsrecht bestand noch ein solches im Zuge der Spaltung begründet wird. Hierdurch wird vermieden, dass die im ausländischen Betriebsstättenvermögen entstandenen stillen Reserven ins Inland importiert werden; es erfolgt ein steuerfreier *„step-up"*.

Gehen im Zuge der Spaltung (mehrheitsvermittelnde) **Anteile an in- oder ausländischen Kapitalgesellschaften** gegen Gewährung von Gesellschaftsrechten an die JV-Partner auf eine der übernehmenden inländischen Schwester-Kapitalgesellschaften über, so können diese von der Übernehmerin ebenfalls auf Antrag mit dem Buchwert angesetzt werden (§ 21 Abs. 1 Satz 2 UmwStG). Gemäß § 21 Abs. 2 Satz 1 UmwStG gilt der auf Ebene der übernehmenden Schwestergesellschaft angesetzte Buchwert für den JV-Partner auf Antrag als Veräußerungspreis der übertragenen sowie als Anschaffungskosten der neu erhaltenen Anteile, da das deutsche Besteuerungsrecht hinsichtlich des Gewinns aus der Veräußerung der übertragenen Anteile durch die Spaltung auf einen inländischen Rechtsträger weder ausgeschlossen noch beschränkt wird. Im Ergebnis lässt sich die Spaltung der JV-Personengesellschaft auf inländische Schwester-Kapitalgesellschaften somit grundsätzlich steuerneutral realisieren.

(b) Spaltung auf Personengesellschaften

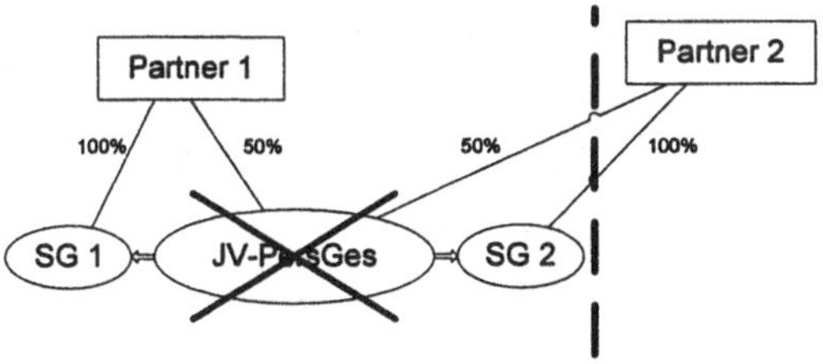

Wird die deutsche JV-Personengesellschaft auf inländische Schwester-Personengesellschaften auf- oder abgespalten, indem (Teil-)Betriebe[853] oder Mitunternehmeranteile übertragen werden, so findet in steuerlicher Hinsicht **§ 24 UmwStG** Anwendung[854]. Danach kann das übertragene Betriebsvermögen auf Antrag mit dem Buchwert angesetzt werden, soweit nicht ausländisches Betriebsstättenvermögen, welches vor der Spaltung auf Ebene des deutschen JV-Partners anteilig in Deutschland besteuert werden durfte (wegen Nichtbestehens eines DBA oder Bestehens eines DBA mit Anrechnungsmethode), auf eine inländische Schwester-Personengesellschaft übertragen wird, an welcher der ausländische JV-Partner zu 100 % als Kommanditist beteiligt ist (§ 24 Abs. 2 Satz 1 UmwStG). Das deutsche Besteuerungsrecht an den Gewinnen der ausländischen Betriebsstätte ginge in letzterem Fall aufgrund der Transparenz der übernehmenden Personengesellschaft verloren. Für den über-

[853] Als Teilbetrieb in diesem Sinne gilt auch die 100 %ige Beteiligung an einer Kapitalgesellschaft, vgl. oben Kapitel 3:A.II.1.a.bb.
[854] Vgl. *Patt* in: Dötsch/Pung, § 24 UmwStG (SEStEG) Rn. 31, 32.

tragenden JV-Partner gilt der auf Ebene der übernehmenden Schwester-Personengesellschaft angesetzte Wert gemäß § 24 Abs. 3 Satz 1 UmwStG als Veräußerungspreis, so dass der Vorgang im Falle des Buchwertansatzes im Ergebnis steuerneutral bleibt.

d. Rückwirkung auf vorausgegangene Einbringungen

Erfolgt die Veräußerung, Liquidation oder Spaltung der JV-Personengesellschaft innerhalb eines Zeitraums von sieben Jahren nach Gründung des Gemeinschaftsunternehmens, in deren Rahmen (Teil-)Betriebe, Mitunternehmeranteile oder Kapitalgesellschaftsanteile zum Buchwert in die JV-Personengesellschaft eingebracht wurden, so wirkt der Vorgang unter Umständen i.S.d. **§ 24 Abs. 5 UmwStG** steuerlich auf die vorausgegangenen Einbringungen zurück.

§ 24 Abs. 5 UmwStG erklärt § 22 Abs. 2, 3 und 5-7 UmwStG für entsprechend anwendbar, soweit im Rahmen der Betriebseinbringung nach § 24 UmwStG (mit-) eingebrachte Kapitalgesellschaftsanteile innerhalb eines Zeitraums von sieben Jahren nach dem Einbringungszeitpunkt durch die übernehmende Gesellschaft veräußert werden bzw. diese einen Veräußerungsersatztatbestand i.S.d. § 22 Abs. 1 Satz 6 Nr. 1-5 UmwStG verwirklicht. Weitere Voraussetzung ist, dass der Einbringende keine, gleichzeitig aber ein weiterer Mitunternehmer der aufnehmenden Personengesellschaft eine nach § 8b Abs. 2 KStG begünstigte Person ist[855]. Wurden somit durch einen JV-Partner in Form einer Personengesellschaft mit natürlichen Personen als Gesellschaftern gemäß § 24 Abs. 1 UmwStG Kapitalgesellschaftsanteile zum Buchwert in die JV-Personengesellschaft (mit-)eingebracht, so kommt es zu einer rückwirkenden Besteuerung des Einbringungsvorgangs, soweit die *eingebrachten* Anteile innerhalb der Siebenjahresfrist durch die JV-Personengesellschaft veräußert werden und eine Kapitalgesellschaft unmittelbar oder mittelbar als Mitunternehmer an dieser beteiligt ist. Wird hingegen die im Gegenzug für die Einbringung *erhaltene* Beteiligung an der JV-Personengesellschaft durch einen der JV-Partner innerhalb von sieben Jahren veräußert, löst dies nach dem strengen Gesetzeswortlaut keine rückwirkende Besteuerung aus. Teilweise wird jedoch in der Literatur vertreten, dass auch dieser Fall von §§ 24 Abs. 5, 22 Abs. 2 UmwStG erfasst werde, sofern die Veräußerung durch eine durch § 8b Abs. 2 KStG begünstigte Person erfolge[856]. Die Veräußerung des Mitunternehmeranteils an der aufnehmenden Personengesellschaft sei ertragsteuerlich als Veräußerung der durch die Beteiligung vermittelten ideellen Anteile an den einzelnen Wirtschaftsgütern des Gesellschaftsvermögens, d.h. auch der zuvor eingebrachten Kapitalgesellschaftsanteile i.S.d. § 24 Abs. 5 UmwStG, zu werten. Dass Veräußerer in diesem Fall nicht die Personengesellschaft, sondern der Mitunternehmer sei, das Gesetz aber eine Veräußerung „durch die Personengesellschaft" fordere, führe zu keiner anderen Beurteilung, da durch die gesetzliche Formulierung nur zum Ausdruck gebracht werden solle, dass es sich um eine Veräußerung aus dem Gesellschaftsvermögen handeln muss. Dem ist angesichts von Sinn und Zweck des § 24 Abs. 5 UmwStG zuzustimmen, der darin besteht, nach Aufhebung von § 8b Abs. 4 Satz 1 Nr. 2 KStG a.F. zu sanktionieren, dass natürliche Personen eine Kapitalgesellschaftsbeteiligung durch Einbringung unter dem gemeinen Wert auf eine

[855] Vgl. *Bauernschmitt/Blöchle*, BB 2007, S. 748.

[856] Vgl. *Patt* in: Dötsch/Patt/Pung/Möhlenbrock, § 24 UmwStG (SEStEG) Rn. 215.

Körperschaft übertragen, welche die Beteiligung sodann zu 95 % steuerfrei veräußert. Genau dieser Effekt würde jedoch eintreten, wenn eine Kapitalgesellschaft ihren Mitunternehmeranteil an einer Personengesellschaft veräußert, in welche zuvor zum Buchwert Kapitalgesellschaftsanteile durch eine natürliche Person eingebracht wurden, da § 8b Abs. 6 KStG die Steuerfreistellung nach § 8b Abs. 2 KStG auch insoweit anordnet, als der Gewinn aus der Veräußerung des Mitunternehmeranteils auf die zuvor eingebrachten Kapitalgesellschaftsanteile entfällt. Folglich ist davon auszugehen, dass die (unmittelbare oder mittelbare) **Veräußerung** der Beteiligung an der JV-Personengesellschaft durch eine Kapitalgesellschaft innerhalb von sieben Jahren, nachdem im Zuge der Gründung (mittelbar) eine steuerneutrale Einbringung von Kapitalgesellschaftsanteilen durch natürliche Personen vorausgegangen ist, zur rückwirkenden Entstehung eines Einbringungsgewinns II führt. Gleiches gilt für den Fall der **Liquidation** der JV-Personengesellschaft innerhalb der siebenjährigen Sperrfrist, soweit es im Rahmen der mit der Liquidation einhergehenden „Versilberung" des Gesellschaftsvermögens zur Veräußerung von Kapitalgesellschaftsanteilen kommt, welche innerhalb der vorausgegangenen sieben Jahre durch eine nicht durch § 8b Abs. 2 KStG begünstigte Person in die JV-Personengesellschaft eingebracht wurden und soweit der erzielte Veräußerungsgewinn auf eine Mitunternehmerkapitalgesellschaft entfällt.

Eine Nachversteuerung erfolgt ebenso, wenn und soweit im Rahmen der **„up-stream"-Spaltung** bzw. Realteilung der JV-Personengesellschaft Kapitalgesellschaftsanteile, welche innerhalb der vorausgegangenen sieben Jahre (mittelbar) durch eine natürliche Person eingebracht worden sind, auf eine Mitunternehmerkapitalgesellschaft übertragen werden. Die Realteilung stellt insoweit m.E. eine entgeltliche Übertragung (tauschähnliche Übertragung des Betriebsvermögens der real geteilten Personengesellschaft gegen den bisherigen Mitunternehmeranteil des JV-Partners), d.h. eine Veräußerung i.S.d. § 22 Abs. 1 Satz 1 UmwStG dar[857]; andere Stimmen in der Literatur sehen die Zuteilung der Anteile im Rahmen der Realteilung hingegen als zur Nachversteuerung führende unentgeltliche Übertragung i.S.v. § 22 Abs. 1 Satz 6 Nr. 1 UmwStG an[858]. Bei (mittelbarer) Einbringung durch eine Kapitalgesellschaft scheidet die rückwirkende Besteuerung des Einbringungsvorgangs nach dem Wortlaut des § 24 Abs. 5 UmwStG hingegen selbst bei Veräußerung, Liquidation oder „up-stream"-Spaltung innerhalb der siebenjährigen Sperrfrist aus.

Bei der **„side-step"-Spaltung** der JV-Personengesellschaft auf inländische Schwestergesellschaften scheint die rückwirkende Entstehung eines Einbringungsgewinns zudem ausgeschlossen, soweit der Vorgang nach den §§ 20, 21 UmwStG – nicht jedoch nach § 24 UmwStG – zu Buchwerten vollzogen wird (§§ 24 Abs. 5, 22 Abs. 1 Satz 6 Nr. 2 UmwStG). § 22 Abs. 1 Satz 6 Nr. 2 UmwStG ist insoweit als spezielle Vorschrift für Fälle der entgeltlichen Übertragung durch Betriebseinbringung oder An-

---

[857] So auch die Rechtsprechung, die in der Form der Realteilung, bei welcher die Mitunternehmerschaft aufgelöst wird und jeder Mitunternehmer einen Teil des Betriebsvermögens erhält, einen entgeltlichen Vorgang sieht (vgl. BFH-Urt. v. 11.12.2001, BStBl. II 2002, S. 424 ff.).

[858] So *Patt* in: Dötsch/Patt/Pung/Möhlenbrock, § 22 UmwStG (SEStEG) Rn. 40; *Wacker* in: Schmidt, § 16 EStG Rn. 556; *Hörtnagl*, Stbg. 2007, S. 266; *Benz/Rosenberg* in: Blumenberg/Schäfer, SEStEG, S. 178.

teilstausch zu werten[859]. Zum Teil wird in der Literatur allerdings angenommen, dass für die Vorschrift keinerlei Anwendungsbereich bestehe, da die dort genannten Fälle der entgeltlichen Übertragung bereits vom Tatbestand der Veräußerung i.S.d. § 22 Abs. 1 Satz 1 UmwStG erfasst würden, welcher seinerseits allerdings – anders als Satz 6 Nr. 2 – keine Ausnahme für den Fall der Übertragung zu Buchwerten vorsehe[860]. Die in § 22 Abs. 1 Satz 6 Nr. 2 UmwStG vorgesehene Ausnahme sei aufgrund des systematischen Zusammenhangs zwischen § 22 Abs. 1 Satz 1 und Satz 6 UmwStG auch nicht auf die Fälle der Veräußerung übertragbar, so dass § 22 Abs. 1 Satz 6 Nr. 2 UmwStG auch nicht als Einschränkung des Veräußerungsbegriffs im Falle der Einbringung zu Buchwerten angesehen werden könne[861]. Angesichts dessen kann die Entstehung eines Einbringungsgewinns II selbst bei steuerneutraler „side-step"-Spaltung auf Schwester-Kapitalgesellschaften innerhalb der Sperrfrist nicht mit Sicherheit ausgeschlossen werden.

e. Zwischenergebnis

Veräußert der deutsche JV-Partner seine Beteiligung an einer inländischen JV-Personengesellschaft zum Zwecke der Beendigung seiner Zusammenarbeit mit dem ausländischen Partner, so unterliegt der hieraus erzielte Veräußerungsgewinn i.S.d. § 16 Abs. 1 Satz 1 Nr. 1, Abs. 2 EStG grundsätzlich der vollen Besteuerung mit Körperschaft- bzw. Einkommensteuer (unter den Vergünstigungen der §§ 16 Abs. 4, 34 EStG) sowie mit Gewerbesteuer. Soweit der Gewinn allerdings auf im Betriebsvermögen der JV-Personengesellschaft gehaltene Kapitalgesellschaftsanteile entfällt, bleibt er gemäß §§ 8b Abs. 6, Abs. 2 und 3 KStG, 3 Nr. 40 Satz 1 lit. b EStG zu 95 % bzw. zur Hälfte steuerfrei. Wird das Joint Venture alternativ durch Liquidation der inländischen JV-Personengesellschaft beendet, so ist der anteilige Liquidationserlös beim deutschen JV-Partner bzw. dessen Gesellschaftern als Aufgabegewinn i.S.d. §§ 16 Abs. 3 Satz 1, Abs. 2 EStG zu erfassen, sofern der Vorgang als begünstigte Betriebsaufgabe und nicht bloß als allmähliche Betriebsabwicklung zu qualifizieren ist. Die steuerliche Behandlung des Betriebsaufgabegewinns folgt denselben Regeln wie die Besteuerung des Gewinns aus der Veräußerung der Beteiligung an der JV-Personengesellschaft. Im Ergebnis kommt es somit in beiden „klassischen" Beendigungsszenarien auch im Rahmen einer Personengesellschaftsstruktur stets zu einer Aufdeckung der im Vermögen der JV-Gesellschaft ruhenden stillen Reserven.

Nach der „*SEVIC*"-Entscheidung des EuGH besteht auf Grundlage von Art. 43 EG bei entsprechender Kooperation der Registergerichte ferner die Möglichkeit, die inländische JV-Personengesellschaft zur Beendigung der Kooperation grenzüberschreitend auf die JV-Partner aufzuspalten („up-stream"-Spaltung). In steuerlicher Hinsicht beurteilt sich der Vorgang mangels Gewährung von Gesellschaftsrechten nach den Grundsätzen über die Realteilung einer Personengesellschaft (§ 16 Abs. 3 Satz 2 ff. EStG). Die Entstehung eines Realteilungsgewinns kann insoweit grundsätzlich vermieden werden, indem die JV-Personengesellschaft dergestalt real geteilt wird, dass dem ausländischen JV-Partner ausschließlich nicht in Deutschland steuer-

---

[859] Ebenso *Heß/Schnitger* in: PWC, Reform des Umwandlungssteuerrechts, Rn. 1662, 1669; *Benz/Rosenberg* in: Blumenberg/Schäfer, SEStEG, S. 176; *Hörtnagl*, Stbg. 2007, S. 266.

[860] Vgl. *Patt* in: Dötsch/Patt/Pung/Möhlenbrock, § 22 UmwStG (SEStEG) Rn. 41.

[861] Vgl. *Patt* in: Dötsch/Patt/Pung/Möhlenbrock, § 22 UmwStG (SEStEG) Rn. 33.

verhaftetes ausländisches Betriebsstättenvermögen oder nach der Realteilung weiterhin in der deutschen Besteuerung verhaftetes inländisches Betriebsstättenvermögen zugeteilt wird. Soweit im Zuge der Realteilung Einzelwirtschaftsgüter übertragen werden, ist jedoch die dreijährige Mindestbehaltefrist des § 16 Abs. 3 Satz 3 EStG sowie die sog. Körperschaftsteuerklausel I des § 16 Abs. 3 Satz 4 EStG zu beachten, wonach anteilig die stillen Reserven aufzudecken sind, soweit einzelne Wirtschaftsgüter auf eine Kapitalgesellschaft übergehen. Gehen bei der Realteilung Teilbetriebe einschließlich Kapitalgesellschaftsanteilen bzw. eine 100 %ige Kapitalgesellschaftsbeteiligung von einer mittelbar an der JV-Personengesellschaft beteiligten natürlichen Person auf eine unmittelbar oder mittelbar an der JV-Personengesellschaft beteiligte Kapitalgesellschaft über, ist überdies rückwirkend auf den Realteilungszeitpunkt entsprechend der Beteiligungsquote natürlicher Personen der gemeine Wert anzusetzen, wenn diese Anteile innerhalb der folgenden sieben Jahren weiterveräußert werden oder ein Ersatzrealisationstatbestand i.S.d. § 22 Abs. 1 Satz 6 Nr. 1-5 UmwStG verwirklicht wird (sog. Körperschaftsteuerklausel II, § 16 Abs. 5 EStG).

Alternativ kann die JV-Personengesellschaft – zivilrechtlich unproblematisch – auf inländische Schwestergesellschaften auf- oder abgespalten werden („side-step"-Spaltung). Steuerlich ist der Vorgang einer Vermögenseinbringung durch die JV-Partner gleichgestellt und lässt sich nach den §§ 20, 21, 24 UmwStG daher steuerneutral gestalten, soweit (Teil-)Betriebe, Mitunternehmeranteile oder Kapitalgesellschaftsanteile übergehen und – bei Spaltung auf Schwester-Personengesellschaften – kein bislang im Inland steuerverstricktes ausländisches Betriebsstättenvermögen auf eine Personengesellschaft übertragen wird, an welcher der ausländische JV-Partner zu 100 % als Kommanditist beteiligt ist.

In sämtlichen Beendigungsszenarien droht jedoch gemäß § 24 Abs. 5 UmwStG innerhalb von sieben Jahren, nachdem Kapitalgesellschaftsanteile zum Buchwert (mittelbar) durch eine natürliche Person eingebracht wurden, eine rückwirkende Besteuerung der vorausgegangenen Einbringung, soweit eine Kapitalgesellschaft als Mitunternehmer an der JV-Personengesellschaft beteiligt ist.

2. Standort im Ausland

a. Veräußerung

Sofern der deutsche JV-Partner seine Beteiligung an einer ausländischen JV-Personengesellschaft zur Beendigung der gemeinsamen Kooperation mit dem ausländischen Partner veräußert, unterliegt er mit dem aus der Veräußerung erzielten Gewinn im Sitzstaat der JV-Personengesellschaft ggf. der dortigen beschränkten Steuerpflicht gemäß einer dem § 49 Abs. 1 Nr. 2 lit. a bzw. lit. e, Abs. 2 EStG entsprechenden ausländischen Vorschrift. Daneben gelten für die inländische Besteuerung im Rahmen der unbeschränkten Einkommen- bzw. Körperschaftsteuerpflicht dieselben Grundsätze wie im Inlandsfall; auf die diesbezüglichen obigen Ausführungen wird daher Bezug genommen[862].

Auf Abkommensebene ist für die Behandlung des erzielten Veräußerungsgewinns danach zu unterscheiden, ob die ausländische JV-Personengesellschaft in ihrem

[862] Vgl. oben Kapitel 3:C.II.1.a.

Sitzstaat wie eine Körperschaft oder – entsprechend der deutschen Wertung – steuerlich transparent behandelt wird. Folgt der Sitzstaat dem **Mitunternehmerkonzept** und behandelt die Gesellschaft steuerlich transparent, so ist das Besteuerungsrecht hinsichtlich des Gewinns aus der Veräußerung der Beteiligung an der ausländischen JV-Personengesellschaft nach übereinstimmender Wertung beider Staaten gemäß Art. 13 Abs. 2 MA dem Sitzstaat zugewiesen[863]. In Deutschland wird der erzielte Veräußerungsgewinn im Gegenzug nach Art. 23 A Abs. 1 MA (ggf. unter Progressionsvorbehalt) von der inländischen Besteuerung freigestellt[864]. Qualifiziert der Sitzstaat der ausländischen JV-Personengesellschaft diese hingegen nach seinem innerstaatlichen Recht als **Körperschaft** und somit als ansässige Person im Abkommenssinne, wird er sich in der Regel durch Art. 13 Abs. 5 MA, der das Besteuerungsrecht für Gewinne aus der Veräußerung eines Kapitalgesellschaftsanteils dem Ansässigkeitsstaat des Veräußerers zuweist, an einer Besteuerung des Veräußerungsgewinns gehindert sehen. Deutschland dürfte aus eigener Sicht jedoch ebenso wenig auf den Veräußerungsgewinn zugreifen, da es sich nach inländischem Verständnis um einen freizustellenden Gewinn aus der Veräußerung ausländischen Betriebsstättenvermögens im Sinne der Art. 13 Abs. 2, 23 A Abs. 1 MA handelt. Aufgrund dieses negativen Qualifikationskonfliktes kommt es bei zutreffender Abkommensanwendung – vorbehaltlich einer im jeweils anzuwendenden DBA vereinbarten switch-over-Klausel[865] – grundsätzlich zu einer doppelten Nichtbesteuerung des Veräußerungsgewinns bzw. zur Entstehung „weißer Einkünfte“[866]. Dies will die (gemeinschaftsrechtlich bedenkliche, vgl. dazu oben B.II.2.b.bb(1)(b)) Vorschrift des **§ 50d Abs. 9 EStG** jedoch gerade verhindern. Danach unterbleibt die abkommensrechtlich vorgesehene Freistellung von Gewinnen aus der Veräußerung der Beteiligung an einer ausländischen JV-Personengesellschaft im Inland, sofern die Gesellschaft in ihrem Sitzstaat wie eine Körperschaft besteuert wird[867]. Die §§ 8b Abs. 2 KStG, 3 Nr. 40 EStG

[863] Vgl. *Prokisch* in: Vogel/Lehner, Art. 13 MA Rn. 34; *Wassermeyer* in: Debatin/Wassermeyer, Art. 13 MA Rn. 79; *Schaumburg*, Internationales Steuerrecht, Rn. 16.391.

[864] Vgl. *Wurm*, Beendigung internationaler Joint Ventures, S. 414.

[865] Vgl. z.B. Prot. Nr. 21 lit. a) bb) zu Art. 23 und 25 DBA Deutschland-USA; Prot. Nr. 9 lit. b zu Art. 23 Abs. 2 und 25 DBA Deutschland-Kanada.

[866] Vgl. *Greif* in: Mössner, Steuerrecht international tätiger Unternehmen, Rn. E 119 ff.; *Fischer*, Veräußerung, S. 46 ff.

[867] Vgl. Entwurf eines BMF-Schr. zur Anwendung der DBA auf Personengesellschaften v. 10.05.2007, IV B 4 - S 1300/07/0006, Tz. 4.2.1 und 4.1.3.3.2, online abrufbar unter http://www.gmbhr.de/volltext/voll_in.htm. Dies entspricht im Ergebnis der bisherigen Abkommensauslegung durch die Finanzverwaltung vor Einführung des § 50d Abs. 9 EStG (vgl. BMF-Schr. v. 28.05.1998, BStBl. I 1998, S. 557 ff., Tz. 5) und der von der OECD geforderten Auslegung des Methodenartikels aus der Perspektive des Quellenstaates (vgl. Ziff. 32.1 bis 32.7 OECD-MK zu Art. 23 MA). Nach der zur Rechtslage vor Einführung des § 50d Abs. 9 EStG ergangenen Rechtsprechung sind Gewinne aus der Veräußerung einer Beteiligung an einer ausländischen intransparenten Personengesellschaft hingegen selbst dann von der deutschen Steuer freizustellen, wenn der ausländische Staat sich aufgrund einer Subsumtion unter Art. 13 Abs. 5 MA an einer Besteuerung gehindert sieht (vgl. FG Hamburg, Urt. v. 22.08.2006, EFG 2007, S. 101 ff., Rev. beim BFH anhängig unter Az. I R 79/06). Danach folge aus dem Wesen der DBA als Schrankenrecht, dass die abkommensrechtlich vereinbarte Freistellung von der deutschen Steuer nicht davon abhängen könne, ob und wie die freizustellenden Einkünfte im Ausland besteuert werden. Da das genannte Urteil vor Inkrafttreten des JStG erging, die Revision aber derzeit beim BFH anhängig ist und § 50d Abs. 9 Nr. 1 EStG gemäß § 52 Abs. 59a Satz 6 EStG auf alle zum Zeitpunkt seines Inkrafttretens noch nicht bestandskräftigen Steuerbescheide Anwendung finden soll, wird der BFH Gelegenheit haben, sich mit der Vorschrift zu befassen. Die Entscheidung darf mit Spannung erwartet werden.

finden auf den Veräußerungsgewinn jedoch gleichwohl nur insoweit Anwendung, als Anteile an Kapitalgesellschaften im Betriebsvermögen der ausländischen JV-Personengesellschaft gehalten werden, da aus deutscher Sicht im Übrigen keine Kapitalgesellschafts-, sondern Mitunternehmeranteile veräußert werden[868].

b. Liquidation

aa. Ebene der JV-Personengesellschaft

Im Falle einer Liquidation der ausländischen JV-Personengesellschaft richtet sich die steuerliche Behandlung auf Gesellschaftsebene grundsätzlich ausschließlich nach dem jeweiligen innerstaatlichen Recht ihres Sitzstaates. Folgt dieser wie Deutschland dem **Mitunternehmerkonzept**, so ergeben sich auf Ebene der JV-Personengesellschaft aufgrund deren Transparenz grundsätzlich keine steuerlichen Folgen. Die Gesellschaft selbst ist lediglich Objekt der Ermittlung sowie einheitlichen und gesonderten Feststellung des Liquidationsgewinns der an ihr beteiligten JV-Partner. Qualifiziert der ausländische Sitzstaat die JV-Personengesellschaft hingegen nach seinem innerstaatlichen Recht als **Körperschaft**, so unterliegt sie mit ihrem Abwicklungsgewinn unter Umständen einer der Liquidationsbesteuerung nach § 11 KStG vergleichbaren Schlussbesteuerung[869]. Die Ermittlung und Besteuerung des Liquidationserfolges bestimmt sich insoweit jedoch allein nach Maßgabe des ausländischen Rechts.

bb. Ebene des JV-Partners

Der deutsche JV-Partner unterliegt mit seinem anteiligen Erlös aus der Liquidation der ausländischen JV-Personengesellschaft in deren Sitzstaat unter Umständen einer beschränkten Steuerpflicht gemäß einer dem § 49 Abs. 1 Nr. 2 lit. a bzw. lit. e i.V.m. Abs. 2 EStG entsprechenden ausländischen Vorschrift. In Deutschland sind die Liquidationsbezüge grundsätzlich im Rahmen der unbeschränkten Einkommen- oder Körperschaftsteuerpflicht des inländischen JV-Partners bzw. seiner Gesellschafter als Betriebsaufgabegewinn im Sinne der §§ 16 Abs. 3 Satz 1, Abs. 2 und 4, 34 EStG zu erfassen, sofern der Vorgang als begünstigte Betriebsaufgabe und nicht als allmähliche Betriebsabwicklung zu qualifizieren ist.

Hinsichtlich der abkommensrechtlichen Behandlung des Liquidationserlöses ist danach zu differenzieren, ob die ausländischen JV-Personengesellschaft in ihrem Sitzstaat steuerlich transparent behandelt oder wie eine Körperschaft besteuert wird. Soweit der Sitzstaat ebenso wie Deutschland dem **Mitunternehmerkonzept** folgt, steht das Recht zur Besteuerung des Aufgabegewinns des deutschen JV-Partners aus Sicht beider Staaten abkommensrechtlich dem Sitzstaat zu, während die Einkünfte von der deutschen Besteuerung freizustellen sind (Art. 13 Abs. 2, 23 A Abs. 1 MA). Der erzielte Liquidationsgewinn unterliegt im Ergebnis allein im ausländischen Sitzstaat der Besteuerung, sofern dieser die Liquidation der JV-Personengesellschaft in Ausfüllung des ihm gemäß Art. 13 Abs. 2 MA zugewiesenen Besteuerungsrechts

---

[868] Vgl. *Greif* in: Mössner, Steuerrecht international tätiger Unternehmen, Rn. E 120; *Fischer*, Veräußerung, S. 47; ebenso die Finanzverwaltung, vgl. BMF-Schr. v. 28.05.1998, BStBl. I 1998, S. 557 ff., Tz. 5.

[869] Vgl. *Wurm*, Beendigung von internationalen Joint Ventures, S. 415.

als steuerpflichtigen Veräußerungstatbestand behandelt[870]. Folgt der Sitzstaat der JV-Personengesellschaft hingegen dem **Kapitalgesellschaftskonzept** und behandelt die Gesellschaft wie eine Körperschaft, so steht es ihm abkommensrechtlich grundsätzlich frei, den Liquidationserlös des deutschen JV-Partners auf Grundlage seines innerstaatlichen Rechts als Dividende (Art. 10 MA) oder als Veräußerungsgewinn (Art. 13 Abs. 5 MA) zu qualifizieren[871]. Stuft der Sitzstaat den Liquidationsgewinn vor diesem Hintergrund als Dividende ein, ist Deutschland aufgrund von Art. 10 Abs. 3 MA, der die Dividendenqualifikation durch den Quellenstaat zum Abkommensrecht erhebt, an die Einkünftequalifikation nach dem innerstaatlichen Recht des Quellenstaates gebunden und hat dementsprechend Art. 23 A Abs. 2 MA bzw. das internationale Schachtelprivileg anzuwenden[872]. Qualifiziert der Sitzstaat der JV-Personengesellschaft den Liquidationsgewinn hingegen als Veräußerungsgewinn, wird er sich durch Art. 13 Abs. 5 MA an einer Besteuerung der Einkünfte gehindert sehen, während Deutschland – da es insoweit an einer Bindung an das innerstaatliche Recht des Quellenstaates fehlt – den Erlös als Einkünfte im Sinne der Art. 13 Abs. 2, 23 A Abs. 1 MA grundsätzlich freizustellen hätte. Die somit bei zutreffender Abkommensanwendung eintretende doppelte Nichtbesteuerung wird jedoch unilateral gemäß § 50d Abs. 9 Satz 1 Nr. 1 EStG durch Übergang von der Freistellungs- zur Anrechnungsmethode vermieden.

c. Spaltung

Zur Beendigung der Kooperation kann die ausländische JV-Personengesellschaft ferner auf Grundlage des Gemeinschaftsrechts auf die an ihr beteiligten JV-Partner („up-stream"-Spaltung) oder gemäß den Vorschriften des ausländischen Rechts auf in ihrem Sitzstaat ansässige Schwestergesellschaften („side-step"-Spaltung) gespalten werden. Steuerlich ergeben sich insoweit jeweils die folgenden Konsequenzen:

aa. „Up-stream"-Spaltung

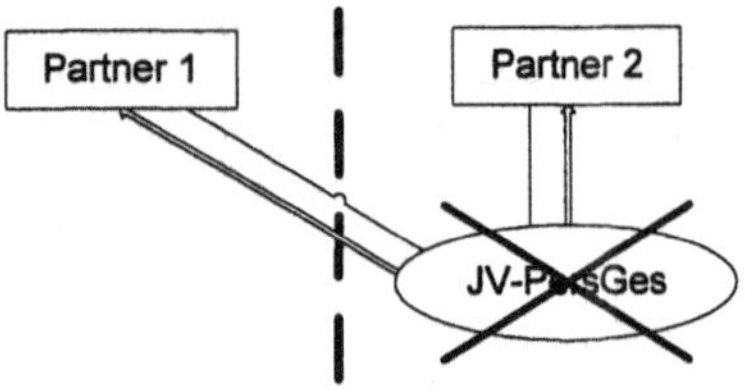

Im Falle der Aufspaltung der JV-Personengesellschaft auf die an ihr beteiligten JV-Partner bestimmt sich die steuerliche Behandlung des Vorgangs aus deutscher Sicht nach **Realteilungsgrundsätzen (§ 16 Abs. 3 Satz 2 ff., Abs. 5 EStG)**. Die Vorschriften gelangen insoweit grundsätzlich auch für ausländische Personengesellschaften zur Anwendung[873].

---

[870] Vgl. *Greif* in: Mössner, Steuerrecht international tätiger Unternehmen, Rn. E 124.
[871] Vgl. Ziff. 31 OECD-MK zu Art. 13 MA; Ziff. 28 OECD-MK zur Art. 10 MA.
[872] Vgl. oben Kapitel 3:C.I.2.b.bb.
[873] *Kulosa* in: Herrmann/Heuer/Raupach, § 16 EStG, Rn. 442; OFD Frankfurt, Vfg. v. 25.08.1988, WPg. 1988, S. 685; OFD Berlin, Vfg. v. 05.12.1996, DB 1997, S. 450; *Ronge/Peroulaz*, IStR 2007, S. 430.

Für Zwecke der inländischen Besteuerung des deutschen JV-Partners bzw. – soweit inländisches Betriebsstättenvermögen vorhanden ist – des beschränkt steuerpflichtigen ausländischen JV-Partners ist der Gewinn der JV-Personengesellschaft aus der Realteilung nach deutschem Steuerrecht zu ermitteln. Da nach deutschem Handelsrecht für die ausländische JV-Personengesellschaft keine Buchführungs- und Bilanzierungspflicht besteht, ist insoweit die ausländische Handelsbilanz, allerdings modifiziert durch die Vorschriften des deutschen Steuerrechts, für die inländische Besteuerung heranzuziehen[874]. Gemäß § 16 Abs. 3 Satz 2 EStG ist danach bei Übergang von (Teil-)Betrieben, Mitunternehmeranteilen oder Einzelwirtschaftsgütern zur Ermittlung des Realteilungsgewinns grundsätzlich von einem zwingenden Buchwertansatz auf Ebene der ausländischen JV-Personengesellschaft auszugehen, sofern die **deutsche Besteuerung der stillen Reserven sichergestellt** ist. Wann dies bei der Realteilung einer ausländischen Personengesellschaft der Fall ist, ist im Einzelnen unklar. Die im Realteilungserlass[875] sowie den Betriebsstätten-Verwaltungsgrundsätzen[876] geäußerten Verwaltungshinweise enthalten hierzu keine eindeutige Aussage. Fest steht jedoch m.E., dass soweit mit dem Sitzstaat der ausländischen JV-Personengesellschaft sowie dem Belegenheitsstaat weiterer Betriebsstätten, welche die JV-Personengesellschaft im Ausland unterhält, ein Freistellungs-DBA besteht und kein deutsches Betriebsstättenvermögen vorhanden ist, vor der Realteilung kein Besteuerungsrecht Deutschlands bestand, welches im Rahmen der Realteilung sicherzustellen wäre, so dass in diesem Fall zwingend ein Buchwertansatz auf Ebene der real zu teilenden ausländischen Personengesellschaft vorzunehmen ist. Gleiches gilt für den Fall, dass vor der Realteilung ein deutsches Besteuerungsrecht hinsichtlich des Betriebsvermögens der ausländischen JV-Personengesellschaft bestand (z.B. bei Nichtbestehen eines DBA bzw. bei Bestehen eines Anrechnungs-DBA), dieses jedoch durch den Vermögensübergang auf die JV-Partner nicht tangiert wird (z.B. wenn das in Deutschland steuerverstrickte ausländische Betriebsvermögen auf den inländischen JV-Partner übergeht und der ausländische JV-Partner ausschließlich von der deutschen Besteuerung freigestelltes Drittstaats-Betriebsstättenvermögen erhält). Zu einer Aufdeckung der im Realteilungszeitpunkt im Betriebsvermögen der ausländischen JV-Personengesellschaft ruhenden stillen Reserven kommt es jedoch in den Fällen, in denen ein insoweit zuvor bestehendes deutsches Besteuerungsrecht infolge des Vermögensübergangs bei Realteilung ausgeschlossen oder beschränkt wird. Dies ist beispielsweise der Fall, soweit bei der Realteilung inländisches Betriebsstättenvermögen der JV-Personengesellschaft auf den ausländischen JV-Partner übergeht und einzelne Wirtschaftsgüter aufgrund der „Zentralfunktion des Stammhauses"[877] dessen ausländischem Stammhaus zuzurechnen sind oder der ausländische JV-Partner Betriebsvermögen der JV-Personengesellschaft erhält, welches in einem Staat belegen ist, mit dem Deutschland kein oder ein Anrechnungs-DBA unterhält.

Für Zwecke der zukünftigen deutschen Besteuerung nach Realteilung relevant ist ferner die Frage, mit welchem Wert der inländische JV-Partner die auf ihn bei Real-

[874] Vgl. BFH-Urt. v. 13.09.1989, BStBl. II 1990, S. 57 ff., *Greif* in: Mössner, Steuerrecht international tätiger Unternehmen, Rn. E 86.
[875] Vgl. BMF-Schr. v. 28.02.2006, BStBl. I 2006, S. 228 ff. unter V.
[876] Vgl. BMF-Schr. v. 24.12.1999, BStBl. I 2000, S. 1556 f. Tz. 2.6.
[877] Vgl. hierzu oben Kapitel 3:B.II.2.b.bb(1)(a).

teilung übergehenden Wirtschaftsgüter in seine Bilanz zu übernehmen hat. Nach § 16 Abs. 3 Satz 2, 2. Halbs. EStG ist der übernehmende Mitunternehmer an einen bei der Ermittlung des Realteilungsgewinns der Mitunternehmerschaft angesetzten Buchwert grundsätzlich gebunden. Fraglich ist jedoch, ob dies auch dann gilt, wenn infolge des Vermögensübergangs auf den inländischen JV-Partner erstmals ein deutsches Besteuerungsrecht an den Wirtschaftsgütern des übergehenden Vermögens begründet wird (z.B. bei Übergang einer bislang funktional der ausländischen (Personengesellschafts-)Betriebsstätte zuzurechnenden und von der deutschen Besteuerung freigestellten Kapitalgesellschaftsbeteiligung auf den deutschen JV-Partner). Gemäß **§ 16 Abs. 3 Satz 2 EStG** ist in diesem Fall auf Ebene der JV-Personengesellschaft zwingend der Buchwert anzusetzen und vom Übernehmer fortzuführen; andererseits schreiben die allgemeinen Verstrickungsgrundsätze nach **§§ 4 Abs. 1 Satz 7, 2. Halbs., 6 Abs. 1 Nr. 5 lit. a EStG** jedoch im Falle der erstmaligen Verstrickung eines Wirtschaftsguts in der deutschen Besteuerung den Ansatz mit dem gemeinen Wert vor. Damit stellt sich wiederum die Frage nach dem **Konkurrenzverhältnis** der genannten Vorschriften. Für das parallele Verhältnis des § 4 Abs. 1 Satz 7 EStG zur verstrickenden Übertragung nach § 6 Abs. 5 Satz 3 Nr. 1 EStG wird teilweise von einem Vorrang des § 6 Abs. 5 EStG ausgegangen[878]. Dieser Ansatz ließe sich auf das Verhältnis zu § 16 Abs. 3 Satz 2 EStG möglicherweise übertragen. Aufgrund der gesetzlichen Intention der §§ 4 Abs. 1 Satz 7, 6 Abs. 1 Nr. 5 lit. a EStG ist jedoch m.E. auch im Rahmen der Realteilungsgrundsätze von einem Vorbehalt der Verstrickungsregelungen auszugehen, so dass die infolge der Realteilung der ausländischen JV-Personengesellschaft erstmals in die deutsche Besteuerung hineinwachsenden Wirtschaftsgüter auf Ebene des übernehmenden deutschen JV-Partners mit dem gemeinen Wert anzusetzen sind[879]. Andernfalls käme es zu einem gesetzlich unerwünschten Import ausländischer stiller Reserven, die ggf. sowohl im Sitzstaat der JV-Personengesellschaft als auch – bei späterer Veräußerung der Wirtschaftsgüter durch den deutschen JV-Partner – im Inland der Besteuerung unterworfen sind. Der Differenzbetrag zum Buchwert der erstmals steuerverstrickten Wirtschaftsgüter kann als im Inland steuerfreier *step-up* erzielt werden.

Unabhängig von der deutschen Sichtweise kann es bei der grenzüberschreitenden Realteilung einer ausländischen JV-Personengesellschaft im Sitzstaat der Gesellschaft aufgrund des dort geltenden Steuerrechts zu einer Aufdeckung von stillen Reserven und zur Entstehung eines Realteilungsgewinns kommen[880]. Mit seinem Anteil an diesem nach ausländischem Recht ermittelten Realteilungsgewinn unterliegt der deutsche JV-Partner im Sitzstaat ggf. der beschränkten Steuerpflicht. Auf **Abkommensebene** ist das Besteuerungsrecht hinsichtlich des Realteilungsgewinns des deutschen JV-Partners, soweit dieser der (Personengesellschafts-)Betriebsstätte zuzuordnen ist, gemäß Art. 13 Abs. 2 MA regelmäßig dem Sitzstaat der real geteilten

[878] So *Hruschka*, StuB 2006, S. 588.

[879] Demgegenüber wird die bloße „Verstärkung" des deutschen Besteuerungsrechts (z.B. bei Überführung eines bisher auf Ebene des deutschen JV-Partners anteilig der deutschen Besteuerung unter Anrechnung der ausländischen Steuer unterliegenden Wirtschaftsgutes ins Inland) nicht von den allgemeinen Verstrickungsregelungen erfasst (vgl. BT-Drucks. 16/2710, S. 45; *Rödder/Schumacher*, DStR 2006, S. 1486; *Hruschka*, StuB 2006, S. 587; *Förster*, DB 2007, S. 76; *Brink/Enders* in: PWC, Reform des Unternehmenssteuerecht, Rn. 454), so dass insoweit nach § 16 Abs. 3 Satz 2 EStG stets der auf Ebene der real geteilten Personengesellschaft angesetzte Wert zu übernehmen ist.

[880] Vgl. *Hameder*, Internationale Realteilungen, S. 419.

JV-Personengesellschaft zugewiesen, während Deutschland die Einkünfte gemäß Art. 23 A Abs. 1 MA von der inländischen Besteuerung freizustellen hat. Behandelt der Sitzstaat die JV-Personengesellschaft jedoch wie eine Kapitalgesellschaft, wird er sich gemäß Art. 13 Abs. 5 MA an der Besteuerung des nach seinem innerstaatlichen Recht ggf. entstehenden Übernahmegewinns des deutschen JV-Partners gehindert sehen. Die in diesem Falle bei zutreffender Abkommensanwendung eintretende doppelte Nichtbesteuerung versucht Deutschland gemäß § 50d Abs. 9 Satz 1 Nr. 1 EStG durch unilateralen Übergang zur Anrechnungsmethode zu vermeiden. Der Zugriff des deutschen Fiskus geht allerdings ins Leere, soweit nach innerstaatlichem deutschen Recht kein Realteilungsgewinn entsteht.

bb. „Side-step"-Spaltung

Wird die ausländische JV-Personengesellschaft „side-step" auf in ihrem Sitzstaat ansässige Schwestergesellschaften gespalten, ist hinsichtlich der steuerlichen Behandlung des Vorgangs danach zu differenzieren, ob die Spaltung auf Kapital- oder auf Personengesellschaften erfolgt.

(1) Spaltung auf Kapitalgesellschaften

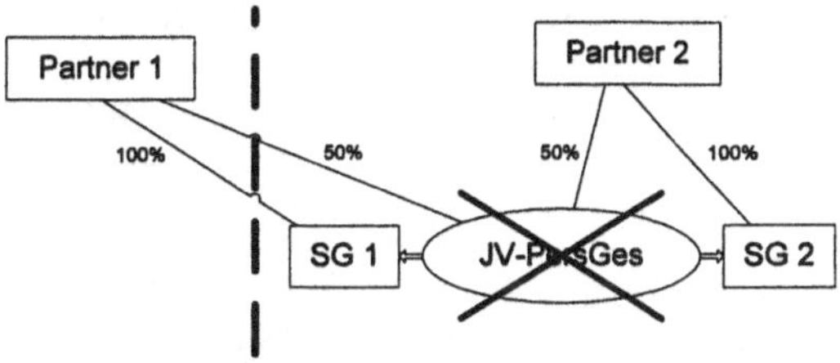

Bei Spaltung auf ausländische Schwester-Kapitalgesellschaften finden – soweit der deutsche JV-Partner und/oder inländisches Betriebsstättenvermögen betroffen ist – die **§§ 20, 21 UmwStG** Anwendung, sofern im Rahmen der Spaltung (Teil-)Betriebe, Mitunternehmeranteile oder Kapitalgesellschaftsanteile übergehen. In persönlicher Hinsicht sind die Vorschriften anwendbar, soweit die übernehmenden Schwester-Kapitalgesellschaften sowie – im Falle des § 20 UmwStG – auch die JV-Partner als EU-/EWR-Gesellschaften zu qualifizieren sind (vgl. § 1 Abs. 4 Satz 1 i.V.m. Abs. 2 Satz 1 Nr. 1 UmwStG).

Wird danach im Zuge der Spaltung ein in- oder ausländischer **Betrieb, Teilbetrieb oder Mitunternehmeranteil** gegen Gewährung von Gesellschaftsrechten an die JV-Partner auf eine ausländische Schwester-Kapitalgesellschaft übertragen, so können gemäß § 20 Abs. 2 Satz 2 UmwStG auf Antrag die Buchwerte fortgeführt werden, wenn nach der Übertragung im Inland eine Betriebsstätte der Übernehmerin verbleibt oder vor der Übertragung bereits kein deutsches Besteuerungsrecht an dem übertragenen ausländischen Betriebsstättenvermögen bestand. Für den deutschen JV-Partner gilt der Buchwert insoweit als Veräußerungspreis des übertragenen Vermögens, so dass sich der Vorgang grundsätzlich steuerneutral gestalten lässt. Der Wertansatz bei der übernehmenden Schwestergesellschaft bestimmt gemäß § 20 Abs. 3 Satz 1 UmwStG im Grundsatz auch die Anschaffungskosten der erhaltenen Anteile beim deutschen JV-Partner. Nach § 20 Abs. 3 Satz 2 UmwStG gelten diese allerdings abweichend von der grundsätzlichen Buchwertverknüpfung mit dem gemeinen Wert des übertragenen Vermögens angeschafft, soweit es sich dabei um freigestelltes ausländisches Betriebsstättenvermögen handelt, da insoweit weder vor der Spaltung ein deutsches Besteuerungsrecht bestanden hat noch ein solches durch den Vorgang begründet wird. Anders ist der Vorgang zu beurteilen, soweit ausländisches Betriebsvermögen vorhanden ist, welches vor der Spaltung aufgrund der Transparenz der JV-Personengesellschaft auf Ebene des deutschen JV-Partners anteilig in Deutschland besteuert werden durfte (wegen Nichtbestehens eines DBA oder Bestehens eines DBA mit Anrechnungsmethode). Das vor Spaltung bestehende deutsche Besteuerungsrecht geht in diesem Fall durch den Übergang auf eine ausländische Schwester-Kapitalgesellschaft verloren, so dass nach § 20 Abs. 2 Satz 1 UmwStG zwingend der gemeine Wert anzusetzen ist und gemäß § 20 Abs. 3 Satz 1 UmwStG ein steuerpflichtiger Veräußerungsgewinn des deutschen JV-Partners entsteht.

Gehen im Zuge der Spaltung im Betriebsvermögen der ausländischen JV-Personengesellschaft gehaltene (mehrheitsvermittelnde) **Anteile an in- oder ausländischen Kapitalgesellschaften** über, hinsichtlich derer vor der Spaltung (wegen anteiliger Zurechnung zum Stammhaus des deutschen JV-Partners aufgrund der „Zentralfunktion des Stammhauses" oder wegen Bestehens eines DBA mit Anrechnungsmethode bzw. Nichtbestehens eines DBA) ein deutsches Besteuerungsrecht bestand, wird dieses durch den Vermögensübergang auf eine ausländische Schwester-Kapitalgesellschaft ausgeschlossen. Auf Antrag gilt für den deutschen JV-Partner jedoch gemäß § 21 Abs. 2 Satz 3 UmwStG der Buchwert der übergehenden Anteile als Veräußerungspreis sowie als Anschaffungskosten der im Gegenzug erhaltenen Anteile an der Übernehmerin, da insoweit nach der Spaltung in der Regel ein uneingeschränktes Besteuerungsrecht Deutschlands besteht (vgl. Art. 13 Abs. 5 MA). Soweit der Gewinn aus der Veräußerung der übertragenen Anteile bereits vor der Spaltung nicht in Deutschland besteuert werden durfte (wegen funktionaler Zuordnung zur der durch die Beteiligung an der JV-Personengesellschaft vermittelten ausländischen Freistellungs-Betriebsstätte), kann ein auf Ebene der übernehmenden Schwester-Kapitalgesellschaft angesetzter Buchwert gemäß § 21 Abs. 2 Satz 1 UmwStG fortgeführt werden. Im Ergebnis lässt sich die Entstehung eines Einbringungsgewinns vermeiden.

(2) Spaltung auf Personengesellschaften

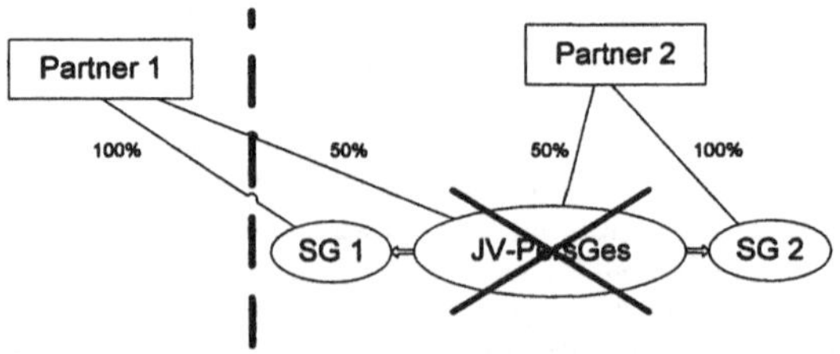

Bei Spaltung der ausländischen JV-Personengesellschaft auf in ihrem Sitzstaat ansässige ausländische Schwester-Personengesellschaften gelangt – soweit ein Betrieb, Teilbetrieb[881] oder Mitunternehmeranteil übergeht – **§ 24 UmwStG** zu Anwendung. Ob die JV-Partner sowie die übernehmenden Schwester-Personengesellschaften innerhalb der EU, des EWR oder eines Drittstaats ansässig sind, ist insoweit ohne Belang (vgl. § 1 Abs. 4 Satz 2 UmwStG).

Gemäß § 24 Abs. 2 Satz 2 UmwStG kann das übertragene Betriebsvermögen auf Antrag mit dem Buchwert angesetzt werden, soweit nach Wirksamwerden der Spaltung eine inländische Betriebsstätte verbleibt oder Deutschland aufgrund abkommensrechtlicher Freistellung bereits vor Spaltung an der Besteuerung des übergehenden ausländischen Vermögens gehindert war. Der auf Ebene der übernehmenden Schwester-Personengesellschaft angesetzte Buchwert gilt für den inländischen JV-Partner insoweit nach § 24 Abs. 3 Satz 1 UmwStG als Veräußerungspreis, so dass die Entstehung eines Veräußerungsgewinns vermieden werden kann. Soweit jedoch ausländisches Betriebsvermögen, bezüglich dessen vor der Spaltung (wegen Nichtbestehens eines DBA oder Bestehens eines DBA mit Anrechnungsmethode) auf Ebene des deutschen JV-Partners anteilig ein deutsches Besteuerungsrecht bestand, auf eine ausländische Schwester-Personengesellschaft übertragen wird, an welcher der ausländische JV-Partner zu 100 % als Kommanditist beteiligt ist, wird das Zugriffsrecht des deutschen Fiskus endgültig ausgeschlossen. Das übertragene Vermögen gilt in diesem Fall zwingend als zum gemeinen Wert veräußert; eine Fortführung der Buchwerte ist ausgeschlossen.

d. Rückwirkung auf vorausgegangene Einbringungen

Hinsichtlich der möglichen Rückwirkung einer Veräußerung, Liquidation oder Spaltung der ausländischen JV-Personengesellschaft auf die steuerliche Behandlung einer im Zuge der JV-Gründung vorausgegangenen (Mit-)Einbringung von Kapitalgesellschaftsanteilen wird auf die obigen Ausführungen zu 1.d. verwiesen. Soweit danach beim inländischen JV-Partner rückwirkend ein Einbringungsgewinn II entsteht, ist das diesbezügliche Besteuerungsrecht gemäß Art. 13 Abs. 5 MA abkommensrechtlich regelmäßig ausschließlich Deutschland zugewiesen.

e. Zwischenergebnis

Veräußert der deutsche JV-Partner seine Beteiligung an einer ausländischen JV-Personengesellschaft, so unterliegt der dabei erzielte Veräußerungsgewinn ggf. der Besteuerung im Sitzstaat der JV-Personengesellschaft und zugleich der inländischen Besteuerung entsprechend der Behandlung im reinen Inlandsfall. Abkommensrechtlich ist der Veräußerungsgewinn – wenn auch der Sitzstaat der JV-Personengesellschaft dem Mitunternehmerkonzept folgt – als ausländischer Betriebsstättengewinn in der Regel gemäß Art. 13 Abs. 2, 23 A MA von der inländischen Besteuerung freizustellen. Folgt der Sitzstaat hingegen dem Kapitalgesellschaftskonzept, so käme es bei zutreffender Abkommensanwendung aufgrund eines negativen Qualifikationskonfliktes zu einer doppelten Nichtbesteuerung des Veräußerungsgewinns, was jedoch gemäß § 50d Abs. 9 Satz 1 Nr. 1 EStG durch innerstaatlichen Übergang von der Freistellungs- zur Anrechnungsmethode vermieden wird. Bei Beendigung des Joint Ventures unter Liquidation der ausländischen JV-Personengesellschaft erfolgt auf

[881] Als Teilbetrieb gilt insoweit auch die 100 %ige Beteiligung an einer in- oder ausländischen Kapitalgesellschaft, vgl. oben Kapitel 3:A.II.1.a.bb.

Ebene der Gesellschaft – je nachdem, welches Besteuerungskonzept dem Recht des Sitzstaates zugrunde liegt – unter Umständen eine der Liquidationsbesteuerung nach § 11 KStG vergleichbare Schlussbesteuerung; auf Ebene des deutschen JV-Partners bzw. seiner Gesellschafter unterliegt der anteilige Liquidationserlös zudem als Betriebsaufgabegewinn der inländischen Besteuerung sowie ggf. der beschränkten ausländischen Steuerpflicht. Folgt der Sitzstaat der JV-Personengesellschaft ebenfalls dem Mitunternehmerkonzept, so ist der anteilige Liquidationserlös des deutschen JV-Partners im Inland gemäß Art. 13 Abs. 2, 23 A MA von der Besteuerung freizustellen. Qualifiziert der Sitzstaat den Liquidationsgewinn hingegen aufgrund des Kapitalgesellschaftskonzepts (mit Bindungswirkung für Deutschland, vgl. Art. 10 Abs. 3 MA) als Dividende, so bleibt das deutsche Besteuerungsrecht grundsätzlich bestehen (vgl. Art. 23 A Abs.2 MA). Gleiches gilt wegen § 50d Abs. 9 Satz 1 Nr. 1 EStG auch für den Fall, dass der dem Kapitalgesellschaftskonzept folgende Sitzstaat den Liquidationserlös als Veräußerungsgewinn einstuft und sich durch Art. 13 Abs. 5 MA an einer Besteuerung gehindert sieht.

Wird das Joint Venture alternativ auf Grundlage des europäischen Primär- und Sekundärrechts durch Aufspaltung der ausländischen JV-Personengesellschaft auf die JV-Partner beendet („up-stream"-Spaltung), so ermöglichen die insoweit aus deutscher Sicht einschlägigen Realteilungsgrundsätze (§§ 16 Abs. 3 Satz 2 ff., Abs. 5 EStG) grundsätzlich eine Vermögensübertragung zum Buchwert, sofern an dem übergehenden Vermögen vor der Realteilung kein deutsches Besteuerungsrecht bestand oder – sofern ein solches bestand – das in Deutschland steuerverstrickte Betriebsvermögen ausschließlich dem deutschen JV-Partner zugeteilt wird bzw. nach der Realteilung im Inland eine Betriebsstätte des ausländischen JV-Partners verbleibt, welcher die übergehenden Wirtschaftsgüter auch tatsächlich zuzurechnen sind. Soweit an den im Zuge der Realteilung übergehenden Wirtschaftsgütern jedoch erstmals ein deutsches Besteuerungsrecht begründet wird, sind diese nach hier vertretener Ansicht gemäß §§ 4 Abs. 1 Satz 7, 6 Abs. 1 Nr. 5a EStG mit dem gemeinen Wert in die Bilanz des inländischen JV-Partners zu übernehmen, um einen Import der im Ausland gebildeten stillen Reserven zu vermeiden. Unabhängig von der deutschen Behandlung kann im Sitzstaat der real geteilten JV-Personengesellschaft aufgrund der dort gültigen Bestimmungen ein Realteilungsgewinn entstehen, der gemäß Art. 13 Abs. 2 OECD-MA im Ausland besteuert werden darf.

Mangels grenzüberschreitenden Charakters zivilrechtlich unproblematisch und ebenfalls steuerneutral realisierbar ist ferner eine Spaltung der ausländischen JV-Personengesellschaft auf in deren Sitzstaat ansässige ausländische Schwestergesellschaften („side-step"-Spaltung). Die Aufdeckung stiller Reserven kann insoweit nach den §§ 20, 21, 24 UmwStG vermieden werden, soweit kein bislang in Deutschland steuerverstricktes ausländisches Betriebsvermögen auf eine ausländische Schwester-Kapitalgesellschaft bzw. eine Schwester-Personengesellschaft, an welcher der ausländische JV-Partner zu 100 % als Kommanditist beteiligt ist, übergeht.

Sowohl bei Veräußerung und Liquidation als auch im Falle der Spaltung innerhalb der auf die Gründung des Joint Ventures folgenden sieben Jahre kann es überdies gemäß § 24 Abs. 5 UmwStG zur rückwirkenden Entstehung eines Einbringungsgewinns II kommen, soweit Kapitalgesellschaften an der JV-Personengesellschaft beteiligt sind und im Rahmen der Gründung des Joint Ventures Kapitalgesellschaftsanteile zum Buchwert durch eine nicht durch § 8b Abs. 2 KStG begünstigte Person eingebracht wurden.

III. Zusammenfassung und Analyse

Die vorausgegangene Untersuchung der verschiedenen Beendigungsszenarien ergibt, dass sich die Realisierung stiller Reserven in den „klassischen" Beendigungsalternativen grundsätzlich nicht vermeiden lässt. Demgegenüber bietet eine Spaltung der JV-Gesellschaft nach der „Europäisierung" des Umwandlungssteuergesetzes nunmehr die Möglichkeit, das Gesellschaftsvermögen unter Fortführung der Buchwerte zwischen den JV-Partnern aufzuteilen und die Kooperation auf diese Weise steuerneutral zu beenden.

In **Kapitalgesellschaftsstrukturen** entsteht sowohl bei Veräußerung der Beteiligung an der JV-Gesellschaft als auch im Falle ihrer Liquidation ein steuerpflichtiger Gewinn, in dessen Rahmen die im Gesellschaftsvermögen ruhenden stillen Reserven einer abschließenden Besteuerung unterworfen werden. Im Falle der Spaltung der JV-Kapitalgesellschaft nach den Vorschriften des Umwandlungssteuergesetzes werden die im übergehenden Betriebsvermögen ruhenden stillen Reserven hingegen grundsätzlich nicht aufgedeckt, soweit das Besteuerungsrecht Deutschlands hinsichtlich des übergehenden Vermögens weder ausgeschlossen noch beschränkt wird. Gleichwohl entsteht bei der „up-stream"-Spaltung auf Seiten des übernehmenden Rechtsträgers regelmäßig ein buchmäßiger Übernahmegewinn oder -verlust in Höhe des Unterschiedsbetrags zwischen dem Wert des Vermögenszugangs und dem Buchwert der infolge der Aufspaltung wegfallenden Anteile an der JV-Kapitalgesellschaft (abzüglich etwaiger Kosten für den Vermögensübergang). Nach der neuen gesetzlichen Regelung unterliegt ein insoweit entstehender Übernahme*gewinn* dem Halbeinkünfteverfahren bzw. § 8b KStG. Soweit die Spaltung auf Kapitalgesellschaften erfolgt, stellt die aus der Anwendung des § 8b KStG resultierende 5 %ige Besteuerung des Übernahmegewinns jedoch einen Verstoß gegen die Vorgaben der Fusionsrichtlinie dar. In zivilrechtlicher Hinsicht fehlt es für eine grenzüberschreitende „up-stream"-Aufspaltung zudem an einer ausdrücklichen Rechtsgrundlage, so dass ihre Realisierbarkeit regelmäßig von einer entsprechenden Kooperation der zuständigen Registergerichte abhängig sein wird. Schon allein aufgrund dieser zivilrechtlichen Unwägbarkeiten ist daher unter Umständen eine „side-step"-Spaltung der JV-Gesellschaft auf in ihrem Sitzstaat ansässige Schwester-Gesellschaften vorzuziehen. In steuerlicher Hinsicht bietet diese Variante bei Spaltung auf *Kapitalgesellschaften* überdies den Vorteil, dass – so die überwiegende Ansicht – kein Übernahmeergebnis zu ermitteln ist bzw. zumindest die aus der Anwendung des § 8b KStG resultierende 5 %ige Besteuerung eines etwaigen Übernahmegewinns vermieden wird. Die „side-step"-Spaltung auf Schwester-Kapitalgesellschaften ist somit sowohl gegenüber den „klassischen" Beendigungsalternativen als auch gegenüber der „up-stream"-Spaltung auf die JV-Partner vorzugswürdig und scheint am besten zur Beendigung eines Joint Ventures in Form einer in- oder ausländischen JV-Kapitalgesellschaft geeignet.

Gleiches gilt im Ergebnis auch für die Beendigung der Zusammenarbeit der JV-Partner im Rahmen einer **Personengesellschaftsstruktur**. Veräußerung und Liquidation führen hier gleichermaßen zur Entstehung eines steuerpflichtigen Gewinns i.S.d. § 16 EStG. Demgegenüber lassen sich sowohl die „up-stream"-Aufspaltung der JV-Personengesellschaft auf die JV-Partner nach den insoweit einschlägigen Realteilungsgrundsätzen (§ 16 Abs. 3 Satz 2 ff. EStG) als auch die „side-step“-Spaltung nach den insoweit anzuwendenden §§ 20, 21, 24 UmwStG grundsätzlich steuerneutral gestalten. Aufgrund ihres grenzüberschreitenden Charakters ist die „up-stream“-Spaltung aber in zivilrechtlicher Hinsicht mit Rechts-unsicherheiten belastet; überdies bietet die „side-step“-Spaltung – soweit das übergehende Vermögen in (Teil-)Betriebe aufgeteilt werden kann – die größere Flexibilität, da § 16 Abs. 3 Satz 2 ff. EStG zwingend den Buchwertansatz vorschreibt, während die §§ 20, 21, 24 UmwStG ein Antragswahlrecht einräumen.

Unabhängig von Rechtsform und Standort der JV-Gesellschaft ist ferner darauf zu achten, dass die Beendigung des Joint Ventures durch Veräußerung, Liquidation oder Spaltung nicht vor Ablauf einer siebenjährigen Frist seit der Einbringung von (Teil-)Betrieben, Mitunternehmeranteilen oder Kapitalgesellschaftsanteilen unter dem gemeinen Wert im Rahmen der JV-Gründung erfolgt. Sämtliche Beendigungsvarianten können bei Realisierung innerhalb dieser Sperrfrist zur Entstehung eines Einbringungsgewinns I oder II führen und die JV-Partner rückwirkend so stellen, als sei von vornherein zum gemeinen Wert eingebracht worden.

Kapitel 4: Schlussbetrachtung und thesenartige Zusammenfassung der Ergebnisse

Im Verlauf dieser Arbeit wurden die Bedeutung und Erscheinungsformen internationaler Joint Ventures und die mit Eingehung eines solchen regelmäßig verfolgten Ziele untersucht. Ferner ist die Besteuerung innerhalb internationaler JV-Strukturen von der Gründung bis zur Beendigung der Kooperation im Einzelnen analysiert und einer kritischen Würdigung unterzogen worden. Die wesentlichen dabei gewonnenen Erkenntnisse lassen sich wie folgt zusammenfassen:

1) Grundlegendes Ziel eines internationalen Joint Ventures ist die Nutzung von Synergieeffekten durch partielle, zeitlich begrenzte Zusammenarbeit zweier Unternehmen. Dazu bietet sich für die kooperationswilligen Partner regelmäßig die Errichtung eines **selbständigen Gemeinschaftsunternehmens** (*Equity Joint Venture*) in der Form einer **Einheitsgesellschaft** oder eines **Holdingmodells** an. Kooperationen auf rein schuldrechtlicher Basis (*Contractual Joint Venture*) oder die bloße gegenseitige Einräumung von Beteiligungsrechten im Rahmen einer strategischen Allianz scheiden oft schon aus betriebswirtschaftlichen Gründen aus, da die JV-Partner in der Regel ein gesteigertes Interesse daran haben, dass das Joint Venture als eigenständiges Rechtssubjekt am Markt wahrgenommen wird. Darüber hinaus bietet die Errichtung eines selbständigen Gemeinschaftsunternehmens den wesentlichen Vorteil einer Begrenzung der persönlichen Haftung gegenüber Dritten. Auch aus steuerlicher Sicht erscheint eine gesellschaftsrechtliche Verbindung vorzugswürdig, da die Ergebniszusammenführung im Rahmen einer nur schuldrechtlich vereinbarten Gewinngemeinschaft stets die Gefahr einer ungewollten Qualifikation als Mitunternehmerschaft mit der Folge einer Doppelbesteuerung birgt.

2) Für internationale Gemeinschaftsunternehmen haben sich durch das SEStEG und das JStG 2007 weitgehend **neue Rahmenbedingungen** ergeben, deren Bewertung insgesamt uneinheitlich ausfällt. Teils bringen die gesetzlichen Neuregelungen Verbesserungen für die Errichtung internationaler Joint Venture-Strukturen mit sich, teils beinhalten sie jedoch auch Verschärfungen gegenüber dem status quo ante, welche grenzüberschreitende Kooperationen erschweren.

    a. Positiv auf die Errichtung internationaler Unternehmenszusammenschlüsse wirkt sich zunächst die im Zuge des SEStEG erfolgte generelle **„Europäisierung"** des UmwStG aus. Während das deutsche Umwandlungssteuerrecht bislang primär auf rein nationale Umwandlungen ausgerichtet war und grenzüberschreitende Vorgänge nur in engen Grenzen zuließ, bieten die Vorschriften des UmwStG nunmehr die Möglichkeit, Umstrukturierungen innerhalb der EU / des EWR in weit größerem Umfang als bisher steuerneutral durchzuführen. Damit können nicht nur (Teil-)Betriebe, Mitunternehmeranteile oder Kapitalgesellschaftsanteile steuerneutral in eine inländische oder EU-/EWR-ausländische JV-Gesellschaft eingebracht werden, sondern die grenzüberschreitende JV-Struktur auch durch Spaltung unter Fortführung der Buchwerte wieder aufgelöst werden, soweit das Besteuerungsrecht Deutschlands gewahrt bleibt. Im Gegensatz zur früheren Rechtslage kommt es für die Steuerneutralität eines grenzüberschreitenden Anteilstauschs auch nicht mehr darauf an, ob die erworbene Gesellschaft innerhalb der EU / des EWR ansässig ist und auf Ebene der aufnehmenden Kapitalgesellschaft der Buchwert angesetzt wird. Das derzeit auf dem europarechtlichen Prüfstand stehende frühere Erfordernis einer doppelten Buchwertverknüpfung für den grenzüberschreitenden Anteilstausch wurde durch das SEStEG erfreulicherweise aufgegeben. Im Zuge dieser rechtlichen Entwicklungen entstehen für internationale Joint Ventures neue steuerliche Gestaltungsmöglichkeiten, die europäische Unternehmenszusammenschlüsse voraussichtlich zunehmen und erheblich an Bedeutung gewinnen lassen werden.

b. Negativ ins Gewicht fällt jedoch die generelle Unanwendbarkeit der neuen umwandlungssteuerrechtlichen Vorschriften auf **Drittstaatsumwandlungen**, welche zur Folge hat, dass insbesondere für den wichtigen Investitionsstandort USA nach wie vor Lücken verbleiben. Die im Vorfeld der Gesetzesänderung angestellten Überlegungen hinsichtlich einer Globalisierung des UmwStG wurden im Gesetzgebungsverfahren leider nicht umgesetzt. Dementsprechend führt die Errichtung eines Joint Ventures außerhalb der EU / des EWR beim einbringenden deutschen JV-Partner regelmäßig zur Aufdeckung stiller Reserven.

c. Die geänderten Vorschriften des UmwStG antizipieren zudem die zum Teil noch **fehlenden gesellschaftsrechtlichen Grundlagen**. Der Gesetzgeber hat sich daran gehindert gesehen, eine vollständige gesellschaftsrechtliche Flankierung der steuerrechtlichen Änderungen zu schaffen und im Rahmen des Zweiten Gesetzes zur Änderung des UmwG nur den Fall der grenzüberschreitenden Verschmelzung von Kapitalgesellschaften innerhalb der EU / des EWR geregelt. Die Vorgaben des Gemeinschaftsrechts zwingen allerdings dazu, grenzüberschreitende Umwandlungen innerhalb der EU / des EWR bereits jetzt uneingeschränkt zuzulassen. Eine gesicherte zivilrechtliche Rechtsgrundlage für andere Umwandlungsarten als Verschmelzungen sowie für grenzüberschreitende Umwandlungsvorgänge unter Beteiligung von Personenhandelsgesellschaften fehlt jedoch, so dass sich derartige Vorgänge letztlich nur mit entsprechender Kooperation der Registergerichte realisieren lassen werden.

d. Ferner ist der im UmwStG bei der Spaltung und Verschmelzung von Kapitalgesellschaften generell **nicht mehr vorgesehene Übergang von Verlusten** zu beanstanden. Während das frühere Recht eine Nutzung von Verlustvorträgen nach § 10d EStG zumindest unter engen Voraussetzungen und eine Berücksichtigung laufender Verluste der übertragenden Gesellschaft beim übernehmenden Rechtsträger ohne Einschränkung zuließ, schließt das UmwStG i.d.F. des SEStEG nunmehr im Wege einer Generalklausel den Übergang sämtlicher Verluste der übertragenden JV-Kapitalgesellschaft auf die übernehmenden JV-Partner bei Beendigung der Kooperation durch Spaltung aus. Aufgrund der Mindestbesteuerung und der häufig unterschiedlichen Höhe körperschaftsteuerlicher und gewerbesteuerlicher Verlustvorträge lässt sich eine vollständige Kompensation dieses Nachteils auch nicht durch eine Aufdeckung der stillen Reserven in der steuerlichen Schlussbilanz der JV-Gesellschaft zur Verrechnung der Verluste mit dem dabei entstehenden Übertragungsgewinn erreichen. Die gänzliche Versagung der Fortführung von Verlusten verstößt gegen das Prinzip der Besteuerung nach der Leistungsfähigkeit in Gestalt des objektiven Nettoprinzips und erscheint vor dem Hintergrund der jüngeren EuGH-Rechtsprechung insbesondere in der Rechtssache *„Marks & Spencer"* zudem gemeinschaftsrechtlich bedenklich, da sie faktisch dazu führt, dass Verluste anlässlich der Umwandlung definitiv untergehen.

e. Eine gemeinschaftsrechtlich fragwürdige Erschwerung für internationale JV-Strukturen stellt auch die neuerdings vorgesehene gesetzliche **Verweisung des § 12 Abs. 2 Satz 2 UmwStG auf § 8b KStG** dar. Nach den Vorgaben der Fusionsrichtlinie dürfen Wertsteigerungen, die beim Untergang der Beteiligung der übernehmenden an einer übertragenden Kapitalgesellschaft entstehen, bei einer Beteiligungsquote von mindestens 15 % keiner Besteuerung unterliegen. Die nunmehr gesetzlich angeordnete Behandlung des bei „up-stream"-Aufspaltung einer JV-Kapitalgesellschaft auf Kapitalgesellschaften im Regelfall entstehenden buchmäßigen Übernahmegewinns nach § 8b KStG führt jedoch dazu, dass im wirtschaftlichen Ergebnis 5 % der Wertsteigerung der Besteuerung unterworfen sind. Dies verstößt zumindest bei Beteiligungen von mehr als 15 % gegen europäisches Sekundärrecht.

f. Das bereits nach früherer Rechtslage für eine steuerneutrale Spaltung von Kapitalgesellschaften aufgestellte **Teilbetriebserfordernis** nach § 15 Abs. 1 Satz 2 UmwStG geht über die in der Fusionsrichtlinie aufgestellten Voraussetzungen für eine steuerneutrale Spaltung hinaus und stellt damit ein weiteres steuerliches Hemmnis für internationale Unternehmenskooperationen dar, welches diese in europarechtlich unzulässiger Weise erschwert. Gleiches gilt für den Ausschluss des steuerlichen Antragswahlrechts bei Erfüllung eines der in § 15 Abs. 2 UmwStG aufgeführten **Missbrauchstatbestände**. Es handelt sich insoweit um generelle Vorschriften, mit denen bestimmte Gruppen von Vorgängen auf Grundlage allgemeiner Kriterien als steuermissbräuchlich eingestuft werden, ohne dass es auf eine Prüfung im Einzelfall ankäme. Aufgrund des einheitlichen Anwendungsbereichs des UmwStG müssen sich die genannten Regelungen, obwohl sie tatbestandlich durch das SEStEG nahezu keine Änderung erfahren haben, nunmehr ebenfalls an den Richtlinienvorgaben messen lassen.

g. Der Rechtsrahmen für internationale Unternehmenszusammenschlüsse wird zudem erheblich durch das neue Konzept der **rückwirkenden Besteuerung des Einbringungsgewinns I oder II** verkompliziert, welches an die Stelle der früheren Steuerpflicht von Gewinnen aus der Veräußerung einbringungsgeborener Anteile getreten ist. Die bei Ansatz unter dem gemeinen Wert herbeigeführte Steuerneutralität des Einbringungsvorgangs geht insoweit mit einer erheblichen Einbuße an Handlungsspielräumen, insbesondere in Bezug auf den Zeitpunkt der Beendigung des Joint Ventures, sowie der während eines Zeitraums von sieben Jahren nach dem Einbringungszeitpunkt zu erfüllenden Nachweisverpflichtung nach § 22 Abs. 3 UmwStG einher. Umwandlungsvorgänge im Anschluss an die Einbringung in eine JV-Gesellschaft werden durch die Neuregelung unnötigerweise erschwert. Zudem wirft § 22 UmwStG, insbesondere im Hinblick auf den Veräußerungsbegriff sowie die ebenfalls zu einer rückwirkenden Besteuerung führenden Veräußerungsersatztatbestände, zahlreiche Auslegungsfragen auf, deren Klärung seitens der Finanzverwaltung bislang nicht abzusehen ist. Das Instrument der verbindlichen Auskunft ist insoweit aufgrund der neuerdings damit verbundenen Gebührenpflicht nur noch bedingt als Planungshilfe geeignet. Durch den in § 22 UmwStG zum Ausdruck kommenden „abnehmenden Missbrauchsgedanken" werden überdies Missbrauchsfälle typisiert und mit pauschalen Besteuerungsfolgen verknüpft, ohne dass die Möglichkeit eines Gegenbeweises besteht. Vor dem Hintergrund der Fusionsrichtlinie und ihrer Interpretation durch den EuGH erscheint dies europarechtlich nicht haltbar.

h. Im Falle der umwandlungsbedingten Verstrickung stiller Reserven wirft das neue Recht zudem vielerorts Fragen hinsichtlich des **Verhältnisses zu den §§ 4 Abs. 1 Satz 7, 2. Halbs. i.V.m. 6 Abs. 1 Nr. 5a EStG** auf, die Rechtsunsicherheiten für internationale JV-Strukturen bergen. Wird im Zuge der Spaltung einer ausländischen JV-Gesellschaft erstmals ein deutsches Besteuerungsrecht an den Wirtschaftsgütern des übergehenden Vermögens begründet, steht die umwandlungssteuerrechtlich vorgeschriebene Buchwertfortführung in Widerspruch zu dem im Rahmen des EStG und des KStG mit dem SEStEG eingeführten allgemeinen Grundsatz der Verstrickung zum gemeinen Wert. Während die Gesetzesbegründung für den Parallelfall einer erstmaligen Verstrickung im Zuge der Einbringung nach § 20 UmwStG von einem zwingenden Ansatz des gemeinen Werts analog §§ 4 Abs. 1 Satz 7, 2. Halbs. i.V.m. 6 Abs. 1 Nr. 5a EStG ausgeht, fehlt eine entsprechende Anordnung für den Fall der Spaltung. Nach hier vertretener Auffassung entspricht es Sinn und Zweck des Gesetzes, auch in diesem Fall von einem Vorbehalt der allgemeinen Verstrickungsgrundsätze auszugehen und einen Ansatz mit dem gemeinen Wert vorzunehmen. Angesichts der grundsätzlichen Spezialität des UmwStG gegenüber den Vorschriften des EStG und KStG besteht insoweit jedoch Klärungsbedarf.

i. Vor dem Hintergrund der von der Finanzverwaltung im Zusammenhang mit der Betriebsstättenzuordnung konstruierten **„Zentralfunktion des Stammhauses"** droht wegen der neuen gesetzlichen Anknüpfung des UmwStG an eine Gewährleistung des deutschen Besteuerungsrechts beim Weg in das Joint Venture sowie bei Beendigung der Kooperation zudem häufig die Aufdeckung stiller Reserven, wodurch die nach der Fusionsrichtlinie vorgeschriebene Steuerneutralität grenzüberschreitender Umwandlungsvorgänge im Ergebnis konterkariert wird. Insbesondere dem Gesamtunternehmen dienende Beteiligungen und selbstgeschaffene immaterielle Wirtschaftsgüter des Anlagevermögens (Patente, Rechte, Lizenzen, Know-how etc.), welche in einer inländischen Betriebsstätte steuerverhaftet sind, sind nach Verwaltungsauffassung nach grenzüberschreitender Einbringung oder Spaltung regelmäßig dem ausländischen Stammhaus zuzuordnen, mit der Folge, dass das diesbezügliche deutsche Besteuerungsrecht verloren geht und eine steuerneutrale Realisierung des Vorgangs ausscheidet. Das im UmwStG vorgesehene Antragswahlrecht wird hierdurch unverhältnismäßig weit eingeschränkt. Angesichts der grundsätzlichen Funktionszuordnungsfreiheit des Unternehmers zwischen Stammhaus und Betriebsstätte und der EG-vertraglich garantierten Niederlassungsfreiheit ist die Finanzverwaltung gehalten, ihren Ansatz von der „Zentralfunktion" aufzugeben und der durch eine entsprechende bilanzielle Behandlung indizierten Funktionszuordnungsentscheidung des Unternehmers stärkeres Gewicht beizumessen.

j. Auch die im Zuge des JStG 2007 erfolgten **Änderungen des § 50d EStG** tragen ihren Teil zur Erschwerung grenzüberschreitender Unternehmensaktivität im Rahmen eines internationalen Joint Ventures bei und erscheinen insgesamt nicht mit Gemeinschaftsrecht vereinbar. Durch die Vorschrift des § 50d Abs. 3 EStG wird ausländischen JV-Kapitalgesellschaften die abkommensrechtlich oder durch die Mutter-/Tochter-Richtlinie vermittelte Befreiung von der inländischen Quellensteuer insbesondere aufgrund der neu eingefügten Aktivitätsklausel, der nunmehr vorgesehenen alternativen Verknüpfung der Missbrauchsmerkmale und einer fehlenden Gegenbeweismöglichkeit in gemeinschaftsrechtswidriger Weise vorenthalten. Mit dem neu in das Gesetz eingefügten § 50d Abs. 9 EStG hat der Gesetzgeber ferner eine allgemeine unilaterale Rückfallklausel geschaffen, die eine Nicht- oder Niedrigbesteuerung von abkommensrechtlich freigestellten Einkünften im ausländischen Quellenstaat typisierend als Indiz für einen Abkommensmissbrauch wertet und zum Anlass für einen innerstaatlichen Übergang von der Freistellungs- zur Anrechnungsmethode nimmt. Die Investition im Ausland wird für den deutschen Partner eines internationalen Joint Ventures durch diese Regelung unzulässigerweise behindert und weniger attraktiv gemacht. Zudem missachtet der deutsche Gesetzgeber durch § 50d Abs. 9 EStG den Grundsatz, dass die DBA auch die „virtuelle" Doppelbesteuerung vermeiden wollen und die Entstehung „weißer" oder „grauer" Einkünfte der abkommensrechtlichen Freistellungsmethode immanent ist.

3) Bezogen auf die einzelnen Stadien eines internationalen Joint Ventures von der Gründung bis zur Beendigung fällt die steuerliche Analyse der betrachteten JV-Strukturen wie folgt aus:

a. Die weitestreichenden Möglichkeiten für eine steuerneutrale **Gründung** eines internationalen Gemeinschaftsunternehmens eröffnet dem deutschen JV-Partner eine Kapitalgesellschaftsstruktur unter Verwendung einer inländischen JV-Gesellschaft. Sowohl in- und ausländisches Betriebsvermögen (Betrieb, Teilbetrieb oder Mitunternehmeranteil) als auch Anteile an in- und ausländischen Kapitalgesellschaften lassen sich in dieser Konstellation in die JV-Kapitalgesellschaft einbringen, ohne dass es zur Entstehung eines Einbringungsgewinns kommt.

b. Während der **laufenden Besteuerung** erweist sich aus der Perspektive des deutschen Partners eine inländische Personengesellschaft als hinsichtlich der Aspekte Verlustnutzung und Abzugsfähigkeit von Finanzierungsaufwendungen optimal. Gegenüber inländischen Kapitalgesellschaften bietet diese zudem den Vorteil der Einmalbesteuerung auf Ebene der JV-Partner bei gleichzeitiger Geltung des körperschaftsteuerlichen Schachtelprivilegs nach § 8b Abs. 6 KStG bzw. des Halbeinkünfteverfahrens (§§ 3 Nr. 40 Satz 2, 20 Abs. 3 EStG). Diesen Vorteilen steht jedoch der Nachteil der grundsätzlich fehlenden Abkommensberechtigung der Personengesellschaft mit der Folge ggf. höherer Quellensteuerbelastungen entgegen sowie in außersteuerlicher Hinsicht das generelle Problem der geringeren Verbreitung oder Akzeptanz von Personengesellschaften im Ausland.

c. Die **Beendigung** eines internationalen Joint Ventures im Wege der „klassischen Beendigungsmechanismen" der Veräußerung oder Liquidation führt schließlich in allen betrachteten Varianten zwangsläufig zur Aufdeckung stiller Reserven. Durch Spaltung der JV-Gesellschaft auf die JV-Partner oder im Sitzstaat der JV-Gesellschaft ansässige Schwestergesellschaften lässt sich die Beendigung demgegenüber sowohl innerhalb von Kapitalgesellschafts- als auch Personengesellschaftsstrukturen unter Fortführung der Buchwerte realisieren, soweit das Besteuerungsrecht Deutschlands hinsichtlich des übergehenden Vermögens weder ausgeschlossen noch beschränkt wird.

4) Eine abstrakte Beantwortung der Frage, welche Variante im Ergebnis die optimale steuerliche Struktur für die Betätigung eines deutschen Partners im Rahmen eines internationalen Joint Ventures bietet, ist angesichts der Komplexität der insoweit maßgeblichen Entscheidungsparameter und ihrer unterschiedlichen Gewichtung von Fall zu Fall nicht möglich. Die Rechtsform- und Standortwahl hat sich vielmehr stets an den **konkreten Rahmenbedingungen** des jeweiligen JV-Vorhabens zu orientieren. Dabei kann die Gewinnrealisierungsproblematik bei Gründung und Beendigung des Joint Ventures im Einzelfall unter Umständen gänzlich oder weitgehend gegenüber dem Kriterium einer möglichst günstigen laufenden Besteuerung in den Hintergrund treten. Andererseits kann sich die Vermeidung einer Steuerbelastung auf dem Weg in das Joint Venture und bei dessen Beendigung auch als entscheidende Zielvorgabe erweisen, mit deren Erfüllung die angestrebte Kooperation steht und fällt, so dass der Nachteil einer vergleichsweise hohen Steuerbelastung am Standort der JV-Gesellschaft möglicherweise zugunsten einer steuerneutralen Gründung und Beendigung des Joint Ventures in Kauf zu nehmen ist. Wenngleich somit keine für jedes JV-Vorhaben zutreffende allgemeine Gestaltungsempfehlung gegeben werden kann, so lassen sich aus der Perspektive des deutschen Partners eines internationalen Joint Ventures jedoch tendenziell die folgenden übergreifenden Feststellungen treffen:

a. Soweit in das Gemeinschaftsunternehmen ausschließlich **Beteiligungen an in- oder ausländischen Kapitalgesellschaften** eingebracht werden sollen, hat die Frage der Gewinnrealisierung auf dem Weg in das Joint Venture sowie bei Beendigung der Kooperation für einen deutschen JV-Partner in Form einer *Kapitalgesellschaft* seit Einführung der 95 %igen Freistellung des Gewinns nach § 8b Abs. 2 KStG bei der Standort- und Rechtsformwahl grundsätzlich an Bedeutung verloren. Die Entscheidungssituation ist daher derjenigen bei Einbringung von in einer Freistellungsbetriebsstätte verhaftetem ausländischem Vermögen vergleichbar (vgl. dazu unten b.i.). In den Händen von nicht durch § 8b KStG begünstigten Personen unterliegt ein etwaig entstehender Gewinn nach dem Halbeinkünfteverfahren jedoch immerhin zu 50 % der Besteuerung. Aus Sicht des deutschen Partners in der Rechtsform einer *Personengesellschaft mit natürlichen Personen als Gesellschaftern* empfiehlt sich für die Errichtung eines internationalen Joint Ventures in Form einer Holding unter dieser Prämisse die Wahl einer **inländischen Kapitalgesellschaft**. Eine (mehrheitsvermittelnde) Kapitalgesellschaftsbeteiligung lässt sich in dieser Konstellation gemäß § 21 UmwStG auf Antrag zum Buchwert einbringen; die

„side-step"-Spaltung der JV-Gesellschaft auf inländische Schwester-Kapitalgesellschaften ermöglicht überdies eine steuerneutrale Beendigung der Kooperation, sofern dem Teilbetriebserfordernis genügt wird (§§ 15, 11-13 UmwStG). Dividenden, welche die inländische JV-Kapitalgesellschaft aus dem In- oder Ausland bezieht, sind zudem im wirtschaftlichen Ergebnis nur zu 5 % der inländischen Besteuerung unterworfen; bei Begründung eines Organschaftsverhältnisses zu den inländischen Tochter-Kapitalgesellschaften kann die 5 %ige Besteuerung im Organkreis sogar gänzlich vermieden werden. Durch die gleichzeitige Begründung eines Organschaftsverhältnisses zur inländischen JV-Kapitalgesellschaft unter Zwischenschaltung einer als Organträger fungierenden originär gewerblich tätigen Personengesellschaft lässt sich überdies eine vollumfängliche körperschaftsteuerliche Ergebniskonsolidierung zwischen den JV-Partnern und der JV-Gesellschaft erreichen, der durch das Betriebsausgabenabzugsverbot der §§ 8b Abs. 5 KStG, 3c Abs. 2 EStG verursachte Kaskadeneffekt minimieren und eine vollständige Abzugsfähigkeit von Finanzierungsaufwendungen herbeiführen. Anders als in Personengesellschaftsstrukturen werden Qualifikationskonflikte bei Wahl einer inländischen JV-Kapitalgesellschaft ferner regelmäßig vermieden. Ob diese Vorteile durch den Nachteil des (derzeit noch) vergleichsweise hohen deutschen Steuerniveaus überkompensiert werden, kann nur im Einzelfall beurteilt werden.

b. Sollen keine isolierten Kapitalgesellschaftsbeteiligungen, sondern ausschließlich **Betriebe, Teilbetriebe oder Mitunternehmeranteile** mit hohen darin ruhenden stillen Reserven in das Joint Venture eingebracht werden, so wird die Standort- und Rechtsformwahl für das JV-Vehikel aus Sicht des deutschen JV-Partners zunächst maßgeblich durch die Frage beeinflusst, ob bislang ein Besteuerungsrecht Deutschlands hinsichtlich des einzubringenden Vermögens bestand.

   i. Soweit abkommensrechtlich von der deutschen Besteuerung *freigestelltes ausländisches Betriebsstättenvermögen* Gegenstand der Einbringung ist, lassen sich sowohl die Gründung des Joint Ventures als auch dessen Beendigung im Wege der Spaltung steuerneutral realisieren, da eine Beeinträchtigung des deutschen Besteuerungsrechts per se ausgeschlossen ist. Dementsprechend dominieren in diesem Fall die Faktoren der laufenden Besteuerung die Wahl der Rechtsform und des Standortes für das internationale Gemeinschaftsunternehmen. Aus der Perspektive des deutschen JV-Partners sind insoweit die für eine Errichtung in Deutschland sprechenden Vorteile (unproblematisch mögliche Verlustnutzung, Abzugsfähigkeit von Finanzierungsaufwendungen, umfassendes Abkommensnetz) sowie die mit einer Ansiedelung im Ausland regelmäßig verbundenen Nachteile (fehlende Möglichkeit zur Verlustnutzung mangels grenzüberschreitender Organschaft bzw. aufgrund der vom BFH vertretenen Symmetriethese, Hinzurechnungsbesteuerung, abgeltender Quellensteuerabzug auf Dividendenausschüttungen, Probleme bei der abkommensrechtlichen Behandlung von Einkünften aus einer ausländischen Mitunternehmerschaft, Entstehung „vagabundierenden" Zinsaufwands) gegen den Nachteil des derzeit noch vergleichsweise hohen deutschen Steuerniveaus abzuwägen. Fällt diese Abwägung zugunsten eines **deutschen Standortes** aus, wird sich als Rechtsform für das Joint Venture regelmäßig eine **Personengesellschaft** anbieten, da diese sich aufgrund ihrer steuerlichen Transparenz durch eine Einmalbesteuerung auf Ebene der Gesellschafter auszeichnet und eine Verlustnutzung ohne Begründung eines Organschaftsverhältnisses ermöglicht. Aufgrund der §§ 8b Abs. 6, 3 Nr. 40 Satz 2, 20 Abs. 3 EStG ist die Freistellung bzw. Begünstigung von über die Personengesellschaft bezogenen Dividendeneinkünften im Halbeinkünfteverfahren ebenfalls gewährleistet. Ob diese Vorteile durch den Nachteil der grundsätzlich fehlenden Abkommensberechtigung der Personengesellschaft und ihrer oftmals mangelnden Akzeptanz bei Auslandsinvestoren aufgewogen werden, ist wiederum eine Frage des Einzelfalls.

ii. Wird durch den deutschen JV-Partner hingegen die Einbringung inländischen oder steuerverstrickten ausländischen Betriebsstättenvermögens angestrebt, so wird für ihn – sofern hohe stille Reserven vorhanden sind – regelmäßig die Wahrung des deutschen Besteuerungsrechts bei der Ausgestaltung des Joint Ventures im Vordergrund stehen, zumal ein bei Gründung oder Beendigung etwaig entstehender Gewinn grundsätzlich nicht der Freistellung nach § 8b Abs. 2 KStG bzw. den Vergünstigungen des Halbeinkünfteverfahrens unterliegt. Soll *ausländisches Betriebsstättenvermögen*, hinsichtlich dessen ein *deutsches Besteuerungsrecht* besteht, in die Kooperation eingebracht werden, bietet sich daher aus Sicht des deutschen Partners die Wahl einer **inländischen Kapitalgesellschaft** für die Errichtung eines internationalen Joint Ventures an, da diese als einzige eine steuerneutrale Gründung und Beendigung gewährleistet. *Inländisches Betriebsvermögen* kann vom deutschen JV-Partner zwar grundsätzlich ebenso steuerneutral in eine inländische wie auch in eine im EU-/EWR-Ausland ansässige JV-Gesellschaft eingebracht werden, soweit im Inland eine Betriebsstätte verbleibt und die übergehenden Wirtschaftsgüter dieser auch tatsächlich zuzurechnen sind. Aufgrund der „Zentralfunktion des Stammhauses" droht jedoch im Hinblick auf Beteiligungen, Lizenzen, Rechte etc., die als unselbständige Bestandteile der eingebrachten betrieblichen Sachgesamtheit übergehen, bei Einbringung in eine ausländische Gesellschaft bzw. in eine inländische Personengesellschaft im Einzelfall eine (zumindest anteilige) Aufdeckung stiller Reserven. Kann dieses Risiko nicht durch entsprechende Sachverhaltsgestaltung oder eine Abstimmung mit den Finanzbehörden ausgeschlossen werden, erscheint aus Sicht des deutschen Partners auch insoweit eine **inländische Kapitalgesellschaft** als JV-Vehikel vorzugswürdig.

5) **De lege ferenda** könnte die Wahl einer im **EU-/EWR-Ausland** ansässigen **JV-Kapitalgesellschaft** jedoch durch den Einfluss der jüngeren EuGH-Rechtsprechung aus Sicht des deutschen Partners eine echte Alternative darstellen, wenn Anteile an in- oder ausländischen Kapitalgesellschaften oder freigestelltes ausländisches Betriebsstättenvermögen in das Joint Venture eingebracht werden sollen. Der Weg in das Joint Venture sowie dessen Beendigung durch „side-step"-Spaltung auf im selben Staat ansässige Schwester-Kapitalgesellschaften bleiben in dieser Variante grundsätzlich ertragsteuerunbelastet. Viele der für die laufende

Besteuerung in dieser Konstellation maßgeblichen Vorschriften wird der Gesetzgeber überdies an die Vorgaben des Gemeinschaftsrechts anpassen müssen, so dass sich die nach geltendem Recht noch gegen einen ausländischen Standort sprechenden Probleme der laufenden Besteuerung voraussichtlich entschärfen werden. Während Verluste einer ausländischen Tochter-Kapitalgesellschaft derzeit aufgrund der Binnenorientierung des deutschen Organschaftsrechts im Inland nicht nutzbar gemacht werden können, werden auf Ebene einer EU-/EWR-ausländischen JV-Kapitalgesellschaft entstandene Verluste beim inländischen JV-Partner zukünftig zumindest dann zu berücksichtigen sein, wenn es sich um definitive Verluste handelt. Ferner wird die Ausnutzung eines zwischenstaatlichen Steuergefälles durch den Einsatz einer EU-/EWR-ausländischen JV-Kapitalgesellschaft nach der gemeinschaftsrechtlich gebotenen Überarbeitung der §§ 7 ff. AStG voraussichtlich in weiterem Umfang möglich sein als bisher, soweit anhand von objektiven Anhaltspunkten nachgewiesen werden kann, dass die gewählte Gestaltung nicht rein künstlicher Natur ist und die JV-Kapitalgesellschaft über eine wirtschaftliche Realität im Aufnahmemitgliedstaat verfügt. Auch das derzeit noch bestehende Hindernis des abgeltenden Kapitalertragsteuerabzugs bei grenzüberschreitenden Dividendenausschüttungen deutscher Tochtergesellschaften außerhalb des Anwendungsbereichs der Mutter-/Tochter-Richtlinie wird der Gesetzgeber mittelfristig zu beseitigen haben.

Anhang

Tabelle 1: Einbringungen in JV-Kapitalgesellschaften durch einen inländischen JV-Partner in Form einer Kapital- oder Personengesellschaft[882]

Übernehmende JV-Gesellschaft	Einbringungsgegenstand	Vorschrift	Rechtsfolge
Inl. Kapitalgesellschaft	Inl. (Teil-)Betrieb oder MU-Anteil	§§ 20, 22 Abs. 1 UmwStG	Einbringung grdsl. steuerneutral möglich; rückwirkende Besteuerung des EBG I bei (ggf. fingierter) Veräußerung[883] des eingebrachten BV innerhalb von 7 Jahren
	Anteile an inl. Kapitalgesellschaften	§§ 21, 22 Abs. 2 UmwStG	Einbringung steuerneutral möglich, sofern qual. Anteilstausch; rückwirkende Besteuerung des EBG II bei (ggf. fingierter) Veräußerung der eingebrachten Anteile innerhalb von 7 Jahren, soweit Einbringender keine nach § 8b Abs. 2 KStG begünstigte Person ist
	Ausl. (Teil-)Betrieb oder MU-Anteil	§§ 20, 22 Abs. 1 UmwStG	Einbringung grdsl. steuerneutral möglich; rückwirkende Besteuerung des EBG I bei (ggf. fingierter) Veräußerung des eingebrachten BV innerhalb von 7 Jahren
	Anteile an ausl. Kapitalgesellschaften	§§ 21, 22 Abs. 2 UmwStG	Einbringung steuerneutral möglich, sofern qual. Anteilstausch; rückwirkende Besteuerung des EBG II bei (ggf. fingierter) Veräußerung der eingebrachten Anteile innerhalb von 7 Jahren, soweit Einbringender keine nach § 8b Abs. 2 KStG begünstigte Person ist
EU-/EWR-Kapitalgesellschaft	Inl. (Teil-)Betrieb oder	§§ 20, 22	Einbringung grdsl. steu-

[882] Soweit Einbringender eine inländische Personengesellschaft ist, sind die §§ 20, 21 UmwStG insoweit anwendbar, als an dieser EU-/EWR-Gesellschaften oder innerhalb der EU / des EWR ansässige natürliche Personen unmittelbar oder mittelbar über weitere Personengesellschaften beteiligt sind oder aber das Besteuerungsrecht Deutschlands hinsichtlich des Gewinns aus der Veräußerung der erhaltenen Anteile weder ausgeschlossen noch beschränkt ist (vgl. § 1 Abs. 4 Satz 1 Nr. 2 UmwStG).

[883] Der Veräußerung gleichgestellt ist die Verwirklichung eines der in § 22 Abs. 1 Satz 6 Nr. 1-5 UmwStG genannten Tatbestände.

	MU-Anteil	Abs. 1 UmwStG	erneutral möglich, soweit BSt im Inland verbleibt und übergehende Wirtschaftsgüter dieser tatsächlich zuzuordnen sind; nach Finanzverwaltung ist jedoch sog. „Zentralfunktion des Stammhauses" zu beachten, dadurch u.U. Aufdeckung der im sog. „Betriebsstättenungebundenen Vermögen" ruhenden stillen Reserven; rückwirkende Besteuerung des EBG I bei (ggf. fingierter) Veräußerung des eingebrachten BV innerhalb von 7 Jahren
	Anteile an inl. Kapitalgesellschaften	§§ 21, 22 Abs. 2 UmwStG	Einbringung steuerneutral möglich, sofern qual. Anteilstausch; rückwirkende Besteuerung des EBG II bei (ggf. fingierter) Veräußerung der eingebrachten Anteile innerhalb von 7 Jahren, soweit Einbringender keine nach § 8b Abs. 2 KStG begünstigte Person ist
	Ausl. (Teil-)Betrieb oder MU-Anteil	§§ 20, 22 Abs. 1 UmwStG	Einbringung im Inland steuerneutral möglich, soweit BV vor Einbringung gem. DBA freigestellt; im Anrechnungsfall hingegen Entstehung eines Veräußerungsgewinns i.S.d. § 16 EStG ; rückwirkende Besteuerung des EBG I bei (ggf. fingierter) Veräußerung des eingebrachten BV innerhalb von 7 Jahren
	Anteile an ausl. Kapitalgesellschaften	§§ 21, 22 Abs. 2 UmwStG	Einbringung steuerneutral möglich, sofern qual. Anteilstausch; rückwirkende Besteuerung des EBG II bei (ggf. fingierter) Veräußerung der eingebrachten Anteile innerhalb von 7 Jahren, soweit Einbringender keine nach § 8b Abs. 2 KStG begünstigte Person ist
Drittstaats-Kapitalgesellschaft	Inl. (Teil-)Betrieb oder MU-Anteil	§ 6 Abs. 6 Satz 1 EStG	Entstehung eines Veräußerungsgewinns i.S.d. § 16 EStG

	Anteile an inl. Kapitalgesellschaften	§ 6 Abs. 6 Satz 1 EStG	Entstehung eines laufenden gewerblichen Veräußerungsgewinns
	Ausl. (Teil-)Betrieb oder MU-Anteil	§ 6 Abs. 6 Satz 1 EStG	Entstehung eines Veräußerungsgewinns i.S.d. § 16 EStG
	Anteile an ausl. Kapitalgesellschaften	§ 6 Abs. 6 Satz 1 EStG	Entstehung eines laufenden gewerblichen Veräußerungsgewinns

Tabelle 2: Einbringungen in JV-Personengesellschaften durch einen inländischen JV-Partner in Form einer Kapital- oder Personengesellschaft

Übernehmende JV-Gesellschaft	Einbringungsgegenstand	Vorschrift	Vorschrift und Rechtsfolge
Inl. Personengesellschaft	Inl. (Teil-)Betrieb oder MU-Anteil	§ 24 UmwStG	Einbringung steuerneutral möglich, soweit inl. BSt des ausl. JV-Partners begründet wird und übergehende Wirtschaftsgüter dieser tatsächlich zuzuordnen sind; nach Finanzverwaltung ist jedoch sog. „Zentralfunktion des Stammhauses" zu beachten, dadurch u.U. anteilige Aufdeckung der im sog. „Betriebsstättenungebundenen Vermögen" ruhenden stillen Reserven; rückwirkende Besteuerung des EBG II, soweit im Rahmen der Betriebseinbringung miteingebrachte Kapitalgesellschaftsanteile innerhalb von 7 Jahren veräußert werden, Einbringender keine durch § 8b Abs. 2 KStG begünstigte Person ist und der Veräußerungsgewinn auf eine Kapitalgesellschaft entfällt
	Anteile an inl. Kapitalgesellschaften	§ 24 UmwStG, wenn 100 %ige Beteiligung	Einbringung steuerneutral möglich, soweit Beteiligung nicht aufgrund der sog. „Zentralfunktion des Stammhauses" anteilig dem Stammhaus des ausl. JV-Partners zuzurechnen ist; rückwirkende Besteuerung des EBG II, soweit eingebrachte Beteiligung innerhalb von 7 Jahren veräußert wird, Einbringender keine durch § 8b Abs. 2 KStG begünstigte Person ist und Veräußerungsgewinn auf eine Körperschaft entfällt
		§ 6 Abs. 5 Satz 3 Nr. 1 i.V.m. Satz 1 EStG, wenn geringere als	Einbringung steuerneutral möglich, sofern Beteiligung nicht aufgrund sog. „Zentralfunktion des Stammhauses" anteilig dem Stammhaus des ausl. JV-Partners zuzurechnen ist bzw. soweit durch

		100 %ige Beteiligung	die Einbringung nicht erstmalig unmittelbar oder mittelbar der Anteil einer Kapitalgesellschaft an der eingebrachten Beteiligung begründet oder erhöht wird; rückwirkende Besteuerung, soweit innerhalb der folgenden 7 Jahre unmittelbar oder mittelbar der Anteil einer Kapitalgesellschaft an der eingebrachten Beteiligung erstmals begründet oder erhöht wird oder die eingebrachte Beteiligung innerhalb von 3 Jahren veräußert bzw. entnommen wird und keine neg. Ergänzungsbilanz gebildet wurde
	Ausl. (Teil-)Betrieb oder MU-Anteil	§ 24 UmwStG	Einbringung steuerneutral möglich, soweit BV vor Einbringung gem. DBA freigestellt; im Anrechnungsfall hingegen Entstehung eines Veräußerungsgewinns i.S.d. § 16 EStG, soweit ausl. JV-Partner vermögensmäßig an aufnehmender Gesellschaft beteiligt ist; rückwirkende Besteuerung des EBG II, soweit miteingebrachte Kapitalgesellschaftsanteile innerhalb von 7 Jahren veräußert werden, der Einbringende keine durch § 8b Abs. 2 KStG begünstigte Person ist und Veräußerungsgewinn auf KapGes entfällt
	Anteile an ausl. Kapitalgesellschaften	§ 24 UmwStG, wenn 100 %ige Beteiligung	Einbringung steuerneutral möglich, soweit Beteiligung nicht aufgrund sog. „Zentralfunktion des Stammhauses" anteilig dem Stammhaus des ausl. JV-Partners zuzurechnen ist; rückwirkende Besteuerung des EBG II, soweit eingebrachte Beteiligung innerhalb von 7 Jahren veräußert wird, Einbringender keine durch § 8b Abs. 2 KStG begünstigte Person ist und Veräußerungsgewinn auf eine Körperschaft entfällt
		§ 6 Abs. 5 Satz 3 Nr. 1 i.V.m. Satz 1 EStG, wenn geringere als 100 %ige Beteiligung	Einbringung steuerneutral möglich, sofern Beteiligung nicht aufgrund sog. „Zentralfunktion des Stammhauses" anteilig dem Stammhaus des ausl. JV-Partners zuzurechnen ist bzw. soweit durch die Einbringung nicht erstmalig unmittelbar oder mittelbar der Anteil einer Kapitalgesellschaft an der eingebrachten Beteiligung begründet oder erhöht wird; rückwirkende Besteuerung, soweit innerhalb der folgenden 7 Jahre unmittelbar oder mittelbar der Anteil einer Kapitalgesellschaft an der eingebrachten Beteiligung erstmals begründet oder erhöht

			wird oder die eingebrachte Beteiligung innerhalb von 3 Jahren veräußert bzw. entnommen wird und keine neg. Ergänzungsbilanz gebildet wurde
EU-/EWR- oder Drittstaats- Personengesellschaft	Inl. (Teil-)Betrieb oder MU-Anteil	§ 24 UmwStG	Einbringung steuerneutral möglich, soweit inl. BSt des ausl. JV-Partners begründet wird und übergehende Wirtschaftsgüter dieser tatsächlich zuzuordnen sind; nach Finanzverwaltung ist jedoch sog. „Zentralfunktion des Stammhauses" zu beachten, dadurch u.U. anteilige Aufdeckung der im sog. „Betriebsstättenungebundenen Vermögen" ruhenden stillen Reserven; rückwirkende Besteuerung des EBG II, soweit miteingebrachte Kapitalgesellschaftsanteile innerhalb von 7 Jahren veräußert werden, der Einbringende keine durch § 8b Abs. 2 KStG begünstigte Person ist und Veräußerungsgewinn auf Kapitalgesellschaft entfällt
	Anteile an inl. Kapitalgesellschaften	§ 24 UmwStG, wenn 100 %ige Beteiligung	Entstehung eines Veräußerungsgewinns i.S.d. § 16 EStG
		§ 6 Abs. 6 EStG, wenn geringere Beteiligung	Entstehung eines laufenden gewerblichen Veräußerungsgewinns
	Ausl. (Teil-)Betrieb oder MU-Anteil	§ 24 UmwStG	Einbringung steuerneutral, soweit BV vor Einbringung gem. DBA freigestellt; im Anrechnungsfall hingegen Entstehung eines Veräußerungsgewinns i.S.d. § 16 EStG, soweit ausl. JV-Partner vermögensmäßig an aufnehmender Gesellschaft beteiligt ist; rückwirkende Besteuerung des EBG II, soweit miteingebrachte Kapitalgesellschaftsanteile innerhalb von 7 Jahren veräußert werden, der Einbringende keine durch § 8b Abs. 2 KStG begünstigte Person ist und Veräußerungsgewinn auf eine Kapitalgesellschaft entfällt
	Anteile an ausl. Kapitalgesellschaften	§ 24 UmwStG, wenn 100 %ige Beteiligung	Entstehung eines Veräußerungsgewinns i.S.d. § 16 EStG

		§ 6 Abs. 6 EStG, wenn geringere Beteiligung	Entstehung eines laufenden gewerblichen Veräußerungsgewinns

Tabelle 3: Spaltung einer JV-Kapitalgesellschaft

auf / von	Inl. KapGes (§§ 15, 11-13 UmwStG)	EU-/EWR-ausl. KapGes (§§ 15, 11-13 UmwStG)	Inl. PersGes (§§ 16, 3-8, 15 UmwStG)	EU-/EWR-ausl. PersGes (§§ 16, 3-8, 15 UmwStG)
Inl. JV-KapGes	**Inl. BSt u. Anteile an in- od. ausl. KapGes:** Bw	**Inl. BSt:** Bw, soweit inl. BSt verbleibt und übergehende WG dieser tatsächl. zuzurechnen sind; u.U. anteilige Aufdeckung stiller Reserven wg. „Zentralfunktion d. Stammhauses"	**Inl. BSt u. Anteile an in- od. ausl. KapGes:** Bw, soweit Übergang auf inl. Gesellschafter erfolgt bzw. Zurechnung zu deutscher (PersGes-) BSt des ausl. Gesellschafters gelingt; u.U. anteilige Aufdeckung der stillen Reserven wg. „Zentralfunktion d. Stammhauses"	**Inl. BSt u. Anteile an in- od. ausl. KapGes**: Bw, soweit inl. BSt des ausl. Gesellschafters verbleibt und übergehende WG dieser tatsächl. zuzurechnen sind, u.U. anteilige Aufdeckung der stillen Reserven wg. „Zentralfunktion"; Ansatz d. gemeinen Werts, soweit übergehende Anteile funktional ausl. (PersGes-)BSt zuzurechnen sind
	Ausl. Anrechnungs-BSt: Bw	**Ausl. Anrechnungs-BSt u. Anteile an in- od. ausl. KapGes:** gemeiner Wert wg. Verlust d. dt. Besteuerungsrechts	**Ausl. Anrechnungs-BSt:** Bw, soweit Übergang auf inl. Gesellschafter erfolgt, i.Ü. anteilige Aufdeckung der stillen Reserven	**Ausl. Anrechnungs-BSt**: Bw, soweit Übergang auf inl. Gesellschafter erfolgt, i.Ü. anteilige Aufdeckung der stillen Reserven
	Ausl. Freistellungs-BSt: Bw, da vor Spaltung kein deutsches Besteuerungsrecht bestand	**Ausl. Freistellungs-BSt**: Bw, da vor Spaltung kein deutsches Besteuerungsrecht bestand	**Ausl. Freistellungs-BSt**: Bw, da vor Spaltung kein deutsches Besteuerungsrecht bestand	**Ausl. Freistellungs-BSt:** Bw, da vor Spaltung kein deutsches Besteuerungsrecht bestand

EU-/EWR-ausl. JV-KapGes	**Inl. BSt**: Bw	**Inl. BSt**: Bw, soweit inl. BSt bestehen bleibt und übergehende WG dieser tatsächl. zuzurechnen sind; u.U. anteilige Aufdeckung d. stillen Reserven wg. „Zentralfunktion d. Stammhauses“	**Inl. BSt**: Bw, soweit Übergang auf inl. Gesellschafter erfolgt bzw. im Inland BSt des ausl. Gesellschafters verbleibt und übergehende WG dieser tatsächl. zuzurechnen sind; u.U. anteilige Aufdeckung stiller Reserven wg. „Zentralfunktion d. Stammhauses“	**Inl. BSt**: Bw, soweit im Inland BSt verbleibt und übergehende WG dieser tatsächl. zuzurechnen sind; u.U. anteilige Aufdeckung stiller Reserven wg. „Zentralfunktion d. Stammhauses“
	Ausl. Anrechnungs-BSt u. Anteile an in- od. ausl. KapGes: Bw, da vor Spaltung kein deutsches Besteuerungsrecht bestand; nach hier vertretener Ansicht erstmalige Steuerverstrickung bei Übernehmerin mit dem gemeinen Wert	**Ausl. Anrechnungs- od. Freistellungs-BSt u. Anteile an in- od. ausl. KapGes:** Keine Anwendung der §§ 15, 11, 12 UmwStG, da weder für Übertragungs- noch Übernahmegewinn ein dt. Besteuerungsrecht bestünde	**Ausl. Anrechnungs-BSt u. Anteile an in- od. ausl. KapGes**: Bw, da vor Spaltung kein dt. Besteuerungsrecht bestand; nach hier vertretener Ansicht Übernahme mit gemeinem Wert, soweit erstmalige Steuerverstrickung im Inland	**Ausl. Anrechnungs-BSt u. Anteile an in- od. ausl. KapGes**: Bw, da vor Spaltung kein dt. Besteuerungsrecht bestand; nach hier vertretener Ansicht Übernahme mit gemeinem Wert, soweit erstmalige Steuerverstrickung beim inl. Gesellschafter
	Ausl. Freistellungs-BSt: Bw, da vor Spaltung kein deutsches Besteuerungsrecht bestand und ein solches auch nicht begründet wird		**Ausl. Freistellungs-BSt:** Bw, da vor Spaltung kein deutsches Besteuerungsrecht bestand und ein solches auch nicht begründet wird	**Ausl. Freistellungs-BSt**: Bw, da vor Spaltung kein deutsches Besteuerungsrecht bestand und ein solches auch nicht begründet wird

Tabelle 4: Spaltung einer JV-Personengesellschaft auf in ihrem Sitzstaat ansässige Schwestergesellschaften

auf / von	Inl. Schwester-KapGes (§§ 20, 21 UmwStG)	EU-/EWR-ausl. Schwester-KapGes (§§ 20, 21 UmwStG)	Inl. Schwester-PersGes (§ 24 UmwStG)	EU-/EWR-ausl. Schwester-PersGes (§ 24 UmwStG)
Inl. JV-PersGes	**In- oder ausl. (Teil-) Betrieb oder MU-Anteil:** Bw		**Inl. (Teil-)Betrieb oder MU-Anteil:** Bw, soweit im Inland BSt verbleibt und übergehende WG dieser tatsächlich zuzurechnen sind; u.U. anteilige Aufdeckung stiller Reserven wg. „Zentralfunktion d. Stammhauses"	
			Ausl. (Teil-)Betrieb oder MU-Anteil mit Anrechnungsmethode: Bw, soweit inl. Gesellschafter an übern. PersGes. beteiligt ist; i.Ü. Aufdeckung der stillen Reserven	
	Anteile an in- od. ausl. KapGes: Bw		**Ausl. (Teil-)Betrieb oder MU-Anteil mit Freistellungsmethode:** Bw, da bereits vor Spaltung kein deutsches Besteuerungsrecht bestand	

EU-/EWR-ausl. JV-PersGes		**Inl. (Teil-)Betrieb oder MU-Anteil**: Bw, soweit inl. BSt verbleibt und übergehende WG dieser tatsächlich zuzuordnen sind; u.U. anteilige Aufdeckung stiller Reserven wg. „Zentralfunktion d. Stammhauses"		**Inl. (Teil-)Betrieb oder MU-Anteil**: Bw, soweit inl. BSt verbleibt und übergehende WG dieser tatsächlich zuzuordnen sind; u.U. anteilige Aufdeckung stiller Reserven wg. „Zentralfunktion d. Stammhauses"
		Ausl. (Teil-)Betrieb oder MU-Anteil mit Anrechnungsmethode: Ansatz des gemeinen Werts wg. Verlust des bislang auf Ebene der inl. MUer bestehenden dt. Besteuerungsrechts		**Ausl. (Teil-)Betrieb oder MU-Anteil mit Anrechnungsmethode**: Bw, soweit inl. Gesellschafter an übern. PersGes. beteiligt ist; i.Ü. Aufdeckung der stillen Reserven
		Ausl. (Teil-)Betrieb oder MU-Anteil mit Freistellungsmethode: Bw, da vor Spaltung kein dt. Besteuerungsrecht bestand		**Ausl. (Teil-)Betrieb oder MU-Anteil mit Freistellungsmethode**: Bw, da bereits vor Spaltung kein dt. Besteuerungsrecht bestand
		Anteile an in- od. ausl. KapGes: Bw		

Literaturverzeichnis

Altrichter-Herzberg, Torsten; Nürnberger, Eckart — Zur Frage der Berücksichtigungsfähigkeit von Verlusten bei der Beendigung einer gewerbesteuerlichen Mehrmütterorganschaft; GmbHR 2006, S. 669 ff.

Axer, Georg — Der Europäische Gerichtshof auf dem Weg zur „doppelten Kohärenz“: Eine Zukunft der Hinzurechnungsbesteuerung nach dem Cadbury Schweppes-Urteil; IStR 2007, S. 162 ff.

Balmes, Frank; Brück, Michael J. J.; Ribbrock, Martin — Das EuGH-Urteil Marks & Spencer: Grenzüberschreitende Verlustnutzung kommt voran !; BB 2006, S. 186 ff.

Balmes, Frank; Grammel, Ralf; Sedemund, Jan — Berücksichtigung von Betriebsstättenverlusten trotz Freistellungsmethode; BB 2006, S. 1474 ff.

Balmes, Frank; Ribbrock, Martin — BB-Kommentar zu BFH, Beschl. v. 29.11.2006 – I R 45/05; IStR 2007, S. 1431 ff.

Balmes, Frank; Ribbrock, Martin — BB-Kommentar zu EuGH v. 29.3.2007 – Rs. C-347/04; BB 2007, S. 926 ff.

Bauernschmitt, Isabel; Blöchle, Daniel — SEStEG: Umwandlung unerwünscht !; BB 2007, S. 743 ff.

Baumbach, Adolf; Hopt, Klaus J. (Hrsg.) — Handelsgesetzbuch; 32. Auflage, München 2006; *zit.: Bearbeiter in: Baumbach/Hopt*

Bayer, Walter; Schmidt, Jessica — Der Schutz der grenzüberschreitenden Verschmelzung durch die Niederlassungsfreiheit – Zugleich Besprechung von EuGH v. 13.12.2005 – Rs. C-411/03, ZIP 2005, 2311 – Sevic; ZIP 2006, S. 210 ff.

Bayer, Walter; Schmidt, Jessica — Der Regierungsentwurf zur Änderung des Umwandlungsgesetzes – Eine kritische Stellungnahme; NZG 2006, S. 841 ff.

Becker, Helmut; Höppner, Horst-Dieter; Grotherr, Siegfried; Kroppen, Heinz-Klaus (Hrsg.) — DBA-Kommentar; Herne/Berlin, Stand: Oktober 2005; *zit.: Bearbeiter in: Becker/Höppner/Grotherr/Kroppen*

Benecke, Andreas — Internationalisierung des Ertragsteuerrechts durch das SEStEG – ein Überblick; StuB 2007, S. 3 ff.

Benecke, Andreas — SEStEG verabschiedet; NWB 2006, S. 4353 ff.

Benecke, Andreas; Schnitger, Arne — Letzte Änderungen der Neuregelungen des UmwStG und der Entstrickungsnormen durch das SEStEG; IStR 2007, S. 22 ff.

Benz, Sebastian; Rosenberg, Oliver — Einbringungsvorgänge nach dem Regierungsentwurf des SEStEG, BB-Special Nr. 8/2006, S. 51 ff.

Beste, Marc-Oliver — Die Auflösung der GmbH durch Gesellschafterbeschluss; StuB 2002, S. 692 ff.

Bilitewski, Andrea — Gesetz über steuerliche Begleitmaßnahmen zur Einführung der Europäischen Gesellschaft und zur Änderung weiterer steuerrechtlicher Vorschriften (SEStEG) – Ein erster Überblick - ; FR 2007, S. 57 ff.

Blumenberg, Jens; Lechner, Florian — Der Regierungsentwurf des SEStEG: Entstrickung und Sitzverlegung bei Kapitalgesellschaften, Neuerungen beim Einlagekonto, Körperschaftsteuerminderung und -erhöhung sowie sonstige Änderungen im Körperschaftsteuerrecht; BB-Special Nr. 8/2006, S. 25 ff.

Blumenberg, Jens; Schäfer, Karl P. (Hrsg.) — Das SEStEG: Steuer- und gesellschaftsrechtliche Erläuterungen und Gestaltungshinweise; München 2007; *zit.: Bearbeiter in: Blumenberg/Schäfer, SEStEG*

Blumers, Wolfgang — Die Europarechtswidrigkeit der Betriebsstättenzurechnung im Betriebsstättenerlass; DB 2006, S. 856 ff.

Blumers, Wolfgang — Zur möglichen Holdingfunktion einer ausländischen Tochter-Personengesellschaft; DB 2007, S. 312 ff.

Blümich (Hrsg.) — Einkommensteuergesetz, Körperschaftsteuergesetz, Gewerbesteuergesetz, Nebengesetze; München, Stand: Mai 2007; *zit.: Bearbeiter in: Blümich*

Bodden, Guido — Verschmelzung und Formwechsel von Kapitalgesellschaften auf gewerbliche Personengesellschaften nach dem SEStEG (§§ 3-10 UmwStG n.F.); FR 2007, S. 66 ff.

Bogenschütz, Egon — Steuerliche Probleme bei europäischen Unternehmenszusammenschlüssen – Erfahrungsbericht aus deutscher Sicht; IStR 2000, S. 609 ff.

Böing, Christian — Eine Missbrauchsnorm im Fadenkreuz des Gemeinschaftsrechts: Zur Europarechtskonformität von BFH-Rechtsprechung und Gesetzgebung zu § 50d Abs. 3 EStG a.F./n.F.; RIW 2007, S. 161 ff.

Breuninger, Gottfried E. — Gestaltungsmöglichkeiten im Hinblick auf Körperschaftsteuerguthaben, in: Internationale Joint Ventures, Management – Besteuerung – Vertragsgestaltung / Schaumburg, Harald (Hrsg.); Stuttgart 1999, S. 213 ff.; *zit.: Breuninger, Gestaltungsmöglichkeiten*

Bron, Jan Frederik — Die Europarechtswidrigkeit des § 50d Abs. 3 EStG unter Berücksichtigung von Missbrauchsvorbehalten im Gemeinschaftsrecht; DB 2007, S. 1273 ff.

Bungert, Hartwin — Grenzüberschreitende Verschmelzungsmobilität – Anmerkung zur Sevic-Entscheidung des EuGH; BB 2006, S. 53 ff.

Bürkle, Thomas; Knebel, Andreas — Bilanzierung von Beteiligungen an Personengesellschaften; DStR 1998, S. 1067 ff.

Burmester, Gabriele — Überlegungen zur Auflösung von Schweizer Zwischengesellschaften; RIW 1987, S. 298 ff.

Burmester, Gabriele — Unternehmensfinanzierung im Internationalen Steuerrecht: Grundlagen und Gestaltungen für Einheitsunternehmen, Kapitalgesellschaftskonzerne und Personengesellschaftskonzerne; Köln 2003; *zit.: Burmester, Unternehmensfinanzierung*

Carlé, Thomas — Entstrickung im Ertragsteuerrecht; KöSDi 2007, S. 15401 ff.

Cloer, Adrian; Lavrelashvili, Nino — Ritter-Coulais: Das BMF-Schreiben vom 24.11.2006 im Lichte des Europarechts; BB 2007, S. 187 ff.

Cloer, Adrian; Lavrelashvili, Nino — Der EuGH entscheidet erneut über Verlustberücksichtigungsbeschränkungen: Anmerkungen zu dem Urteil EuGH, RIW 2007, 390 – Rewe-Zentralfinanz; RIW 2007, S. 377 ff.

Cloer, Adrian; Lavrelashvili, Nino — EWS-Kommentar zu EuGH, Rs. C-298/05 („Columbus Container"), Schlussanträge vom 29.03.2007; EWS 2007, S. 221 ff.

Cremer, Udo — Steuerliche Folgen der Liquidation einer GmbH; BBK 2005, Fach 30, S. 1713 ff.

Dautel, Ralph — Steuerneutraler Erwerb von Kapitalgesellschaftsanteilen durch Tausch; BB 2002, S. 1844 f.

Dautzenberg, Norbert — Kapitalertragsteuer auf deutsche Dividenden an ausländische Kapitalgesellschaften EG-rechtswidrig ?; BB 2001, S. 2137 ff.

de Weerth, Jan	Anmerkung zu EuGH, Urt. v. 18.7.2007, C-182/06 („Lakebrink“); DStR 2007, S. 1341 f.
de Weerth, Jan	Anmerkung zu EuGH, Urt. v. 29.3.2007, C-347/04 („REWE Zentralfinanz“); IStR 2007, S. 297 f.
Debatin, Helmut; Wassermeyer, Franz (Hrsg.)	Doppelbesteuerung; München, Stand: Mai 2007; *zit.: Bearbeiter in: Debatin/Wassermeyer*
Desens, Marc	Die Besteuerung des Anteilseigners bei grenzüberschreitenden Gewinnausschüttungen – Überblick und Grundprobleme; IStR 2003, S. 613 ff.
Diebel, Harald; Fischer, Sylvia	Steuerliche Ergebniskonsolidierung im Joint-Venture vor und nach Inkrafttreten des Steuervergünstigungsabbaugesetzes; GmbHR 2004, S. 340 ff.
Diehl, Wolfram	Qualifikationskonflikte im Außensteuerrecht; FR 1978, S. 517 ff.
Djanani, Christina; Brähler, Gernot	Umwandlungssteuerrecht: Grundlagen für Studium und Steuerberaterprüfung; 3. Auflage, Wiesbaden 2005; zit.: Djanani/Brähler, *Umwandlungssteuerrecht*
Dölker, Angelika; Ribbrock, Martin	Die Kapitalverkehrsfreiheit im Verhältnis zu Drittstaaten – nunmehr gefestigte Rechtsprechung ?!; BB 2007, S. 1928 ff.
Dörfler, Harald; Wittkowski, Ansas	Zwischenwertansatz als Instrument zur Verlustnutzung bei Verschmelzungen von Körperschaften; GmbHR 2007, S. 352 ff.
Dörfler, Oliver; Adrian, Gerrit; Oblau, Markus	Europäisierung des deutschen Steuerrechts durch das SEStEG; RIW 2007, S. 266 ff.
Dörfler, Oliver; Rautenstrauch, Gabriele; Adrian, Gerrit	Einbringungen in eine Kapitalgesellschaft nach dem SEStEG-Entwurf; BB 2006, S. 1711 ff.

Dörr, Ingmar; Fehling, Daniel
Europarechtliche Aspekte der Unternehmenssteuerreform: Gesetzesänderungen im Lichte des Gemeinschaftsrechts;
NWB Fach 2, S. 9375 ff.

Dörr, Ingmar; Fehling, Daniel
Kommentar zum EuGH-Urteil vom 14.12.2006, Rs. C-170/05 („Denkavit“);
EWS 2007, S. 23 ff.

Dorr, Robert; Stukenborg, Gabriela
„Going to the Chapel“: Grenzüberschreitende Ehen im Gesellschaftsrecht – Die ersten transnationalen Verschmelzungen nach dem UmwG (1994);
DB 2003, S. 647 ff.

Dötsch, Ewald
Inländische Umwandlungsvorgänge mit Auslandsberührung;
BB 1998, S. 1029 ff.

Dötsch, Ewald; Jost, Werner; Pung, Alexandra; Witt, Georg (Hrsg.)
Die Körperschaftsteuer: Kommentar zum Körperschaftsteuergesetz, Umwandlungssteuergesetz und zu den einkommensteuerrechtlichen Vorschriften der Anteilseignerbesteuerung;
Stuttgart, Stand: Juli 2007;
zit.: Bearbeiter in: Dötsch/Jost/Pung/Witt

Dötsch, Ewald; Patt, Joachim; Pung, Alexandra; Jost, Werner F.
Umwandlungssteuerrecht: Umstrukturierung von Unternehmen – Verschmelzung, Spaltung, Formwechsel, Einbringung;
5. Auflage, Stuttgart 2003;
zit.: Dötsch/Patt/Pung/Jost, UmwStG

Dötsch, Ewald; Patt, Joachim; Pung, Alexandra; Möhlenbrock, Rolf
Umwandlungssteuerrecht: Umstrukturierung von Unternehmen – Verschmelzung, Spaltung, Formwechsel, Einbringung;
6. Auflage, Stuttgart 2007;
zit.: Dötsch/Patt/Pung/Möhlenbrock, UmwStG (SEStEG)

Dötsch, Ewald; Pung, Alexandra
Steuerliches Einlagekonto, Kapitalerhöhung aus Rücklagen und Kapitalherabsetzung: Das Einführungsschreiben des BMF vom 4.6.2003;
DB 2003, S. 1345 ff.

Dötsch, Ewald; Pung, Alexandra | Grenzüberschreitende Verlustverrechnung: Muss der deutsche Gesetzgeber wegen der europarechtlichen Entwicklungen reagieren ?; Der Konzern 2006, S. 130 ff.

Dötsch, Ewald; Pung, Alexandra | Organschaftsbesteuerung: Das Einführungsschreiben des BMF vom 26.8.2003 und weitere aktuelle Entwicklungen; DB 2003, S. 1970 ff.

Dötsch, Ewald; Pung, Alexandra | SEStEG: Die Änderungen des KStG; DB 2006, S. 2648 ff.

Dötsch, Ewald; Pung, Alexandra | SEStEG: Die Änderungen des UmwStG; DB 2006, S. 2763 ff.

Drinhausen, Florian; Keinath, Astrid | Referentenentwurf eines Zweiten Gesetzes zur Änderung des Umwandlungsgesetzes – Erleichterung grenzüberschreitender Verschmelzungen für deutsche Kapitalgesellschaften ?; BB 2006, S. 725 ff.

Du Toit, Charl P. | Beneficial Ownership of Royalties in Bilateral Tax Treaties; IBFD Publications, Amsterdam 1999; *zit.: Du Toit, Beneficial Ownership*

Dürrschmidt, Daniel; Schiller, Martin | Verrechnung von Verlusten von Auslandstochtergesellschaften; NZG 2006, S. 103 ff.

Eckert, Ralf | Besteuerung von Dividenden an Steuerausländer; IStR 2003, S. 406 ff.

Eisgruber, Thomas | Aktuelle Fragen der Verlustnutzung im Unternehmensbereich; DStZ 2007, S. 630 ff.

Endres, Dieter | Steueraspekte internationaler Joint Ventures, in: Handbuch der internationalen Steuerplanung / Grotherr, Siegfried (Hrsg.); 2. Aufl., Herne/Berlin 2003, S. 193 ff.; *zit.: Endres, Steueraspekte*

Erle, Bernd; Sauter, Thomas (Hrsg.)
Heidelberger Kommentar zum Körperschaftsteuergesetz: Die Besteuerung der Kapitalgesellschaft und ihrer Anteilseigner;
2. Auflage, Heidelberg 2006;
zit.: Bearbeiter in: Erle/Sauter

Ernst & Young (Hrsg.)
Körperschaftsteuergesetz – Kommentar;
Bonn/Berlin, Stand: Mai 2007;
zit.: Bearbeiter in: Ernst & Young, KStG

Ettinger, Jochen
Anmerkung zu FG München, Beschl. v. 03.08.2006, Az.: 11 V 500/06;
IStR 2006, S. 747

Felchner, Jan; Wendland, Jan
Grundlagen der steuerlichen Behandlung von Umwandlungen nach dem UmwStG i.d.F. des SEStEG;
SteuerStud 2007, S. 164 ff.

Fenzl, Barbara; Hagen, Christiane
Überlegungen zur Organschaft im Hinblick auf die geplante Unternehmenssteuerreform;
FR 2000, S. 289 ff.

Firlinger, Robert
Die Personengesellschaft im Internationalen Vermögensteuerrecht Österreichs;
SWI 1991, S. 222 ff.

Fischer, Brigitte
Veräußerung von Betriebsstätten und Mitunternehmeranteilen, in: Veräußerungsgewinne im Internationalen Steuerrecht / Schaumburg, Harald; Piltz, Detlev J. (Hrsg.);
Köln 2004, S. 29 ff.;
zit.: Fischer, Veräußerung

Fischer-Zernin, Justus
Joint Venture-Strukturen im internationalen Steuer- und Gesellschaftsrecht;
IWB Fach 10 Gruppe 2, S. 1273 ff.

Flick, Hans; Wassermeyer, Franz; Baumhoff, Hubertus (Hrsg.)
Außensteuerrecht;
Köln, Stand: Juli 2007;
zit.: Bearbeiter in: Flick/Wassermeyer/Baumhoff

Fock, Till Henning
Unternehmenssteuerreform und beschränkte Steuerpflicht;
RIW 2001, S. 108 ff.

Forst, Paul; Frings, Thomas — Spaltung von Personengesellschaften: Die verschiedenen Möglichkeiten zur Wahrung der Steuerneutralität; EStB 2003, S. 442 ff.

Forst, Paul; Radmer, Christine — Einbringung von Unternehmensteilen in eine Kapitalgesellschaft: Änderungen des Umwandlungssteuergesetzes durch das SEStEG; EStB 2007, S. 61 ff.

Förster, Guido — Ausgewählte Fragen bei der Veräußerung von Anteilen an Kapitalgesellschaften; Stbg. 2001, S. 657 ff.

Förster, Guido — Die Änderungen durch das StVergAbG bei der Einkommensteuer; DB 2003, S. 899 ff.

Förster, Guido — SEStEG: Rechtsänderungen im EStG; DB 2007, S. 72

Förster, Guido; Felchner, Jan — Umwandlung von Kapitalgesellschaften in Personenunternehmen nach dem Referentenentwurf zum SEStEG; DB 2006, S. 1072 ff.

Förster, Guido; van Lishaut, Ingo — Das körperschaftsteuerliche Eigenkapital i.S.d. §§ 27-29 KStG 2001; FR 2002, S. 1205 ff. und S. 1257 ff.

Förster, Guido; Wendland, Jan — Einbringung von Unternehmensteilen in Kapitalgesellschaften: Auswirkungen des SEStEG auf Umwandlungsvorgänge; BB 2007, S. 631 ff.

Franck, Jens-Uwe — § 20 Abs. 2 AStG auf dem Prüfstand der Grundfreiheiten – Anmerkung zu den Schlussanträgen des Generalanwalts Mengozzi in der Rechtssache C-298/06 (Columbus); IStR 2007, S. 489 ff.

Frotscher, Gerrit (Hrsg.) — Einkommensteuergesetz; Freiburg, Stand: Juli 2007; *zit.: Bearbeiter in: Frotscher*

Frotscher, Gerrit; Maas, Ernst (Hrsg.)
Körperschaftsteuergesetz, Umwandlungssteuergesetz;
Freiburg, Stand: Mai 2007;
zit.: Bearbeiter in: Frotscher/Maas

Füger, Rolf; Rieger, Norbert
Veräußerung von Mitunternehmeranteilen und Gewerbesteuer;
DStR 2002, S. 933 ff.

Füger, Rolf; Rieger, Norbert
Anwendungserlass zu § 8b KStG – Ausgewählte Zweifelsfragen (Teil I);
FR 2003, S. 543 ff.

Fuhrmann, Claas
Liquidation der GmbH im Zivil- und Steuerrecht;
KöSDi 2005, S. 14906 ff.

Fuhrmann, Claas
Grenzüberschreitender Anteilstausch innerhalb der EU;
DStZ 2007, S. 111 ff.

Ganske, Joachim
Umwandlungsrecht;
2. Auflage, Düsseldorf 1995

Garcia Prats, Francisco Alfredo
Triangular Cases and Residence as a Basis for Alleviating International Double Taxation: Rethinking the Subjective Scope of Double Tax Treaties;
Intertax 1994, S. 473 ff.

Geyrhalter, Volker; Weber, Thomas
Transnationale Verschmelzungen – im Spannungsfeld zwischen SEVIC Systems und der Verschmelzungsrichtlinie;
DStR 2006, S. 146 ff.

Gille, Michael
Missbrauchstypisierung im neuen Umwandlungssteuerrecht: Verstoß gegen die Fusionsrichtlinie ?;
IStR 2007, S. 194 ff.

Gosch, Dietmar (Hrsg.)
Körperschaftsteuergesetz;
München 2004;
zit.: Bearbeiter in: Gosch, KStG

Graf, Helmut; Bisle, Michael
Reaktion der deutschen Finanzverwaltung auf das EuGH-Urteil in Sachen Cadbury Schweppes;
INF 2007, S. 342 ff.

Graf, Roland; Reichl, Alexander; Wittkowski, Ansas — Grenzüberschreitende Verlustverrechnung im Lichte aktueller Rechtsprechung; Stbg. 2006, S. 209 ff.

Groh, Manfred — Teilwerteinbringung von betrieblichen Einzelwirtschaftsgütern in Personengesellschaften; DB 2003, S. 1403 ff.

Grotherr, Siegfried — Außensteuerrechtliche Bezüge im Jahressteuergesetz 2007; RIW 2006, S. 898 ff.

Grotherr, Siegfried — International relevante Änderungen durch das JStG 2007 anhand von Fallbeispielen; IWB Gruppe 3 Fach 3, S. 1445 ff.

Günkel, Manfred; Lieber, Bettina — Braucht Deutschland eine Verschärfung der Holdingregelung in § 50d Abs. 3 EStG ?; DB 2006, S. 2197 ff.

Günkel, Manfred; Lieber, Bettina — Abkommensrechtliche Qualifikation von Sondervergütungen: Irrwege der Finanzverwaltung; FR 2000, S. 853 ff.

Hagemann, Jens; Ropohl, Florian; Viebrock, Björn; Jakob, Burkhard — SEStEG: Das neue Konzept der Verstrickung und Entstrickung sowie die Neufassung des Umwandlungssteuergesetzes; NWB Sonderheft 1/2007

Hahn, Hartmut — Kritische Erläuterungen und Überlegungen zum Entwurf des SEStEG; IStR 2006, S. 797 ff.

Hahn, Hartmut — Die Veräußerung spaltungsgeborener Anteile: Überlegungen zu BFH v. 3.8.2005 und zur Spaltungsregelung nach dem SEStEG; GmbHR 2006, S. 462 ff.

Hahn, Hartmut — Bemerkungen zum EuGH-Urteil „Cadbury Schweppes“; IStR 2006, S. 667 ff.

Hahn, Hartmut — Erläuterungen und legislatorische Überlegungen zur EuGH-Entscheidung in der Rechtssache Cadbury Schweppes; DStZ 2007, S. 201 ff.

Hameder, Johann
Internationale Realteilungen i.S.d. österreichischen Umgründungssteuergesetzes, in: Personengesellschaften im Internationalen Steuerrecht / Urtz, Christoph; Züger, Mario (Hrsg.); Wien 2001, S. 407 ff.;
zit.: Hameder, Internationale Realteilungen

Haritz, Detlef
Die Langlebigkeit einbringungsgeborener Anteile;
GmbHR 2007, S. 169 ff.

Haritz, Detlef
Einbringungsgeborene Anteile a.D. ?;
DStR 2004, S. 889 ff.

Haritz, Detlef; von Wolff, Bodo
Internationalisierung des deutschen Umwandlungsrechts: Zum Entwurf eines Zweiten Gesetzes zur Änderung des Umwandlungsgesetzes;
GmbHR 2006, S. 340 ff.

Haun, Jürgen; Käshammer, Daniel; Reiser, Hagen
Das BMF-Schreiben vom 8.1.2007 zur Hinzurechnungsbesteuerung – eine erste Analyse;
GmbHR 2007, S. 184 ff.

Haun, Jürgen; Reiser, Hagen
Anwendung der Doppelbesteuerungsabkommen auf Personengesellschaften – eine erste Analyse;
GmbHR 2007, S. 915 ff.

Häuselmann, Holger
Referentenentwurf zum Jahressteuergesetz 2008;
BB 2007, S. 1533 ff.

Hebeler, Christian
Verlustanteile aus der Beteiligung an Personengesellschaften in den Bilanzen einer Kapitalgesellschaft;
BB 1998, S. 206 ff.

Heinsen, Oliver
Behandlung von Dreieckssachverhalten unter Doppelbesteuerungsabkommen, in: Handbuch der internationalen Steuerplanung / Grotherr, Siegfried (Hrsg.);
2. Aufl., Herne/Berlin 2003, S. 1465 ff.;
zit.: Heinsen, Behandlung von Dreieckssachverhalten

Helde, Stefanie — Dreiecksverhältnisse im Internationalen Steuerrecht unter Beteiligung einer Betriebstätte; Köln 2000; *zit.: Helde, Dreiecksverhältnisse*

Herrmann, Carl; Heuer, Gerhard; Raupach, Arndt — Einkommensteuer- und Körperschaftsteuergesetz; Köln, Stand: Mai 2007; *zit.: Bearbeiter in: Herrmann/Heuer/Raupach*

Herzig, Norbert; Wagner, Thomas — EuGH-Urteil „Marks & Spencer" – Begrenzter Zwang zur Öffnung nationaler Gruppenbesteuerungssysteme für grenzüberschreitende Sachverhalte; DStR 2006, S. 1 ff.

Herzig, Norbert; Wagner, Thomas — Finnische Gruppenbesteuerung vor dem EuGH – Mögliche Folgen für die Organschaft; DB 2005, S. 2374 ff.

Heß, Ines — Die Realteilung einer Personengesellschaft: Anmerkungen zum BMF-Schreiben vom 28.2.2006; DStR 2006, S. 777 ff.

Heurung, Rainer; Wehrheim, Michael; Adrian, Gerrit — Vorteilhaftigkeitsanalyse der ertragsteuerlichen Organschaft vor dem Hintergrund der Gesetzesänderungen zum 1.1.2004; StuB 2004, S. 200 ff.

Hey, Johanna — Territorialitätsprinzip als theoretische Grundlage der beschränkten Steuerpflicht – isolierende Betrachtungsweise und Objektsteuercharakter als konkrete Ausprägungen – ; IWB Fach 3 Gruppe 1, S. 2003 ff.

Hey, Johanna — Die EuGH-Entscheidung in der Rechtssache Marks & Spencer und die Zukunft der deutschen Organschaft: Haben die Mitgliedstaaten den EuGH domestiziert ?; GmbHR 2006, S. 113 ff.

Hohloch, Gerhard (Hrsg.) — EU-Handbuch Gesellschaftsrecht; Herne/Berlin, Stand: August 2001; *zit.: Bearbeiter in: Hohloch, EU-Handbuch Gesellschaftsrecht*

Hölscher, Sebastian
Weiterentwicklung der Rechtsprechung zur abkommensrechtlichen Behandlung von Sondervergütungen;
IWB Gruppe 2 Fach 3, S. 1361 ff.

Höppel, Elke
Anrechnung ohne Subjektidentität, in: Personengesellschaften im Internationalen Steuerrecht / Urtz, Christoph; Züger, Mario (Hrsg.);
Wien 2001, S. 37 ff.;
zit.: Höppel, Anrechnung

Horten, Michael R.; Graf Kageneck, Karl-Erbo
Joint Ventures in den USA: Wirtschaftliche, rechtliche und steuerliche Aspekte;
München 1996;
zit.: Horten/Graf Kageneck, Joint Ventures

Hörtnagl, Robert
Die Einbringung von Betrieben, Teilbetrieben und Mitunternehmeranteilen in eine Kapitalgesellschaft (§ 20 UmwStG) nach dem SEStEG;
Stbg. 2007, S. 257 ff.

Hruschka, Franz
Die Europäisierung des Umwandlungssteuerrechts nach dem SEStEG;
StuB 2007, S. 532 ff.

Hruschka, Franz
„Totgesagte leben länger" – Bedeutet die Entscheidung des EuGH in der Rechtssache „Ritter-Coulais" das Ende des § 2a EStG ?;
IStR 2006, S. 629 ff.

Hruschka, Franz
Die Ent- und Verstrickung stiller Reserven nach dem SEStEG;
StuB 2006, S. 584 ff.

Huber, Lucius
Vertragsgestaltung, Grundstruktur, Gründung, Willensbildung und Auflösung, in: Kooperations- und Joint Venture-Verträge: rechtliche Probleme und Vertragsgestaltung / Meier-Schatz, Christian J. (Hrsg.);
Bern 1994, S. 9 ff.;
zit.: Huber, Vertragsgestaltung

Hübschmann, Walter; Hepp, Ernst; Spitaler, Armin (Hrsg.)
Abgabenordnung, Finanzgerichtsordnung;
Köln, Stand: April 2007;
zit.: Bearbeiter in: Hübschmann/Hepp/Spitaler

Jacobs, Otto (Hrsg.) — Internationale Unternehmensbesteuerung: Deutsche Investitionen im Ausland, ausländische Investitionen im Inland; 5. Auflage, München 2002; *zit.: Jacobs, Internationale Unternehmensbesteuerung*

Jann, Martin — Die Auswirkungen des EU-Rechts auf die Abkommensberechtigung von beschränkt Steuerpflichtigen, in: Doppelbesteuerungsabkommen und EU-Recht / Gassner, Wolfgang; Lang, Michael; Lechner, Eduard (Hrsg.); Wien 1996, S. 43 ff.; *zit.: Jann, Auswirkungen des EU-Rechts*

Jonas, Bernd — Abschaffung der Mehrmütterorganschaft und Ersatzlösungen, in: Organschaft: laufende und aperiodische Besteuerung, nationale und internationale Aspekte, Hinweise zum EU-Recht (Festschrift für Jochen Thiel zum 65. Geburtstag) / Herzig, Norbert (Hrsg.); Stuttgart 2003, S. 306 ff.; *zit.: Jonas in: Herzig, Organschaft*

Jünger, Paul — Liquidation und Halbeinkünfteverfahren: Wurde die Liquidation vergessen ? – Ein Diskussionsbeitrag; BB 2001, S. 69 ff.

Kahle, Holger — Die Ertragsbesteuerung der Beteiligung an einer ausländischen Personengesellschaft; StuB 2005, S. 666 ff. und S. 702 ff.

Kallmeyer, Harald (Hrsg.) — Umwandlungsgesetz, Kommentar: Verschmelzung, Spaltung und Formwechsel bei Handelsgesellschaften; 3. Auflage, Köln 2006; *zit.: Bearbeiter in: Kallmeyer, UmwG*

Kallmeyer, Harald; Kappes, Stephan — Grenzüberschreitende Verschmelzungen und Spaltungen nach SEVIC Systems und der EU-Verschmelzungsrichtlinie; AG 2006, S. 224 ff.

Kappes, Stephan — Zulässigkeit grenzüberschreitender Verschmelzungen; NZG 2006, S. 101 ff.

Kempf, Andreas; Meyer, Annette — Der neu gefasste § 50d Abs. 3 EStG in der Praxis; DStZ 2007, S. 584 ff.

Kessler, Wolfgang; Eicke, Rolf — Doppel-Holdingstruktur als Schutz vor der Anti-Treaty-Shopping-Regelung des § 50d Abs. 3 EStG ?; IStR 2007, S. 526 ff.

Kessler, Wolfgang; Eicke, Rolf — Neue Gestaltungshürden in der Anti-Treaty-Shopping-Regelung des § 50d Abs. 3 EStG; DStR 2007, S. 781 ff.

Kessler, Wolfgang; Eicke, Rolf — Treaty-Shopping – Quo vadis ? Kritische Anmerkungen zu § 50d Abs. 3 EStG-E; IStR 2006, S. 577 ff.

Kessler, Wolfgang; Huck, Friederike — Der (zwangsweise) Weg in den Betriebsstättenkonzern am Beispiel der Hinausverschmelzung von Holdinggesellschaften; IStR 2006, S. 433 ff.

Kessler, Wolfgang; Huck, Friederike — Grenzüberschreitender Transfer von Betriebsvermögen – Die Verlagerung von Einzelwirtschaftsgütern, Betriebsstätten und Betrieben ins Ausland; StuW 2005, S. 193 ff.

Kessler, Wolfgang; Jehl, Melanie — Kritische Analyse der Zentralfunktion des Stammhauses; IWB Gruppe 2 Fach 10, S. 1977 ff.

Kessler, Wolfgang; Spengel, Christoph — Checkliste potentiell EG-rechtswidriger Normen des deutschen direkten Steuerrechts – Update 2007; Beilage Nr. 1 zu DB 2007, S. 1 ff.

Kiem, Roger; Pohl, Marcus — Joint Ventures und ihre rechtliche Ausgestaltung, in: Handbuch Corporate Finance / Achleitner; Thoma (Hrsg.); Köln 2001, Stand: Juli 2002; zit.: Kiem/Pohl, *Joint Ventures*

Kinzl, Ulrich-Peter — Generalthema II: Abkommensberechtigung und persönliche Zurechnung von Einkünften; IStR 2007, S. 561 ff.

Kirchhof, Paul (Hrsg.)	Einkommensteuergesetz, Kompaktkommentar; 6. Auflage, Heidelberg 2006 *zit.: Bearbeiter in: Kirchhof*
Kirchhof, Paul; Söhn, Hartmut; Mellinghoff, Rudolf (Hrsg.)	Einkommensteuergesetz; Heidelberg, Stand: Februar 2007; *zit.: Bearbeiter in: Kirchhof/Söhn/Mellinghoff*
Klingberg, Dietgard; Nitzschke, Dirk	Besteuerung grenzüberschreitender Aktivitäten nach dem SEStEG (Teil 2); PIStB 2007, S. 38 ff.
Kluge, Volker	Die Anerkennung ausländischer Gesellschaften im deutschen Steuerrecht; DStR 1976, S. 365 ff.
Koch, Heinrich	Ist die Anrechnung ausländischer Betriebsstättenverluste in Deutschland möglich ? – Die Symmetriethese des Bundesfinanzhofs und die europarechtlichen Grundfreiheiten; RIW 2007, S. 371 ff.
Kofmann, Stanislav; Götz, Adrian	Teilbetriebsvoraussetzungen bei Umwandlungsvorgängen; SteuerStud 2007, S. 219 ff.
Köhler, Stefan; Eicker, Klaus	Kritische Anmerkungen zum BMF-Schreiben „Cadbury Schweppes" vom 8.1.2007; DStR 2007, S. 331 ff.
Köhler, Stefan; Tippelhofer, Martina	Kapitalverkehrsfreiheit auch in Drittstaatsfällen ? Zugleich Anmerkung zu den Entscheidungen des EuGH in den Rechtssachen *Lasertec* (C-492/04) und *Holböck* (C-157/05) sowie zum BMF-Schreiben v. 21.3.2007 (IV B 7 – G 1421/0); IStR 2007, S. 645 ff.
Kölbl, Susanne	Besteuerung eines Joint Ventures zwischen USA und Deutschland in Form einer Kapitalgesellschaftsholding; StuB 2007, S. 211 ff.
Kölbl, Susanne	Besteuerung eines Joint Ventures zwischen USA und Deutschland in Form einer Personengesellschaftsholding; StuB 2007, S. 416 ff.

Kölbl, Susanne — Besteuerung eines Joint Ventures zwischen den USA und Deutschland; Hamburg 2006

Köplin, Manfred; Sedemund, Jan — Das BMF-Schreiben vom 8.1.2007 – untauglich, die EG-Rechtswidrigkeit der deutschen Hinzurechnungsbesteuerung nach Cadbury Schweppes zu beseitigen !; BB 2007, S. 244 ff.

Korn, Klaus — Neues zur Besteuerung von Kapitalgesellschaften und ihren Gesellschaftern nach dem JStG 2007 und SEStEG; KöSDi 2007, S. 15428 ff.

Korn, Klaus (Hrsg.) — Einkommensteuergesetz; Bonn/Berlin, Stand: Februar 2007; *zit.: Bearbeiter in: Korn, EStG*

Korn, Klaus; Fuhrmann, Claas — Änderungen bei der Einkommensteuer durch das Jahresteuergesetz 2007: Überblick, Zweifelsfragen und erste Beratungshinweise; NWB Fach 3, S. 14353 ff.

Körner, Andreas — Anmerkungen zum SEStEG-Entwurf vom 21.4.2006; IStR 2006, S. 469 ff.

Körner, Andreas — Europarecht und Umwandlungssteuerrecht; IStR 2006, S. 109 ff.

Körner, Andreas — Anmerkung zum Urteil des EuGH in der Rs. „Cadbury Schweppes"; IStR 2006, S. 675

Korts, Sebastian — Anmerkungen zum BMF-Schreiben vom 4.3.2007: Entlastungsberechtigung ausländischer Gesellschaften; Anwendung des § 50d Abs. 3 EStG in der Fassung des Jahressteuergesetzes 2007; IStR 2007, S. 663 ff.

Krabbe, Helmut — Mittelbare Abkommensberechtigung nach § 50d Abs. 1a EStG; IStR 1998, S. 76 f.

Krabbe, Helmut	Steuerliche Behandlung der Personengesellschaften nach den Doppelbesteuerungsabkommen; IWB Fach 3 Gruppe 2, S. 753 ff.
Kraft, Gerhard	Erfolgsabgrenzung bei Betriebsstätten nach den Betriebsstätten-Verwaltungsgrundsätzen; StBJb 2000/01, S. 205 ff.
Kraft, Gerhard; Bron, Jan	Implikationen des Urteils in der Rechtssache „Cadbury Schweppes" für die Fortexistenz der deutschen Hinzurechnungsbesteuerung; IStR 2006, S. 614 ff.
Krause, Nils; Kulpa, Norman	Grenzüberschreitende Verschmelzungen – Vor dem Hintergrund der „*Sevic*"-Entscheidung und der Reform des deutschen Umwandlungsrechts; ZHR 171 (2007), S. 38 ff.
Kraushaar, Rolf; Müller, Herbert	Globalisierung durch Joint Ventures und strategische Allianzen, in: Festschrift für Wolfgang Ritter zum 70. Geburtstag / Kley, Max Dietrich; Sünner, Eckart; Willemsen, Arnold (Hrsg.); Köln 1997, S. 693 ff.; *zit.: Kraushaar/Müller, Joint Ventures*
Krogmann, Catherin; Vitale, Andrea	Kritische Würdigung des BMF-Schreibens zu „Cadbury Schweppes"; IWB Gruppe 1 Fach 3, S. 2243 ff.
Kroninger, Axel	Liquidation einer ausländischen Gesellschaft als Alternative zur Dividendenausschüttung – Gestaltungsmöglichkeiten bei Unternehmenstransaktionen in den USA (Election I.R.C. § 338(h)(10)); IStR 2003, S. 729 ff.
Kroppen, Heinz-Klaus	Ausgewählte Fragen zum Betriebsstättenerlass; StBJb 1999/00, S. 137 ff.
Kubaile, Heiko; Buck, Christian	Das Jahressteuergesetz 2007 hat auch internationale Steuergestaltungen erschwert; PIStB 2007, S. 78 ff.

Lang, Michael — Hybride Finanzierungen im Internationalen Steuerrecht: Rechtsgrundlagen der Doppelbesteuerungsabkommen zur Beurteilung von Mischformen zwischen Eigen- und Fremdkapital;
Wien 1991;
zit.: Lang, Hybride Finanzierungen im Internationalen Steuerrecht

Lang, Michael — Personengesellschaften im DBA-Recht;
SWI 2000, S. 60 ff.

Lang, Michael — Qualifikationskonflikte bei Personengesellschaften;
IStR 2000, S. 129 ff.

Lang, Michael; Lüdicke, Jürgen; Riedweg, Peter — Steueranrechnung und Betriebsstättendiskriminierungsverbot der DBA bei Dreieckssachverhalten;
IStR 2006, S. 73 ff.

Lang, Michael; Reich, Markus; Schmidt, Christian — Personengesellschaften im Verhältnis Deutschland-Österreich-Schweiz;
IStR 2007, S. 1 ff.

Lang, Michael; Wimpissinger, Christian — Die Einkünfte von Gesellschaftern einer Personengesellschaft aus abkommensrechtlicher Sicht, in: Personengesellschaften im Recht der Doppelbesteuerungsabkommen / Gassner, Wolfgang; Lang, Michael; Lechner, Eduard (Hrsg.);
Wien 2000, S. 85 ff.;
zit.: Lang/Wimpissinger, Einkünfte von Gesellschaftern einer Personengesellschaft

Langefeld-Wirth, Klaus — Rechtsfragen des internationalen Gemeinschaftsunternehmens – Joint Venture;
RIW 1990, S. 1 ff.

Langefeld-Wirth, Klaus (Hrsg.) — Joint Ventures im internationalen Wirtschaftsverkehr: Praktiken und Vertragstechniken internationaler Gemeinschaftsunternehmen;
Heidelberg 1990;
zit.: Langefeld-Wirth, Joint Ventures

Lausterer, Martin — Anmerkung zu EuGH, Urt. v. 29.3.2007, C-347/04, REWE Zentralfinanz;
IStR 2007, S. 296 f.

Lechner, Eduard — Die Abkommensberechtigung von Personengesellschaften, in: Personengesellschaften im Recht der Doppelbesteuerungsabkommen – Die Auswirkungen des OECD-Reports auf die Abkommenspraxis / Gassner, Wolfgang; Lang, Michael; Lechner, Eduard (Hrsg.);
Wien 2000, S. 69 ff.;
zit.: Lechner, Abkommensberechtigung

Leible, Stefan; Hoffmann, Jochen — Grenzüberschreitende Verschmelzungen im Binnenmarkt nach „Sevic" – zugleich eine Besprechung von EuGH, RIW 2006, 140 – Sevic;
RIW 2006, S. 161 ff.

Lemaitre, Claus; Schönherr, Frank — Die Umwandlung von Kapitalgesellschaften in Personengesellschaften durch Verschmelzung und Formwechsel nach der Neufassung des UmwStG durch das SEStEG;
GmbHR 2007, S. 173 ff.

Lenski, Edgar; Steinberg, Wilhelm (Hrsg.). — Kommentar zum Gewerbesteuergesetz;
Köln, Stand: September 2006;
zit.: Bearbeiter in: Lenski/Steinberg, GewStG

Ley, Ursula — Einbringungen nach den §§ 20, 24 UmwStG in der Fassung des SEStEG;
FR 2007, S. 109 ff.

Ley, Ursula; Bodden, Guido — Verschmelzung und Spaltung von inländischen Kapitalgesellschaften nach dem SEStEG (§§ 11-15 UmwStG n.F.);
FR 2007, S. 265 ff.

Ley, Ursula; Schulte, Norbert — Joint-Venture-Gesellschaften;
Köln 2003

Lieber, Bettina — Ist die Nichtberücksichtigung ausländischer Betriebsstättenverluste gemeinschaftsrechtswidrig ? – EuGH-Vorlagebeschlüsse des BFH vom 28.06.2006 und vom 22.08.2006 – ;
WPg. 2007, S. 118 ff.

Lieber, Bettina; Rasch, Stephan — Mögliche Konsequenzen der Rechtssache „Cadbury Schweppes“ für die deutsche Hinzurechnungsbesteuerung; GmbHR 2004, S. 1572 ff.

Linn, Alexander; Reichl, Alexander; Wittkowski, Ansas — Grenzüberschreitende Verlustverrechnung: Möglichkeiten und Grenzen; BB 2006, S. 630 ff.

Littmann, Eberhard; Bitz, Horst; Pust, Hartmut (Hrsg.) — Das Einkommensteuerrecht; Stuttgart, Stand: August 2007; *zit.: Bearbeiter in: Littmann/Bitz/Pust*

Loose, Thomas; Hölscher, Sebastian; Althaus, Moritz — Jahressteuergesetz 2007: Anwendungsbereich und Auswirkungen der Einschränkung der Freistellungsmethode – Eine erste Analyse des § 50d Abs. 9 EStG des Jahressteuergesetzes 2007; BB 2006, S. 2724 ff.

Louven, Christoph — Umsetzung der Verschmelzungsrichtlinie: Anmerkungen aus der Praxis zum RegE eines Zweiten Gesetzes zur Änderung des UmwG vom 9.8.2006; ZIP 2006, S. 2021 ff.

Löwenstein, Ulrich; Heinsen, Oliver — Anwendung der Grundsätze zum Dotationskapital auch bei grenzüberschreitenden mitunternehmerischen Beteiligungen an Personengesellschaften ?; IStR 2007, S. 301 ff.

Lüdicke, Jürgen — Treaty shopping – § 50d Abs. 1a EStG, in: Unternehmensfinanzierung im Internationalen Steuerrecht / Piltz, Detlev J.; Schaumburg, Harald (Hrsg.); Köln 1995, S. 102 ff.

Lüdicke, Jürgen — Anmerkung zu BMF, Schr. v. 10.7.2007, IV B 1 – S 2411/07/0002; IStR 2007, S. 556

Lüdicke, Jürgen — Die Besteuerung von international tätigen Personengesellschaften – geänderte Auffassungen der Finanzverwaltung im Betriebsstättenerlass und anderen BMF-Schreiben;
Hamburg 2000;
zit.: Lüdicke, Besteuerung von international tätigen Personengesellschaften

Lüdicke, Jürgen — Neue Entwicklungen der Besteuerung von Personengesellschaften im internationalen Steuerrecht;
StBJb 1997/98, S. 449 ff.;

Lutter, Marcus; Winter, Martin (Hrsg.) — Umwandlungsgesetz, Kommentar;
3. Auflage, Köln 2004;
zit.: Bearbeiter in: Lutter/Winter, UmwG

Maiterth, Ralf; Müller, Heiko — Abschaffung der Verlustübernahme bei Verschmelzung von Körperschaften – steuersystematisch geboten oder fiskalisch motiviert ?;
DStR 2006, S. 1861 ff.

Manke, Klaus — Personengesellschaften im internationalen Steuerrecht;
JbFSt 1978/79, S. 333 ff.

Manke, Klaus — Personengesellschaften und DBA - Abkommensberechtigung und Abkommensschutz –, in: Grundfragen des internationalen Steuerrechts / Vogel, Klaus (Hrsg.);
Köln 1985, S. 195 ff.;
zit.: Manke, Personengesellschaften und DBA

Manz, Gerhard; Mayer, Barbara; Schröder, Albert (Hrsg.) — Europäische Aktiengesellschaft – SE;
Baden-Baden 2005;
zit.: Bearbeiter in: Manz/Mayer/Schröder

Mayer, Dieter; Weiler, Simon — Neuregelungen durch das Zweite Gesetz zur Änderung des Umwandlungsgesetzes;
DB 2007, S. 1235 ff. und S. 1291 ff.

Meister, Norbert — Die Gewinngemeinschaft zwischen verbundenen Unternehmen als steuerliches Gestaltungsmittel, in: Handbuch der internationalen Steuerplanung / Grotherr, Siegfried (Hrsg.);
2. Aufl., Herne/Berlin 2003, S. 421 ff.;
zit.: Meister, Gewinngemeinschaft

Mennel, Annemarie; Förster, Jutta (Hrsg.)
Steuern in Europa, Kanada, USA und Japan; Herne/Berlin, Stand: April 2007;
zit.: Bearbeiter in: Mennel/Förster

Moser, Thomas
Die Bedeutung von Diskriminierungsverboten für Personengesellschaften, in: Personengesellschaften im Internationalen Steuerrecht / Urtz, Christoph; Züger, Mario (Hrsg.); Wien 2001, S. 61 ff.;
zit.: Moser, Bedeutung von Diskriminierungsverboten

Mössner, Jörg (Hrsg.)
Steuerrecht international tätiger Unternehmen: Handbuch der Besteuerung von Auslandsaktivitäten inländischer Unternehmen und von Inlandsaktivitäten ausländischer Unternehmen; 3. Auflage, Bonn 2005;
zit.: Bearbeiter in: Mössner, Steuerrecht international tätiger Unternehmen

Müller, Heiko; Maiterth, Ralf
Besteuerung der Umwandlung einer Körperschaft in ein Personenunternehmen nach dem zweiten Teil des UmwStG n.F.: eine ökonomische und steuersystematische Analyse; Wpg 2007, S. 249 ff.

Müller, Marion; Wangler, Clemens
Qualifikationskonflikte bei der Beteiligung inländischer Investoren an ausländischen Personengesellschaften; IStR 2003, S. 145 ff.

Müller, Welf; Hoffmann, Wolf-Dieter (Hrsg.)
Beck´sches Handbuch der Personengesellschaften: Gesellschaftsrecht – Steuerrecht; 2. Auflage, München 2002;
zit.: Bearbeiter in: Müller/Hoffmann, Beck´sches Handbuch der Personengesellschaften

Nagler, Jürgen; Kleinert, Jens
Das EuGH-Verfahren Marks & Spencer – Konsequenzen des Schlussantrags des Generalanwalts; DB 2005, S. 855 ff.

Nakhai, Katja	Steuerabzug bei Dividenden an Gesellschaften in anderen EU-Mitgliedstaaten – Anmerkung zum EuGH-Urt. v. 14.12.2006 in der Rs. C-170/05, Denkavit International BV, Denkavit France SARL gegen Ministre de l´Économie, des Finances et de l´Industrie; IWB Fach 11a, S. 1115 ff.
Neu, Norbert	Die Liquidationsbesteuerung der GmbH; GmbHR 2000, S. 57 ff.
Neu, Norbert; Müller, Marko	Update zu ausgewählten Fragen der nationalen und internationalen Verlustnutzung; GmbH-StB 2007, S. 11 ff.
Neye, Hans-Werner	Das neue Umwandlungsrecht vor der Verabschiedung im Bundestag; ZIP 1994, S. 917 ff.
Neye, Hans-Werner; Timm, Birte	Mehr Mobilität für die GmbH in Europa: Das neue Recht der grenzüberschreitenden Verschmelzungen; GmbHR 2007, S. 561 ff.
Neyer, Wolfgang	Veräußerungssperre nach steuerneutraler Spaltung: Missbrauchsfolgen ohne Missbrauchstatbestand ?; DStR 2002, S. 2200 ff.
Neyer, Wolfgang	Zur Reichweite des Halbeinkünfteverfahrens – Organschaft, Mitunternehmerschaft; GmbHR 2002, S. 102 ff.
Neyer, Wolfgang; Gürzenich-Schmidt, Adrienne	Liquidation einer ausländischen Kapitalgesellschaft: Deutsche Besteuerung unbeschränkt steuerpflichtiger Anteilseigner; IStR 2000, S. 295 ff.
Ott, Hans	Die Änderungen des Körperschaftsteuerrechts durch das Steuervergünstigungsabbaugesetz; INF 2003, S. 376 ff.
Pache, Sven; Englert, Max	Grenzüberschreitende Verlustverrechnung deutscher Konzernspitzen – Ist die Organschaft noch zu retten ?; IStR 2007, S. 47 ff.

Patt, Joachim	Die steuerliche Behandlung der Einbringung von Unternehmensteilen in eine Kapitalgesellschaft oder Europäische Genossenschaft und des Anteilstauschs nach dem SEStEG; Der Konzern 2006, S. 730 ff.
Piltz, Detlev Jürgen	Liquidation ausländischer Kapitalgesellschaften in den Doppelbesteuerungsabkommen; DStR 1989, S. 133 ff.
Piltz, Detlev Jürgen	Die Personengesellschaften im internationalen Steuerrecht der Bundesrepublik Deutschland; Heidelberg 1981; *zit.: Piltz, Personengesellschaften*
Piltz, Detlev Jürgen	Gewinngemeinschaft, in: Formularbuch Recht und Steuern; 5. Aufl., München 2004, S. 308 ff. *zit.: Piltz, Gewinngemeinschaft*
Polivanova-Rosenauer, Tatjana	Das Konzept des Nutzungsberechtigten aus abkommensrechtlicher Sicht; SWI 2001, S. 257 ff.
Pricewaterhouse Coopers AG (Hrsg.)	Reform des Umwandlungssteuerrechts: Auswirkungen des SEStEG auf Reorganisation und internationale Entstrickungen; Stuttgart 2007; *zit.: Bearbeiter in: PWC, Reform des Umwandlungssteuerrechts*
Prinz, Ulrich	SEStEG und Bilanzrecht: Wegfall des umwandlungssteuerlichen Maßgeblichkeitsprinzips; StuB 2007, S. 125 ff.
Prinz, Ulrich; Breuninger, Gottfried E.	Steuergestaltung mit ausländischen Personengesellschaften; IWB Fach 10 Gruppe 2, S. 1293 ff.
Probst, Gilbert J.B.; Rüling, Charles-Clemens	Joint Ventures und Joint Venture-Management, in: Internationale Joint Ventures: Management-Besteuerung-Vertragsgestaltung / Schaumburg, Harald (Hrsg.); Stuttgart 1999; *zit.: Probst/Rüling, Joint Ventures*

Pyszka, Tillmann; Brauer, Michael — Ausländische Personengesellschaften im Unternehmenssteuerrecht: Outbound-Gestaltungen, Umwandlungen, Hinzurechnungsbesteuerung;
Herne/Berlin 2004;
zit.: Pyszka/Brauer, Ausländische *Personengesellschaften*

Rainer, Anno — Anmerkung zu EuGH v. 18.07.2007, C-231/05, Oy AA;
IStR 2007, S. 635 ff.

Rainer, Anno — Anmerkung zu EuGH, Schlussanträge des GA Mengozzi v. 7.6.2007, C-379/05 („Amurta“);
IStR 2007, S. 515

Rainer, Anno — Anmerkung zu EuGH, Beschl. v. 10.05.2007, Rs.
C-492/04 („Lasertec“);
IStR 2007, S. 440

Rainer, Anno — Anmerkung zu EuGH, Urt. v. 29.3.2007, C-347/04, REWE Zentralfinanz;
DStR 2007, S. 667 f.

Rainer, Anno — Anmerkung zu EuGH, Urt. v. 13.3.2007, C-524/04, Thin Cap Group Litigation;
IStR 2007, S. 259 f.

Rainer, Anno — Anmerkung zu EuGH, Schlussantrag des GA Mengozzi v. 29.3.2007, C-298/05, Columbus Container;
IStR 2007, S. 299 f.

Rainer, Anno; Müller, Stefan — Anmerkung zum BMF-Schreiben vom 08.01.2007, IV B 4 – S 1351 – 1/07;
IStR 2007, S. 151 ff.

Rehm, Helmut; Feyerabend, Hans-Jürgen; Nagler, Jürgen — Die Renaissance der grenzüberschreitenden Verlustverrechnung !;
IStR 2007, S. 7 ff.

Rehm, Helmut; Nagler, Jürgen — GmbHR-Kommentar zu EuGH v. 29.3.2007, Rs.
C-347/04 – Rewe Zentralfinanz;
GmbHR 2007, S. 500 ff.

Rehm, Helmut; Nagler, Jürgen — Grenzüberschreitende Verlustverrechnung nach den BFH-Beschlüssen v. 28.6.2006 – I R 84/04 und v. 22.8.2006 – I R 116/04; GmbHR 2006, S. 1240 ff.

Reichl, Alexander; Wittkowski, Ansas — Das EuGH-Urteil in der Rs. Rewe Zentralfinanz: Neues zur grenzüberschreitenden Verlustverrechnung !?; IStR 2007, S. 385 ff.

Reichl, Alexander; Wittkowski, Ansas — Europarechtswidrigkeit der Nichtberücksichtigung ausländischer Betriebsstättenverluste – BFH begehrt in zwei Verfahren Vorabentscheidung durch den EuGH; BB 2006, S. 2496 ff.

Reiß, Wolfram — Bilanzierung von Beteiligungen an Personengesellschaften – Replik zu Bürkle/Knebel, DStR 1998, 1067 ff.; BB 1998, S. 1887 ff.

Reith, Thomas — Internationales Steuerrecht: Handbuch zum Doppelbesteuerungs- und Außensteuerrecht und zu Gestaltungen grenzüberschreitender Investitionen; München 2004; *zit.: Reith, Internationales Steuerrecht*

Reuter, Hans-Georg; Klein, Martin — Erschüttert Gerritses Trommeln die deutsche Dividendenbesteuerung ?; IStR 2003, S. 634 ff.

Ritzer, Claus; Stangl, Ingo — Zwischenschaltung ausländischer Kapitalgesellschaften – Aktuelle Entwicklungen im Hinblick auf § 50d Abs. 3 EStG und § 42 AO; FR 2006, S. 757 ff.

Roche, Matthias — Grenzüberschreitende Verlustverrechnung bei Internationalen Joint Ventures, in: Internationale Joint Ventures: Management – Besteuerung – Vertragsgestaltung / Schaumburg, Harald (Hrsg.); Stuttgart 1999, S. 295 ff.; *zit.: Roche, Grenzüberschreitende Verlustverrechnung*

Rödder, Thomas; Schumacher, Andreas — Das BMF-Schreiben zu § 8b KStG; DStR 2003, S. 909 ff.

Rödder, Thomas; Schumacher, Andreas — Das kommende SEStEG – Teil II: Das geplante neue Umwandlungssteuergesetz; DStR 2006, S. 1525 ff.

Rödder, Thomas; Schumacher, Andreas — Das SEStEG – Überblick über die endgültige Fassung und die Änderungen gegenüber dem Regierungsentwurf; DStR 2007, S. 369 ff.

Rödder, Thomas; Schumacher, Andreas — Das Steuervergünstigungsabbaugesetz; DStR 2003, S. 805 ff.

Rogall, Matthias; Stangl, Ingo — Die Realteilung einer Personengesellschaft: Anmerkungen zum BMF, Schr. v. 28.2.2006, FR 2006, 339; FR 2006, S. 345 ff.

Röhrbein, Jens — Steuerliche Berücksichtigung von Teilwertabschreibungen auf Beteiligungen an ausländischen Tochtergesellschaften (Anm. zum EuGH-Urt. (Zweite Kammer) v. 29.3.2007 in der Rs. C-347/04, Rewe Zentralfinanz eG als Gesamtrechtsnachfolgerin der ITS Reisen GmbH gegen Finanzamt Köln-Mitte; IWB Fach 11A, S. 1141 ff.

Röhrbein, Jens — Berechtigung des Quellenstaates zur Erhebung von Quellensteuer auf Dividenden bei grenzüberschreitenden Ausschüttungen: Anmerkung zu den Schlussanträgen des Generalanwalts Geelhoed vom 27.04.2006 in der Rs. C-170/05, Denkavit International BV, Denkavit France SARL gegen Ministre de l´Économie, des Finances et de l´Industrie; IWB Fach 11a, S. 1043 ff.

Röhrbein, Jens — EuGH-Urteil Denkavit Internationaal BV: Bedeutung für die deutsche Kapitalertragsteuer und für deutsche Unternehmen mit Auslandsbeteiligungen; RIW 2007, S. 194 ff.

Ronge, Eleonore; Peroulaz, Kilian — Umwandlungen in der Schweiz und ihre steuerlichen Folgen in Deutschland nach dem SEStEG; IStR 2007, S. 422 ff.

Rosenthal, Michael — Die steuerliche Beurteilung von Auslandssachverhalten im Spannungsfeld zwischen Abkommensrecht und Europarecht – zugleich Besprechung des Urteils des FG Hamburg vom 22.8.2006 zur Veräußerung von Anteilen an einer spanischen Personengesellschaft – ; IStR 2007, S. 610 ff.

Roth, Andreas — Zurechnung von Wirtschaftsgütern bei Betriebsstätten und Personengesellschaften, in: Zurechnung von Wirtschaftsgütern im Internationalen Steuerrecht / Lüdicke, Jürgen (Hrsg.); Köln 2000, S. 87 ff.; *zit.: Roth, Zurechnung von Wirtschaftsgütern*

Sagasser, Bernd; Bula, Thomas; Brünger, Thomas R. (Hrsg.) — Umwandlungen: Verschmelzung – Spaltung – Formwechsel – Vermögensübertragung; Zivil-, Handels- und Steuerrecht; 3. Auflage, München 2002; *zit.: Bearbeiter in: Sagasser/Bula/Brünger, Umwandlungen*

Salzmann, Stephan — Abschied vom Verbot der „virtuellen“ Doppelbesteuerung ? – § 50d Abs. 9 EStG als nationale switch over-Klausel; IWB Gruppe 3 Fach 3, S. 1465 ff.

Saß, Gert — Verbotene Steuerdiskriminierungen inländischer Betriebsstätten aufgrund der Niederlassungsfreiheit in der EU – Anmerkungen zum „St. Gobain“-Urteil des EuGH vom 21.9.1999 Rs. C-307/97; DB 1999, S. 2381 ff.

Schaflitzl, Andreas; Widmayer, Gerhard — Die Besteuerung von Umwandlungen nach dem Regierungsentwurf des SEStEG; BB-Special Nr. 8/2007, S. 36 ff.;

Schaumburg, Harald — Der Wegzug von Unternehmen, in: Festschrift für Franz Wassermeyer zum 65. Geburtstag / Gocke, Rudolf; Gosch, Dietmar; Lang, Michael (Hrsg.).; München 2005, S. 411 ff.; *zit.: Schaumburg, FS Wassermeyer*

Schaumburg, Harald — Grundsätze der Besteuerung internationaler Joint Ventures, in: Internationale Joint Ventures / Schaumburg, Harald (Hrsg.); Stuttgart 1999, S. 49 ff.; *zit.: Schaumburg, Grundsätze*

Schaumburg, Harald — Hinzurechnungsbesteuerung und Abkommensberechtigung als Probleme internationaler Joint Ventures, in: Internationale Joint Ventures / Schaumburg, Harald (Hrsg.); Stuttgart 1999, S. 357 ff.; *zit.: Schaumburg,* Hinzurechnungsbesteuerung und Abkommensberechtigung

Schaumburg, Harald — Internationales Steuerrecht; 2. Auflage, Köln 1998; *zit.: Schaumburg, Internationales Steuerrecht*

Scheipers, Thomas; Maywald, Andreas — Zur Vereinbarkeit des § 20 Abs. 2 AStG mit EG-Recht unter Berücksichtigung der Ausführungen des Generalanwalts Léger in der Rs. Cadbury Schweppes; IStR 2006, S. 472 ff.

Schell, Matthias — Realteilung i.S.d. § 16 Abs. 3 Satz 2 bis 4 EStG – Anmerkungen zum BMF-Schreiben vom 28.2.2006; BB 2006, S. 1026 ff.

Schild, Claus; Ehlermann, Christian — Besteuerungsprobleme bei Beteiligungen an ausländischen Personengesellschaften, in: Handbuch der internationalen Steuerplanung / Grotherr, Siegfried (Hrsg.); 2. Auflage, Herne/Berlin 2003, S. 1389 ff.; *zit.: Schild/Ehlermann, Besteuerungsprobleme*

Schmidt, Christian — Zur DBA-Anwendung und inländischen Steuerpflicht bei im Sitzstaat rechtsfähigen ausländischen Personengesellschaften – zugleich eine kritische Auseinandersetzung mit den Verlautbarungen verschiedener Landesfinanzbehörden zur Qualifizierung tschechischer bzw. slowakischer Kommanditgesellschaften und deren Ausschüttungen; IStR 1996, S. 14 ff.

Schmidt, Christian — Personengesellschaften im Abkommensrecht; WPg. 2002, S. 1134 ff. und S. 1232 ff.

Schmidt, Ludwig (Hrsg.) — Einkommensteuergesetz, 26. Aufl., München 2007; zit.: Bearbeiter in: Schmidt, EStG

Schmidt, Lutz; Hageböke, Jens — Gewerbesteuer bei der Veräußerung eines Mitunternehmeranteils an einer Obergesellschaft einer doppelstöckigen Personengesellschaft nach § 7 Satz 2 Nr. 2 GewStG; DB 2003, S. 790 ff.

Schmidt, Lutz; Hageböke, Jens — Offene Sacheinlagen als entgeltliche Anschaffungsvorgänge ? – Zugleich kritische Anmerkungen u.a. zum BFH-Urteil vom 5.6.2002, I R 6/01; DStR 2003, S. 1813 ff.

Schmitt, Joachim; Hörtnagl, Robert; Stratz, Christian — Umwandlungsgesetz, Umwandlungssteuergesetz: Kommentar; 4. Auflage, München 2006; *zit.: Schmitt/*Hörtnagl*/Stratz*

Schneider, Markus — Die italienische Gruppenbesteuerung; IStR 2007, S. 457 ff.

Schnitger, Arne — Die Kapitalverkehrsfreiheit im Verhältnis zu Drittstaaten – Vorabentscheidungsverfahren in den Rs. van Hilten, Fidium Finanz AG und Lasertec; IStR 2005, S. 493 ff.

Schön, Wolfgang — Gewinnübertragungen nach § 6b EStG zwischen Kapital- und Personengesellschaft in Handels- und Steuerbilanz; FR 1994, S. 658 ff.

Schön, Wolfgang — Der Kapitalverkehr mit Drittstaaten und das internationale Steuerrecht, in: Körperschaftsteuer, Internationales Steuerrecht, Doppelbesteuerung - Festschrift für Franz Wassermeyer / Gocke, Rudolf; Gosch, Dietmar; Lang, Michael (Hrsg.);
München 2005, S. 489 ff.;
zit.: Schön, Kapitalverkehr mit Drittstaaten

Schönfeld, Jens — Kommentar zu BMF, Schr. v. 03.04.2007 – IV B 1-S 2411/07/0002;
FR 2007, S. 506 ff.

Schönfeld, Jens — Anmerkung zu EuGH, Urt. v. 24.05.2007, Rs. C-157/05 („Holböck“);
IStR 2007, S. 441 ff.

Schönfeld, Jens — Anmerkung zu EuGH v. 13.3.2007, C-524/04, Thin Cap Group Litigation;
IStR 2007, S. 260 f.

Schönfeld, Jens — EuGH konkretisiert Anwendung der Kapitalverkehrsfreiheit im Verhältnis zu Drittstaaten: Mögliche Konsequenzen und offene Fragen aus steuerlicher Sich – zugleich Anmerkung zu EuGH-Urteil vom 3.10.2006 – Rs. C-452/04, „Fidium Finanz AG“;
DB 2007, S. 80 ff.

Schönfeld, Jens — Quo vadis Hinzurechnungsbesteuerung und EG-Recht – Bestandsaufnahme und neuere Entwicklungen;
IWB Fach 3 Gruppe 1, S. 2119 ff.

Schönfeld, Jens — Reaktion der britischen Regierung auf „Cadbury Schweppes“: Geplante Änderung der britischen CFC-Rules und deren Vereinbarkeit mit EG-rechtlichen Vorgaben;
IStR 2007, S. 199 ff.

Schönherr, Frank; Lemaitre, Claus — Grundzüge und ausgewählte Aspekte bei Einbringungen in Kapitalgesellschaften nach dem SEStEG;
GmbHR 2007, S. 459 ff.

Schönherr, Frank; Lemaitre, Claus — Der Entwurf des SEStEG: Geplante Änderungen im Einkommen-, Körperschaft- und Gewerbesteuergesetz: Übersicht und erste Anmerkungen;
GmbHR 2006, S. 561 ff.

Schröder, Karl-Wilhelm; Pickhardt-Poremba, Natalie — Einbringung von Betriebsvermögen in eine Kapitalgesellschaft durch natürliche Personen nach der Neufassung des Umwandlungssteuerrechts durch das SEStEG – Eine Fallstudie;
DB 2007, S. 2166 ff.

Schulze zur Wiesche, Dieter — Das neue Umwandlungssteuerrecht nach SEStEG;
WPg. 2007, S. 162 ff.

Schulze zur Wiesche, Dieter — Spaltungs- und Ausgliederungsvorgänge innerhalb von Personengesellschaften;
WPg. 2006, S. 448 ff.

Schulze zur Wiesche, Dieter — Die steuerliche Behandlung von Spaltungs- und Ausgliederungsvorgängen im Rahmen von Personengesellschaften;
DStZ 2004, S. 366 ff.

Schwarz, Bernhard (Hrsg.) — Abgabenordnung;
Freiburg, Stand: Juni 2007;
zit.: Bearbeiter in: Schwarz

Schwedhelm, Rolf; Olbing, Klaus; Binnewies, Burkhard — Aktuelles zum Jahreswechsel 2006/2007 rund um die GmbH;
GmbHR 2006, S. 1225 ff.

Schwedhelm, Rolf; Olbing, Klaus; Binnewies, Burkhard — Gestaltungsüberlegungen zum Jahreswechsel 2002/2003 rund um die GmbH;
GmbHR 2002, S. 1157 ff.

Schwenke, Michael — Europarechtliche Vorgaben und deren Umsetzung durch das SEStEG;
DStZ 2007, S. 235 ff.

Sedlaczek, Stefan — Verlustbehandlung bei Kapitalgesellschaften und Konzernen in Österreich – ein Überblick;
IWB Gruppe 2 Fach 5, S. 701 ff.

Sedlaczek, Stefan — Verlustbehandlung bei Kapitalgesellschaften und Konzernen in Italien – ein Überblick; IWB Gruppe 2 Fach 5, S. 583 ff.

Seer, Roman — Organschaft bei der öffentlichen Hand, in: Organschaft: laufende und aperiodische Besteuerung, nationale und internationale Aspekte, Hinweise zum EU-Recht (Festschrift für Jochen Thiel zum 65. Geburtstag) / Herzig, Norbert (Hrsg.); Stuttgart 2003, S. 375 ff.; *zit.:* Seer *in: Herzig, Organschaft*

Semler, Johannes; Stengel, Arndt (Hrsg.) — Umwandlungsgesetz; München 2003; *zit.: Bearbeiter in: Semler/Stengel*

Sieker, Klaus — Ertragsteuerliche Konsequenzen der Gründung internationaler Joint Ventures für inländische Unternehmen, in: Internationale Joint Ventures: Management, Besteuerung, Vertragsgestaltung / Schaumburg, Harald (Hrsg.); Stuttgart 1999, S. 161 ff.; *zit.: Sieker, Ertragsteuerliche Konsequenzen*

Simon, Stefan; Rubner, Daniel — Die Umsetzung der Richtlinie über grenzüberschreitende Verschmelzungen ins deutsche Recht; Der Konzern 2006, S. 835 ff.

Söffing, Andreas; Lange, Carsten — Die neue Nachweispflicht des § 22 Abs. 3 UmwStG; DStR 2007, S. 1607 ff.

Spahlinger, Andreas; Wegen, Gerhard — Deutsche Gesellschaften in grenzüberschreitenden Umwandlungen nach „SEVIC" und der Verschmelzungsrichtlinie in der Praxis; NZG 2006, S. 721 ff.

Spiegelberger, Sebastian — Die Realteilung in der Beratungspraxis: Einengende Auslegung im BMF-Schreiben v. 28.2.2006 widerspricht langjähriger BFH-Rechtsprechung; NWB Fach 3, S. 14019 ff.

Stadler, Rainer; Elser, Thomas

Der Regierungsentwurf des SEStEG: Einführung eines allgemeinen Entstrickungs- und Verstrickungstatbestandes und andere Änderungen des EStG;
BB-Special Nr. 8/2006, S. 18 ff.

Staringer, Claus

Der Betriebsstättenvorbehalt für Dividenden, Zinsen und Lizenzgebühren, in: Die Betriebsstätte im Recht der Doppelbesteuerungsabkommen / Gassner, Wolfgang; Lang, Michael; Lechner, Eduard (Hrsg.);
Wien 1998, S. 223 ff.;
zit.: Staringer, Betriebsstättenvorbehalt

Staringer, Claus

Triangular Cases, in: Aktuelle Entwicklungen im Internationalen Steuerrecht – Das neue Musterabkommen der OECD / Gassner, Wolfgang; Lang, Michael; Lechner, Eduard (Hrsg.);
Wien 1994, S.67 ff.;
zit.: Staringer, Triangular Cases

Starke, Peter

Ungeliebte Abzugsbeschränkungen des neuen § 3c EStG – am Beispiel der Finanzierung von Mitunternehmeranteilen –;
FR 2001, S. 25 f.

Stephan, Klaus Dieter

Vertragsgestaltung bei Internationalen Joint Ventures, in: Internationale Joint Ventures / Schaumburg, Harald (Hrsg.);
Stuttgart 1999, S. 97 ff.;
zit.: Stephan, Vertragsgestaltung

Strahl, Martin

Einbringung in eine Kapitalgesellschaft nach dem neuen Umwandlungssteuerrecht;
KöSDi 2007, S. 15442 ff.

Strahl, Martin

Schuldzinsenabzug: Rechtsprechungsentwicklungen und Gestaltungsmöglichkeiten;
KöSDi 2002, S. 13346 ff.

Streck, Michael (Hrsg.)

Körperschaftsteuergesetz mit Nebengesetzen;
6. Auflage, München 2003;
zit.: Bearbeiter in: Streck

Strunk, Günther; Kaminski, Bert

Anmerkungen zum Betriebsstättenerlass;
IStR 2000, S. 33 ff.

Strunk, Günther; Kaminski, Bert	Konsequenzen aus „Cadbury Schweppes" für die deutsche Hinzurechnungsbesteuerung und weit darüber hinaus ?; Stbg. 2007, S. 588 f.
Strunk, Günther; Kaminski, Bert; Köhler, Stefan (Hrsg.)	Außensteuergesetz / Doppelbesteuerungsabkommen, Kommentar; Bonn/Berlin, Stand: Juli 2006; *zit.: Bearbeiter in: Strunk/Kaminski/Köhler*
Strunk, Günther; Theobald, Oliver	Belastungswirkungen des Kapitalertragsteuereinbehalts bei beschränkt und unbeschränkt körperschaftsteuerpflichtigen Anteilseignern; IWB Fach 3 Gruppe 2, S. 1101 ff.
Suchanek, Markus	Doppelte Nichtbesteuerung eines Gewinns aus der Veräußerung einer intransparenten Personengesellschaft – Erste gerichtliche Klärung durch das FG Hamburg; IStR 2007, S. 654 ff.
Tavakoli, Anusch; Fehrenbacher, Oliver	Die Gesellschaft bürgerlichen Rechts ist grundbuchfähig ! – Zugleich Besprechung des OLG Stuttgart, Beschluss vom 9.1.2007 – 8 W 223/06, DB 2007, S. 334; DB 2007, S. 382 ff.
Thömmes, Otmar	Kein Anspruch auf grenzüberschreitende Übertragung von Gewinnen innerhalb eines europäischen Konzerns; IWB Fach 11a, S. 1151 ff.
Thömmes, Otmar	Besinnung auf das Territorialitätsprinzip – Schlussanträge der Frau Generalanwalt J. Kokott vom 12.09.2006 in der Rs. C-231/05, Oy AA; IWB Fach 11a, S. 1071 ff.
Thömmes, Otmar	Anmerkung zum EuGH-Urt. v. 21.02.2006 in der Rs. C-152/03 („Ritter-Coulais"); IWB Fach 11a, S. 967 ff.
Thömmes, Otmar; Nakhai, Katja	Ende der Hinzurechnungsbesteuerung in Europa; IWB Fach 11a, S. 1065 ff.

Thömmes, Otmar; Schulz, Andreas; Eismayr, Rainer; Müller, Stefanie
Kritische Anmerkungen zum SEStBeglG; IWB Fach 11 Gruppe 2, S. 747 ff.

Thümmel, Roderich C.
Letter of Intent (Absichtserklärung), in: Münchner Vertragshandbuch, Band 4: Wirtschaftsrecht III;
München 2007, S. 1 ff.;
zit.: Thümmel, Münchner Vertragshandbuch

Tipke, Klaus; Kruse, Wilhelm (Hrsg.)
Abgabenordnung, Finanzgerichtsordnung;
Köln, Stand: Mai 2007;
zit.: Bearbeiter in: Tipke/Kruse

Toifl, Gerald
Personengesellschaften mit Drittstaatseinkünften aus abkommensrechtlicher Sicht, in: Personengesellschaften im Recht der Doppelbesteuerungsabkommen – Die Auswirkungen des OECD-Reports auf die Abkommenspraxis / Gassner, Wolfgang; Lang, Michael; Lechner, Eduard (Hrsg.);
Wien 2000, S. 121 ff.;
zit.: Toifl, Personengesellschaften mit Drittstaatseinkünften

Träm, Michael; Müllers-Patel, Katharina
Internationale Joint Ventures als Unternehmensstrategie der Zukunft, in: Internationale Joint Ventures / Schaumburg, Harald (Hrsg.);
Stuttgart 1999, S. 35 ff.;
zit.: Träm/Müllers-Patel, Unternehmensstrategie

Triebel, Volker; von Hase, Karl
Wegzug und grenzüberschreitende Umwandlungen deutscher Gesellschaften nach „Überseering" und „Inspire Art";
BB 2003, S. 2409 ff.

Urbahns, Rüdiger
Die unilaterale Rückfallklausel nach § 50d Abs. 9 EStG;
INF 2007, S. 336 ff.

Van Hulle, Karel; Maul, Silja; Drinhausen, Florian (Hrsg.)
Handbuch zur Europäischen Gesellschaft (SE);
München 2007;
zit.: Bearbeiter in: Van Hulle/Maul/Drinhausen, Handbuch zur SE

van Raad, Kees — The 1992 OECD Model Treaty: Triangular Cases;
ET 1993, S. 298 ff.

Veil, Rüdiger — Kollisionsrechtliche und sachrechtliche Lösungen für eine Verschmelzung und eine Spaltung über die Grenze;
Der Konzern 2007, S. 98 ff.

Vogel, Klaus — Neue Gesetzgebung zur DBA-Freistellung;
IStR 2007, S. 225 ff.

Vogel, Klaus; Lehner, Moris (Hrsg.) — Doppelbesteuerungsabkommen: DBA der Bundesrepublik Deutschland auf dem Gebiet der Steuern vom Einkommen und Vermögen, Kommentar auf der Grundlage der Musterabkommen;
4. Auflage, München 2003;
zit.: Bearbeiter in: Vogel/Lehner

von Beckerath, Hans-Jochem — Der Durchgriff im deutschen Außensteuerrecht;
Berlin 1978;
zit.: von Beckerath. Durchgriff

von Staudinger, Julius — Münchner Kommentar zum Bürgerlichen Gesetzbuch, Internationales Gesellschaftsrecht;
4. Auflage, Berlin 2006;
zit.: Bearbeiter in: MüKo BGB, IntGesR

Voß, Klaus — Die Globalisierung der Betriebseinbringung und des Anteilstauschs durch den Entwurf des Gesetzes über steuerliche Begleitmaßnahmen zur Einführung der Europäischen Gesellschaft und zur Änderung weiterer steuerrechtlicher Vorschriften (SEStEG);
BB 2006, S. 469 ff.

Wachter, Thomas — Startschuss für grenzüberschreitende Verschmelzungen;
GmbHR 2007, S. R 161 ff.

Waclawik, Erich — Die Europäische Aktiengesellschaft (SE) als Konzerntochter- und Joint Venture-Gesellschaft;
DB 2006, S. 1827 ff.

Wagner, Siegfried — Quo vadis Hinzurechnungsbesteuerung ? – Welche Bedeutung kommt dem BMF-Schreiben vom 8.1.2007 zu ? – ; Der Konzern 2007, S. 260 ff.

Wagner, Siegfried — Deutschlands nationaler „Alleingang“ bei Aufgabe der Freistellungsmethode: Ist § 50d Abs. 9 EStG mit EU- und DBA-Recht vereinbar ?; NWB Fach 3, S. 14427 ff.

Wagner, Thomas — Finnische Gruppenbesteuerung vor dem EuGH – Das Urteil in der Rechtssache Oy AA und seine Folgen für die Organschaft; IStR 2007, S. 630 ff.

Waldens, Stefan; Sedemund, Jan — Steuern steuern durch Prinzipalstrukturen: Ist nach Cadbury Schweppes nunmehr fast alles möglich ?; IStR 2007, S. 450 ff.

Warnke, Karsten — Die „ertragsteuerliche“ Organschaft (II); Optimale Verlustnutzung & verbesserter Betriebsausgabenabzug; EStB 2001, S. 340 ff.

Wassermeyer, Franz — Liquidation, Kapitalherabsetzung und Umwandlung, in: Veräußerungsgewinne im Internationalen Steuerrecht / Schaumburg, Harald; Piltz, Detlev J. (Hrsg.); Köln 2004, S. 89 ff.; *zit.: Wassermeyer, Liquidation*

Wassermeyer, Franz — Die Anwendung der Doppelbesteuerungsabkommen auf Personengesellschaften; IStR 2007, S. 413 ff.

Wassermeyer, Franz — Anmerkung zu BFH, Urt. v. 20.12.2006, I B 47/05; IStR 2007, S. 334 f.

Wassermeyer, Franz — Anmerkung zu EuGH, Schlussantrag des GA Mengozzi v. 29.3.2007, C-298/05, Columbus Container; IStR 2007, S. 299

Wassermeyer, Franz — Die Beurteilung der Abkommensberechtigung ausländischer Personengesellschaften durch Deutschland als dem Nichtansässigkeitsstaat der Personengesellschaft; IStR 1998, S. 489 ff.

Wassermeyer, Franz — Soll Deutschland die Abkommensberechtigung von Personengesellschaften in seinen DBA verankern ?; IStR 1999, S. 481 ff.

Wassermeyer, Franz; Andresen, Ulf; Ditz, Xaver (Hrsg.) — Betriebsstätten-Handbuch: Gewinnermittlung und Besteuerung in- und ausländischer Betriebsstätten; Köln 2006; zit.: Bearbeiter in Wassermeyer/Andresen/Ditz, Betriebsstätten-Handbuch

Wassermeyer, Franz; Schönfeld, Jens — Die EuGH-Entscheidung in der Rechtssache „Cadbury Schweppes" und deren Auswirkungen auf die deutsche Hinzurechnungsbesteuerung; GmbHR 2006, S. 1065 ff.

Weggenmann, Hans Robert — Einordnungskonflikte bei Personengesellschaften im Recht der deutschen Doppelbesteuerungsabkommen unter besonderer Berücksichtigung des OECD-Partnership-Reports 1999; Nürnberg 2002; *zit.: Weggenmann, Einordnungskonflikte*

Weiss, Susanne; Wöhlert, Helge-Torsten — Die „Sevic-Entscheidung" des EuGH – „sudden death" für Societas Europaea und Richtlinie zur grenzüberschreitenden Verschmelzung und Wegbereiter für grenzüberschreitende Spaltungen ?; WM 2007, S. 580 ff.

Wenglorz, Georg — Die grenzüberschreitende „Heraus"-Verschmelzung einer deutschen Kapitalgesellschaft: Und es geht doch !; DB 2004, S. 1061 ff.

Werra, Matthias; Teiche, Andreas — Das SEStBeglG aus der Sicht international tätiger Unternehmen; DB 2006, S. 1455 ff.

Wheeler, Joanna — The Attribution of Income to a Person for Tax Treaty Purposes; BIFD 2005, S. 477 ff.

Widmann, Siegfried; Mayer, Dieter (Hrsg.) — Umwandlungsrecht; Bonn/Berlin, Stand: Juni 2007; *zit.: Bearbeiter in: Widmann/Mayer*, Umwandlungsrecht

Wiese, Götz; Süß, Stefan — Verschärfungen bei der Kapitalertragsteuer-Entlastung für zwischengeschaltete ausländische Kapitalgesellschaften: Änderung des § 50d Abs. 3 EStG durch den Entwurf des Jahressteuergesetzes 2007; GmbHR 2006, S. 972 ff.

Wilde, Heiko — Joint Venture: Rechtliche Erwägungen für und wider die Errichtung eines Gemeinschaftsunternehmens; DB 2007, S. 269 ff.

Wilke, Kay-Michael — Hinzurechnungsbesteuerung nur noch eingeschränkt anwendbar; PIStB 2006, S. 244 f.

Wimpissinger, Christian — Gemeinschaftsrechtswidrigkeit der Hinzurechnungsbesteuerung ausländischer Betriebsstätteneinkünfte in Deutschland: Neue Erkenntnisse aus Cadbury Schweppes für Columbus Container ?; SWI 2006, S. 559 ff.

Winandy, Jean-Pierre — Deutsche Betriebsstättenverluste müssen in Luxemburg zum Abzug zugelassen werden; IStR 2005, S. 594 ff.

Winkemann, Thomas — Die Realteilung – eine Zwischenbilanz; BB 2004, S. 130 ff.

Winter, Michael — Planung und Vorbereitung einer grenzüberschreitenden Verschmelzung – Gesellschafts-, steuer- und mitbestimmungsrechtliche Rahmenbedingungen; Der Konzern 2007, S. 24 ff.

Woerner, Lothar — Korreferat zum Referat Dr. Söffing: Zum Begriff Wirtschaftsgut; JbFSt 1978/79, S. 228 ff.

Wöhrle, Winfried; Schelle, Diether; Gross, Ekkehard (Hrsg.) — Außensteuergesetz, Kommentar; Stuttgart, Stand: Oktober 2006; *zit.: Bearbeiter in: Wöhrle/Schelle/Gross, AStG*

Wrede, Friedrich — Beteiligungen an Personenhandelsgesellschaften in der Handelsbilanz und der Steuerbilanz; FR 1990, S. 293 ff.

Wurm, Felix J. — Steuerfolgen bei der Beendigung von internationalen Joint Ventures, in: Internationale Joint Ventures: Management – Besteuerung – Vertragsgestaltung / Schaumburg, Harald (Hrsg.); Stuttgart 1999, S. 401 ff.; *zit.: Wurm, Beendigung internationaler Joint Ventures*

Zacher, Thomas — Grundlagen der Gestaltung internationaler Joint-Ventures; IStR 1997, S. 408 ff.

Züger, Mario — Die Bedeutung von Diskriminierungsverboten für die Lösung von Zurechnungskonflikten bei Personengesellschaften; SWI 2001, S. 111 ff.

Stichwortverzeichnis

Trierer Studien zum Internationalen Steuerrecht

Herausgegeben von Gabriele Burmester

Band 1 Steffen Alexander Lindenthal: Mitwirkungspflichten des Steuerpflichtigen und Folgen ihrer Verletzung. Unter besonderer Berücksichtigung der Dokumentationspflichten bei Verrechnungspreisen. 2006.

Band 2 Svenja Kaufer: Grenzüberschreitende Organschaft kraft Gemeinschaftsrecht. Übernimmt Österreich für Deutschland eine Vorreiterrolle? 2006.

Band 3 Antje Hagena: Die Behandlung von Personengesellschaften in den Doppelbesteuerungsabkommen der Bundesrepublik Deutschland mit den Staaten Mittel- und Südamerikas. 2007.

Band 4 Marie-Theres Rämer: Besteuerung aktienbasierter Vergütungen in Deutschland und im Vereinigten Königreich. 2007.

Band 5 Thorsten Hilger: Besteuerung der internationalen Seeschifffahrt. 2007.

Band 6 Claudia Neitz: Die Besteuerung internationaler Gemeinschaftsunternehmen. 2008.

www.peterlang.de

FSC
www.fsc.org
MIX
Papier | Fördert
gute Waldnutzung
FSC® C083411

Kolibri 360 GmbH
Ferdinand-Jühlke-Straße 7
99095 Erfurt, Deutschland
produktsicherheit@kolibri360.de

Druck:
CPI Druckdienstleistungen GmbH
im Auftrag der
Kolibri 360 GmbH
Ferdinand-Jühlke-Str. 7
99095 Erfurt